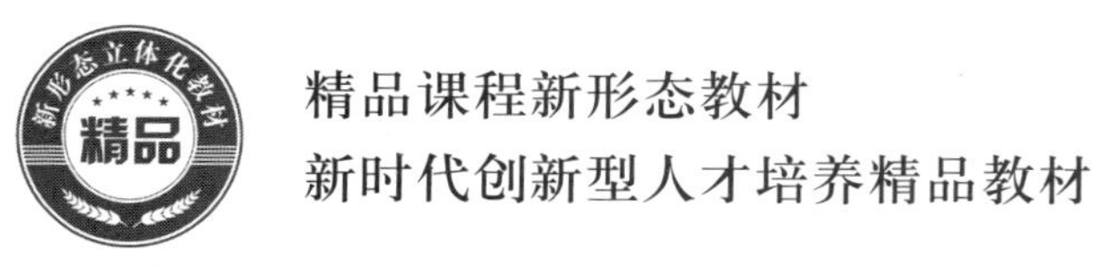

精品课程新形态教材

新时代创新型人才培养精品教材

商务数据分析

汪　璟　陶振晖◎主　编

薛红兵◎副主编

中国商业出版社

图书在版编目(CIP)数据

商务数据分析 / 汪璟, 陶振晖主编. -- 北京 : 中国商业出版社, 2025. 8. -- ISBN 978-7-5208-3575-6

Ⅰ. F713. 36

中国国家版本馆 CIP 数据核字第 2025PU5757 号

责任编辑: 石广华

策划编辑: 张 盈

中国商业出版社出版发行

(www. zgsycb. com 100053 北京广安门内报国寺 1 号)

总编室: 010-63180647 编辑室: 010-63033100

发行部: 010-83120835/8286

新华书店经销

涿州汇美亿浓印刷有限公司印刷

* * * * *

787 毫米×1092 毫米 16 开 27 印张 604 千字

2025 年 8 月第 1 版 2025 年 8 月第 1 次印刷

定价: 58.00 元

* * * *

(如有印装质量问题可更换)

前 言

党的二十大报告明确提出：实施科教兴国战略，强化现代化建设人才支撑。教育、科技、人才是全面建设社会主义现代化国家的基础性、战略性支撑。必须坚持科技是第一生产力、人才是第一资源、创新是第一动力，深入实施科教兴国战略、人才强国战略、创新驱动发展战略，开辟发展新领域新赛道，不断塑造发展新动能新优势。习近平总书记强调，我们要坚持教育优先发展、科技自立自强、人才引领驱动，加快建设教育强国、科技强国、人才强国，坚持为党育人、为国育才，全面提高人才自主培养质量，着力造就拔尖创新人才，聚天下英才而用之。教材建设作为教育教学的重要基石，是落实科教兴国战略、培养拔尖创新人才的关键载体，直接关系到人才自主培养质量的提升和创新动能的持续培育。

在当今这个信息爆炸的时代，数据已成为驱动商业决策、优化运营流程、洞察市场趋势的核心要素。商务数据分析，作为连接数据与商业智慧的桥梁，正逐步成为企业竞争力的重要源泉。本书旨在为读者揭开商务数据分析的神秘面纱，引领大家探索这一领域的无限可能。

一、数据的力量

数据是商业活动的忠实记录者，它们无声地诉说着市场的变化、消费者的偏好、产品的表现以及企业的运营状况。然而，单纯的数据堆砌并不能直接转化为商业价值，关键在于如何有效地收集、处理、分析和解读这些数据，从中挖掘出有价值的信息和洞见。商务数据分析正是这样一门科学与艺术相结合的学科，它教会我们如何运用先进的工具和技术，将数据转化为推动企业向前发展的动力。

二、商务数据分析的意义

1. 精准决策。通过深入分析数据，企业能够更准确地把握市场动态，预测未来趋势，从而制定出更加科学合理的经营策略和市场规划。

2. 优化运营。数据分析可以帮助企业识别运营过程中的瓶颈和浪费，优化资源配置，提升运营效率，降低成本，增加利润。

3. 客户洞察。深入了解客户需求和偏好，是实现个性化营销和服务的前提。商务数据分析通过客户行为数据的分析，为企业提供了宝贵的客户洞察信息。

4. 风险管理。在复杂多变的商业环境中，数据分析有助于企业及时发现潜在的风险因素，制定有效的应对措施，确保企业的稳健发展。

三、本教材的主要特色

1. 理论与实践相结合。本书不仅介绍了商务数据分析的基本理论和方法，还通过丰富的案例分析和实战演练，帮助读者将理论知识转化为实际操作能力。

2. 前沿技术介绍。紧跟时代步伐，本书主要使用 Excel 和 SPSSPRO 两种工具进行商务数据分析，此外，还介绍了当前商务数据分析领域的前沿技术和工具，如大数据、人工智能、机器学习等，让读者能够站在行业前沿，把握未来趋势。

3. 跨领域融合。商务数据分析不仅仅是数学和统计学的应用，还涉及市场营销、生产管理、人力资源管理、客户关系管理等多个领域。本书注重跨领域知识的融合，帮助读者构建全面的知识体系。

4. 实战导向。强调实战导向的教学理念，通过模拟真实商业场景的数据分析项目，培养读者的数据分析能力和解决问题的能力。

四、本教材的设计思路

本教材设置了知识结构、学习目标、案例数据等，设计思路如下：

1. 知识结构。以思维导图的形式勾勒出每章的核心知识点，便于读者整体把握每章主要内容和学习要求。

2. 学习目标。学习目标包含知识目标、能力目标和素养目标，便于读者对照检查学习效果。

3. 案例数据。本书提供了大量案例，每个案例对应的数据以及分析图表全部提供，便于读者进行练习。

商务数据分析是一门充满挑战与机遇的学科，它要求我们不断学习、探索和实践。相信通过本书的学习，读者能够掌握商务数据分析的精髓，将数据转化为推动企业发展的强大动力。在未来的商业征途中，愿大家能够成为数据的驾驭者，用智慧的光芒照亮前行的道路。

本书共分为上下两篇，上篇包含 6 章，主要使用 Excel 进行商务数据分析，下篇包含 6 章，主要使用 SPSSPRO 进行商务数据分析。其中，第一、二、四、六、八章由汪璟编写，第五、九、十、十一、十二章由陶振晖编写，第三、七章由薛红兵编写。由于编者水平有限、时间仓促，书中疏漏、不足之处在所难免，敬请广大读者批评指正。

编　者

Contents 目录

上篇　基于 Excel 的商务数据分析

下篇　基于 SPSSPRO 的商业数据分析

上篇

基于 Excel 的商务数据分析

第一章
商务数据分析概述

章节知识结构图

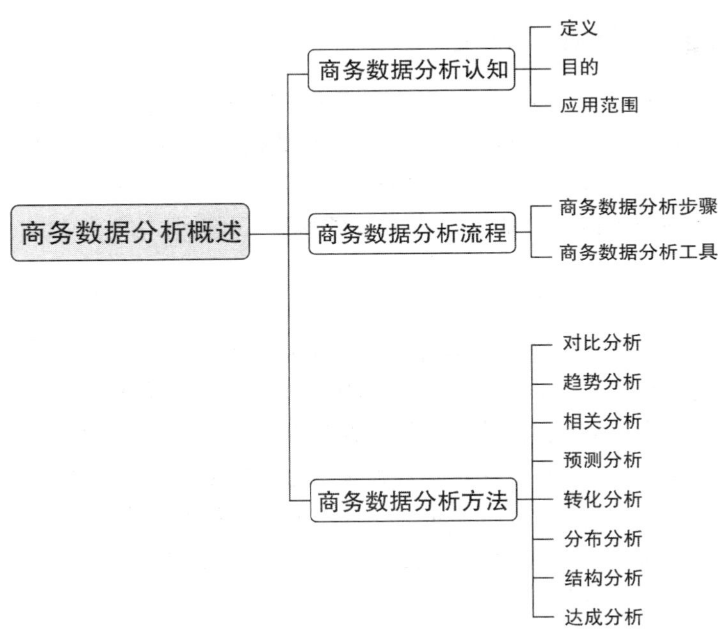

第一节　商务数据分析认知

【知识目标】

了解商务数据分析的定义、目的。

【能力目标】

清楚商务数据分析的应用范围。

【素养目标】

具有爱岗敬业、精益求精的工匠精神。

一、商务数据分析的定义

商务数据分析（Business Data Analysis，BDA）是指运用统计学、数据挖掘、机器学习等技术和方法，对企业在日常运营中产生的各种数据（包括但不限于销售数据、市场数据、财务数据、运营数据等）进行深入的分析和解读，以揭示数据背后的规律、趋势和关联性，从而为企业的决策制定、业务优化、市场洞察、风险评估等提供有力的数据支持和洞察。

商务数据分析的核心在于将数据转化为有价值的信息和知识，帮助企业更好地理解市场、客户和业务，以数据为驱动，实现精准决策和高效运营。通过商务数据分析，企业可以发现潜在的市场机会、优化产品组合、提升客户满意度、降低成本、提高盈利能力等。

商务数据分析的过程通常包括数据收集、数据清洗、数据处理、数据分析、数据可视化以及数据驱动的决策制定等步骤。在这个过程中，企业需要借助各种数据分析工具和技术，如Excel、SQL、Python、R语言、Tableau、Power BI等，来实现对数据的深度挖掘和分析。

商务数据分析是现代企业管理中不可或缺的一部分，它通过对企业数据的全面分析和解读，为企业提供数据驱动的决策支持，助力企业在激烈的市场竞争中取得优势。

二、商务数据分析的目的

商务数据分析的目的在于通过收集、处理、分析和解读商业运营中产生的数据，以支持企业的决策制定、优化业务流程、提升运营效率、发现市场机会、增强竞争力，并最终实现企业的战略目标。具体来说，商务数据分析的目的可以细化为以下几个方面。

（一）决策支持

提供数据驱动的决策依据，帮助企业管理层在战略规划、市场定位、产品开发、价格策略、营销策略等方面作出更加明智的决策。通过数据分析，可以量化评估不同方案的潜在影响，降低决策风险。

（二）业务流程优化

识别业务流程中的瓶颈、浪费和效率低下之处，通过数据分析找到改进空间，提出优化方案。这有助于企业提高生产效率、降低成本、提升服务质量。

（三）市场洞察

分析市场趋势、消费者行为、竞争对手动态等，为企业制定市场策略、调整产品定位、开发新产品或服务提供依据。通过数据分析，企业可以更准确地把握市场需求和变化，抓住市场机遇。

（四）风险评估与管理

通过对企业运营数据的分析，识别潜在的风险和威胁，如供应链中断、市场需求下降、竞争加剧等，并制定相应的风险管理策略。这有助于企业提前作好准备，减少风险带来的损失。

（五）业绩评估与改进

利用数据分析工具和方法，对企业的销售业绩、运营效率、客户满意度等关键指标进行定期评估。通过对比历史数据、行业标杆等，发现企业存在的不足之处，并制定相应的改进措施。

（六）客户关系管理

通过数据分析深入了解客户需求、偏好和行为模式，为企业提供更加个性化的服务和产品。同时，数据分析还可以帮助企业识别高价值客户，制定有针对性的营销策略，提升客户满意度和忠诚度。

（七）技术创新与驱动

数据分析为企业技术创新提供了有力支持。通过对研发数据、市场反馈等的分析，企业可以发现新的技术趋势、市场需求和潜在的创新点，推动产品和服务的持续改进和创新。

综上所述，商务数据分析的目的是多方面的，旨在通过数据洞察为企业创造更大的商业价值。

三、商务数据分析的应用范围

商务数据分析广泛应用于企业的各个领域，包括但不限于市场营销、销售管理、供应链管理、财务管理、人力资源管理等。

（1）市场营销：分析消费者行为、市场趋势，制定营销策略。

（2）销售管理：分析销售业绩、渠道效率，优化销售策略。

（3）供应链管理：优化库存、物流等供应链环节，降低成本。

（4）财务管理：分析财务数据，评估企业财务状况和风险。

（5）人力资源管理：分析员工绩效、招聘数据，优化人力资源管理。

随着大数据、人工智能等技术的不断发展，商务数据分析将在企业中发挥越来越重要的作用。未来，商务数据分析将更加注重实时性、智能化和个性化，为企业提供更加精

准、高效的决策支持。同时，随着数据安全和隐私保护意识的增强，企业在应用商务数据分析时也将更加注重合规性和安全性。

第二节　商务数据分析流程

【知识目标】

1. 掌握商务数据分析流程。
2. 了解商务数据分析中所使用的工具。

【能力目标】

1. 能正确处理数据，使数据可视化。
2. 能熟练使用 Excel 进行商务数据分析。

【素养目标】

1. 具备一定的信息素养。
2. 具备一定的数据思维。

商务数据分析的流程是一个系统性的过程，旨在从原始数据中提取有价值的信息，以支持企业的决策制定和业务优化。

一、商务数据分析步骤

一般而言，商务数据分析的流程可以概括为以下几个关键步骤：

（1）明确分析目标。在开始分析之前，首先需要明确分析的目的和目标。这包括确定你想要解决的问题、探索的机会或达成的具体业务目标，如图 1–1 所示。

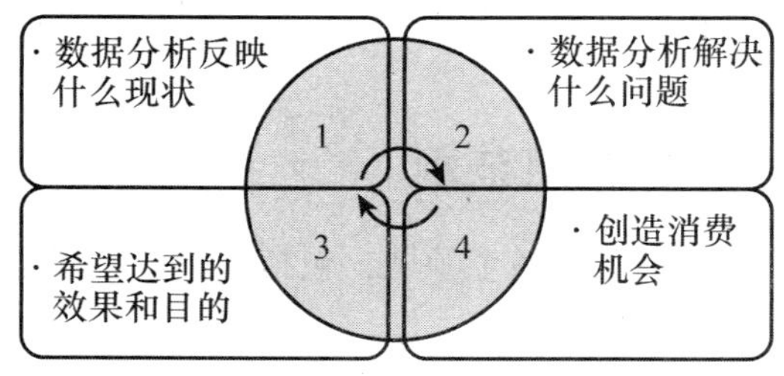

图 1–1　目标分析结构图

（2）数据收集。根据分析目标，收集相关的数据。数据来源可能包括内部数据库（如 ERP、CRM 系统）、外部数据源（如市场调研报告、竞争对手数据）、社交媒体、网络爬虫等，如图 1–2 所示。

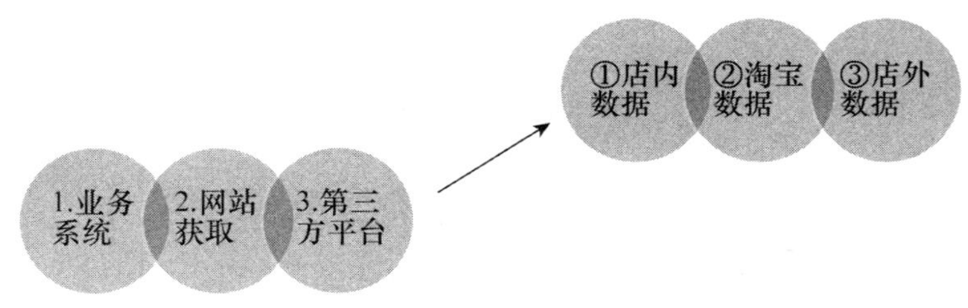

图 1-2 数据来源图

(3) 数据清洗。清洗数据是确保数据质量的关键步骤。这包括处理缺失值、异常值、重复数据，以及将数据转换为适合分析的格式（如日期格式化、文本处理）。

(4) 数据处理。在数据清洗之后，可能需要对数据进行进一步的处理，如图 1-3 所示，以便进行后续的分析。

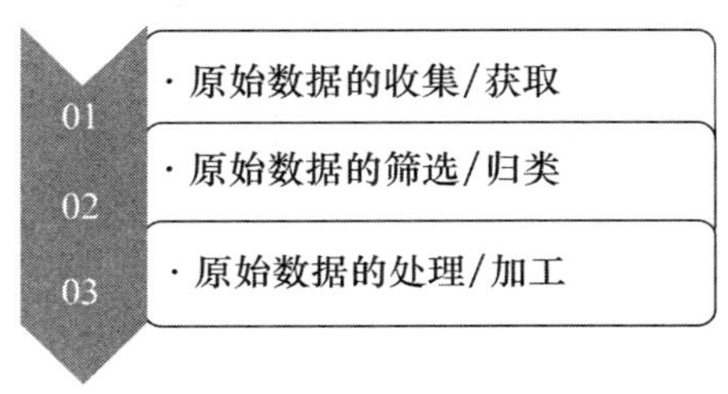

图 1-3 数据处理流程图

(5) 数据分析。数据分析是核心步骤，使用统计方法、数据挖掘技术或机器学习算法对数据进行分析，如图 1-4 所示。这可能包括描述性统计（如平均值、中位数、标准差）、相关性分析、回归分析、聚类分析、预测建模等。

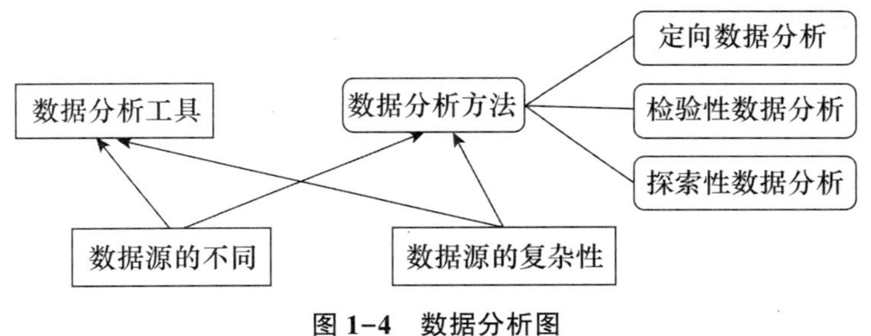

图 1-4 数据分析图

(6) 数据可视化。将分析结果通过图表、图形或仪表板等可视化形式呈现出来，以便理解和传达分析结果。数据可视化有助于识别趋势、模式和异常。

①柱形图。柱形图主要用于数据的统计与分析，由一系列高度不等的纵向条纹表示数据分布的情况，用来比较两个或两个以上的维度（不同时间或者不同条件）。柱形图只有一个变量，通常用于较小的数据集分析，如不同产品的年度销售数量汇总图，如图 1-5 所示。

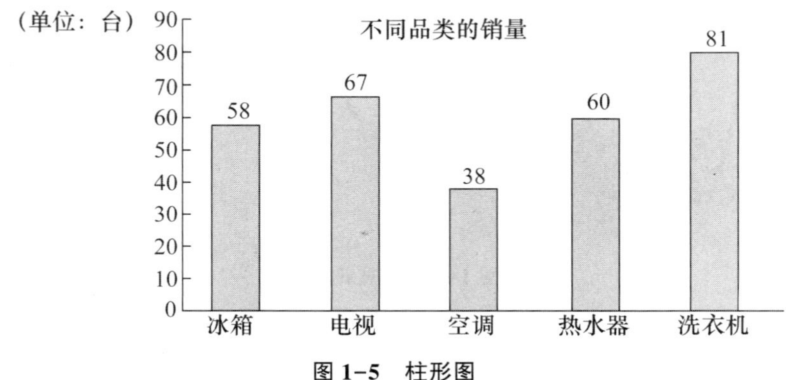

图 1-5　柱形图

②条形图。条形图和柱形图的功能是一样的，柱形图是纵向图形，条形图是横向图形，如图 1-6 所示。

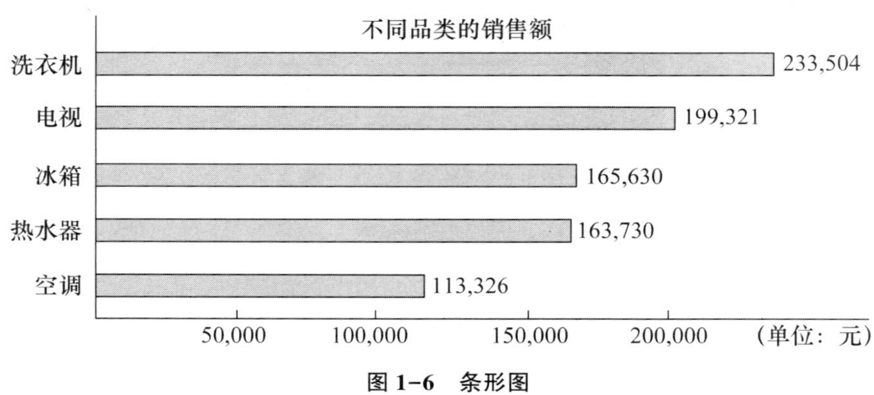

图 1-6　条形图

③面积图。面积图强调数量随时间而变化的程度，也可用于引起人们对总值趋势的注意。例如，表示随时间而变化的销售额的数据可以绘制在面积图中以强调总销售额，如图 1-7 所示。

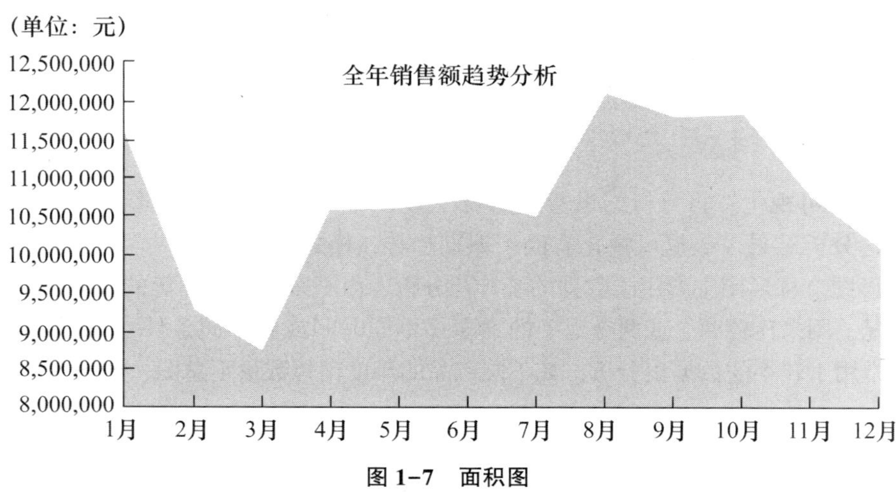

图 1-7　面积图

④散点图。散点图是指在回归分析中，数据点在直角坐标系平面上的分布图，散点图表示因变量随自变量而变化的大致趋势，据此可以选择合适的函数对数据点进行拟合。

用两组数据构成多个坐标点，考察坐标点的分布，判断两变量之间是否存在某种关联或总结坐标点的分布模式。散点图将序列显示为一组点，数值由点在图表中的位置表示。类别由图表中的不同标记表示。散点图通常用于比较跨类别的聚合数据，如图 1-8 所示。

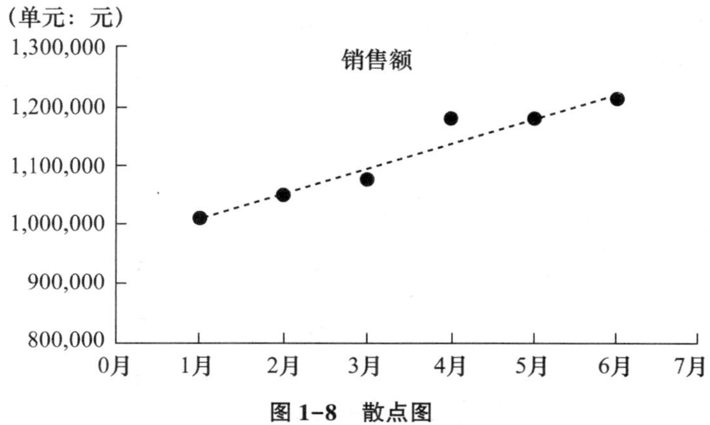

图 1-8 散点图

⑤气泡图。气泡图用于展示三个变量之间的关系。气泡图与 XY 散点图类似，但是它们对成组的三个数值而非两个数值进行比较。气泡图与散点图不同之处在于，气泡图允许在图表中额外加入一个表示大小的变量，如图 1-9 所示。

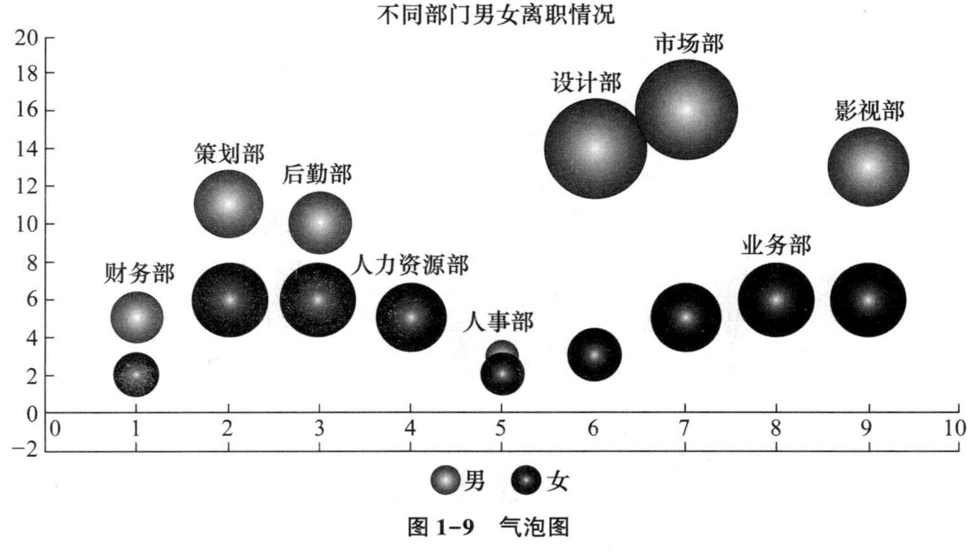

图 1-9 气泡图

⑥折线图。折线图是一种常见的数据可视化图表，它用线条将一系列数据点连接起来，以展示数据随时间或其他连续变量的变化趋势。折线图特别适合用来显示数据随时间的变化趋势，比如股票价格、温度、销售数据等，如图 1-10 所示。

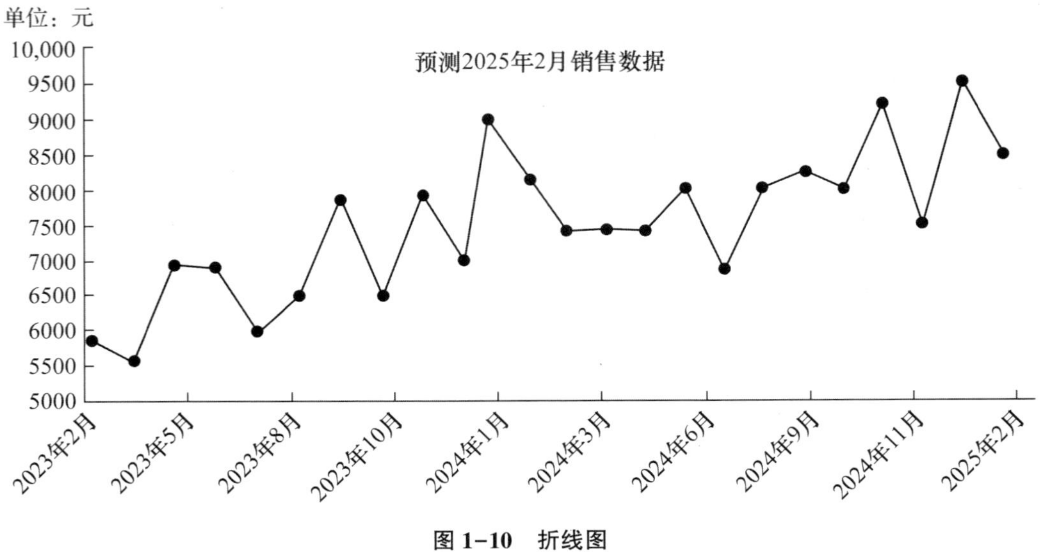

图 1–10　折线图

⑦雷达图。雷达图是一种重要的数据可视化图表，也被称为蜘蛛网图、星形图、极坐标图或 Kiviat 图。它以一个中心点为起点，从中心点向外延伸出多条射线（或称为轴线），每条射线代表一个特定的变量或指标。每条射线上的点或线段表示该变量在不同维度上的取值或得分。雷达图常用于比较多个变量在不同维度上的表现，以及展示各个变量之间的相对关系，如图 1–11 所示。

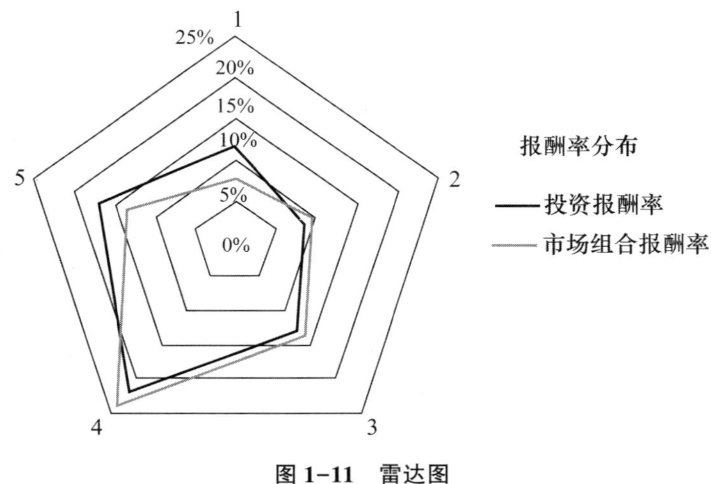

图 1–11　雷达图

⑧饼图。饼图是一种常见的数据可视化图表，它通过将一个圆形分割成多个扇形区域来表示不同类别的数据占总体的比例。每个扇形区域的大小与其所代表的数值成正比，而区域的颜色或标签则用于区分不同的数据类别，如图 1–12 所示。

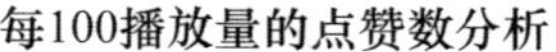

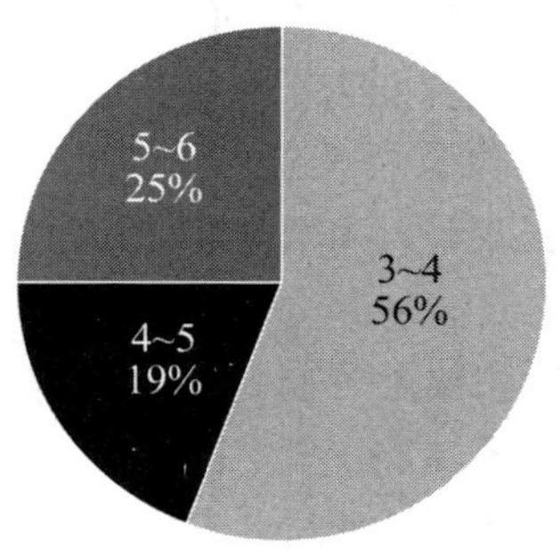

图 1-12 饼图

（7）报告撰写与解读。将分析结果整理成报告，并附上解读和建议。报告应清晰、简洁地呈现分析结果，并指出对企业决策和业务优化的具体影响。

（8）决策制定与实施。基于分析结果，制定数据驱动的决策，并在企业中实施这些决策。这可能需要跨部门协作，以确保决策的有效执行。

（9）监控与评估。实施决策后，需要监控其效果，并评估分析结果的准确性和有效性。这有助于调整未来的分析方法和决策过程。

整个商务数据分析流程是一个迭代的过程，可能需要根据新的数据或业务需求进行重复和调整。通过不断优化数据分析流程，企业可以不断提高数据驱动的决策能力，从而在竞争激烈的市场环境中保持竞争优势。

二、商务数据分析工具

商务数据分析的工具种类繁多，涵盖了从数据收集、处理、分析到可视化的各个环节。常用的商务数据分析工具有以下几种。

（一）数据收集工具

（1）Google Analytics。一款广泛使用的网站分析工具，用于收集网站流量、用户行为等数据。

（2）Adobe Analytics。强大的网站分析工具，提供深入的数据洞察。

（二）数据处理工具

（1）Excel。虽然常被视为基础的数据处理工具，但 Excel 凭借其强大的数据处理能力、丰富的函数支持和灵活的图表设计，仍然是商务数据分析中不可或缺的一部分。这是本书涉及的工具之一。

（2）Python 和 R 语言。这两款编程语言在数据分析和统计建模方面有着广泛的应用。Python 以其简洁的语法和丰富的数据分析库（如 pandas、numpy、matplotlib 等）著称，而 R 语言则以其强大的统计分析能力和丰富的扩展包（如 ggplot2 等）受到青睐。

（三）数据分析与可视化工具

（1）Tableau。这是一款功能强大的数据可视化工具，支持多种数据源连接和复杂的

数据可视化设计，广泛应用于商业数据分析领域。

（2）Power BI。微软推出的商业数据分析和可视化工具，与微软生态系统无缝集成，支持多种数据源连接和强大的数据处理能力。

（3）FineReport 和 FineVis。帆软公司推出的两款数据分析工具。FineReport 是一款专业的数据报表工具，支持复杂的报表设计和实时数据查询；FineVis 则专注于数据可视化，提供多样化的图表和可视化工具。

（4）QlikView。一款数据发现和数据可视化工具，以其强大的数据关联和探索功能著称，支持多种数据源连接和动态数据更新。

（5）SAS。一款功能强大的数据分析和统计软件，广泛应用于数据挖掘、预测分析和商业智能领域，提供丰富的统计分析和数据挖掘算法。

（6）Google Data Studio。一款免费的数据可视化工具，与 Google 生态系统无缝集成，支持多源数据整合和灵活的可视化设计。

（四）其他工具

（1）SPSS。统计分析系统软件包，提供了丰富的统计分析功能和数据建模工具，广泛应用于学术研究和商务数据分析。这是本书涉及的软件之一。

（2）Apache Hadoop。对于大数据分析来说，Hadoop 是一个重要的工具，可以进行分布式存储和处理海量数据，支持复杂的数据分析和挖掘。

这些工具各有特色，适用于不同的商务数据分析场景和需求。在选择使用哪种工具时，需要根据具体的分析目标、数据特点以及团队的技术能力进行综合考虑。

第三节　商务数据分析方法

【知识目标】

掌握常用的商务数据分析的八种方法。

【能力目标】

能选用合适的方法对商务数据进行分析。

【素养目标】

1. 具备一定的信息素养。
2. 具备一定的数据思维。

商务数据分析方法是一系列用于收集、处理、解释和呈现商业数据以支持决策制定的技术和策略。旨在为企业决策制定提供有力的数据支持。这些方法不仅有助于企业理解市场趋势、客户行为、运营效率等关键信息，还能帮助企业发现潜在机会、优化业务流程、制定更有效的市场策略。常见的商务数据分析如图 1-13 所示。

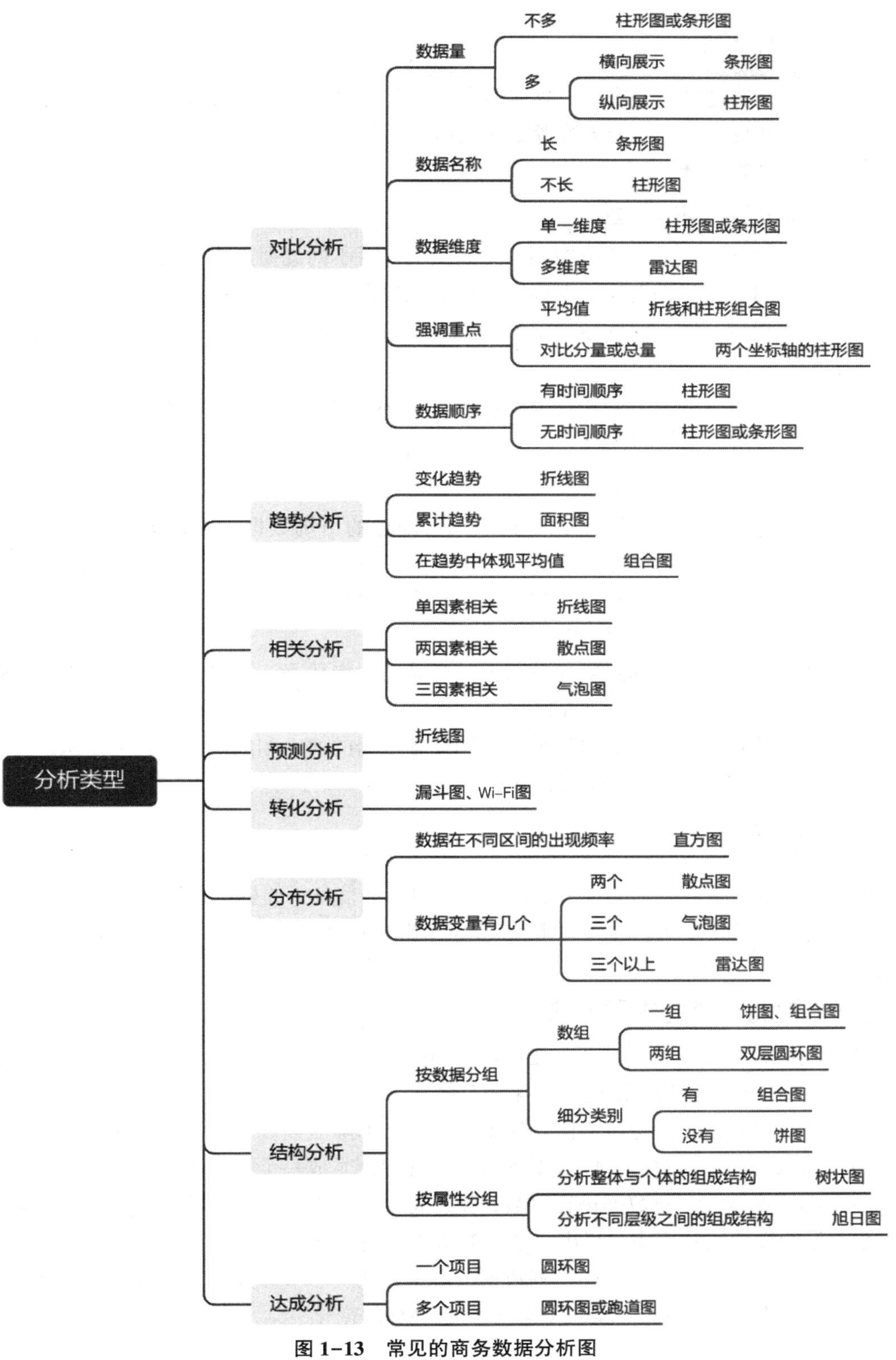

图 1-13 常见的商务数据分析图

一、对比分析

对比分析是通过将两个或多个数据集或数据点进行比较，以揭示它们之间的差异、相似性和关系。其目的在于帮助决策者更好地理解业务状况，识别问题，发现机会，并据此制定更有效的策略。

（一）对比分析的类型

（1）横向对比。横向对比是在同一时间点上，对不同数据点或数据集进行比较。

（2）纵向对比。纵向对比是对同一数据点或数据集在不同时间点上的表现进行比较。

（3）静态比较。同一时间条件下不同总体指标之间的比较，如目标数据、行业数据、区域数据等不同指标之间的比较。

（4）动态比较。同一时间条件下不同总体指标之间的比较，如目标数据、行业数据、区域数据等不同指标之间的比较。

（二）对比分析的应用

（1）市场趋势分析。通过对比分析不同时间点的市场数据，可以揭示市场的变化趋势，为企业的市场策略制定提供依据。

（2）竞争对手分析。将自身数据与竞争对手的数据进行对比分析，可以了解竞争对手的优劣势，为企业制定竞争策略提供参考。

（3）产品性能评估。通过对比分析不同产品的性能数据，可以评估产品的市场表现和用户满意度，为产品改进和升级提供方向。

（4）业务流程优化。通过对比分析不同业务流程的效率和成本数据，可以识别出瓶颈和浪费环节，为业务流程的优化提供建议。

二、趋势分析

趋势分析是指从观察到的过去数据中提取出趋势信息，并据此预测未来可能的发展趋势。其目的在于帮助决策者基于数据和趋势作出更加明智的决策，以应对未来的变化和挑战。

（一）趋势分析的主要方法

（1）线性趋势分析。假设某一变量随时间以恒定速度增长或减少。使用最小二乘法拟合数据，生成一条代表变量随时间变化的直线。

（2）移动平均法。通过按时间顺序平均数据来消除短期波动，揭示长期趋势。

（3）指数平滑法。对过去的数据进行加权处理，生成一个平滑的趋势线。

（4）趋势指数法。对数据进行对数转换，将原始数据转化为对数形式的变量。通过拟合对数变量的线性回归模型，得出一个趋势指数，用于预测未来的变化。

（5）季节性分解法。将时间序列数据分解为趋势、季节和残差三个分量。通过从原始数据中分离出季节性因素，可以更清晰地分析趋势的变化。

（二）趋势分析的应用

趋势分析的应用领域非常广泛，包括但不限于以下几个方面。

（1）经济领域。预测商品价格、股票市场走势、宏观经济指标等。通过分析历史数据中的趋势，帮助决策者作出相应的投资、经营决策。

（2）社会科学领域。分析人口增长、失业率、犯罪率等社会现象的趋势和变化。有助于政府及研究人员了解社会问题的发展趋势，并制定相应的政策和解决方案。

（3）市场研究领域。通过分析市场需求、消费者行为等数据的趋势，预测市场未来的发展方向。帮助企业作出产品开发、推广、定价等决策。

（4）自然科学领域。分析气候变化、物种灭绝、地质变化等自然现象的趋势。有助于科学家对环境问题进行预测和干预，以保护自然资源和生态环境。

三、相关分析

相关分析是统计学中一种用来探究两个或多个变量之间关系的强度和方向的方法。在相关分析中，我们不关心因果关系（即一个变量导致另一个变量变化），而是关注这些变量是如何一同变化的。简单来说，如果两个变量中的一个增加时，另一个也倾向于增加，那么它们之间就存在正相关；如果一个增加时另一个减少，则存在负相关；如果它们之间没有明显的关联模式，则可能是不相关。相关分析主要有以下几个方面：

（1）线性相关。最常见的一种，指两个变量之间的关系可以用一条直线来近似表示。

（2）非线性相关。虽然两个变量之间存在关联，但这种关联不能用一条直线来描述。在这种情况下，可能需要使用散点图来可视化关系，或者采用其他非参数或非线性相关系数来度量。

（3）偏相关。当分析两个变量之间的关系时，考虑到了其他变量的影响。例如，在研究身高和体重之间的关系时，可能会考虑到年龄这个因素的影响，以得到身高和体重之间更纯粹的相关关系。

商务数据分析中的相关分析可以探究市场营销互动（如广告投放量）与销售业绩之间的关联。

四、预测分析

预测分析是一种统计或数据挖掘解决方案，它包含可在结构化和非结构化数据中使用以确定未来结果的算法和技术。通过分析历史数据和当前数据中的模式和趋势，预测分析能够揭示变量之间的关系，并据此预测未来的发展趋势或事件。

（一）预测分析的主要类型

预测分析的方法多种多样，但基本上可以归纳为定量分析法和定性分析法两种。

（1）定量分析法。基于过去比较完整的统计资料，运用预测变量之间存在的某种关系（如时间关系、因果关系和结构关系等），使用现代数学的方法建立模型，进行计算分析得出预测结果。常用的定量分析法包括指数平滑法、趋势外推法、季节指数预测法、回归分

析法、投入产出法、经济计量模型法等。

（2）定性分析法。在调查研究的基础上，依靠预测人员的经验和知识，对预测对象进行分析和判断，据以得出预测结论的方法。虽然定性分析法不如定量分析法那样精确，但在缺乏足够统计资料或数据难以量化的情况下，定性分析法仍然是一种有价值的预测手段。

（二）预测分析的应用场景

预测分析在各个领域都有广泛的应用，以下是一些常见的应用场景。

（1）市场营销。预测分析可以帮助企业预测市场趋势、消费者行为和购买意向，从而制定更好的市场营销策略。通过分析历史销售数据、消费者偏好等信息，企业可以更加精准地定位目标客户群体，提高营销活动的有效性和转化率。

（2）客户管理。预测分析可以帮助企业预测客户需求、行为和满意度，从而提供更好的客户服务和支持。通过预测客户可能的需求和反馈，企业可以提前做好准备，确保客户需求的及时满足，提高客户的满意度和忠诚度。

（3）风险管理。在金融领域，预测分析可以帮助金融机构预测贷款违约、信用卡欺诈和市场波动等风险，从而制定更好的风险管理策略。通过实时监控和分析市场数据、客户信用记录等信息，金融机构可以及时发现潜在的风险点，并采取相应的措施进行防范和应对。

（4）生产管理。预测分析可以帮助企业预测销售趋势和库存需求，从而制订更好的生产计划和物流策略。通过预测未来的市场需求和库存水平，企业可以合理安排生产计划和库存策略，避免库存积压和缺货现象的发生，提高生产效率和降低成本。

（5）物联网和智能设备。预测分析还可以应用于物联网设备和智能设备的故障预测和维护需求预测。通过分析设备的运行数据和历史故障记录等信息，可以预测设备可能发生的故障类型和时间节点，提前进行维护和保养工作，提高设备的可靠性和效率。

五、转化分析

转化分析是指通过追踪和分析用户在特定流程或过程中的行为，了解用户的转化路径和转化率，同时发现潜在问题和提升机会。转化率是衡量用户行为转化效果的关键指标，通常表示为完成转化行为的次数占推广信息总点击次数的比率。

转化分析广泛应用于多个领域，包括但不限于以下几个方面。

（1）电子商务。分析用户从浏览商品到下单支付的转化率，帮助商家优化购物流程，提高销售转化率。

（2）在线营销。评估广告推广活动的效果，通过监测点击率、转化率等指标，优化广告投放策略。

（3）网站和 App 运营。分析用户在使用网站或 App 过程中的行为转化，如注册转化率、页面浏览深度等，以提升用户体验和留存率。

（4）产品优化。通过转化分析用户在使用产品过程中的痛点和需求，从而对产品进行迭代和优化。

漏斗分析是转化分析中最常用的模型之一，它能够科学反映用户行为状态以及从起点到终点各阶段用户转化率情况。通过构建漏斗图，可以直观地看到用户在各个转化阶段的流失情况，从而找到优化点。

六、分布分析

分布分析是根据分析目的，将数据进行等距或不等距分组，进而研究各组分布规律的一种分析方法。它通过对数据的归类和展现，帮助分析人员了解数据的整体分布状况，以及不同类别或维度下的数据特征。

分布分析在商务领域主要研究用户购买频次、订单金额、产品类型等分布情况，优化商品推荐和库存管理等。同时还可以分析用户在不同地区、不同时段、不同渠道的消费分布情况，帮助企业制定有针对性的营销策略。

七、结构分析

结构分析是指对某一系统、产品或现象的内部结构、组成部分及其相互关系进行深入分析的过程。它旨在揭示结构特征、功能关系以及潜在的问题和优化点。

结构分析在多个领域都具有重要的价值和意义。它可以帮助我们更深入地了解系统、产品或现象的内部结构和功能关系，发现潜在的问题和优化点，并为决策制定和优化提供科学依据。例如，在经济学领域，结构分析有助于政策制定者了解经济结构的现状和发展趋势；在工程学领域，结构分析有助于确保结构的安全性、稳定性和耐久性；在产品设计领域，结构分析可以提高产品的性能、降低成本并提高生产效率。

八、达成分析

达成分析是指对目标进行系统的评估和分析，以确定目标实现的可能性、所需的步骤和资源，以及实施过程中的关键因素和风险点。其目的在于帮助决策者更好地了解目标的可行性，制订有效的实施计划，并监控和调整实施过程，以确保目标最终得以实现。

达成分析广泛应用于各个行业和领域，包括企业管理、项目管理、市场营销、教育教学等。在企业管理中，达成分析有助于制订战略规划和年度经营计划；在项目管理中，它有助于确保项目按时、按质、按量完成；在市场营销中，它有助于制订有效的营销策略和推广计划；在教育教学中，它有助于评估教学目标的实现情况和教学质量。

第二章
市场数据分析

章节知识结构图

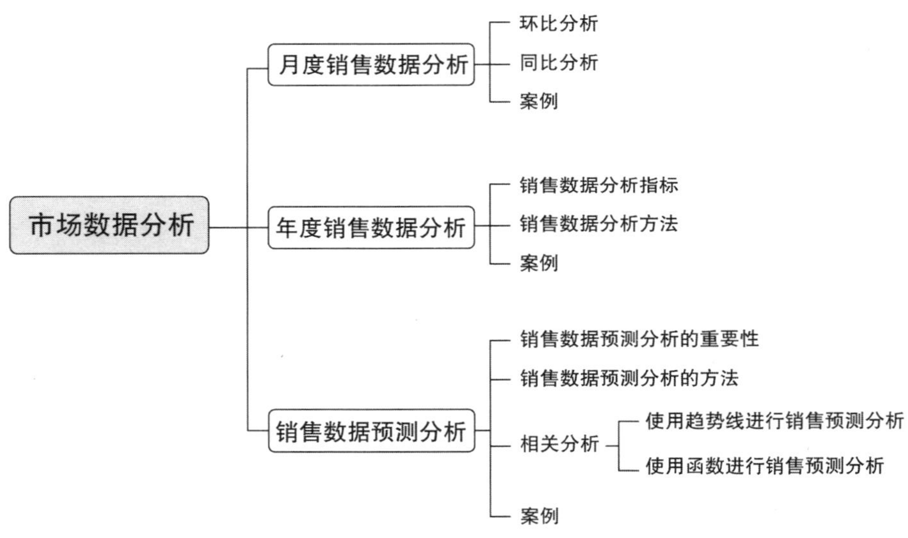

第一节　月度销售数据分析

【知识目标】

1. 理解月度销售数据分析内容。
2. 掌握环比分析和同比分析的概念和方法。

【能力目标】

1. 能对已知的销售数据进行环比分析和同比分析。
2. 能用图表反映出月度销售额，并进行分析。
3. 能用图表反映出月度销售量，并进行分析。

【素养目标】

1. 具备一定的销售数据分析能力。
2. 具备一定的业务理解能力。
3. 具备一定的沟通与协作能力。
4. 具备细心严谨的职业素养。

月度销售数据分析是企业管理中的重要环节，它通过对销售数据的收集、整理和分析，帮助企业了解市场趋势、评估销售绩效、发现潜在问题并制定相应的销售策略。

一、环比分析

环比分析是将当前月的销售额与上一月的销售额进行比较，以评估短期内销售的变化趋势。

（一）计算方法

环比增长率 = (本月销售额 - 上月销售额)/ 上月销售额 × 100%

（二）分析要点

1. 增长或下降。首先判断环比增长率是正值还是负值，正值表示销售额较上月增长，负值则表示下降。

2. 增长幅度。分析环比增长率的绝对值大小，以了解销售额变化的显著程度。

3. 趋势判断。结合连续几个月的环比数据，判断销售额的短期变化趋势，如持续增长、持续下降或波动变化。

二、同比分析

同比分析是将当前月的销售额与去年同期的销售额进行比较，以评估长期内销售的变

化趋势。

（一）计算方法

同比增长率 =（本月销售额 － 去年同期销售额）/ 去年同期销售额 × 100%

（二）分析要点

（1）增长或下降。与环比分析类似，首先判断同比增长率是正值还是负值。

（2）季节性因素。考虑到不同月份可能存在的季节性因素（如节假日、促销活动等），同比分析有助于剔除这些因素的影响，更准确地反映销售趋势。

（3）市场变化。通过同比分析，可以了解企业在不同年份同一时期的市场表现，评估市场变化对企业销售的影响。

【例 2-1-1】某企业生产的电器产品有电磁炉、电脑、空调、热水器和显示器，各品类 2024 年 4 月的销售数据见文件【2-1】中工作表【销售明细表】，请使用数据透视表对不同品类的销售额进行分析，以图表形式呈现。

（1）打开本实例的文件【2-1】，新建一个工作表【2-1-1】，在新工作表中根据“销售明细表”中的数据创建一个以“产品名称”为行，以“销售额”为值的数据透视表，如图 2-1 所示。

（2）为方便阅读数据，适当调整数据透视表的布局、样式及值字段标题，并将数据按照销售额升序排列，如图 2-2 所示。

	A	B
1		
2		
3	**行标签**	**销售额**
4	热水器	95,140
5	空调	178,549
6	显示器	209,848
7	电磁炉	230,618
8	电脑	377,122
9	**总计**	**1,091,277**

图 2-1　数据透视表效果图

	A	B
1		
2		
3	**产品名称**	**销售额**
4	热水器	95,140
5	空调	178,549
6	显示器	209,848
7	电磁炉	230,618
8	电脑	377,122
9	**总计**	**1,091,277**

图 2-2　设置数据透视表布局后的效果图

分析不同品类的销售额时，重点是不同品类销售额的对比，首选用柱形图或条形图进行展现，此处选择条形图。需要注意的是，默认插入的条形图的数据标签的位置都是随着数据条的长度变化的，如图 2-3 所示。

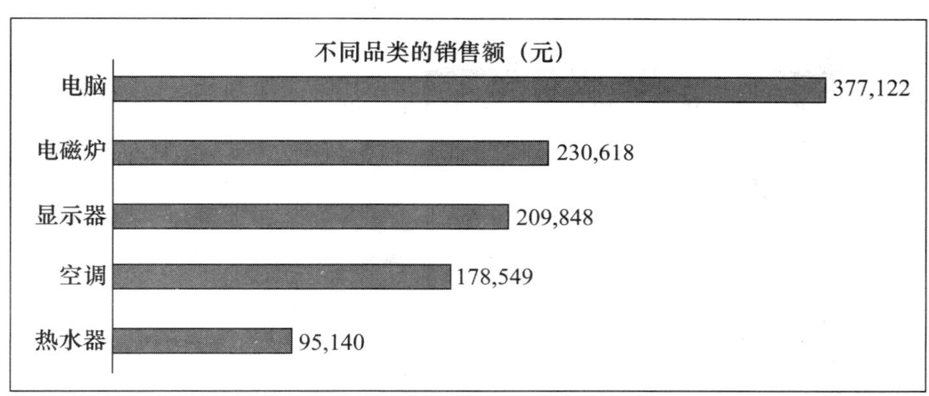

图 2-3 创建数据透视图

如果想要使数据标签固定显示在图表中对应数据条的右侧且对齐，则需要为其添加一个辅助数据系列，如表 2-1 所示。因此需要根据数据透视表重新创建一个数据区域作为图表的数据源区域。

表 2-1 创建辅助数据表

产品名称	销售额（元）	辅助列（元）
热水器	95,140	400,000
空调	178,549	400,000
显示器	209,848	400,000
电磁炉	230,618	400,000
电脑	377,122	400,000

（3）创建一个新的数据源，并根据新的数据源创建一个条形图，编辑图表标题。选中图表标题，将图表标题更改为“不同品类的销售额（元）”，将其字体加粗。然后删除横坐标轴、网格线和图例，如图 2-4 所示。

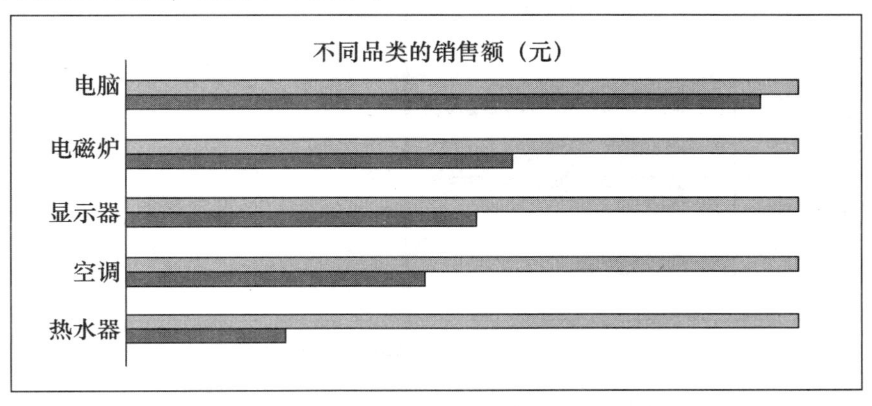

图 2-4 设置条形图格式

（4）设置数据系列。选中数据系列“辅助系列”，打开【设置数据系列格式】任务窗格。选中【纯色填充】单选钮，设置填充为蓝色，个性色 1，淡色 80%。选中数据系列“销售金额”，选中【渐变填充】单选钮，设置填充颜色为蓝色，个性色 1，如图 2-5、图 2-6、图 2-7 所示。

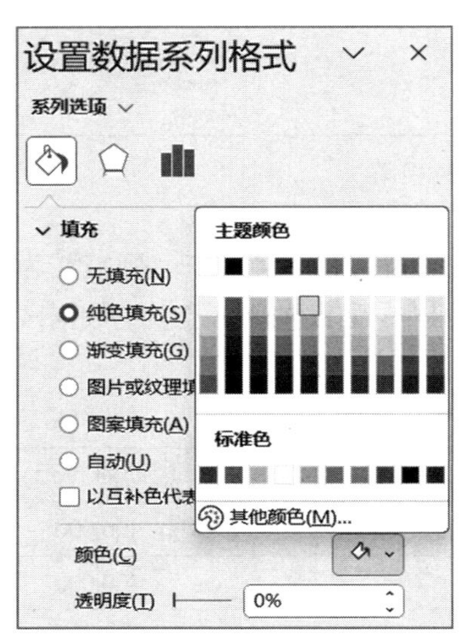

图 2-5　设置数据系列格式辅助系列

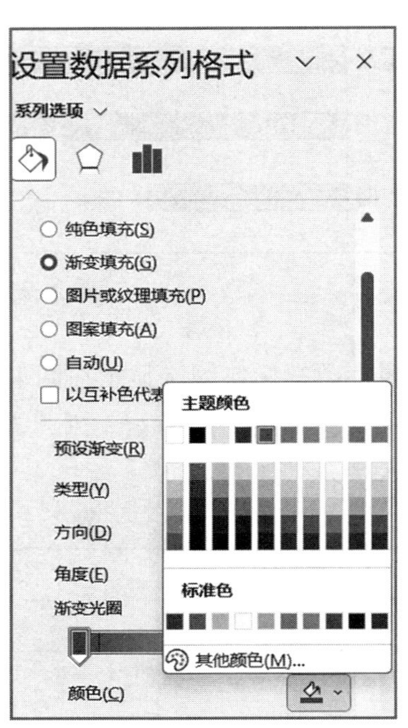

图 2-6　设置数据系列格式销售金额系列

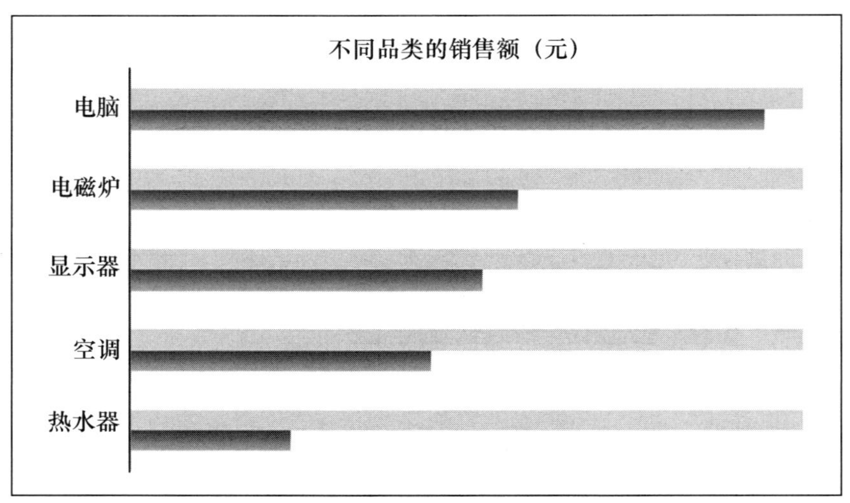

图 2-7　设置数据系列格式后的效果图

（5）将【系列重叠】设置为【100%】，使两个数据系列重合，如图 2-8 所示。重合后可以发现，数据系列“销售金额”默认是位于底层的，如图 2-9 所示。

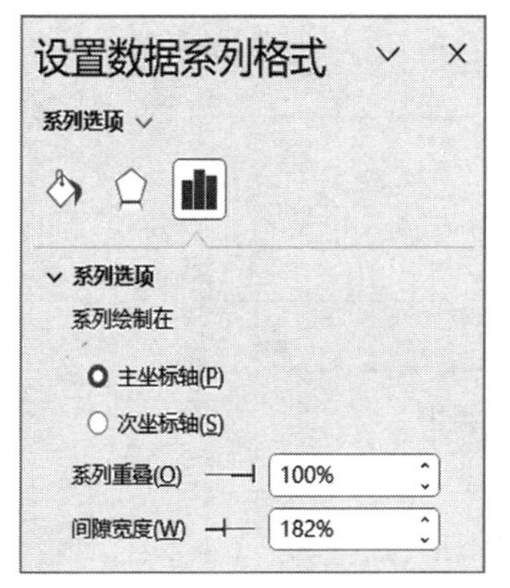

图 2-8 设置数据系列格式系列重叠

图 2-9 效果图

（6）切换到【图表工具】栏的【图表设计】选项卡，在【数据）组中单击【选择数据】按钮，如图 2-10 所示。打开【选择数据源】对话框勾选【销售额】复选框，单击【下移】按钮，如图 2-11 所示。

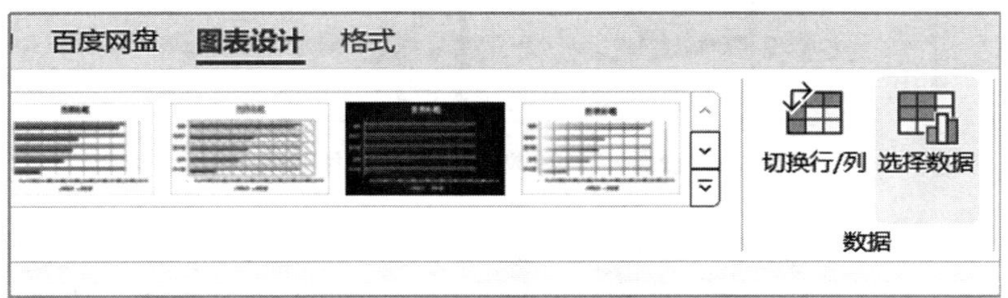

图 2-10 图表设计选项卡

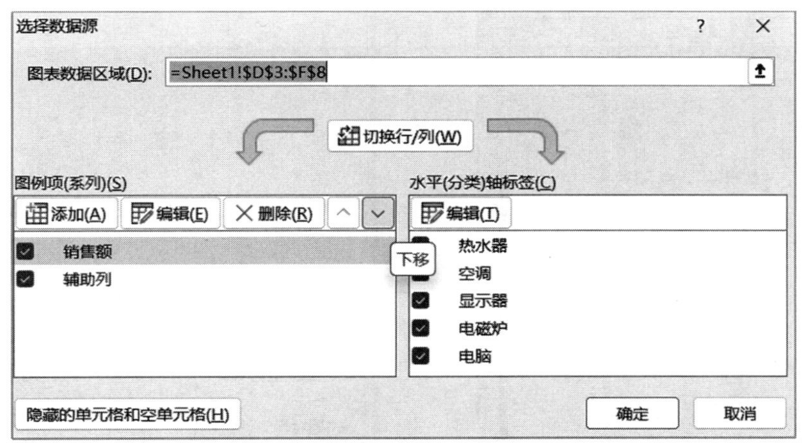

图 2-11 设置“选择数据源”对话框

（7）此时可将数据系列“销售额”移动到数据系列“辅助列”的下方，单击【确定】按钮，返回图表，看到数据系列“销售额”已经移动到顶层，如图 2-12、图 2-13 所示。

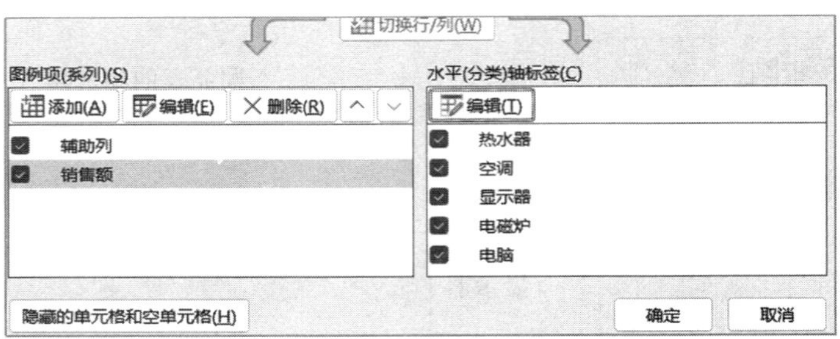

图 2-12 移动销售额数据系列效果图

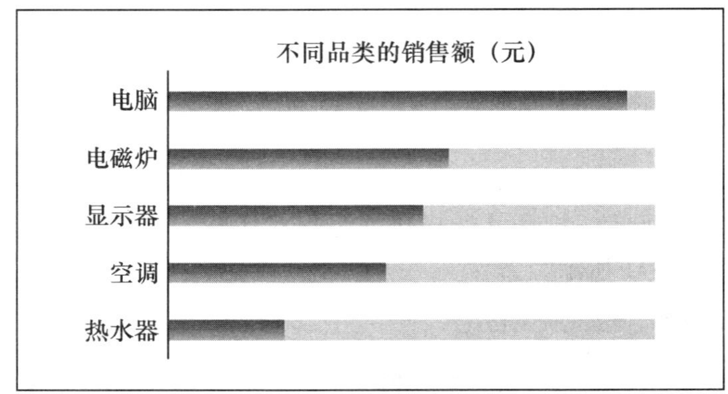

图 2-13 设置“选择数据”对话框后的效果图

（8）选中数据系列“辅助列”，添加数据标签，然后打开【设置数据标签格式】任务窗格。在【标签选项】组中选【单元格中的值】复选框，如图 2-14 所示；弹出【数据标签区域】对话框，选中销售金额所在的数据区域，然后单击【确定】按钮，如图 2-15 所示。

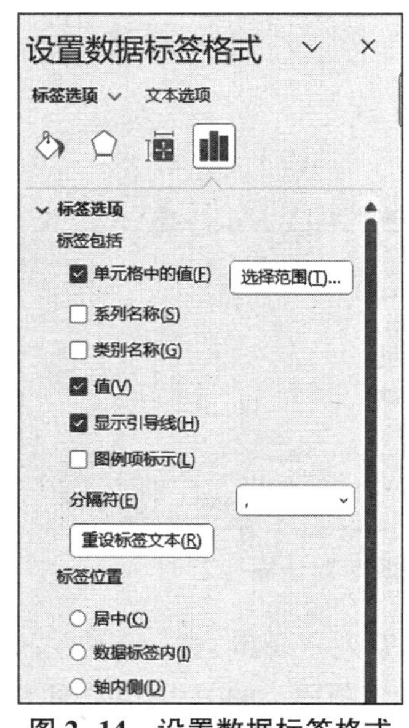

图 2-14 设置数据标签格式

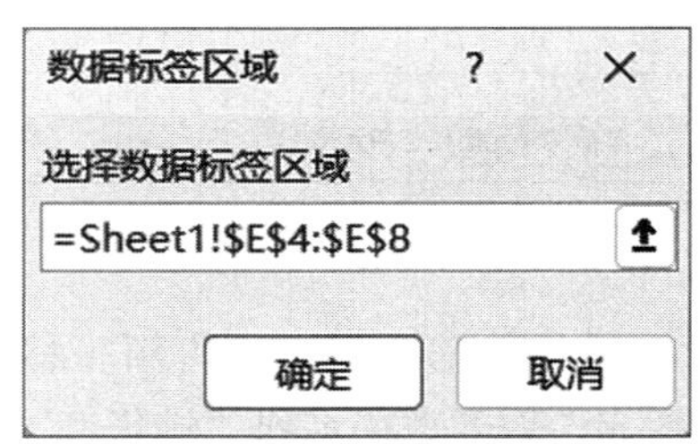

图 2-15 选择数据标签区域

（9）取消勾选【标签选项】组中的【值】复选框，返回图表即可看到数据标签中的数值已经更改为销售额的值，如图 2-16 所示。

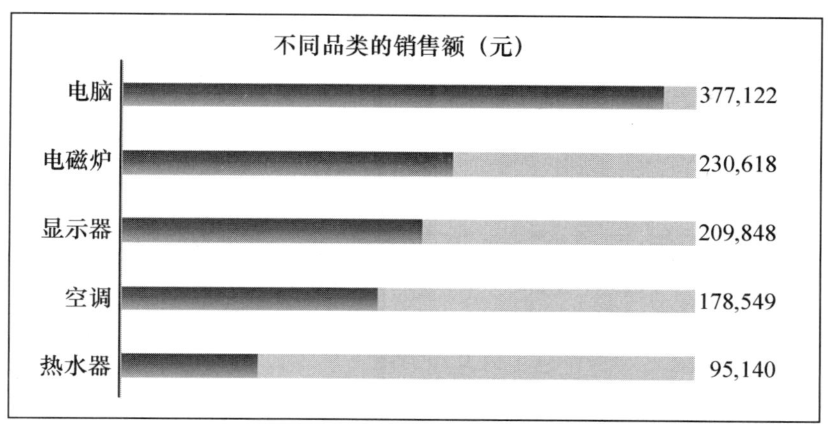

图 2-16　设置数据标签格式后的效果图

【例 2-1-2】不同品类的销量分析与不同品类的销售额分析的方法基本一致，即先通过数据透视表来汇总不同品类的销量，然后通过图表来对比分析它们的差异。根据文件【2-1】中的【销售明细表】，创建工作表【2-1-2】，将各品类的销售数量用圆柱图表示。

（1）打开本实例的文件【2-1-2】，在“销售数据汇总”工作表中根据“销售明细表”中的数据创建一个以“产品名称”为行，以“销售量”为值的数据透视表，并进行适当的透视表设置，如图 2-17 所示。接下来根据汇总数据创建图表，创建一个柱形图，如图 2-18 所示。

产品名称	销售量
电磁炉	82
电脑	78
空调	51
热水器	60
显示器	52
总计	323

图 2-17　数据透视表效果图

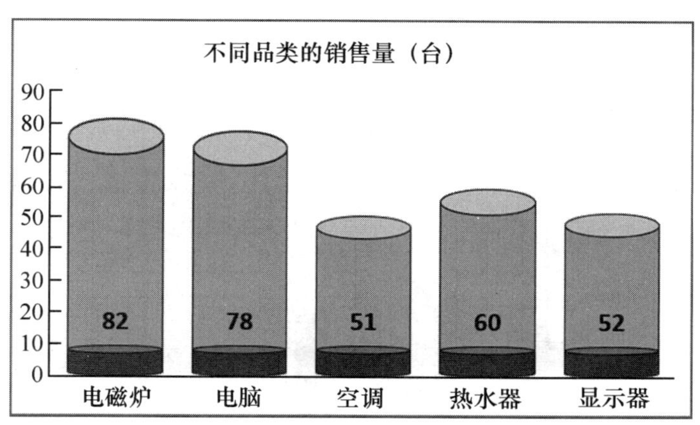

图 2-18　不同品类销售量数据透视图

（2）将数据透视表中的数据复制到另一个数据区域中，后添加一个“辅助列”，如表 2-2 所示。

表 2-2 添加辅助列表

产品名称	销售量	辅助列
电磁炉	82	10
电脑	78	10
空调	51	10
热水器	60	10
显示器	52	10

（3）根据新创建的数据源，创建一个柱形图，如图 2-19 所示。

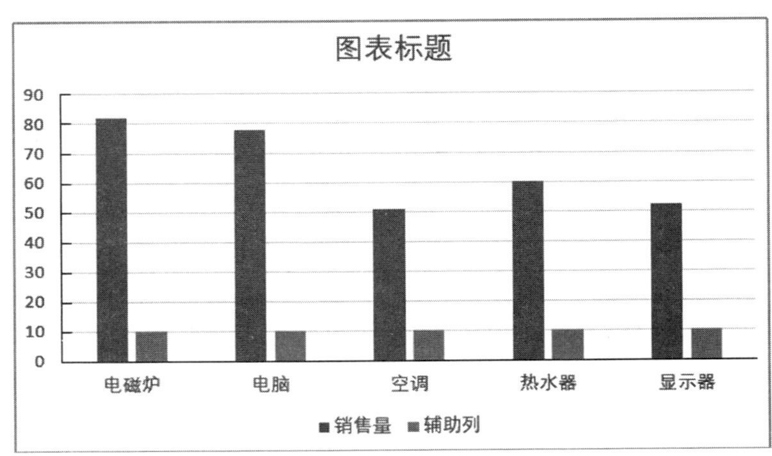

图 2-19 添加辅助列表对应的柱形图

（4）删除多余元素并编辑图表区。删除图表中的网格线和图例。编辑图表标题和横坐标轴。选中图表标题，将图表标题更改为“不同品类的销售量（台）”，然后将其字体加粗，如图 2-20 所示。

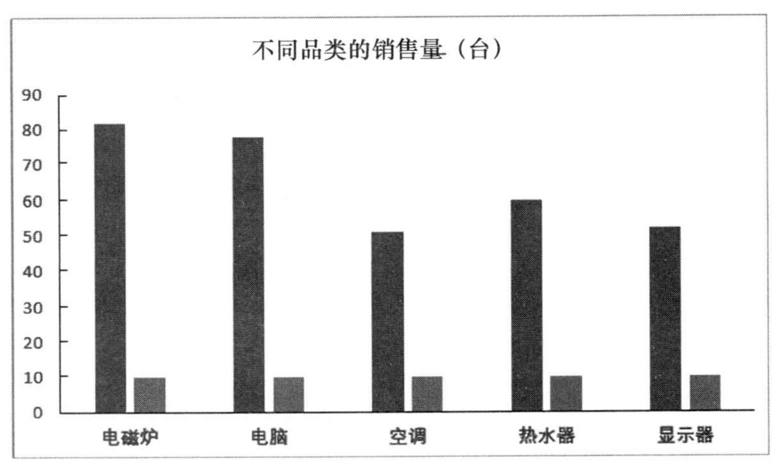

图 2-20 编辑图表标题和横坐标轴效果图

（5）设置数据系列。绘制填充数据系列的圆柱体。插入两个圆柱体，如图 2-21 所示。

（6）使用圆柱 1 填充数据系列“辅助列”，圆柱 2 填充数据系列“销售量”，然后将两个数据系列的【系列重叠】设置为【100%】，【间隙宽度】设置为【30%】，效果如图 2-22 所示。

图 2-21 圆柱体效果图

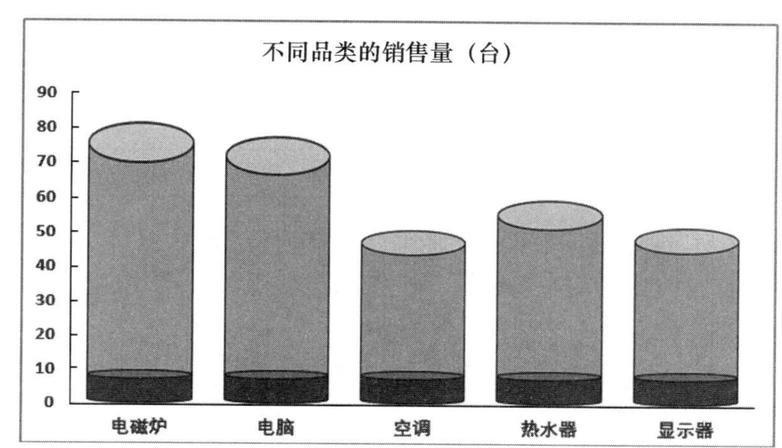

图 2-22 设置数据系列格式后的效果图

（7）添加数据标签。为数据系列“销售量”添加数据标签，如图 2-23 所示。

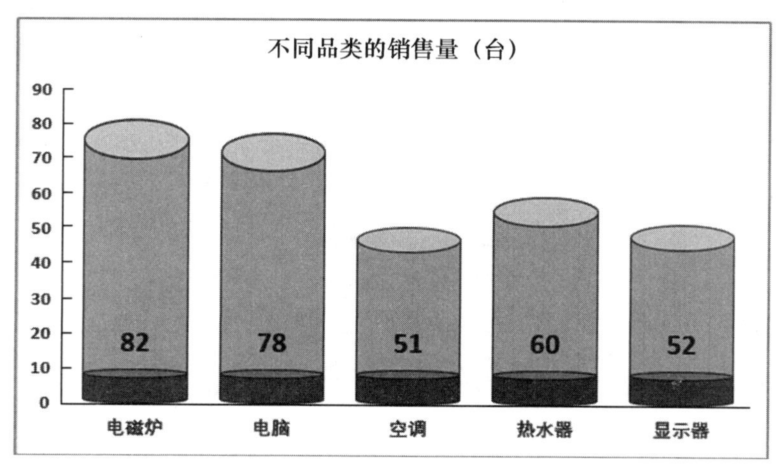

图 2-23 添加数据标签后的效果图

【例 2-1-3】根据文件【2-1】中的【销售明细表】，对月度销售额进行环比分析。进行月度销售数据分析时，不仅要分析当月的销售额，还要将其与相邻月份的销售额进行环比分析，查看当月销售额是增长还是下降。

（1）打开本实例的原始文件【2-1】，在【2-1-3】工作表的空白区域中创建一个用于进行环比分析的数据区域，并设置数据区域的单元格格式，如边框、底纹、字体格式等，如表 2-3 所示。

表 2-3　环比分析数据表

产品名称	当月销售额（元）	上月销售额（元）	环比变动
电磁炉	95,140	241,604	-153.95%
电脑	178,549	206,021	-15.39%
空调	209,848	171,430	18.31%
热水器	230,618	169,730	26.40%
显示器	377,122	117,126	68.94%
合计	1,091,277	905,911	16.99%

（2）通过图标展示环比变动。选中环比变动数据所在的单元格切换到【开始】选项卡，在【样式】组中单击【条件格式】按钮，在弹出的下拉列表中选择【新建规则】选项，如图 2-24 所示。

（3）弹出【新建格式规则】对话框，选择【基于各自值设置所有单元格的格式】选项，再设置【格式样式】为【图标集】，【图标样式】为【三向箭头（彩色）】，并勾选【仅显示图标】复选框，然后依次设置 3 个图标的显示规则，如图 2-25 所示。

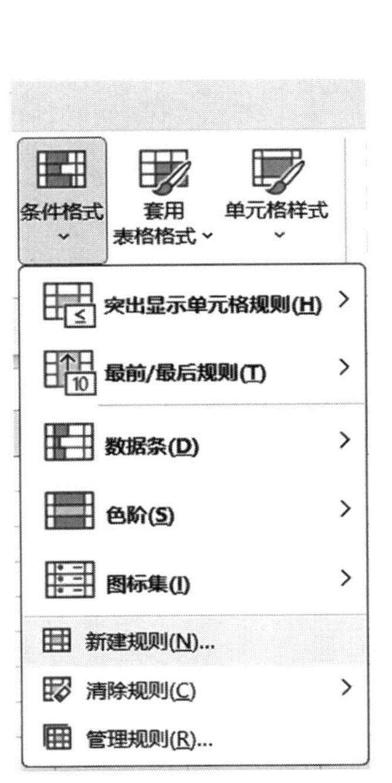

图 2-24　条件格式菜单

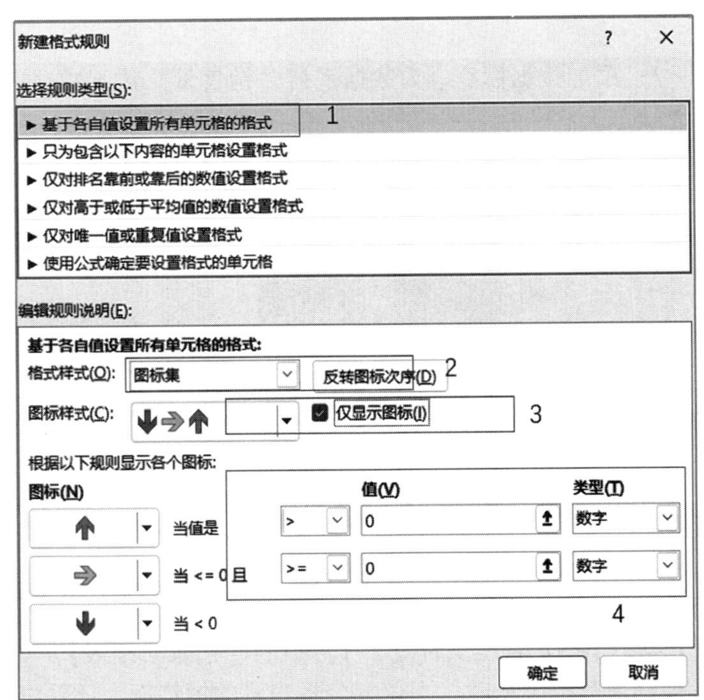

图 2-25　设置【新建格式规则】对话框

（4）设置完毕后，单击【确定】按钮，返回工作表，即可看到环比变动数据已经显示为箭头。这样一眼就可以看出当月销售额相对于上月销售额是增长还是下降了，如图 2-26 所示。

产品名称	当月销售额（元）	上月销售额（元）	环比变动
电磁炉	95,140	241,604	↓
电脑	178,549	206,021	↓
空调	209,848	171,430	↑
热水器	230,618	169,730	↑
显示器	377,122	117,126	↑
合计	1,091,277	905,911	16.99%

图 2-26　设置新建格式规则后的效果图

（5）图标可以帮助读者一眼看出增长或下降趋势，能展现增长和下降的幅度。接下来创建图表对比分析两个月的销售额的变动幅度，此处选用面积图。根据产品名称和环比变动的单元格区域创建一个面积图，如图 2-27 所示。编辑图表标题。将图表标题更改为“不同品类销售额环比分析”，并加粗显示。

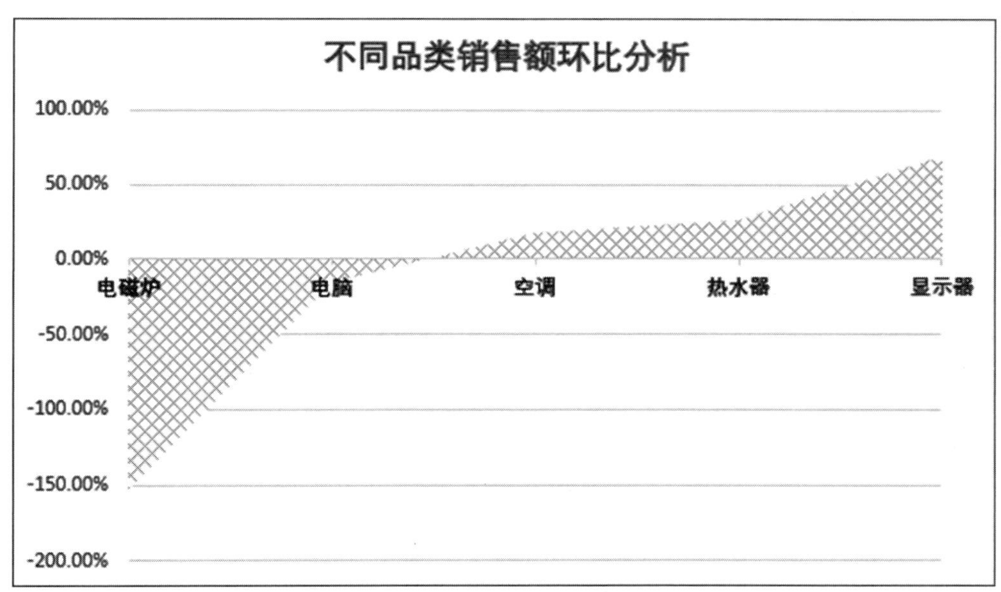

图 2-27　编辑图表标题后的效果图

（6）编辑网格线。由于网格线属于辅助线，所以一般会将其弱化显示，例如，将【短划线类型】设置为【短划线】，如图 2-28 所示，效果如图 2-29 所示。

（7）添加垂直线。为了让图表看起来更直观，可以为图表添加垂直线，具体操作及效果如图 2-30 和图 2-31 所示。

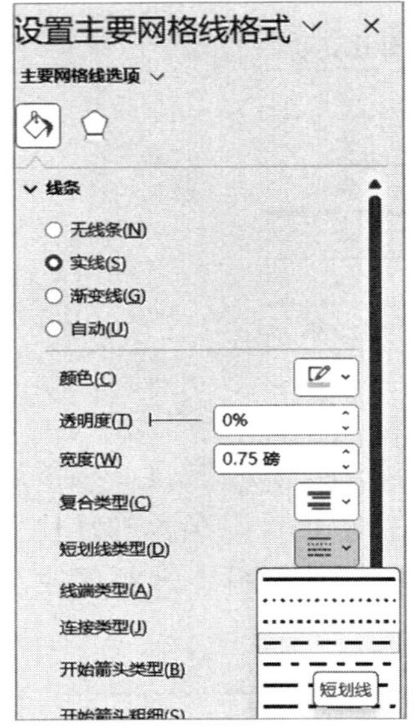

图 2-28　设置主要网格线格式的对话框

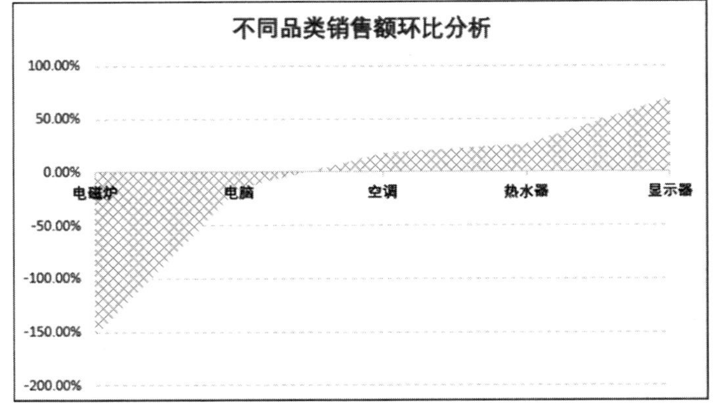

图 2-29　设置主要网格线格式后的效果图

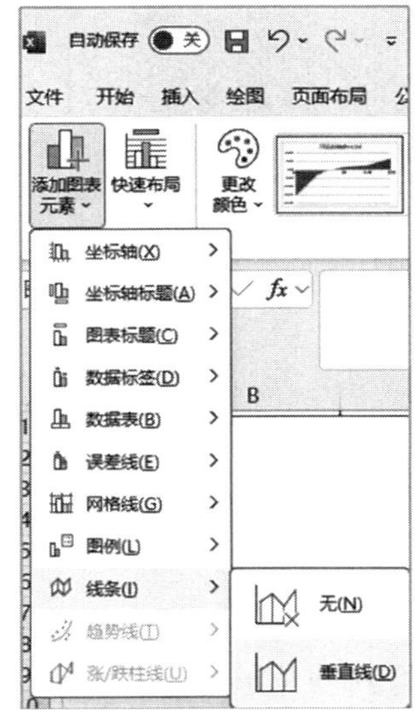

图 2-30　添加垂直线示意图

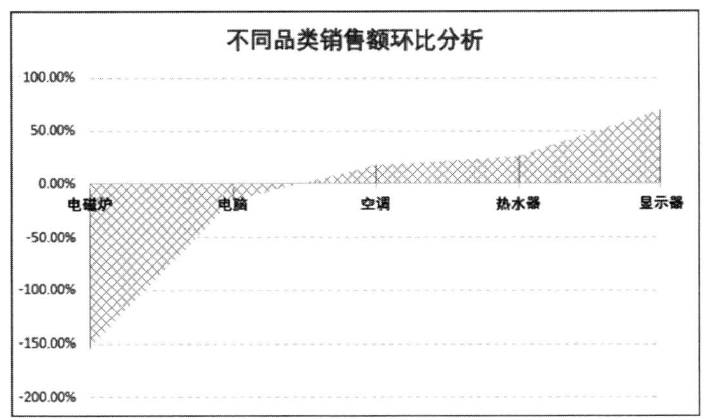

图 2-31　添加垂直线后的效果图

【例 2-1-4】 进行月度销售数据分析时，不仅要分析当月的销售额，还应将其与去年同期的销售额进行同比分析，查看当月销售额是增长还是下降。根据文件【2-1】中的【销售明细表】，对销售额进行同比分析，并用透视图来展示。

（1）打开本实例文件【2-1】，将用于进行环比分析的数据复制到一个新的工作表【2-1-4】，将“上月销售额”列的数据更改为“上年同期销售额”的数据，将列标题“环比变动”更改为“同比分析”，如图 2-32 所示。

产品名称	当月销售额	上年同期销售额	同比分析	辅助列1
电磁炉	95,140	113,326	⬇	
电脑	178,549	166,543	⬆	6.72%
空调	209,848	218,642	⬇	
热水器	230,618	223,412	⬆	3.12%
显示器	377,122	354,221	⬆	6.07%
合计	1,091,277	1,076,144	1.39%	

图 2-32 同比分析数据效果图

（2）根据同比分析的数据区域创建一个不同品类销售额同比变动的对比图表，如图 2-33 所示。添加数据标签，然后设置图表的标题等。

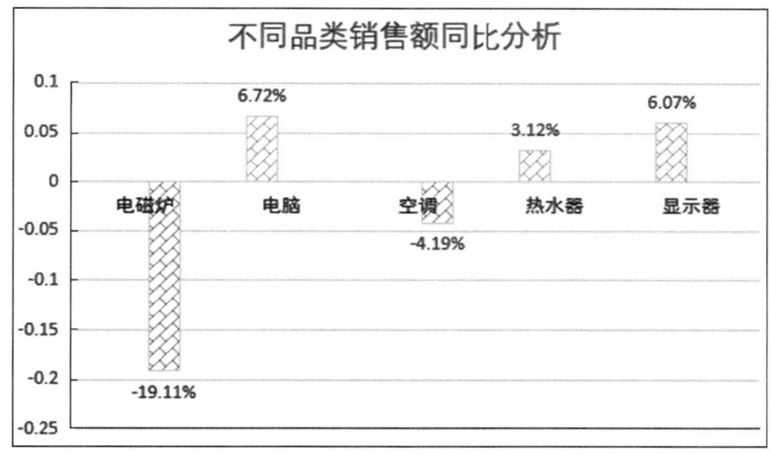

图 2-33 添加数据标签效果图

（3）为了更好地表现销售额是增长还是下降的，可以将柱形更改为箭头。绘制一个箭头，然后将箭头填充到数据系列中，如图 2-34 所示。

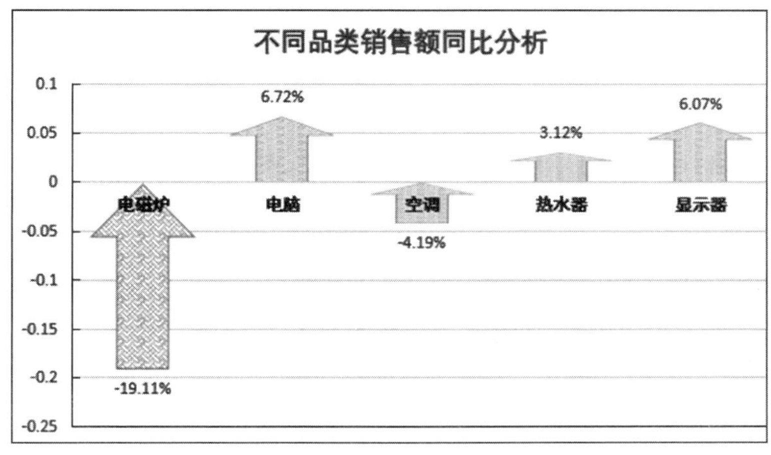

图 2-34 更改为箭头后的效果图

可以看到，箭头方向都是向上的。怎样才能使增长的数据系列显示为向上的箭头，下降的数据系列显示为向下的箭头？可以根据同比变动的数据添加两个辅助列，在图表中形成两个数据系列，再为不同的数据系列选用不同的箭头。

（4）根据同比变动的数据增加两个辅助列：“辅助列 1”“辅助列 2”，如图 2-35 所示。

产品名称	当月销售额(元)	上年同期销售额（元）	同比分析	辅助列1	辅助列2
电磁炉	95,140	113,326	↓		-19.11%
电脑	178,549	166,543	↑	6.72%	
空调	209,848	218,642	↓		-4.19%
热水器	230,618	223,412	↑	3.12%	
显示器	377,122	354,221	↑	6.07%	
合计	1,091,277	1,076,144	1.39%		

图 2-35　增加“辅助列 2”后的效果图

（5）在图表上单击鼠标右键，在弹出的快捷菜单中选择【选择分析】选项，如图 2-36 所示。

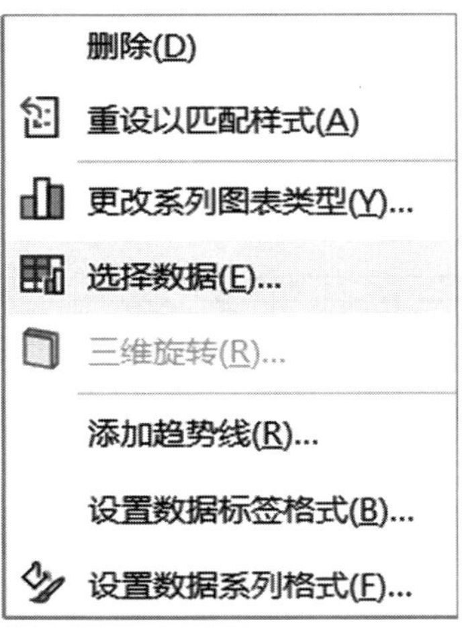

图 2-36　快捷菜单

（6）打开【选择数据源】对话框，勾选【同比分析】复选项单击【编辑】按钮，如图 2-37 所示。

（7）打开【编辑数据系列】对话框，将【系列名称】和【系列值】分别更改为“辅助列 1”中的标题单元格和对应的数据区域，如图 2-38 所示。

（8）单击【确定】按钮，返回【选择数据源】对话框，单击【添加】按钮，如图 2-39 所示。

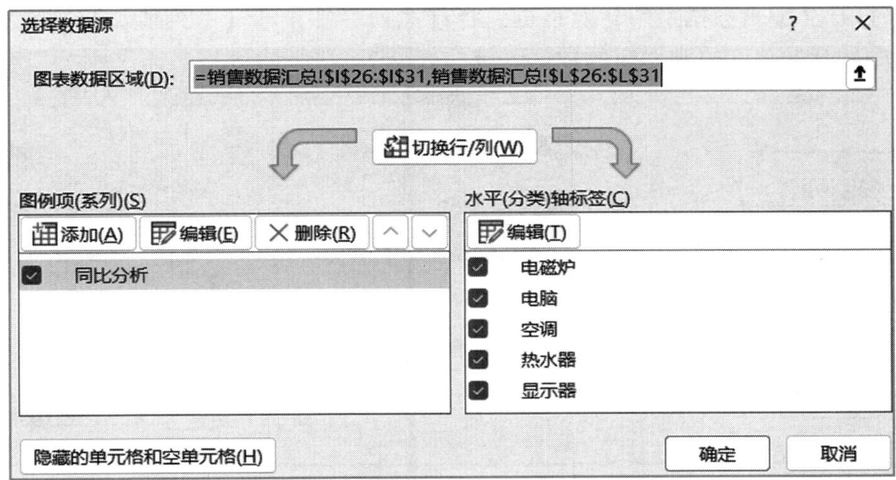

图 2-37 设置【选择数据源】对话框

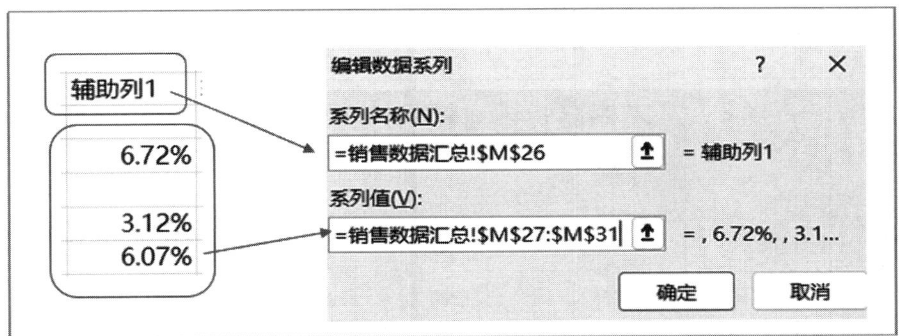

图 2-38 设置【编辑数据系列】对话框

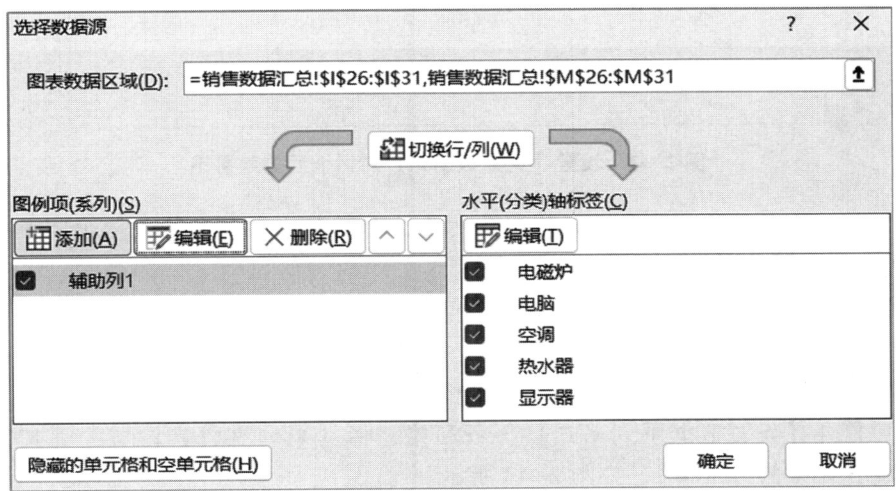

图 2-39 单击【添加】按钮图后的对话框

（9）打开【编辑数据系列】对话框，将【系列名称】和【系列值】分别设置为“辅助列 2”中的标题单元格和对应的数据区域，如图 2–40 所示。

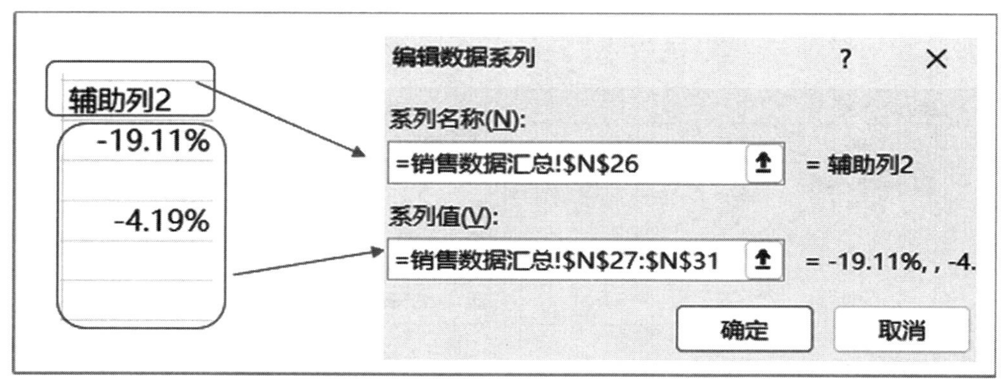

图 2–40　设置【编辑数据系列】对话框

（10）单击【确定】按钮，返回【选择数据源】对话框，单击【确定】按钮，返回工作表，图表的效果如图 2–41 所示。

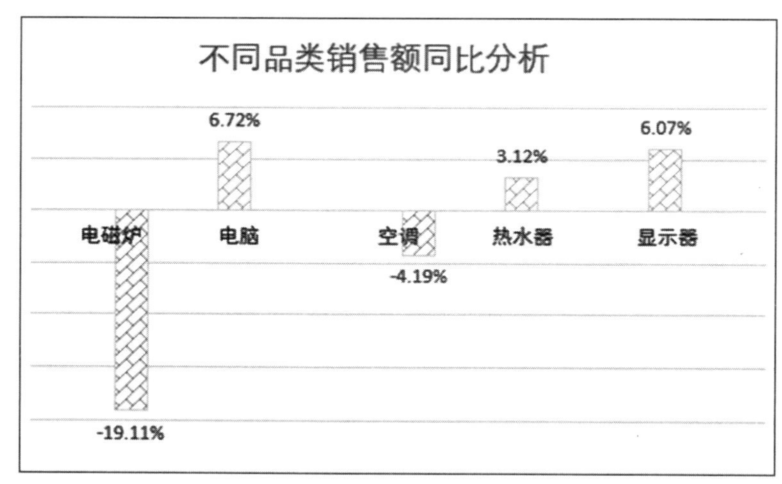

图 2–41　设置【选择数据源】对话框后的效果图

（11）使用向上的蓝色箭头填充数据系列“辅助列 1”，然后再绘制一个向下的箭头来填充数据系列“辅助列 2”，如图 2–42 所示。

虽然现在已经达到了使用不同箭头展示增长、下降效果的目的，但是从图 2–42 中可以看出，各箭头的间距是不同的。这是因为该图表实际是由两个数据系列组成的，只要将这两个数据系列重叠，就可以使箭头的间距相等。

（12）打开【设置数据系列格式】任务窗格，将【系列重叠】设置为【100%】，将【间隙宽度】调整为【30%】，如图 2–43 所示。

（13）设置后的不同品类销售额同比分析效果如图 2–44 所示。可以看出，电磁炉和空调同比下降，电脑、热水器和显示器同比上升，如图 2–44 所示。

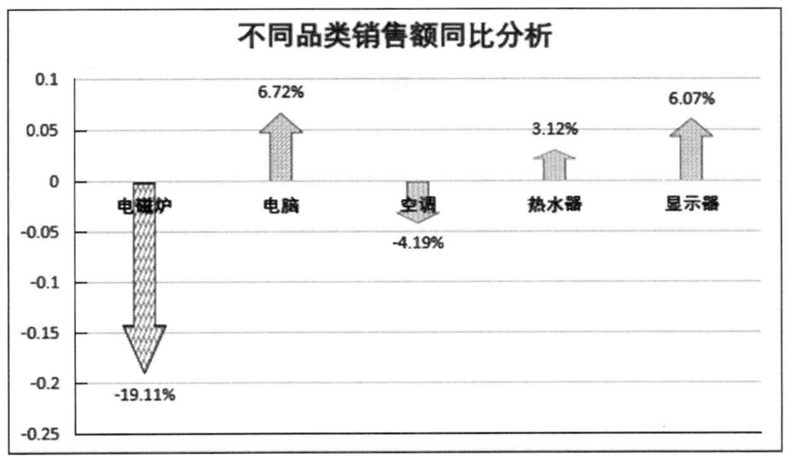

图 2-42 “辅助列 2”变为向下箭头后的效果图

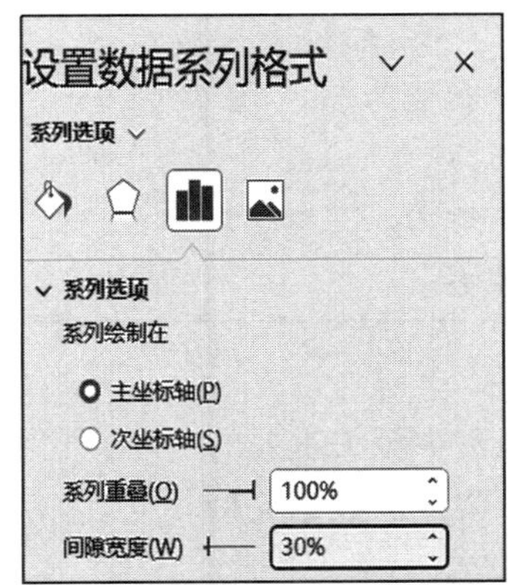

图 2-43 设置数据系列格式

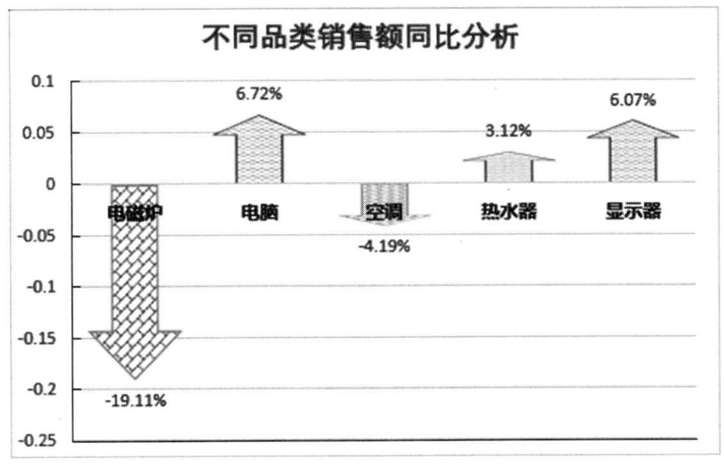

图 2-44 设置数据系列格式后的效果图

第二节　年度销售数据分析

【知识目标】

1. 理解年度销售数据分析内容。
2. 掌握年度销售数据分析方法。

【能力目标】

1. 能对各产品年度销售额进行分析。
2. 能根据销售数据进行趋势分析。
3. 能根据销售数据对产品销量进行排名。
4. 能分析不同价格区间产品的销量占比。

【素养目标】

1. 具备一定的销售数据分析能力。
2. 具备一定的业务理解能力。
3. 具备一定的沟通与协作能力。
4. 具备细心严谨的职业素养。

年度销售数据分析是企业经营中至关重要的一环，它不仅能帮助企业了解过去一年的销售表现，还能为未来的市场策略提供数据支持。

一、销售数据分析指标

销售数据分析是企业在市场营销中不可或缺的一环，通过对销售数据的收集、整理和分析，企业可以更好地了解市场需求、客户需求以及销售趋势，从而制定和调整销售策略，提高销售业绩。

（一）总销售额

年度总销售额是指企业在一年内通过销售产品所获得的总金额。通过分析年度总销售额的变化趋势，与上一年度或目标值进行对比。识别销售额增长或下降的原因，如市场需求变化、产品价格调整、促销活动效果等。

（二）销售渠道分析

分析不同销售渠道（如线上、线下、直销、分销等）的销售额占比和增长率。评估各渠道的效率和贡献度，优化渠道布局和资源配置。

（三）产品线分析

分析各产品线的销售额、销售量和毛利率等指标。识别热销产品和滞销产品，调整产品结构和市场策略。

（四）客户分析

分析客户类型（如新客户、老客户、大客户、小客户等）的销售额占比和增长率。评估客户的满意度和忠诚度，制定客户维护和拓展策略。

（五）区域市场分析

分析不同区域市场的销售额和市场份额。识别市场潜力和竞争态势，制定区域市场策略。

二、销售数据分析方法

（一）描述统计

年度销售数据的描述统计是对过去一年销售活动结果的量化描述和分析，旨在揭示销售趋势、市场表现、客户行为等关键信息。

企业在一年内通过销售产品所获得的总金额。通过图表展示销售数据的分布情况、趋势和特征，如销售额柱形图、趋势线图、饼图等。

（二）对比分析

将当前数据与历史数据进行对比，分析销售绩效的变化情况，如同比分析、环比分析等。

（三）因果分析

探究影响销售绩效的关键因素，如价格、促销、广告等，通过回归分析、相关性分析等方法进行量化分析。

年度销售数据的对比分析需要从多个维度进行深入挖掘和分析，以全面评估企业的销售业绩和市场表现。通过对比分析发现的问题和机会点将为企业制定和调整销售策略提供有力支持。

【例 2-2-1】根据 2024 年 1—12 月销售数据，请使用数据透视表汇总出不同品类的销售额，然后通过图表将其可视化。

（1）打开文件【2-2】，根据【2024 年 1—12 月销售明细表】，汇总计算出不同产品的销售额。

- 选中 A1 单元格，单击【插入】选项卡，选择【数据透视表】中的【表格和区域】选项单击，如图 2-45 所示。
- 设置【来自表格或区域的数据透视表】对话框，将汇总表在【新工作表】中显示。将工作表重命名为【2-2-1】，如图 2-46 所示。

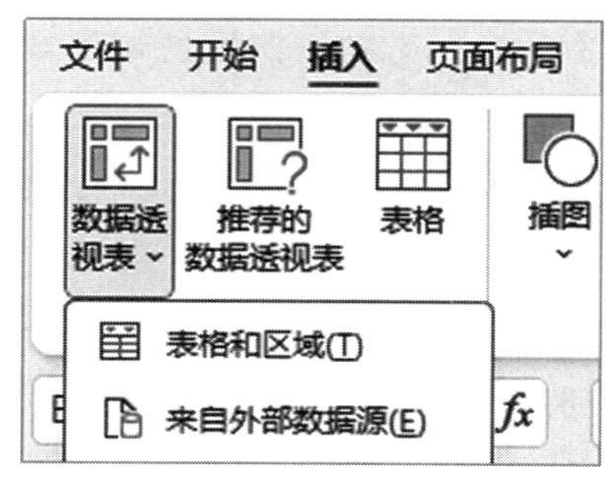

图 2-45　建立数据透视表路径图

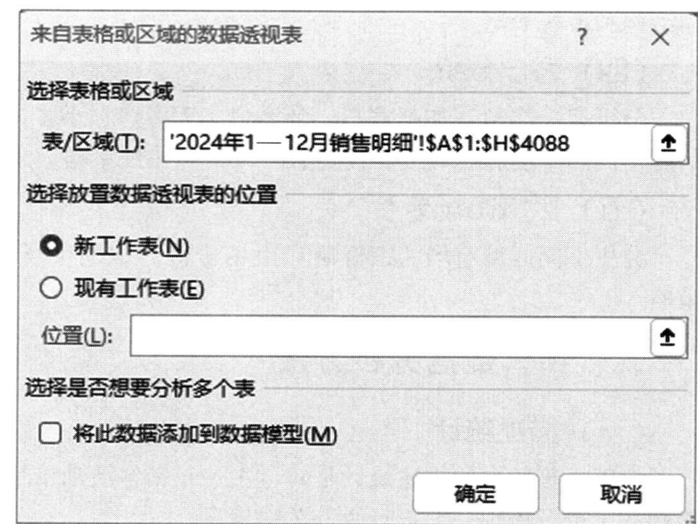

图 2-46　设置【来自表格或区域的数据透视表】对话框

• 单击【确定】按钮，得到【数据透视表字段】列表，将【产品名称】拖曳到【行】列表，将【单价】拖曳到【值】列表，如图 2-47 所示。得到 2024 年 1—12 月不同品类的销售额汇总表，效果如图 2-48 所示。

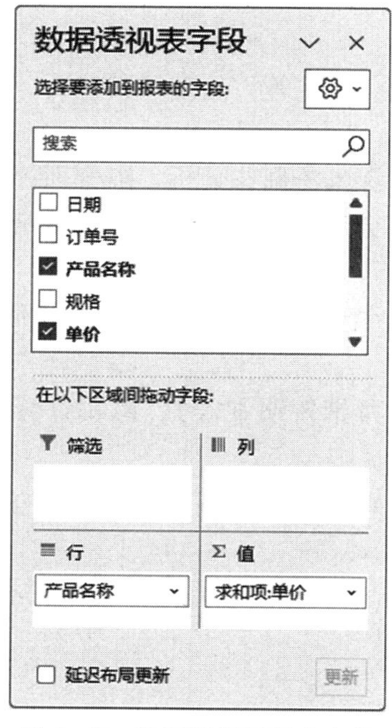

图 2-47　设置数据透视表字段

产品名称	销售额
电磁炉	2,869,138.00
电脑	4,248,467.00
空调	1,933,272.00
热水器	1,424,958.00
显示器	2,806,393.00
总计	13,282,228.00

图 2-48　数据透视表效果图

（2）打开“数据看板”工作表，切换到【插入】选项卡，在【图表】组中单击【插入柱形图或条形图】按钮，在弹出的下拉列表中选择【簇状条形图】选项，如图 2-49

所示。

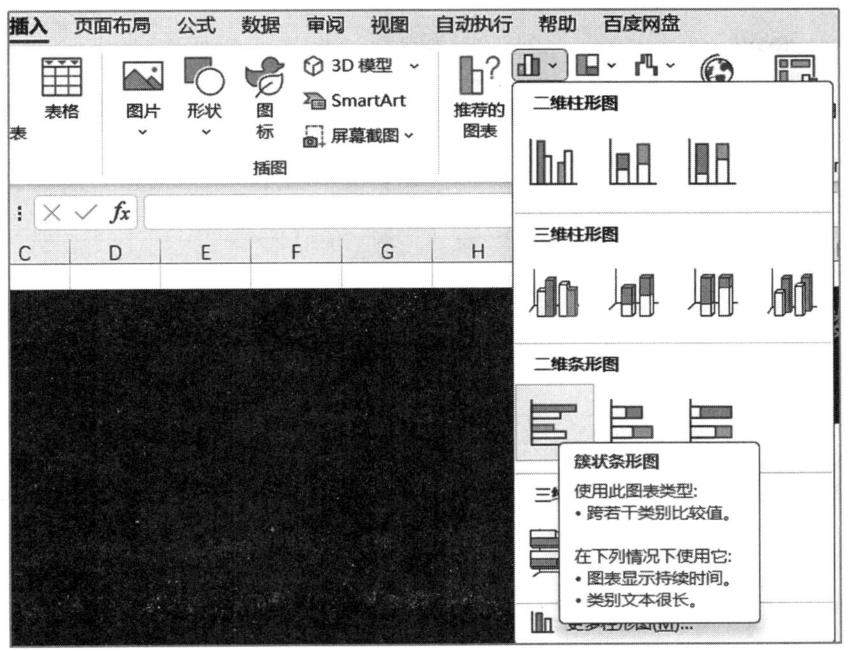

图 2-49 图表组中的柱形图或条形图选项卡

(3) 此时可在“数据看板”工作表中创建一个空白图表，选中空白图表，切换到【图表设计】选项卡，在【数据】组中单击【选择数据】按钮，如图 2-50 所示。

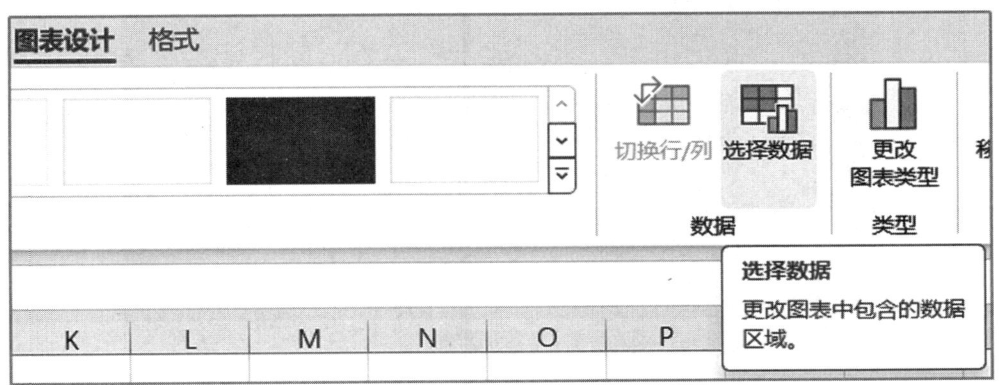

图 2-50 【选择数据】按钮

(4) 弹出【选择数据源】对话框，将光标定位到【图表数据区域】文本框中，然后选中“销售数据汇总”工作表中的数据透视表区域，如图 2-51 所示。

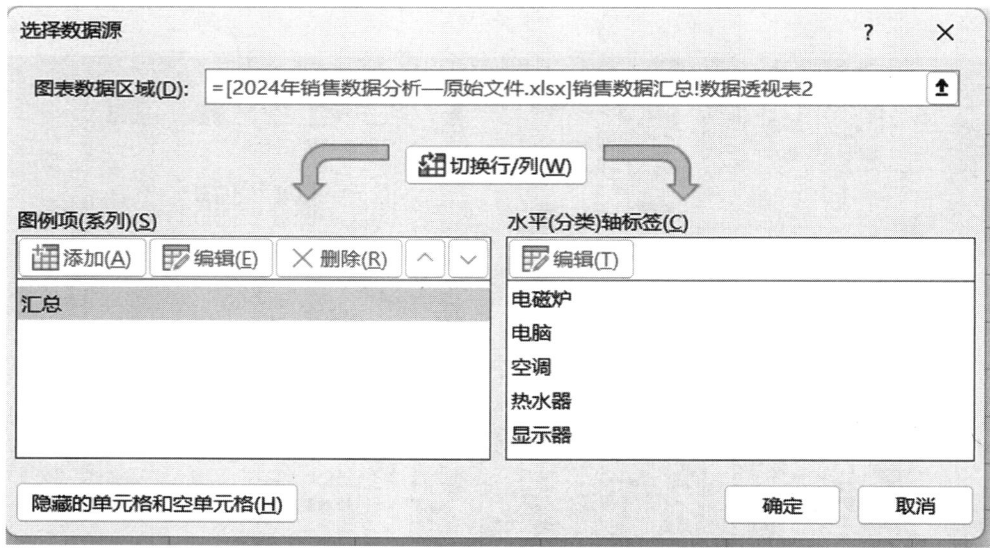

图 2-51　设置【选择数据源】对话框

（5）单击【确定】按钮，即可创建一个数据源为所选数据透视表的条形图，对图表进行适当的美化，最终效果如图 2-52 所示。

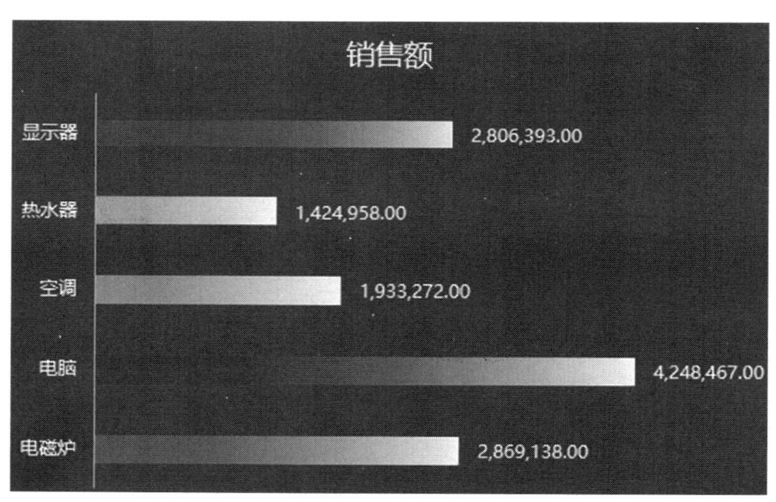

图 2-52　销售额效果图

【例 2-2-2】 根据 2024 年 1—12 月销售数据，利用数据透视表，获取 2022—2024 年 1—12 月各月份的销售额，在【2-2-3】工作表创建数据透视表，且根据 2022 年和 2023 年的数据，对近 3 年销售额变动趋势进行对比分析，可以判断一年中某个月的销售额变动是偶然现象还是季节规律。

（1）打开文件【2-2】，根据近 3 年各月的销售额，创建一个源数据表，如表 2-4 所示。

表 2-4　2022—2024 年 1—12 月销售数据表

月份	2024 年	2023 年	2022 年
1	1,203,546	1,368,254	1,244,987
2	957,712	328,964	1,124,111
3	905,911	375,234	1,263,222
4	1,091,277	823,463	1,302,379
5	1,096,445	802,158	1,187,367
6	1,106,359	783,543	1,197,546
7	1,083,456	809,236	1,201,390
8	1,247,819	784,123	1,220,324
9	1,217,927	787,111	1,197,394
10	1,218,137	919,555	1,261,298
11	1,108,082	870,543	1,117,123
12	1,045,557	860,287	1,331,987

（2）根据源数据表中的数据，在【2-2-3】工作表中建立一个折线图。单击【插入】选项卡，选择【折线图】，如图 2-53 所示。

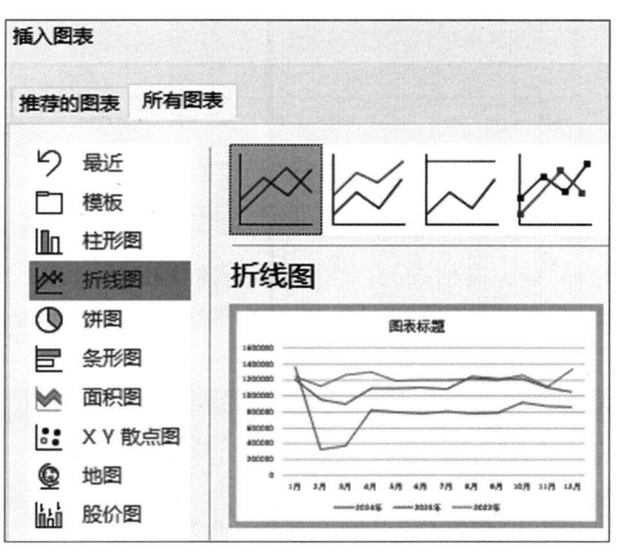

图 2-53　插入折线图

（3）单击【确定】按钮，出现折线图，如图 2-54 所示。

（4）将折线图中文字的字体设置为微软雅黑，在【设置图标区格式】中将字体颜色设置为【白色，背景 1】；将图表的填充颜色设置为【渐变填充】，轮廓颜色设置为【无轮廓】，效果如图 2-55 所示。

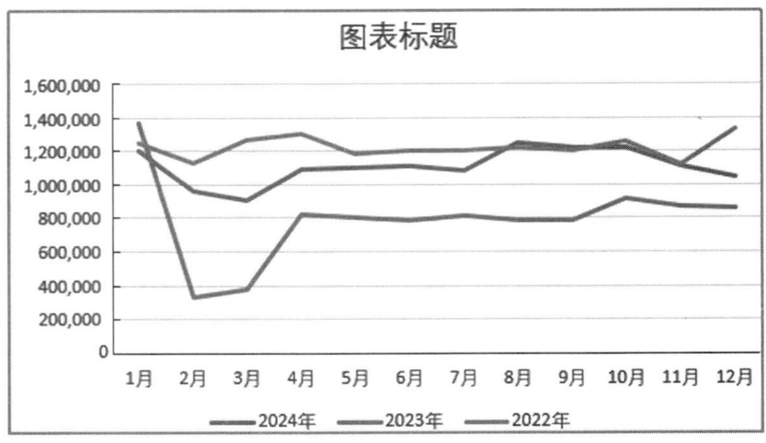

图 2-54　折线图

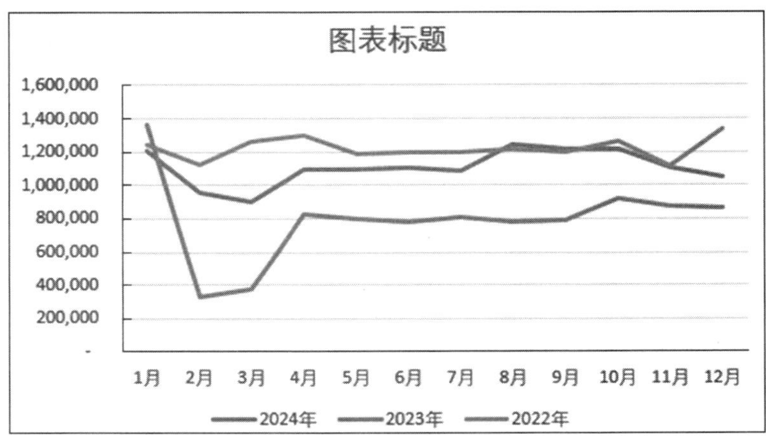

图 2-55　设置图表格式效果图

（5）折线图本身就是线，网格线的存在会对图表内容造成干扰，所以可以将网格线删除；当前图表用于对比近 3 年各月的销售额变动趋势，因此纵坐标轴也可以删除，效果如图 2-56 所示。

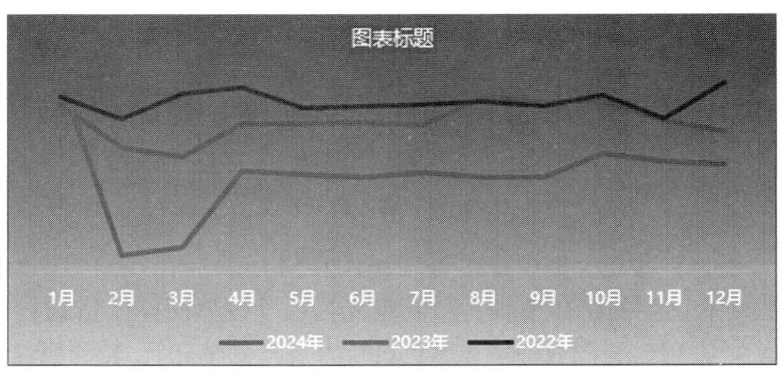

图 2-56　删除网格线和纵坐标轴的效果图

（6）设置数据系列。网格数据系列的线条设置为【实线】，宽度设置为【1.25 磅】，其颜色的设置可参照图 2-57；设置标记类型为【圆形】，【大小】为 5，在【填充】列表下选中【纯色填充】，填充颜色与线条颜色一致，将【边框】设置为【无线条】，如图 2-57 所示。

图 2-57 设置数据系列格式

（7）设置数据系列格式后的效果图，如图 2-58 所示。

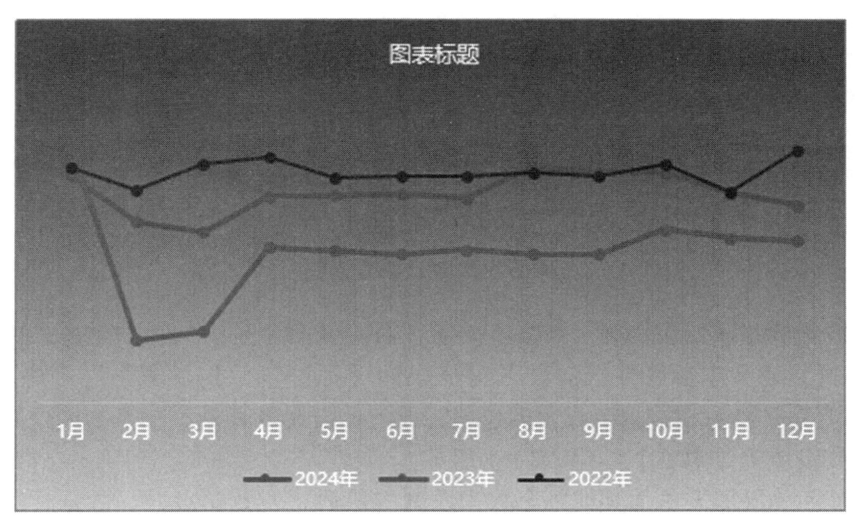

图 2-58 设置数据系列格式后的效果图

（8）添加图例。若直接单击【图标元素】按钮添加图例，图片默认添加到图表的右侧，如图 2-59 所示。

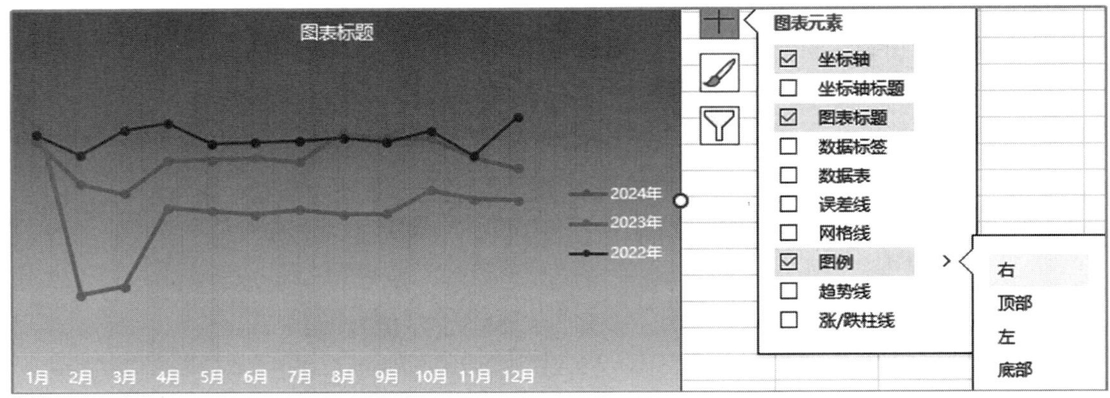

图 2-59　设置图例

（9）添加图例后，由于图例的顺序与折线的顺序并不是完全一致的，因此极有可能看错。为了方便对应图例和折线，可以通过为最后一个数据点添加数据标签的方式显示对应图例。选择一个数据系列，在最后一个数据系列点上双击，选中最后一个数据点，然后添加数据标签，即可仅为选中的数据点添加数据标签，如图 2-60 所示。

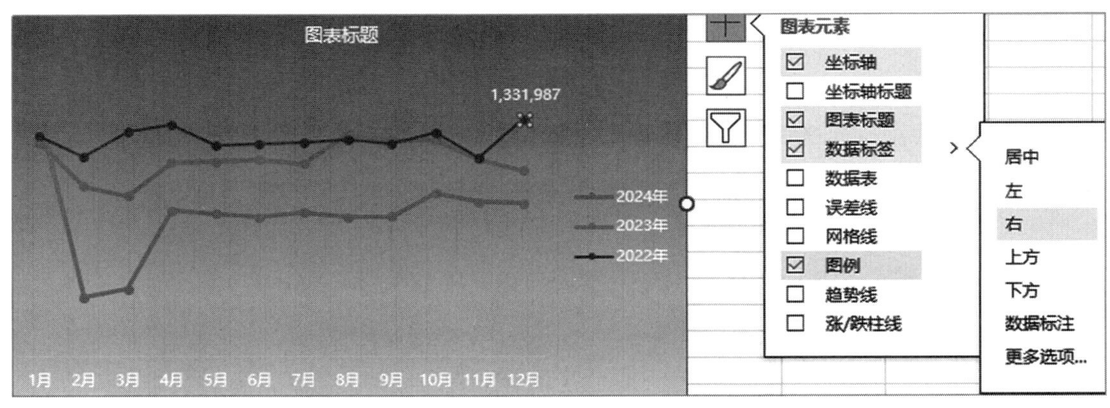

图 2-60　添加数据标签

（10）数据标签默认显示的是数据点的值，而此处需要显示的是数据系列的名称，因此还需要在【设置数据标签格式】任务窗格中的【标签包括】设置为【系列名称】；另外，数据标签默认显示在数据点靠上的位置，而此处需要将其是示在靠右的位置，因此将【标签位置】设置为【靠右】，如图 2-61 所示。

（11）按照相同的方法为其他两个数据系列的最后一个数据点添加数据标签，并将数据标签的显示内容更改为数据系列的名称，将标签位置更改为靠右，效果如图 2-62 所示。

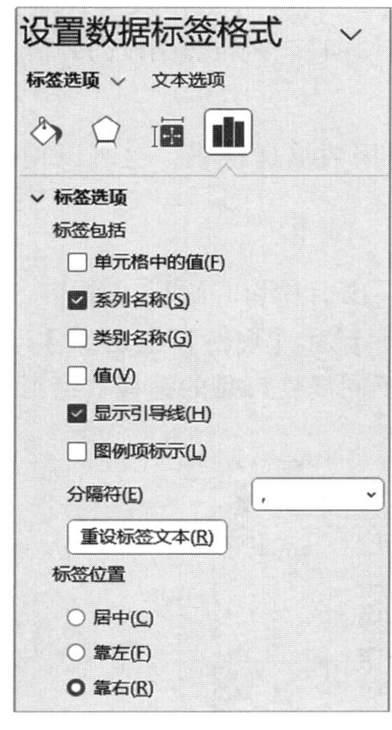

图 2-61　设置数据标签格式

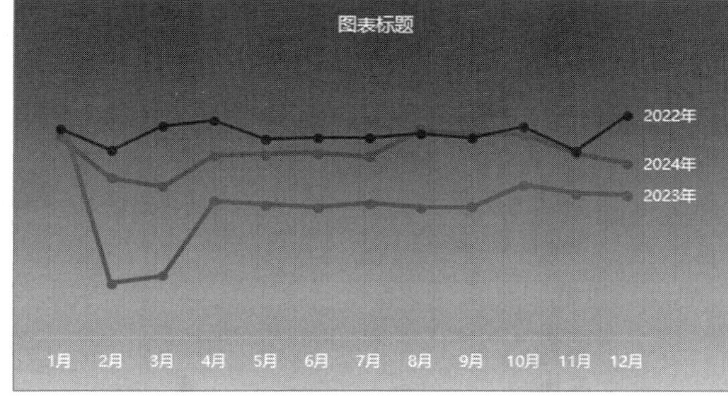

图 2-62　设置数据标签格式效果图

（12）由于默认图表的绘图区比较宽，所以数据点和数据标签有一部分会重合，可以适当将绘图区的宽度调小，然后为图表更改合适的标题，并为其添加合适的图表元素作为边框，效果如图 2-63 所示。

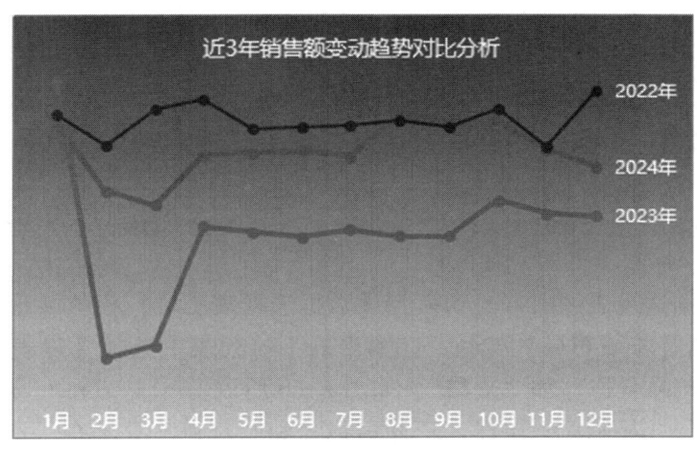

图 2-63　调整绘图区效果图

通过折线图可以看出，2023 年 2—12 月的销售额相对于 2022 年都是下降的，而 2024 年 2—12 月的销售额相对于 2023 年都有所提高，逐渐与 2022 年的销售额持平。

【例 2-2-3】 热销产品分析是年度销售数据分析中的一项重要工作。要分析热销产品，首先需要对各种规格产品的销售数量进行汇总，其次进行排序，最后才能分析出哪几种产

品的销售数量排名靠前，从而确定热销产品。打开文件【2-2】，对工作表【2024 年 1—12月销售明细】中的数据创建数据透视表，重命名为【2-2-4】，进行热销产品分析。

1. 对不同规格的产品的销售数量进行汇总

对不同规格的产品的销售数量进行汇总时，既可以使用数据透视表，也可以使用函数。

此处使用数据透视表，具体操作步骤如下。

（1）打开本实例的原始文件【2-2】。根据【2024 年 1—12 月销售明细】工作表，在【2-2-4】工作表中创建一个数据透视表。依次将【产品名称】和【规格】拖曳到【行】列表框中，将【数量】拖曳到【值】列表框中，即可得到不同规格产品的销售数量汇总表格，效果如图 2-64 和图 2-65 所示。

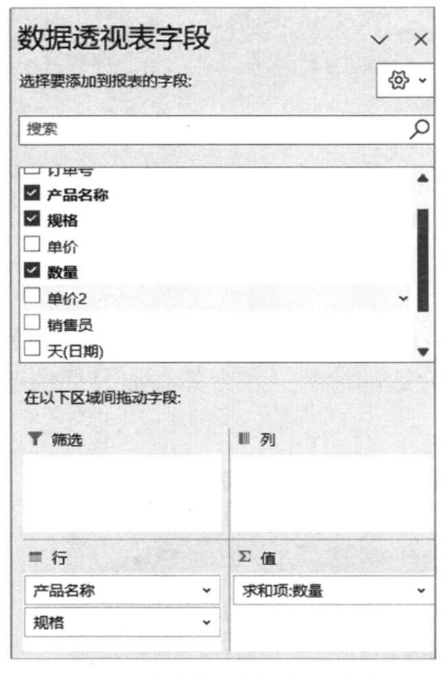

图 2-64　设置【数据透视表字段】列表

行标签	求和项:数量
⊟电磁炉	1047
XYJ01	128
XYJ02	113
XYJ03	126
XYJ04	142
XYJ05	154
XYJ06	134
XYJ07	122
XYJ08	128
⊟电脑	921
DS01	152
DS02	132
DS03	128
DS04	138
DS05	123
DS06	123
DS07	125

图 2-65　数据透视表效果图

（2）调整数据透视表的布局。切换到【数据透视表工具】栏的【设计】选项卡，在【布局】组中单击【报表布局】按钮，在弹出的下拉列表中选择【以表格形式显示】选项，即可显示“产品名称”和“规格”，如图 2-66 所示。

（3）以表格形式显示后，虽然“产品名称”和“规格”显示在了不同的列中，但是在“产品名称”列中同一个产品名称只显示了一次，存在空白单元格。如果不想显示空白单元格，可以再次单击【报表布局】按钮，在弹出的下拉列表中选择【重复所有项目标签】选项，如图 2-67 所示。

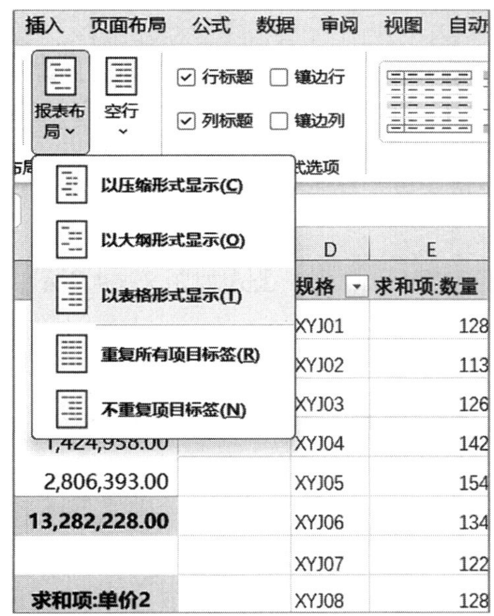

图 2-66 设置以表格形式显示

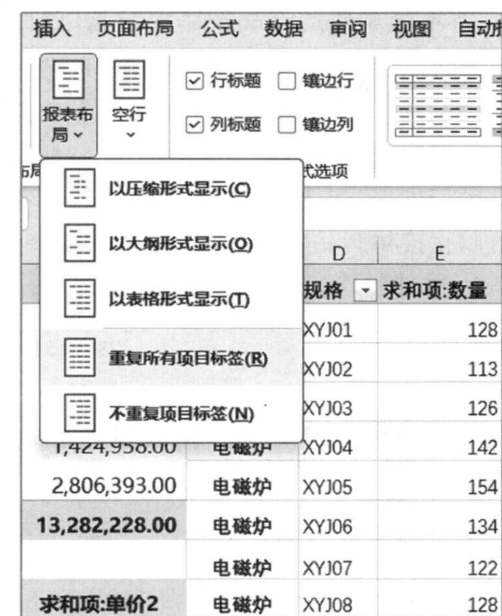

图 2-67 设置重复所有项目标签

（4）数据透视表中默认是包含分类汇总数据的。在【布局】组中单击【分类汇总】按钮，在弹出的下拉列表中选择【不显示分类汇总】选项，则会隐藏分类汇总数据，如图 2-68 所示。

图 2-68 设置不显示分类汇总

2. 将不同规格的产品按销售数量进行排序

当前数据透视表中存在两个行字段，其中的数据已按产品名称分类汇总，因此不能直接对“求和项：数量”列中的数据进行排序。我们可以用公式将数据透视表中的数据引用到其他数据区域中，然后再进行排序。对数据进行排序的目的是找出热销产品，一般对热销产品进行可视化时，需要同时显示产品名称和规格，因此在从数据透视表中引用数据时，可以直接将产品名称和规格合并显示。

（1）通过公式将数据透视表中的数据引用到 F 列和 G 列，公式如图 2-69 所示。

F2　=A2&""&B2

	A	B	C	D	E	F	G
1	产品名称	规格	求和项:数量		排名	产品名称及规格	销售数量
2	⊟电磁炉	XYJ01	128		16	电磁炉XYJ01	128
3	电磁炉	XYJ02	113		1	电磁炉XYJ02	152
4	电磁炉	XYJ03	126		2	电磁炉XYJ03	150
5	电磁炉	XYJ04	142		3	电磁炉XYJ04	148
6	电磁炉	XYJ05	154		4	电磁炉XYJ05	146
7	电磁炉	XYJ06	134		5	电磁炉XYJ06	142
8	电磁炉	XYJ07	122		6	电磁炉XYJ07	139
9	电磁炉	XYJ08	128		6	电磁炉XYJ08	139
10	⊟电脑	DS01	152		8	电脑DS01	138
11	电脑	DS02	132		9	电脑DS02	134

图 2-69　公式引用图

（2）引用完毕选中 F 列和 G 列中的数值，将其选择性粘贴成数值。

（3）选中“销售数量”列中的任意一个单元格切换到【数据】选项卡，在【排序和筛选】组中单击【降序】按钮，效果如图 2-70 所示。

	A	B	C	D	E	F	G
1	产品名称	规格	求和项:数量			产品名称及规格	销售数量
2	⊟电磁炉	XYJ01	128			电磁炉XYJ05	154
3	电磁炉	XYJ02	113			电脑DS01	152
4	电磁炉	XYJ03	126			热水器RST03	150
5	电磁炉	XYJ04	142			显示器KT02	148
6	电磁炉	XYJ05	154			热水器RST05	146
7	电磁炉	XYJ06	134			电磁炉XYJ04	142

图 2-70　降序排序效果图

3. 将不同规格的产品按销售数量进行排名

RANK 函数是一种在数据处理和分析中广泛使用的函数，主要用于对一组数据进行排名。该函数可以根据指定的排序方式（如升序或降序），将数据集中的每个值分配一个唯一的排名。其语法格式如下：

RANK(number,ref,[order])

number：需要找到排位的数字。

ref：数字列表数组或对数字列表的引用。ref 中的非数值型值将被忽略。

[order]：可选参数，表示值的排序方式。如果 order 为零或省略，Microsoft Excel 对数字的排位是基于 ref 为按照降序排列的列表。如果 order 不为零，Microsoft Excel 对数字的排位是基于 ref 为按照升序排列的列表。

按从大到小的方式排名，1 表示按从小到大的方式排名，当参数为 0 时可以省略此参数，得到的是从大到小的排名结果。

在数据透视表左侧的单元格 E1 中输入“排名”，然后在单元格 E2 中输入公式“=RANK（G2，$G$2:$G$32）”，按【Enter】键完成输入，即可得到“电磁炉 XYJ05”的销售数量排名，如表 2-5 所示。

表 2-5 排名

排名	产品名称及规格	销售数量
1	电磁炉 XYJ05	154
2	电脑 DS01	152
3	热水器 RST03	150
4	显示器 KT02	148
5	热水器 RST05	146
6	电磁炉 XYJ04	142
7	热水器 RST01	139
7	显示器 KT05	139
8	电脑 DS04	138

4. 可视化销售数量排名前 8 的产品

由排名数据表可以看出：“排名”列中没有 8，但有两个 7，那么在可视化的时候，只需要展现排名为 1～7 的产品即可，效果如图 2-71 所示。

怎样才能做出上图所示的图表呢？先分析图表的结构，准备数据。

图 2-71 所示的条形图中存在两个数据系列：一个数据系列是销售数量，另一个数据系列是同等大小的辅助数据。图表左侧的 TOP1～TOP7 是数据系列对应的轴标签；“销售数量”数据系列上的数字是其数据标签，而右侧的“产品名称”及“规格”数据系列则是次坐标轴对应的轴标签。

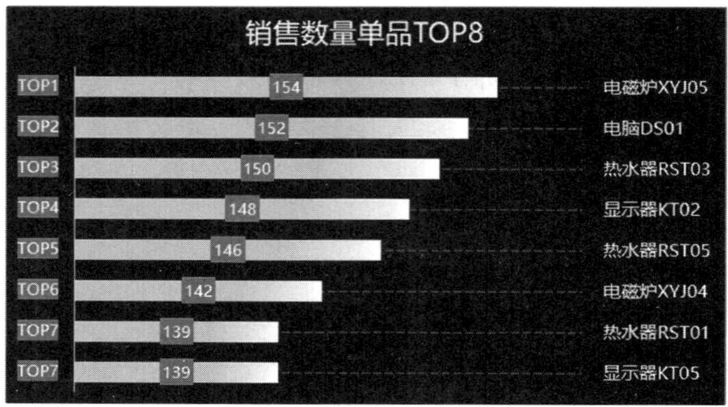

图 2-71　销售数量单品排名前 8 效果图

现有数据中已有产品名称、规格、销售数量和排名，但是没有主坐标轴对应的辅助数据，而且排名显示的是纯数字，而图表中的排名前带有“TOP”。所以，需要先根据需求创建合适的图表数据源。

在前 8 个排名序号前添加“TOP”需要使用 IF 函数，其逻辑关系如图 2-72 所示。

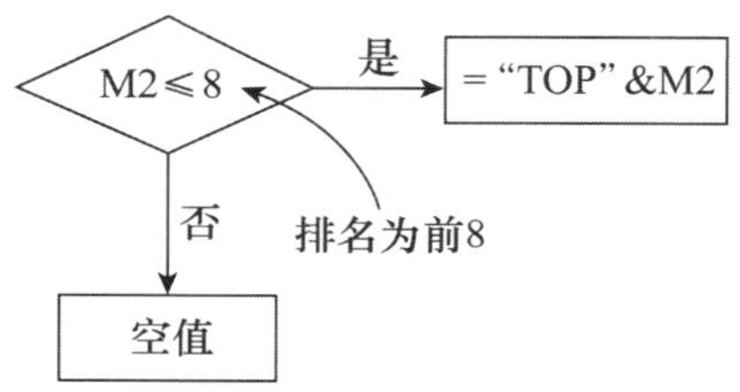

图 2-72　逻辑关系图

在 H1 单元格中输入列标题“排名榜”，然后在 H2 单元格中输入公式“=IF(E2<=8,“TOP”&E2,“”)”，按【Enter】键完成输入，将公式填充到下方的单元格中，效果如表 2-6 所示。

表 2-6　排名榜

排名	产品名称及规格	销售数量	排名榜
1	电磁炉 XYJ05	154	TOP1
2	电脑 DS01	152	TOP2
3	热水器 RST03	150	TOP3
4	显示器 KT02	148	TOP4
5	热水器 RST05	146	TOP5
6	电磁炉 XYJ04	142	TOP6
7	热水器 RST01	139	TOP7
7	显示器 KT05	139	TOP7

5. 创建主坐标轴对应的辅助数据

为了使两个数据系列的横坐标轴一致，辅助数据的值应该与销售数量的值相差不大，销售数量的最大值为 154，此处将“辅助列”中的数值统一设置为 160 即可，如表 2-7 所示。

表 2-7 添加辅助列

产品名称及规格	销售数量	排名榜	辅助列
电磁炉 XYJ05	154	TOP1	160
电脑 DS01	152	TOP2	160
热水器 RST03	150	TOP3	160
显示器 KT02	148	TOP4	160
热水器 RST05	146	TOP5	160
电磁炉 XYJ04	142	TOP6	160
热水器 RST01	139	TOP7	160
显示器 KT05	139	TOP7	160

（1）在“销售数据汇总”工作表中，选中单元格区域 F1:I9 和 I1:I9，切换到【插入】选项卡，在【图表】组中单击【插入柱形图或条形图】按钮。在弹出的下拉列表中选择【簇状条形图】选项，如图 2-73 所示。

（2）创建一个簇状条形图，效果如图 2-74 所示。

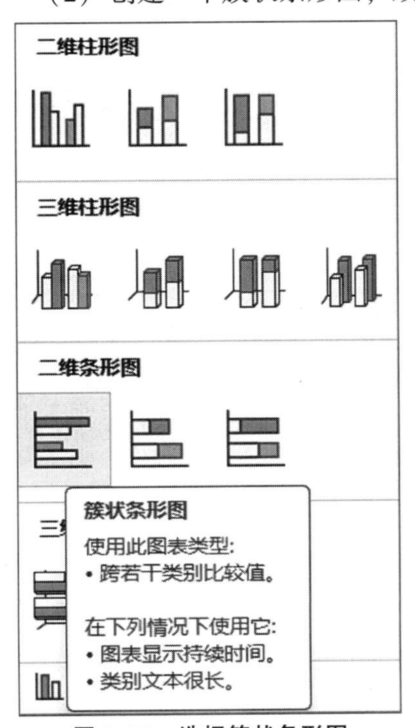

图 2-73 选择簇状条形图

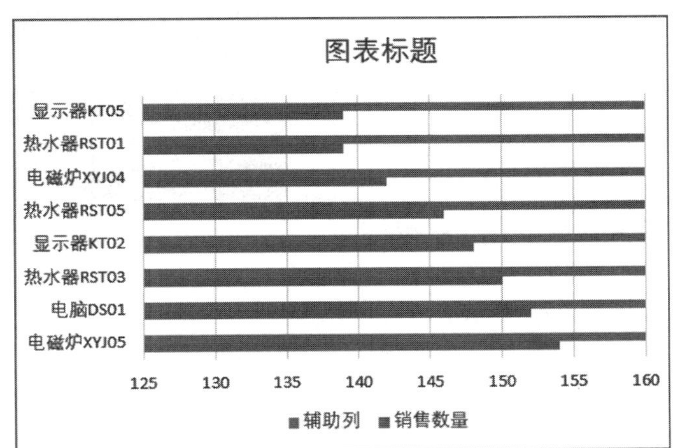

图 2-74 簇状条形图

（3）选中图表，将其剪切到“数据看板”中设置条形图的结构。

● 设置图表区和图表中的文字。将图表区设置为无填充、无轮廓，然后将图表中所有文字的字体设置为微软雅黑，将字体颜色设置为【白色，背景 1】，效果如图 2-75 所示。

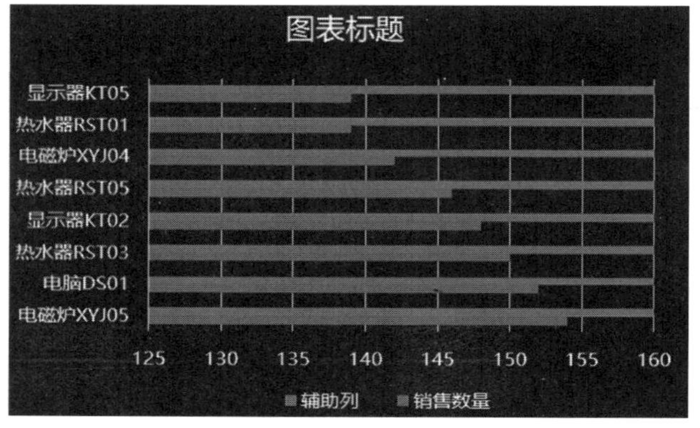

图 2-75　设置图表区效果图

● 删除多余元素。删除网格线和图例，这里需要注意的是横标轴上的数值，一般都会比实际数值大，所以数据系列绘图区右侧边界处有一定的留白，而此处不需要留白，将横坐标轴的【边界】的【最大值】设置为【160. 0】，如图 2-76 所示，设置后的效果如图 2-77 所示。

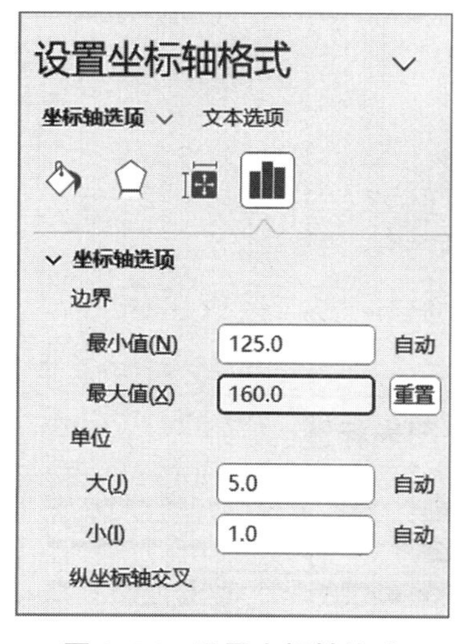

图 2-76　设置坐标轴格式

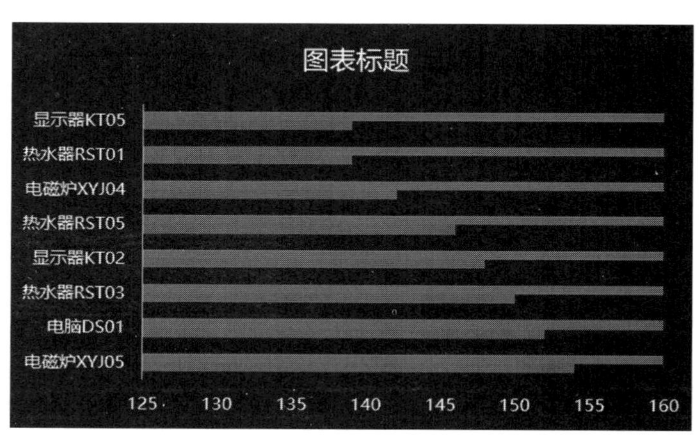

图 2-77　设置坐标轴格式效果图

● 删除横坐标轴。

● 添加次要纵坐标轴。图表中如果有两个坐标轴，那么次要坐标轴的数据系列是位于顶层的，此处应该将数据系列“销售数量”设置为次坐标轴，选中数据系列“销售数量”。打开【设置数据系列格式】任务窗格，选中【次坐标轴】，如图 2-78 所示，效果图如图 2-79 所示。

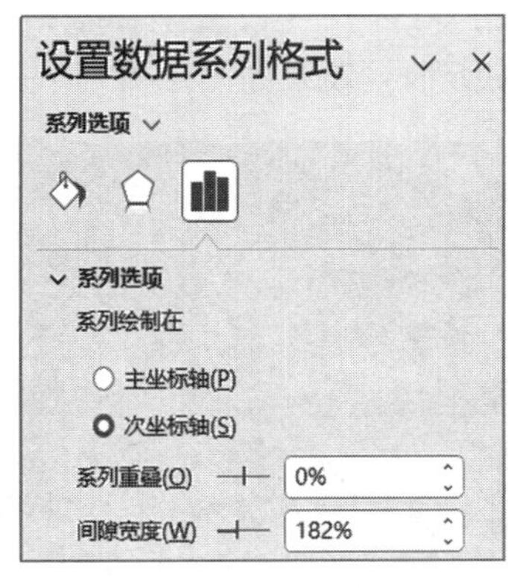

图 2-78 设置数据系列格式

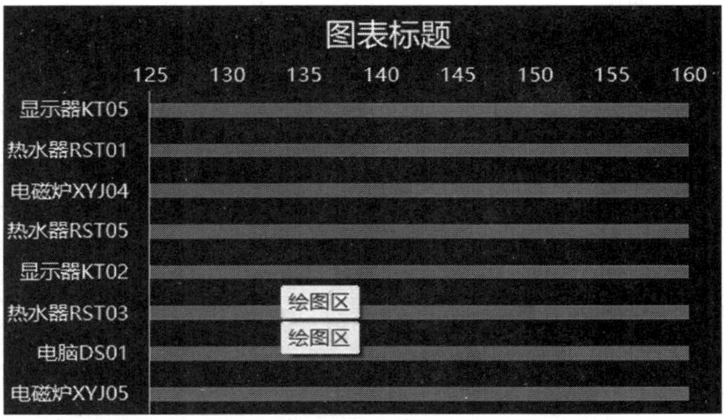

图 2-79 设置数据系列格式效果图

• 可以看到，将数据系列“销售数量”设置为次坐标轴后，会自动显示对应的横坐标轴，按照前面的方法，将其【边界】的【最大值】设置为【160.0】，然后将其删除，如图 2-80 所示。

图 2-80 设置坐标轴格式效果图

• 通过图 2-79 可以看到，将数据系列“销售数量”设置为次坐标轴后，次要纵坐标轴并没有显示出来。单击图表右侧的【图表元素】按钮，在弹出的下拉列表中勾选【次要纵坐标轴】复选框，如图 2-81 所示。

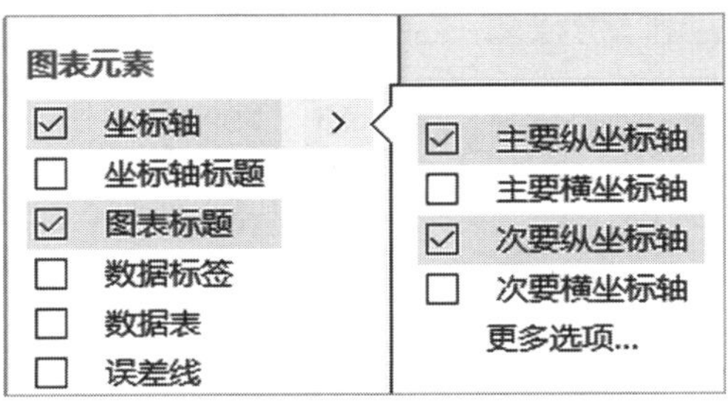

图 2-81 勾选【次要纵坐标轴】

• 次要坐标轴默认显示了线条，而此处不需要显示线条，可以在【设置坐标轴格式】任务窗格中，将坐标轴的线条设置为【无线条】，如图 2-82 所示，效果如图 2-83 所示。

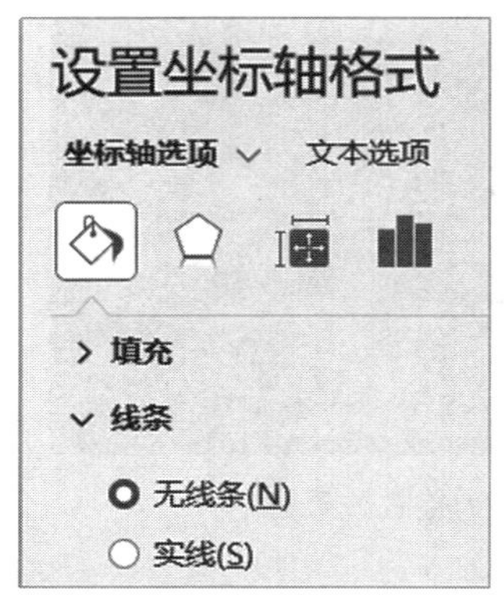

图 2-82　设置坐标轴格式

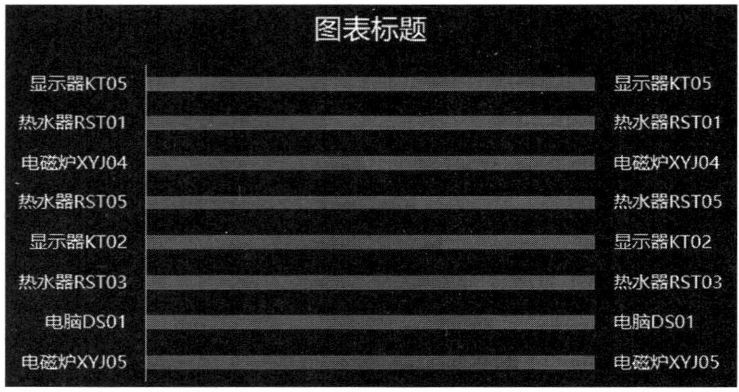

图 2-83　设置无线条效果图

• 两个纵坐标轴的轴标签是一样的，此处需要将左侧主要纵坐标轴的轴标签修改为排名。切换到【图表工具】栏的【设计】选项卡，在【数据】组中单击【选择数据】按钮，如图 2-84 所示，打开【选择数据源】对话框，选择“辅助系列”选项，然后在【水平（分类）轴标签】列表框中单击【编辑】按钮，如图 2-85 所示。

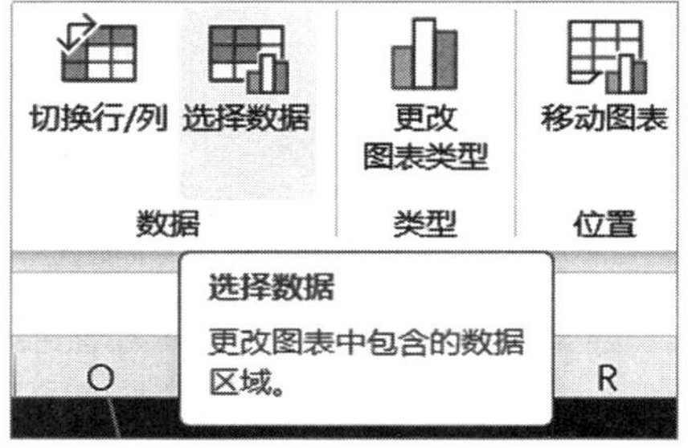

图 2-84　选择数据按钮

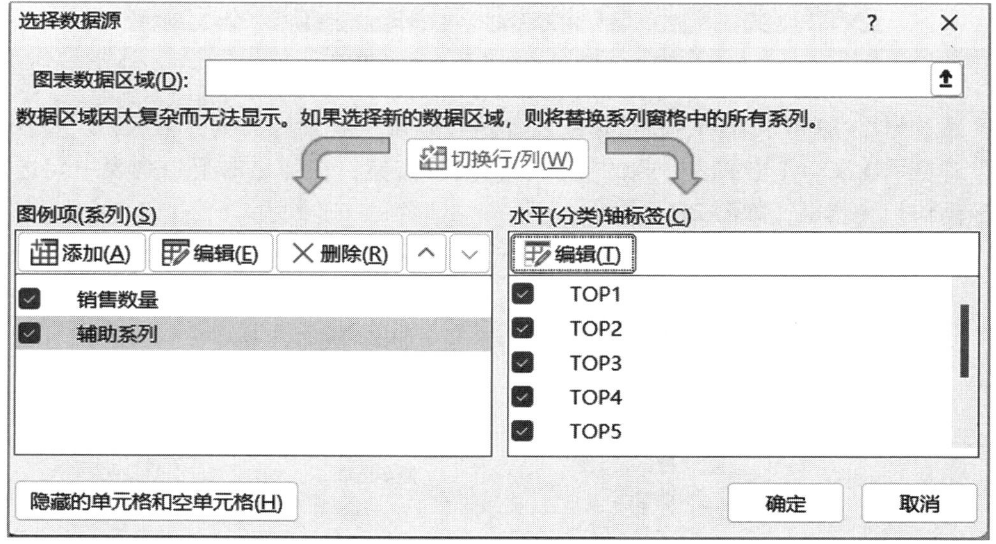

图 2-85　水平（分类）轴标签编辑框

●打开【轴标签】对话框将【轴标签区域】更改为【2-2-4】工作表中的 H2:H9 单元格区域，如图 2-86 所示。

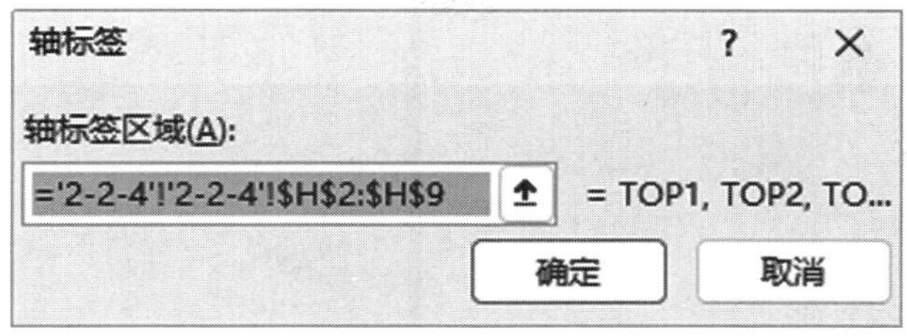

图 2-86 设置轴标签

●单击【确定】按钮，返回【选择数据源】对话框，再次单击【确定】按钮，返回图表，即可看到图表左侧主要纵坐标轴的轴标签已经更改为排名了，效果如图 2-87 所示。

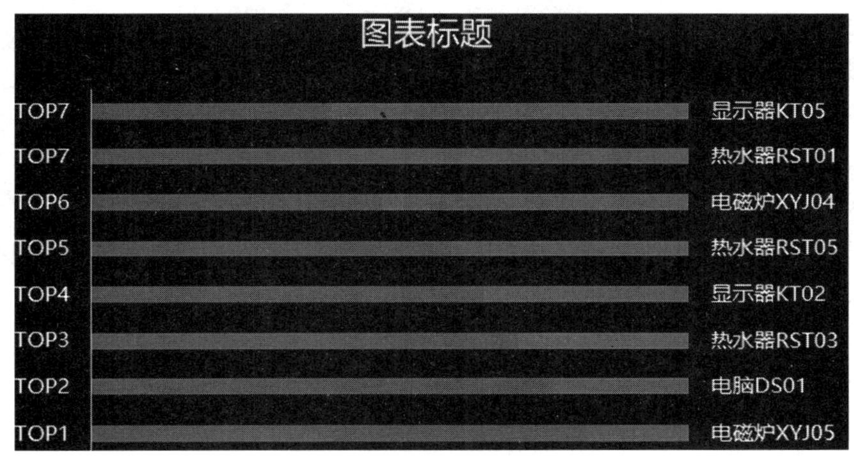

图 2-87 设置轴标签效果图

●现有图表的排名顺序是 TOP7～TOP1，如果想让其以 TOP1～TOP7 的顺序显示，可以选中左侧纵坐标轴，打开【设置坐标轴格式】任务窗格，勾选【逆序类别】复选框，如图 2-88 所示。两个纵坐标轴的轴标签是互相对应的，因此右侧坐标轴也需要设置为【逆序类别】，效果如图 2-89 所示。

●选中“销售数量”数据系列，为其添加标签，标签默认是显示在【数据标签】外的，此处将其【居中】显示，如图 2-90 所示。

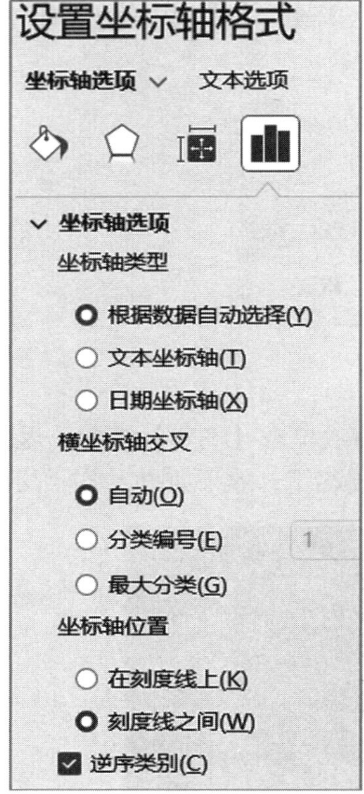

图 2-88　设置坐标轴格式

图 2-89　设置坐标轴格式效果图

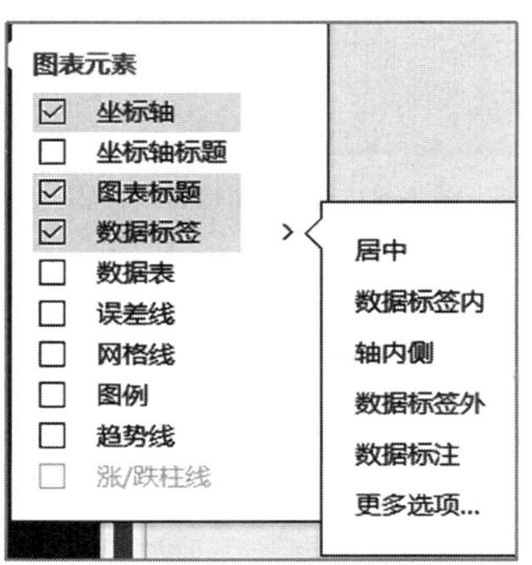

图 2-90　设置数据标签居中

至此，图表的基本结构就创建完成了，接下来只需要对各元素进行适当美化调整即可。

6. 美化条形图

（1）美化主要纵坐标轴的轴标签。选中主要纵坐标轴的轴标签，打开【设置坐标轴格式】任务窗格，将其填充样式设置为【纯色填充】，颜色设置为“RGB:94/200/255”，字号调整为 8 号，如图 2-91 所示。效果图如图 2-92 所示。

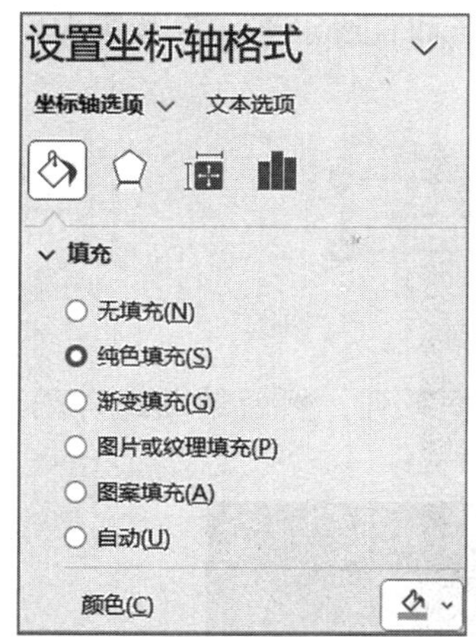

图 2-91 设置坐标轴格式

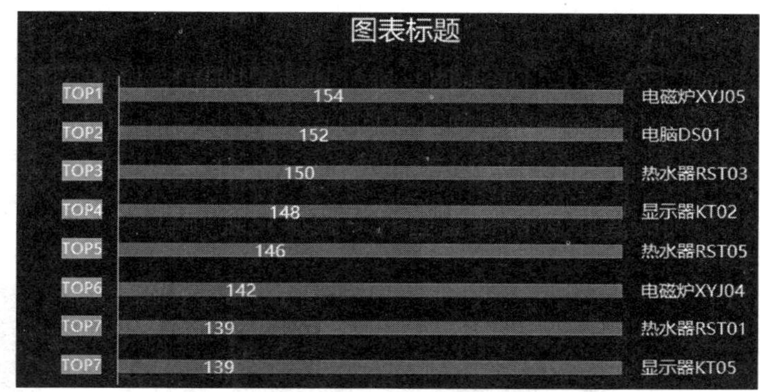

图 2-92 设置坐标轴格式效果图

（2）美化“销售数量”数据系列。选中“销售数量”数据系列，打开【设置数据系列格式】任务窗格，将【间隙宽度】调整为【100%】，如图 2-93 所示。将其填充样式设置为【渐变填充】，颜色及其他设置如图 2-94 所示。

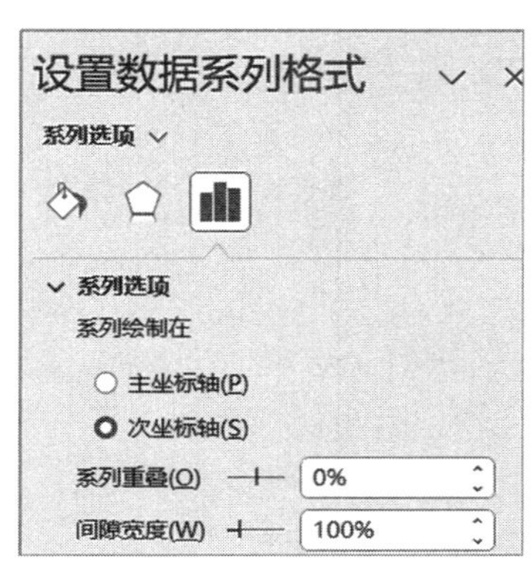

图 2-93 设置间隙宽度

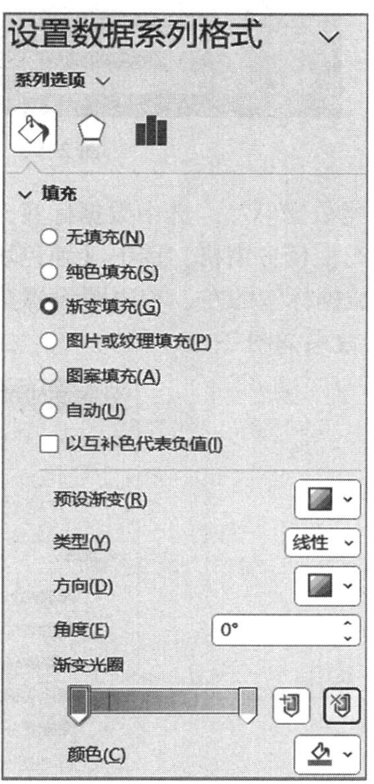

图 2-94 设置填充色

（3）美化“辅助数据”数据系列。在工作表的空白处绘制一个无填充、无轮廓的矩形和一条浅蓝色虚直线，矩形和直线的长度相等，然后将矩形和直线水平、垂直居中，并将它们组合为一个整体，如图 2-95 所示。

图 2-95　绘制辅助线

（4）复制组合后的矩形和直线，选中“辅助数据”数据系列，然后粘贴组合图形，效果如图 2-96 所示。

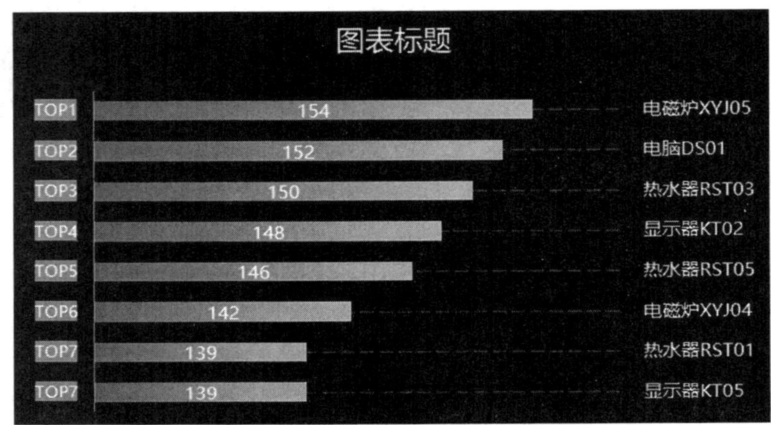

图 2-96　添加辅助线效果图

（5）美化数据标签。选中数据标签，将数据标签文字的字号设置为 8 号，打开【设置数据标签格式】任务窗格，选中【纯色填充】，将其填充颜色设置为浅蓝色，如图2-97 所示；然后将数据标签的左、右边距设置为【0.05 厘米】，下边距设置为【0 厘米】，如图 2-98 所示，效果如图 2-99 所示。

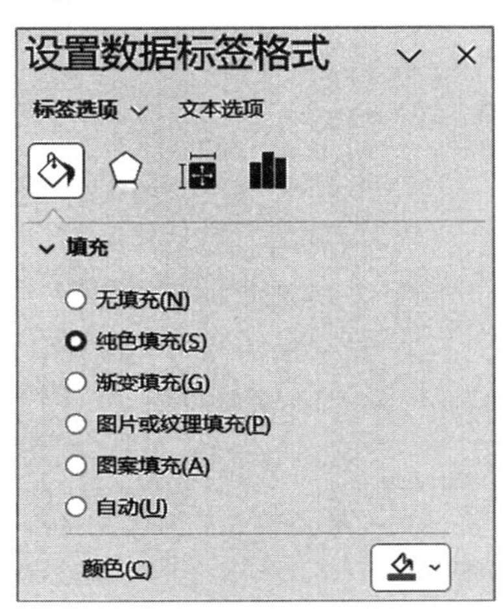

图 2-97　设置填充颜色

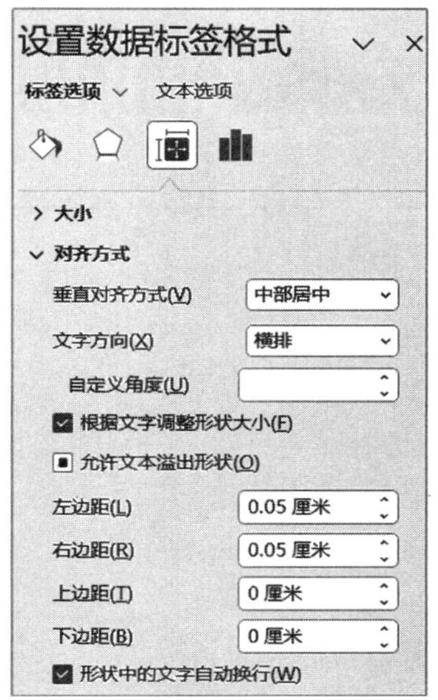

图 2-98 设置标签大小与属性

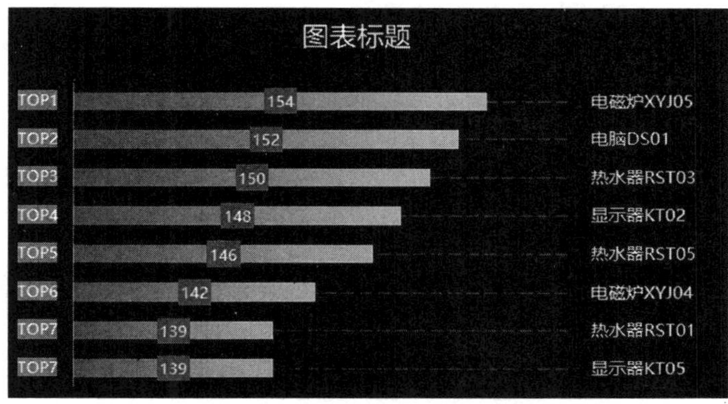

图 2-99 设置数据标签格式效果图

（6）为图表添加合适的标题，并美化图表，如图 2-100 所示。

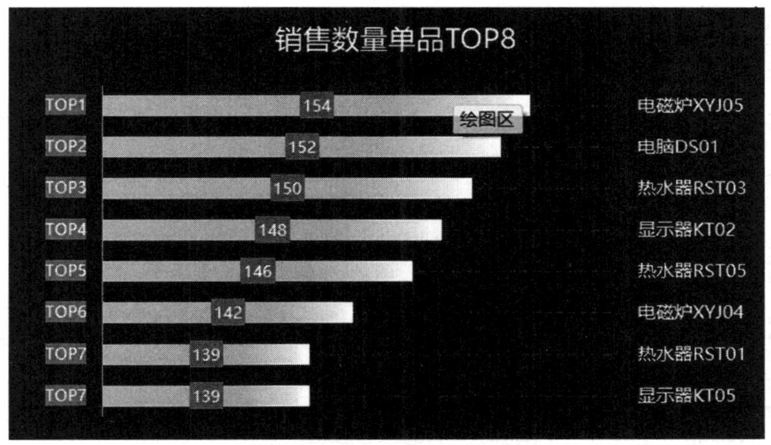

图 2-100 美化后的效果图

第三节 销售数据预测分析

【知识目标】

1. 理解销售数据预测分析的重要性。
2. 掌握销售预测分析方法。

【能力目标】

1. 能使用趋势线进行销售预测。
2. 能使用函数进行销售预测。
3. 能使用分析工具库进行预测分析。
4. 能使用预测工作表进行预测分析。

【素养目标】

1. 具备一定的销售数据分析能力。
2. 具备一定的业务理解能力。
3. 具备一定的沟通与协作能力。
4. 具备细心严谨的职业素养。

销售数据预测分析的定义是在充分考虑未来各种影响因素的基础上，根据历史销售数据以及市场上对产品需求的变化情况，运用科学的分析方法和工具，对未来一定时期内有关产品的销售数量、销售额或销售趋势进行预计和推测的过程。这个过程不仅涉及对历史销售数据的收集、整理和分析，还需要考虑市场环境、竞争态势、消费者行为、技术进步等多方面的因素。

销售数据预测分析的目的在于帮助企业更好地了解市场趋势，把握销售机会，优化库存管理和生产计划，以及制定有效的市场营销策略。通过预测分析，企业可以提前做好市场布局，减少因库存积压或短缺而带来的损失，同时提高销售效率和客户满意度。

在销售数据预测分析中，常用的方法包括时间序列分析法、因果关系分析法、机器学习与人工智能法、情景分析法以及专家判断法等。每种方法都有其独特的优势和适用范围，企业可以根据自身情况和需求选择合适的方法或方法组合进行预测分析。

一、销售数据预测分析的重要性

销售数据预测分析对于企业制定营销策略、优化库存管理、提高销售业绩具有重要意义。通过准确预测未来销售情况，企业可以合理安排生产计划、采购计划和销售策略，以降低成本、提高效率和增加利润。

二、销售数据预测分析的方法

销售数据预测分析的方法多种多样，常见的包括以下几种。

（一）使用趋势线进行销售预测分析

使用趋势线进行销售预测分析是一种基于历史销售数据趋势来预测未来销售情况的方法。趋势线能够直观地展示销售数据随时间变化的规律，帮助企业了解销售趋势的走向，并据此制定未来销售策略。以下是使用趋势线进行销售预测分析的具体步骤和注意事项。

1. 收集历史销售数据

首先，需要收集一段时间内的历史销售数据，包括销售量、销售额等关键指标。这些数据应该覆盖不同的时间段，以便更好地观察销售趋势的变化。

2. 绘制趋势线

（1）数据整理。将收集到的历史销售数据按照时间顺序进行整理，确保数据的准确性和完整性。

（2）绘制图表。使用 Excel、SPSS 等数据分析工具，将销售数据绘制成折线图或散点图。这样可以直观地观察销售数据随时间的变化情况。

（3）拟合趋势线。在图表中，使用软件提供的功能（如 Excel 中的“添加趋势线”功能）拟合一条趋势线。趋势线的类型可以是线性、多项式、指数等，具体选择哪种类型取决于销售数据的特点和预测需求。

3. 分析趋势线

（1）观察趋势。观察趋势线的斜率和方向，判断销售趋势是上升、下降还是保持稳定。斜率表示销售量的变化速度，方向表示销售趋势的走向。

（2）评估拟合度。评估趋势线与实际销售数据的拟合度，拟合度越高，说明趋势线越能准确地反映销售数据的规律。可以使用 R^2 值（决定系数）来衡量拟合度，R^2 值越接近 1，表示拟合度越好。

（3）识别季节性因素。如果销售数据存在季节性波动，需要在趋势线分析中考虑季节性因素的影响。可以通过季节性调整或分时段分析来排除季节性因素的干扰。

4. 预测未来销售

（1）确定预测期。根据预测需求确定预测期，即需要预测未来多长时间内的销售情况。

（2）计算预测值。根据趋势线的斜率和截距（对于线性趋势线），以及预测期的时间点，计算未来销售量的预测值。如果趋势线是非线性的，则需要使用相应的数学公式进行计算。

（3）考虑不确定性。在预测未来销售时，需要考虑各种不确定性因素（如市场变化、政策调整、竞争对手动态等）对预测结果的影响。可以通过设置置信区间或进行敏感性分析来评估预测结果的不确定性。

5. 制定销售策略

根据销售预测分析的结果，制定相应的销售策略。如果预测结果显示未来销售将保持

增长态势，可以考虑增加库存、扩大生产规模、加强市场推广等措施；如果预测结果显示未来销售将出现下滑或波动，则需要及时调整销售策略，如优化产品结构、降低成本、加强客户关系管理等。

（二）使用 Excel 函数进行销售预测分析

使用 Excel 函数进行销售预测分析是一种高效且实用的方法，它基于历史销售数据，通过特定的函数和算法来预测未来的销售趋势。以下是一些常用的 Excel 函数及其在销售预测分析中的应用。

1. 线性回归预测函数

FORECAST( )和 TREND( )是 Excel 中用于线性回归预测的两个主要函数。它们基于历史数据拟合一条直线，并根据这条直线的走向来预测未来的销售值。

（1）FORECAST( )函数的基本语法如下：

FORECAST(x,known_y' s,known_x' s)

- x：需要预测的值，即新的自变量值；
- known_y' s：因变量数组或范围，即已知的数据集中 y 的值；
- known_x' s：自变量数组或范围，即已知的数据集中 x 的值。

（2）TREND( )函数基本语法如下：

TREND(known_y' s,[known_x' s],[new_x' s],[const])

- known_y' s：表示已知的 y 值，即因变量数组或单元格区域，这是想要基于其进行预测的数据点；
- known_x' s（可选）：表示已知的 x 值，即自变量数组或单元格区域。如果省略此参数，则假设 x 值为从 1 开始的连续整数；
- new_x' s（可选）：表示新的 x 值，即想要预测其对应 y 值的 x 值。如果省略此参数，则函数将默认其值等于 known_x' s；
- const（可选）：表示一个逻辑值，用于确定是否将回归方程中的常数项（截距）设为 0。如果省略此参数或其值为 TRUE，则常数项将按实际计算；如果其值为 FALSE，则常数项被设为 0，此时回归方程变为 $y=mx$ 的形式。

2. 指数平滑预测函数

对于具有明显趋势或季节性波动的销售数据，可以使用 Excel 中的 FORECAST. ETS( )函数进行指数平滑预测。该函数基于指数平滑算法，能够更准确地预测具有这些特性的数据。

FORECAST. ETS( )函数的基本语法结构如下：

FORECAST. ETS(target,data_array,[time_array],[seasonality],[data_completion],[aggregation_method]);

- target 是需要预测的目标时间点；
- data_array 是历史销售数据；
- time_array 是与 data_array 相对应的时间数据（可选）；
- seasonality 用于指定季节性周期（可选）；
- data_completion 用于指定如何处理缺失数据（可选）；

● aggregation_method 用于指定聚合方法（可选）。

3. 移动平均预测函数

AVERAGE( )函数虽然本身不是专为预测设计的，但可以通过移动平均法来预测销售数据。移动平均法通过计算一系列数据的平均值来平滑数据波动，从而揭示数据的基本趋势。

移动平均法：通过选择一个固定的时间窗口（如 3 个月、6 个月等），计算该窗口内销售数据的平均值，然后随着时间的推移不断滑动窗口，以最新数据代替旧数据，得到一系列移动平均值。这些移动平均值可以作为未来销售趋势的预测值。

4. 图表趋势线

除了函数外，Excel 还允许在图表中添加趋势线来辅助进行销售预测分析。通过在散点图或折线图中添加趋势线，并设置其类型和显示公式，可以直观地看到销售数据的趋势走向，并据此进行预测。

【例 2-3-1】 对文件【2-3】中工作表【2-3-2】的数据进行销售预测分析，已知 1—6 月的销售数据，预测出 7—12 月的销售数据，使用趋势线。

趋势线是图表中表示数据系列变化趋势的一种辅助线，在数据分析过程中，为了更加直观地了解数据变化的趋势，可以为图表中的某个数据系列添加趋势线。

1. 创建散点图并添加趋势线

打开文件【2-3】，在【2-3-1】工作表中选中单元格区域 A1:B7，切换到【插入】选项卡，在【图表】组中单击【散点图】按钮，在弹出的下拉列表中选择【散点图】选项，如图 2-101 所示。

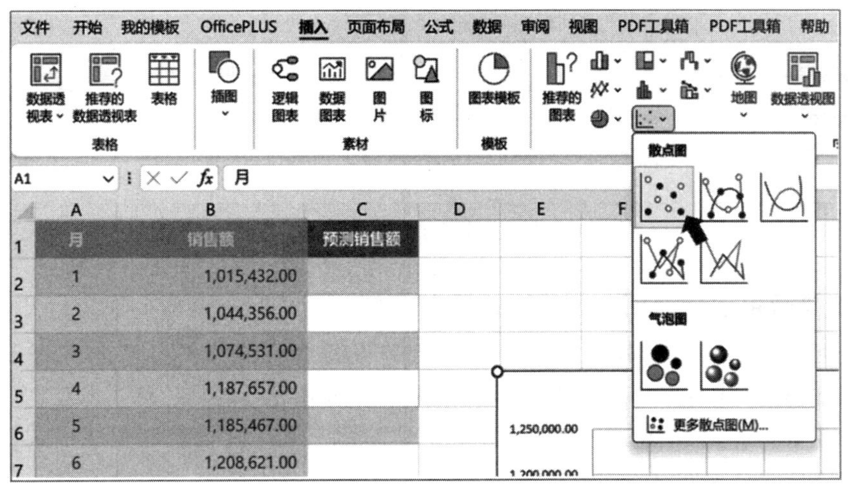

图 2-101 【散点图】选项

此时可在工作表中插入一个散点图，如图 2-102 所示。

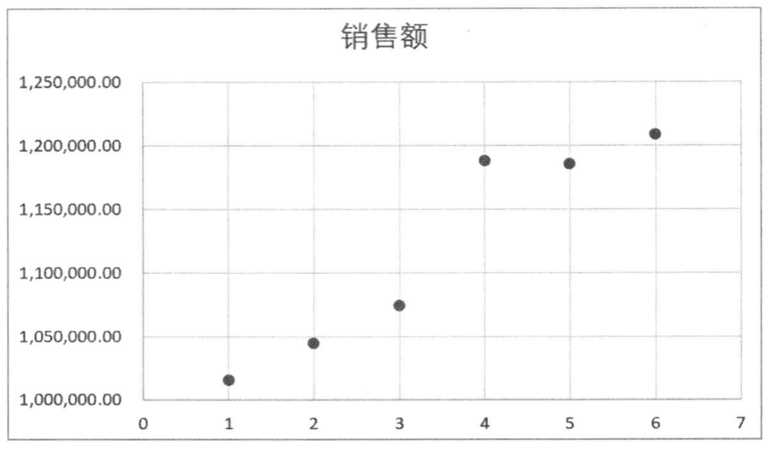

图 2-102 散点图

选中图表，单击【图表元素】按钮，在弹出的下拉列表中勾选【趋势线】复选框，即可为散点图添加趋势线，如图 2-103 所示。

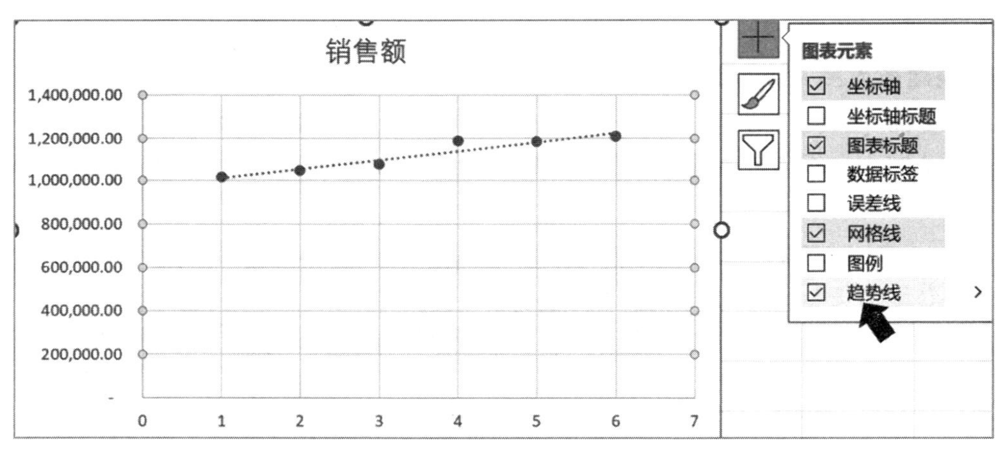

图 2-103 添加趋势线

2. 判断是否可以使用回归方程进行预测分析

趋势线虽然只是表示趋势的线条，但线条有直线也有曲线，且弯曲的程度也各不相同，Excel 中的趋势线有 6 种不同的类型，如图 2-104 所示。

①在趋势线上单击鼠标右键，在弹出的快捷菜单中选择【设置趋势线格式】选项，如图 2-105 所示。

②打开【设置趋势线格式】任务窗格，设置【趋势线选项】为【线性】，勾选【显示公式】和【显示 R 平方值】复选框，如图 2-106 所示。此时趋势线上将显示回归方程和 R^2 值。从图中可以看到散点与趋势线结合紧密，判断系数 $R^2=0.9099$，回归方程显著，因此可以使用该回归方程进行预测分析。

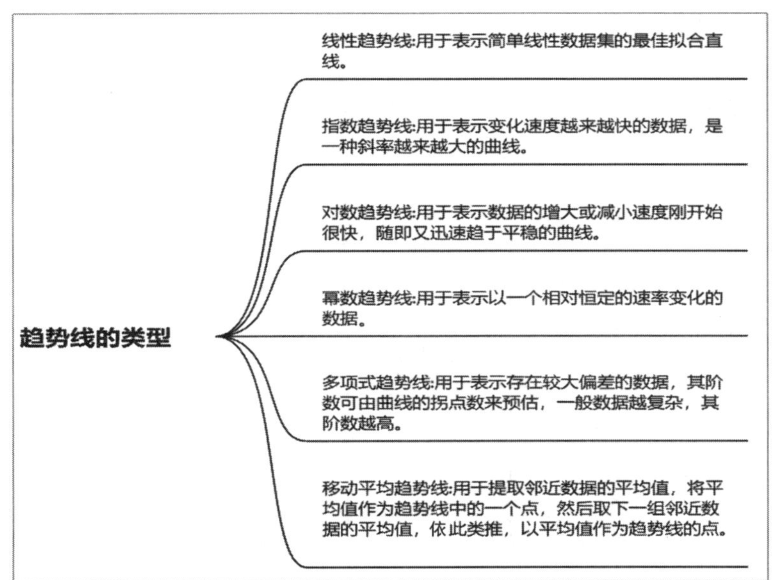

图 2-104 趋势线类型

图 2-105 快捷菜单

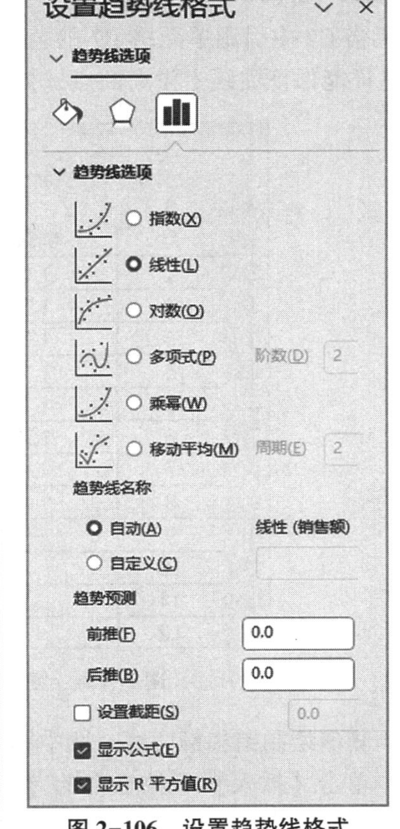

图 2-106 设置趋势线格式

此处趋势线显然是趋于一条直线的，所以使用线性趋势线就可以进行预测。在单元格C8中输入回归方程“=42926＊A8+969104”，然后将公式复制到下面对应的单元格中，这样就获得了7—12月的预测销售额，如图2-107所示。

C8　f_x　=42926*A8+969104

	A	B	C	D
1	月	销售额	预测销售额	
2	1	1,015,432		
3	2	1,044,356		
4	3	1,074,531		
5	4	1,187,657		
6	5	1,185,467		
7	6	1,208,621		
8	7		1,269,586	
9	8		1,312,512	
10	9		1,355,438	
11	10		1,398,364	
12	11		1,441,290	
13	12		1,484,216	

图2-107　预测销售额

3. 绘制含趋势线的图表

（1）在单元格C7中引用单元格B7的值，即输入“=B7”把6月的销售额复制到预测销售额中，这样能保证曲线上没有断点，如图2-108所示。

C7　f_x　=B7

	A	B	C
1	月	销售额	预测销售额
2	1	1,015,432	
3	2	1,044,356	
4	3	1,074,531	
5	4	1,187,657	
6	5	1,185,467	
7	6	1,208,621	1,208,621
8	7		1,269,586
9	8		1,312,512
10	9		1,355,438
11	10		1,398,364
12	11		1,441,290
13	12		1,484,216

图2-108　复制7月销售额

（2）根据预测值绘制销售额曲线。选中单元格区域A1:C13，切换到【插入】选项卡，在【图表】组中单击【插入】下拉框中的【散点图（X、Y）】或【气泡图】按钮，在弹出的下拉列表中选择【带平滑线和数据标记的散点图】选项，即可插入带平滑线和数据标记的散点图，如图2-109所示。

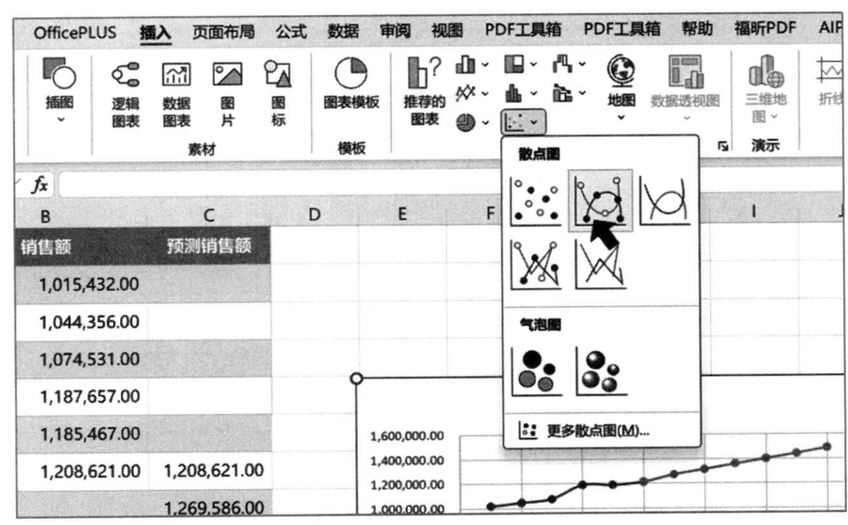

图 2-109 带平滑线和数据标记的散点图

（3）设置横坐标轴格式。新创建图表的横坐标轴的最大值、最小值及主要刻度等都是系统自动定义的，例如，此处最大值是 14、最小值是 0、主要刻度是 2，而需要的最大值是 12、最小值是 1、主要刻度是 1。在横坐标轴上单击鼠标右键，在弹出的快捷菜单中选择【设置坐标轴格式】选项，打开【设置坐标轴格式】任务窗格，单击【坐标轴选项】按钮，设置【最小值】为 1.0，【最大值】为 12.0，【大】为 1.0，如图 2-110 所示，效果如图 2-111 所示。

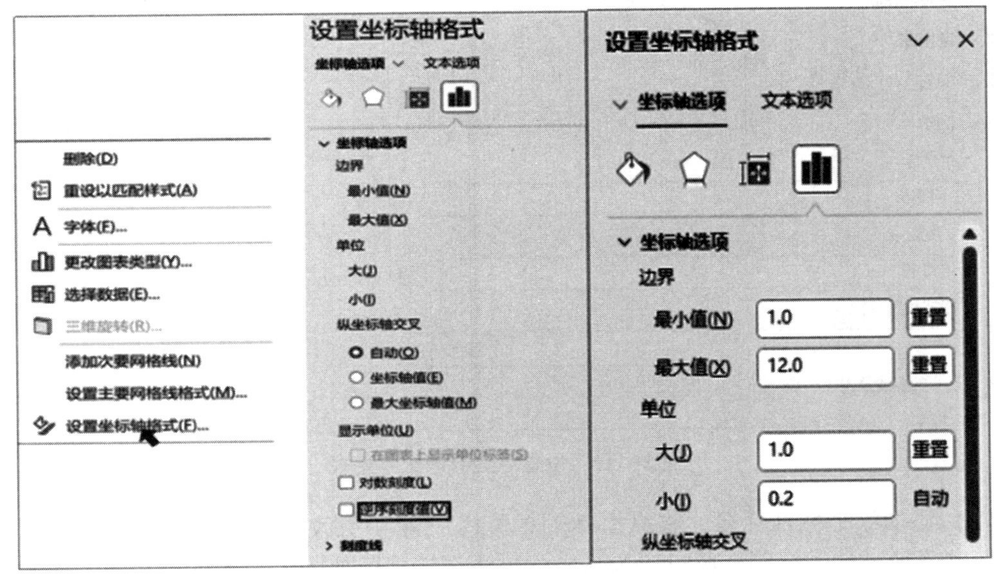

图 2-110 设置坐标轴格式

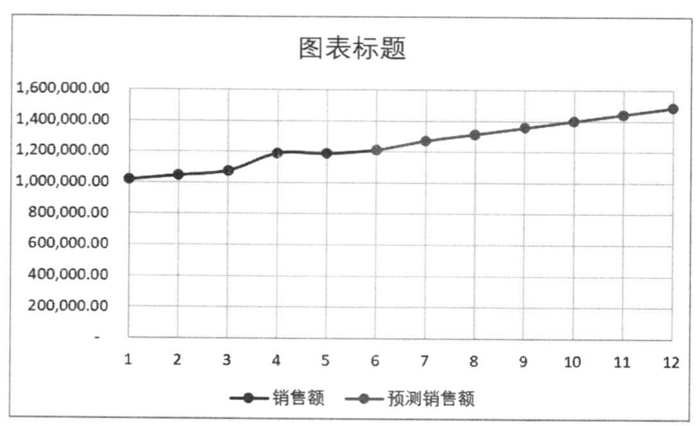

图 2-111 设置坐标轴格式效果图

（4）纵坐标轴默认以“元”为单位，由于本例的数据值较大，可以以“万元”作为销售额单位。选中纵坐标轴，在【设置坐标轴格式】任务窗格中，添加格式代码“0！.0”，然后使用新的自定义的格式代码作为数据类型，如图 2-112 所示。

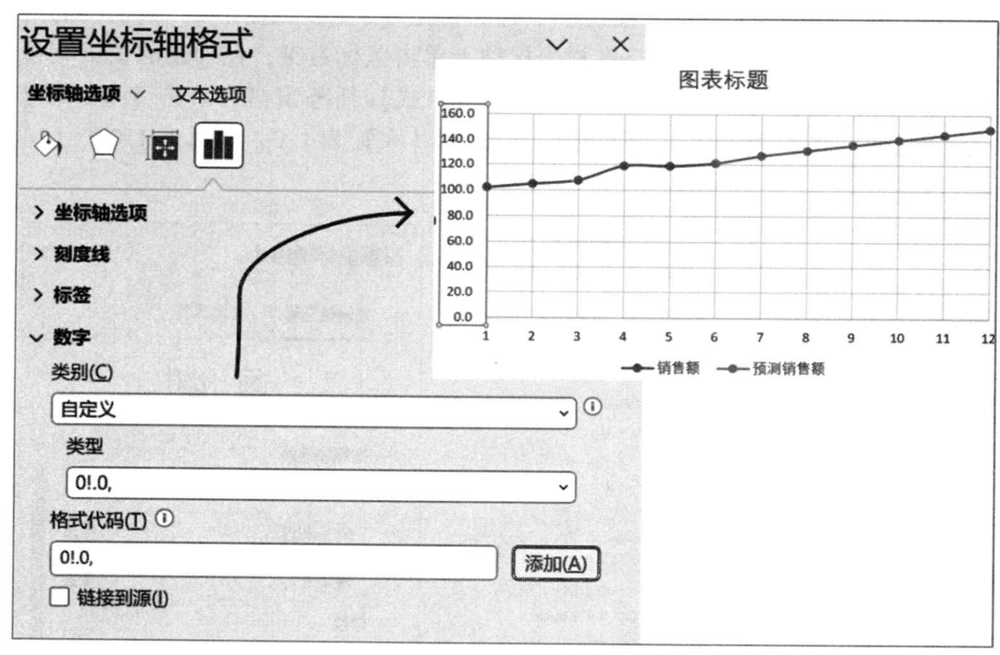

图 2-112 设置纵坐标轴数字格式

（5）添加纵坐标轴标题。将纵坐标轴单位由“元”更改为“万元”之后，还应该为纵坐标轴添加坐标轴标题。此时可为纵坐标轴添加纵坐标轴标题文本框，在文本框中输入“金额：万元”，效果如图 2-113 所示。

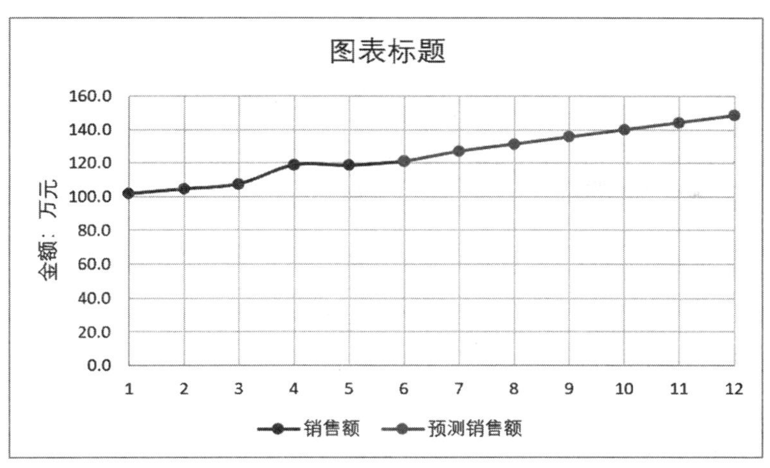

图 2-113　设置纵坐标轴数字和标题后的效果图

（6）设置横坐标轴。横坐标轴代表的是月份，可以通过设置坐标轴的数字格式使其显示为月份。选中横坐标轴，打开【设置坐标轴格式】任务窗格，将其数字格式自定义为"0"月""，如图 2-114 所示，效果如图 2-115 所示。

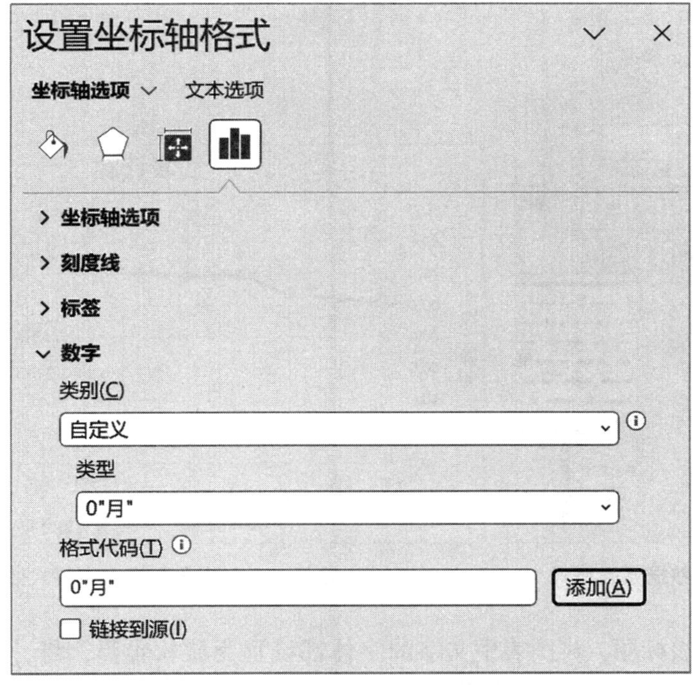

图 2-114　设置横坐标轴格式

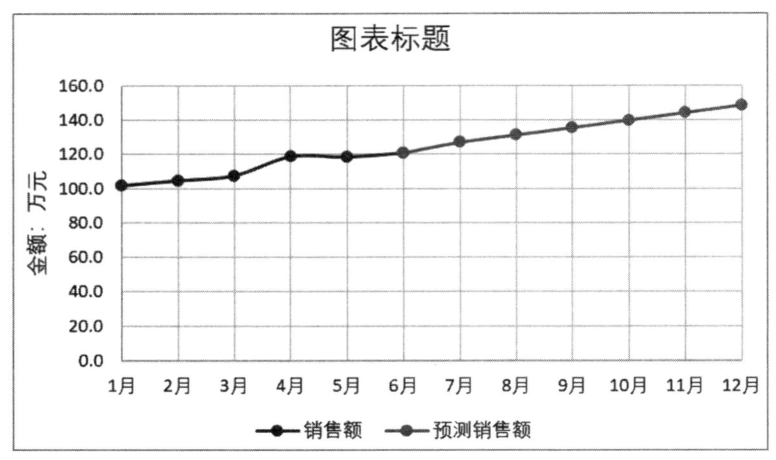

图 2-115 设置横坐标轴格式效果图

（7）设置数据系列格式，将预测的数据用虚线连接。打开【设置数据系列格式】任务窗格，将【短划线类型】设置为【短划线】，如图 2-116 所示，效果如图 2-117 所示。

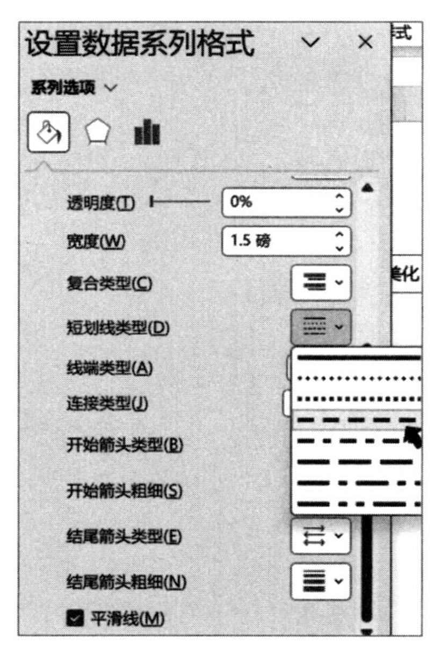

图 2-116 设置数据系列格式

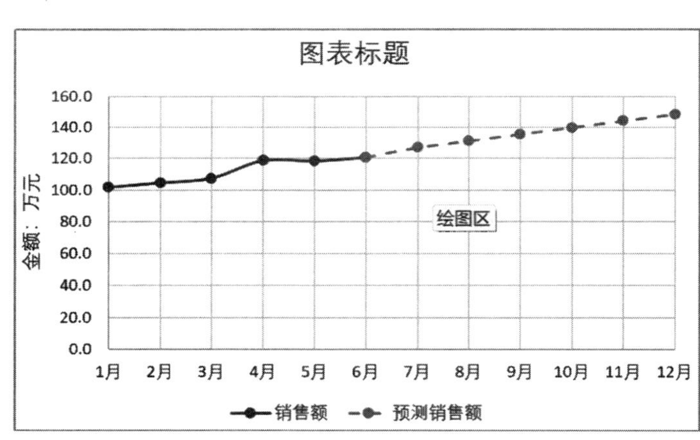

图 2-117 设置数据系列格式效果图

（8）输入图表标题，将图表中文字的字体都设置为微软雅黑，将【图例位置】更改为【靠上】，如图 2-118 所示，效果如图 2-119 所示。

至此，一张含趋势线的图表就完成了，使用趋势线不仅可以表示过去数据的变化趋势，还可以根据过去的数据变化趋势对未来的数据进行预测。由图可知，趋势线向上倾斜，则表示数据有增长或上涨趋势；如果趋势线向下倾斜，则表示数据有减少或下跌趋势。

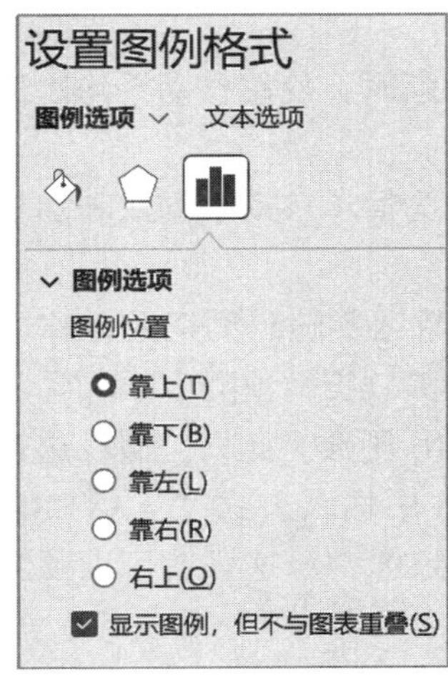

图 2-118　设置图例格式

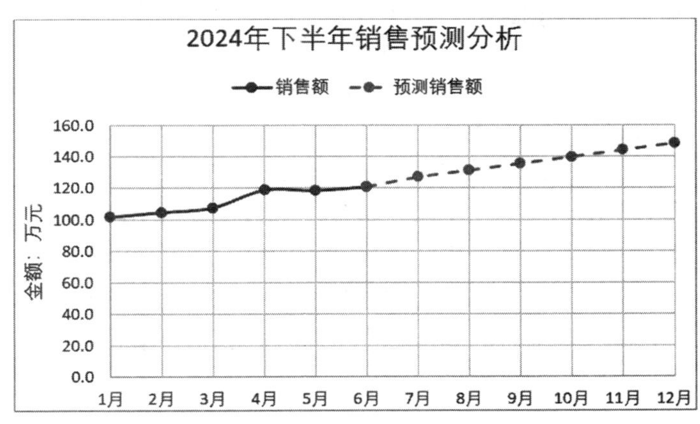

图 2-119　设置图例格式效果图

【例 2-3-2】使用趋势线进行销售预测分析。

在文件【2-3】的工作表【2-3-2】中，已知 1—6 月的销售额，请分别使用简单平均法、移动平均法、指数平滑法、直线回归分析法等方法预测第 7 个月的销售额。

1. 简单平均法

简单平均法是将以往若干时期的简单平均数作为对未来进行预测的数据，如此处已知 1—6 月的实际销售额，那么 7 月的预测销售额就应该是 1—6 月实际销售额的简单平均数。计算简单平均数可以使用 AVERAGE( ) 函数，AVERAGE( ) 函数的基本语法如下：

AVERAGE(number1,[number2],⋯)

number1，number2，... 这些参数可以是数字，也可以是包含数字的单元格引用或数组。如果参数是数组或单元格区域，则函数会计算其中所有数字的平均值。

在单元格 C8 中输入公式“=AVERAGE（$B$2:B7）”，即可预测出 7 月的销售额，如图 2-120 所示。

C8　=AVERAGE($B$2:B7)

	A	B	C
1	月	销售额	简单平均法
2	1	1,015,432.00	
3	2	1,044,356.00	
4	3	1,074,531.00	
5	4	1,187,657.00	
6	5	1,185,467.00	
7	6	1,208,621.00	
8	7		1,119,344.00

图 2-120　使用 AVERAGE 函数

2. 移动平均法

当预测项目既不快速增长也不快速下降且不存在季节性因素时，使用移动平均法进行预测能有效地消除预测中的随机波动。

移动平均法根据预测时使用的各元素的权重不同，可以分为简单移动平均法和加权移动平均法。

（1）简单移动平均法。简单移动平均法预测所用的历史数据要随预测期的推移而顺延，简单移动平均法是一个基础的预测工具，适用于初步的趋势分析和预测。

使用简单移动平均法预测销售额时，使用的也是 AVERAGE 函数。此处，假设选择间隔数为 3，即使用前 3 个月的实际销售额数据，在单元格 D5 中输入公式“=AVERAGE（B2:B4）”，将单元格 D5 中的公式向下填充到单元格区域 D6:D8 中，这样就可以预测出 4—7 月的销售额了，如图 2-121 所示。

D5 =AVERAGE(B2:B4)

	A	B	C	D
1	月	销售额	简单平均法	简单移动平均法
2	1	1,015,432.00		
3	2	1,044,356.00		
4	3	1,074,531.00		
5	4	1,187,657.00		1,044,773.00
6	5	1,185,467.00		1,102,181.33
7	6	1,208,621.00		1,149,218.33
8	7		1,119,344.00	1,193,915.00

图 2-121　简单移动平均法

（2）加权移动平均法。加权移动平均法就是在简单移动平均法的基础上对所用的数据分别确定一定的权数（一般情况下，时间序列越靠近，权重就越大），算出的加权平均数即为预测数。此处假设近 3 个月的权重分别为 0.2、0.3、0.5。在 E5 单元格中输入公式“=B2＊0.2+B3＊0.3+B4＊0.5”，将 E5 单元格中的公式向下填充到单元格区域 D6:D8 中，这样就可以预测出 4—7 月的销售额了，如图 2-122 所示。

E5 =B2*0.2+B3*0.3+B4*0.5

	A	B	C	D	E
1	月	销售额	简单平均法	简单移动平均法	加权移动平均法
2	1	1,015,432.00			
3	2	1,044,356.00			
4	3	1,074,531.00			
5	4	1,187,657.00		1,044,773.00	1,053,658.70
6	5	1,185,467.00		1,102,181.33	1,125,059.00
7	6	1,208,621.00		1,149,218.33	1,163,936.80
8	7		1,119,344.00	1,193,915.00	1,197,482.00

图 2-122　加权移动平均法

3. 指数平滑法

指数平滑法是一种时间序列预测技术，它通过给予最近观察值更高的权重来平滑数据，从而捕捉数据的趋势和季节性。与简单移动平均法相比，指数平滑法能够更快地适应数据的变化。这种方法特别适合用于预测具有趋势或季节性的时间序列数据。除了使用数据分析工具进行指数平滑预测外，还可以使用简单的公式计算，进行粗略的指数平滑预测，方法为直接导入平滑系数对本期的实际数和本期的预测数进行加权平均计算，然后将其作为下期的预测数。假设当前平滑系数为 0.4，3 月的预测数为 10301560.50，那么使用该方法预测 4—7 月销售额的方法如下。

在 F5 单元格中输入公式“=0.4 * B4+0.6 * F3”，将单元格 F5 中的公式向下填充到 F4 单元格区域 F6:F8 中，这样就可以预测出 4—7 月的销售额了，如图 2-123 所示。

F5 =0.4*B4+0.6*F4

	A	B	C	D	E	F
1	月	销售额	简单平均法	简单移动平均法	加权移动平均法	指数平滑法
2	1	1,015,432.00				
3	2	1,044,356.00				
4	3	1,074,531.00				417,742.40
5	4	1,187,657.00		1,044,773.00	1,053,658.70	680,457.84
6	5	1,185,467.00		1,102,181.33	1,125,059.00	883,337.50
7	6	1,208,621.00		1,149,218.33	1,163,936.80	1,004,189.30
8	7		1,119,344.00	1,193,915.00	1,197,482.00	1,085,961.98

图 2-123 指数平滑法

4. 直线回归分析法

直线回归分析法就是运用直线回归方程来进行预测分析。在 Excel 中可以使用 FORECAST( ) 函数来进行预测。

FORECAST( ) 函数的用途：根据一条线性回归拟合线返回一个预测值。

在单元格 G8 中输入公式“=FORECAST（A8，B2:B7，A2:A7）”，就可得到 7 月的预测销售额，如图 2-124 所示。

G8 =FORECAST(A8,B2:B7,A2:A7)

	A	B	C	D	E	F	G
1	月	销售额	简单平均法	简单移动平均法	加权移动平均法	指数平滑法	直线回归分析法
2	1	1,015,432.00					
3	2	1,044,356.00					
4	3	1,074,531.00				417,742.40	
5	4	1,187,657.00		1,044,773.00	1,053,658.70	680,457.84	
6	5	1,185,467.00		1,102,181.33	1,125,059.00	883,337.50	
7	6	1,208,621.00		1,149,218.33	1,163,936.80	1,004,189.30	
8	7		1,119,344.00	1,193,915.00	1,197,482.00	1,085,961.98	1,269,584.40

图 2-124 FORECAST( ) 函数

【例 2-3-3】使用趋势线进行销售预测分析。

打开文件【2-3】，根据工作表【2-3-3】中 1—6 月的销售额，使用移动平均法、指数平滑法、直线回归分析法预测第 7 个月的销售额。

1. 加载项插件安装

移动平均分析工具、指数平滑分析工具和直线回归分析工具这 3 种分析工具都包含在 Excel 的分析工具库中，Excel 的分析工具库是以插件的形式加载的，因此在使用分析工具库之前，必须先安装该插件。数据分析工具不但包括分析工具库中提供的工具，还包括 Excel 工具菜单中一些特殊的宏。

（1）打开任意一个工作簿，单击【文件】菜单，在菜单中选择【选项】，如图 2-125 所示。

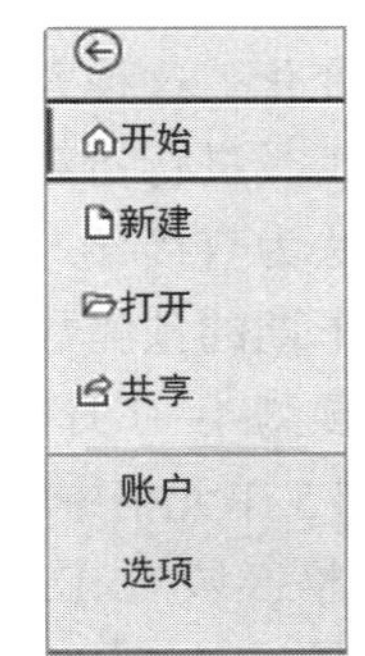

图 2-125　文件菜单中的选项

（2）在【Excel 选项】对话框中，选择【加载项】选项，单击【转到】按钮，如图 2-126 所示。

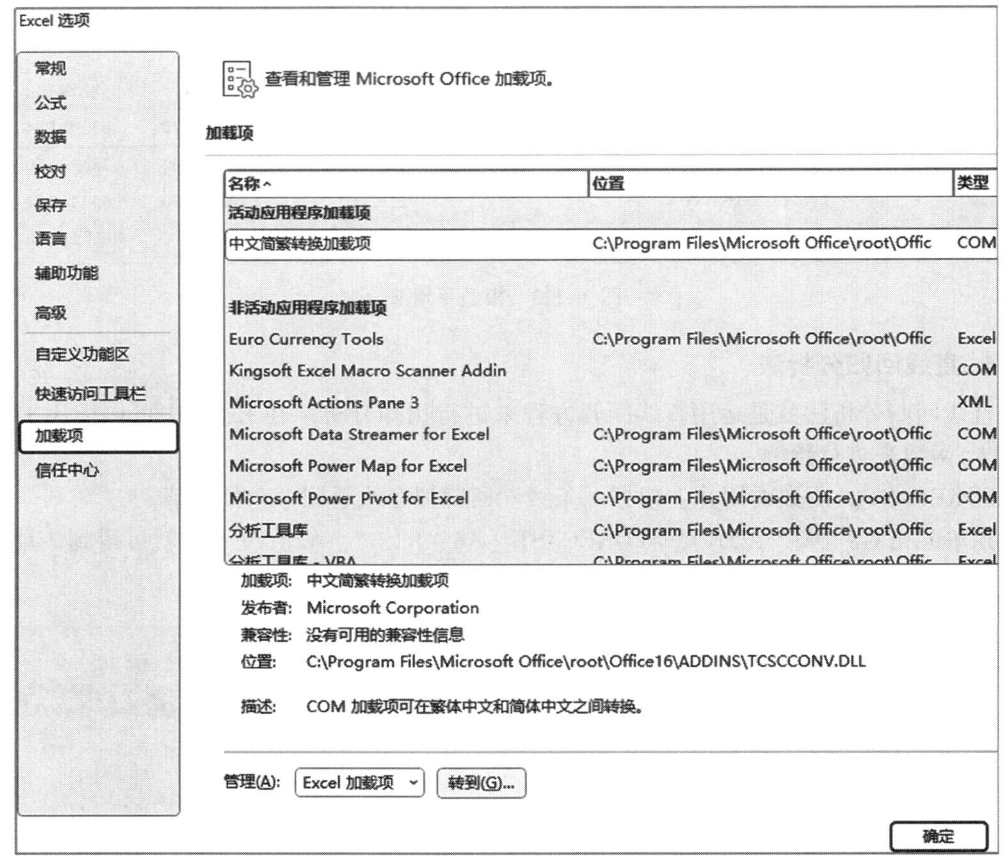

图 2-126　【Excel 选项】对话框

（3）在弹出的【加载项】对话框中选择【分析工具库】复选框，然后单击【确定】按钮，完成【分析工具库】插件的安装，如图 2-127 所示。

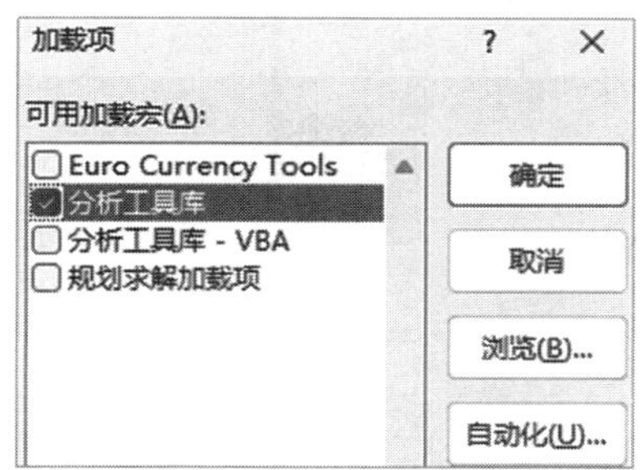

图 2-127　添加分析工具库

2. 移动平均预测

下面使用移动平均分析工具对 7 月的销售额进行预测，具体操作步骤如下。

（1）打开本实例的文件【2-3】，切换到【数据】选项卡，在【分析】组中单击【数据分析】按钮，如图 2-128 所示。

图 2-128　数据分析按钮

（2）弹出【数据分析】对话框，选择【移动平均】选项，如图 2-129 所示。

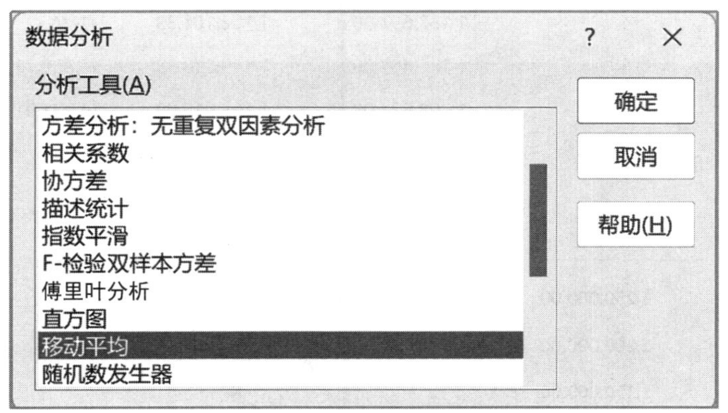

图 2-129　数据分析对话框

（3）单击【确定】按钮，弹出【移动平均】对话框。将光标定位到【输入区域】文本框中，选中单元格区域 B2:B7，在【间隔】文本框中输入“3”；将光标定位到【输出区域】文本框中，在工作表中选中单元格 C2，勾选【图表输出】和【标准误差】复选框，如图 2-130 所示。

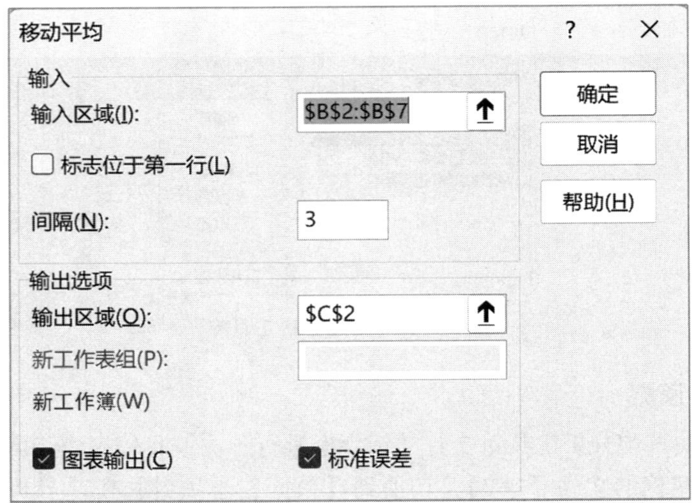

图 2-130　移动平均对话框

（4）单击【确定】按钮，即可得到间隔数为 3 的预测销售额、标准误差及图表，并修改对应列标题，如图 2-131 和图 2-132 所示。

	A	B	C	D
1	月	销售额	预测值	标准误差
2	1	1,015,432.00	#N/A	#N/A
3	2	1,044,356.00	#N/A	#N/A
4	3	1,074,531.00	1,044,773.00	#N/A
5	4	1,187,657.00	1,102,181.33	#N/A
6	5	1,185,467.00	1,149,218.33	56,289.71
7	6	1,208,621.00	1,193,915.00	54,271.91
8	7			

图 2-131　移动平均效果图

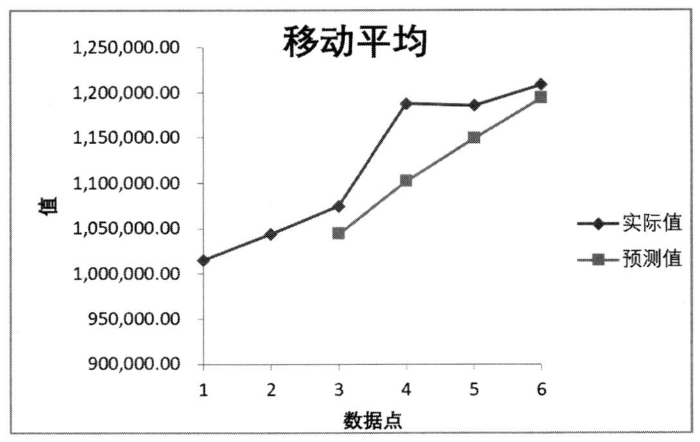

图 2-132　移动平均折线图

（5）根据选择的间隔数计算预测销售额。在单元格 C8 中输入公式“=（C5+C6+C7）/3”，按【Enter】键完成输入，得到 7 月的预测销售额，如图 2-133 所示。

C8 =(C5+C6+C7)/3

	A	B	C	D
1	月	销售额	预测值	标准误差
2	1	1,015,432.00	#N/A	#N/A
3	2	1,044,356.00	#N/A	#N/A
4	3	1,074,531.00	1,044,773.00	#N/A
5	4	1,187,657.00	1,102,181.33	#N/A
6	5	1,185,467.00	1,149,218.33	56,289.71
7	6	1,208,621.00	1,193,915.00	54,271.91
8	7		1,148,438.22	

图 2-133　7 月的预测销售额

3. 指数平滑预测

（1）判断平滑系数。打开文件【2-3】，选择工作表【2-3-4】。

根据 1—6 月的销售额数据制作线性图表，可以看出，销售额呈上升趋势，如图 2-134 所示。因此，平滑系数应在 0.6～1 中选择。

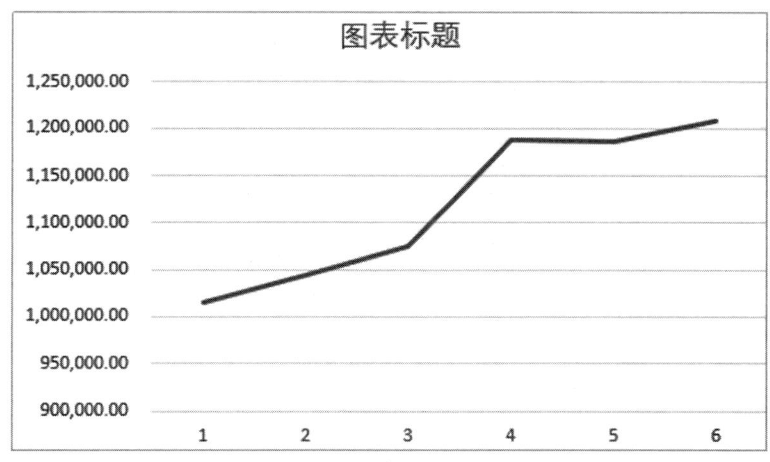

图 2-134　销售额折线图

（2）试算平滑系数。确定了平滑系数的取值范围后，选择范围内的值进行试算，看哪个平滑系数对应的标准误差最小，选择 α=0.6、α=0.7 和 α=0.8 进行试算，对应的阻尼系数应该是 0.4、0.3 和 0.2，如图 2-135 所示。

一次指数平滑（α=0.6）	标准误差	一次指数平滑（α=0.7）	标准误差	一次指数平滑（α=0.8）

图 2-135　试算平滑系数模型

（3）选择 α=0.6 进行试算。切换到【数据】选项卡，在【分析】组中单击【数据分析】按钮。弹出【数据分析】对话框，选择【指数平滑】选项，如图 2-136 所示。

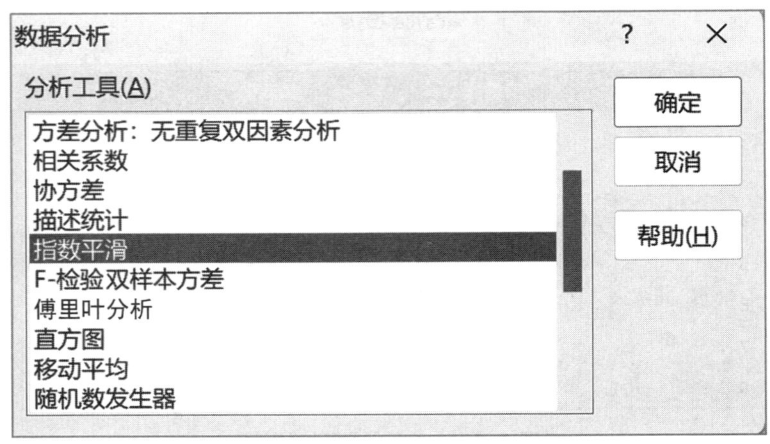

图 2-136　【数据分析】对话框

（4）单击【确定】按钮，弹出【指数平滑】对话框。将光标定位到【输入区域】文本框中，选中单元格区域 B2:B7，在【阻尼系数】文本框中输入“0.4”；将光标定位到【输出区域】文本框中，在工作表中选中单元格 C2，勾选【图表输出】和【标准误差】复选框，如图 2-137 所示。

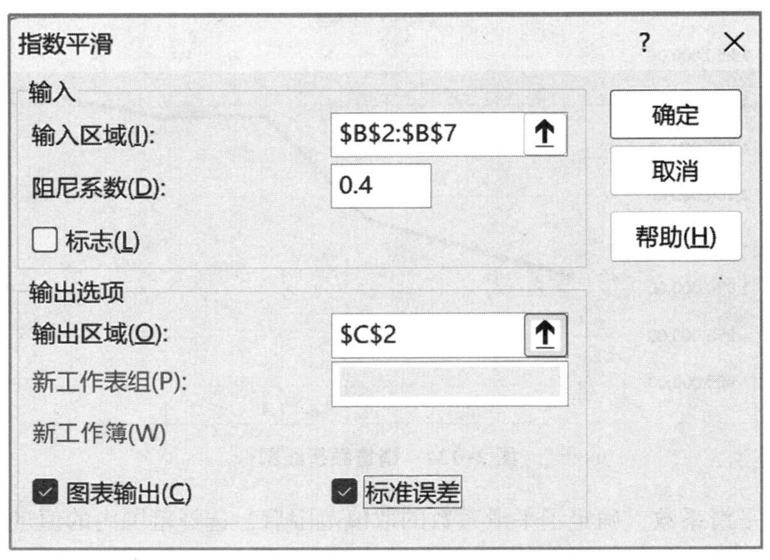

图 2-137　设置【指数平滑】对话框

（5）单击【确定】按钮，即可得到平滑系数为 0.6 的平滑值、标准误差及图表，如图 2-138、图 2-139 所示，并修改对应列标题。

	A	B	C	D
1	月	销售额	一次指数平滑（α=0.6）	标准误差
2	1	1,015,432.00	#N/A	#N/A
3	2	1,044,356.00	1,015,432.00	#N/A
4	3	1,074,531.00	1,032,786.40	#N/A
5	4	1,187,657.00	1,057,833.16	#N/A
6	5	1,185,467.00	1,135,727.46	80,484.86
7	6	1,208,621.00	1,165,571.19	83,807.05

图 2-138 平滑系数为 0.6 的平滑值、标准误差

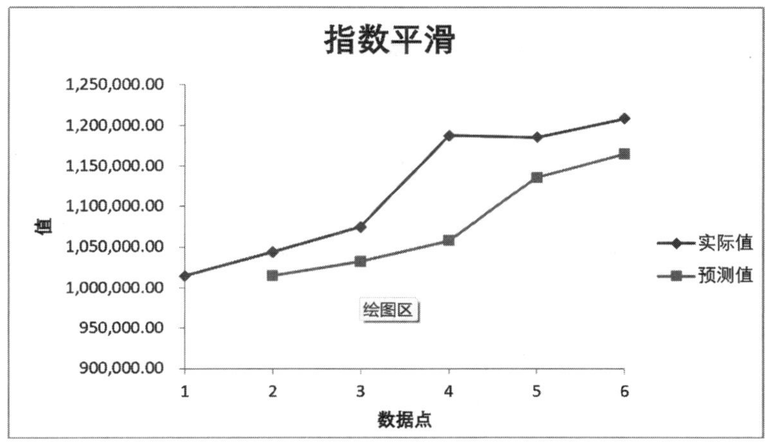

图 2-139 平滑系数为 0.6 的图表

（6）按照相同的方法分别对 α=0.7、α=0.8 的情况进行试算。试算结果如图 2-140 和图 2-141 所示。

E	F	G	H
一次指数平滑（α=0.7）	标准误差	一次指数平滑（α=0.8）	标准误差
#N/A	#N/A	#N/A	#N/A
1,015,432.00	#N/A	1,015,432.00	#N/A
1,035,678.80	#N/A	1,038,571.20	#N/A
1,062,875.34	#N/A	1,067,339.04	#N/A
1,150,222.50	77,279.91	1,163,593.41	74,400.08
1,174,893.65	78,149.71	1,181,092.28	73,593.42

图 2-140 平滑系数为 0.7 和 0.8 的平滑值、标准误差

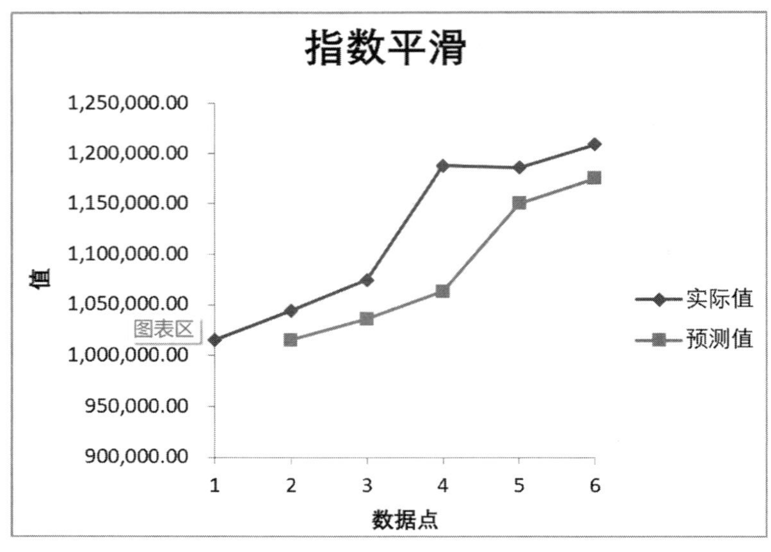

图 2-141 指数平滑图

（7）对比表中 3 种取值情况下的平滑值可以看出，当 α = 0. 8 时，标准误差最小，因此选择平滑系数为 0. 8。根据一次指数平滑公式计算 7 月的预测销售额，在单元格 G8 中输入公式“=0. 8 * B7+0. 2 * G7”，按【Enter】键完成输入，如图 2-142 所示。

fx =0.8*B7+0.2*G7

E	F	G
一次指数平滑（a=0.7）	标准误差	一次指数平滑（a=0.8）
#N/A	#N/A	#N/A
1,015,432.00	#N/A	1,015,432.00
1,035,678.80	#N/A	1,038,571.20
1,062,875.34	#N/A	1,067,339.04
1,150,222.50	77,279.91	1,163,593.41
1,174,893.65	78,149.71	1,181,092.28
		1,203,115.26

图 2-142 平滑系数为 0. 8 的预测值

（8）判断是否需要进行二次、三次指数平滑计算。由于图表中的趋势线类似一条直线，因此需要进行二次指数平滑计算。按照前面的方法，打开【指数平滑】对话框，将光标定位到【输入区域】文本框中，选中单元格区域 G3:G7，在【阻尼系数】文本框中输入“0. 2”；将光标定位到【输出区域】文本框中，在工作表中选中 I3 单元格，勾选【图表输出】和【标准误差】复选框，如图 2-143 所示。

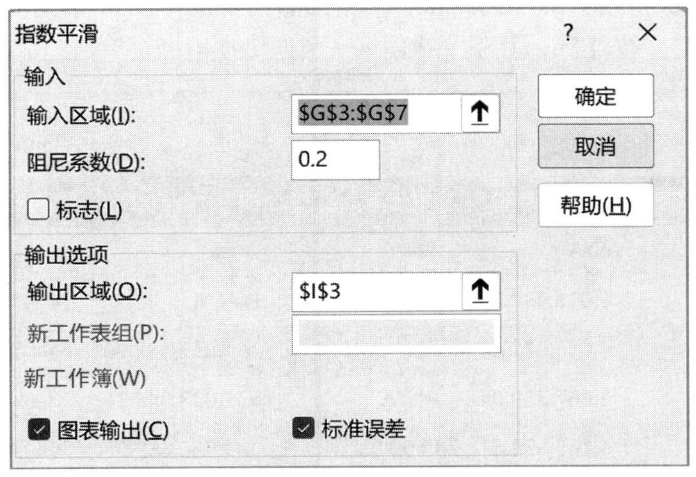

图 2-143 设置指数平滑对话框

（9）单击【确定】按钮，即可得到平滑系数为 0.8 时二次指数平滑的平滑值、标准误差及图表，并修改对应列标题，如图 2-144 所示，效果如图 2-145 所示。

G	H	I	J
一次指数平滑（α=0.8）	标准误差	二次指数平滑（α=0.8）	标准误差
#N/A	#N/A		
1,015,432.00	#N/A	#N/A	#N/A
1,038,571.20	#N/A	1,015,432.00	#N/A
1,067,339.04	#N/A	1,033,943.36	#N/A
1,163,593.41	74,400.08	1,060,659.90	#N/A
1,181,092.28	73,593.42	1,143,006.71	63,890.53

图 2-144 二次指数平滑

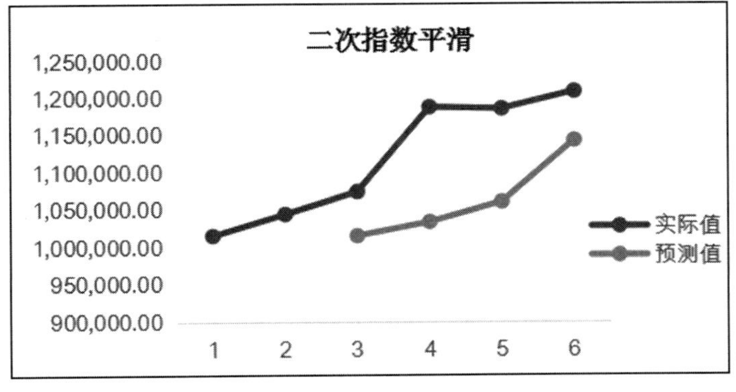

图 2-145 二次指数平滑效果图

（10）根据二次指数平滑公式计算 7 月的预测销售额，在 I8 单元格中输入公式“=0.8 * B7+0.2 * I7”，按【Enter】键完成输入。见图 2-146。

=0.8*B7+0.2*I7

G	H	I	J
一次指数平滑（a=0.8）	标准误差	二次指数平滑（a=0.8）	标准误差
#N/A	#N/A		
1,015,432.00	#N/A	#N/A	#N/A
1,038,571.20	#N/A	1,015,432.00	#N/A
1,067,339.04	#N/A	1,033,943.36	#N/A
1,163,593.41	74,400.08	1,060,659.90	#N/A
1,181,092.28	73,593.42	1,143,006.71	63,890.53
1,203,115.26		1,195,498.14	

图 2-146　二次指数平滑预测值

对比平滑系数为 0.8 时，从一次指数平滑和二次指数平滑的对比图发现，一次指数平滑的预测值与实际值更加接近。

【例 2-3-4】 使用趋势线进行销售预测分析。

使用预测工作表进行预测是在 Excel 中进行预测分析的最常用的方法之一，它提供了基于“时间序列预测”的功能，但 Excel 2016 及以上的版本才提供此功能，且仅支持 Windows 系统的 Excel，Mac 系统的 Excel 无此功能。

使用预测工作表进行预测的方法很简单，具体操作步骤如下。

（1）打开文件【2-3】，单击工作表【2-3-5】，切换到【数据】选项卡，在【预测】组中单击【预测工作表】按钮，如图 2-147 所示。

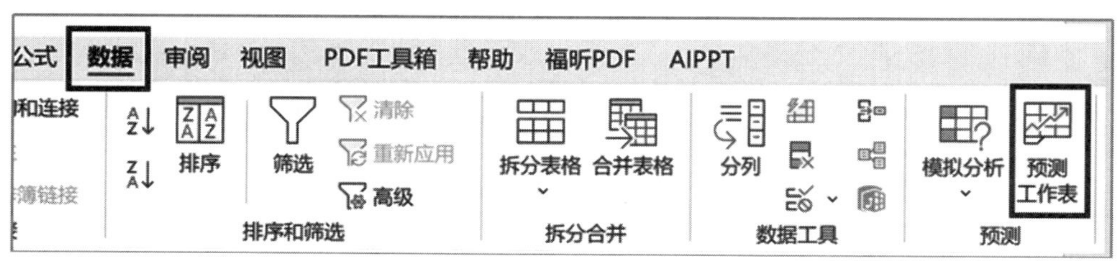

图 2-147　预测工作表

（2）弹出【创建预测工作表】对话框，该对话框中会出现一个折线图，折线末尾处会出现 3 条橙色直线。在【预测结束】微调框中输入预测结束的数值，此处只预测 7 月的销售额，所以输入“7”即可，如图 2-148 所示。

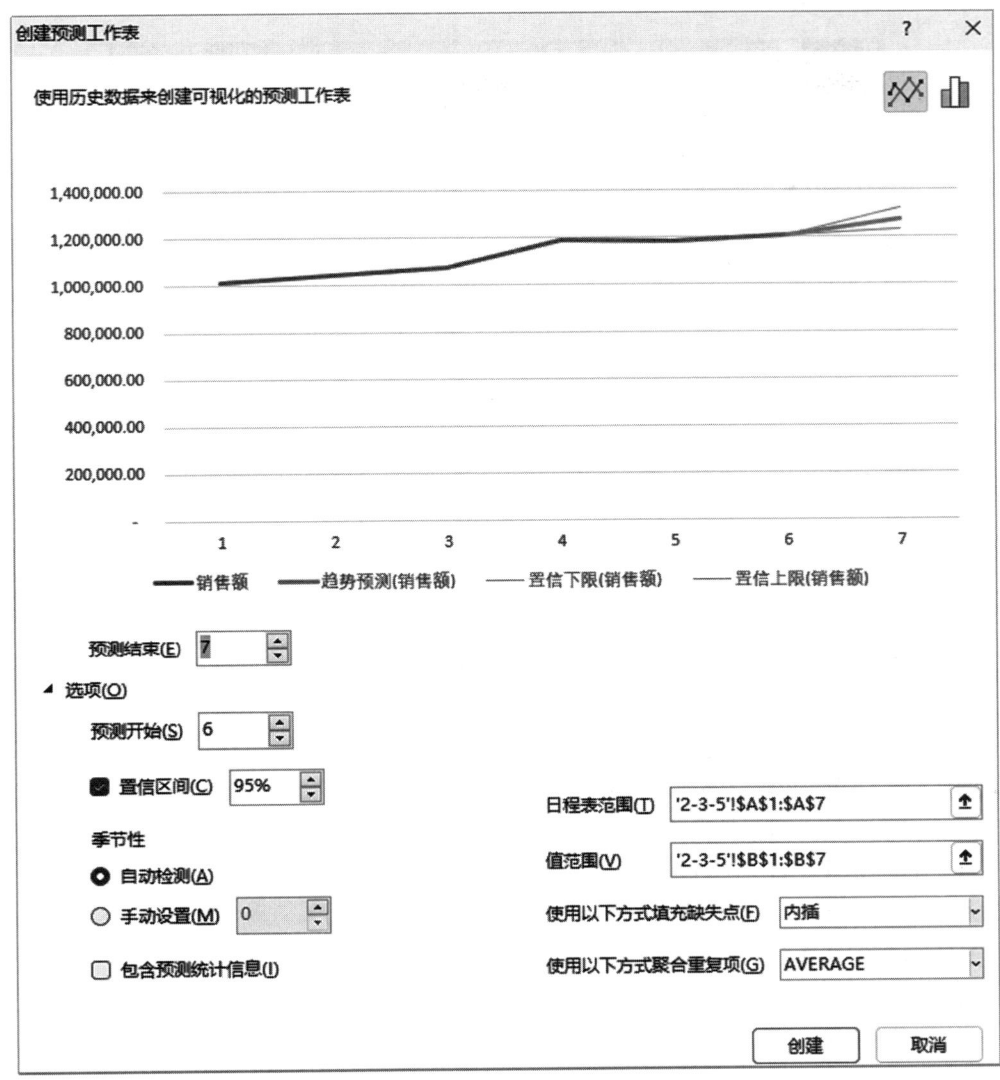

图 2-148 设置【创建预测工作表】对话框

(3) 其他参数保持默认设置。单击【创建】按钮，系统会自动创建一个工作表【sheet1】。新表中的数据包括源数据表中的依据，并在右侧自动添加了 3 列数据，即“趋势预测（销售额）”“置信下限（销售额）”“置信上限（销售额）”，并增加了一个折线图，其中的橙色部分即为预测数据，如图 2-149 所示。

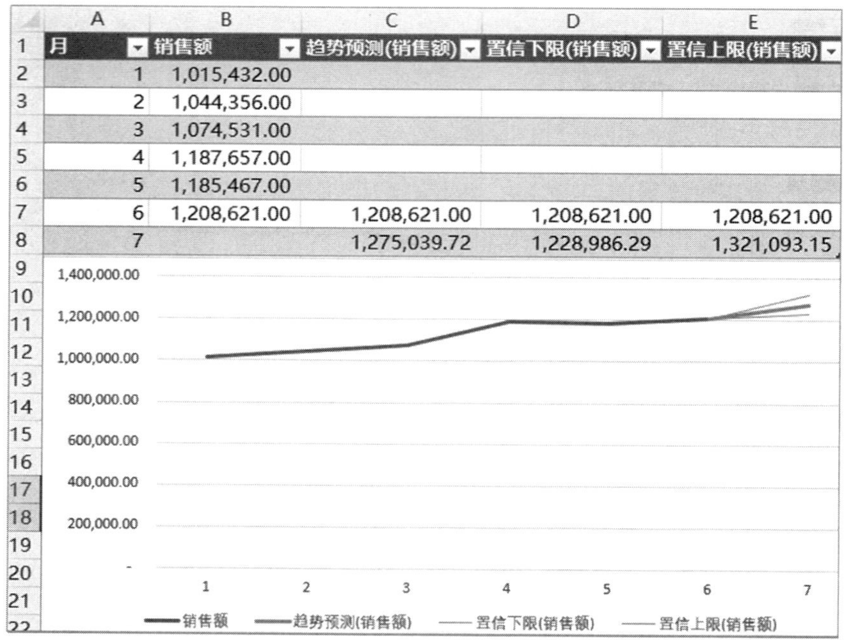

月	销售额	趋势预测(销售额)	置信下限(销售额)	置信上限(销售额)
1	1,015,432.00			
2	1,044,356.00			
3	1,074,531.00			
4	1,187,657.00			
5	1,185,467.00			
6	1,208,621.00	1,208,621.00	1,208,621.00	1,208,621.00
7		1,275,039.72	1,228,986.29	1,321,093.15

图 2-149　预测工作表效果图

需要注意的是，预测工作表中要有两列数据：时间序列和预测数据列。其中，时间序列应均匀分布，即时间轴上的数据必须为等差数列，如下所示：

7 月 1 日、8 月 1 日、9 月 1 日　√

7 月 1 日、7 月 3 日、7 月 5 日　√

7 月 1 日、7 月 11 日、7 月 21 日　√

7 月 1 日、7 月 2 日、7 月 4 日　×

7 月 1 日、7 月 3 日、7 月 6 日　×

7 月 1 日、7 月 11 日、7 月 20 日　×

第三章
运营数据分析

章节知识结构图

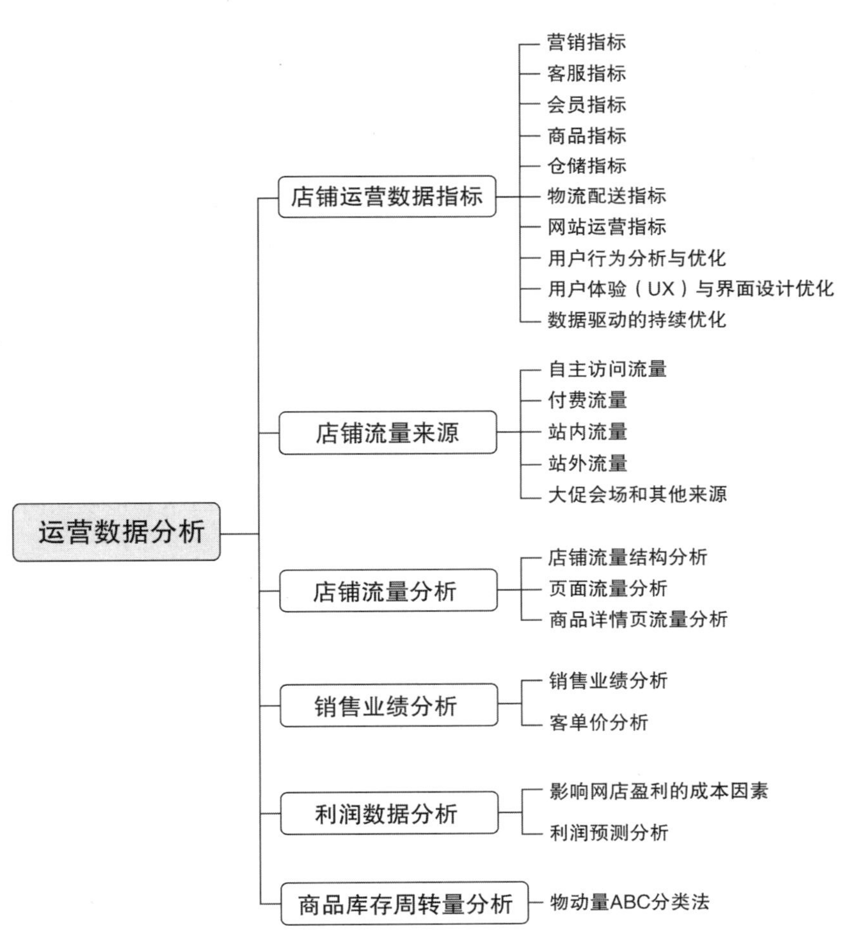

第一节　店铺运营数据指标

【知识目标】

1. 理解店铺运营中各类数据指标的重要性和作用。

2. 学习如何识别和分析营销、会员、商品、仓储、物流配送和网站运营等关键指标。

【能力目标】

1. 能够独立收集和整理店铺运营数据。

2. 能够运用数据分析工具对店铺运营数据进行有效分析，以优化运营策略。

【素养目标】

1. 培养数据驱动决策的意识，提高基于数据的业务洞察力。

2. 增强对数据准确性和完整性的认识，确保数据分析的有效性。

店铺运营数据指标是电商平台运营决策的核心依据，通过对各项数据的深入分析，企业可以准确把握市场动态，优化运营策略，提升用户体验和销售效率。这些指标涵盖了营销、客服、会员、商品、仓储、物流配送和网站运营等多个业务领域。

一、营销指标

营销指标主要用于评估广告投放的效果、成本控制以及用户对广告的反应程度。这些指标是营销活动优化的重要参考，能够帮助企业精准锁定用户需求和市场动向。

（一）曝光量

曝光量是广告展示的基本数据，反映了广告在目标用户面前出现的频率。高曝光量通常意味着广告能够有效接触到大量用户。然而，曝光量并不能直接反映广告的实际效果，因为用户可能并没有真正关注或记住广告内容。影响曝光量的因素包括广告的展示位置（如页面首屏或底部）、广告的视觉设计、广告的形式（如图片、视频、文字）以及周边环境（如页面的整体布局、竞品广告的数量等）。为了提高曝光量，企业可以优化广告投放时间，选择更高效的媒体渠道，提升广告素材的吸引力。

（二）点击量

点击量代表用户对广告感兴趣并采取进一步行动的总次数，是衡量广告吸引力的重要指标。有效点击通常意味着用户对广告内容产生了浓厚兴趣。点击量的准确统计会因广告监测系统的不同而有所差异，部分系统可能会过滤掉非正常点击（如重复点击、误点击等）。影响点击量的因素包括广告创意、目标受众的匹配程度、广告的位置和形式等。提升点击量的策略包括制作更加引人注目的广告素材、优化广告投放的时间和人群定向策略。

（三）点击率（CTR）

点击率是点击量与曝光量的比值，是衡量广告效果的关键指标之一。点击率高通常意味着广告素材能引起用户的兴趣并促使其采取行动，但过高的点击率也可能意味着存在点击作弊的问题，需要结合其他指标进行综合评估。优化点击率的常见方法包括：改进广告创意内容，使其更具吸引力；调整广告投放时间与目标人群的相关性；根据广告表现，及时进行素材的优化和替换。

（四）每次点击费用（CostPerClick，CPC）

每次点击费用是广告主按照用户的实际点击次数付费的模式，广泛用于搜索广告、展示广告等。CPC 能够精确反映广告的实际吸引力，对于预算有限的企业来说，这种付费模式能够确保广告费用的高效利用。提升 CPC 广告效果的关键在于不断优化广告创意、提高点击率，并确保广告落地页的内容与用户需求高度相关，从而提高转化率。

（五）投资回报率（ROI）

投资回报率是企业衡量投入资金所产生收益的重要指标。计算公式通常为：投资回报率=利润/费用或投资回报率=成交金额/费用。在大多数电商企业中，使用第二种公式，因为电商的利润常为负数，无法体现实际的投资效果。提高投资回报率的策略包括：增加广告的转化率、提高客单价、优化商品的毛利率等。

二、客服指标

客服指标是评估电商平台客服团队工作效率、服务质量和客户满意度的重要数据。优秀的客服管理能够有效提升用户体验，减少用户流失，提高复购率。

（一）总呼叫量

总呼叫量指的是所有用户拨打进入呼叫中心的电话数量，包括接通、未接通、放弃的所有呼叫。该指标反映了客服中心的工作负荷和用户需求量，是企业客服资源配置的重要依据。通过分析总呼叫量的变化趋势，企业可以判断促销活动、市场推广或某些问题是否导致了客服需求的激增。

（二）接通率

接通率反映了呼叫中心接听用户来电的能力，包括呼入接通率和呼出接通率两种情况。公式为：

呼入接通率=（IVR 接通量+人工接通量）/总呼入电话量

呼出接通率=呼出成功接通量/总呼出电话量

高接通率意味着良好的服务效率，而接通率低可能导致用户体验不佳，引发投诉或流失。

（三）平均排队时间

平均排队时间是用户在拨通呼叫中心后，等待接通的平均时间。此指标直接影响用户

的满意度和呼叫体验。较短的排队时间意味着更好的服务效率，而长时间的排队可能会导致用户的耐心消耗殆尽。优化平均排队时间的策略包括增加客服人员数量、调整班次安排、优化 IVR 系统引导流程等。

（四）呼叫满意度

呼叫满意度是衡量用户对客服中心服务的总体满意度，通常通过电话调查、短信回访或在线评价等方式获取。满意度得分可以是简单的“满意/不满意”二选一，也可以是多维度的评分系统。提升呼叫满意度的核心在于提高座席的服务质量、缩短排队和处理时间、及时解决用户问题。

三、会员指标

会员指标是评估电商平台用户规模、活跃度和忠诚度的重要指标。这些数据可以帮助企业分析用户行为，制定精细化营销策略，提升用户的留存率和复购率。

（一）注册会员数

注册会员数是指在网站上完成注册流程的用户数量，反映了平台用户基础的规模。该指标的增加表明平台对新用户的吸引力在增强。为了提升注册会员数，企业可以通过优化注册流程、推出注册激励（如优惠券、积分奖励）以及加大推广力度来吸引更多用户。

（二）购买会员数

购买会员数，又称为购物会员，指在网站上有过购买行为的会员。这类用户是电商平台的重要收入来源，购买会员的数量直接反映了平台的盈利能力。提升购买会员数的策略包括优化商品展示、提升支付和配送的便利性、推出限时折扣和促销活动等。

（三）活跃会员数

活跃会员数用于衡量当前会员的活跃度，常见的活跃标志包括登录、下单、参与互动等。活跃会员的数量是平台用户健康度的一个重要体现。为了提升会员活跃度，企业可以通过推送个性化推荐、提供会员专属活动、提升用户体验等方式，激励用户更多地使用平台服务。

（四）老会员数

老会员是指在网站上购买两次及以上的用户，这部分会员通常是平台最稳定的收入来源。提升老会员数的策略包括加强会员管理、推出老会员专属优惠、提供更加个性化的服务体验等。数据分析显示，约 80% 的销售额通常由 20% 的老客户贡献，因此维护好老会员是企业盈利的关键。

（五）新会员数

新会员是指首次购买商品的会员，这类会员是企业拓展市场的重要对象。为了吸引新会员，企业可以通过优化引流策略、提供首单优惠、增强品牌宣传等方式来吸引新用户注册和购买。新会员的增长速度往往是企业在快速扩张阶段的重要指标。

（六）复购率

复购率反映了会员在一定时间内重复购买的情况，是评估会员忠诚度的重要指标。高复购率表明会员对平台的认可度较高，有助于企业实现持续稳定的收入。提升复购率的措施包括推出会员专享优惠、提升客户服务质量、优化商品和物流体验等。

四、商品指标

商品指标用于评估电商平台上的商品销售表现、库存管理和销售任务完成情况。这些指标对于了解商品的市场反应、优化商品结构和提升整体销售额具有重要意义。

（一）订单量

订单量是指用户在网站上提交的订单数量，是衡量电商平台销售能力的最基础指标。订单量的变化能够反映出市场需求、推广活动的效果、用户对商品的接受程度等多个方面。订单量的增加通常表明用户对平台的商品和服务认可度高，而订单量的下降可能是由于商品吸引力不足、市场竞争加剧或服务质量不佳等原因。提升订单量的策略包括丰富商品品类、优化商品推荐、提升用户购物体验等。

（二）订单金额

订单金额是用户在提交订单时的总金额，包括商品金额、运费、优惠金额等。订单金额不仅是企业销售收入的直接来源，也是评估用户购买力、商品定价策略和促销活动效果的重要数据。订单金额的提升不仅依赖于订单量的增长，更需要提升用户的客单价。企业可以通过优化商品定价、提供优惠组合、提高商品附加值等方式来提升订单金额。

（三）商品销售量

商品销售量是指在特定时间段内销售出去的商品总件数，是衡量商品受欢迎程度的核心指标。商品销售量不仅反映了市场对特定商品的需求情况，还可以为企业的库存管理、采购计划和促销决策提供数据支持。影响商品销售量的因素包括商品的定价、品质、营销力度、用户评价等。企业可以通过优化商品描述、改善用户评价、调整定价策略等方式来提升商品销售量。

（四）支付转化率

支付转化率是指用户在提交订单后完成支付的比例，是衡量用户购买意愿和支付便利性的重要指标。计算公式为：支付转化率=完成支付的客户数/需要支付的客户数。支付转化率的提升意味着用户从浏览商品到最终完成购买的行为链更加顺畅，反映了良好的用户体验和高效的支付流程。提高支付转化率的方法包括提供多种支付方式、优化支付页面的设计、缩短支付步骤等。

（五）订单有效率

订单有效率是衡量有效订单在总订单中所占比例的重要指标。计算公式为：订单有效率=有效订单量/总订单量。订单有效率的高低直接反映了订单管理的质量、支付流程的顺畅性以及用户的订单意愿。订单有效率过低可能意味着存在大量取消订单、支付失败或作弊订单，这会影响企业的真实销售表现。提升订单有效率的措施包括优化支付流程、加强用户下单引导、减少作弊行为等。

（六）库存量单位数

库存量单位是商品管理的基本单位。库存量单位数反映了电商平台商品的丰富程度和可选性。库存量单位的增加有助于满足不同用户的个性化需求，但同时也会增加库存和管理成本。企业需要在商品的多样性与库存成本之间找到平衡点，优化库存量单位管理，提高热销库存量单位的占比。通过数据分析，企业可以发现滞销库存量单位，及时进行促销或下架处理。

（七）店铺佣金

店铺佣金是电商平台向第三方商家收取的费用，通常按照商家的销售额一定比例提成，是平台类电商的重要盈利模式之一。佣金比例反映了平台对商家的议价能力，较高的佣金比例可能会提高平台的收入，但也可能导致商家利润下降，从而影响商家在平台的持续运营意愿。因此，平台需要在提升佣金收入和维持商家关系之间取得平衡。

（八）商品交易总额

商品交易总额是电商平台评估交易规模和市场表现的重要指标，其不仅反映了平台的销售实力，也是平台吸引投资、拓展市场的重要数据。提升商品交易总额的策略包括拓展商品品类、提升用户黏性、优化用户购物体验、增加促销活动等。此外，通过提高商品的周转率和资金流转速度，企业可以在不增加成本的情况下，进一步扩大商品交易总额的规模。

五、仓储指标

仓储指标用于评估仓库管理的效率、库存的健康状态和商品的流通情况。良好的仓储管理能够降低企业的运营成本、提高供货效率和用户满意度。

（一）仓库吞吐指标

仓库吞吐指标反映了仓储的处理能力，包括入库量、出库量、直拨量和吞吐量。吞吐量是仓库运转效率的直观体现，较高的吞吐量表明仓库能够高效地处理大量商品流转。企业可以通过优化仓库布局、提升自动化水平、加强人员培训等方式提高仓库的吞吐能力。

（二）仓库容量指标

仓库容量指标用来衡量仓库的库存容纳能力，是仓库设计和规划的重要依据。仓库容量包括仓库的面积和体积两个方面。较高的仓库容量可以满足更大的库存需求，但也需要有效的库存管理来避免库存积压。企业应根据销售预测和市场需求，合理规划仓库容量，避免浪费或不必要的库存占用。

（三）库存金额

库存金额是指所有库存商品按入库成本计算的总金额，是评估企业库存健康状况的重要指标。较高的库存金额可能意味着商品积压或销售不畅，而较低的库存金额可能导致供货不足或断货风险。优化库存金额的策略包括定期进行库存盘点、调整采购计划、通过促销活动加速库存周转等。

（四）库存量

库存量是指在一定周期内仓库中所有商品的总数量。库存量包括可售商品、待发货商品、残次品等。较高的库存量可能占用企业大量资金和仓储资源，影响资金流动和经营效率。企业可以通过优化采购和销售计划、加快商品周转、及时清理滞销商品等方式来优化库存量的管理。

（五）缺货率

缺货率是指因库存不足导致无法满足用户购买需求的商品比例，其计算公式为：缺货率=缺货商品数量/顾客订货数量。较高的缺货率会严重影响用户体验和销售机会。为了降低缺货率，企业应优化供应链管理，采用精准的需求预测，增加安全库存并加强与供应商的沟通，确保及时补货。

（六）库存周转率

库存周转率反映了库存商品的销售速度，是衡量库存管理效率的重要指标。库存周转率的计算公式为：库存周转率=销货数量/［（期初商品库存数量+期末商品库存数量）/2］。高周转率意味着库存商品的销售速度快、管理效率高，但过高的周转率也可能导致库存不足的风险。企业可以通过优化采购计划、加快物流配送、减少库存积压等方式来提高库存周转率。

（七）库存周转天数

库存周转天数是指库存商品从入库到售出所需的时间，其计算公式为：库存周转天数=360/库存周转率。该指标用时间来衡量库存的周转效率，时间越短，说明库存管理效率就越高。企业应通过提升库存管理能力、优化供应链、减少商品的滞销情况来缩短库存周转天数。

六、物流配送指标

物流配送指标用于评估企业在订单处理、运输和交付过程中的效率和准确性。这些指标对于电商平台优化配送链条、提高服务水平和客户满意度至关重要。

（一）配送业务量

配送业务量是指企业根据订单需求进行拣选、包装、出库和配送的货物数量。配送业务量的变化通常与促销活动、市场需求波动直接相关。较高的配送业务量需要企业具备高效的仓储和物流能力，以确保按时交付。企业可以通过优化配送网络、提升仓库运作效率、合理安排配送车辆来管理高配送业务量。

（二）满载率

满载率是衡量物流运输车辆的装载效率的指标，计算公式为：满载率=车辆实际载重量/车辆额定载重量。满载率高意味着车辆资源得到了充分利用，能够降低运输成本。企业可以通过优化运输路线、合理安排配送计划、进行运输资源整合等方式提升满载率，减少物流成本。

（三）配送准确率

配送准确率是指订单准确配送的比例，是衡量物流服务质量的关键指标。计算公式为：配送准确率=准确配送的订单量/总配送订单量。配送准确率高说明企业的订单处理、包装、出库和运输环节无误差，用户能按时收到正确的商品。提升配送准确率的策略包括优化订单处理流程、加强商品检查、提升物流信息系统的准确性等。

（四）物流配送时效

物流配送时效是指从订单出库到用户签收的时间，是衡量物流效率的重要指标。较短的配送时效能够大幅提升用户体验，增加用户的满意度和复购率。物流时效的优化涉及多方面的因素，包括仓库的地理位置、配送网络的布局、运输工具的选择、配送线路的规划等。企业可以通过与高效的物流服务商合作、提升仓库的布局合理性、使用现代化的运输工具如无人车和无人机等新技术手段来不断缩短配送时效，提升用户体验。

（五）配送成本

配送成本是指从商品打包出库到送达用户手中的所有费用，包括运输费用、包装费用、人工成本等。降低配送成本是电商企业提高盈利能力的关键之一。企业可以通过合理调配物流资源、优化运输路线、提升包装效率和质量等方式降低配送成本。此外，通过与第三方物流的深度合作、引入自动化分拣设备、减少包裹损耗等方法，也可以显著降低配送成本。

七、网站运营指标

网站运营指标是电商平台评估用户访问行为、转化效率和整体运营表现的核心数据。这些指标可以帮助企业优化网站设计、改进用户体验、提升转化率，从而推动销售增长。

（一）独立访客数（Unique Visitor，UV）

独立访客数（UV）是衡量网站访客数量的重要指标。UV 的定义时间可以按小时、日、周、月等不同周期划分。UV 反映了网站在特定时间内吸引到的实际用户数，是评估市场推广和用户覆盖面的核心数据。提升 UV 的方法包括增加广告投放、优化 SEO 策略、提升网站内容的吸引力等。

（二）访问量（Visit）

访问量（Visit）是指用户在网站上的总访问次数。Visit 是衡量用户与网站互动频率的重要指标，能够反映网站的用户黏性。与 UV 结合，访问量能够进一步了解用户在网站上的活跃度。企业可以通过增加优质内容、提升网站交互体验、优化导航设计来提高访问量，增强用户的留存率和访问深度。

（三）页面浏览量（Page View，PV）

页面浏览量（PV）是用户在访问过程中浏览页面的总次数。PV 是衡量网站内容吸引力和用户访问深度的重要指标。PV 的增加意味着用户在网站上浏览了更多的内容，可能对产品或服务更感兴趣。企业可以通过提升页面加载速度、优化内容排版、增加页面互动性等方式来提高PV。

（四）新访问占比

新访问占比是指网站新访客在总访问中的比例。新访问占比高表明网站能够吸引大量新用户，反映市场扩展和品牌推广的效果。通过广告引流、内容营销、社交媒体推广等方式，可以有效提升新访问的数量。优化用户的首次访问体验，对提高新访问转化率至关重要。

（五）访问深度

访问深度，也称人均页面浏览量，用于评估用户在一次访问中浏览的页面数量。计算公式为：访问深度=PV/访问量。较高的访问深度表明用户对网站内容的兴趣浓厚，可能对产品或服务有购买意向。提升访问深度的策略包括增加推荐内容、优化站内搜索功能、提供相关产品或文章链接等。

（六）停留时间

停留时间是指用户在网站或特定页面停留的时间长度。网站停留时间的增加通常表明用户对网站内容有较高的兴趣，但过长的停留时间可能也意味着用户找不到所需信息。优化停留时间的方法包括提升页面内容质量、优化导航结构、提供清晰的引导和操作提示。

（七）产品页转化率

产品页转化率是指访问产品页的用户比例，是衡量用户对产品兴趣的重要指标。优化产品页转化率的方法包括改进产品描述、提供高质量的产品图片和视频、增加用户评价和推荐等内容。

（八）加入购物车转化率

加入购物车转化率是指访问用户中将商品加入购物车的比例。较高的加入购物车转化率表明用户对商品的兴趣较高，但并不一定会完成购买。优化该指标的方法包括优化商品展示、提供清晰的价格和折扣信息、减少购物车加载时间等。

（九）结算转化率

结算转化率反映了从加入购物车到开始结算过程的用户比例。优化结算转化率的方法包括简化结算流程、提供多种支付方式、在结算页面增加信任标识（如安全支付认证）等。

（十）订单转化率

订单转化率是指从访问到完成订单的比例，是电商平台最重要的指标之一。提升订单转化率的方法包括优化结算流程、提升支付便捷性、提供售后保障等。

（十一）用户活跃度

用户活跃度是衡量用户在网站上参与度和交互频率的指标，通常包括登录频次、浏览时长、评论互动等。高活跃度的用户往往对网站有较高的黏性和忠诚度，是企业核心的用户群体。提升用户活跃度的方法包括增加互动功能（如论坛、评论）、推出会员积分和奖励计划、定期举办线上活动等。

八、用户行为分析与优化

用户行为分析是电商平台理解用户操作习惯、兴趣偏好和转化障碍的重要工具，通过对用户在网站上的一系列动作进行数据追踪和分析，企业可以获得优化用户体验、提高转化率的关键洞察。以下是用户行为分析中常用的指标及其应用。

（一）访问频率

访问频率是指用户在特定时间内访问网站的次数。较高的访问频率通常表明用户对网站内容、商品或服务有较高的兴趣，是忠诚度和活跃度的重要体现。提升访问频率的方法包括：定期更新内容（如新品上架、文章发布）、推送个性化推荐、提供会员专属折扣等，激励用户反复访问网站。

（二）用户停留时间分析

用户停留时间反映了用户在网站上浏览的深度和对内容的兴趣程度。较长的停留时间通常表示用户对页面内容较为关注，而停留时间过短可能意味着页面设计不合理或内容吸引力不足。企业可以通过优化内容布局、增加互动元素（如视频、评论区）、提升页面加载速度等方式延长用户停留时间。

（三）热门点击区域

热门点击区域分析通过热图技术，展示用户在页面上最频繁点击的区域。这种可视化分析有助于企业了解用户的关注点和操作习惯。利用这些信息，企业可以在热门区域放置更多的引导内容、促销信息或重要操作按钮，提升页面的转化效果。同时，对于冷门区域，企业可以考虑优化或调整布局以增强用户的点击意图。

（四）搜索行为分析

搜索行为分析包括用户在站内搜索框中输入的关键词、搜索后的点击行为和转化率。通过这些数据，企业可以了解用户的需求，优化商品关键词的设置，提高站内搜索的匹配度。改进搜索结果排序、增加筛选和推荐功能、展示与关键词高度相关的产品或内容，能有效提高用户在搜索过程中的满意度和购买意愿。

（五）用户分群与个性化推荐

用户分群是将用户按照行为特征、消费习惯等维度进行分类，从而进行更加精准的营销和服务。个性化推荐基于用户的浏览、搜索、购买历史，为其推送感兴趣的商品或内容，提升用户体验和转化率。企业可以利用大数据分析技术，通过机器学习算法，不断优化推荐模型，增加推荐的精准度和时效性。

九、用户体验（UX）与界面设计优化

用户体验是影响用户在网站上行为的重要因素，良好的 UX 设计可以显著提升用户满意度和转化率。以下是用户体验优化的关键内容。

（一）响应式设计

响应式设计是指网站在不同设备（如 PC、手机、平板）上都能自适应显示，提供一致的用户体验。随着移动端流量占比的不断提高，确保网站在各种设备上都能快速、无缝显示显得尤为重要。响应式设计的优化措施包括：优化页面布局、简化移动端操作、确保图像和内容在不同屏幕上清晰展示。

（二）用户导航

良好的网站导航是引导用户快速找到所需信息的关键。导航设计应简洁明了，层级不宜过深，重要功能和信息需放置在用户易于发现的区域。导航的优化策略包括增加搜索功能、提供面包屑导航、设置清晰的分类标签和快捷链接等。

（三）页面加载优化

页面加载速度是用户访问体验的基本保障，较慢的加载速度会导致高跳出率。优化页面加载的常用方法包括：使用 CDN 技术提升资源加载速度、压缩图片和多媒体文件、减少第三方插件的使用、优化页面代码、启用缓存功能等。

（四）可访问性

可访问性是指网站能够被尽可能多的用户群体访问和使用，包括有视觉、听觉或其他障碍的用户。优化可访问性有助于提升网站的用户覆盖面和整体体验。常见的优化措施包括：为图片和多媒体内容添加替代文本、设计符合患色盲症用户使用的色彩搭配、支持屏幕阅读器的文本导航等。

（五）用户引导

用户引导是通过视觉和文本提示，引导用户完成特定操作（如注册、购买）。良好的引导设计可以显著提高用户的操作效率和转化率。引导设计优化包括设置明确的按钮、使用视觉提示（如箭头、标识）、提供步骤引导（如注册进度条）等。

（六）页面交互

交互设计旨在提升用户与网站的互动体验，增加操作的流畅性和趣味性。优秀的交互设计能够增强用户的参与感和体验感，如页面动画、滑动切换、悬停效果等。企业可以通过使用现代前端技术（如 JavaScript、CSS 动画等），创建生动且用户友好的页面交互效果。

（七）视觉设计

视觉设计是用户体验的核心组成部分，好的视觉设计能够引起用户的情感共鸣，提升品牌形象。优化视觉设计的策略包括：保持页面整体风格的一致性、使用高质量的图片和视频、优化字体排版和配色方案、保持内容的可读性等。

十、数据驱动的持续优化

数据驱动的持续优化是电商平台保持竞争力的核心，通过持续的数据分析和反馈循环，企业可以不断优化各项业务流程、营销策略和用户体验。以下是一些关键措施。

（一）数据监控与告警

设置实时数据监控和告警系统，能够帮助企业及时发现网站异常，如访问量剧增、转化率骤降等问题，并迅速采取应对措施。这种机制可以确保网站在高效、安全的状态下运营。

（二）多维度数据分析

通过用户行为、销售数据、网站性能等多维度数据的综合分析，企业可以发现问题背后的深层次原因，为优化决策提供依据。如通过分析不同渠道的引流效果，可以优化广告投放策略；通过分析不同用户群体的购买行为，可以制订更加精准的营销方案。

（三）自动化数据处理

借助自动化数据处理工具（如数据采集、数据清洗、数据分析模型），企业可以大幅提升数据分析的效率和准确性，为运营决策提供及时、可靠的支持。自动化数据处理还能减少人为干预导致的错误，提高数据分析的透明度和一致性。

（四）数据可视化

数据可视化是将复杂的数据分析结果转化为直观的图表和图形，便于决策者快速理解和应用。通过使用 BI 工具，企业可以将核心指标的趋势、波动和关联关系展示出来，帮助管理层及时作出调整和优化。

（五）用户画像构建

用户画像是基于数据分析生成的用户群体的综合特征描述，包括行为、兴趣、消费能力、社交偏好等多个维度。通过构建精细化的用户画像，企业可以实现精准营销、个性化服务和产品优化，从而提高转化率和用户满意度。

（六）实时数据反馈

实时数据反馈能够帮助企业对市场变化作出迅速反应，如根据销售数据的变化调整库存策略，根据用户行为变化优化推荐算法等。企业可以通过设置实时监控看板、定期报告、数据推送等方式保持对数据的敏感性和反应速度。

（七）用户行为预判

基于大数据和 AI 算法，企业可以对用户行为进行预判，如预测用户的购买意向、流失风险、复购概率等。这些预测结果可以帮助企业采取前置性的营销策略，如在用户流失前进行召回、在高复购用户面前推送新品等。

（八）效果跟踪与优化

持续对各类优化措施的效果进行跟踪和评估，形成数据闭环。通过 AB 测试、对比分析等方法验证优化措施的效果，确定最佳方案并应用到全站。效果跟踪不仅帮助企业确认优化方向，也能积累优化经验，指导未来的持续改进。

以上是对用户行为分析、用户体验优化和数据驱动持续优化的深入扩展。这些内容旨在帮助电商企业通过数据分析与优化措施，不断改进用户体验、提升业务效率，实现更加精准的营销和稳健的增长。

第二节 店铺流量来源

【知识目标】

1. 掌握不同流量来源的定义和特点。
2. 学习如何识别和区分自主访问流量、付费流量、淘内流量、淘外流量及其他来源。

【能力目标】

1. 能够分析店铺流量来源数据，识别流量变化趋势。
2. 能够根据流量来源数据制定或调整营销策略。

【素养目标】

1. 培养对流量来源多样性的认识，理解多渠道营销的重要性。
2. 提高对流量数据背后用户行为的洞察力，优化用户体验。

在进行电商数据分析时，深入理解和分析店铺流量来源是提升销售业绩、优化营销策略的关键环节。通常，店铺流量来源可以细致划分为以下几大类：自主访问流量、付费流量、站内流量、站外流量以及大促会场和其他来源。以下是对各类流量来源的详细解析。

一、自主访问流量

自主访问流量是电商流量来源中最为珍贵且质量最高的部分，它不仅免费，而且稳定性强，成交转化率也相对较高。自主访问流量主要包括以下几种形式，如图 3-1 所示。

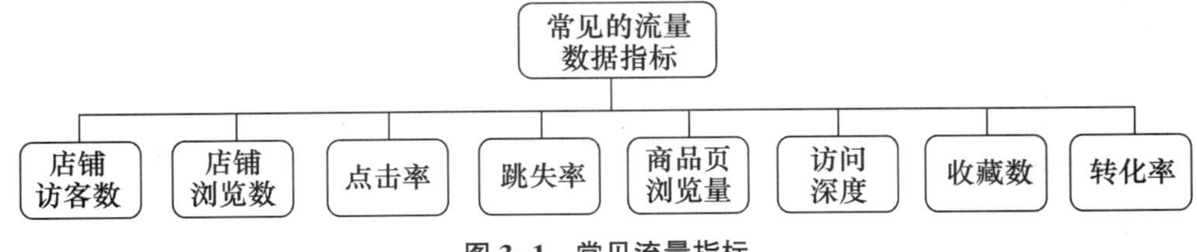

图 3-1 常见流量指标

直接访问：这是指买家在购物网站（如淘宝、京东等）的搜索栏中直接输入商品或店铺名称进行搜索，进而进入店铺或商品页面进行访问的行为。这类买家通常具有明确的购买意向，对搜索的商品有强烈的兴趣或需求。因此，网店应当高度重视直接访问流量的转化，优化店铺主页和商品主图设计，以吸引并留住这部分高质量流量。如图 3-2 所示。

图 3–2　淘宝搜索栏

购物车、收藏访问：买家通过购物车、“我的”中的“宝贝收藏”“店铺收藏”以及“已买到的宝贝”等方式回访店铺或商品页面，也属于自主访问流量的范畴。这类流量反映出买家对店铺或商品的持续关注和购买意向，是促成二次购买的重要来源。

二、付费流量

付费流量是通过各种付费推广手段获得的流量，其特点是精准度高，能够迅速带来大量曝光和潜在客户。以淘宝网为例，常见的付费引流方式包括以下内容。如图 3–3 所示。

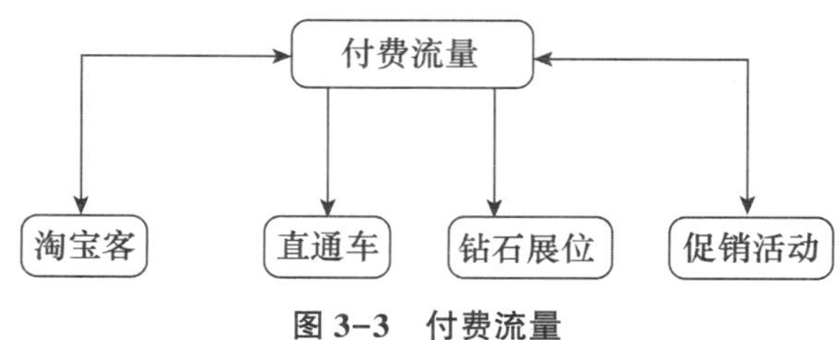

图 3–3　付费流量

（1）淘宝客。淘宝客是一种按成交计费的推广模式，卖家只需在买家完成交易后支付佣金，无成交则不产生费用。这种方式风险低、性价比高，适合大多数中小卖家。如图 3–4 所示。

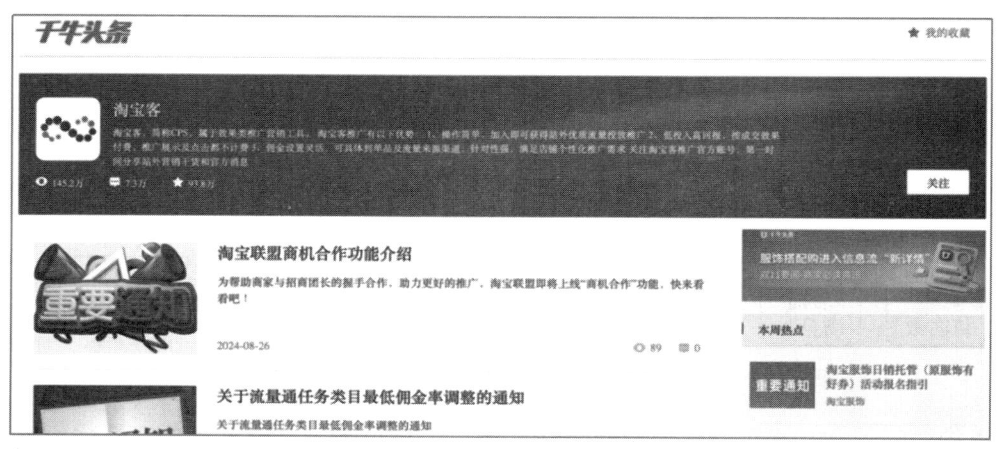

图 3–4　淘宝客

（2）直通车。直通车是淘宝平台提供的一种精准推广工具，通过“文字+图片”的形式出现在搜索结果页面，吸引潜在买家点击进入店铺或商品页面。直通车能够实现关键词的精准匹配，提高广告的曝光率和点击率。如图 3–5 所示。

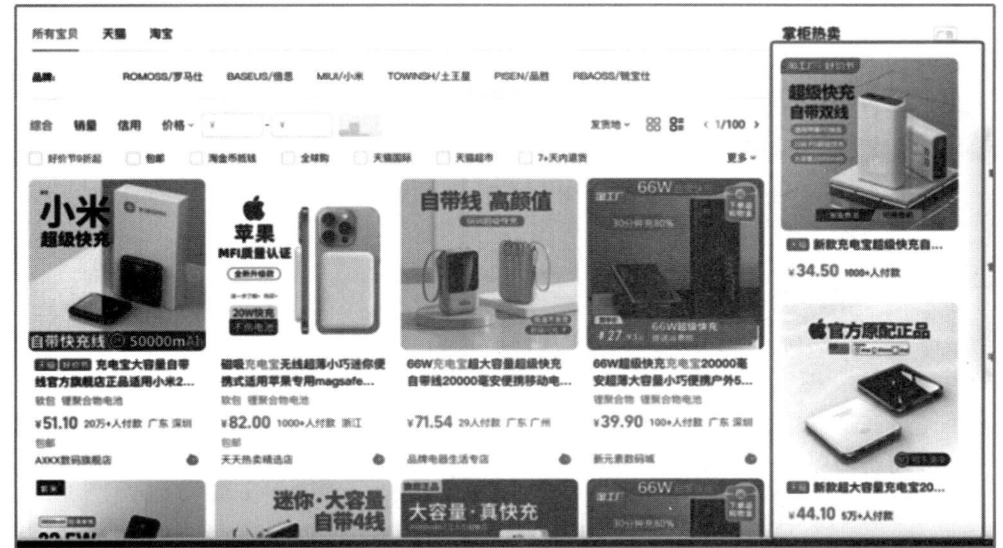

图 3-5　直通车

（3）钻石展位。钻石展位是淘宝网为商家提供的图片类广告竞价投放平台，以图片创意吸引买家点击，进而引入大量流量。钻石展位一般出现在淘宝首页及其他页面的显眼位置，适合需要快速提升品牌曝光度和流量的卖家，如图 3-6 所示。

图 3-6　钻石展位

需要注意的是，虽然付费流量能够快速带来曝光率和潜在客户，但也需要投入相应的成本。因此，卖家在选择付费推广方式时，应根据店铺实际情况和预算进行合理规划。

三、站内流量

站内流量是指通过购物平台内部渠道获取的流量，包括免费流量和付费流量两部分。以淘宝为例，免费流量主要来源于淘宝页面搜索、逛逛、闲鱼、手淘微淘、手淘天天特卖

等淘宝官方互动交流平台；付费流量则包括直通车、钻石展位和淘宝客等推广方式。淘内流量对于提升店铺在淘宝平台内的曝光度和竞争力具有重要意义。如图 3-7 所示。

图 3-7　站内流量——闲鱼流量

四、站外流量

站外流量是指从除本购物平台以外的所有渠道获取的流量，如社交媒体、短视频平台（如抖音、快手）、搜索引擎等。随着互联网的不断发展，站外流量逐渐成为卖家们新的营销阵地。通过在这些平台上发布优质内容、开展互动活动等方式，可以有效吸引潜在客户的关注，进而将流量引入店铺中。站外流量具有来源广泛、潜在客户基数大的特点，是卖家扩大市场份额、提升品牌知名度的重要途径。如图 3-8 所示。

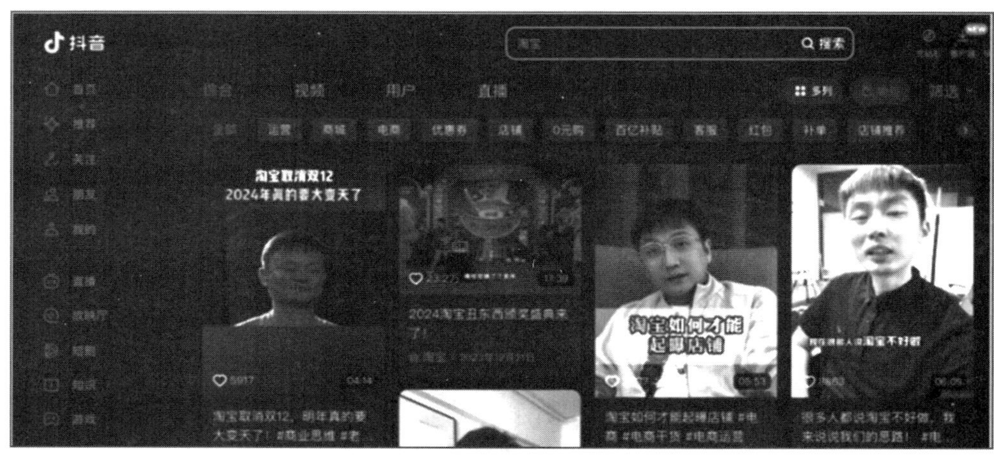

图 3-8　站外流量——抖音流量

五、大促会场和其他来源

大促会场是指在电商平台举办大型促销活动时设立的专题页面或会场，如“双十一”“618”等大促期间的会场页面。这些会场汇聚了大量优质流量和潜在客户，是卖家提升销售业绩的黄金时期。除了大促会场外，还有一些其他来源的流量，如邮件营销、短信营销等个性化推广方式带来的流量。这些流量虽然规模相对较小，但同样具有一定的转化潜力，值得卖家关注和利用。如图 3-9 所示。

图 3-9　“99 大促”会场

综上所述，店铺流量来源多种多样，每种来源都有其独特的特点和价值。卖家应根据自身实际情况和营销目标合理选择、利用各类流量来源，以实现销售业绩的最大化。同时，通过深入的数据分析不断优化流量结构和管理策略也是提升店铺竞争力的关键所在。

第三节 店铺流量分析

【知识目标】

1. 理解店铺流量结构分析的意义。
2. 学习如何进行页面流量和商品详情页流量的分析。

【能力目标】

1. 能够运用数据分析工具对店铺流量进行深入分析。
2. 能够根据流量分析结果提出改进店铺运营和用户界面设计的建议。

【素养目标】

1. 培养对流量数据背后用户行为的敏感性和洞察力。
2. 提高对数据在优化网站设计和提升用户体验中作用的认识。

一、店铺流量结构分析

由于行业和运营模式等的不同，不同店铺的流量结构也不尽相同。但一般情况下，免费流量占据店铺流量的比例应该最大，其次是付费流量和其他流量。

以淘宝为例，通常情况下，卖家可以通过“生意参谋”来查看、下载淘宝店铺的数据，然后利用 Excel 对数据进行整理，从而分析自己店铺流量来源的构成情况。

【例 3-3-1】根据已知的“生意参谋”中淘宝店铺的数据，进行店铺流量结构分析，分析不同流量来源的访客数，并以复合饼图的形式展示；同时对访客数排名前 10 的数据创建一个簇状条形图。

接下来，打开文件【3-3】中的工作表【3-3-1】，进行如下操作。

（一）删除多余数据

直接从“生意参谋”下载的每一个流量来源中除了有对应的来源明细数据外，还有汇总数据。一般明细表中不需要汇总数据，可以将其删除。

（1）删除汇总数据。打开本实例的原始文件【3-3-1】，选中 B 列，按【C】+【F】组合键，打开【查找和替换】对话框，在【查找内容】文本框中输入文本“汇总”。如图 3-10 所示。

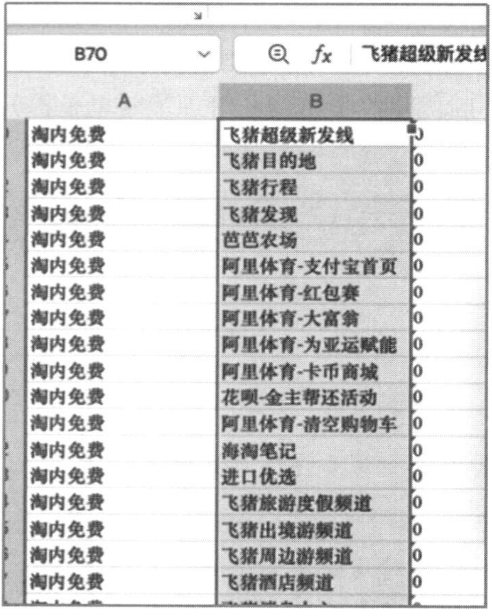

图 3-10　删除汇总数据

（2）单击【选项】按钮，展开【选项】，勾选【单元格匹配】复选框，单击【查找全部】按钮，查找出 B 列中所有内容为“汇总”的单元格；然后按【Ctrl】+【A】组合键，选中所有查找到的单元格。如图 3-11、图 3-12 所示。

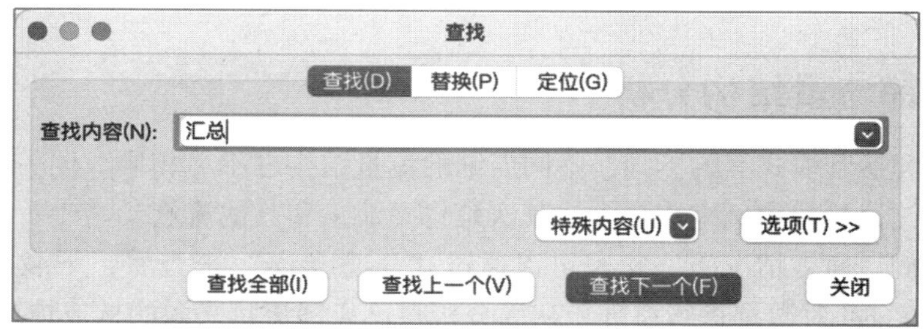

图 3-11　查找

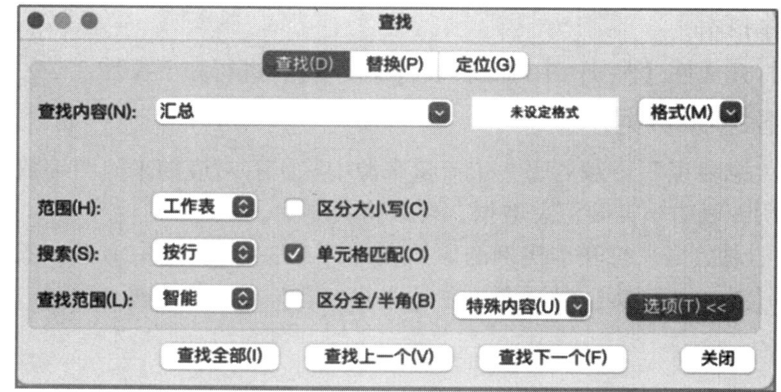

图 3-12　设置查找选项

(3) 关闭【查找和替换】对话框，在选中单元格上单击鼠标右键，在弹出的快捷菜单中选择【删除】选项，弹出【删除文档】对话框选中【整行】选项钮。如图 3-13、图 3-14 所示。

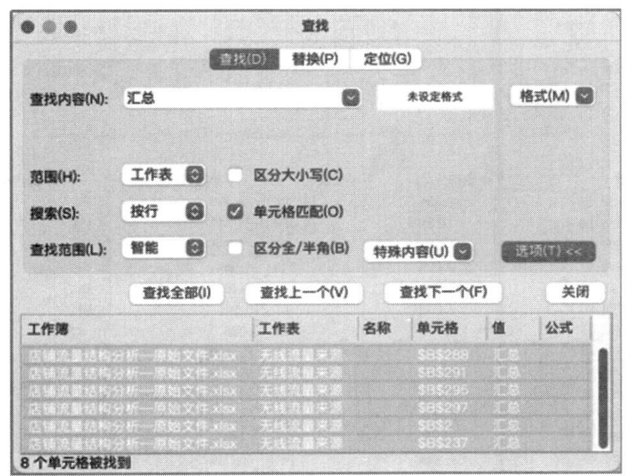

图 3-13 选中删除项

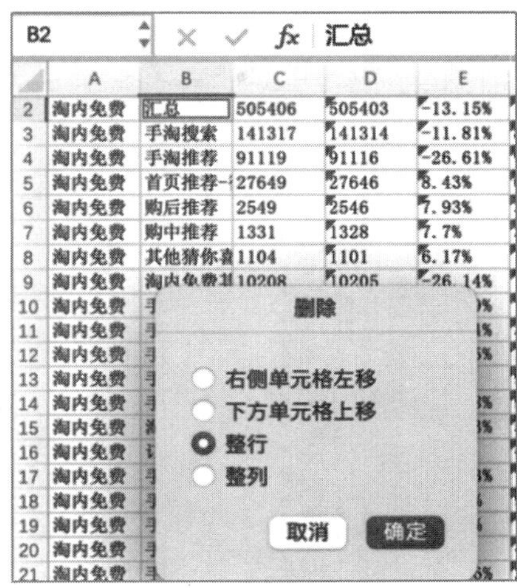

图 3-14 删除操作

(4) 单击【确定】按钮，删除选中单元格所在的行。如图 3-15 所示。

	A	B
1	流量来源	来源明细
2	淘内免费	手淘搜索
3	淘内免费	手淘推荐
4	付费流量	直通车
5	自主访问	购物车
6	淘内免费	首页推荐-微详情
7	自主访问	我的淘宝
8	付费流量	淘宝客
9	淘内免费	淘内免费其他
10	淘内免费	手淘问大家
11	淘内免费	手淘拍立淘
12	淘内免费	手淘旺信
13	淘内免费	手淘其他店铺商品详情
14	淘内免费	购后推荐
15	淘外网站	新浪微博
16	淘内免费	手猫搜索
17	淘内免费	淘宝特价版

图 3-15 删除完成

(二) 调整数据格式

从“生意参谋”下载的数据的格式默认是文本，为了方便计算，需要将其更改为数值或常规格式。此处需要的数据是访客数，所以将“访客数”列的数据更改为常规格式。具体操作步骤如下。

（1）选中C列，切换到【数据】选项卡，在数据工具组中单击【分列】按钮。如图3-16所示。

	C	D	E	F	G	H	I
细	访客数	访客数变化	下单金额	下单金额变化	下单买家数	下单买家数变化	下单转化率
	305, 408	-13. 15%	1, 330, 152. 52	-31. 25%	18, 607	-28. 99%	6. 3%
	141, 314	-11. 81%	802, 536. 20	-28. 3%	12, 059	-26. 81%	8. 53%
	91, 116	-26. 61%	95, 590. 81	-74. 58%	1, 290	-72. 61%	1. 42%
详情	27, 646	8. 43%	6, 446. 51	16. 22%	118	14. 56%	0. 43%
	2, 546	7. 93%	3, 049. 40	15. 38%	56	19. 15%	2. 2%
	1, 328	7. 7%	3, 774. 00	7. 25%	61	10. 91%	4. 59%
	1, 101	6. 17%	16, 338. 14	4. 67%	182	6. 43%	16. 53%
	10, 205	-26. 14%	113, 935. 55	-23. 44%	1, 212	-22. 65%	11. 88%
	8, 757	-21. 09%	70, 980. 37	-36. 97%	1, 124	-35. 73%	12. 84%
	4, 812	-15. 34%	31, 222. 42	-48. 13%	592	-43. 78%	12. 3%
	4, 626	-15. 45%	116, 053. 98	-32. 12%	928	-28. 56%	20. 06%
商品详情	3, 309	7. 4%	9, 894. 99	17. 2%	145	2. 11%	4. 38%
	1, 412	-44. 08%	9, 686. 78	-51. 19%	141	-56. 21%	9. 99%

图 3-16　分列操作

（2）打开【文本分列向导】对话框，单击【下一步】按钮，然后单击【完成】按钮，即可将“访客数”列数据的格式更改为“常规”。如图3-17、图3-18所示。

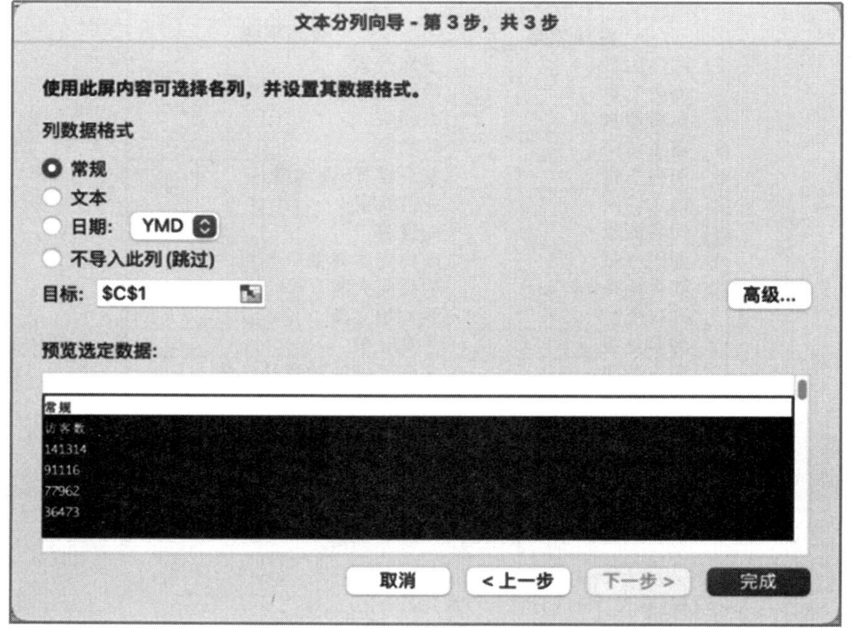

图 3-17　设置数据格式

	A	B	C
1	**流量来源**	**来源明细**	**访客数**
2	淘内免费	手淘搜索	141,314
3	淘内免费	手淘推荐	91,116
4	付费流量	直通车	77,962
5	自主访问	购物车	36,473
6	淘内免费	首页推荐-微详情	27,646
7	自主访问	我的淘宝	27,600
8	付费流量	淘宝客	11,495
9	淘内免费	淘内免费其他	10,205
10	淘内免费	手淘问大家	8,757

图 3-18 设置数据格式完成

（三）分析不同流量来源的访客数

（1）将前面整理好的数据作为数据源，在新工作表中创建数据透视表，将【流量来源】拖曳到【行】列表框中，将【访客数】拖曳到【值】列表框中。如图 3-19 所示。

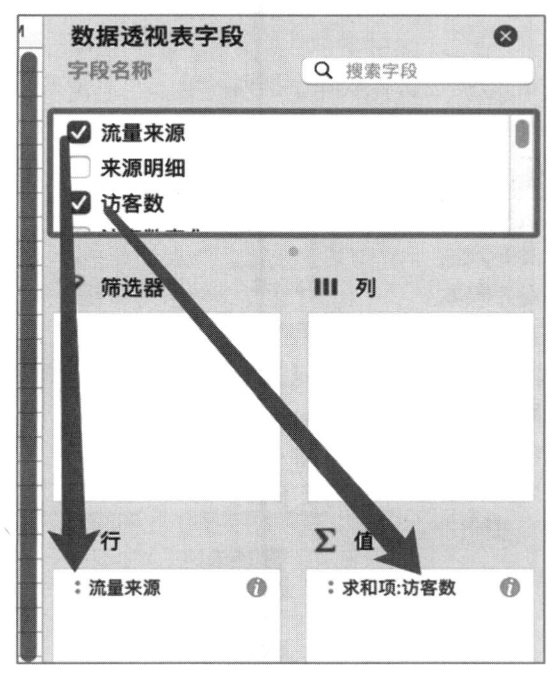

图 3-19 创建数据透视表

（2）将数据透视表的【报表布局】更改为【以表格形式显示】。如图 3-20 所示。

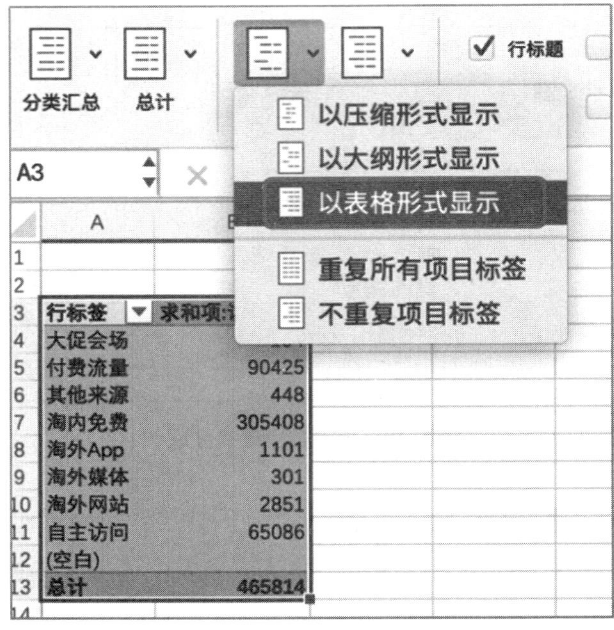

图 3-20　以表格形式显示

（3）将数据透视表中的数据按访客数降序排列。单击“流量来源”右侧的下拉按钮，在弹出的下拉列表中的点击【排序依据】选项，选择【求和项：访客数】选项。如图 3-21 所示。

图 3-21　选择排序依据为求和项：访客数

（4）接着选中【降序排序（Z 到 A）依据】单选钮，使数据透视表中的数据按访客数降序排列。如图 3-22 所示。

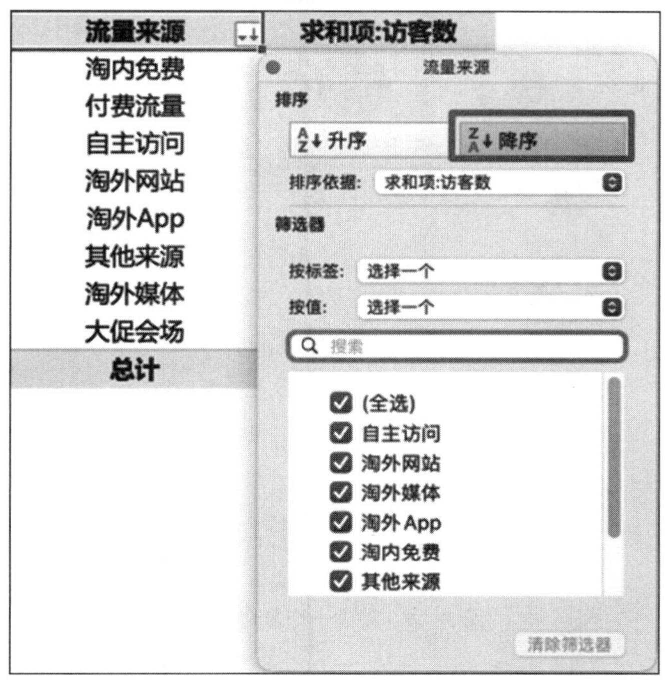

图 3-22　按访客数降序排列

（5）单击【确定】按钮，即可使数据透视表中的【求和项：访客数】数据按照降序排列。如图 3-23 所示。

流量来源	求和项:访客数
淘内免费	305,408
付费流量	90,425
自主访问	65,086
淘外网站	2851
淘外App	1101
其他来源	448
淘外媒体	301
大促会场	194
(空白)	
总计	**465814**

图 3-23　按照访客数降序排列

（6）根据数据透视表创建一个复合饼图。如图 3-24 所示。

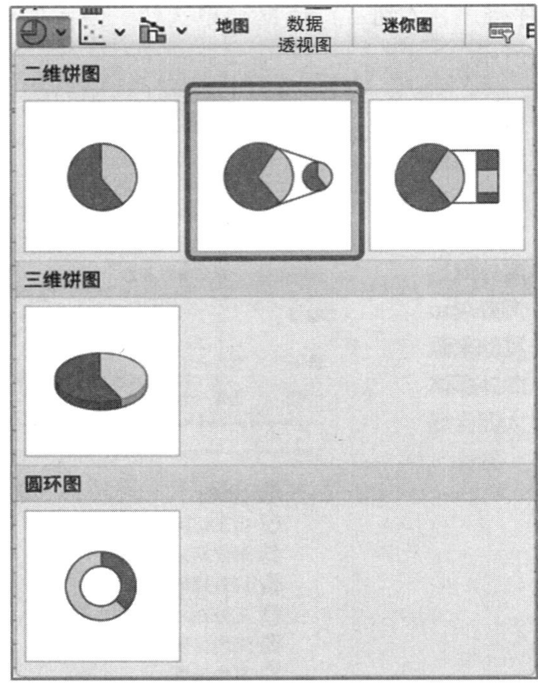

图 3-24　创建一个复合饼图

（7）在饼图的数据系列上单击鼠标右键，在弹出的快捷菜单中选择【设置数据系列格式】选项。如图 3-25 所示。

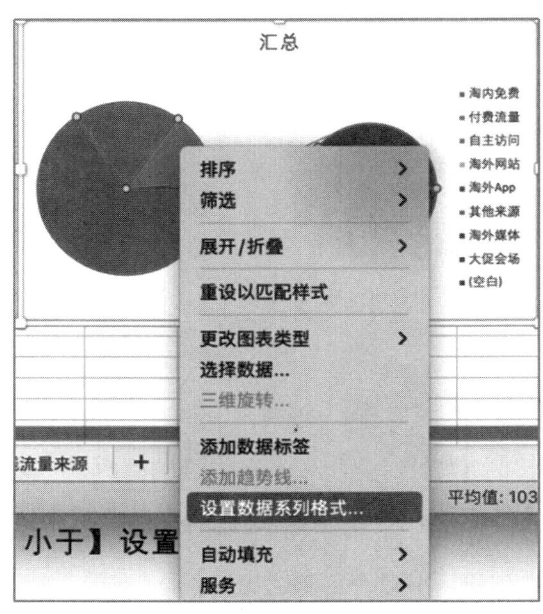

图 3-25　设置数据系列格式

（8）打开【设置数据系列格式】任务窗格，将【系列分割依据】设置为【值】，将【值小于】设置为【10000】。如图 3-26 所示。

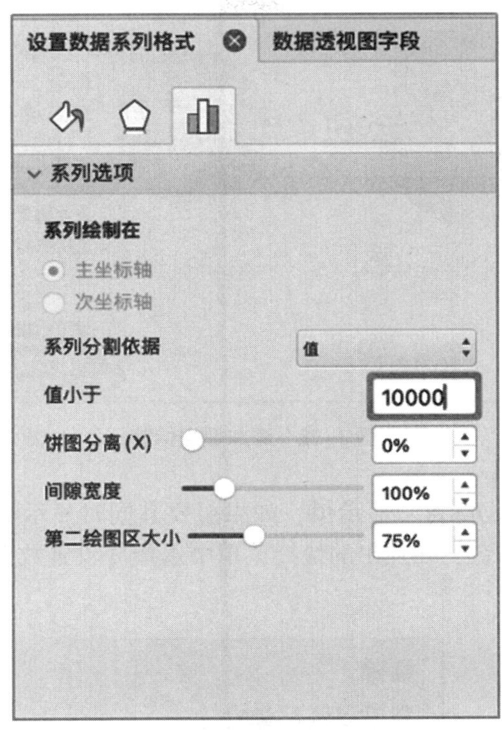

图 3-26　设置数据系列分割依据值

（9）此时可将数值小于 10,000 的数据系列显示到右侧的子饼图中，效果如图 3-27 所示。

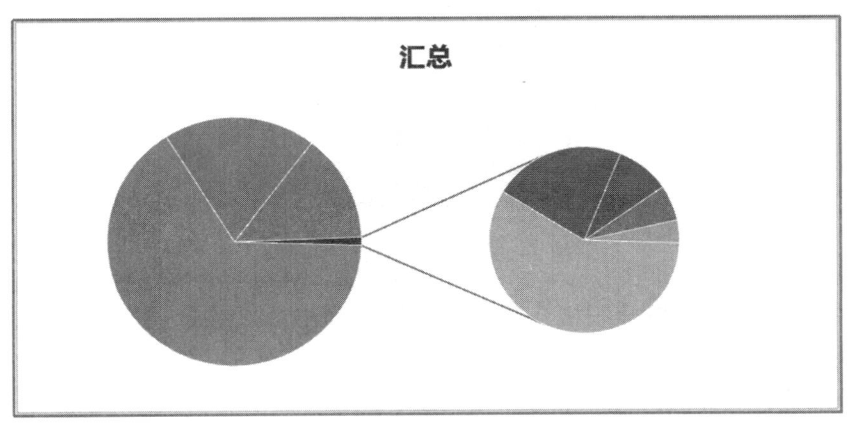

图 3-27　子饼图

（10）将图表标题更改为“流量结构分析”，并将其字体格式设置为微软雅黑、加粗。删除图例，隐藏图表上的所有字段按钮，并添加数据标签。如图 3-28 所示。

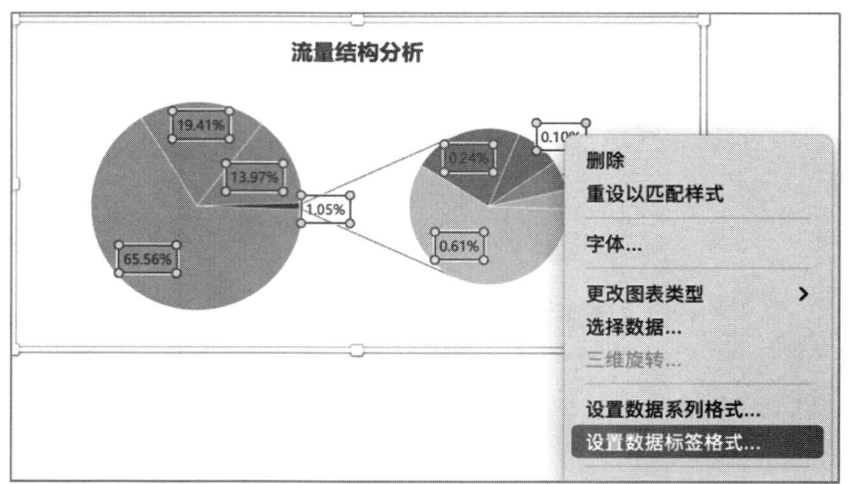

图 3-28　添加数据标签

（11）默认添加的数据标签只显示值，如果想要其同时显示类别名称和百分比，可以在数据标签上单击鼠标右键，在弹出的快捷菜单中选择【设置数据标签格式】选项。如图 3-29 所示。

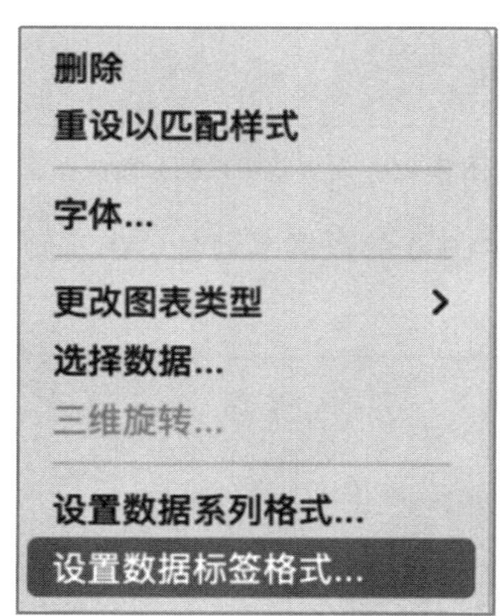

图 3-29　设置数据标签格式

（12）打开【设置数据标签格式】任务窗格，单击【标签选项】按钮，在【标签选项】组中勾选【类别名称】和【百分比】复选框，取消勾选【值】复选框，然后选择一种合适的分隔符，例如选择【（新文本行）】。如图 3-30 所示。

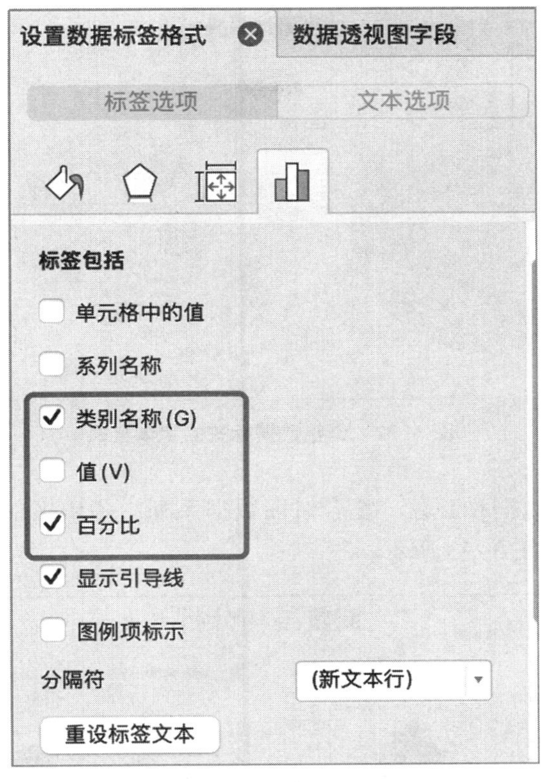

图 3-30 标签选项

（13）默认标签的数字格式为【常规】，此处显示的是百分比，且有的数值比较小，所以将数字的【类别】设置为【百分比】，【小数位数】设置为【2】。如图 3-31 所示。

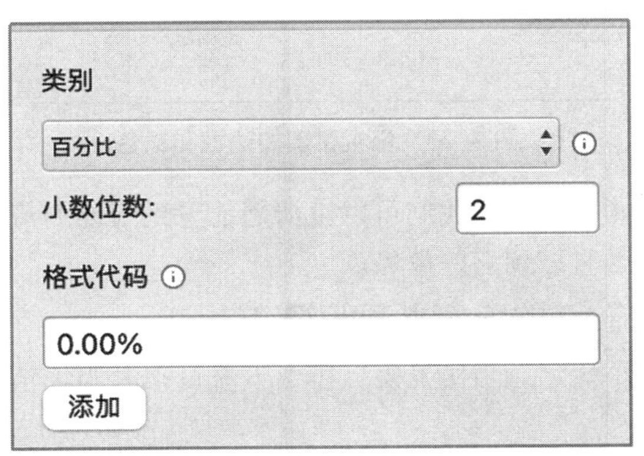

图 3-31 设置百分比为标签的数字格式

（14）这时图表的数据标签即可同时显示类别名称和百分比，适当调整数据标签的字体格式，此处将其字体设置为微软雅黑。如图 3-32 所示。

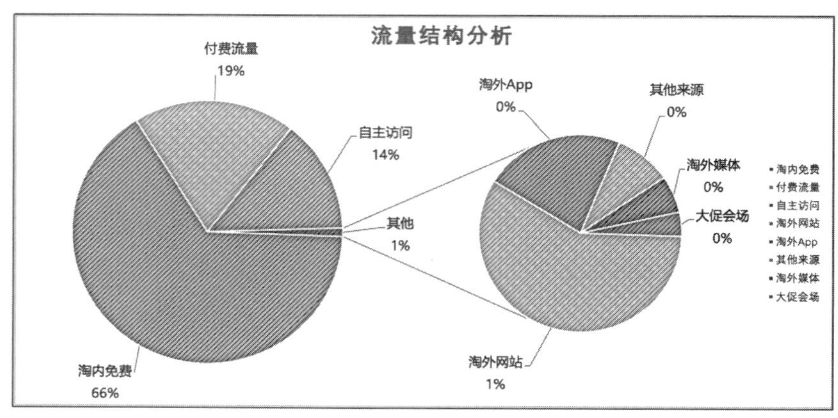

图 3-32 调整数据标签的字体格式

（15）设置饼图的边框和颜色。复合饼图数据系列中各扇区的颜色应该是不相同的，需要依次进行设置。如图 3-33 所示。

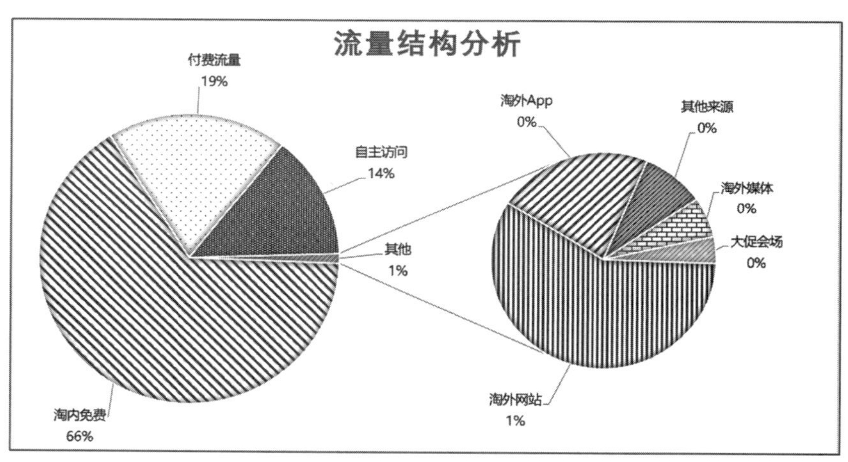

图 3-33 设置饼图的边框和颜色

通过上面的流量结构分析图，我们可以很清楚地看到店铺的流量结构和占比，这可以让我们进行店铺营销活动时做到有的放矢。

（四）分析排名前 10 的流量来源明细

分析完流量来源的结构之后，接下来分析一下流量来源明细情况。按访客数进行降序排列。

（1）将光标定位到“无线流量来源”工作表中任意一个有数据的单元格，切换到【数据】选项卡，在【排序和筛选】组中单击【排序】按钮。如图 3-34 所示。

（2）弹出【排序】对话框，设置【主要关键字】为【访客数】，【排序依据】为【值】，【顺序】为【降序】。如图 3-35 所示。

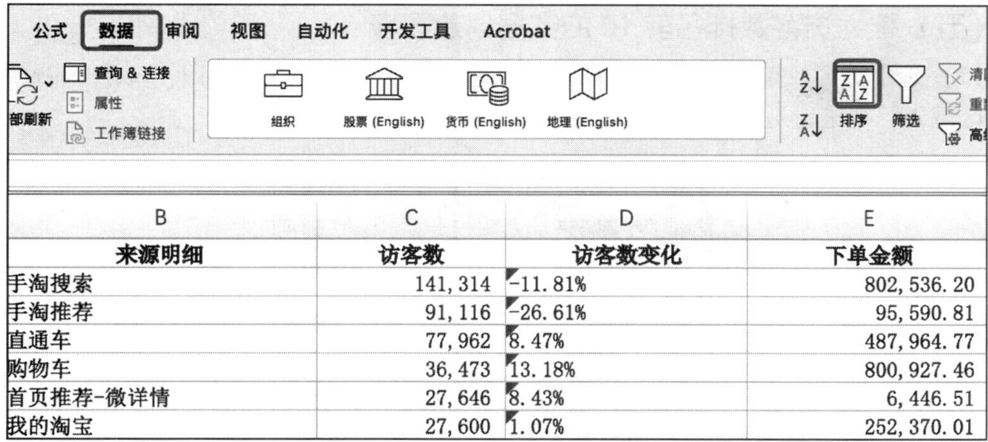

B	C	D	E
来源明细	访客数	访客数变化	下单金额
手淘搜索	141,314	-11.81%	802,536.20
手淘推荐	91,116	-26.61%	95,590.81
直通车	77,962	8.47%	487,964.77
购物车	36,473	13.18%	800,927.46
首页推荐-微详情	27,646	8.43%	6,446.51
我的淘宝	27,600	1.07%	252,370.01

图 3-34 排序

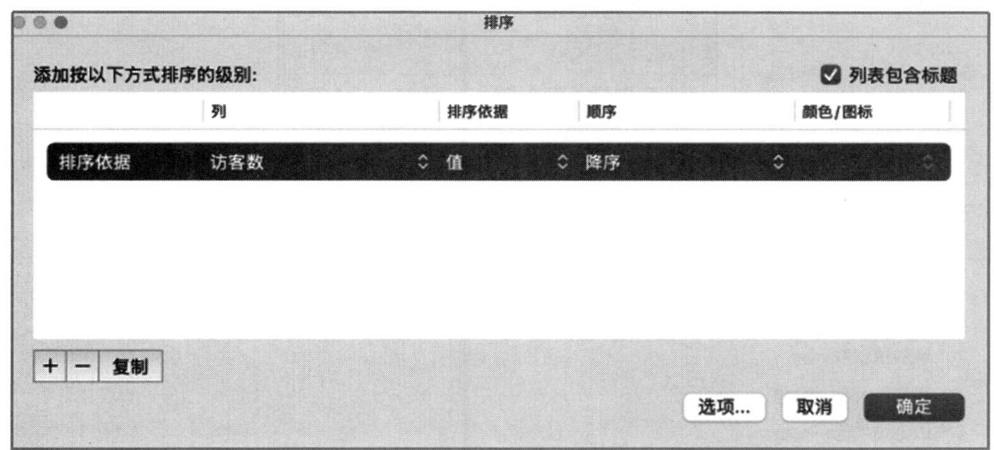

图 3-35 排序依据设置

（3）此时可将明细数据按照访客数进行降序排列。如图 3-36 所示。

	A	B	C	D	E	F
1	流量来源	来源明细	访客数	访客数变化	下单金额	下单金额变化
2	淘内免费	手淘搜索	141,314	-11.81%	802,536.20	-28.3%
3	淘内免费	手淘推荐	91,116	-26.61%	95,590.81	-74.58%
4	付费流量	直通车	77,962	8.47%	487,964.77	7.71%
5	自主访问	购物车	36,473	13.18%	800,927.46	3.66%
6	淘内免费	首页推荐-微详情	27,646	8.43%	6,446.51	16.22%
7	自主访问	我的淘宝	27,600	1.07%	252,370.01	-10.93%
8	付费流量	淘宝客	11,495	11.01%	164,781.81	-12.19%
9	淘内免费	淘内免费其他	10,205	-26.14%	113,935.55	-23.44%
10	淘内免费	手淘问大家	8,757	-21.09%	70,980.37	-36.97%
11	淘内免费	手淘拍立淘	4,812	-15.34%	31,222.42	-48.13%
12	淘内免费	手淘旺信	4,626	-15.45%	116,053.98	-32.12%

图 3-36 降序排列

（五）根据访客数排名前 10 的数据创建图表

（1）选中访客数排名前 10 对应的单元格域 B1:C11，将其复制到工作表“Sheet1”的空白区域中，并进行适当的美化。如图 3-37 所示。

来源明细	访客数
手淘搜索	141,314
手淘推荐	91,116
直通车	77,962
购物车	36,473
首页推荐-微详情	27,646
我的淘宝	27,600
淘宝客	11,495
淘内免费其他	10,205
手淘问大家	8,757
手淘拍立淘	4,812

图 3-37　复制访客数排名前 10

（2）根据访客数排名前 10 的数据创建一个簇状条形图。如图 3-38 所示。

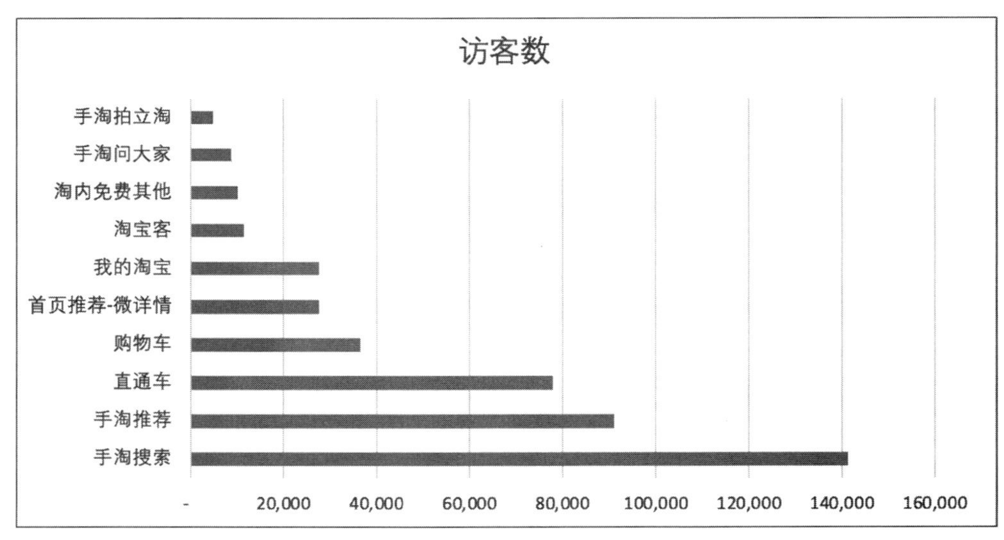

图 3-38　创建一个簇状条形图

（3）设置坐标轴。默认条形图的纵坐标轴上数据的顺序与数据源表中数据的顺序正好是相反的，此处为了保持一致，可以将其逆序排列。选中纵坐标轴，单击鼠标右键，在弹出的快捷菜单中选择【设置坐标轴格式】选项，在【坐标轴位置】组中勾选【逆序类别】复选框。如图 3-39 所示。

（4）逆序排列后，可以看到横坐标轴显示到了图表的上方，将【标签位置】设置为【高】，即可将横坐标轴显示到图表的下方。如图 3-40、图 3-41 所示。

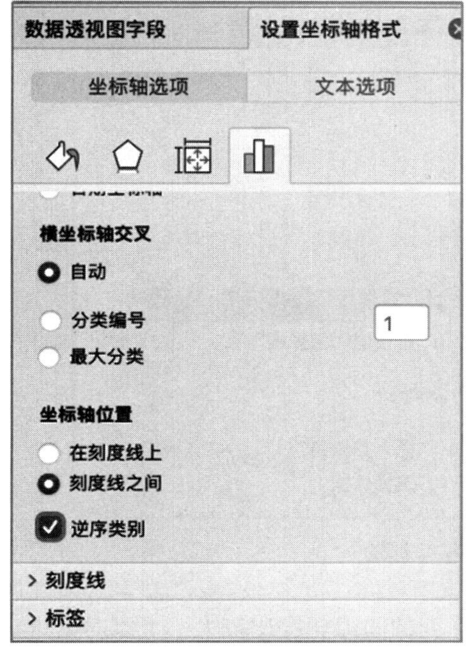

图 3-39　设置坐标轴

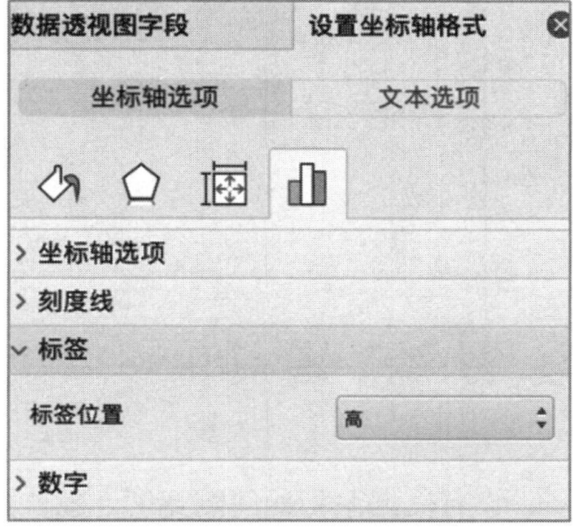

图 3-40　设置标签位置

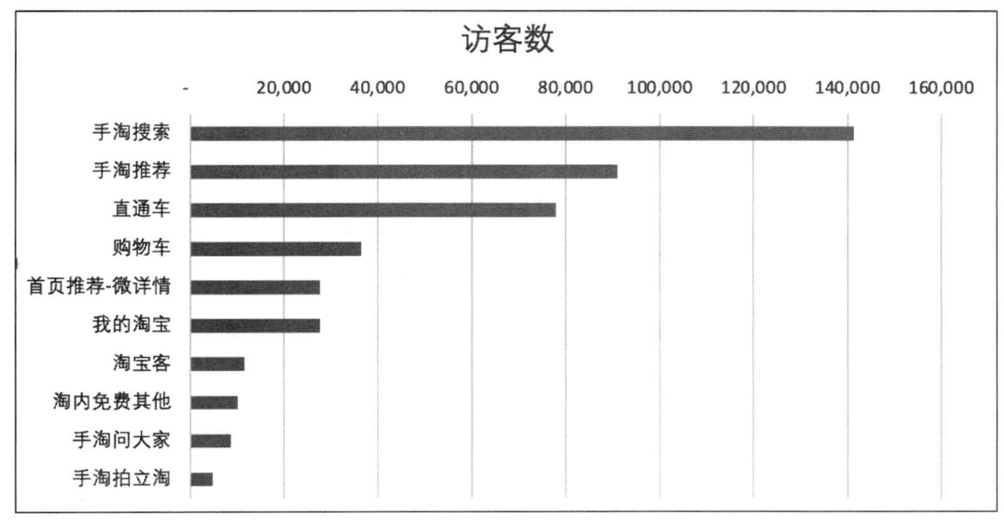

图 3-41　设置完成

（5）也可以直接将横坐标轴删除，然后为数据系列添加数据标签。如图 3-42 所示。

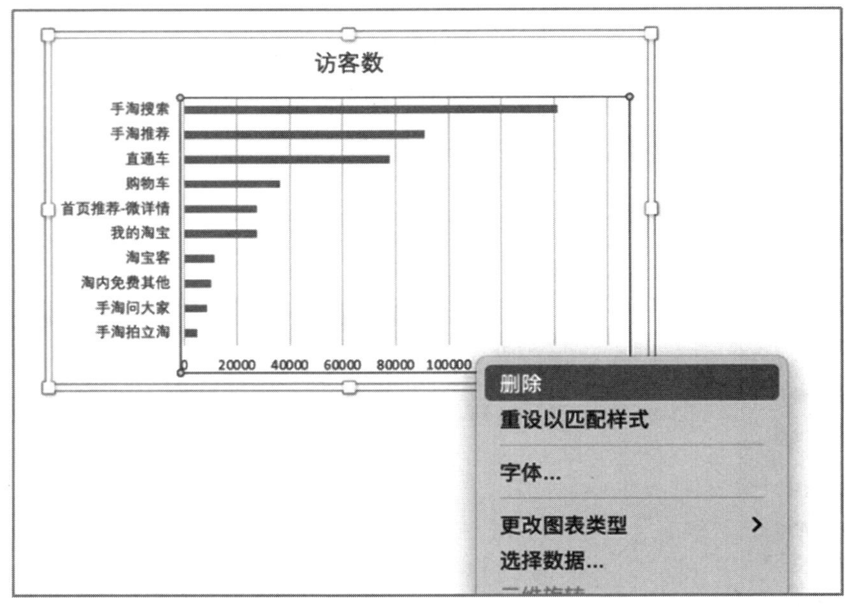

图 3-42　删除横坐标轴

（6）设置数据系列的间隙宽度。默认数据系列的间隙宽度比较大，可以对其进行适当调整，此处将【间隙宽度】调整为【100%】。设置数据系列的间隙宽度如图 3-43 所示。

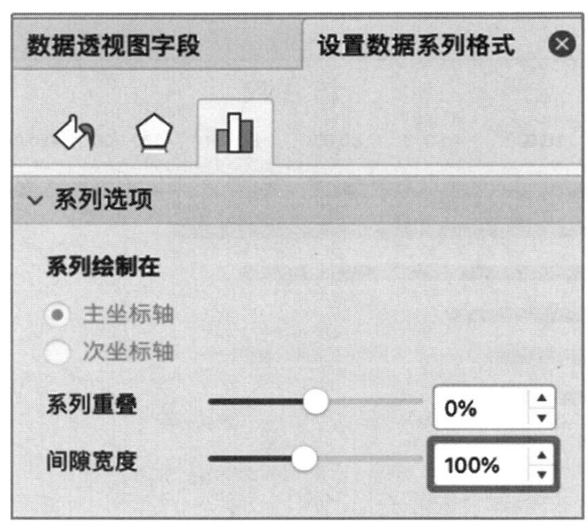

图 3-43　设置数据系列的间隙宽度

（7）设置数据系列的颜色。这里为了区分、对比不同的数据点，可以将不同数据点设置为不同的颜色。如图 3-44 所示。

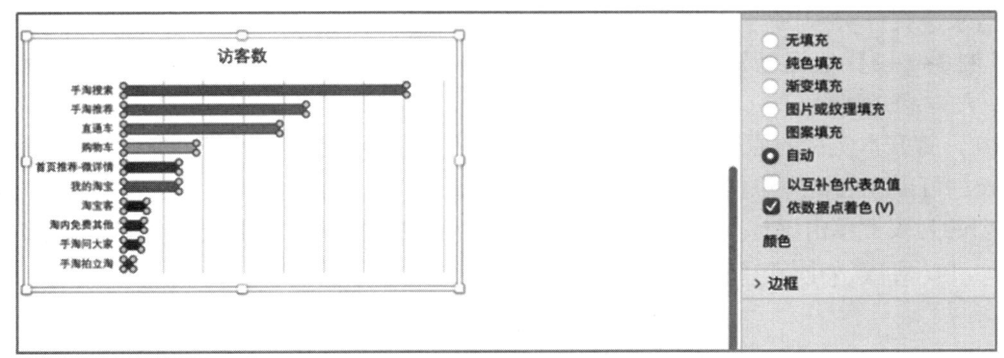

图 3-44 设置数据系列的颜色

（8）删除网格线，修改图表标题，并将图表中所有文字的字体设置为微软雅黑，效果如图 3-45 所示。

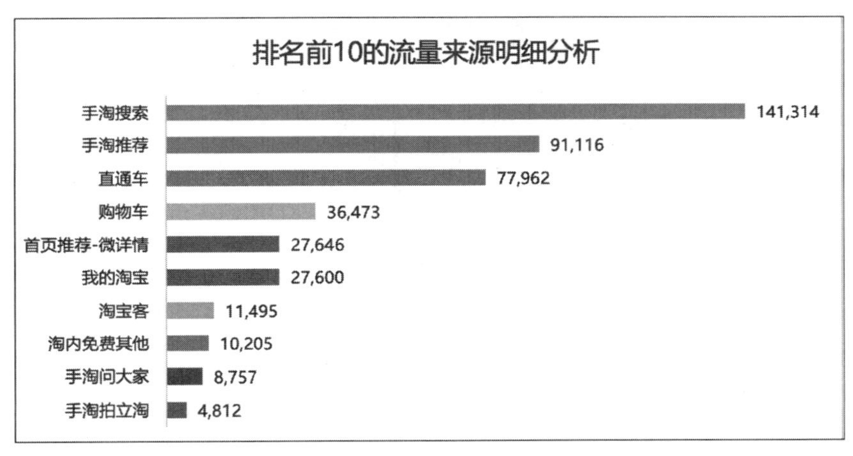

图 3-45 删除网格线

由排名前 10 的流量来源明细分析的簇状条形图可见（图 3-38），其既直观展现了流量比例，又体现了不同流量来源的重要性。

二、页面流量分析

淘宝店铺中每一个页面的功能都是不同的，它们的流量大小也各不相同。通常情况下，商品详情页的流量是店铺所有页面中流量最高的。因为消费者在购买商品之前，一般都会先在商品详情页中浏览一下商品的信息，只有商品符合自己的要求才会购买。

我们通过对店铺不同页面的流量进行分析，可以了解店铺中的不同页面是否发挥了其相应的功能，并及时对流量不足的页面进行改善和优化。

在生意参谋“流量”板块的“店内路径”页面中，用户可以查看店铺不同类型页面的流量和交易数据，也可以选择某种页面类型，同步查看对应的流量路径。但如果要进一步分析每个页面流量的具体情况，则通常需要将各页面的访问数据下载到计算机中，然后

根据需求进行分析。

【例 3-3-2】根据已知的页面流量数据，进行页面流量的分析，并制作折线图进行比较。

（1）打开本实例的原始文件【3-3】中的工作表【3-3-2】，由于访问页面的标题都比较长，可以在表格中添加一列，将其命名为“页面”，具体内容为页面分类名称加序号。在 C 列的列表上单击鼠标右键，在弹出的快捷菜单中选择【插入】选项，即可添加一个新的列（C 列）。如图 3-46 所示。

图 3-46 在表格中添加一列

（2）将 C 列的列标题设置为“页面”，在单元格 C2 中输入公式“=A2&COUNTIF（$A$2:$A2，A2）”，按【Enter】键完成输入，然后将单元格 C2 中的公式复制到下面的单元格区域中。如图 3-47 所示。

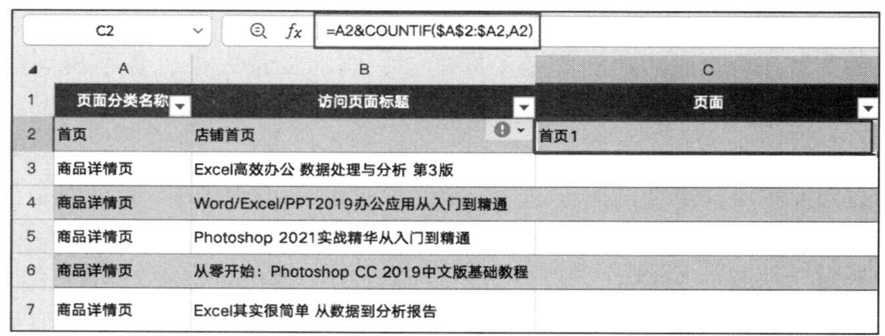

	A	B	C
1	页面分类名称	访问页面标题	页面
2	首页	店铺首页	首页1
3	商品详情页	Excel高效办公 数据处理与分析 第3版	
4	商品详情页	Word/Excel/PPT2019办公应用从入门到精通	
5	商品详情页	Photoshop 2021实战精华从入门到精通	
6	商品详情页	从零开始：Photoshop CC 2019中文版基础教程	
7	商品详情页	Excel其实很简单 从数据到分析报告	

图 3-47 输入公式

（3）选中数据区域中的任意一个单元格，按【Ctrl】+【T】组合键，打开【创建表】对话框，勾选【表包含标题】复选框。如图 3-48 所示。

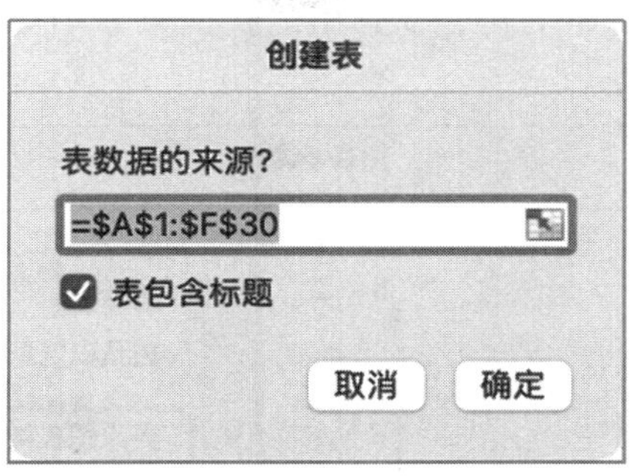

图 3-48 勾选【表包含标题】

（4）单击【确定】按钮，将数据区域转换成超级表格。如图 3-49 所示。

	A	B	C	D	E	F
1	页面分类名称	访问页面标题	页面	浏览量	访客数	平均停留时间
2	首页	店铺首页	首页1	5,380	3,700	8
3	商品详情页	Excel高效办公 数据处理与分析 第3版	商品详情页1	16,173	6,873	11
4	商品详情页	Word/Excel/PPT2019办公应用从入门到精通	商品详情页2	14,257	6,601	27
5	商品详情页	Photoshop 2021实战精华从入门到精通	商品详情页3	11,169	5,815	72
6	商品详情页	从零开始：Photoshop CC 2019中文版基础教程	商品详情页4	9,130	7,395	10
7	商品详情页	Excel其实很简单 从数据到分析报告	商品详情页5	8,106	5,505	49
8	商品详情页	摄影第一课迅速提高摄影水平的36个关键训练	商品详情页6	7,656	5,439	12
9	商品详情页	Excel 2013在会计与财务管理日常工作中的应用	商品详情页7	6,885	4,758	11
10	商品详情页	WordExcelPPT2016办公应用从入门到精通	商品详情页8	5,286	4,515	10

图 3-49 转换成超级表格

（5）根据 C 列到 F 列的数据，创建一个折线图。如图 3-50 所示。

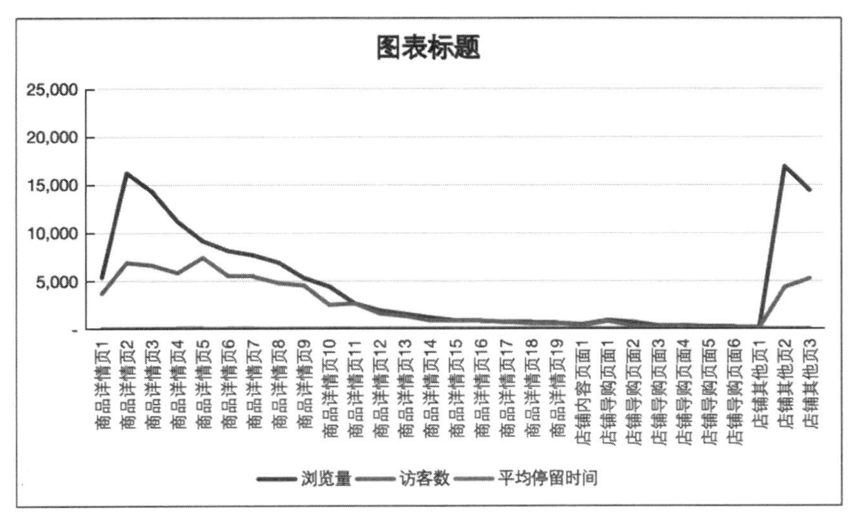

图 3-50 创建折线图

（6）由于平均停留时间与浏览量和访客数的数值差异较大，因此在创建的折线图中，平均停留时间几乎为一条直线，看不出差异，可以将平均停留时间添加到次坐标轴上。选中任意一个数据系列，单击鼠标右键，在弹出的快捷菜单中选择【更改图表类型】选项。如图 3-51 所示。

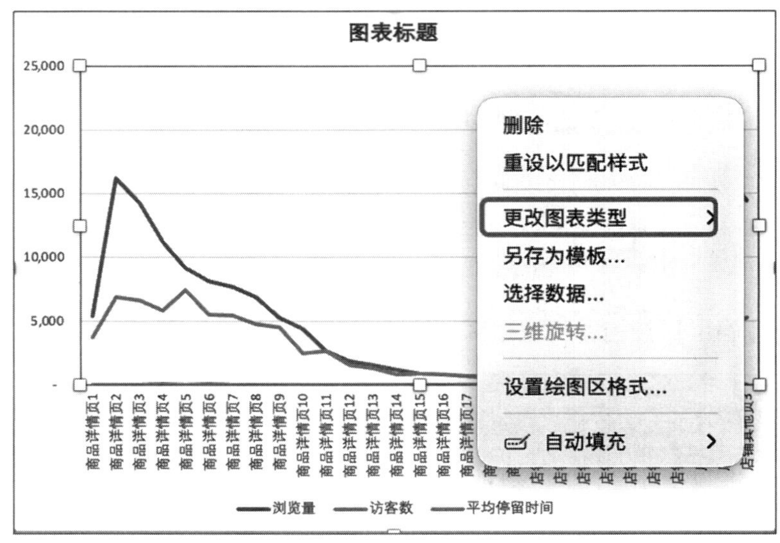

图 3-51　更改图表类型

（7）打开【更改图表类型】对话框，勾选【平均停留时间】右侧的【次坐标轴】复选框。如图 3-52 所示。

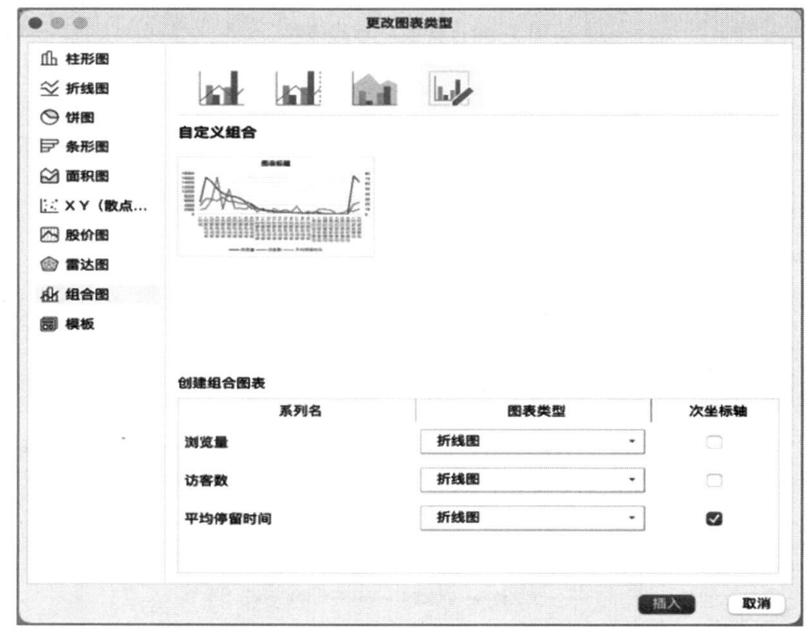

图 3-52　勾选次坐标轴

（8）单击【确定】按钮，即可看到图表中已经添加了次坐标轴。如图 3-53 所示。

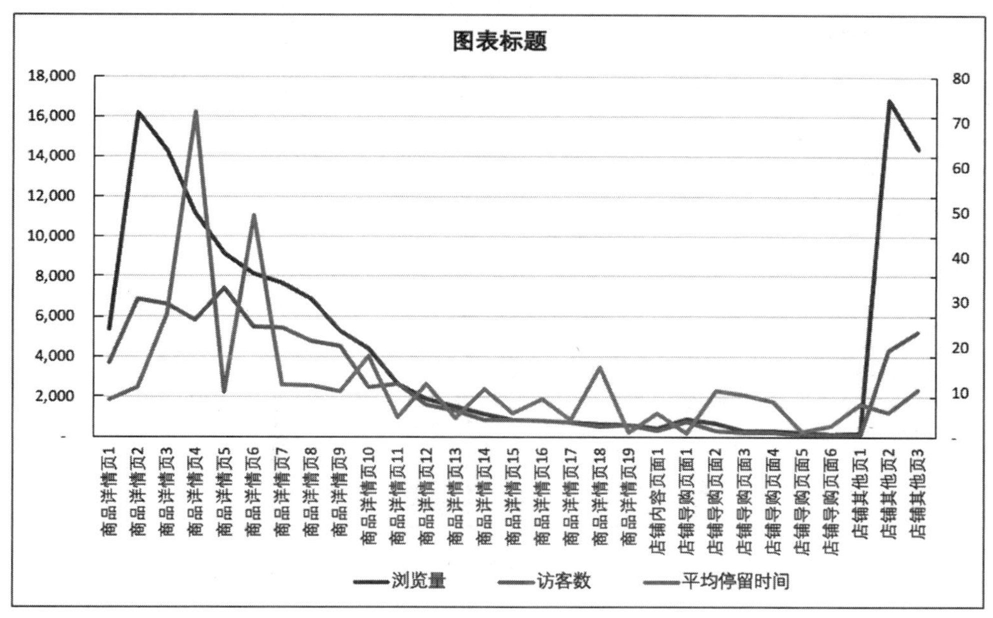

图 3-53 添加次坐标轴

（9）设置数据系列。将数据系列的线条宽度调整为【2 磅】，其颜色设置如图 3-54 所示。

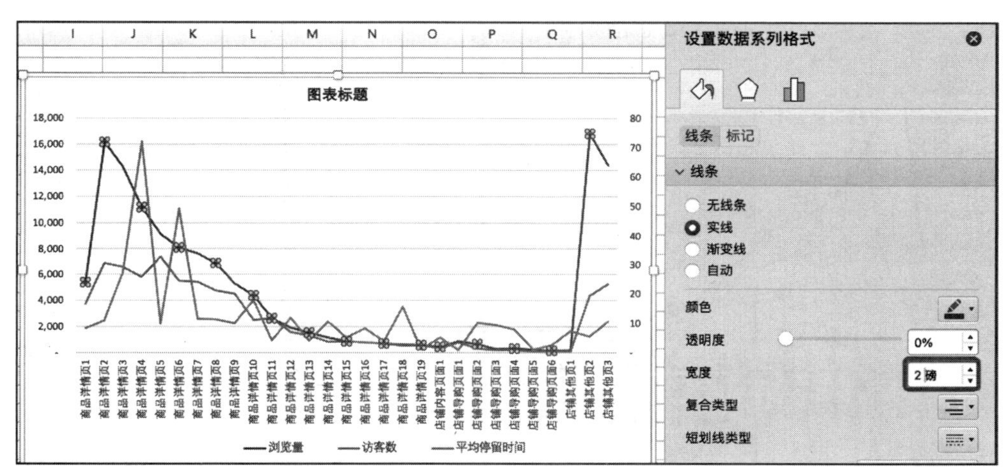

图 3-54 设置数据系列

（10）设置坐标轴格式。默认横坐标轴标签的文字方向是横向的，但是由于当前图表的横坐标轴标签的数量比较多，因此可以将其文字方向设置为竖向。选中横坐标轴，打开【设置坐标轴格式】任务窗格，将【文字方向】设置为【竖排】。如图 3-55 所示。

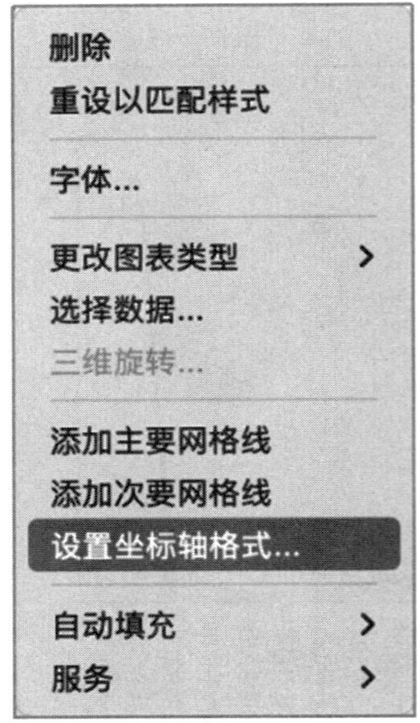

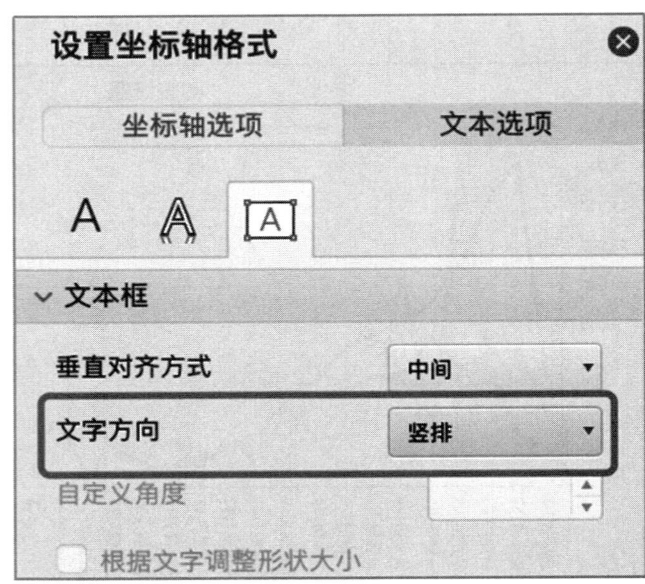

图 3-55　设置坐标轴格式

(11) 将图表的【图例位置】设置为【靠上】，在【线条】下选中【实线】选项，将网格线的【短划线类型】设置为【短划线】，然后将图表标题修改为“页面流量分析”，并适当调整图表的大小。如图 3-56、图 3-57 所示。

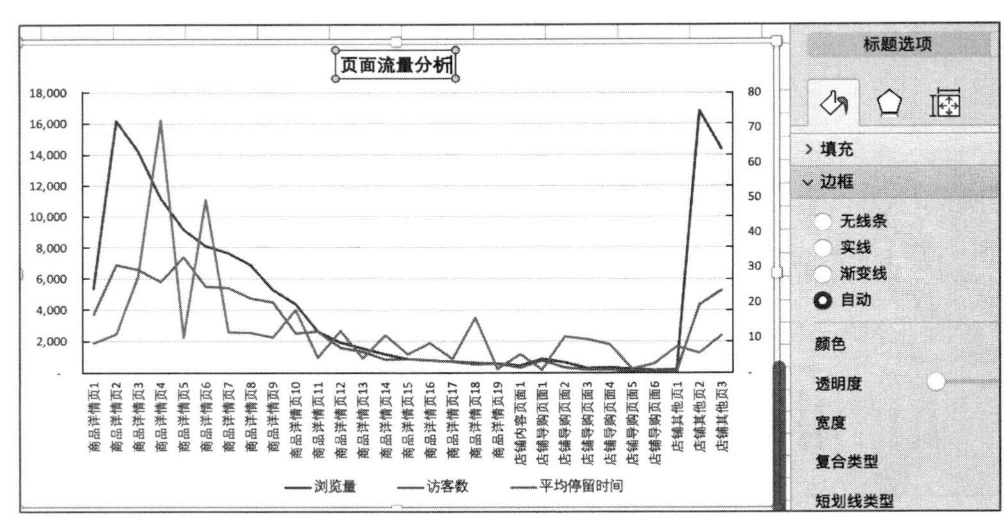

图 3-56　图表标题修改

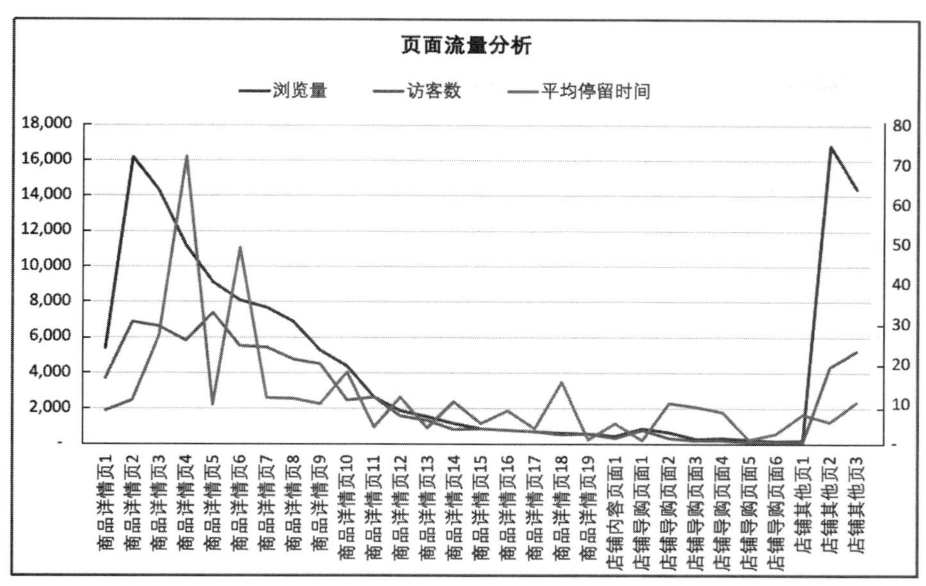

图 3-57 调整图表

（12）现在图表中显示的是所有页面分类的页面流量分析，如果要分别查看不同页面分类下的页面流量情况，可以插入一个切片器。选中表格的任意一个单元格，切换到【表格工具】栏的【设计】选项卡，在【工具】组中单击【插入切片器】按钮。如图3-58所示。

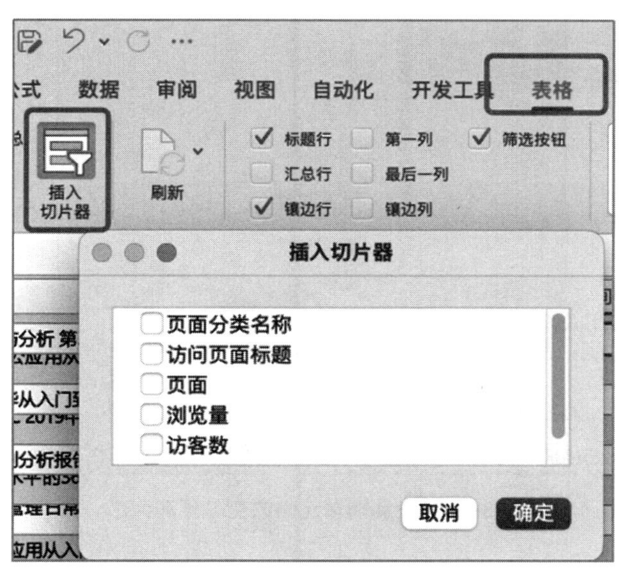

图 3-58 插入切片器

（13）打开【插入切片器】对话框，勾选【页面分类名称】复选框，单击【确定】按钮，创建一个切片器。如图 3-59 所示。

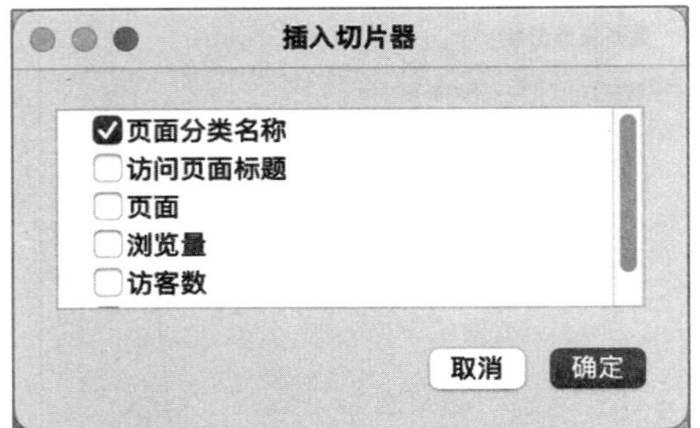

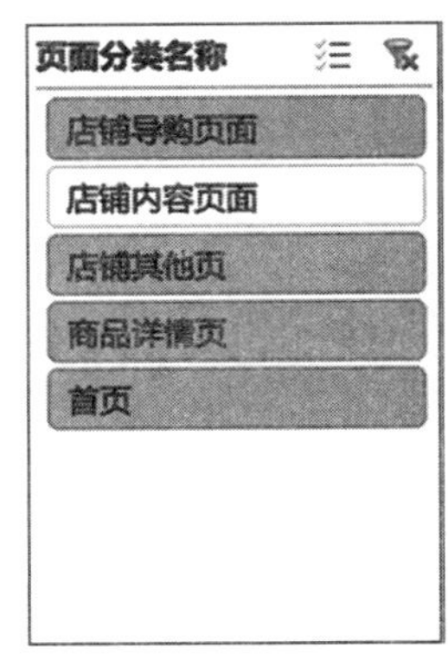

图 3-59　勾选页面分类名称

(14) 默认切片器是不会随单元格改变位置和大小的，而图表默认会随单元格改变位置和大小，此处设置切片器随单元格改变位置和大小。在切片器上单击鼠标右键，在弹出的快捷菜单中选择【大小和属性】选项，打开【格式切片器】任务窗格，选中【随单元格改变位置和大小】选项。如图 3-60 所示。

图 3-60　设置随单元格改变位置和大小

(15) 此时，在切片器中选择不同的页面分类，表格和图表都会随之变动。如图 3-61所示。

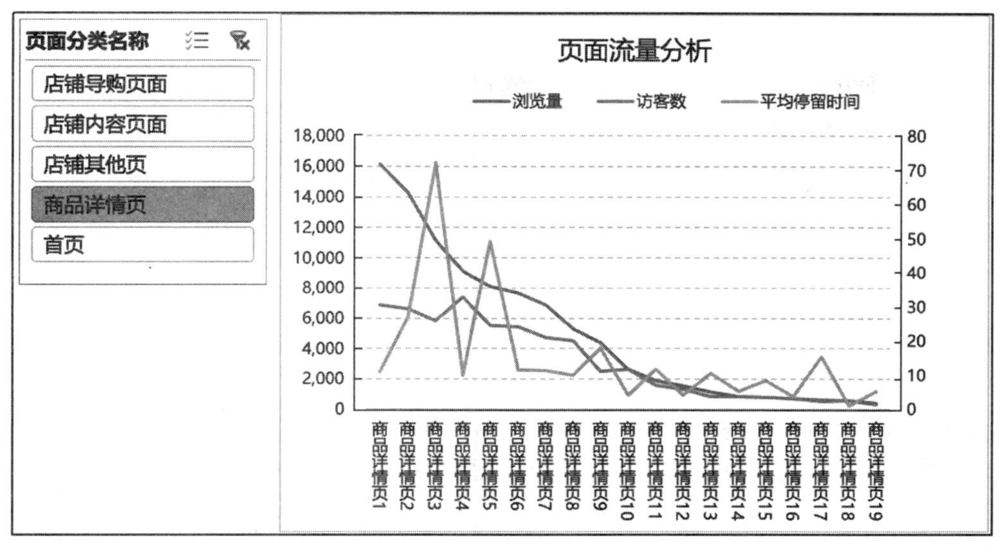

图 3-61 完成表格设置

通过图 3-61 可以看出，访客数和浏览量是呈正比的，而平均停留时间与访客数和浏览量没有明显的关联。

三、商品详情页流量分析

商品详情页可以说是店铺中最重要的页面之一，它可以展现最直接的商品信息。通过对商品详情页的流量进行分析，可以分析出消费者对哪些商品更感兴趣，哪些商品详情页的黏着度更高。

在进行商品详情页流量分析时，用户需要先从“生意参谋”中下载或复制相关数据，如浏览量、访客数、点击人数和跳失率等。

【例 3-3-3】 根据已知商品详情页流量，分析不同商品的访客数和跳失率，并制作复合图形，用柱状图表示访客数，用折线图表示跳失率，并用线标出 50% 的跳失率，看看哪些商品的跳失率超过了 50% 。

（1）打开本实例【3-3】文件中的工作表【3-3-3】，由于商品名称的文字较多，因此可以将其适当简化。在“浏览量”列左侧添加一个新列，将列标题设置为“商品”，在单元格 B2 中输入公式“="商品"&ROW()-1”，按【Enter】键完成输入，然后将单元格 B2 的公式复制到下面的单元格区域中。如图 3-62 所示。

（2）选中 B 列、D 列和 F 列，切换到【插入】选项卡，在【图表】组中单击【组合图】按钮，在弹出的下拉列表中选择【创建自定义组合图】选项。如图 3-63 所示。

（3）打开【插入图表】对话框，设置【访客数】为【簇状柱形图】，设置【跳失率】为【折线图】，并勾选【跳失率】右侧的【次坐标轴】复选框。如图 3-64 所示。

B2 =“商品”&ROW()-1

	A	B	C
1	商品名称	商品	浏览量
2	Excel高效办公 数据处理与分析 第3版	商品1	16173
3	Word/Excel/PPT2019办公应用从入门到精通	商品2	14257
4	Photoshop 2021实战精华从入门到精通	商品3	11169
5	从零开始：Photoshop CC 2019中文版基础教程	商品4	9130
6	Excel其实很简单 从数据到分析报告	商品5	8106

图 3-62　适当简化商品名

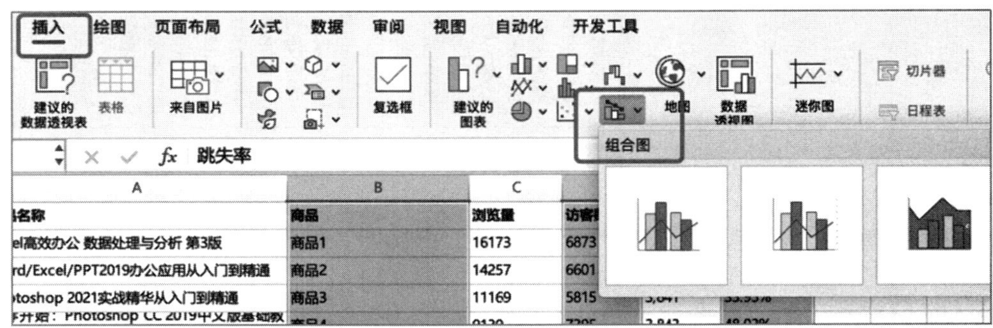

图 3-63　创建自定义组合图

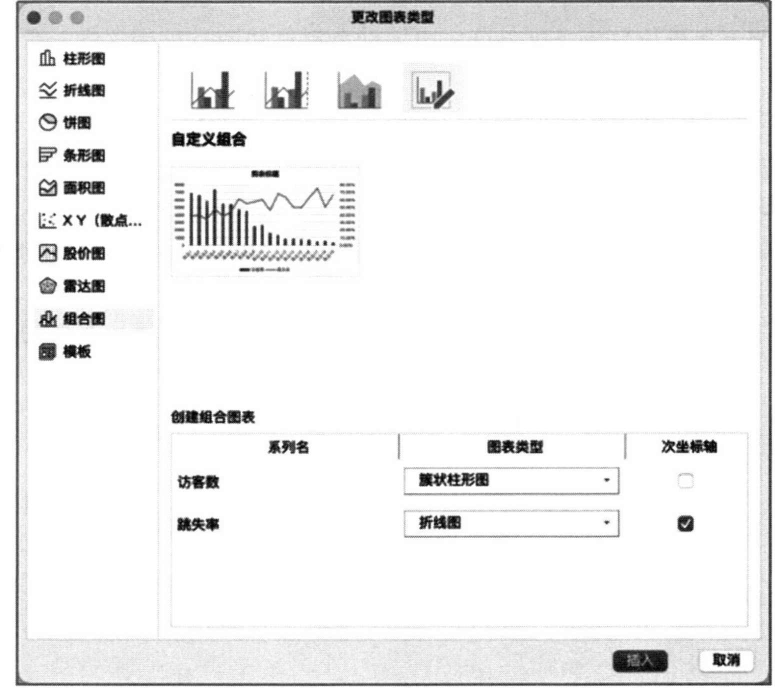

图 3-64　设置组合表

（4）单击【确定】按钮，即可创建一个簇状柱形图和折线图的组合图。如图 3-65 所示。

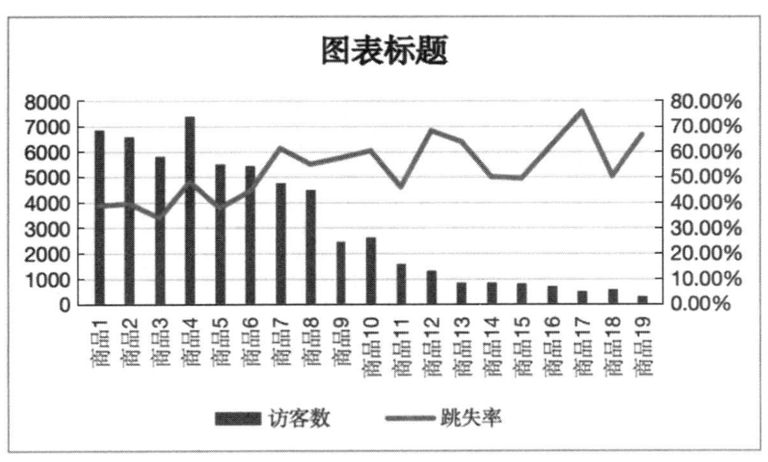

图 3-65 创建组合图

（5）设置数据系列。将柱形图的【间隙宽度】设置为【150%】，颜色设置为“RGB:52/202/204”，将折线图的【宽度】设置为【2 磅】，颜色设置为“RGB:255/187/131”。如图 3-66 所示。

（6）设置图例、网格线和标题。将【图例位置】设置为【靠上】，删除网格线，将图表标题更改为“商品详情页流量分析”，然后将图表中文字的字体都设置为微软雅黑。如图 3-67、图 3-68、图 3-69 所示。

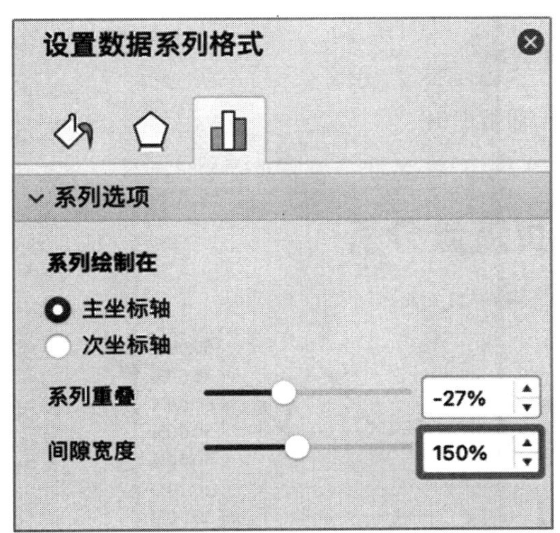

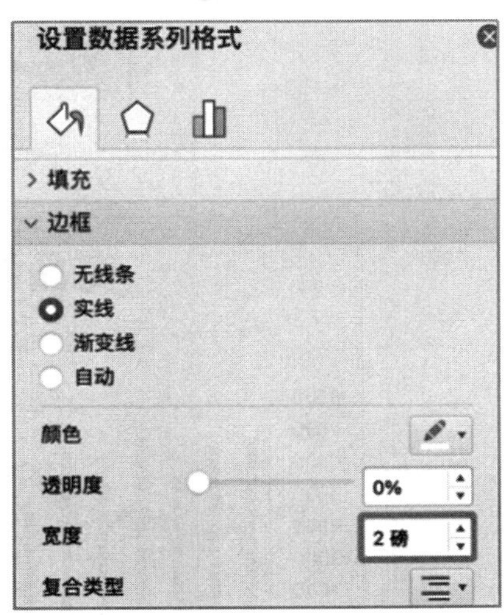

图 3-66 设置数据系列格式

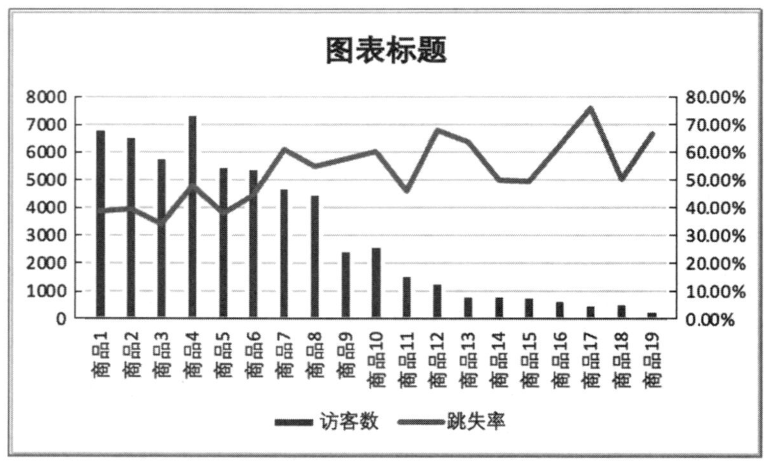

图 3-67　设置网格线

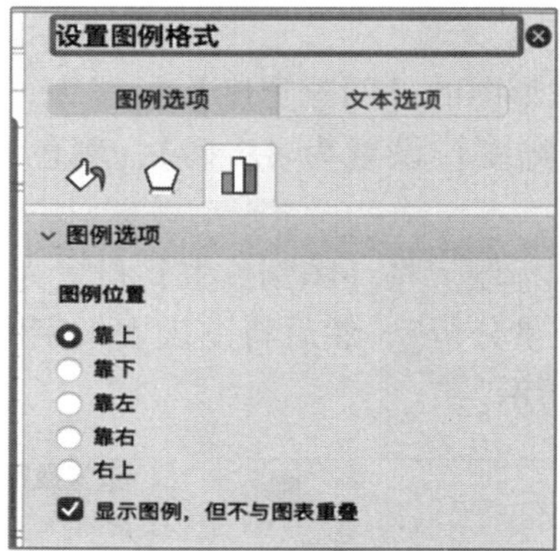

图 3-68　设置图例

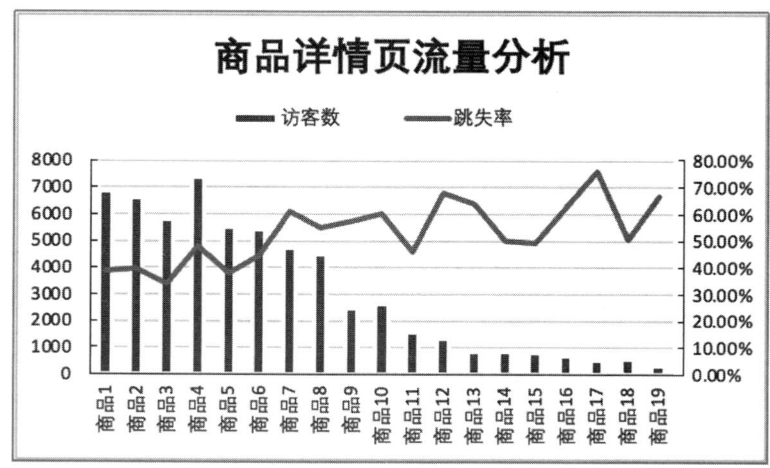

图 3-69　设置网格线和标题

（7）为了方便查看跳失率，可以为跳失率添加一个辅助列（G 列），在辅助列中输入 50%。如表 3-1 所示。

表 3-1 商品跳失率分析表

B	C	D	E	F	G
商品	浏览量	访客数	点击人数	跳失率	50%
商品 1	16,173	6873	4213	38.70%	50%
商品 2	14,257	6601	3994	39.49%	50%
商品 3	11,169	5815	3841	33.95%	50%
商品 4	9130	7395	3843	48.03%	50%
商品 5	8106	5505	3423	37.82%	50%
商品 6	7656	5439	3027	44.35%	50%
商品 7	6885	4758	1847	61.18%	50%
商品 8	5286	4515	2034	54.95%	50%
商品 9	4396	2488	1059	57.44%	50%
商品 10	2638	2638	1049	60.24%	50%
商品 11	1896	1896	853	46.01%	50%

（8）在图表上单击鼠标右键，在弹出的快捷菜单中选择【选择数据】选项，打开【选择数据源】对话框，如图 3-70 所示。在弹出的【图例项（系列）】列表框中单击【添加】按钮。

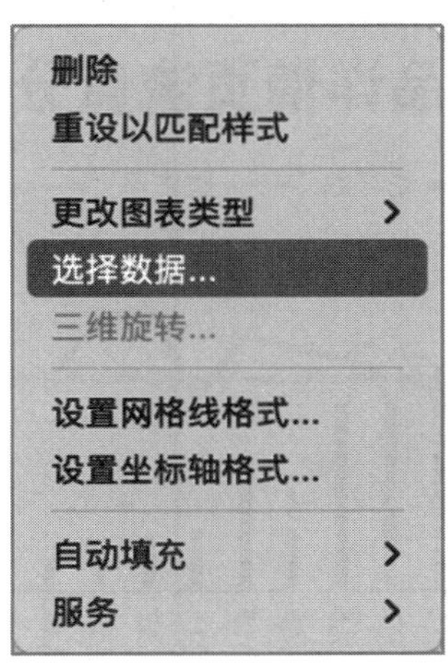

图 3-70 选择数据

(9) 打开【编辑数据系列】对话框，设置系列名称为单元格 G1，设置系列值为单元格区域 G2:G20。如图 3-71 编辑数据系列所示。

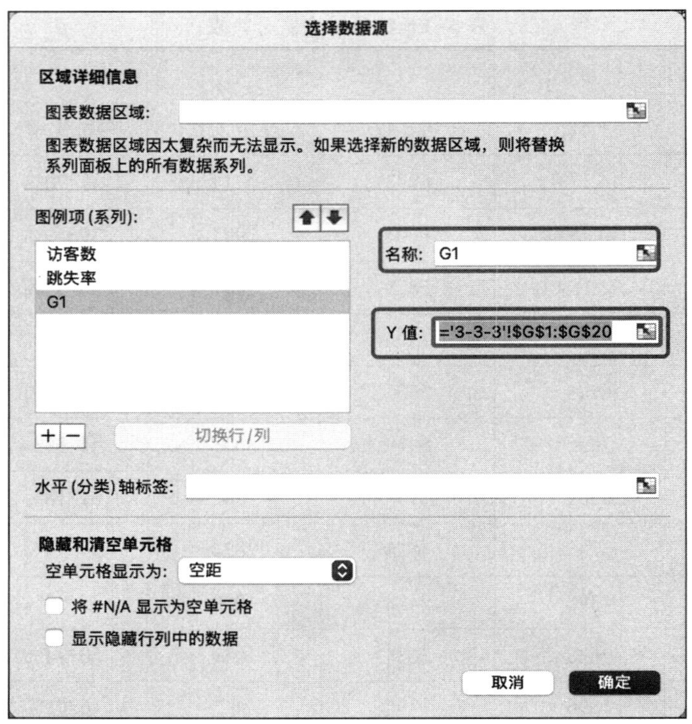

图 3-71 编辑数据系列

(10) 单击【确定】按钮，返回【选择数据源】对话框，单击【确定】按钮，返回图表，即可看到图表中添加了一条直线。如图 3-72 所示。

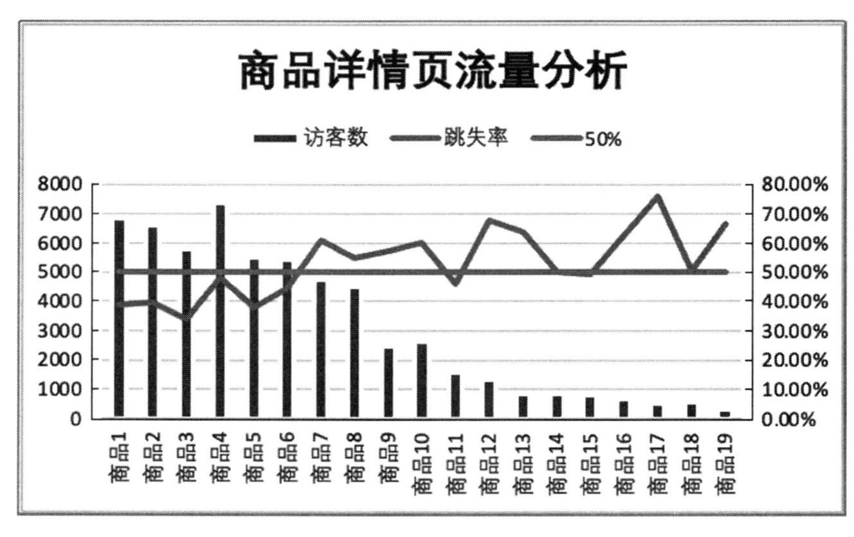

图 3-72 图表中添加一条直线

（11）选中新添加的直线，将其【宽度】设置为【2 磅】，【短划线类型】设置为【方点】，颜色设置为“RGB:217/125/131”。如图 3–73 所示。

图 3–73 设置数据系列格式

由图 3–74 可知，从商品 6 开始的商品访客数逐渐减少，而且跳失率超过了 50%，我们要根据数据仔细分析访客数减少的原因，进一步提升店铺运营管理水平。

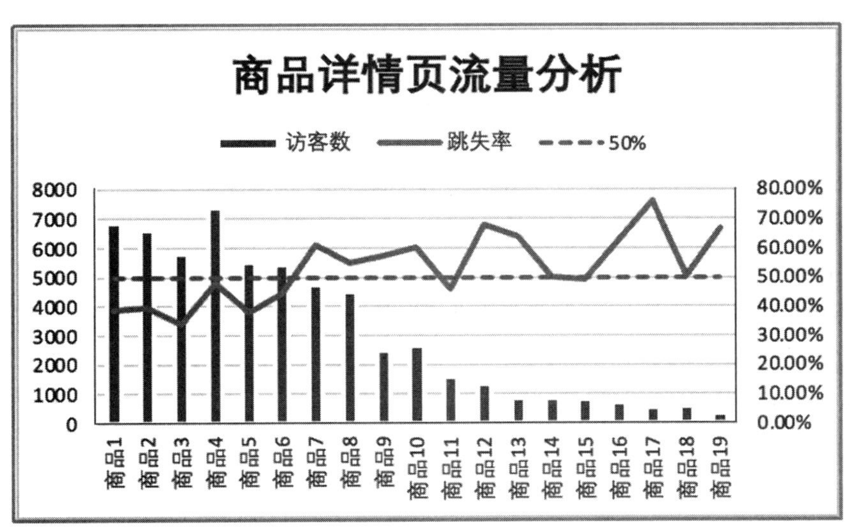

图 3–74 设置完成

第四节　销售业绩分析

【知识目标】

1. 理解销售业绩分析的基本概念和方法。
2. 学习如何通过销售数据识别业绩趋势和潜在问题。

【能力目标】

1. 能够独立进行销售业绩分析，识别关键业绩指标。
2. 能够根据销售业绩分析结果提出改进销售策略的建议。

【素养目标】

1. 培养对销售数据重要性的认识，提高对业绩管理的理解。
2. 增强对销售业绩与市场动态之间关系的理解，提升市场敏感性。

一、销售业绩分析

无论是线下销售还是线上销售，都是为了提高销售业绩，因此销售业绩分析在网店运营中是至关重要的。本节从交易金额和客单价的角度对销售业绩进行分析。

交易金额可以直观地反映店铺的运营情况，引流、推广等工作的效果都可以从商品交易金额中体现出来。

不同月份的访客人数、交易金额、客单价等数据可以直接从“生意参谋”中下载。

【例 3-4-1】对店铺的数据【3-4】文件中的表【3-4-1】进行销售业绩分析，并以折线图表示出访客人数和交易金额，分析访客人数和交易金额的变化。

（1）打开本实例【3-4】文件中的表【3-4-1】，选中单元格区域 A1:C13，创建一个折线图。如图 3-75 所示。

（2）默认创建的折线图中，两个数据系列在同一个坐标轴上，但是由于访客人数的数据相比交易金额数据来说较小，因此在同一个坐标轴上访客人数的变动差异就显得很小。为了便于查看，此处将访客人数更改到次坐标轴上。选中“访客人数”数据系列，单击鼠标右键，在弹出的快捷菜单中选择【设置坐标轴格式】选项。如图 3-76 所示。

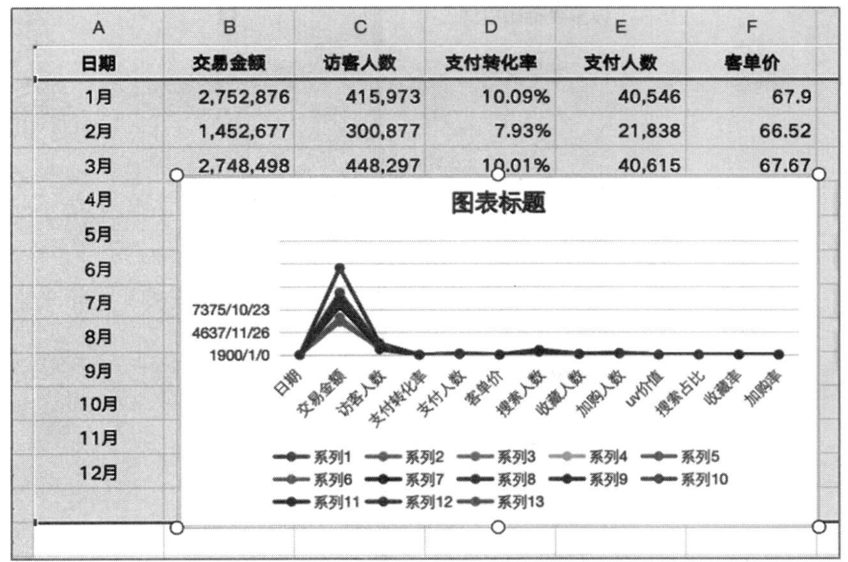

图 3-75 创建一个折线图

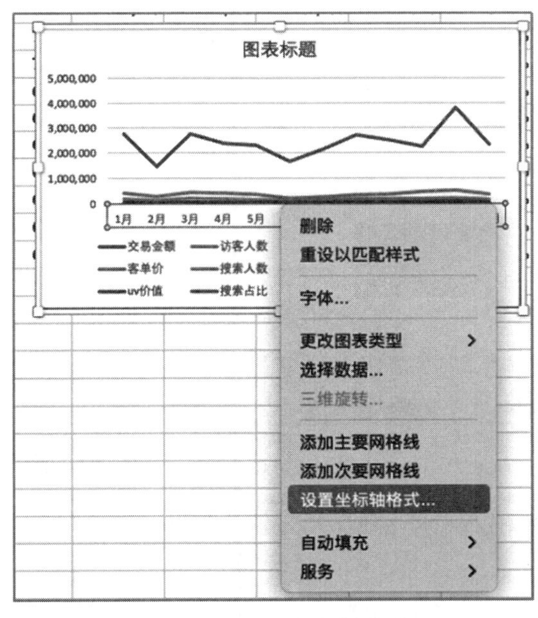

图 3-76 设置坐标轴格式

（3）添加次坐标轴后，可以看到默认主、次坐标轴的标签的密度是不同的。显然，主坐标轴上的数据偏密，可以将主坐标轴的【边界】的【最大值】设置为【4.2E6】，将【单位】下的【大】设置为【700000.0】。如图 3-77 所示。

图 3-77　设置主坐标轴的边界最大值

（4）选中图表，为图表添加垂直线，如图 3-78 所示。方便用户将数据点与横坐标轴对应，并将垂直线的颜色设置为浅色。如图 3-79 所示。

图 3-78　为图表添加垂直线

图 3-79　颜色设置为浅色

（5）为了避免网格线对图表造成干扰，可以将网格线设置为虚线，然后将图例移动到图表的上方，输入图表标题，并将图表中所有文字的字体设置为【微软雅黑】，最终效果如图 3-80 所示。

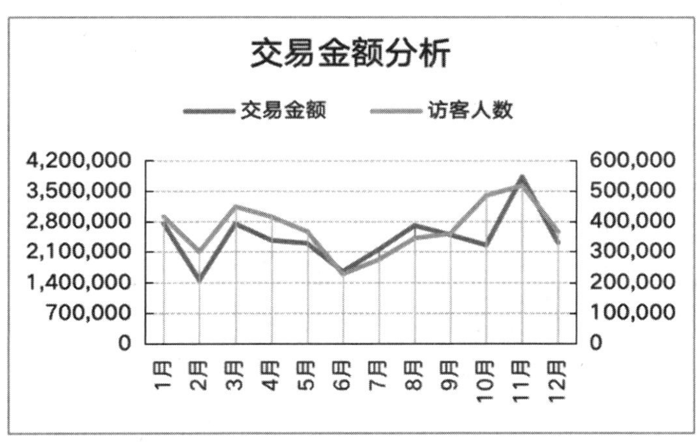

图 3-80　网格线设置为虚线

通过图 3-80 可以看出，交易金额在大多数时候是随访客人数的变化而变化的，但是在 9 月和 10 月，虽然访客人数是增长的，但是交易金额却是下降的，应该引起注意，并进一步分析原因。

二、客单价分析

客单价可以直观地反映消费者的购买力，从某种程度上也可以反映网店的目标消费群体的特点及网店的盈利状态，因此分析客单价也是至关重要的。

【例 3-4-2】根据【3-4】文件中的表【3-4-2】的销售数据，对店铺进行销售业绩分析，以簇状柱形图表示客单价的变化。

（1）打开本实例的原始文件【3-4】文件中的表【3-4-2】，选中单元格区域 A1:A13 和 F1:F13，创建一个柱形图。如图 3-81 所示。

（2）将数据系列的【间隙宽度】调整为【120%】，颜色设置为“RGB:93/179/240”，为数据系列添加数据标签，删除纵坐标轴和网格线，修改图表标题，将图表中的所有文字的字体设置为【微软雅黑】，并适当调整绘图区的大小，最终效果如图 3-82 所示。

图 3-81　创建一个柱形图

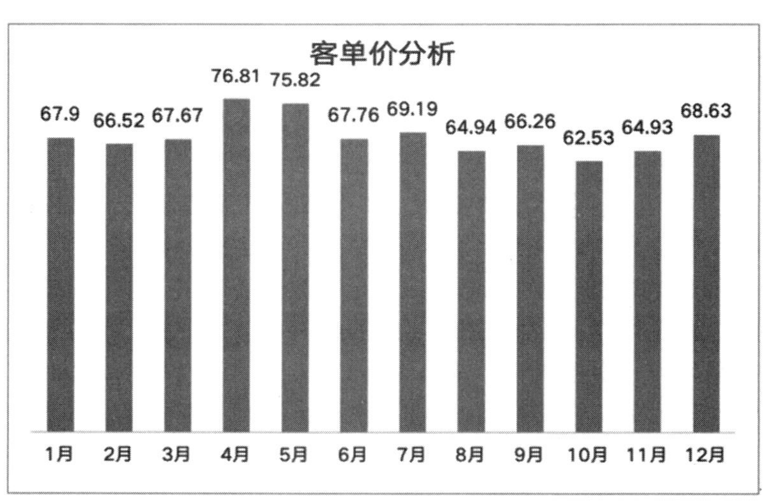

图 3-82　间隙宽度调整

通过图 3-82 可以看出，近一年店铺的客单价变化并不是很大，4 月和 5 月的客单价相对较高。

第五节 利润数据分析

【知识目标】

1. 理解利润数据分析的基本概念和方法。
2. 学习如何进行利润预测和成本控制。

【能力目标】

1. 能够独立进行利润数据分析，识别利润变化趋势。
2. 能够根据利润数据分析结果优化成本结构和提高盈利能力。

【素养目标】

1. 培养对利润数据重要性的认识，提高财务管理能力。
2. 增强对利润与成本之间关系的理解，提升成本效益意识。

利润是网店存在的根本，有利润，网店才能持续运营。在网店运营中，利润和利润率是卖家最为关心的两个指标。

- 利润：利润是指收入与成本的差额。在电商运营中“利润=交易金额-总成本”。
- 利润率：利润率用于衡量销售、成本等的价值转化情况，包含销售利润率、成本利润率等。

销售利润率=利润÷成交金额×100%，销售利润率越大说明店铺盈利能力越强，反之盈利能力越差。

成本利润率=利润÷总成本×100%，成本利润率越高，说明店铺为获得利润所付出的代价越小，店铺成本费用控制得越好，店铺的盈利能力越强。表3-2展示的就是某店铺近3个月的利润和利润率。

一、影响网店盈利的成本因素

表3-2 某店铺近3个月的利润及利润率表

月份	支付人数（人）	客单价（元/人）	成交金额（元）	总成本（元）	利润（元）	销售利润率（%）	成本利润率（%）
6	1856	78. 56	148,807. 40	73,349. 12	72,458. 24	49. 69	98. 79
7	1283	72. 36	92,837. 88	55,117. 68	37,720. 20	40. 63	68. 44
8	1192	74. 62	88,947. 04	48,109. 12	40,837. 92	45. 91	84. 89

网店与实体店铺一样，也是以盈利为目的的。影响网店盈利的主要因素就是成本，要

想提高利润，控制成本是关键。在网店运营过程中，成本通常包括商品成本、推广成本和固定成本 3 种。如图 3-83 所示。

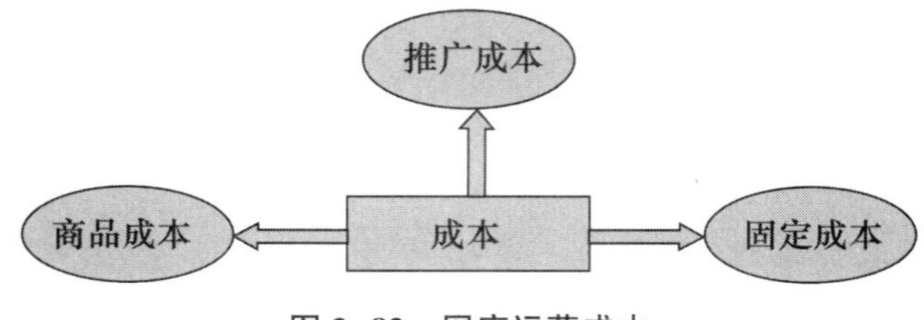

图 3-83　网店运营成本

（一）商品成本

商品成本是网店总成本中的关键成本之一。卖家在整个网店的运营过程中，对商品成本进行控制、分析和预测都是必不可少的。对网店内商品成本的相关数据进行分析，将成本最小化、利益最大化是每个网店发展过程中的必然选择。卖家要想在竞争激烈的市场中生存下去，就必须最大限度地降低商品成本。

商品成本主要包括货物成本、物流成本、人工成本、损耗成本和其他成本，如图 3-84 所示。

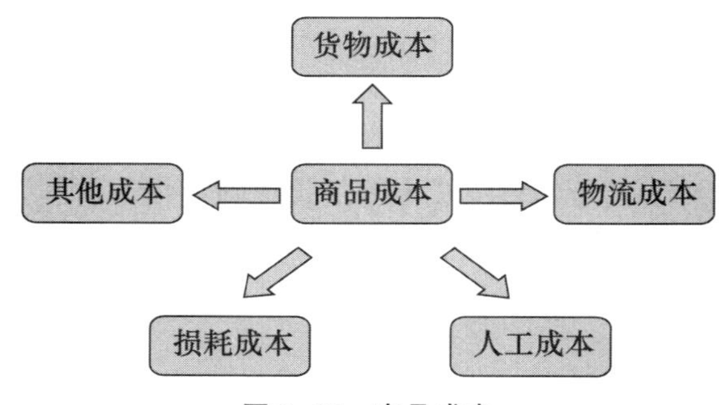

图 3-84　商品成本

对商品成本有直接影响的因素包括进货渠道，进货渠道不同，商品成本往往也不同。可以将进货渠道分为两种：线上进货渠道和线下进货渠道。线上进货渠道通常是指包括网络商城在内的线上渠道，线下进货渠道则是指以实体批发市场为主的线下渠道。

如表 3-3 所示为某卖家从不同渠道订购相同数量的同一种商品的成本明细表。

表 3-3　不同渠道商品数量订购明细表

渠道	金额/占比	货物成本	物流成本	人工成本	损耗成本	其他成本	合计
线上	金额（元）	16,820	635		35		17,490
	占比	96. 17%	3. 63%		0. 20%		
线下	金额（元）	17,951		660		100	18,711
	占比	95. 94%		3. 53%		0. 53%	

由表 3-3 可以看出，线上进货的成本是低于线下进货成本的。这是因为网络商城可以省去租店面、招雇员及存储保管等一系列费用，总的来说其商品价格较一般实体店低。这也是越来越多的卖家选择在线上进货的原因之一。

（二）推广成本

推广是网店运营的核心手段之一，推广的深度决定了网店的后期发展速度，因此在网店运营过程中，卖家都会进行一系列的推广活动。

网店常用的付费推广方式有直通车、淘宝客及钻石展位等。卖家需要定期对网店的推广成本进行有效的数据分析，挖掘出对网店贡献最大的推广方式，再对网店的推广方式进行有目的、有方向的调整。

一般情况下，我们可以计算不同推广方式的成本利润率来判断各推广方式的效果。成本利润率越高，说明对应推广方式的效果越好。

【例 3-5-1】 根据已知数据，计算店铺的成本利润率，并以柱形图展示。

（1）打开本实例的【3-5】文件中的工作表【3-5-1】，“推广成本”工作表中不同渠道的推广成本和交易金额数据是通过“生意参谋”的店铺流量功能采集的。根据公式“利润=交易金额-成本”，在单元格 D2 中输入公式“ * =C2-B2”，按【Enter】键完成输入，然后将单元格 D2 中的公式不带格式地复制到下面的单元格区域中。如图 3-85 所示。

=C2-B2

A	B	C	D
推广方式	成本（元）	交易金额（元）	利润（元）
淘宝客	3015.63	4873.52	1857.89
直通车	6219.73	11, 067.22	4847.49
钻石展位	3634.35	5027.36	1393.01
其他	892.95	1088.25	195.30

图 3-85　利润计算

（2）根据公式“成本利润率=利润÷总成本×100%”，在单元格 E2 中输入公式“=D2/B2”，按【Enter】键完成输入，然后将单元格 E2 中的公式不带格式地复制到下面的单元格区域中。如图 3-86 所示。

=D2/B2

A	B	C	D	E
推广方式	成本（元）	交易金额（元）	利润（元）	成本利润率
淘宝客	3015.63	4873.52	1857.89	61.61%
直通车	6219.73	11,067.22	4847.49	77.94%
钻石展位	3634.35	5027.36	1393.01	38.33%
其他	892.95	1088.25	195.30	21.87%

图 3-86　公式不带格式复制填充

（3）根据推广方式和成本利润率数据创建一个柱形图。如图 3-87 所示。

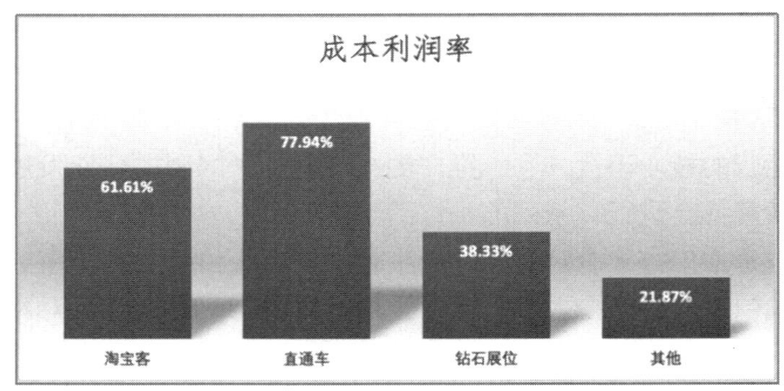

图 3-87　创建一个柱形图

（4）删除纵坐标轴和网格线，添加数据标签，将数据系列点设置为不同的颜色，然后将图表中所有文字的字体设置为微软雅黑。如图 3-88 所示。

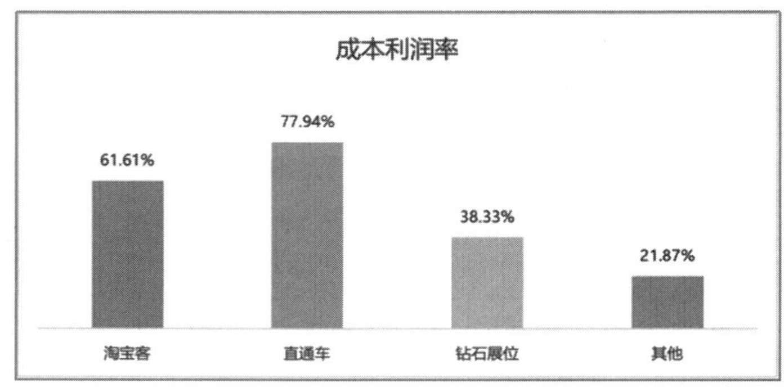

图 3-88　删除纵坐标轴和网格线

通过数据表和柱形图可以看出，这几种推广方式虽然都让卖家获得了利润，但是成本利润率的差异是比较大的。"直通车" 和 "淘宝客" 的成本利润率较高，说明这两种推广方式的效果较好；而 "钻石展位" 和 "其他" 的成本利润率是较低的，卖家可以舍弃这两种推广方式，或者对它们进行优化，以获取更多的流量，进而提高成本利润率。

（三）固定成本

固定成本也被称为固定费用，是相对于变动成本而言的另一种成本。它是指在一定时期和一定业务量范围内，能保持不变或者业务量增减变动对其影响不大的这部分成本。对网店而言，固定成本主要包括网络信息费、场地租金、员工工资及相关的设备折旧额等。

由于固定成本在短期内变化不大，因此卖家无法通过缩减固定成本来提升店铺的利润。但是卖家可以根据店铺特点制订员工的 KPI 考核制度，不断提升员工的工作能力，使其最大化地为网店创造利润和价值。

设备折旧成本属于固定成本中最基础的成本之一，尽量降低人为损坏率能在一定程度上降低设备的折旧费用。如图 3-89 所示。

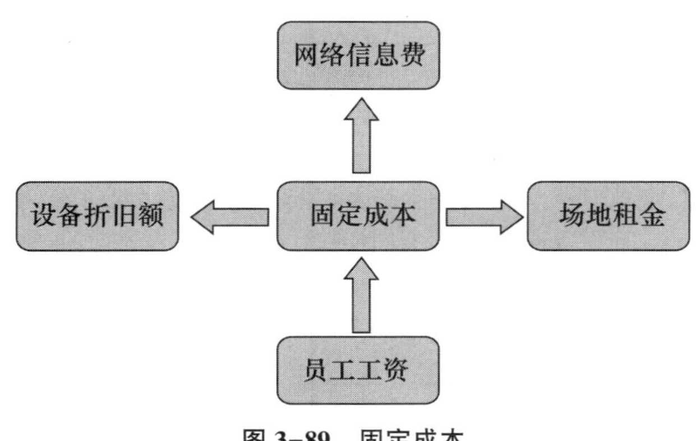

图 3-89 固定成本

二、利润预测分析

在网店运营过程中，通过定期对利润数据进行预测和分析，可以帮助卖家选择更合适的推广方式，降低成本，提高利润。在进行利润预测分析时，常用的预测方法有线性预测和模拟运算。

（一）线性预测

线性预测是一种较为简单的预测方法，一般通过一个变量来预测另一个变量的变化趋势。例如，在进行利润预测分析时，我们可以根据店铺设定的目标成交量来预测可能产生的成本费用。

Excel 专门提供了一个用于实现线性预测的函数——TREND 函数。

TREND 函数用于在已知 y 值、x 值的条件下，预测新的 x 值对应的 y 值。其语法格式为：

TREND(known_y,[known_x's]，[new_ x's]，[const])

TREND 函数沿线性趋势返回值。它使用最小二乘法（数组的 known_ y 和 known_ x 的来拟合直线）。TREND 返回指定 new_x 数组沿该行的 y 值。

TREND 函数语法具有下列参数：

TREND 函数语法具有的参数如表 3-4 所示。

表 3-4 TREND 函数参数表

参数	说明
known_y's 必需	关系 y=mx+b 中已知道的 y 值集 如果数组 known_y's 在单独一列中，则 known_x's 的每一列被视为一个独立的变量 如果数组 known_y's 在单独一行中，则 known_x's 的每一行被视为一个独立的变量
known_x's 可选	你可能已在关系 y=mx+b 中知道了一组可选的 x 值 数组 known_x's 可以包含一组或多组变量。如果仅使用一个变量，那么只要 known_x's 和 known_y's 具有相同的维数，则它们可以是任何形状的区域。如果用到多个变量，则 known_y's 必须为向量（即必须为一行或一列） 如果省略 known_x's，则假设该数组为 {1，2，3，…}，其大小与 known_y's 相同

续表

参数	说明
new_x 可选	希望 TREND 为其返回相应 y 值的新 x 值 New_x' s 与 known_x' s 一样，对每个自变量必须包括单独的一列（或一行）。因此，如果 known_y' s 是单列的，known_x' s 和 new_x' s 应该有同样的列数。如果 known_y' s 是单行的，known_x' s 和 new_x' s 应该有同样的行数 如果省略 new_x' s，将假设它和 known_x' s 一样 如果 known_x' s 和 new_x' s 都省略，将假设它们为数组 {1，2，3，…}，大小与 known_y' s 相同
const 可选	一个逻辑值，该值指定是否强制常量 b 等于 0 如果 const 为 TRUE 或省略，b 将按正常计算 如果 const 为 FALSE，b 将被设为 0（零），m 将被调整，以使 y=mx

（1）参数 known_y' s 表示已知的 y 值。该参数可以是数组，也可以是指定的单元格区域。

（2）参数 known_x' s 表示已知的 x 值。该参数可以是数组，也可以是指定的单元格区域。TREND 函数通过参数 known_y' s 和 known_x' s 构造指数曲线方程。

（3）参数 new_x' s 表示给出的新的 x 值，也就是需要计算预测值的变量 x。如果省略该参数，则默认其值等于 known_x' s。

（4）参数 const 表示一个逻辑值，用来确定指数曲线方程中的常量 b 的值。该参数值为 TRUE 或省略时，常量 b 按实际数值参与计算；该参数值为 FALSE 时，常量 b 的值为 0，此时指数曲线方程变为 y=mx。

【例 3-5-2】已知某网店 1—6 月各月的交易金额、商品成本、推广成本和固定成本数据，那么可以假定一个交易金额为 7 月的目标交易金额，然后根据已知的各月数据和 7 月的目标交易金额，计算出 7 月的各项成本，最后计算出利润。

（1）打开本实例【3-5】文件中的工作表【3-5-2】，假定 7 月的目标交易金额为 55 万元，选中单元格 C8，切换到【公式】选项卡，在【函数库】组中单击【插入函数】按钮。如图 3-90 所示。

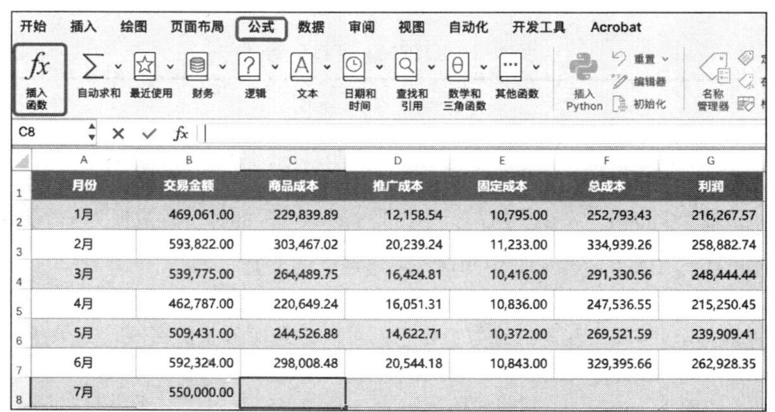

月份	交易金额	商品成本	推广成本	固定成本	总成本	利润
1月	469,061.00	229,839.89	12,158.54	10,795.00	252,793.43	216,267.57
2月	593,822.00	303,467.02	20,239.24	11,233.00	334,939.26	258,882.74
3月	539,775.00	264,489.75	16,424.81	10,416.00	291,330.56	248,444.44
4月	462,787.00	220,649.24	16,051.31	10,836.00	247,536.55	215,250.45
5月	509,431.00	244,526.88	14,622.71	10,372.00	269,521.59	239,909.41
6月	592,324.00	298,008.48	20,544.18	10,843.00	329,395.66	262,928.35
7月	550,000.00					

图 3-90　插入函数

（2）打开【插入函数】对话框，在【或选择类别】下拉列表中选择【统计】选项，然后在下方选择【TREND】选项。如图 3–91 所示。

图 3–91　TREND 函数

（3）单击【插入函数】或【确定】按钮，打开【函数参数】对话框，依次输入该函数的参数，第 4 个参数省略即可。如图 3–92 所示。

图 3–92　依次输入该函数的参数

（4）单击【确定】按钮，返回工作表，即可看到根据交易金额预测出的商品成本。如图 3–93 所示。

C8 =TREND(C2:C7,B2:B7,B8)

	A	B	C	D	E	F	G
1	月份	交易金额	商品成本	推广成本	固定成本	总成本	利润
2	1	469,061.00	229,839.89	12,158.54	10,795.00	252,793.43	216,267.57
3	2	593,822.00	303,467.02	20,239.24	11,233.00	334,939.26	258,882.74
4	3	539,775.00	264,489.75	16,424.81	10,416.00	291,330.56	248,444.44
5	4	462,787.00	220,649.24	16,051.31	10,836.00	247,536.55	215,250.45
6	5	509,431.00	244,526.88	14,622.71	10,372.00	269,521.59	239,909.41
7	6	592,324.00	298,008.48	20,544.18	10,843.00	329,395.66	262,928.35
8	7	550,000.00	273,419.72				

图 3-93　商品成本预测

（5）在预测推广成本和固定成本时，同样使用 TREND 函数。其中第 2 个参数和第 3 个参数是不变的，变的只有第 1 个参数。因此，可以将单元格 C8 中的公式的第 2 个参数和第 3 个参数设置为绝对引用形式，如图 3-94 所示。然后将单元格 C8 中的公式向右复制到单元格 D8 和 E8 中，如图 3-95 所示。

C8 =TREND(C2:C7,$B$2:$B$7,$B$8)

	A	B	C	D	E	F	G
1	月份	交易金额	商品成本	推广成本	固定成本	总成本	利润
2	1月	469,061.00	229,839.89	12,158.54	10,795.00	252,793.43	216,267.57
3	2月	593,822.00	303,467.02	20,239.24	11,233.00	334,939.26	258,882.74
4	3月	539,775.00	264,489.75	16,424.81	10,416.00	291,330.56	248,444.44
5	4月	462,787.00	220,649.24	16,051.31	10,836.00	247,536.55	215,250.45
6	5月	509,431.00	244,526.88	14,622.71	10,372.00	269,521.59	239,909.41
7	6月	592,324.00	298,008.48	20,544.18	10,843.00	329,395.66	262,928.35
8	7月	550,000.00	273,419.72				

图 3-94　设置为绝对引用形式

E8 =TREND(E2:E7,$B$2:$B$7,$B$8)

	A	B	C	D	E
1	月份	交易金额	商品成本	推广成本	固定成本
2	1月	469,061.00	229,839.89	12,158.54	10,795.00
3	2月	593,822.00	303,467.02	20,239.24	11,233.00
4	3月	539,775.00	264,489.75	16,424.81	10,416.00
5	4月	462,787.00	220,649.24	16,051.31	10,836.00
6	5月	509,431.00	244,526.88	14,622.71	10,372.00
7	6月	592,324.00	298,008.48	20,544.18	10,843.00
8	7月	550,000.00	273,419.72	17,768.87	10,792.42

图 3-95　公式向右复制

（6）根据预测的成本数据计算总成本，然后计算 7 月的利润。如图 3-96 所示。

	A	B	C	D	E	F	G
1	月份	交易金额	商品成本	推广成本	固定成本	总成本	利润
2	1月	469,061.00	229,839.89	12,158.54	10,795.00	252,793.43	216,267.57
3	2月	593,822.00	303,467.02	20,239.24	11,233.00	334,939.26	258,882.74
4	3月	539,775.00	264,489.75	16,424.81	10,416.00	291,330.56	248,444.44
5	4月	462,787.00	220,649.24	16,051.31	10,836.00	247,536.55	215,250.45
6	5月	509,431.00	244,526.88	14,622.71	10,372.00	269,521.59	239,909.41
7	6月	592,324.00	298,008.48	20,544.18	10,843.00	329,395.66	262,928.35
8	7月	550,000.00	273,419.72	17,768.87	10,792.42	301,981.02	248,018.98

图 3-96　计算 7 月的利润

可以看到，当交易金额为 550,000. 00 元时，利润大约为 248,018. 98 元，如果对此利润不满意，则需要优化成本投入比例，进而增加利润。

（二）模拟运算

通常情况下，在一段时间内，成本中变化最大的是推广成本。因为网店在运营过程中为了引流，需要根据实时情况调整推广成本。

但是推广成本也不是盲目确定的，需要对其进行模拟运算分析，即通过分析不同推广成本下获得的利润来最终确定合适的推广成本。

Excel 的模拟运算功能主要用于分析某个变量在不同值的情况下，目标值会发生怎样的变化。因此，我们可以先根据已知的推广成本数据计算出利润，然后再预设几个不同的推广成本，模拟计算出这些不同推广成本对应的利润，最后对比目标利润，选择合适的推广成本。

【例 3-5-3】 根据本例中给出的推广成本数据计算出利润，然后预测不同的推广成本所对应的利润。并用柱状图表示。

（1）打开本实例文件【3-5】中的工作表【3-5-3】，可以看到工作表中前两行为店铺某个月实际的交易金额、成本和利润。如图 3-97 所示。

	A	B	C	D	E	F
1	交易金额	商品成本	推广成本	固定成本	总成本	利润
2	550,000.00	273,419.73	17,768.87	10,792.42	301,981.02	248,018.99

图 3-97　交易金额、成本和利润

（2）创建一个在推广成本不同的条件下，预测利润变化的模拟运算表。其中，“预测利润”列的第 1 个数据为某个月的实际利润，等于单元格 F2 中的值。如图 3-98 所示。

预测推广成本	预测利润
	248,018.99
13,000.00	
14,000.00	
15,000.00	
16,000.00	
17,000.00	
18,000.00	
19,000.00	
20,000.00	
21,000.00	
22,000.00	

图 3-98　预测利润

（3）选中单元格区域 A5:B15，切换到【数据】选项卡，单击【模拟分析】按钮，在弹出的下拉列表中选择【模拟运算表】选项。如图 3-99 所示。

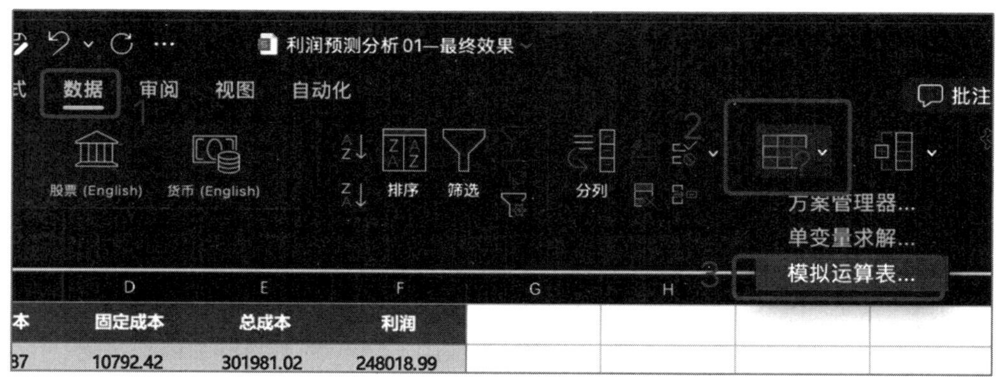

图 3-99　选择模拟运算表

（4）弹出【模拟运算表】对话框，在【输入引用列的单元格】文本框中输入“$C$2”。如图 3-100 所示。

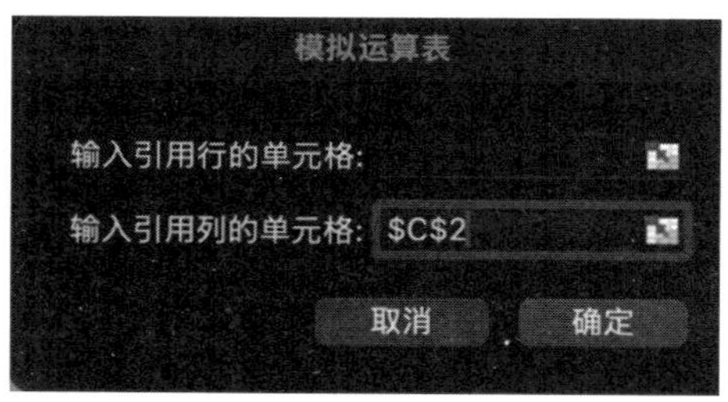

图 3-100　输入引用列的单元格

（5）单击【确定】按钮，计算出不同推广成本对应的利润。如图 3-101 所示。

预测推广成本	预测利润
	248,018.99
13,000.00	252,787.86
14,000.00	251,787.86
15,000.00	250,787.86
16,000.00	249,787.86
17,000.00	248,787.86
18,000.00	247,787.86
19,000.00	246,787.86
20,000.00	245,787.86
21,000.00	244,787.86
22,000.00	243,787.86

图 3-101 计算不同推广成本对应的利润

（6）选中预测推广成本和预测利润对应的单元格区域 A6:B15，创建一个柱形图。如图 3-102 所示。

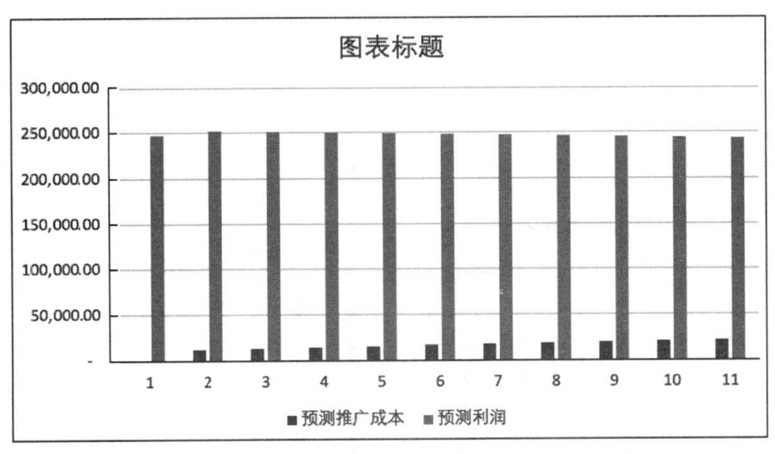

图 3-102 创建一个柱形图

（7）在图表上单击鼠标右键，在弹出的快捷菜单中选择【更改图表类型】选项。如图 3-103 所示。

（8）打开【更改图表类型】对话框，可以看到系统给出了 3 种簇状柱形图样式，默认选择第 1 种样式，此处选择第 2 种样式。如图 3-104 所示。

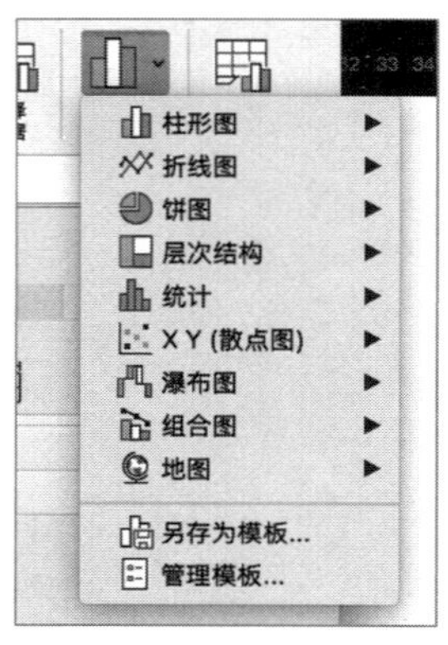

图 3-103　更改图表类型

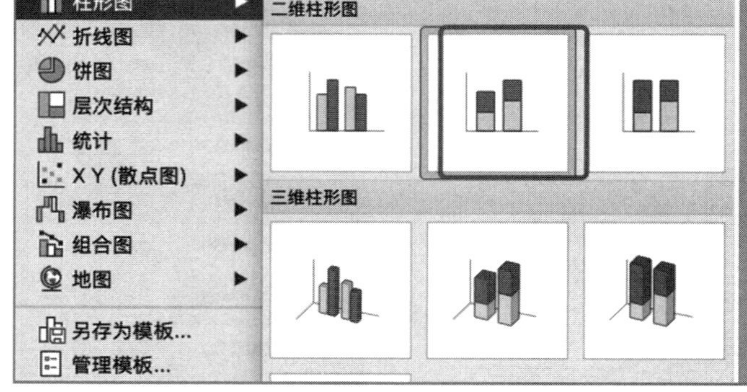

图 3-104　选择第 2 种样式

（9）单击【确定】按钮，即可为图表应用第 2 种簇状柱形图样式。如图 3-105 所示。

（10）图表中横坐标轴和纵坐标轴的标签数字都比较大，且小数位都是 0，可以将标签数字设置为不带小数的形式。打开【设置坐标轴格式】任务窗格，在【坐标轴选项】的【数字】组中，将【类别】设置为【数字】，【小数位数】设置为【0】，取消勾选【使用千位分隔符】复选框。如图 3-106 所示。

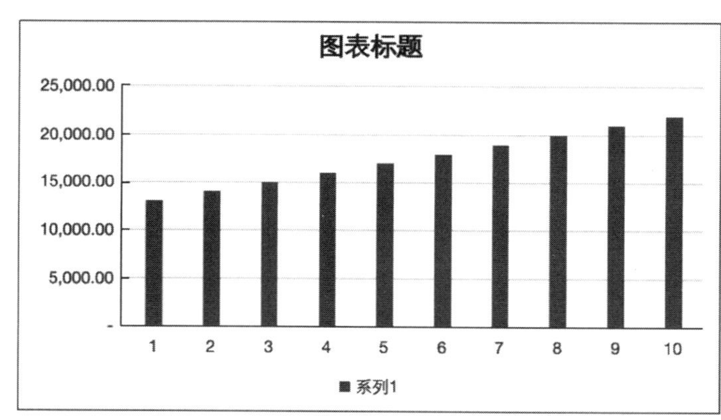

图 3-105　第 2 种簇状柱形图样式

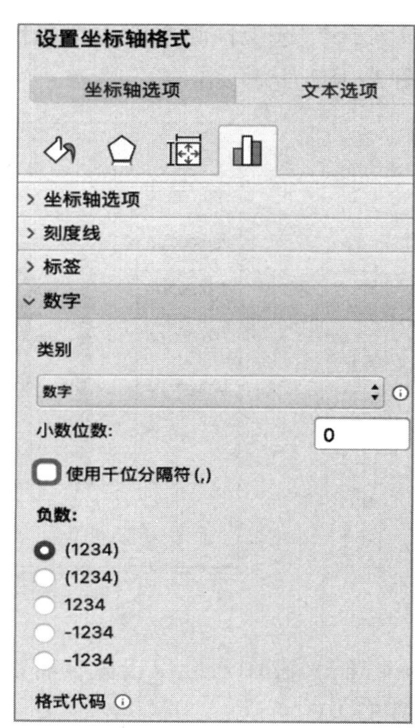

图 3-106　设置坐标轴格式

（11）添加坐标轴标题，删除图例，将网格线设置为虚线，将数据系列的颜色设置为“RGB:93/79/240”，将图表标题更改为“不同推广成本的利润”，并将图表中文字的字体设置为微软雅黑。如图 3-107 所示。

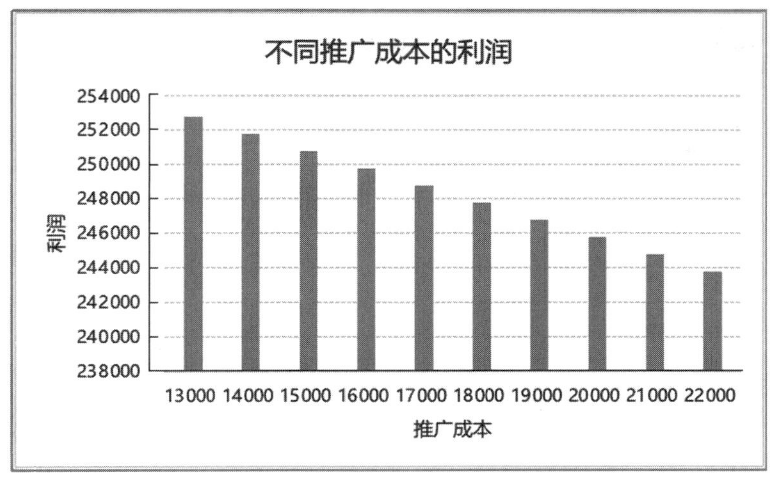

图 3-107 添加坐标轴标题

（三）双变量模拟预测

在一段时间内，成本中变化最大的是推广成本，其次是商品成本。因为在一般情况下，商品数量越多，商品的平均成本就越小，但是如果商品数量过多，库存压力就会比较大。所以，在运营过程中，不能为了降低商品的平均成本而盲目增加进货数量。

双变量的预测分析方法与单变量的预测分析方法类似，也是使用模拟运算表。

【例 3-5-4】 根据已知的数据，使用模拟运算表进行商品成本和实际利润的预测。

（1）打开本实例的原始文件【3-5】中的工作表【3-5-4】，“利润预测”工作表中提供了某个月的实际成本数据和利润数据，创建一个将推广成本和商品成本数据作为首行、首列数据的模拟运算表模型。如图 3-108 所示。

	A	B	C	D	E	F
1	交易金额	商品成本	推广成本	固定成本	总成本	利润
2	550,000.00	273,419.73	17,768.87	10,792.42	301,981.02	248,018.99
3						
4	实际利润					
5	↓					
6	248,018.99	271,000.00	272,000.00	273,000.00	274,000.00	← 商品成本
7	13,000.00					
8	14,000.00					
9	15,000.00					
10	16,000.00					
11	17,000.00					
12	18,000.00					
13	19,000.00					
14	20,000.00					
15	21,000.00					
16	22,000.00					
17	↑					
18	推广成本					

图 3-108 创建模拟运算表模型

（2）选中单元格区域 A6:E16，切换到【数据】选项卡，在【预测】组中单击【模拟分析】按钮，在弹出的下拉列表中选择【模拟运算表】选项。如图 3-109 所示。

（3）弹出【模拟运算表】对话框，由于在模拟运算表模型中，首行数据是商品成本，首列数据是推广成本，所以在【输入引用行的单元格】文本框中输入实际商品成本对应的单元格 B2 的绝对引用形式，在【输入引用列的单元格】文本框中输入实际推广成本对应的单元格 C2 的绝对引用形式。如图 3-110 所示。

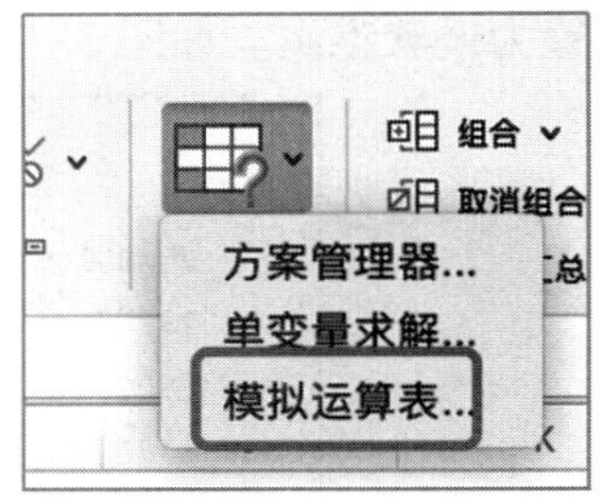

图 3-109　选择模拟运算表

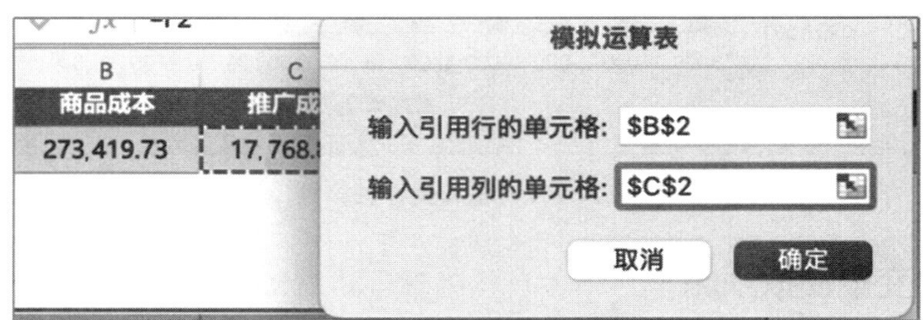

图 3-110　设置绝对引用形式

（4）单击【确定】按钮，即可计算出不同商品成本和推广成本对应的利润。如图 3-111 所示。

	A	B	C	D	E	F
1	交易金额	商品成本	推广成本	固定成本	总成本	利润
2	550,000.00	273,419.73	17,768.87	10,792.42	301,981.02	248,018.99
3						
4	实际利润					
5	↓					
6	248,018.99	271,000.00	272,000.00	273,000.00	274,000.00	← 商品成本
7	13,000.00	255,207.58	254,207.58	253,207.58	252,207.58	
8	14,000.00	254,207.58	253,207.58	252,207.58	251,207.58	
9	15,000.00	253,207.58	252,207.58	251,207.58	250,207.58	
10	16,000.00	252,207.58	251,207.58	250,207.58	249,207.58	
11	17,000.00	251,207.58	250,207.58	249,207.58	248,207.58	
12	18,000.00	250,207.58	249,207.58	248,207.58	247,207.58	
13	19,000.00	249,207.58	248,207.58	247,207.58	246,207.58	
14	20,000.00	248,207.58	247,207.58	246,207.58	245,207.58	
15	21,000.00	247,207.58	246,207.58	245,207.58	244,207.58	
16	22,000.00	246,207.58	245,207.58	244,207.58	243,207.58	
17	↑					
18	推广成本					

图 3-111　计算不同商品成本和推广成本对应的利润

通过图 3-111 中的数据可以看出，单纯地增加商品成本或推广成本，或两种成本都增加，都会使利润减少。因此要想保证获得预期利润，如果商品成本增加了，就要减少推广成本。

第六节 商品库存周转量分析

【知识目标】

1. 理解商品库存周转量分析的基本概念和方法。
2. 学习如何运用 ABC 分类法和物动量 ABC 分类法进行库存管理。

【能力目标】

1. 能够独立进行商品库存周转量分析，优化库存结构。
2. 能够根据库存分析结果制定有效的库存管理策略。

【素养目标】

1. 培养对库存管理重要性的认识，提高资源优化配置能力。
2. 增强对库存数据背后供应链效率的理解，提升供应链管理意识。

商品管理要一视同仁吗？在一个企业或公司里，库存种类繁多，少则几千种，多则几十万种。有的商品品种数量不多，但价值很大，而有的商品品种数量多，但价值却不大。有的货物进出库频率高，却被放在货架的高层，而有的货物一年半载才进出库一两次，却被放在了离出入口最近的货架位置。企业的资源有限，如果鸡毛蒜皮一把抓地管理，不但管理者累得直不起腰，收效也甚微，而且还可能出现混乱，进而造成损失。一方面，盘点清查非常困难；另一方面，有可能将目光集中在大量非重要材料上，疏忽了对重要材料的控制。俗话说，好钢要用在刀刃上，要将企业有限的资源用在需要重点管理的库存上，不能对所有库存商品都同样重视。

可以采用 ABC 分类法管理。ABC 分类法由意大利经济学家帕累托首创，又称巴雷托分析法。该分析法的核心思想是在决定一个事物的众多因素中分清主次。识别出少数但对事物起决定作用的关键因素和多数但对事物影响较小的次要因素，简单来说就是将微不足道的多数和重要的少数分开管理。1963 年，彼得德鲁克将这一方法推广，使 ABC 分类法成为企业提高效益的、普遍应用的管理方法。

ABC 分类管理法是一种以控制库存资金为原则的库存管理方法，具体是指将库存物资按品种和资金占用量划分为 ABC 三个等级，然后针对不同等级进行分类管理的方法，一般将价格高、资金占用金额大、品种少的物品划分为 A 类；单价低、资金占用金额小、品种多的物品划分为 C 类，介于两者之间的划分为 B 类。A 类物品作为库存管理的重点对象，应采取定期订货的方式定期盘点库存。尽量减少安全库存，必要时采用紧急补货，低类物品应该采取相对简单的管理方法，以定量订货为主，定期订货为辅。适当提高安全库存 C 类物品，应该采取更为简单的管理方法，采用较高的安全库存，减少订货次数。如果说 ABC 分类管理法的出现，为我们提供了一种以控制库存资金为原则的库存管理方法，

那么从现代物流作业实施与管理的角度来看，物动量 ABC 分类法则将一定时期内货物出库周转率的大小作为仓储管理的首要因素。

物动量 ABC 分类法是 ABC 库存分类法的拓展和延伸，物动量 ABC 分类法应用在货物周转量上，其核心指标是货物的累计周转量。现在大多数企业库存物资种类繁多，并且进出户频繁，如果企业对所有的物资都采用相同的库存管理方法，那么管理难度就会加大，管理效率也会降低。因此，我们应该采用更高效、更科学的管理方法，该方法旨在通过区分货物周转量的多少，将货物划分为 A、B、C 三类，以便更有效地进行库存管理和仓储布局。

存储时要有一个合理的储备工期进行存放，而货物究竟应该放在货架的哪一层呢？很大程度上取决于物动量 ABC 分类的结果。A 类货物周转量大，一般放置在货架的一层，便于进行出入库作业，B 类货物周转量大小一般，通常放置在货架的二层，C 类货物周转量相对较小，一般放置在三层及较高的位置。因而，物动量 ABC 分类为货币优化以及上架存储作业提供了重要的理论依据。

具体来说，物动量 ABC 分类法的步骤如下：

（1）统计每种货物的周转量。需要收集并统计每种货物的周转量数据，即货物在一定时间内的出库和入库总量。

（2）计算货物的累计周转量百分比。将每种货物的周转量按照从大到小的顺序进行排序，并计算每种货物的周转量占总周转量的百分比，以及累计周转量百分比。

（3）分类。根据货物的累计周转量百分比，将货物划分为 A、B、C 三类。一般来说，累计周转量百分比在 0%～70% 的货物被划分为 A 类，这些货物周转量大，是库存管理的重点；累计周转量百分比在 70%～90% 的货物被划分为 B 类；而其余的 10% 则被划分为 C 类，这些货物周转量较小，相对不重要。

物动量 ABC 分类法的优点在于能够清晰地识别出库存中的关键货物和次要货物，从而帮助企业优化库存结构，提高库存周转率，降低库存成本。同时，该方法还为货物上架存储的安排提供了理论基础，有助于企业更合理地规划仓储布局。

总的来说，物动量 ABC 分类法是一种科学、有效的库存管理方法，它通过对货物周转量的分析，实现了库存管理的精细化和高效化。

物动量 ABC 分类法的计算步骤有四步：

第一步，统计某时段库存物品周转量；

第二步，将物品周转量按从大到小进行排序；

第三步，计算每种物品品种所占比重（品种累计比重），周转量所占比重（累计周转量比重）；

第四步，按分类标准进行断点分类，划分出 ABC 类型。

【例 3-6-1】根据实例文件【3-6】中的工作表【3-6-1】数据，2024 年 7 月 12 日，上海某仓库六周的货物出库量如下，根据这些信息对货物进行 ABC 分类。

（1）新建一个工作表 sheet7，把第六周的表头、货品编码及货品名称复制过来。修改表头为“物动量 ABC 分类表”。如表 3-5 所示。

表 3-5 物动量 ABC 分类表

制表人：金兰	制表时间：2024 年 9 月 6 日
货品编码/条码	货品名称
6902774003017	金多多婴儿营养米粉
6918163010887	黄桃水果罐头
6920907800173	溜溜梅（咖啡味）
6944848456282	兴华苦杏仁
6944848456589	隆达葡萄籽油
6932010061884	早苗栗子西点蛋糕
6932010061969	鹏泽海鲜锅底
6932010061976	万盛牌瓷砖
6944848456599	云南优质咖啡
6932010061829	华冠黄油微波炉爆米花
6982010061891	乾广章鱼小丸子
6942423987624	隆迭葡萄籽油
6939261900108	浓点草莓味夹心硬糖
6932010061822	爱牧云南优质小粒咖啡
6932425987656	三得利乌龙茶
6920855052068	红油郫县豆瓣
6921317958690	婴儿美奶粉

（2）在 C3 单元格输入“周转量统计”，如表 3-6 所示。

表 3-6 周转量统计汇总表

制表人：金兰	制表时间：2024 年 9 月 6 日	
货品编码/条码	货品名称	周转量统计
6902774003017	金多多婴儿营养米粉	
6918163010887	黄桃水果罐头	
6920907800173	溜溜梅（咖啡味）	
6944848456282	兴华苦杏仁	

（3）因此，每个表的货品名称都不一致，所以我们逐一对每个表进行筛选和排序。以货品编码的升序为主进行排序，使 7 个表对应的单元格位置的货品编码和货品名称一致。如图 3-112 所示。

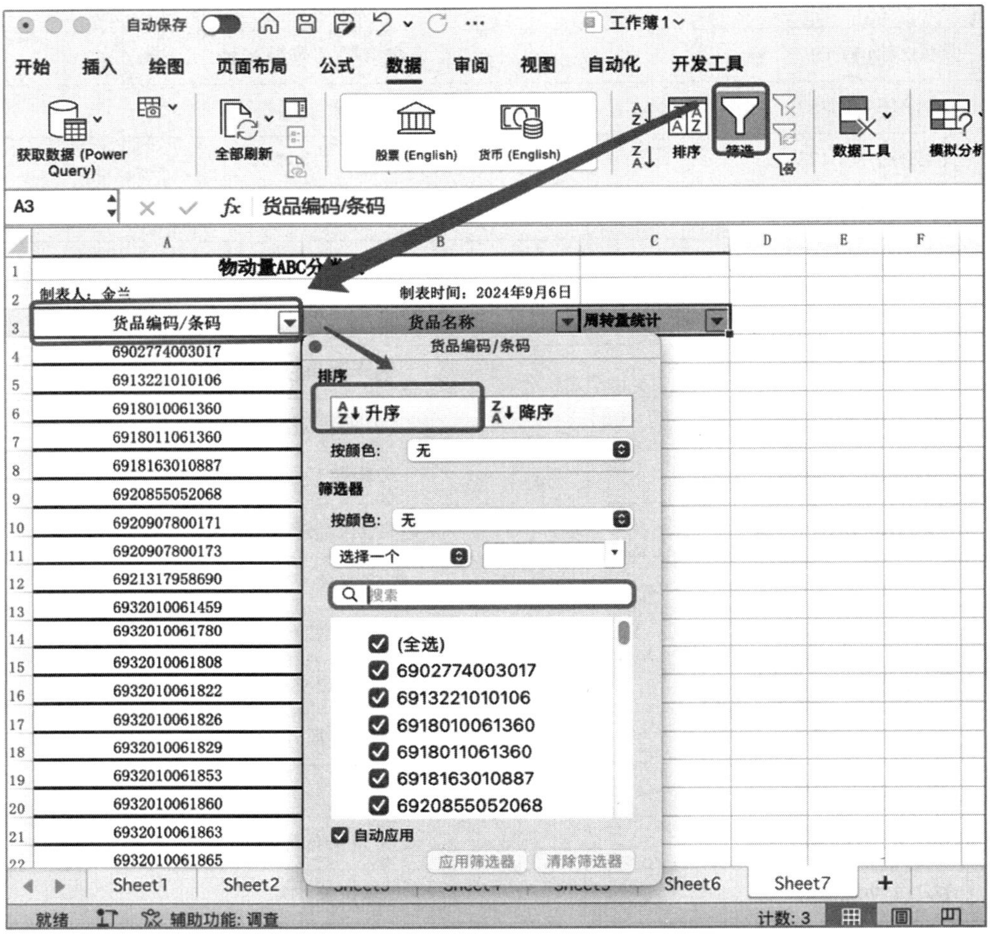

图 3-112　货品编码的升序进行排序

（4）选中 Sheet7 的 C4 单元格，在编辑栏输入函数“=SUM（'＊'!C4）”或“=SUM（Sheet1:Sheet6!C4）”，对 6 个表中相同位置的单元格的值求和，完成对 6 个表中每个商品周转量的统计。如图 3-113 所示。

（5）对周转量统计进行降序排序。如图 3-114 降序排序所示。

C4 =SUM(Sheet1:Sheet6!C4)

物动量ABC分类表

制表人：金兰 制表时间：2024年9月6日

货品编码/条码	货品名称	周转量统计
6902774003017	金多多婴儿营养米粉	65
6913221010106	顺心奶嘴	3074
6918010061360	脆香饼干	814
6918011061360	鑫利达板栗	60
6918163010887	黄桃水果罐头	59
6920855052068	红油郫县豆瓣	223
6920907800171	婴儿美羊奶粉	38
6920907800173	溜溜梅（咖啡味）	59
6921317958690	婴儿美奶粉	916
6932010061459	幸福方便挂面	61
6932010061780	大玉牌大豆酶解蛋白粉	51
6932010061808	神奇松花蛋	583
6932010061822	爱牧云南优质小粒咖啡	1048
6932010061826	好哇哇薯片	34
6932010061829	华冠黄油微波炉爆米花	51
6932010061853	乐纳可茄汁沙丁鱼罐头	50
6932010061860	金谷精品杂粮营养粥	36
6932010061863	脆享饼干	53
6932010061865	万胜瓷砖	52

Sheet1 Sheet2 Sheet3 Sheet4 Sheet5 Sheet6 Sheet7

图 3-113 统计商品周转量

C4 =SUM(Sheet1:Sheet6!C45)

物动量ABC分类表

制表人：金兰 制表时间

货品名称	周转量统计
大玉牌大豆酶解蛋白粉	5244
顺心奶嘴	3074
三得利乌龙茶	2183
兴华苦杏仁	1549
爱牧云南优质小粒咖啡	1,048
婴儿美奶粉	916
脆香饼干	814
隆达葡萄籽油	755
大运河肥皂	644
神奇松花蛋	583
诚诚油炸花生仁	489

图 3-114 降序排序

（6）在 B54 单元格输入总计，在 C54 单元格对所有商品的总周转量进行汇总。如图 3-115 所示。

C54 =SUM(C4:C53)

	A	B	C
45	6939261900108	浓点草莓味夹心硬糖	45
46	6932010061877	华冠芝士微波炉爆米花	44
47	6982010061891	乾广章鱼小丸子	44
48	6932010061969	鹏泽海鲜锅底	42
49	6920907800171	婴儿美羊奶粉	38
50	6932010061860	金谷精品杂粮营养粥	36
51	6932010061826	好哇哇薯片	34
52	6942425987624	雅比沙拉酱	30
53	6932010061921	山地玫瑰蒸馏果酒	20
54		总计	19,927

图 3-115　汇总总周转量

（7）在 D3 至 G3 分别输入“周转量占比”“累计周转量占比”“品种占比”“累计品种占比”“ABC 分类”。如图 3-116 所示。

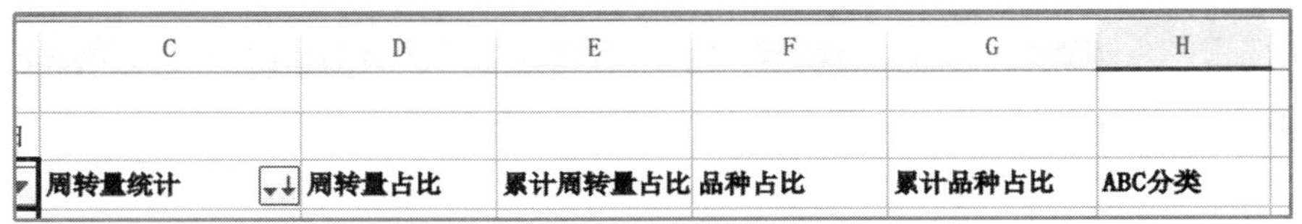

C	D	E	F	G	H
周转量统计	周转量占比	累计周转量占比	品种占比	累计品种占比	ABC分类

图 3-116　创建新列

（8）在 D4 单元格的编辑栏输入“=C4/ $ C $ 54”，往下填充，并把 D4 到 D54 单元格格式更改为百分比格式。如图 3-117 所示。

D4 =C4/$C$54

	B	C	D
1	物动量ABC分类表		
2	制表人：金兰		制表时间：2024年9
3	货品名称	周转量统计	周转量占比
4	大玉牌大豆酶解蛋白粉	5244	26.32%
5	顺心奶嘴	3074	15.43%
6	三得利乌龙茶	2183	10.95%
7	兴华苦杏仁	1549	7.77%
8	爱牧云南优质小粒咖啡	1048	5.26%
9	婴儿美奶粉	916	4.60%
10	脆香饼干	814	4.08%
11	隆达葡萄籽油	755	3.79%
12	大运河肥皂	644	3.23%
13	神奇松花蛋	583	2.93%
14	诚诚油炸花生仁	489	2.45%

图 3-117　单元格格式更改

（9）在 E4 输入“=D4”，在 E5 的编辑栏输入“=D5+E4”，并向下填充，完成累计周转量占比。如图 3-118 所示。

E5 fx =D5+E4

	A	B	C	D	E
1	物动量ABC分类表				
2	：金兰	制表时间：2024年9月6日			
3	货品编码/条码	货品名称	周转量统计	周转量占比	累计周转量占比
4	6944848456015	大玉牌大豆酶解蛋白粉	5244	26.32%	26.32%
5	6913221010106	顺心奶嘴	3074		41.74%
6	6932425987656	三得利乌龙茶	2183	10.95%	52.70%

图 3-118　累计周转量占比

（10）在 F4 单元格编辑栏输入“=1/COUNT（$A$4:$A$53）”，对商品品种进行统计，并计算占比。向下填充，修改 F4 到 F54 单元格格式为百分比。如图 3-119 所示。

fx =1/COUNT($A$4:$A$53)

B	C	D	E	F
制表时间：2024年9月6日				
货品名称	周转量统计	周转量占比	累计周转量占比	品种占比
大王牌大豆酶解蛋白粉	5244	26.32%		2.00%
顺心奶嘴	3074	15.43%	41.74%	2.00%
三得利乌龙茶	2183	10.95%	52.70%	2.00%
兴华苦杏仁	1549	7.77%	60.47%	2.00%
爱牧云南优质小粒咖啡	1048	5.26%	65.73%	2.00%

图 3-119　设置单元格格式为百分比

（11）采取和累计周转量一样的方法，计算累计品种占比。如图 3-120 所示。

=G4+F5

B	C	D	E	F	G
制表时间：2024年9月6日					
货品名称	周转量统计	周转量占比	累计周转量占比	品种占比	累计品种占比
大王牌大豆酶解蛋白粉	5244	26.32%	26.32%	2.00%	2.00%
顺心奶嘴	3074	15.43%	41.74%		4.00%
三得利乌龙茶	2183	10.95%	52.70%	2.00%	6.00%
兴华苦杏仁	1549	7.77%	60.47%	2.00%	8.00%
爱牧云南优质小粒咖啡	1048	5.26%	65.73%	2.00%	10.00%

图 3-120　计算累计品种占比

（12）根据累计周转量占比对商品进行 ABC 分类。累计周转率在 0%～70% 的货物划分为 A 类。累计周转率在 70%～90% 的货物划分为 B 类，累计周转率在 90%～100% 的货物划分为 C 类。合并相应位置的单元格填入 A、B、C。如图 3-121 所示。

3	货品编码/条码	货品名称	周转量统计	周转量占比	累计周转量占比	品种占比	累计品种占比	ABC分类
4	6944848456015	大王牌大豆酶解蛋白粉	5244	26.32%	26.32%	2.00%	2.00%	
5	6913221010106	顺心奶嘴	3074	15.43%	41.74%	2.00%	4.00%	
6	6932425987656	三得利乌龙茶	2183	10.95%	52.70%	2.00%	6.00%	A
7	6944848456282	兴华苦杏仁	1549	7.77%	60.47%	2.00%	8.00%	
8	6932010061822	爱牧云南优质小粒咖啡	1048	5.26%	65.73%	2.00%	10.00%	
9	6921317958690	婴儿美奶粉	916	4.60%	70.33%	2.00%	12.00%	
10	6918010061360	脆香饼干	814	4.08%	74.41%	2.00%	14.00%	
11	6944848456589	隆达葡萄籽油	755	3.79%	78.20%	2.00%	16.00%	
12	6934848456092	大运河肥皂	644	3.23%	81.43%	2.00%	18.00%	B
13	6932010061808	神奇松花蛋	583	2.93%	84.36%	2.00%	20.00%	
14	6944848456527	诚诚油炸花生仁	489	2.45%	86.81%	2.00%	22.00%	
15	6958786200067	婴儿湿巾	412	2.07%	88.88%	2.00%	24.00%	
16	6920855052068	红油郫县豆瓣	223	1.12%	90.00%	2.00%	26.00%	

图 3-121　进行 ABC 分类

（13）选中 B4 到 G54 的区域，对柱状图和折线图的组合图的周转量统计和周转量占比制作图表。如图 3-122 所示。

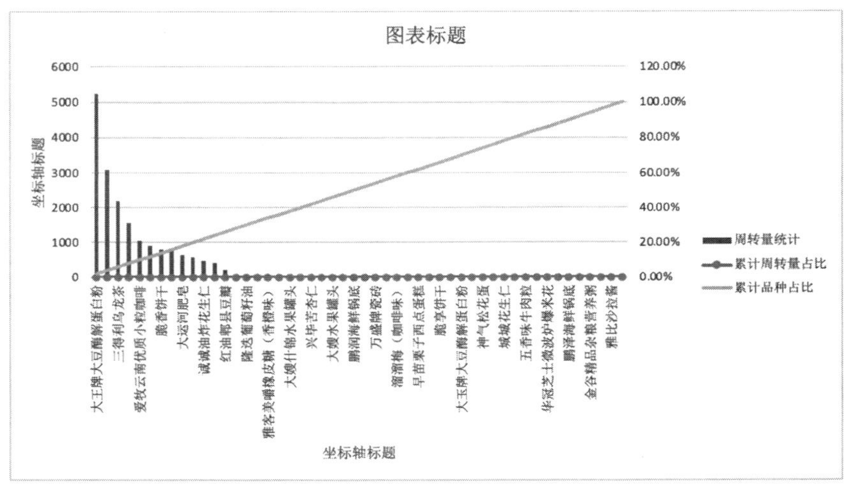

图 3-122　创建组合图

（14）对图表进行调整，设置数据系列格式，选择累计周转量占比系列绘制在次坐标轴上，并改图表类型为折线图。如图 3-123 所示。

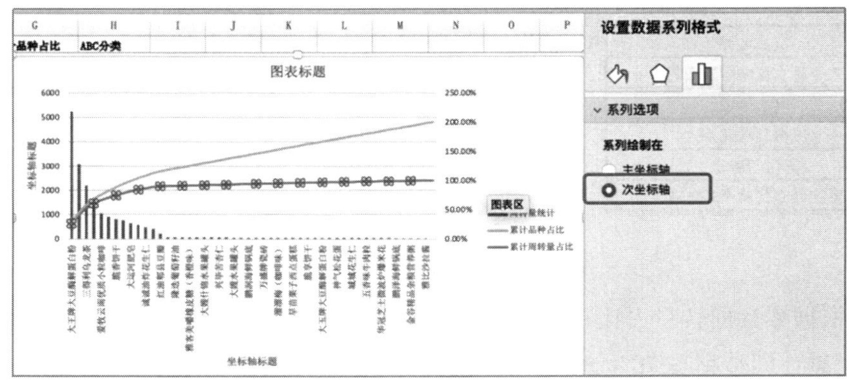

图 3-123　设置数据系列格式

（15）修改累计品种占比的图表类型，对表格进行美化，修改标题。如图 3-124 所示。

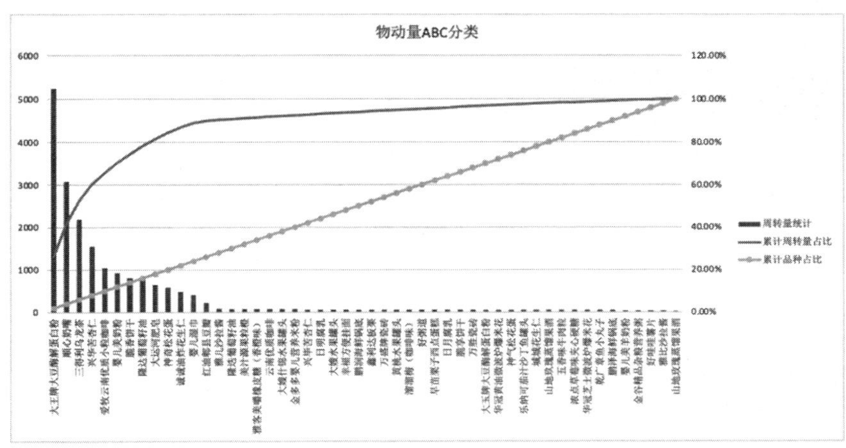

图 3-124　美化表格

通过最后的图表，可以很直观地看到周转量的数量、累计周转量占比的变化以及累计品种占比的变化。

第四章 生产数据分析

章节知识结构图

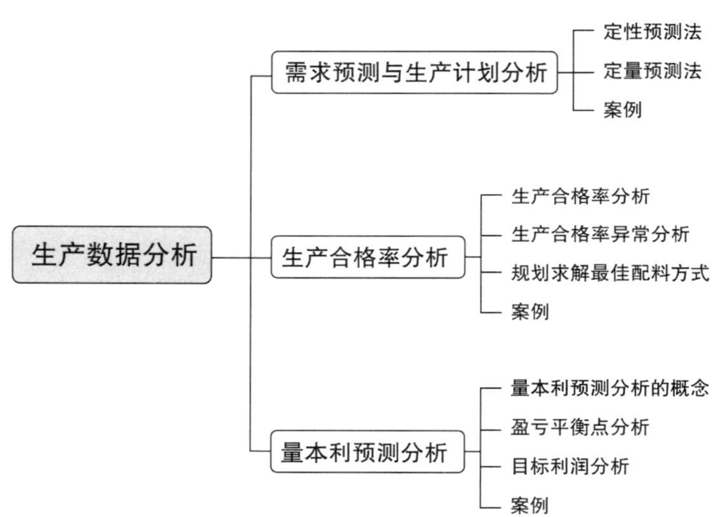

第一节 需求预测与生产计划分析

【知识目标】

1. 了解需求预测。
2. 掌握线性趋势预测法、非线性趋势预测法、季节指数预测法、回归分析法。

【能力目标】

1. 能进行数据清洗、整理和分析。
2. 能使用 Excel 数据工具进行数据分析。

【素养目标】

1. 具备一定的销售数据分析能力。
2. 具备一定的业务理解能力。
3. 具备一定的沟通与协作能力。
4. 具备细心严谨的职业素养。

数据预测是利用已经掌握的信息，即数据为依据，挖掘出潜藏在海量数据背后的特点、规律，再建立模型并以模型为基础代入新数据，得出尚未掌握的信息。简单来说，就是运用当前和历史数据进行分析、挖掘、判定，得出对未来信息的预测。大数据分析的优势在于，能够利用已有的数据快速地获取行业相关的知识，并分析得出行业未来的发展趋势。在供应链管理中所做的数据预测通常都是需求预测，需求预测的方法有定性预测法和定量预测法。

一、定性预测法

定性预测法也称经验判断法，是一种定性分析和定量分析相结合的预测方法。它是根据企业各层次有关人员的经验来判断而确定销售预测数的一种方法。一般在缺乏历史资料的情况下，依靠有关人员的经验和对市场形势发展的直觉判断进行预测。定性预测法会受到预测者心理、情绪、知识结构、个人素质等因素的影响，主观片面性比较强，但在信息数据不充分和有些因素难以量化的情况下作出预测也体现了简便易行、直接可靠、成本低、速度快等优势。在运用定性预测时，注意做好以下几点。

（1）加强市场调研，努力掌握影响市场变化的各种因素，为经验判断预测提供更多的依据。

（2）尽量使定性分析数量化，在定性分析的基础上做出定量估计。

（3）要科学合理地组织预测过程，努力发挥集体的智慧。

（4）可用多种判断方法进行预测，并在比较各种方法预测结果的基础上，得出合理的

预测值。

二、定量预测法

定量预测法是根据以往比较完整的历史统计资料，运用各种数学模型对市场未来发展趋势作出定量的计算，求得预测结果。常用的定量预测法主要有时间序列预测分析法和因果预测法。

（一）时间序列预测法

时间序列预测是指利用获得的数据按时间顺序排成序列，分析其变化方向和程度，从而对未来若干时期可能达到的水平进行推测。时间序列预测的基本思想，就是将时间序列作为一个随机变量的样本，用概率统计的方法，尽可能减少偶然因素的影响。时间序列预测法认为，一个时间序列在历史数据中表现出来的变化规律或趋势将会延续到未来。根据观察时间的不同，时间序列中的“时间”可以是年份、季度、月份或其他任何时间形式。

1. 时间序列的成分

时间序列预测通常把时间序列分为 4 种成分，趋势成分、季节成分、周期成分和随机成分。

（1）趋势成分。趋势成分是时间序列中随着时间的推移而呈现出的持续性变化，是时间序列长期变化的趋势。趋势成分既可以是线性的，也可以是非线性的。线性趋势是指时间序列随着时间的推移呈现出均匀增长或减少趋势，如图 4-1 所示；非线性趋势是指时间序列随着时间的推移呈现出曲线状的变化趋势，如图 4-2 所示。趋势成分是时间序列分析的重要成分，因为趋势成分可以反映出时间序列的长期变化趋势，为预测未来时间序列提供依据。

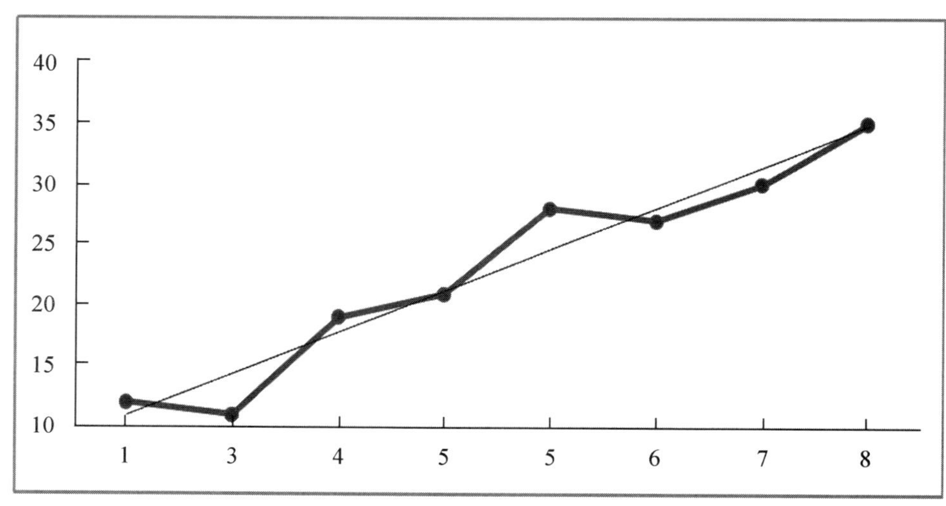

图 4-1　线性趋势的时间序列

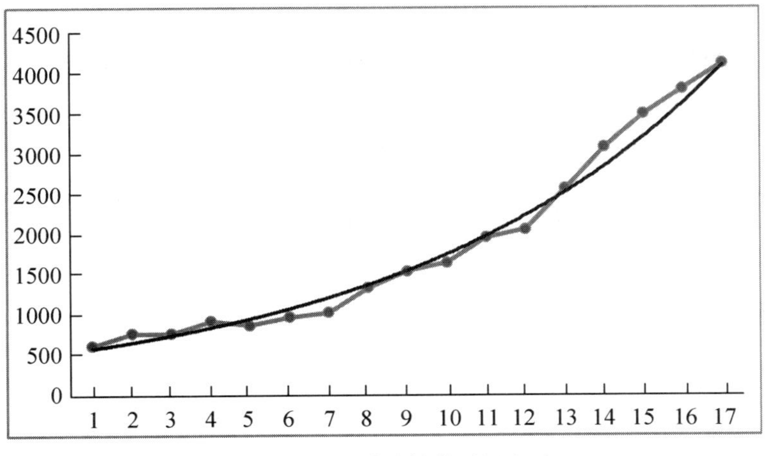

图 4-2 非线性趋势的时间序列

（2）季节成分。季节成分是时间序列中随着时间的推移而呈现出的周期性变化，是时间序列的短期变化趋势，如图 4-3 所示。这里的季节，不一定是一年四季的季节，也可能是“年货节”“双 11”“6·18”等。季节成分通常是由于季节变化或周期性事件引起的，例如节假日、天气变化等。季节成分的周期性通常为一年或一个季度，也可以是任何持续时间小于 1 年的、有规则的、重复的变化。例如，每天的交通流量——早晚高峰数据，显示一天内的“季节变化”。季节成分可以反映出时间序列的周期性变化趋势，为预测未来时间序列提供依据。

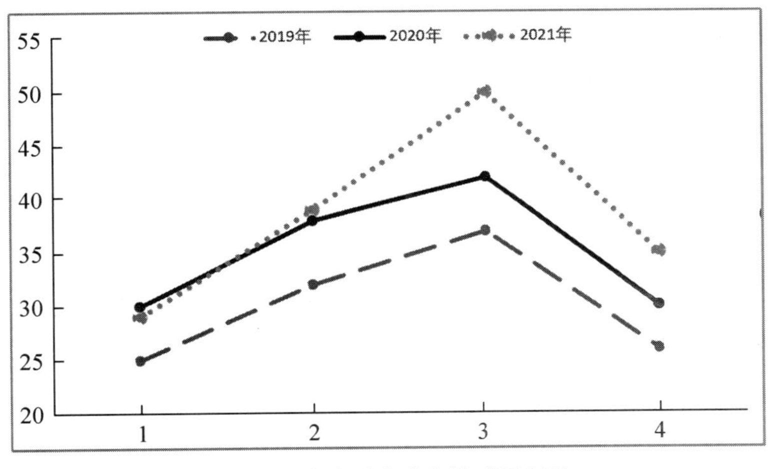

图 4-3 含有季节成分的时间序列

（3）周期成分。周期成分是时间序列中随着时间的推移而呈现出的周期性变化，但周期性的长度不是固定的，可以是几年、几个月、几周、几天等。周期成分通常是由于经济周期、政治周期、自然灾害等因素引起的。周期成分可以反映出时间序列的周期性变化趋势，为预测未来时间序列提供依据。由于周期的长度是变化的，因此非常难预测，本书不作讨论。

（4）随机成分。随机成分是时间序列中无法被趋势、季节和周期成分解释的部分，是由一些短期的、不可预期的和不重复出现的随机因素引起的。随机成分通常是不可预测的，因此随机成分在时间序列分析中被认为是噪声，需要被消除或降低其影响。大多数随机成分通过平均或平滑来消除。随机成分的存在使时间序列分析具有一定的难度和不确定性。

移动平均和指数平滑模型适用于那些既没有趋势成分，也没有季节成分的时间序列。也可以说这两个模型适用于围绕一个水平上下波动的时间序列。如图 4-4 所示。

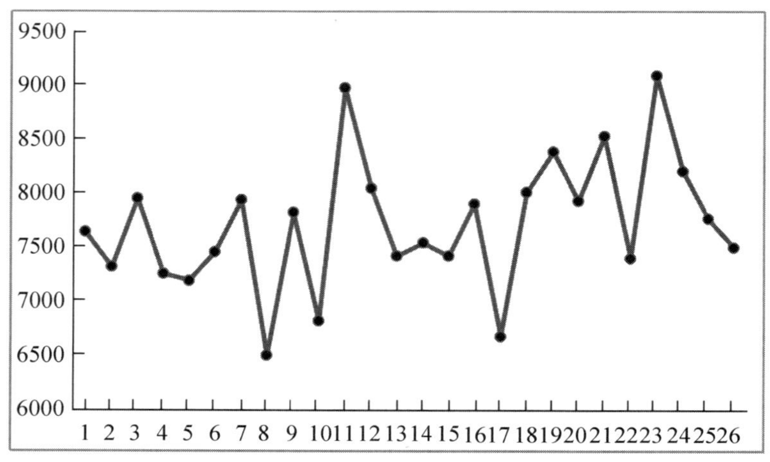

图 4-4　随机成分时间序列

2. 时间序列的预测步骤

时间序列的预测过程分为 4 步。

（1）分析时间序列包含的成分，确定时间序列的类型。时间序列的类型是由它所包含的成分决定的，所有的时间序列都包含不规则成分，周期成分由于其复杂性本书不作讨论，需要确定的只有趋势成分和季节成分。

（2）找出适合的时间序列预测方法后，在 Excel 工作表中建立预测模型。具体方法如图 4-5 所示。

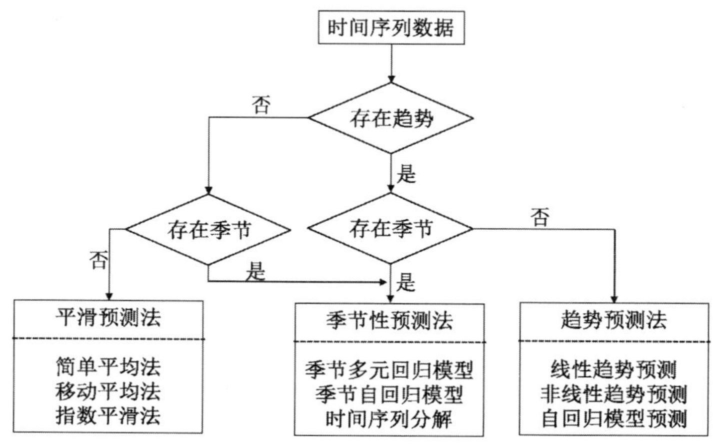

图 4-5　时间序列预测方法选择图

（3）评价模型的准确性，确定最优模型参数。许多预测模型都会用到一些参数。如移动平均模型中的移动平均跨度，指数平滑模型中的平滑常数等。选择不同的参数值会得到不同的预测值，从而影响预测的准确性。如果用 F_t 表示 t 时刻的预测值，Y_t 表示 t 时刻的实际值，那么这个预测模型在 t 时刻造成的预测误差就是：

$$e_t = Y_t - F_t \tag{4-1-1}$$

要得到不同时刻预测模型的总体预测误差，一种可用的方法是计算均方误差（MSE），它等于时间序列每一个时刻预测误差的平方的均值，公式如下：

$$MSE = \frac{1}{n}\sum_{t=1}^{n}(Y_t - F_t)^2 \tag{4-1-2}$$

MSE 越小，模型越准确，因此这一步的目标就是找出使 MSE 极小的模型参数。可用的方法包括规划求解法、公式法等。

（4）在最优模型参数的基础上计算出预测值。求出最优模型参数后，就可以在此基础上计算出未来时期的预测值。

3. 趋势预测

（1）线性趋势预测。对于含有线性趋势成分的时间序列，预测变量随着时间的推移而递增或递减，可以将预测变量在每一个时期的值 Y_i 和其对应时期 X_i 之间的线性依赖关系表示为：

$$Y_i = aX_i + b + \varepsilon_i \tag{4-1-3}$$

ε 代表随机因素。由于其不可预测，因此线性趋势方程可表示为：

$$F_i = aX_i + b \tag{4-1-4}$$

只要能确定斜率 a 和截距 b，对于每一个 X_i，就能求出其对应的预测值 F_i。斜率 a 和截距 b 的确定仍应遵循使均方误差（MSE）极小的原则。

【例 4-1-1】某文具店每周橡皮擦的销售量数据如表 4-1 所示，试建立线性趋势预测模型并预测第 9 周的销售量。

表 4-1 1～8 周销售量

周	销售量	周	销售量
1	18	5	33
2	21	6	38
3	25	7	47
4	30	8	55

利用添加趋势线的方法作预测。

①打开文件【4-1】。

②选择工作表【4-1-1】中 B1:B9，单击【插入】选项卡，选择【折线图】。如图 4-6所示。

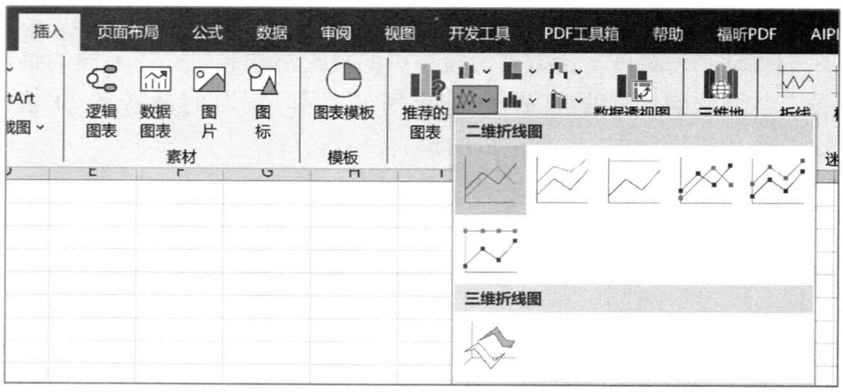

图 4-6 折线图选择

③单击鼠标左键，即可出现【销售量】折线图。如图 4-7 所示。

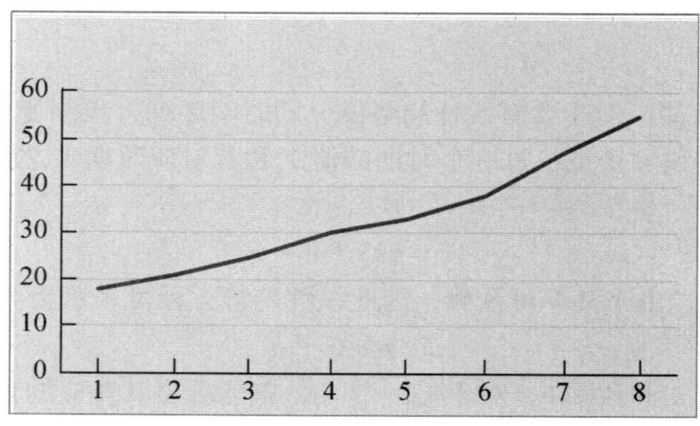

图 4-7 销售量折线图

④单击图表区，选择【图表元素】中的【趋势线】，单击【更多选项】。如图 4-8 所示。

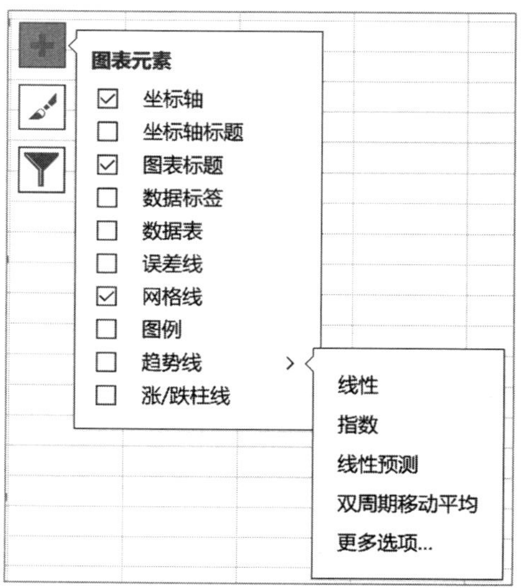

图 4-8 图表元素菜单

⑤选择【显示公式】和【显示 R 平方值】。如图 4-9 所示。

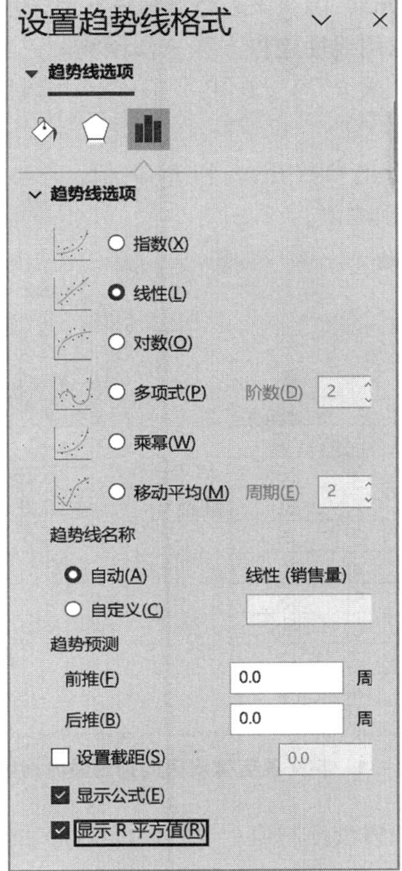

图 4-9 设置趋势线格式

⑥【趋势图】效果如图 4-10 所示。

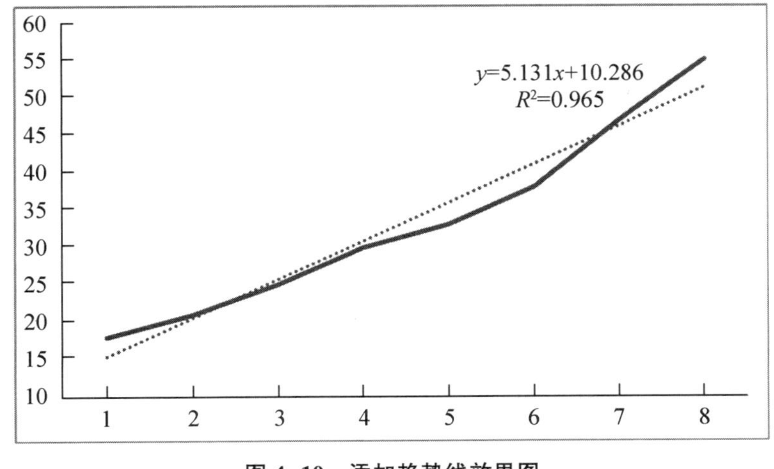

图 4-10 添加趋势线效果图

从图 4-10 中可以看出，总销售量数据呈线性递增的趋势。图中的公式就是周销售量的线性趋势方程。R^2 等于 0.965，说明该趋势方程较好地表示了橡皮擦周销售量和时间之间的线性依赖关系，因此可以用线性趋势方程来作预测。一般情况下，如果 R^2 大于 0.9，可以用线性趋势来作预测；如果 R^2 小于 0.9，则一般不用线性趋势方程作预测，需寻找其他模型来进行预测。

⑦从线性趋势图上可以看出参数 a、b 和 R^2 的值，图 4-11 中的 C 列就是利用公式（4-1-4）所得到的线性趋势预测值。

B10 　 =D2*A10+D3

	A	B	C	D	E
1	周	销售量			
2	1	18	斜率=	5.131	
3	2	21	截距=	10.286	
4	3	25			
5	4	30			
6	5	33			
7	6	38			
8	7	47			
9	8	55			
10	9	56.465			

图 4-11　某文具店橡皮擦周销售量时间序列

因此，第 9 周橡皮擦的销售量预测值"=5.131×9+10.286"，结果等于 56.465，即第 9 周预计销售 57 块橡皮擦。

（2）非线性趋势预测

线性趋势预测方法虽然是一种简单而有效的方法，但是在很多实际问题中，大多时候时间序列呈现出非线性的变化趋势，这时就不能采用线性趋势预测方法来进行分析，而要采用非线性趋势预测方法。

非线性趋势预测依然可以采用添加趋势线的方法。根据观测值的特点，趋势线可以选择指数曲线、对数曲线、幂函数曲线以及多项式曲线等。如果数据与这些趋势线曲线不相符，也可以用其他函数曲线方程作趋势预测。

【例 4-1-2】某粮油公司前 18 个月的面粉销售数量如表 4-2 所示，请依据表中数据建立时间序列趋势预测模型，并预测该公司第 19 个月的面粉销售数量。

表 4-2　1～18 月销售量

月	销售量	月	销售量
1	600	10	1630
2	750	11	2070

续表

月	销售量	月	销售量
3	900	12	2000
4	890	13	2500
5	850	14	3170
6	950	15	3400
7	1100	16	3640
8	1270	17	4210
9	1590	18	5300

利用添加趋势线的方法作预测：

①输入销售量数据，绘制趋势图。如图 4-12 所示。

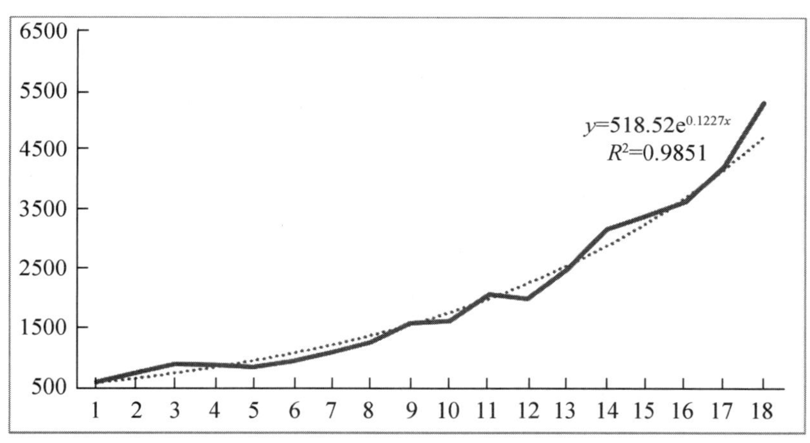

图 4-12 带有趋势线的折线图

从图 4-12 中可以看出，总销售量数据呈指数递增的趋势。图中的公式就是月销售量的指数趋势方程。R^2 等于 0.9851，说明该趋势方程较好地表示了橡皮擦周销售量和时间之间的依赖关系，因此可以用非线性趋势方程来做预测。

值得注意的是，该指数趋势线是以 e 为底，对应的公式为：

$$F_i = a\,e^{bX_i} \tag{4-1-5}$$

②从线性趋势图上可以看出参数 a、b 和 R^2 的值，图 4-13 中 C 列就是利用公式（4-1-5）所得到的线性趋势预测值。

因此，第 19 个月面粉的销售量预测值为 5336.251，即第 19 个月预计销售 5337 袋面粉。

C2　=$E$3*EXP($E$4*A2)

	A	B	C	D	E
1	月	销售量	预测值		
2	1	600	586.2103		
3	2	750	662.7372	a	518.52
4	3	900	749.2544	b	0.1227
5	4	890	847.066		
6	5	850	957.6464		
7	6	950	1082.663		
8	7	1100	1223.999		
9	8	1270	1383.786		
10	9	1590	1564.433		
11	10	1630	1768.662		
12	11	2070	1999.552		
13	12	2000	2260.584		
14	13	2500	2555.693		
15	14	3170	2889.326		
16	15	3400	3266.514		
17	16	3640	3692.942		
18	17	4210	4175.037		
19	18	5300	4720.069		
20	19		5336.251		

图 4-13　第 19 个月的预测值

4. 季节指数预测

许多时间序列不仅含有趋势成分，而且含有季节成分。如某小区居民用电量会在夏季和冬季上升，而在春季和秋季下降，但是长期来看，它可能是增加的。因此，对于这一类型的时间序列，首先需要剔除季节影响，然后再看这个消除季节影响的时间序列是否存在长期趋势。如果存在线性趋势，那么就可以用线性趋势预测模型进行预测，然后用估计的季节影响对预测值作出调整。事实上这是一种对时间序列进行分解的方法，一般建立在下列乘法模型的基础上：

$$Y_t = T_t \times S_t \times I_t \tag{4-1-6}$$

其中，T_t表示趋势成分，S_t表示季节成分，I_t表示不规则成分。

由于不规则成分的不可预测，因此预测值就可表示为趋势成分和季节成分的乘积。季节指数法的一般步骤如下：

第一步，计算每一季（每季度、每月等）的季节指数 S_t。

第二步，用时间序列的每一个实际值除以适当的季节指数，消除季节影响。

第三步，为消除季节影响的时间序列建立适当的趋势模型并用这个模型进行预测。

第四步，用预测值乘季节指数，计算出最终的带季节影响的预测值。

【例 4-1-3】 某企业过去 20 周的销售情况如表 4-3 所示。请用合适的模型来预测第 5 个周期的销售情况。

表 4-3 1～20 周销售额

周期	周	销售额	周期	周	销售额
1	1	25	3	11	50
	2	20		12	45
	3	37		13	57
	4	42		14	60
	5	45		15	64
2	6	30	4	16	64
	7	25		17	58
	8	42		18	72
	9	45		19	76
	10	52		20	79

预测第 5 个周期的销售额的具体过程如下：

①单击【插入】选项卡，选择【折线图】。如图 4-14 所示。

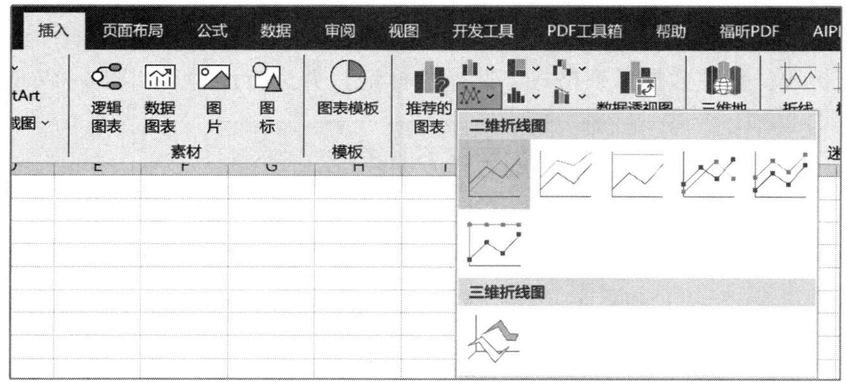

图 4-14 选择折线图

②在图表区单击鼠标右键，单击菜单中的【选择数据】，如图 4-15 所示。

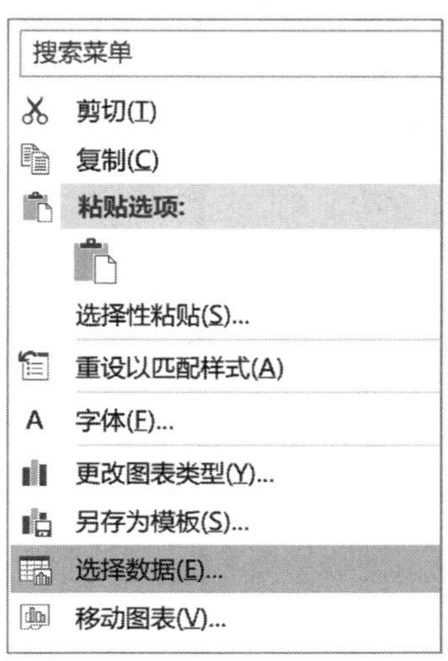

图 4-15 图表区单击鼠标右键出现的菜单

③单击【添加】按钮，在【系列名称】中分别添加周期1、2、3、4系列值，添加对应的销售额。如图4-16所示。

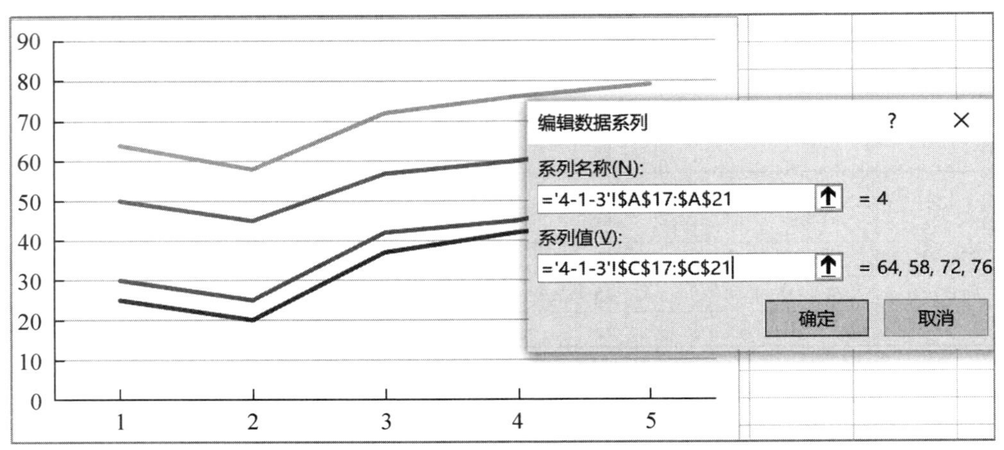

图 4-16　设置编辑数据系列对话框

④单击折线，设置数据系列格式，选择【标记】并进行设置。如图4-17所示。

图 4-17　设置数据系列格式

⑤调整1～4周期的销售额，其变化图如图4-18所示。

从图中可以看出，4个周期的数据呈现出规律性的变化，即1、2季度销售额下降，3、4、5季度销售额增加。另外，通过1～20周的数据变化图，如图4-19所示，可以看出销售量是逐年递增的。

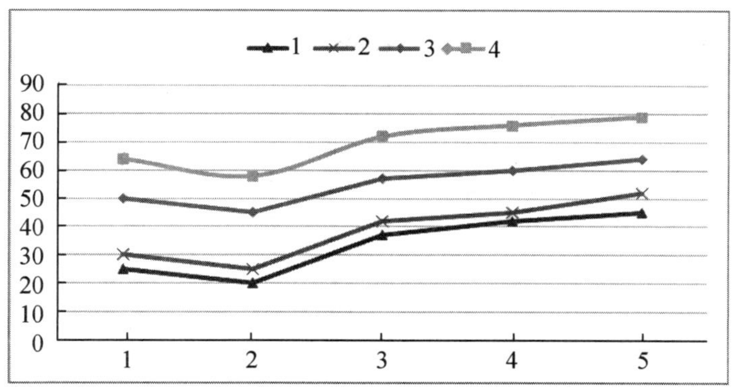

图 4-18 设置数据系列格式效果图

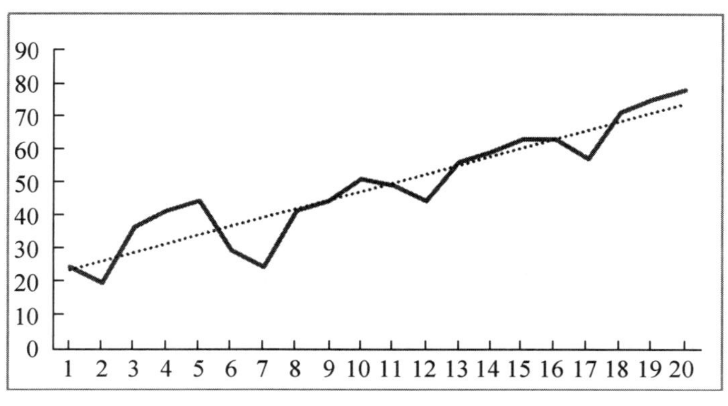

图 4-19 1～20 周销售额折线图

但是，要判断这个时间序列存在什么样的趋势，必须等消除了季节影响之后才能得出结论。由于存在季节成分，可以用季节指数法进行预测：

①计算季节指数。

第一步，计算中心化的移动平均数，在每一个周期中有 5 周的数据，因此移动平均跨度为 5，第一个移动平均数放在 D4 单元格中，即在 D4 单元格中输入公式“=AVERAGE（C2:C6）”，并将它向下填充至 D19 单元格内，得到如图 4-20 所示的销售额的季节指数计算模型。

第二步，利用 C2:C21 和 D2:D21 单元格内的数据绘制出图 4-21，从图中可以清楚地看出，中心化的移动平均数体现了销售额的稳定水平，即在一定程度上消除了销售额时间序列的不规则成分。

L2 =AVERAGE(E2,E7,E12,E17)

	A	B	C	D	E	J	K	L
1	周期	周	销售额/万元	5周周期移动平均	季节不规则值		周	季节指数
2	1	1	25				第1周	0.941840921
3		2	20				第2周	0.796328466
4		3	37	33.8	1.094675		第3周	1.060319026
5		4	42	34.8	1.206897		第4周	1.097593727
6		5	45	35.8	1.256983		第5周	1.141399987
7	2	6	30	36.8	0.815217			
8		7	25	37.4	0.668449			
9		8	42	38.8	1.082474			
10		9	45	42.8	1.051402			
11		10	52	46.8	1.111111			
12	3	11	50	49.8	1.004016			
13		12	45	52.8	0.852273			
14		13	57	55.2	1.032609			
15		14	60	58	1.034483			
16		15	64	60.6	1.056106			
17	4	16	64	63.6	1.006289			
18		17	58	66.8	0.868263			
19		18	72	69.8	1.031519			
20		19	76					
21		20	79					

图 4-20　销售额的季节指数计算模型

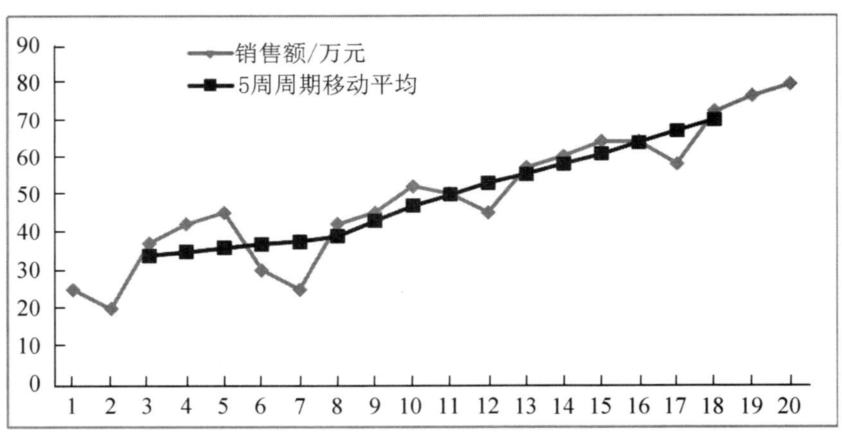

图 4-21　中心化的移动平均数效果图

第三步，在 E4 单元格输入公式“=C4/D4”，并将它向下填充至 E19 单元格，就可以得到每周的季节不规则值。在单元格 L2 中输入公式“= AVERAGE（E2，E7，E12，E17）”并将它向下填充至 L6 单元格内，得到 5 个周期的季节指数。

②消除季节因素。在 F2 单元格中输入公式“=C2/L2”并将它向下填充至 F6 单元格内，消除第一个周期内的季节影响。在 F7 单元格内输入公式“=C7/L2”并将它向下填充至单 F11 元格内，消除第二个周期内的季节影响。用同样的方法消除第三、第四个周期内的季节影响。计算结果如图 4-22 所示。

L2 =AVERAGE(E2,E7,E12,E17)

	A	B	C	D	E	F	J	K	L
1	周期	周	销售额/万元	5周周期移动平均	季节不规则值	消除季节影响的销售额		周	季节指数
2	1	1	25			26.54376067		第1周	0.941840921
3		2	20			25.11526443		第2周	0.796328466
4		3	37	33.8	1.094675	34.89515806		第3周	1.060319026
5		4	42	34.8	1.206897	38.26552483		第4周	1.097593727
6		5	45	35.8	1.256983	39.42526765		第5周	1.141399987
7	2	6	30	36.8	0.815217	31.8525128			
8		7	25	37.4	0.668449	31.39408054			
9		8	42	38.8	1.082474	39.61071996			
10		9	45	42.8	1.051402	40.99877661			
11		10	52	46.8	1.111111	45.55808707			
12	3	11	50	49.8	1.004016	53.08752133			
13		12	45	52.8	0.852273	56.50934497			
14		13	57	55.2	1.032609	53.75740566			
15		14	60	58	1.034483	54.66503548			
16		15	64	60.6	1.056106	56.07149178			
17	4	16	64	63.6	1.006289	67.95202731			
18		17	58	66.8	0.868263	72.83426685			
19		18	72	69.8	1.031519	67.90409136			
20		19	76			69.24237827			
21		20	79			69.21324766			

图 4-22 消除季节因素

利用单元格 F2:F21 内的数据可以绘制出如图 4-23 所示的消除季节影响的销售额变化图，并在其中添加趋势线，可以看出消除了季节影响的时间序列具有明显的线性增长趋势。

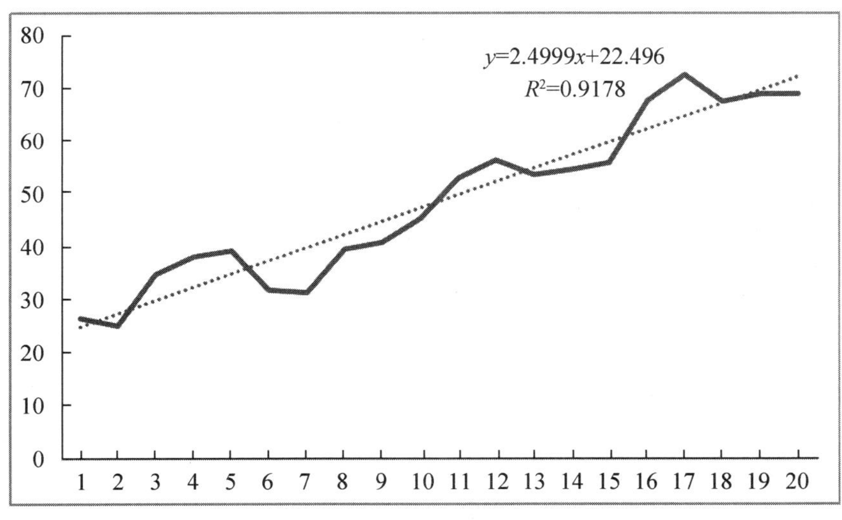

图 4-23 消除季节因素效果图

③计算预测值。在单元格 G2 中输入公式“=FORECAST(B2,$F$2:$F$21,$B$2:$B$21)”，并将它向下填充至 G26 单元格内，计算出线性趋势预测值。在单元格 H2 内

输入公式“=G2 * L2”，并将它向下填充至 H6 单元格内，在线性趋势预测的基础上乘季节指数得到最终的预测值，这样就可以计算出第一个周期内的季度预测值。用同样的方法计算出第二、第三、第四周期内的季度预测值，并且可以预测出第五个周期内的销售额总额。如图 4-24 所示。

G2　=FORECAST(B2,$F$2:$F$21,$B$2:$B$21)

	A	B	C	D	E	F	G	H	J	K	L
1	周期	周	销售额/万元	5周周期移动平均	季节不规则值	消除季节影响的销售额	趋势预测值	季度预测值		周	季节指数
2	1	1	25			26.54376067	24.99576064	23.54203023		第1周	0.941840921
3		2	20			25.11526443	27.49565933	21.89557622		第2周	0.796328466
4		3	37	33.8	1.094675	34.89515806	29.99555801	31.80486085		第3周	1.060319026
5		4	42	34.8	1.206897	38.26552483	32.4954567	35.66680942		第4周	1.097593727
6		5	45	35.8	1.256983	39.42526765	34.99535539	39.9436982		第5周	1.141399987
7	2	6	30	36.8	0.815217	31.8525128	37.49525407	35.31456464			
8		7	25	37.4	0.668449	31.39408054	39.99515276	31.84927865			
9		8	42	38.8	1.082474	39.61071996	42.49505145	45.05831155			
10		9	45	42.8	1.051402	40.99877661	44.99495013	49.38617499			
11		10	52	46.8	1.111111	45.55808707	47.49484882	54.21061984			
12	3	11	50	49.8	1.004016	53.08752133	49.99474751	47.08709905			
13		12	45	52.8	0.852273	56.50934497	52.49464619	41.80298108			
14		13	57	55.2	1.032609	53.75740566	54.99454488	58.31176225			
15		14	60	58	1.034483	54.66503548	57.49444357	63.10554057			
16		15	64	60.6	1.056106	56.07149178	59.99434225	68.47754149			
17	4	16	64	63.6	1.006289	67.95202731	62.49424094	58.85963346			
18		17	58	66.8	0.868263	72.83426685	64.99413963	51.75668351			
19		18	72	69.8	1.031519	67.90409136	67.49403831	71.56521296			
20		19	76			69.24237827	69.993937	76.82490615			
21		20	79			69.21324766	72.49383569	82.74446313			
22	5	21					74.99373437	70.63216787			
23		22					77.49363306	61.71038595			
24		23					79.99353175	84.81866366			
25		24					82.49343043	90.54427172			
26		25					84.99332912	97.01138478			

图 4-24　第五周期内的季度预测值

利用单元格 B2:C26 和 H2:H26 内的数据可以绘制出如图 4-25 所示的预测值效果图。

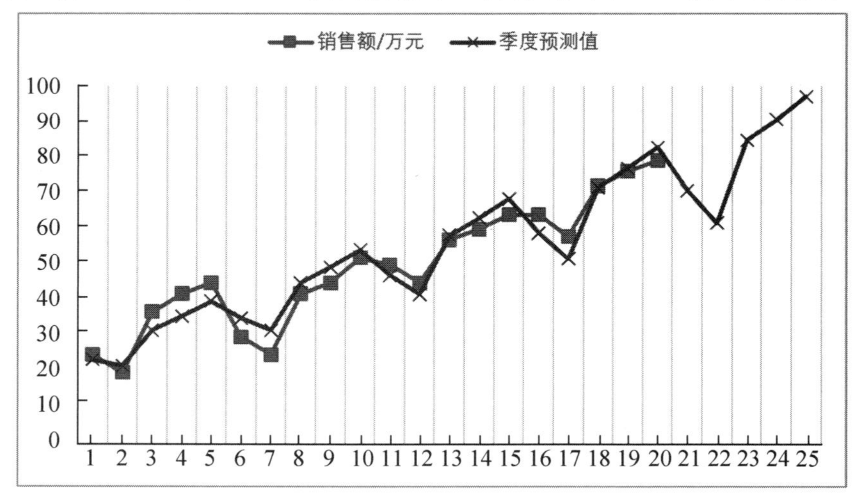

图 4-25　预测值效果图

从图 4-25 中可以看出，预测值数据都落在实际值附近，说明预测比较准确。

（二）因果预测法

因果预测法侧重于寻找时间序列因果观测值与自变量观测值之间的函数依赖关系，然后利用这种函数关系和自变量的预计值来确定因变量的预测值。回归分析是因果关系法的一个主要类别，它采用统计方法，根据变量的观测值，来确定描述变量间函数关系的数学，从而建立起预测模型。

时间序列预测方法的特点是通过寻找时间序列实际值的变化模式或趋势，外推这些模式或趋势来确定在未来时间点上的预测值，即采用外推法进行预测。然而，管理决策也经常是建立在两个或多个决策变量之间的依赖关系基础上的。例如，一家餐饮连锁店，它的销售额通常和店铺附近的居住人数有关，对于这类情况，就可以使用因果预测法进行预测。因果预测法的特点是由若干变量的观测值来确定这些变量之间的依赖关系，从而由相关变量的未来值和寻找到的变量间的依赖关系，对某个变量进行预测。

1. 回归分析的概念

回归分析是确定一个变量或一些变量间相互依赖的定量关系的一种统计分析方法。回归分析按照涉及的自变量的多少，可分为一元回归分析和多元回归分析；按照自变量和因变量之间的关系类型，可分为线性回归分析和非线性回归分析。如果在回归分析中，只包括一个自变量和一个因变量，且二者的关系可用一条直线近似表示，这种回归分析称为一元线性回归分析。如果回归分析中包括两个或两个以上的自变量，且因变量和自变量之间是线性关系，则称为多重线性回归分析。

2. 回归分析的目的

根据已知的资料或数据，找出变量之间的关系表达式，即找到回归线或回归方程。确定因变量与若干自变量之间联系的定量表达式，即回归方程或数学模型；通过控制可控自变量的数值，借助数学模型来预测或控制因变量的取值和精度；进行因素分析，从影响因变量变化的自变量中区分出重要因素和次要因素。

3. 回归分析的步骤与方法

（1）获取自变量和因变量的实际值。

（2）绘制实际值的散点图（X、Y）。对于只有一个自变量的一元问题，只需绘制一个以自变量为横坐标、因变量为纵坐标的散点图。如果涉及多个自变量，则需分别针对每一个自变量绘制 X、Y 散点图。

（3）初步判断自变量与因变量之间的函数关系，写出带未知参数的回归方程。线性回归可以用一条直线来拟合线性依赖关系；非线性回归可以用曲线来拟合变量之间的依赖关系，常见的曲线有幂函数、指数函数、对数函数、双曲线函数、多项式等。如图 4-26 所示。

（4）用最小方差原则，确定回归方程中参数的数值，从而得到回归方程。

（5）判断回归方程的拟合优度。

（6）用所得到的回归方程和给定的自变量值计算因变量的预测值，或者反过来，对于因变量的目标值，利用回归方程求自变量的值。

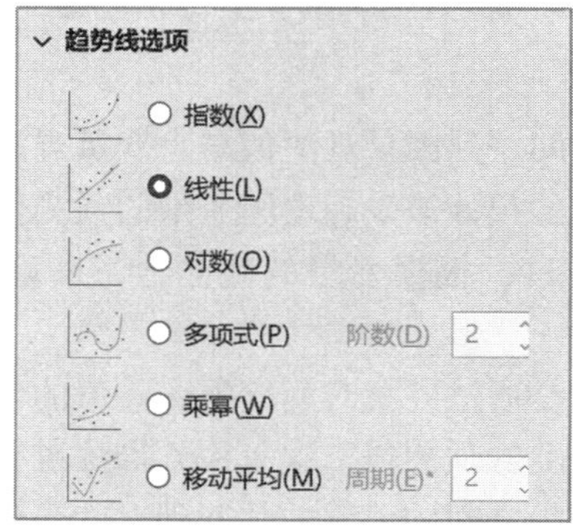

图 4-26　趋势线选项对话框

【例 4-1-4】根据某汽车公司 2012—2021 年的汽车销量，利用趋势线模型预测 2022 年的汽车销量。

①根据案例数据在 Excel 中建立数据表，打开文件【4-1】，在工作表【4-1-4】中可见某汽车公司 10 年的汽车销量。

②根据数据表中的数据，绘制数据图，点击添加趋势线。如图 4-27 所示。经过使用线性趋势线、指数趋势线的尝试，发现 R^2 的值均小于 0.9，于是尝试使用多项式，发现二次多项式的 R^2 为 0.9042，三次多项式的 R^2 为 0.9512。如图 4-28 所示。

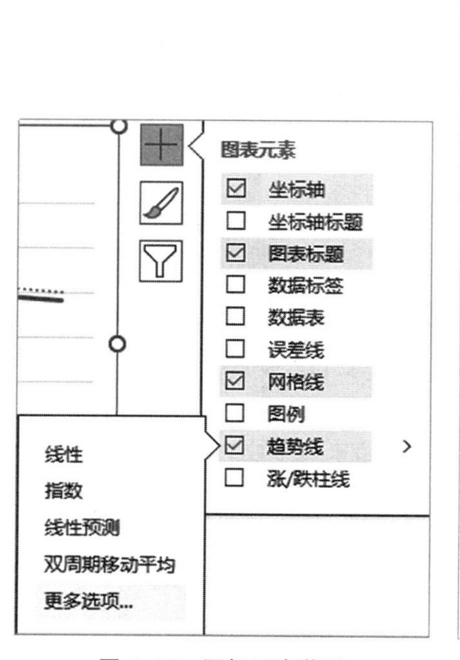

图 4-27　图标元素菜单

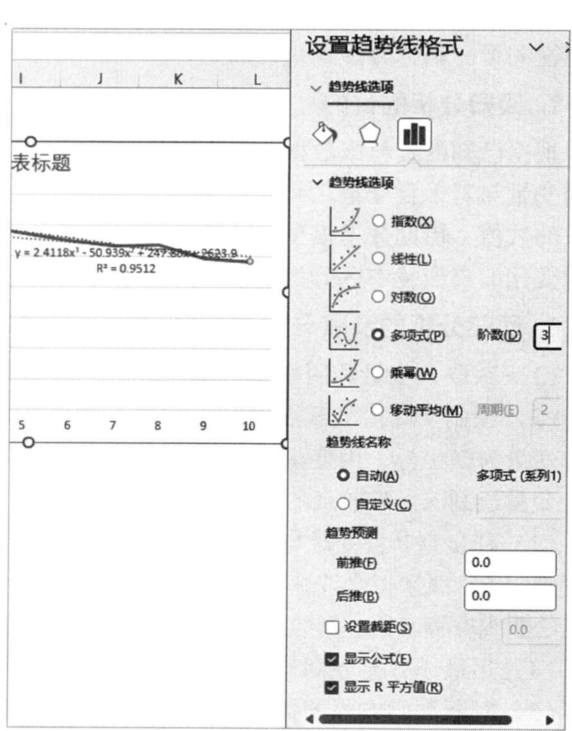

图 4-28　销售量散点图及趋势线

可以看出，趋势线和实际值图形拟合程度较好。因此，根据前面所学知识，判断可以使用公式法或者使用回归分析法预测出 2022 年汽车的销售量。

公式法：$2.4118\times11^3-50.939\times11^2+247.83\times11+2623.9=2396.5168\approx2396.52$，由此预测出 2022 年计算机类产品的销售量为 2396.52 万台。

回归分析法：

①根据三项式做多元线性回归，自变量分别为 X、X^2、X^3，对应的值如图 4-29 所示。

C12 =2.4118*A12^3-50.939*A12^2+247.83*A12+2623.9

	A	B	C
1		年份	销售量/万辆
2	1	2012	2832
3	2	2013	2889
4	3	2014	3018
5	4	2015	2990
6	5	2016	2875
7	6	2017	2745
8	7	2018	2659
9	8	2019	2673
10	9	2020	2458
11	10	2021	2415
12	11	2022	2396.5168

图 4-29 三项式公式计算 2022 年的销售量

②单击【数据】菜单，在【分析】选项卡中选择【数据分析】，打开【数据分析】对话框，选择【回归】。如图 4-30 所示。

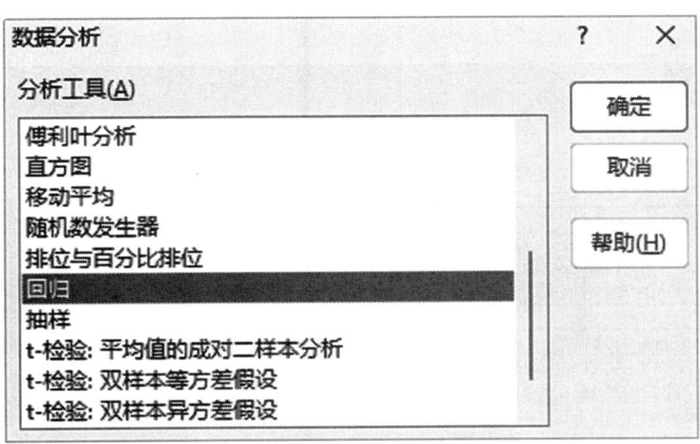

图 4-30 选择回归分析工具

③在具体的回归分析对话框中，因变量 Y 值输入区域被设置为 C1:C11，自变量 X 值输入区域被设置为 A1:C11，此时包含了第 1 行的标志，因此要勾选【标志】。如图 4-31 所示。

单击【确定】按钮后，就出现了“回归分析报告”。如图 4-32 所示。

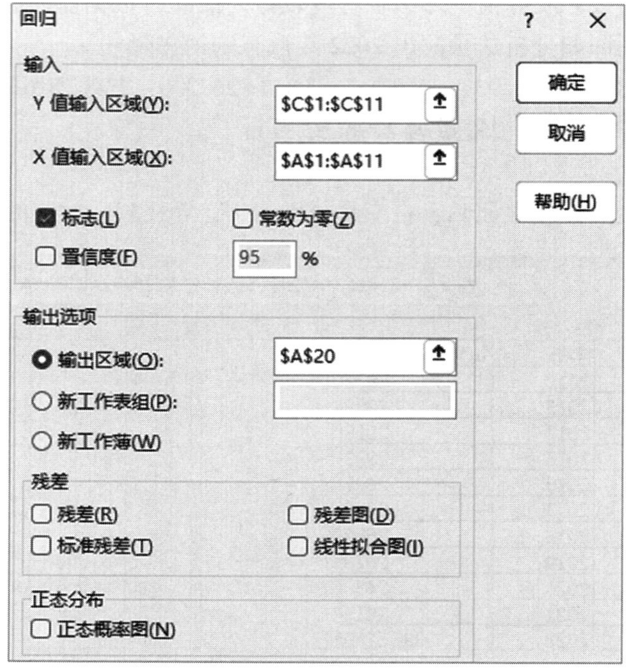

图 4-31　设置回归对话框

16	SUMMARY OUTPUT								
17									
18	回归统计								
19	Multiple R	0.975295							
20	R Square	0.9512							
21	Adjusted R	0.926799							
22	标准误差	55.77851							
23	观测值	10							
24									
25	方差分析								
26		df	SS	MS	F	Significance F			
27	回归分析	3	363858.9	121286.3	38.98323855	0.000249527			
28	残差	6	18667.46	3111.243					
29	总计	9	382526.4						
30									
31		Coefficients	标准误差	t Stat	P-value	Lower 95%	Upper 95%	下限 95.0%	上限 95.0%
32	Intercept	2623.9	108.2544	24.23828	3.24122E-07	2359.011038	2888.78896	2359.011	2888.789
33	x	247.8312	81.14181	3.054297	0.022388138	49.2843448	446.378048	49.284345	446.378
34	x^2	-50.9388	16.7368	-3.04352	0.022699976	-91.8922964	-9.985326	-91.8923	-9.98533
35	x^3	2.41181	1.003626	2.403096	0.053070557	-0.043974758	4.86759558	-0.043975	4.867596

图 4-32　回归分析报告

从分析报告中，R^2 的值为 0.9512，说明拟合度好，且 F 统计量的值 0.00025 远远小于 0.05，说明回归方程有效。因此，根据分析报告可以得出 X、X^2、X^3 的系数分别为 247.8312、−50.9338、2.41181，截距为 2623.9，据此可以推断出每一年的预测值。如图 4-33 所示。

F2 =$H$3*A2^3+$H$4*A2^2+$H$5*A2+$H$2

	A	B	C	D	E	F	G	H
1	x	x^2	x^3	年份	销售量（万台）	预测值		
2	1	1	1	2008	2832	2823.20	截距	2623.9
3	2	4	8	2009	2889	2935.10	X^3项系数	2.4118104
4	3	9	27	2010	3018	2974.06	X^2项系数	-50.93881
5	4	16	64	2011	2990	2954.56	X项系数	247.8312
6	5	25	125	2012	2875	2891.06		
7	6	36	216	2013	2745	2798.04		
8	7	49	343	2014	2659	2689.97		
9	8	64	512	2015	2673	2581.31		
10	9	81	729	2016	2458	2486.55		
11	10	100	1000	2017	2415	2420.14		
12	11	121	1331	2018		2396.57		

图 4-33 根据回归分析报告计算出预测值

从图 4-33 中可以看出，2018 年计算机类产品的销售量预测值为 2396.57 万台。

第二节 生产合格率分析

【知识目标】

1. 了解生产合格率分析的基本概念。
2. 掌握 Excel 折线图的制作。
3. 掌握相关系数法和规划求解法。

【能力目标】

1. 能进行数据清洗、整理和分析。
2. 能使用 Excel 数据工具进行数据分析。

【素养目标】

1. 具备一定的业务理解能力。
2. 具备一定的沟通与协作能力。
3. 具备细心严谨的职业素养。

一、生产合格率分析

生产合格率是指符合质量标准的产品数量占总产品数量的比例，用百分数表示。它是衡量产品质量和生产过程控制能力的重要指标。合格率的计算公式为：合格率=合格产品数/总产品数×100%。其中，合格产品数是指经过检测符合质量标准的产品数量，总产品

数是指生产或检验的全部产品数量。例如：一个工厂生产了1000个产品，经过质量检测，有950个产品合格，那么该工厂的合格率为95%。计算过程为：合格率=950÷1000×100%=95%。

合格率的高低反映了产品质量和生产过程的稳定性，是企业进行质量控制和持续改进的重要依据。

（一）生产合格率计算要监控生产合格率的变化趋势，先要计算每个批次的生产合格率

【例 4-2-1】 已知23个批次的预计出糖量均为50 kg，实际出糖量见工作表【4-2-1】，计算每个批次的生产合格率。

（1）打开文件名为【4-2】的Excel文件，在工作表【4-2-1】中D2单元格中输入"=C2/B2*100%"。如图4-34所示。

（2）选中D2单元格，将D2单元格中的公式填充到下面的单元格区域中。

D2 fx =C2/B2*100%

	A	B	C	D
1	生产批次	预计出糖量（kg）	实际出糖量（kg）	生产合格率
2	A20202404-1	50	49.78	99.56%
3	A20202404-2	50	49.64	99.28%
4	A20202404-3	50	49.77	99.54%
5	A20202405-1	50	49.65	99.30%
6	A20202405-2	50	49.74	99.48%
7	A20202405-3	50	49.59	99.18%
8	A20202405-4	50	49.49	98.98%
9	A20202406-1	50	49.51	99.02%
10	A20202406-2	50	49.53	99.06%
11	A20202406-3	50	49.64	99.28%
12	A20202406-4	50	49.66	99.32%
13	A20202407-1	50	49.6	99.20%
14	A20202407-2	50	49.49	98.98%
15	A20202408-1	50	49.29	98.58%
16	A20202408-2	50	49.19	98.38%
17	A20202408-3	50	48.98	97.96%
18	A20202409-1	50	48.84	97.68%
19	A20202409-2	50	48.78	97.56%
20	A20202409-3	50	48.68	97.36%
21	A20202409-4	50	48.66	97.32%
22	A20202410-1	50	48.68	97.36%
23	A20202410-2	50	48.66	97.32%
24	A20202410-3	50	48.65	97.30%

图 4-34　生产合格率计算图

（二）生产合格率分析

为了有效地控制产品质量，企业需要对合格率的组成因素进行分析，找到影响合格率的主要因素，从而有针对性地制订质量控制计划。同时，引入可视化工具进行产品质量管理，实时监控合格率和各个影响因素的状态，有助于及时发现问题并采取相应的措施。

影响合格率的因素包括生产工艺和设备、操作人员技能、原材料质量、质量控制措施以及环境因素等。要想知道生产过程中有无异常，查看生产合格率有无异常波动是比较常用的方法，最常用来表现变化趋势的就是折线图。具体操作步骤如下。

(1) 打开工作表【4-2-1】，选中数据区域 A1:A24 和 D1:D24，单击【插入】选项卡，在【图表】中单击折线图。如图 4-35 所示。

开始 插入 页面布局 公式 数据 审阅 视图

表 图片 剪贴画 形状 SmartArt 柱形图 折线图 饼图 条形图 面积图 散点图

插图

二维折线图

D1 生产合格率

折线图

显示随时间(日期、年)或有序类别变化的趋势线。

如果有许多数据点，并且顺序很重要，则可使用该图。

所有图表类型(A)...

A	B	C	D
批次	预计出糖量（kg）	实际出糖量	
202404-1	50	49.7	
202404-2	50	49.6	
202404-3	50	49.7	
202405-1	50	49.6	
202405-2	50	49.7	
202405-3	50	49.5	
202405-4	50	49.4	
202406-1	50	49.5	
202406-2	50	49.5	
202406-3	50	49.64	99.28%
202406-4	50	49.66	99.32%
202407-1	50	49.6	99.20%
202407-2	50	49.49	98.98%

图 4-35 选择折线图

(2) 此时，会出现一个折线图。如图 4-36 所示。

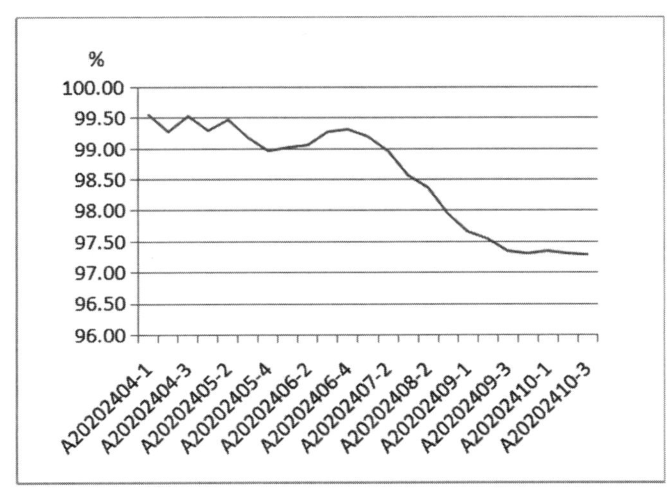

图 4-36 生产合格率折线图

(3) 调整图标，删除图例，效果如图 4-37 所示。

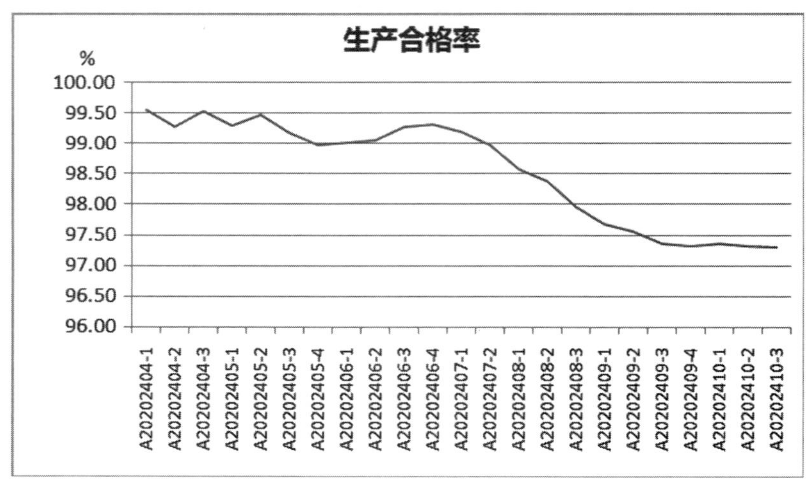

图 4-37 调整后折线图效果

由图 4-37 可以看出，在 A20202407-2 批次之前，生产合格率有一定的波动，一般为 99%～99.5%；而在此批次之后，生产合格率呈明显下降趋势，属于异常波动，生产部门应该对其进行进一步的调查分析。

二、生产合格率异常分析

在 Excel 中进行生产合格率异常分析，可以按照以下步骤来构建分析表格和图表，以便清晰地展示数据、识别趋势和异常，并辅助进行原因分析。

(一) 准备数据

在 Excel 的工作表中整理数据。可能需要包括以下几种数据：

(1) 日期/批次：记录每个批次或每日的生产日期。

(2) 生产数量：该批次或该日生产的产品总数。

(3) 合格数量：该批次或该日通过质量检验的产品数量。

(4) 不合格数量：该批次或该日未通过质量检验的产品数量。

(5) 合格率：可以通过公式计算得出（合格数量/生产数量）。

(二) 计算合格率

在“合格率”列中，可以使用 Excel 的公式来计算每个批次或每日的合格率。

(三) 绘制趋势图

为了更直观地观察合格率的变化趋势，可以绘制一个折线图。选中包含日期/批次和合格率的列。

(四) 识别异常点

在折线图上，可以轻松地识别合格率突然下降或上升的异常点。这些点可能是需要进一步调查和分析的批次或日期。

（五）添加数据标签和标题

为了使图表更易于理解，可以为图表添加数据标签（显示每个数据点的具体值）、标题、轴标签等。

（六）辅助分析

还可以使用 Excel 的其他功能来辅助分析，具体如下。

（1）条件格式：为低于或高于特定合格率的单元格设置颜色，以便快速识别问题批次。

（2）筛选：使用 Excel 的筛选功能来仅查看特定条件下的数据（如合格率低于 90% 的批次）。

（3）数据透视表：如果数据包含多个维度（如生产线、操作员等），可以使用数据透视表来分析这些维度对合格率的影响。

（七）记录和报告

将分析结果记录在 Excel 的工作表中，并准备一份详细的报告。报告应包含数据表、图表、发现、原因分析以及建议的改进措施。

通过这些步骤，可以在 Excel 中有效地进行生产合格率异常分析，并帮助团队识别问题、制订解决方案及改进生产流程。

【例 4-2-2】在糖果生产过程中，影响生产合格率的主要因素有原料、温度、过滤网和成型机。各个工序对生产合格率造成影响的因素是不同的。其中领料工序影响生产合格率的因素是原料，化糖、真空熬制、过滤影响生产合格率的因素是过滤网，冷却、加辅料影响生产合格率的因素是温度，成型工序影响生产合格率的因素是成型机。如图 4-38 所示。

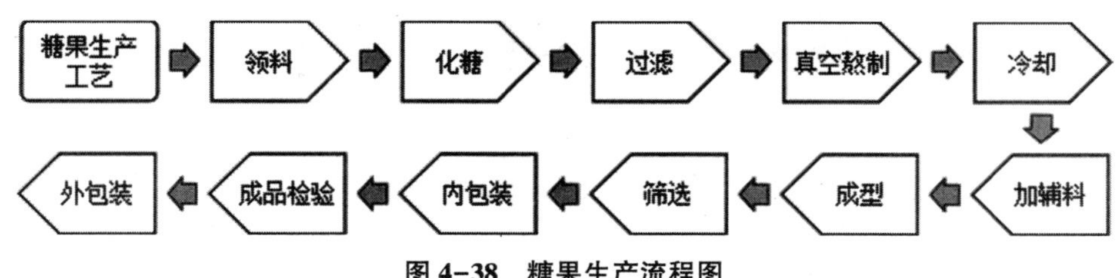

图 4-38　糖果生产流程图

在生产合格率发生异常时，用户可以随机调整不同工序的影响因素，然后进行相关性分析，以确定造成生产合格率异常的因素。

Excel 中的相关系数法主要用于分析两个或多个变量之间的线性关系强度和方向。

如果 Excel 中安装了数据分析工具包，则可以通过以下步骤计算相关系数：

①点击 Excel 界面上方的数据选项卡。

②在【数据】选项卡中，找到并点击【数据分析】（如果未显示，可能需要先通过【文件】→【选项】→【加载项】来启用数据分析工具包）。

③在弹出的【数据分析】对话框中，选择【相关系数】选项，并单击【确定】按钮。

④在【相关系数】对话框中，指定输入区域（即数据所在的单元格区域）和输出区域（即希望放置结果的位置）。

⑤单击【确定】按钮后，Excel 将自动计算并显示相关系数矩阵。

具体操作步骤如下。

（1）打开工作表【4-2-2】，选中 A 列和 B 列数据，绘制折线图，如图 4-39 所示。

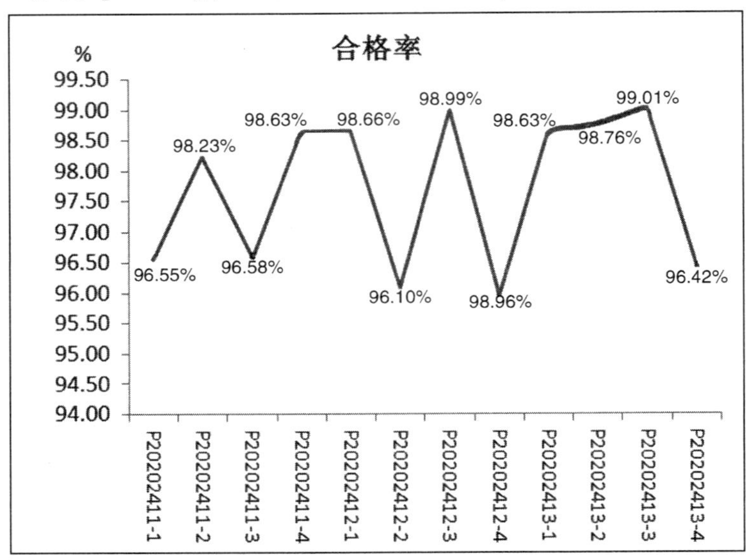

图 4-39　折线图

（2）从折线图中可以看出合格率数据异常，需进行相关性分析。单击【数据】选项卡，选择【数据分析】，选择【相关系数】，单击【确定】按钮。如图 4-40 所示。

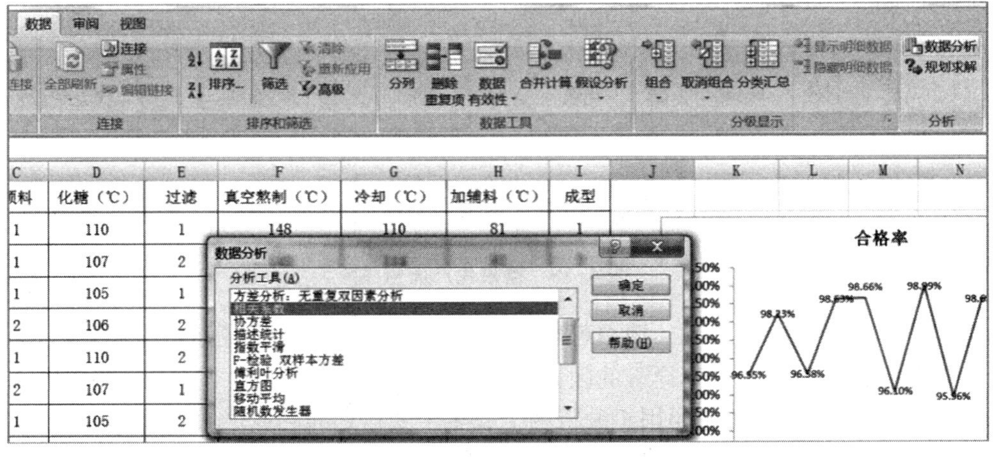

图 4-40　相关系数分析工具

（3）在【相关系数】对话框中，单击【输入区域】输入框，选中 B1:I13 区域，【分组方式】选择【逐列】，选中【标志位于第一行】，单击【输出区域】输入框，选中单元格 A15，如图 4-41 所示。

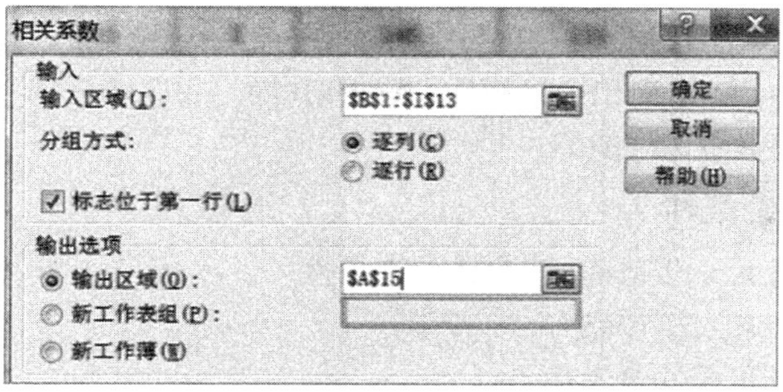

图 4-41　设置相关系数对话框

（4）单击【确定】按钮，出现相关系数分析结果。如图 4-42 所示。

15		合格率	领料	化糖（℃）	过滤	真空熬制（℃）	冷却（℃）	加辅料（℃）	成型
16	合格率	1							
17	领料	-0. 377964	1						
18	化糖（℃）	0. 05088756	-0. 0705	1					
19	过滤	0. 97875761	-0. 3143	0. 070490738	1				
20	真空熬制（℃）	-0. 2467538	-0. 18	-0. 18790383	-0. 31849	1			
21	冷却（℃）	0. 35689974	-0. 3453	-0. 29287377	0. 345333	-0. 439347209	1		
22	加辅料（℃）	0. 09190843	-0. 0237	-0. 18978608	0. 071007	-0. 206487746	0. 297999392	1	
23	成型	-0. 0088496	0. 23905	-0. 18430245	0. 119523	0. 115856889	-0. 18057878	0. 049507377	1

图 4-42　相关系数分析结果

从图 4-42 中可以看出，合格率与过滤的相关系数为 0. 97875761，接近 1，可得结论：生产合格率与过滤工序高度正相关。而合格率和其他工序相关系数都接近 0，说明生产合格率与其他工序的相关性不大。因此，改善此次生产合格率只需更换过滤网就可使生产恢复到正常范围。

三、规划求解最佳配料方式

规划求解是 Excel 中一个强大的工具，它允许用户通过调整单元格中的值来找到满足特定条件（如最大化利润、最小化成本等）的最佳解决方案。在规划求解中，可以设置目标单元格（如利润）、可变单元格（如生产量、价格等）以及约束条件（如资源限制、生产能力等）。

以下是一个使用 Excel 规划求解功能来实现利润最大化的基本步骤。

（一）准备数据

在 Excel 中准备好数据，通常包括：固定成本（如租金、工资等）、可变成本（如原材料成本、随生产量变化）、售价、预测销量或生产量（在某些情况下，这可能是规划求解的变量）、利润计算公式（通常是售价乘销量减去总成本）。

（二）设置目标单元格

确定想要最大化的目标，如利润。在 Excel 中，选择一个单元格来显示这个利润值，并输入相应的计算公式。

（三）识别可变单元格

确定哪些单元格的值是可以通过规划求解来调整的，以达到最大化利润的目的。这些通常是生产量、价格或资源分配等。

（四）设定约束条件

根据业务实际情况，设置规划求解的约束条件。

（1）生产量不能超过生产能力。

（2）库存量不能低于安全库存。

（3）某些资源的使用量不能超过其供应量。

（五）使用规划求解

在 Excel 中，按照以下步骤使用规划求解：转到【数据】选项卡，在【分析】组中，点击【规划求解】。

如果规划求解未显示，则需要通过【文件】→【选项】→【加载项】来启用它。

（六）检查结果

规划求解完成后，Excel 会显示结果报告，包括目标单元格的新值、可变单元格的解以及是否满足所有约束条件。

（七）敏感性分析和调整

根据规划求解的结果，可以进行敏感性分析，看看改变某些参数（如售价、成本）对利润的影响。如果需要，可以调整约束条件或可变单元格的范围，并重新运行规划求解。

【注意】规划求解可能需要一些时间来解决复杂的问题，特别是当可变单元格数量较多或约束条件复杂时。确保数据准确无误，因为错误的输入可能导致规划求解给出不准确的解决方案。在实际应用中，可能需要结合业务知识和经验来设置合理的约束条件和目标。

【例 4-2-3】A 企业在 2024 年 6 月接了一个生产果仁糖果的订单，要求产品由三种原料（核桃仁、杏仁和腰果仁）按不同比例混合而成。每种坚果的成本、售价以及市场需求（或生产限制）都不同，如表 4-4 所示。对方要求 A 企业每种糖果的产量不少于 50 kg，4 种糖果出厂，A 企业应该怎样合理分配原料进行生产，才能实现利润最大化。

表 4-4　糖果比例表

原料	杏仁	核桃仁	腰果仁	出厂价
价格	31.5 元/kg	36.5 元/kg	50 元/kg	
重量	300kg	300kg	200kg	
糖果 1	4	4	2	58 元/kg
糖果 2	5	3	2	55 元/kg
糖果 3	2	3	4	63 元/kg
糖果 4	3	3	3	60 元/kg

（1）解题思路。

①设置决策变量。当前问题是确定各种糖果的产量，因此变量就是各类糖果的产量，假设糖果 1～糖果 4 的产量分别为 x_1、x_2、x_3、x_4。

各种糖果的用料情况为：

糖果 1：杏仁的用量 $=4/10x_1$，核桃仁的用量 $=4/10x_2$，腰果仁的用量 $=4/10x_3$

糖果 2：杏仁的用量 $=5/10x_1$，核桃仁的用量 $=3/10x_2$，腰果仁的用量 $=2/10x_3$

糖果 3：杏仁的用量 $=2/9x_1$，核桃仁的用量 $=3/9x_2$，腰果仁的用量 $=4/9x_3$

糖果 4：杏仁的用量 $=3/9x_1$，核桃仁的用量 $=3/9x_2$，腰果仁的用量 $=3/9x_3$

因此各种糖果的成本为：

糖果 1：$31.5\times4/10x_1+36.5\times4/10x_2+50\times4/10x_3$

糖果 2：$31.5\times5/10x_1+36.5\times3/10x_2+50\times2/10x_3$

糖果 3：$31.5\times2/9x_1+36.5\times3/9x_2+50\times4/9x_3$

糖果 4：$31.5\times3/9x_1+36.5\times3/9x_2+50\times3/9x_3$

各种糖果的销售额为：

糖果 1：$58x_1^-$

糖果 2：$55x_2$

糖果 3：$63x_3$

糖果 4：$60x_4$

各种糖果的利润为：

糖果 1：$58x_1-31.5\times4/10x_1+36.5\times4/10x_2+50\times4/10x_3$

糖果 2：$55x_2-31.5\times5/10x_1+36.5\times3/10x_2+50\times2/10x_3$

糖果 3：$63x_3-31.5\times2/9x_1+36.5\times3/9x_2+50\times4/9x_3$

糖果 4：$60x_4-31.5\times3/9x_1+36.5\times3/9x_2+50\times3/9x_3$

②确定目标函数。案例要实现利润最大化，假设利润为 P，则求 $P_{MAX}=P_1+P_2+P_3+P_4$的最大值。

$P_{MAX}=$（$58x_1-31.5\times4/10x_1+36.5\times4/10x_2+50\times4/10x_3$）+

（$55x_2-31.5\times5/10x_1+36.5\times3/10x_2+50\times2/10x_3$）+

（$63x_3-31.5\times2/9x_1+36.5\times3/9x_2+50\times4/9x_3$）+

（$60x_4-31.5\times3/9x_1+36.5\times3/9x_2+50\times3/9x_3$）

③列出约束条件。根据各原料的重量，得到约束条件：

杏仁：$4/10x_15/10x_1+2/9x1+3/9x_1\leqslant300$

核桃仁：$4/10x_2+3/10x_2+3/9x_2+3/9x_2\leqslant300$

腰果仁：$4/10x_3+2/10x_3+4/9x_3+3/9x_3\leqslant200$

根据 A 企业每种糖果的产量不少于 50 kg，得到以下约束条件：

$x_1\geqslant50$，$x_2\geqslant50$，$x_3\geqslant50$

④建立线性规划模型，见表 4-5～表 4-7，进行线性规划求解。

表 4-5 原料配比表

原料	杏仁	核桃仁	腰果仁
糖果 1	4	4	2
糖果 2	5	3	2
糖果 3	2	3	4
糖果 4	3	3	3

表 4-6 约束条件模型

	单价	杏仁	核桃仁	腰果仁	成本	销售额	利润
糖果 1	58						
糖果 2	55						
糖果 3	63						
糖果 4	60						
实际用量							
供应量							
单价							

表 4-7 最优变量设置

最优变量	
糖果 1	475
糖果 2	50
糖果 3	50
糖果 4	250

（2）操作步骤。

①在条件区域内，输入已知数据，见表 4-8。

表 4-8 输入已知数据

条件区域							
	单价	杏仁	核桃仁	腰果仁	成本	销售额	利润
糖果 1	58						
糖果 2	55						
糖果 3	63						
糖果 4	60						
实际用量							
供应量		300	300	200			
单价		31.5	36.5	50			
目标利润							

②计算糖果 1 中杏仁的用量。在 C10 单元格中输入公式“=B3/SUM（$B$3:$D$3）”。如图 4-43 所示。

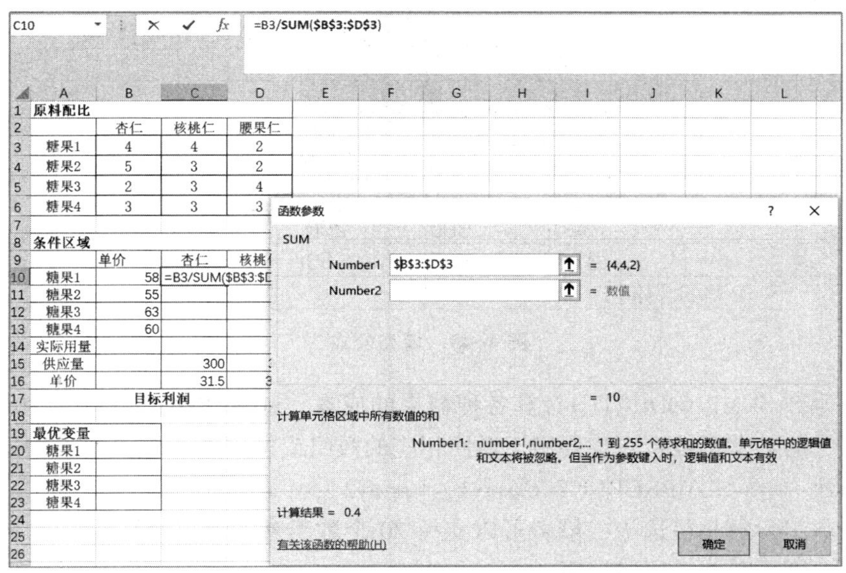

图 4-43 使用 sum 函数

③单击【确定】按钮，即可得到杏仁的用量占糖果 1 重量的比例。在 C10 单元格中输入公式“=B3/SUM（$B$3:$D$3）*$B20”，即可得到糖果 1 中杏仁的用量。如图 4-44 所示。

SUM =B3/SUM($B$3:$D$3)*$B20

	A	B	C	D	E	F	G	H
1	原料配比							
2		杏仁	核桃仁	腰果仁				
3	糖果1	4	4	2				
4	糖果2	5	3	2				
5	糖果3	2	3	4				
6	糖果4	3	3	3				
7								
8	条件区域							
9		单价	杏仁	核桃仁	腰果仁	成本	销售额	利润
10	糖果1	58	=B3/SUM($B$3:$D$3)*$B20					
11	糖果2	55						
12	糖果3	63						
13	糖果4	60						
14	实际用量							
15	供应量		300	300	200			
16	单价		31.5	36.5	50			
17		目标利润						
18								
19	最优变量							
20	糖果1							
21	糖果2							
22	糖果3							
23	糖果4							

图 4-44 糖果 1 中杏仁的用量计算

④将 C10 单元格中的公式向右、向下填充单元格区域 C10:E13。如图 4-45 所示。

条件区域							
	单价	杏仁	核桃仁	腰果仁	成本	销售额	利润
糖果1	58	0	0	0			
糖果2	55	0	0	0			
糖果3	63	0	0	0			
糖果4	60	0	0	0			
实际用量							
供应量		300	300	200			
单价		31.5	36.5	50			
目标利润							

图 4-45 填充公式

⑤利用函数 SUMPRODUCT( )计算各种糖果的成本。SUMPRODUCT 函数是 Excel 中的一个非常强大的数学函数，它主要用于返回相应的数组或区域中对应元素乘积的和。该函数的基本语法为：=SUMPRODUCT（array1，[array2]，[array3]，...），其中 array1 是必需的，其余数组参数是可选的，最多可以支持 30 个数组参数。每个数组参数必须具有相同的维数，否则函数将返回错误值。

SUMPRODUCT 函数的主要功能和用法包括：

- 基础用法：乘积求和

最直接的应用是计算两个或多个数组中对应元素的乘积之和。例如，如果有两个数组 {1，2，3} 和 {4，5，6}，使用“=SUMPRODUCT（{1，2，3}，{4，5，6}）”将返回 32，即 1×4+2×5+3×6 的结果。

- 单条件求和

可以通过将条件表达式与数组相乘的方式，实现基于单个条件的求和。例如，统计某列中符合特定条件的所有数值之和。

- 多条件求和

可以将多个条件表达式相乘，然后应用 SUMPRODUCT 函数，实现基于多个条件的求和。这在处理复杂的数据筛选和汇总时非常有用。

- 条件计数

通过将条件表达式转换为数组，并利用 SUMPRODUCT 函数对结果求和，可以实现基于条件的计数。虽然通常用 COUNTIFS 函数更直接，但在某些复杂情况下，SUMPRODUCT 函数提供了更大的灵活性。

- 忽略文本和非数值

SUMPRODUCT 函数会自动将非数值数组条目视为零，因此在处理包含文本或空单元格的数据时，不需要额外的清理步骤。

- 注意事项

当使用 SUMPRODUCT 函数时，应确保所有数组参数具有相同的维数，否则函数将返回错误值。

如果数组中包含逻辑值（TRUE 或 FALSE），它们将被视为 1 或 0 进行计算。但是，在某些情况下，可能需要使用双减号（--）或其他方法将逻辑值显式转换为数值。

为了获得最佳性能，应避免将 SUMPRODUCT 函数与完整的列引用一起使用，因为这可能导致函数处理大量不必要的单元格。

在 F10 单元格中输入下图所示的函数，单击【确定】按钮。如图 4-46 所示。

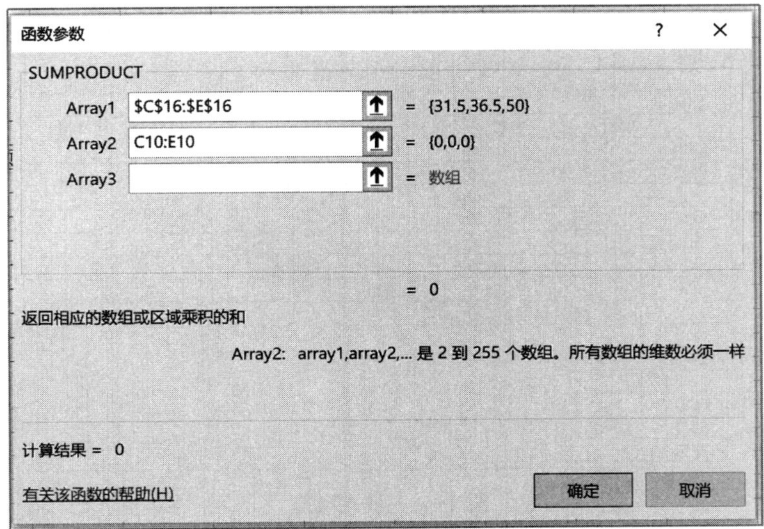

图 4-46　SUMPRODUCT 函数

⑥将 F10 单元格的公式向下填充至 F13 单元格。如图 4-47 所示。

条件区域							
	单价	杏仁	核桃仁	腰果仁	成本	销售额	利润
糖果1	58	0	0	0	0		
糖果2	55	0	0	0	0		
糖果3	63	0	0	0	0		
糖果4	60	0	0	0	0		
实际用量							
供应量		300	300	200			
单价		31.5	36.5	50			
目标利润							

图 4-47　填充 SUMPRODUCT 函数

⑦在 G10 单元格中输入“=B10 * B20”，然后向下填充区域 G10:G13。如图 4-48 所示。

G10　=B10*B20

	A	B	C	D	E	F	G	H
1	原料配比							
2		杏仁	核桃仁	腰果仁				
3	糖果1	4	4	2				
4	糖果2	5	3	2				
5	糖果3	2	3	4				
6	糖果4	3	3	3				
7								
8	条件区域							
9		单价	杏仁	核桃仁	腰果仁	成本	销售额	利润
10	糖果1	58	0	0	0	0	0	
11	糖果2	55	0	0	0	0	0	
12	糖果3	63	0	0	0	0	0	
13	糖果4	60	0	0	0	0	0	
14	实际用量							
15	供应量		300	300	200			
16	单价		31.5	36.5	50			
17		目标利润						
18								
19	最优变量							
20	糖果1							
21	糖果2							
22	糖果3							
23	糖果4							

图 4-48　公式填充

⑧在 H10 单元格中输入“=G10-F10”，向下填充区域 H10:H13。如图 4-49 所示。

H10　=G10-F10

	A	B	C	D	E	F	G	H
1	原料配比							
2		杏仁	核桃仁	腰果仁				
3	糖果1	4	4	2				
4	糖果2	5	3	2				
5	糖果3	2	3	4				
6	糖果4	3	3	3				
7								
8	条件区域							
9		单价	杏仁	核桃仁	腰果仁	成本	销售额	利润
10	糖果1	58	0	0	0	0	0	0
11	糖果2	55	0	0	0	0	0	0
12	糖果3	63	0	0	0	0	0	0
13	糖果4	60	0	0	0	0	0	0
14	实际用量							
15	供应量		300	300	200			
16	单价		31.5	36.5	50			
17		目标利润						

图 4-49　公式填充

⑨求出实际用量，如图 4-50 所示。

C14 =SUM(C10:C13)

	A	B	C	D	E	F	G	H
1	原料配比							
2		杏仁	核桃仁	腰果仁				
3	糖果1	4	4	2				
4	糖果2	5	3	2				
5	糖果3	2	3	4				
6	糖果4	3	3	3				
7								
8	条件区域							
9		单价	杏仁	核桃仁	腰果仁	成本	销售额	利润
10	糖果1	58	0	0	0	0	0	0
11	糖果2	55	0	0	0	0	0	0
12	糖果3	63	0	0	0	0	0	0
13	糖果4	60	0	0	0	0	0	0
14	实际用量		0	0	0	0	0	0
15	供应量		300	300	200			
16	单价		31.5	36.5	50			
17	目标利润							

图 4-50 条件区域填充效果

⑩使得 E17=H14，即可得到目标利润。如图 4-51 所示。

条件区域							
	单价	杏仁	核桃仁	腰果仁	成本	销售额	利润
糖果1	58	0	0	0	0	0	0
糖果2	55	0	0	0	0	0	0
糖果3	63	0	0	0	0	0	0
糖果4	60	0	0	0	0	0	0
实际用量		0	0	0	0	0	0
供应量		300	300	200			
单价		31.5	36.5	50			
目标利润				=H14			

图 4-51 目标利润

（3）规划求解。

①单击【数据】选项卡，选择【规划求解】。如图 4-52 所示。

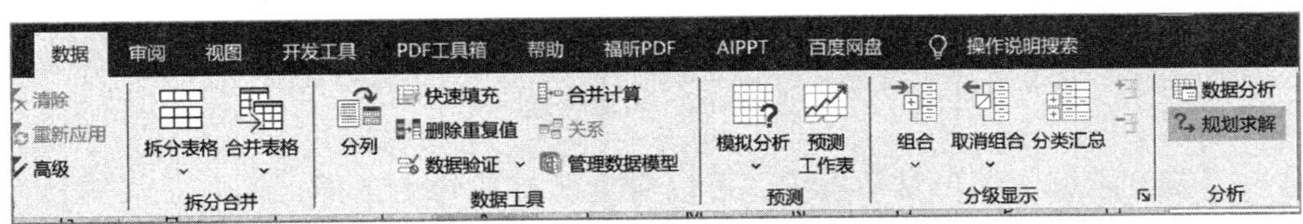

图 4-52 规划求解选项

②在【规划求解】对话框中进行相对的设置。如图 4-53 所示。

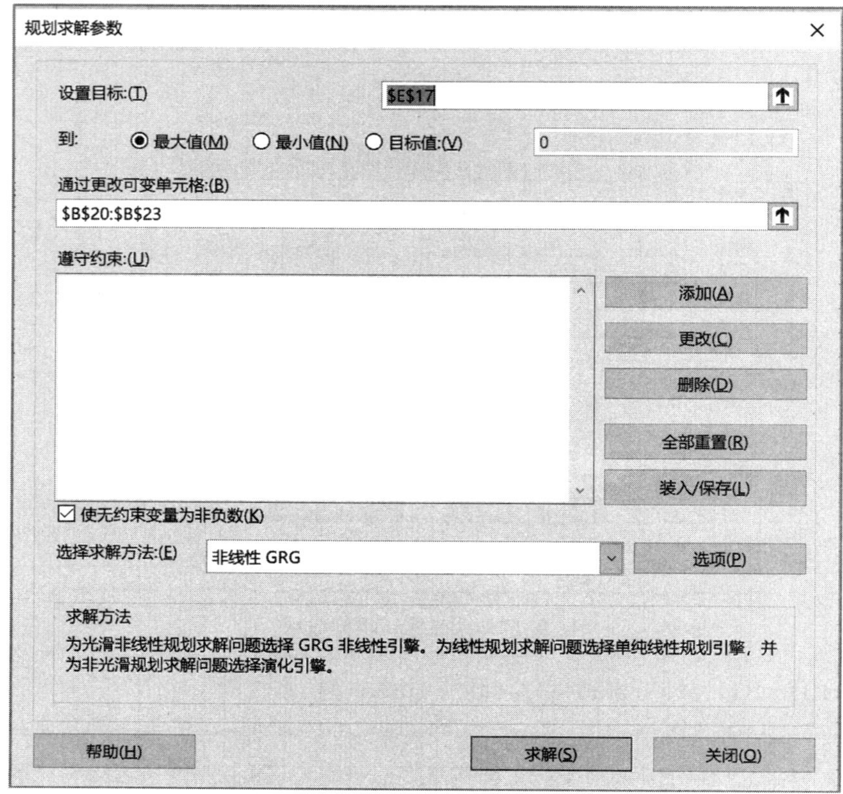

图 4-53　设置规划求解对话框

③单击【添加】按钮，对【添加约束】进行设置。如图 4-54 所示。

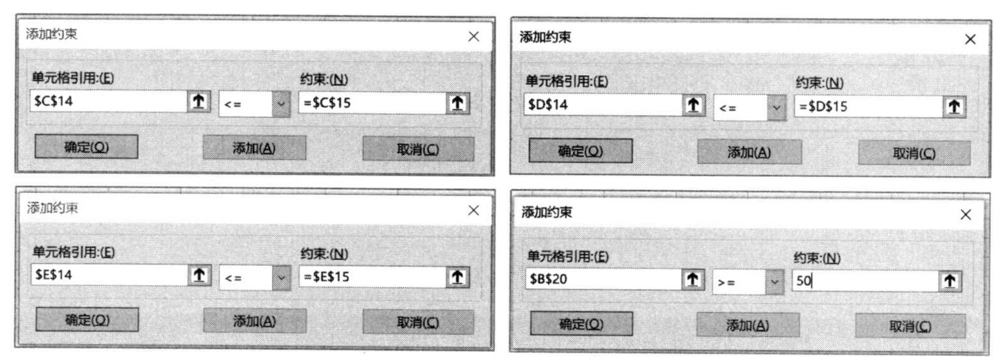

图 4-54　添加约束

④在【规划求解参数】对话框中，可以看到所有的约束条件。单击【求解】按钮。规划求解所有参数设置，如图 4-55 所示。

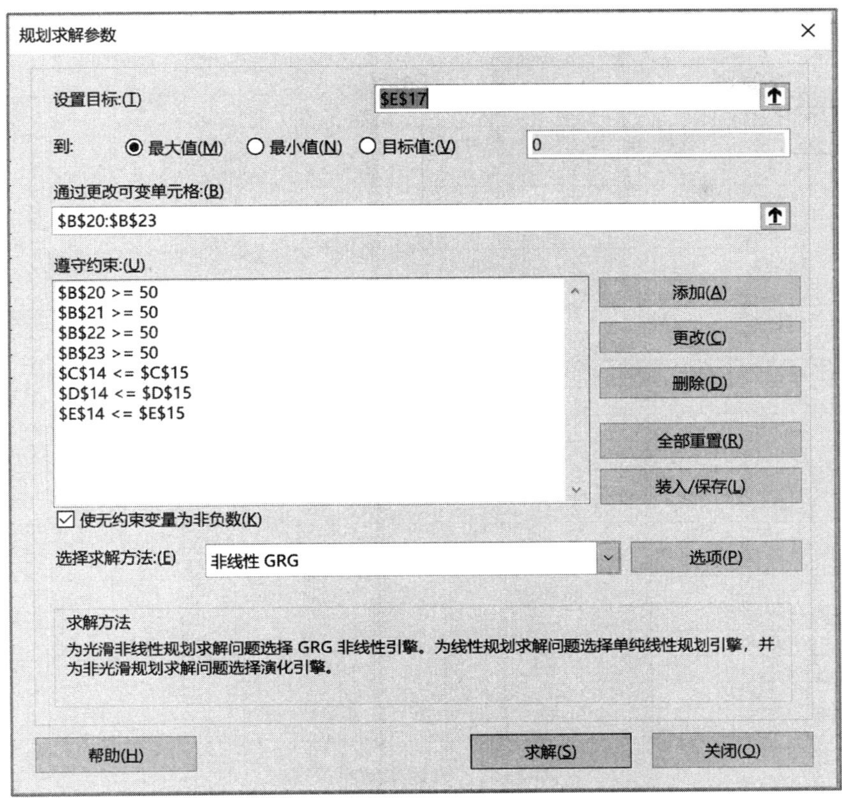

图 4-55 规划求解完整参数设置

⑤【规划求解结果】对话框。如图 4-56 所示。

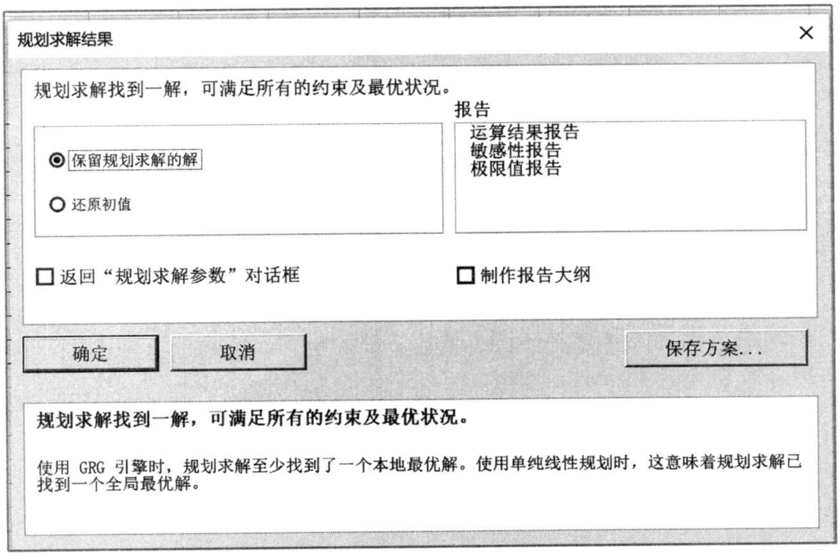

规划求解结果

规划求解找到一解，可满足所有的约束及最优状况。

报告
运算结果报告
敏感性报告
极限值报告

保留规划求解的解
还原初值

返回“规划求解参数”对话框
制作报告大纲

确定 取消 保存方案...

规划求解找到一解，可满足所有的约束及最优状况。

使用 GRG 引擎时，规划求解至少找到了一个本地最优解。使用单纯线性规划时，这意味着规划求解已找到一个全局最优解。

图 4-56 规划求解结果

⑥单击【确定】按钮，看到求解结果。目标利润为 18, 232. 5 元，糖果 1 的产量为 475 kg，糖果 2 的产量为 50 kg，糖果 3 的产量为 50 kg，糖果 4 的产量为 250 kg。如图 4-57 所示。

原料配比			
	杏仁	核桃仁	腰果仁
糖果1	4	4	2
糖果2	5	3	2
糖果3	2	3	4
糖果4	3	3	3

条件区域							
	单价	杏仁	核桃仁	腰果仁	成本	销售额	利润
糖果1	58	190	190	95	17, 670	27, 550	9880
糖果2	55	25	15	10	1835	2750	915
糖果3	63	10	15	20	1862.5	3150	1287.5
糖果4	60	75	75	75	8850	15000	6150
实际用量		300	295	200	302,17.5	48,450	18,232.5
供应量		300	300	200			
单价		31.5	36.5	50			
目标利润				18,232.5			

最优变量	
糖果1	475
糖果2	50
糖果3	50
糖果4	250

图 4-57　规划求解结果图

第三节　量本利预测分析

【知识目标】

1. 了解量本利预测分析的基本概念。
2. 掌握盈亏平衡分析。
3. 掌握目标利润分析。

【能力目标】

1. 能熟练使用单变量求解法。
2. 能熟练进行量本利分析。

【素养目标】

1. 具备扎实的专业素养。
2. 具备一定的沟通与协作能力。
3. 具备细心严谨的职业素养。

一、量本利预测分析的概念

量本利预测分析（CVP 分析）是一种管理会计工具，用于预测在不同销售水平下企业的盈利能力。它通过分析成本（包括固定成本和变动成本）、销售量和价格之间的关系，帮助企业确定盈亏平衡点、制定定价策略、评估经营风险等。以下是进行量本利预测分析的一般步骤。

（一）收集基础数据

（1）固定成本：不随销售量变化的成本，如租金、工资（非销售提成部分）、折旧等。

（2）变动成本：随销售量变化的成本，如原材料费用、直接人工（与销售直接相关的部分）、包装费用等。

（3）售价：产品的销售价格。

（4）预期销售量：基于市场预测或历史数据的销售量估计。

（二）计算盈亏平衡点

盈亏平衡点（BEP）是销售收入等于总成本时的销售量或销售额。如图 4-58 所示。

量本利的相关公式为：利润 = 销售收入 - 总成本；总成本 = 固定成本 + 变动成本；变动成本 = 单位变动成本 × 产量；销售收入 = 销售量 × 市场单价。

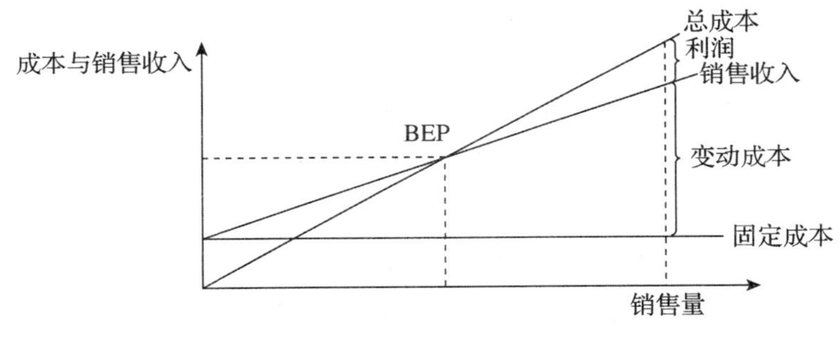

图 4-58 盈亏平衡图

①建立量本利模型。在 Excel 中，可以设置一个表格来模拟不同销售量下的收入和成本情况。

②制作图表。使用 Excel 的图表功能，将销售量和总利润绘制成图表（如折线图或面积图），以便直观地展示不同销售量下的盈利情况。

③敏感性分析。进行敏感性分析，以评估不同因素（如售价、变动成本、固定成本）变化对盈亏平衡点和利润的影响。

④制定经营策略。基于量本利预测分析的结果，企业可以制定合适的经营策略，如调整售价、控制成本、增加销售量等，以实现盈利最大化。

⑤监控与调整。定期回顾和更新量本利预测分析，以反映市场变化和企业运营情况的变化。根据实际情况调整经营策略，确保企业持续盈利。通过量本利预测分析，企业可以更好地理解其成本结构和盈利能力，从而做出更加明智的经营决策。

二、盈亏平衡点分析

盈亏平衡点分析是一种重要的财务分析工具，用于确定企业在不盈不亏的情况下需要达到的销售水平。它帮助企业理解其成本结构、定价策略以及销售量的关系，从而制订出合理的经营计划和目标。

（一）重要性

（1）决策支持：盈亏平衡点分析为企业的定价、成本控制、生产计划、市场扩张等决策提供重要依据。

（2）风险评估：通过了解达到盈亏平衡所需的销售量或销售额，企业可以评估不同经营策略下的风险水平。

（3）目标设定：设定明确的盈亏平衡目标，有助于企业制订切实可行的销售和盈利计划。

（二）计算方法

盈亏平衡点的计算方法通常基于以下公式：

$$盈亏平衡点(销售额)=\frac{固定成本}{贡献毛利率}$$

其中，贡献毛利率是销售价格减去变动成本后的差额，通常以百分比或单位金额表示。固定成本是不随销售量变化而变化的成本，如租金、工资等；变动成本则是随着销售量变化而变化的成本，如原材料费用、直接人工成本等。

另一种常见的计算方法是基于销售量的盈亏平衡点分析：

$$盈亏平衡点(销售量)=单位售价-单位变动成本固定成本$$

（三）注意事项

（1）盈亏平衡点分析是基于一定假设的，如成本结构、销售价格、销售量等在未来保持不变。因此，在实际应用中需要关注这些假设的变化情况。

（2）盈亏平衡点分析主要关注短期财务表现，对于长期战略决策可能需要结合其他分析工具进行综合考虑。

（3）盈亏平衡点分析并不考虑时间价值因素和资金成本，因此在某些情况下可能需要结合现金流量分析进行更全面的评估。

【例 4-3-1】已知某品牌牛奶单位售价为 66 元/箱，单位变动成本为 20 元，月固定成本为 17 万元，在固定成本不变的情况下，求企业的盈亏平衡点。

①建立盈亏平衡点分析模型。如表 4-9 所示。

表 4-9　盈亏平衡点分析模型　　单位：元

市场单价		收入	
固定成本		总成本	
单位变动成本		目标利润	
产量			

②在分析模型中输入已知条件。如表 4-10 所示。

表 4-10 分析模型中输入已知条件

市场单价	66	收入	
固定成本	170,000	总成本	
单位变动成本	20	目标利润	
产量			

③根据销售收入=产量×市场单价，计算收入。在 E2 单元格中输入公式“=C2＊C5”，单击【输入】按钮。如图 4-59 所示。

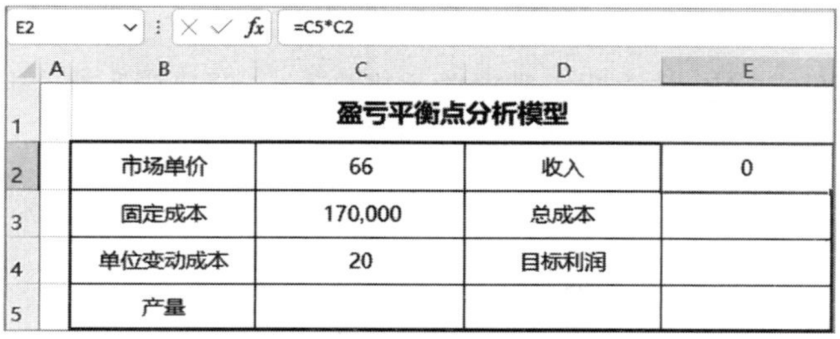

	A	B	C	D	E
1		盈亏平衡点分析模型			
2		市场单价	66	收入	0
3		固定成本	170,000	总成本	
4		单位变动成本	20	目标利润	
5		产量			

E2 =C5*C2

图 4-59 输入销售收入公式图

④根据总成本=固定成本+变动成本和变动成本=单位变动成本×产量，在 E3 单元格中输入公式“=C3+C4＊C5”，单击【输入】按钮。如图 4-60 所示。

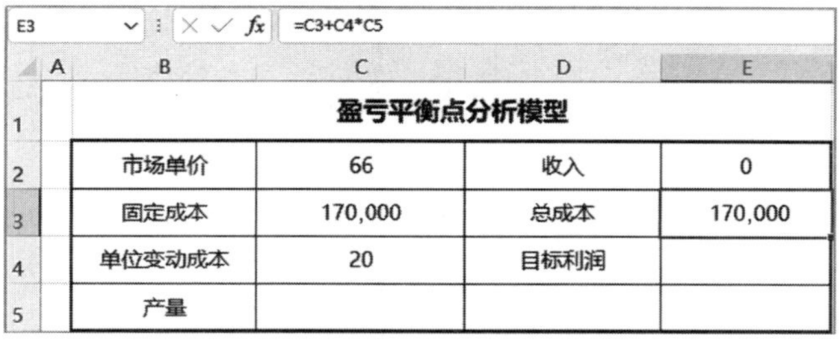

	A	B	C	D	E
1		盈亏平衡点分析模型			
2		市场单价	66	收入	0
3		固定成本	170,000	总成本	170,000
4		单位变动成本	20	目标利润	
5		产量			

E3 =C3+C4*C5

图 4-60 输入总成本公式图

⑤根据利润=收入-总成本，在 E4 单元格中输入公式“=E2-E3”，单击【输入】按钮。如图 4-61 所示。

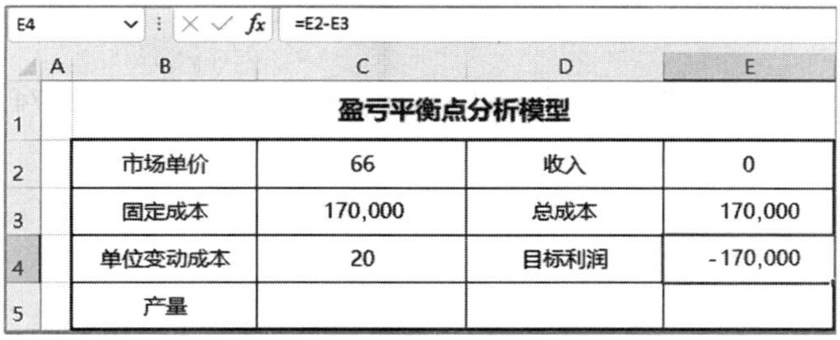

	A	B	C	D	E
1		盈亏平衡点分析模型			
2		市场单价	66	收入	0
3		固定成本	170,000	总成本	170,000
4		单位变动成本	20	目标利润	-170,000
5		产量			

E4 =E2-E3

图 4-61 输入利润公式图

⑥选择 E4 单元格，单击【数据】选项卡，再单击【模拟分析】按钮，选择【单变量求解】。如图 4-62 所示。

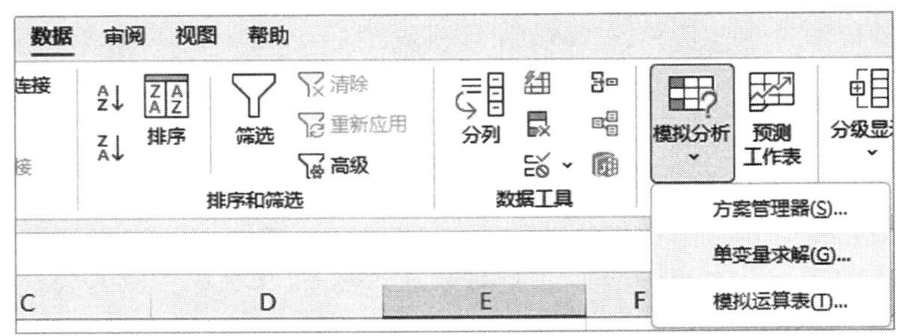

图 4-62 模拟分析选项卡

⑦设置【单变量求解】对话框。目标单元格为 E4，即目标利润；目标值设置为 0，可变单元格为产量，因此，要选中 C5 单元格。如图 4-63 所示。

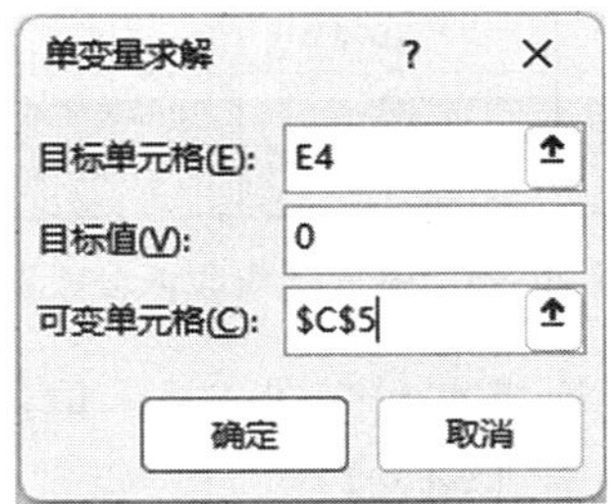

图 4-63 设置单变量求解对话框

⑧单击【确定】按钮，打开【单变量求解状态】对话框，如图 4-64 所示，其中实时显示当前的求解状态。

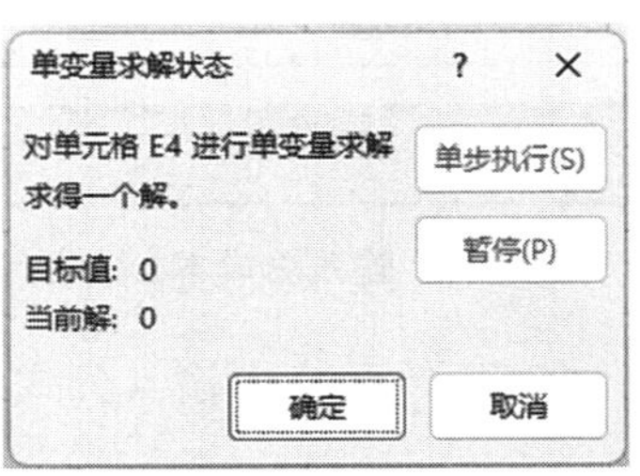

图 4-64 单变量求解状态对话框

⑨单击【确定】按钮，即可得到盈亏平衡点的产量为 3695. 652174。

因此，当销量为 3696 箱时，可以达到盈亏平衡。

三、目标利润分析

目标利润分析是企业在经营管理中非常重要的一个环节，它涉及企业在一定时期内，经过努力应该达到的最优化控制目标——目标利润。

（一）目标利润的定义

目标利润是企业在未来一段时间内，经过努力应该达到的最优化控制目标，它是企业未来经营必须考虑的重要战略目标之一。目标利润是项目经营预期实现的利润目标，是根据拟投资项目的具体条件，在全面分析研究项目开发收入与成本因素之后，经过充分的市场调查和反复的计算平衡确定的。

（二）目标利润的作用

（1）激励作用。确定目标利润有助于动员企业和职工为进一步提高经济效益而努力。

（2）管理导向。目标利润一经确定，便成为企业生产经营活动的行动依据，企业要根据目标利润来组织销售收入，控制销售成本的资金占用。

（3）评估标准。目标利润也是评估企业经营成果的重要标准之一，通过实际利润与目标利润的对比，可以分析企业的盈利能力和经营状况。

（三）目标利润的确定方法

确定目标利润最常用的方法主要有如下四种：

（1）量本利分析法。利用产品销售量、销售额、固定成本、变动成本与利润之间的变动规律，对目标利润进行预测。这种方法的核心在于对市场的充分调查和分析，以及对产品销售量、固定成本、变动成本等关键因素的准确预测。

（2）相关比率法。与目标利润相关的比率主要有销售利润率、成本利润率、经营杠杆率及资本净利率等。管理者可根据分析，先对这些比率进行预测，然后根据预测结果来确定目标利润。

（3）简单利润增长比率测算法。主要适用于稳定发展的企业，根据企业历史最好利润水平、上年度达到的利润水平及过去连续若干年特别是近两年利润增长率的变动趋势与幅度，结合预测期可能发生的变动情况，确定预计利润增长率，然后测算出目标利润。

（4）标杆瞄准法。以最强的竞争企业或同行业中领先的、最有名望的企业为基准，将本企业产品、服务和管理措施等方面的实际状况与基准进行定量化评价和比较，分析基准企业的绩效达到优秀水平的原因，并在此基础上选择改进的最优策略，以确定本企业的目标利润。

（四）目标利润分析的注意事项

（1）确保数据的准确性。在进行目标利润分析时，必须确保所使用的数据准确无误，包括销售量、销售额、固定成本、变动成本等关键数据。

（2）考虑市场变化。市场是不断变化的，企业在确定目标利润时必须充分考虑市场变化的因素，如市场需求、竞争状况等。

（3）保持灵活性。目标利润一经确定并非一成不变，当市场环境发生重大变化或企业内部条件发生重大变化时，应及时对目标利润进行调整。

（4）注重风险管理。在确定目标利润时，企业还应注重风险管理，确保在实现目标利润的过程中能够有效地控制风险。

综上所述，目标利润分析是企业在经营管理中不可或缺的一个重要环节。通过科学合理地确定目标利润并采取相应的实现措施和注意事项，企业可以更好地实现其经营目标和战略目标。

【例 4-3-2】已知某品牌牛奶单位售价为 66 元/箱，单位变动成本为 20 元，月固定成本为 17 万元，在固定成本不变的情况下，如果企业要实现 100 万元的利润，应该生产多少箱牛奶？

①打开文件【4-3】，在【4-3-2】工作表中，选中 D4 单元格，单击【数据】选项卡，再单击【模拟分析】，打开【单变量求解】。如图 4-65 所示。

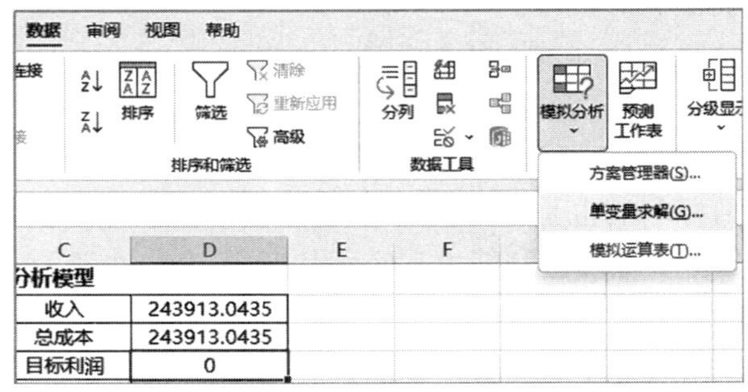

图 4-65　模拟分析选项卡

②设置【单变量求解】对话框。目标单元格为目标利润 D4 单元格；目标值为 100 万元；可变单元格为牛奶的产量 B5 单元格。如图 4-66 所示。

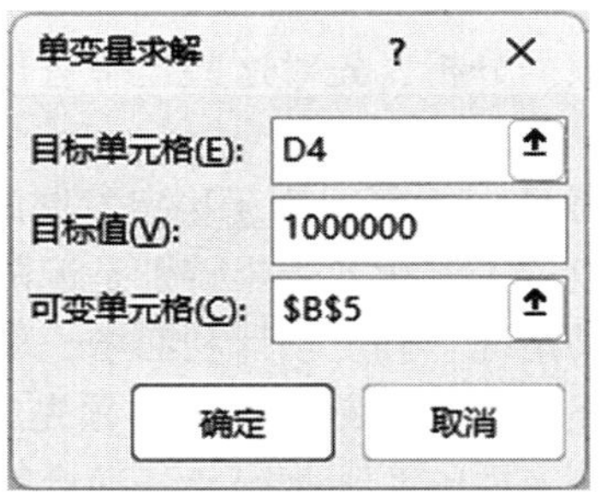

图 4-66　设置单变量求解对话框

③单击【确定】按钮，打开【单变量求解状态】对话框，其中实时显示了当前的求解状态。如图 4-67 所示。

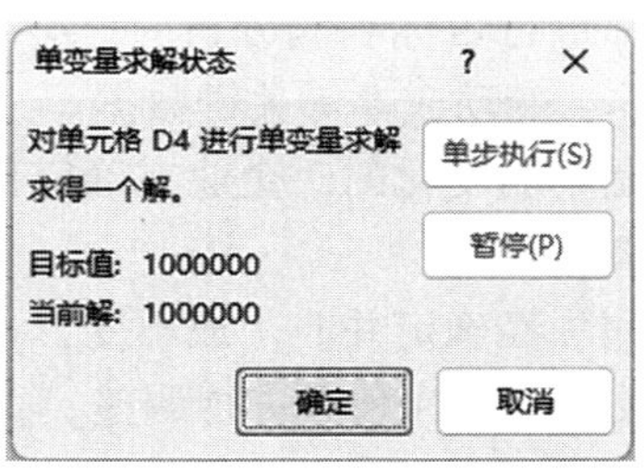

图 4-67　单变量求解状态对话框

④单击【确定】按钮，即可得到目标利润为 100 万元时的产量为 25,434. 78261 箱。因此，当销量为 25,435 箱时，可获得利润 100 万元。

第五章
短视频运营数据分析

章节知识结构图

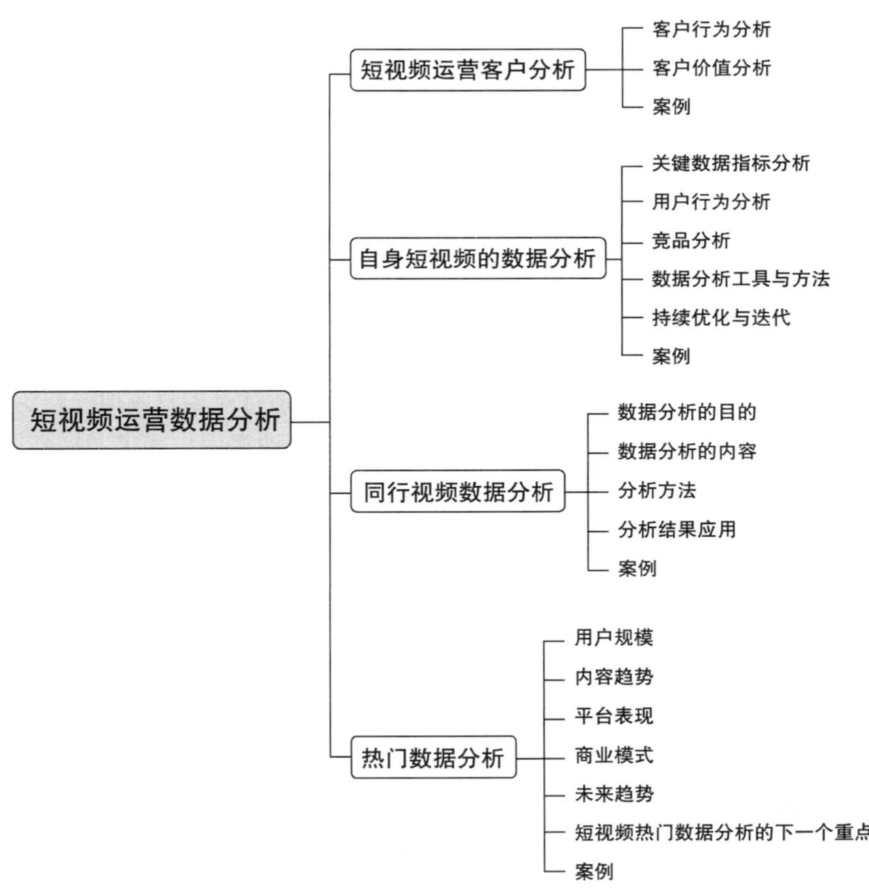

第一节　短视频运营客户分析

【知识目标】

1. 熟悉短视频运营客户分析指标。
2. 掌握 RFM 模型。

【能力目标】

1. 能采集数据并进行整理。
2. 能运用 Excel 进行数据分析。
3. 能将数据转化为图表。

【素养目标】

1. 具备逻辑思维与问题解决能力。
2. 具备持续学习与创新能力。

一、客户行为分析

客户行为分析是短视频营销策略制定的重要环节，它涉及对目标受众在短视频平台上的行为模式和偏好的深入理解。

短视频运营客户行为分析是一个复杂而深入的过程。通过对用户画像、行为特征、影响因素等方面的分析以及制定相应的优化策略可以更好地理解用户需求，提高用户体验，从而实现更好的运营效果。

转化率分析旨在衡量从一个环节到下一个环节的客户行为变化比例，以识别潜在瓶颈并制定相应的优化策略。

（一）转化率定义

转化率通常定义为完成特定期望行为的客户数量与总接触或参与客户数量的比率。在客户行为分析中，转化率可以应用于多个环节，如广告点击率、页面访问到购买、注册到活跃用户等。

（二）关键转化率环节

在客户行为路径中，关键的转化率环节通常包括以下方面：

（1）广告点击率（CTR）。衡量广告展示后被点击的比例，反映广告内容的吸引力和目标受众的匹配度。

（2）网站访问到页面浏览。衡量访问者进入网站后实际浏览页面的比例，反映网站的首页设计、加载速度和内容吸引力。

（3）页面浏览到加入购物车。衡量访问者在浏览商品后将其加入购物车的比例，反映商品信息的展示效果、价格策略和用户购物体验。

（4）加入购物车到结算。衡量用户在将商品加入购物车后实际进行结算的比例，反映结账流程的便捷性、支付方式的多样性和用户对商品的购买意愿。

（5）注册用户到活跃用户。衡量新注册用户在一定时间内成为活跃用户的比例，反映应用的用户留存能力和用户黏性。

（三）转化率分析方法

（1）转化漏斗分析。使用转化漏斗模型来可视化客户在各个环节的转化率，通过对比不同环节之间的转化率差异，识别潜在的问题环节。

（2）细分分析。根据用户属性（如年龄、性别、地域等）或行为特征（如访问时间、设备类型等）对用户进行细分，分析不同细分群体在不同环节的转化率差异，以便制定有针对性的优化策略。

（四）优化策略

（1）优化广告内容。提高广告的创意质量和目标受众的匹配度，提高广告点击率。

（2）优化网站和页面设计。简化页面布局、提升加载速度，增强内容吸引力，提高页面浏览量和转化率。

（3）优化购物体验。优化商品信息展示，提供便捷的结账流程和多样的支付方式，降低购物门槛和提升购买意愿。

（4）提升用户留存。通过个性化推荐、会员制度、积分奖励等方式提升用户黏性和活跃度。

（5）数据分析驱动决策。建立完善的客户行为数据分析体系，实时监控和分析转化率数据，为优化策略的制定提供数据支持。

总之，客户行为分析中的转化率分析是理解和优化客户流程的重要手段。通过深入分析转化率数据并制定相应的优化策略，企业可以不断提升客户体验和业务表现。

【例 5-1-1】已知短视频某运营商的各环节人数流量，请计算各环节转化率并用漏斗图进行展示。

（1）打开文件【5-1】的工作表【5-1-1】，使用“总转化率=本环节人数/上一环节的人数”，计算出各环节的总转化率。注意：第一环节的总转化率=第一环节人数/第一环节的人数。如表 5-1 所示。

表 5-1　各环节转化率

环节	人数	各环节转化率/%
浏览	17246	100
广告点击	8112	47.04
加入购物车	2154	26.55
购物车结算	1012	46.98
注册	579	57.21

（2）选中单元格区域 A1:B6，单击【插入】选项卡，单击【推荐的图表】，选择【漏斗图】。如图 5-1 所示。

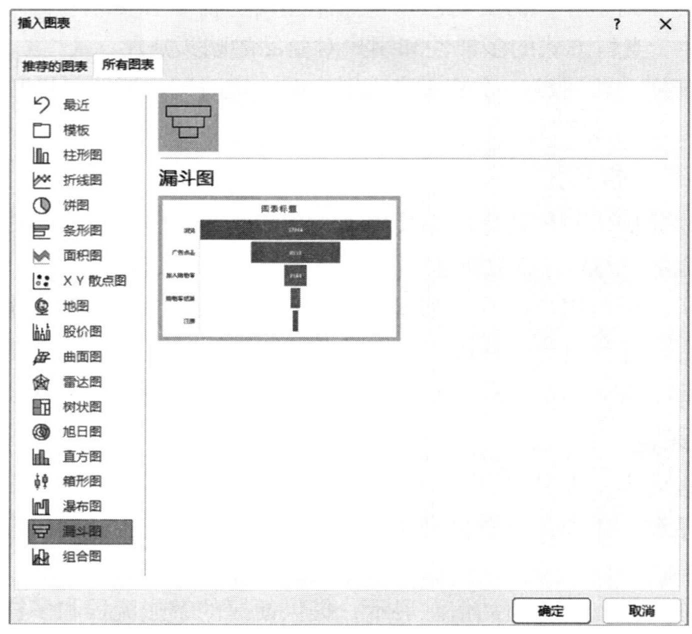

图 5-1　插入图表对话框

（3）调节漏斗图的间隙宽度。打开【设置数据系列格式】任务窗格，单击【系列选项】按钮，将【间隙宽度】调整为合适的值。如图 5-2 所示。

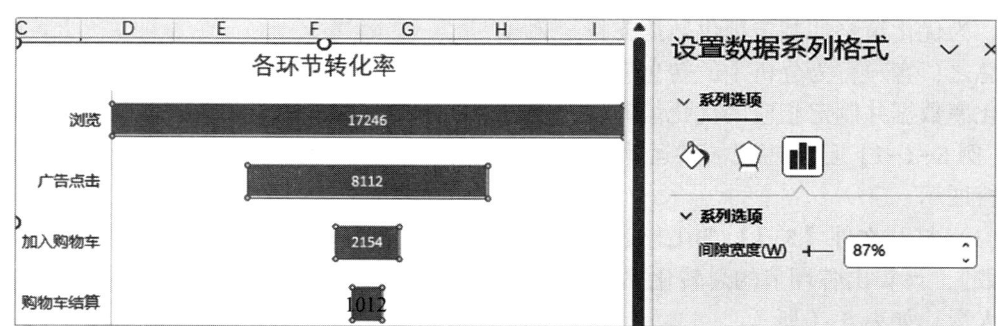

图 5-2　设置数据系列格式

（4）从图 5-2 可以看出，从前往后各环节的人数是逐渐减少的，也就是说，整体的转化率是逐渐降低的，但是看不出各环节的具体转化率，可以通过各环节之间插入箭头和文本框，来表明各环节的顺序及转化率。单击【插入】选项卡【形状】按钮，插入向下的箭头。如图 5-3 所示。

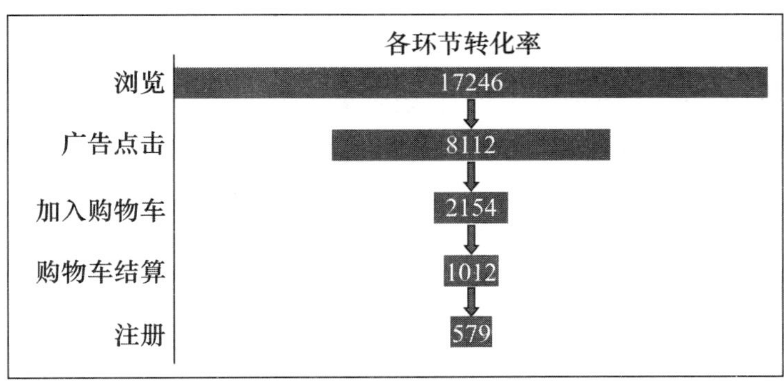

图 5-3 插入箭头的效果图

（5）选中所有的箭头，单击【形状格式】选项卡，进行【形状填充】和【形状轮廓】设置，设置箭头效果图。如图 5-4 所示。

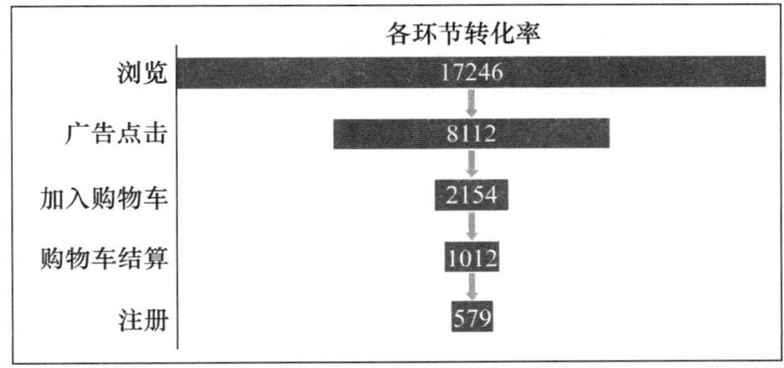

图 5-4 设置箭头效果图

（6）单击【插入】选项卡，选中【绘制横排文本框】，然后进行【设置形状格式】，【线条】选择【无线条】。如图 5-5 所示。

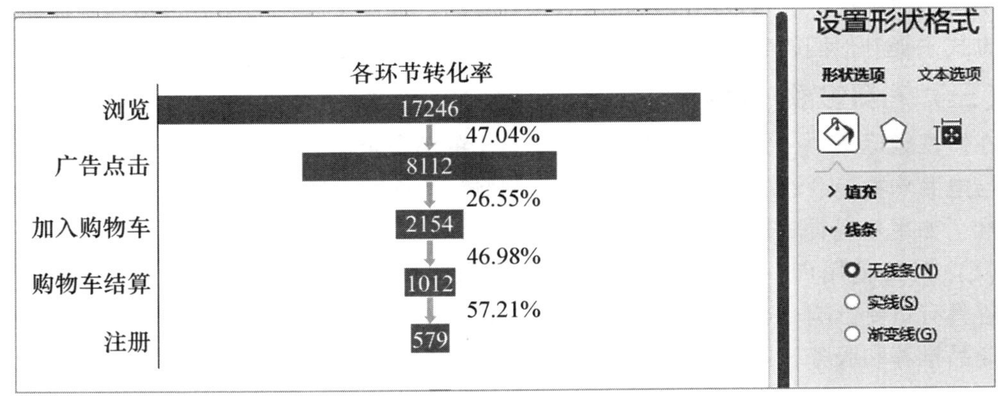

图 5-5 设置形状格式

二、客户价值分析

在短视频运营中，RFM 模型是一种有效的客户价值分析工具，它帮助运营人员更好地理解用户的消费行为，并据此制定有针对性的运营策略。RFM 模型包含三个关键维度，即最近一次消费时间（Recency，R）、消费频率（Frequency，F）和消费金额（Monetary，M）。下面将结合短视频运营的特点，详细分析这三个维度在客户价值分析中的应用。

（一）最近一次消费时间（R）

在短视频运营中，R 值代表了用户最近一次与平台产生交互（如观看、点赞、评论、分享或购买等行为）的时间间隔。较短的 R 值意味着用户近期对平台保持较高的活跃度，而较长的 R 值则可能表明用户正在流失或兴趣减弱。

（1）高 R 值用户。对于这类用户，运营人员需要分析他们流失的原因，可能是内容质量下降、推荐算法不准确或用户兴趣转移等。可以通过推送个性化内容、优惠活动或召回策略来尝试重新激活他们。

（2）低 R 值用户。这类用户是平台的核心活跃用户，他们的持续参与对平台的发展至关重要。运营人员应重点关注他们的需求变化，提供更加丰富和多元化的内容，同时加强用户关系的维护，提升他们的忠诚度和黏性。

（二）消费频率（F）

在短视频运营中，F 值可以代表用户在一定时间内与平台产生交互的次数，如观看视频的数量、点赞和评论的次数等。其中，高 F 值用户是平台的高价值用户，他们为平台贡献了大量的活跃度和流量。

（1）高 F 值用户。这类用户是平台的忠实粉丝，他们对平台内容有高度的认同感和依赖性。运营人员应重点维护这类用户的关系，提供专属的特权和福利，如会员特权、专属内容推荐等，以增强他们的归属感和忠诚度。

（2）低 F 值用户。对于这类用户，运营人员需要分析他们的行为模式，了解他们与平台互动的障碍和痛点。可以通过优化内容推荐算法、提供个性化的内容推送或开展激励活动等方式来提升他们的参与度和消费频率。

（三）消费金额（M）

在短视频运营中，M 值通常指用户在平台上的消费金额，如购买虚拟商品、打赏主播或参与电商购物等。然而，对于非电商类短视频平台而言，M 值可以替换为其他重要的衡量标准，如用户观看时长、互动次数等。

（1）高 M 值用户。这类用户是平台的重要收入来源，他们的消费行为对平台的商业化进程具有重要影响。运营人员应深入了解他们的消费偏好和需求，提供更加精准和个性化的商品推荐和服务，以提升他们的消费体验和满意度。

（2）低 M 值用户。对于这类用户，运营人员可以通过提供优惠活动、折扣券或积分奖励等方式来刺激他们的消费欲望，引导他们从低价值用户向高价值用户转化。

综上所述，RFM 模型在短视频运营客户价值分析中具有重要意义。通过综合考虑 R、

F、M 三个维度的数据，运营人员可以全面了解用户的消费行为和价值贡献，进而制定更加精准和有效的运营策略，提升平台的用户活跃度和商业价值。

RFM 模型通常将客户分成 8 个级别：重要价值客户、重要保持客户、重要发展客户、重要挽留客户、一般价值客户、一般保持客户、一般发展客户和一般挽留客户。具体如表 5-2 所示。

表 5-2 RFM 模型

客户分级	R 值	F 值	M 值
高价值客户	近	高	高
重要保持客户	远	高	高
重要发展客户	近	低	高
重要挽留客户	远	低	高
一般价值客户	近	高	低
一般保持客户	远	高	低
一般发展客户	近	低	低
一般挽留客户	远	低	低

【例 5-1-2】某电子产品制造企业面临订单过多和订单处理效率低下的问题。为了优化订单管理，计划部部门经理对小王下达了如下任务：

（1）收集公司 2021 年的订单数据；

（2）对收集到的订单数据进行分类整理；

（3）对处理后的订单数据进行可视化处理，构建 RFM 模型；

（4）根据得到的 RFM 模型结果，对订单客户的稳定性与合作关系等进行分析。

通过以上任务执行，该企业的订单管理得到了明显改善。订单处理效率提高了 30%，订单错误率降低了 20%，客户满意度大幅提升。

①打开本实例的原始文件【5-1-2】，根据“客户订单明细”工作表中的数据创建一个数据透视表，将【客户 ID】拖曳到【行】列表框中，【订单日期】【订单 ID】【订单金额】拖曳到【值】列表框中，如图 5-6 所示。这样，就可以得到客户 ID、订单日期和订购单金额。FRM 雏形也就出来了，如图 5-7 所示。

对图 5-7 中的数据进行进一步处理，以便 RFM 模型中的数据符合要求，具体操作如下：

• 在订单日期列标题（单元格 B3）上单击鼠标右键，在弹出的快捷菜单中选择【值汇总依据】下的【最大值】选项，即可将订单日期的汇总依据更改为最大值，这样客户最近一次的消费时间就计算出来了。如图 5-8 所示。

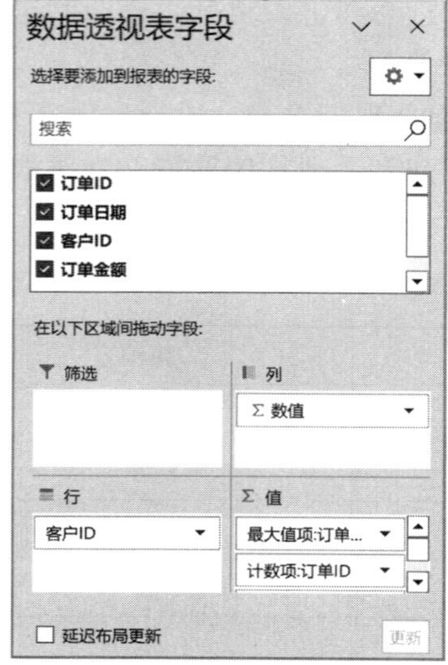

图 5-6　设置数据透视表字段列

	A	B	C	D
1				
2				
3	行标签	计数项:订单日期	求和项:订单ID	求和项:订单金额
4	安媛元—273799	5	119861762	869.5
5	敖亦寒—118717	2	46733388	269.8
6	柏丽—417302	2	55979857	239.8
7	卞兴—336293	3	62091401	219.7
8	卜莺—140448	1	38273466	69.9
9	曹帮菊—181554	3	106444454	259.7
10	曹丹—431017	1	12801396	9.9

图 5-7　FRM 雏形

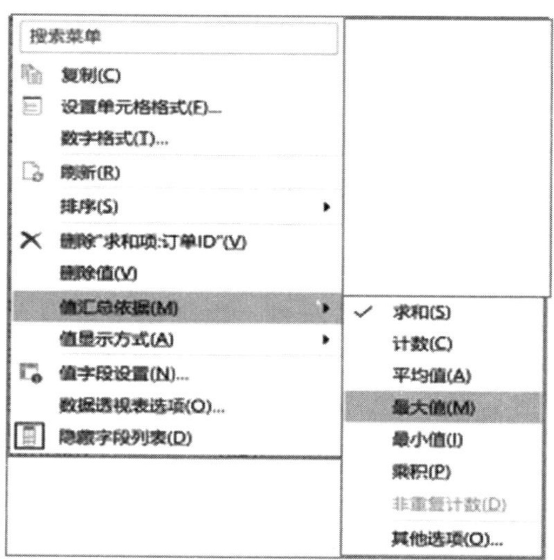

图 5-8　将汇总依据更改为“最大值”

• 然后，按照同样的方法将“求和项：订单 ID”改为“计数项：订单 ID”，修改完的效果如图 5-9 所示。

	A	B	C	D
3	行标签	最大值项:订单日期	计数项:订单ID	求和项:订单金额
4	安媛元—273799	2021-12-23	5	869.5
5	敖亦寒—118717	2021-6-21	2	269.8
6	柏丽—417302	2021-12-16	2	239.8
7	卞兴—336293	2021-9-12	3	219.7
8	卜莺—140448	2021-12-5	1	69.9
9	曹帮菊—181554	2021-12-9	3	259.7
10	曹丹—431017	2021-2-4	1	9.9

图 5-9　修改值字段效果图

②计算 R、F、M 的值，详见“RFM 分值”工作表。

F 值和 M 值可以直接引用数据透视表中的订单 ID 和订单金额数据，R 值则需要进行计算，计算两个日期的天数差值需要使用函数 DATEDIF( )。

函数 DATEDIF( )是 Excel 的隐藏函数。函数 DATEDIF( )的主要功能是返回两个日期之间的年、月、日间隔数，常用于计算两个日期之差。

• 在单元格区域 F3:13 中依次输入标题“客户 ID”“R”“F”“M”，然后通过公式引用的方式将客户 ID、F 值、M 值从数据透视表引用到新的列中，如图 5-10 所示。

	A	B	C	D	E	F	G	H	I
3	行标签	最大值项:订单日期	计数项:订单ID	求和项:订单金额		客户ID	R	F	M
4	安媛元—273799	2021-12-23	5	869.5		安媛元—273799		5	869.5
5	敖亦寒—118717	2021-6-21	2	269.8		敖亦寒—118717		2	269.8
6	柏丽—417302	2021-12-16	2	239.8		柏丽—417302		2	239.8
7	卞兴—336293	2021-9-12	3	219.7		卞兴—336293		3	219.7
8	卜莺—140448	2021-12-5	1	69.9		卜莺—140448		1	69.9
9	曹帮菊—181554	2021-12-9	3	259.7		曹帮菊—181554		3	259.7
10	曹丹—431017	2021-2-4	1	9.9		曹丹—431017		1	9.9

图 5-10 引用数据透视表字段

• 根据公式 R = 最近一次消费时间 - 统计截止时间，在单元格 G4 中输入公式“=DATEDIF（B4,"2020-12-31","D"）”，然后将单元格 G4 中的公式向下填充，得到所有客户的 R 值，如图 5-11 所示。

	A	B	C	D	E	F	G	H	I
3	行标签	最大值项:订单日期	计数项:订单ID	求和项:订单金额		客户ID	R	F	M
4	安媛元—273799	2021-12-23	5	869.5		安媛元—273799	8	5	869.5
5	敖亦寒—118717	2021-6-21	2	269.8		敖亦寒—118717	193	2	269.8
6	柏丽—417302	2021-12-16	2	239.8		柏丽—417302	15	2	239.8
7	卞兴—336293	2021-9-12	3	219.7		卞兴—336293	110	3	219.7
8	卜莺—140448	2021-12-5	1	69.9		卜莺—140448	26	1	69.9
9	曹帮菊—181554	2021-12-9	3	259.7		曹帮菊—181554	22	3	259.7
10	曹丹—431017	2021-2-4	1	9.9		曹丹—431017	330	1	9.9

图 5-11 使用函数 DATEDIF 计算天数

• 计算出 R、F、M 值之后，接下来分别计算 R、F、M 值的平均数或中位数，以便后面在分类的时候作为分割点。数据集中如果没有差异特别大的数，则一般可以使用平均数，但是如果数据集中有特别大或特别小的数，平均值就不准确了，所以此处使用中位数。

• 计算中位数可以使用系统提供的中位数函数 MEDIAN( )。

函数 MEDIAN( )能够返回给定数值的中值，中值是在一组数值中居于中间的数值，如果参数集中包含偶数个数字，则函数 MEDIAN( )将返回位于中间的两个数的平均值。其语法格式如下：

MEDIAN（number1，number2，...）

其中，number1、number2……参数是要计算中值的 1～255 个数字。

• 在单元格 G2 中输入公式“=MEDIAN（C4:G449）”，计算出 R 值的中位数，然后将公式向右填充，计算 F、M 值的中位数，如图 5-12 所示。

	A	B	C	D	E	F	G	H	I
1									
2						中位数	74	3	279.7
3	行标签	最大值项:订单日期	计数项:订单ID	求和项:订单金额		客户ID	R	F	M
4	安媛元—273799	2021-12-23	5	869.5		安媛元—273799	8	5	869.5
5	敖亦寒—118717	2021-6-21	2	269.8		敖亦寒—118717	193	2	269.8
6	柏丽—417302	2021-12-16	2	239.8		柏丽—417302	15	2	239.8
7	卞兴—336293	2021-9-12	3	219.7		卞兴—336293	110	3	219.7
8	卜莺—140448	2021-12-5	1	69.9		卜莺—140448	26	1	69.9
9	曹帮菊—181554	2021-12-9	3	259.7		曹帮菊—181554	22	3	259.7
10	曹丹—431017	2021-2-4	1	9.9		曹丹—431017	330	1	9.9

图 5-12　计算中位数

③R、F、M 权重分配，详见“RFM 分值”工作表。

● 在计算出 R、F、M 值以及中位数之后，需要按照中位数情况确定各个因素的权重分数。例如，将 R 值分为 5 个档次，若 R≤50 天，则其权重分为 5 分；若 51 天≤R≤100 天，则其权重分为 4 分；若 101 天≤R≤150 天，则其权重分为 3 分；若 151 天≤R≤250 天，则其权重分为 2 分；若 251 天≤R≤365 天，则其权重分为 1 分。同理，根据公司的实际情况确定 F 和 M 的值，权重分配如表 5-1-3 所示。

表 5-3　权重分配表

R	F	M	权重
R≤50	9≤F≤10	M≥741	5
51≤R≤100	7≤F≤8	521≤M≤740	4
101≤R≤150	5≤F≤6	281≤M≤520	3
151≤R≤250	3≤F≤4	141≤M≤280	2
251≤R≤365	1≤F≤2	1≤M≤140	1

● 在得到 R、F、M 值的权重之后，利用 Excel 的函数 IF( )的嵌套，分别把每一个客户的 R 得分、F 得分和 M 得分计算出来。其中，单元格 F3 中的函数为“=IF (C3≤ $L $3, $S$3, IF (C3≤ $L$4, $S$4, IF (C3≤SL $5, $S$5, IF (C3≤ $L$6, $S$6, IF (C3≤ $L$7, $S$7, 0)))))”，其他计算出的 R 得分、F 得分和 M 得分如表 5-4 所示。

表 5-4　R、F、M 得分

客户 ID	R	F	M	R 得分	F 得分	M 得分	RFM 得分
安媛元—273799	8	5	869. 5	5	3	5	13
敖亦寒—118717	193	2	269. 8	2	1	2	5
柏丽—417302	15	2	239. 8	2	1	2	8
卞兴—336293	110	3	219. 7	2	2	2	6
卜莺—140448	26	1	69. 9	5	1	1	7

续表

客户 ID	R	F	M	R 得分	F 得分	M 得分	RFM 得分
曹邦菊—181554	22	3	259.7	5	2	2	9
曹丹—431017	330	1	9.9	1	1	1	3

- 在此基础上插入透视表，将 RFM 得分拖入到行，将客户 ID 拖入到值，并将其总方式设置为计数，通过透视表可以直观地看出每个 RFM 分值的客户数，并对透视中的数据进行可视化处理，所得每个 RFM 分值客户数的柱状图如图 5-13 所示。

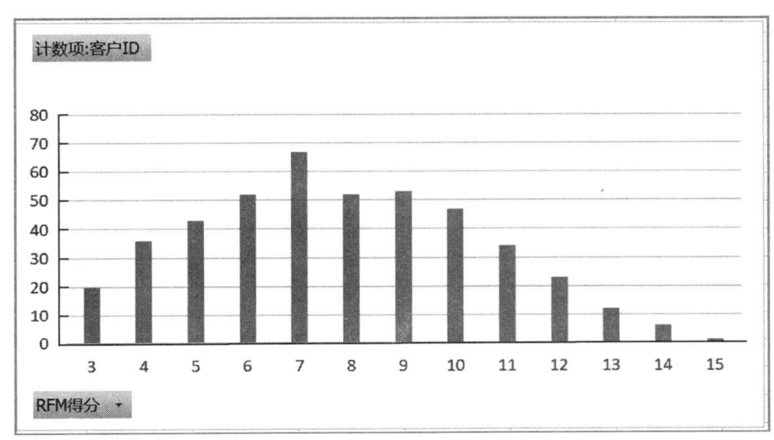

图 5-13 RFM 分值客户数

客户稳定性、合作关系分析及相关建议。小王对 2021 年公司销售情况进行分析计算，得出 2021 年客户的 RFM 分值，根据分值进行客户分组管理，将 RFM 分值在 5 分（含）以内的称为普通客户，RFM 分值在 6～10 分的称为普通会员，RFM 分值在 11～14 分的称为黄金会员，RFM 分值为 15 分的称为水晶会员，并对其进行可视化处理，得出结论如下：

（1）客户的 RFM 分值越高，客户的稳定性与公司的合作关系越好，客户的 RFM 分值越低，其稳定性越低，容易中断与公司的合作，转而购买其他公司的产品。

（2）RFM 分值越高的客户，质量越好，该类客户对公司的忠诚度较高，进行二次营销活动时更易获得该类客户响应，该类客户往往已经对公司拥有较高的认可度，公司在维护该类客户信用度方面花费成本较少，故公司针对该类客户的营销重点在于让客户了解公司产品更新的时间、优惠力度等。

（3）针对 2021 年公司的销售，RFM 分值处于中等水平的客户较多，其质量和忠诚度都处于中等水平，针对该类客户，公司需要适时地推出相关优惠活动，吸引该类客户更多地了解公司的产品，增加客户的忠诚度。

（4）RFM 分值低的客户，客户质量相对较差，此类客户对公司的信任感和忠诚度较低。针对此类客户，需要在增强公司信用度宣传的同时培养客户的忠诚度。

第二节 自身短视频的数据分析

【知识目标】

1. 熟悉短视频运营客户分析指标。
2. 掌握数据透视表分组的方法。

【能力目标】

1. 能采集数据并进行整理。
2. 能运用 Excel 进行数据分析。
3. 能将数据转化为图表。

【素养目标】

1. 具备逻辑思维与问题解决能力。
2. 具备持续学习与创新能力。

自身视频的数据分析是一个系统而细致的过程，它涉及多个关键数据指标和用户行为的分析，旨在优化视频内容策略，提升视频的吸引力和传播效果。

一、关键数据指标分析

（一）播放量分析

播放量分析指视频播放次数，反映视频的受欢迎程度和受众群体的规模。

播放量分析重点关注视频在不同时间段、不同平台或不同推广方式下的播放量变化，找出影响播放量的关键因素。

（二）点赞量分析

点赞量分析指用户对视频的喜爱程度表达。

点赞量分析重点分析点赞量高的视频内容特点，如主题、表现形式、视觉效果等，以便在后续创作中借鉴。

（三）评论量分析

评论量分析指对视频的意见反馈。

评论量分析重点阅读并分析评论内容，了解用户对视频的看法、建议和意见，以便优化视频内容和创作方向。

（四）分享量分析

分享量分析指视频在用户社交网络中的传播情况。

分享量分析重点分析哪些视频更容易被用户分享，找出其背后的原因，如内容共鸣、情感触发等。

（五）完播率分析

完播率分析指用户完整观看视频的比例。

完播率反映了视频内容的吸引力和用户黏性。分析完播率低的视频，找出可能导致用户中途放弃观看的原因，如内容拖沓、节奏不紧凑等。

二、用户行为分析

（一）观看时长分析

分析用户观看视频的平均时长和停留点，了解用户对视频内容的兴趣点和注意力分布。

（二）互动行为分析

分析用户的点赞、评论、分享等互动行为，了解用户的参与度和对视频内容的兴趣程度。

（三）用户画像分析

利用平台提供的用户数据分析工具，构建用户画像，了解目标受众的年龄、性别、地域、兴趣等特征，以便更精准地定位视频内容和推广策略。

三、竞品分析

（一）内容对比

分析竞品视频的内容主题、表现形式、视觉效果等，找出自身视频的差异化优势和改进空间。

（二）用户群体对比

对比竞品视频的用户群体特征，了解自身视频在用户覆盖上的优势和不足。

（三）策略借鉴

借鉴竞品视频的成功经验和策略，如发布时间、推广方式等，以提升自身视频的传播效果。

四、数据分析工具与方法

（一）专业工具

利用平台提供的分析工具（如抖音的 Insights、YouTube 的 Analytics 等）或第三方数据分析工具（如考古加数据、Tableau 等）进行数据分析。

（二）数据收集与清洗

通过 API 或第三方工具收集所需数据，并进行清洗以去除异常数据和重复数据。

（三）数据处理与分析

使用统计分析方法对收集到的数据进行处理和分析，如趋势分析、相关性分析等。

（四）数据可视化

用图表等方式直观地呈现数据分析结果，以便更清晰地了解视频表现和用户行为。

五、持续优化与迭代

（一）根据数据反馈调整策略

根据数据分析结果调整视频内容策略、发布时间、推广方式等，以实现数据驱动的内容优化。

（二）实验与迭代

不断试验新的内容形式、编辑技巧或营销策略，并用数据验证效果，以持续提升视频质量和传播效果。

（三）关注市场趋势与用户变化

保持对市场和用户变化的敏感度，及时调整策略以适应新的环境和需求。

综上所述，自身视频的数据分析是一个全面而细致的过程，需要关注多个关键数据指标和用户行为的变化趋势，并结合竞品分析和专业工具进行深入分析。通过持续优化与迭代策略，可以不断提升视频的质量和传播效果。

【例 5-2-1】在抖音平台上，视频播放量与点赞量之间的关系并不是固定不变的，它受到多种因素的影响，包括视频内容的质量、时长、推广方式、发布时间以及观众的兴趣等。根据一些普遍的观察和统计数据，我们可知，一个中等水平的视频在抖音上每 100 次播放量大约会产生 5 个赞。当然，这个比例并不是绝对的，因为面对不同的视频观众群体可能会有不同的反应。一些高质量的视频可能会获得更高的点赞量，而一些内容较为普通或不受欢迎的视频则可能点赞量较低。此外，还需要注意的是，抖音的推荐算法也会对视频播放量和点赞量产生影响。如果视频内容受到用户的喜爱和互动（如点赞、评论、分享等），那么抖音的推荐算法可能会将其推荐给更多的用户，从而进一步提高其播放量和点赞数。

下面，以某短视频账号在 2024 年 6 月发布的视频的播放量和点赞量为例，对其自身视频的播放量和点赞量进行分析。

（1）打开文件【5-2】，在工作表【5-2-1】的 D2 单元格中输入公式“=C2＊100/B2”，单击【输入】按钮，向下填充。如图 5-14 所示。

（2）创建数据透视表。单击【插入】选项卡，选择【数据透视表】，打开【来自表格或区域的数据透视表】对话框，进行如图 5-15 所示的设置。

D2 =C2*100/B2

	A	B	C	D
1	发布日期	播放量	点赞量	每100播放量的点赞数
2	2024/6/1	9261	503	5.43
3	2024/6/3	9848	434	4.41
4	2024/6/5	10833	489	4.51
5	2024/6/7	7428	328	4.42
6	2024/6/9	9325	567	6.08
7	2024/6/11	9678	432	4.46
8	2024/6/13	8923	421	4.72
9	2024/6/15	9120	467	5.12
10	2024/6/17	7765	333	4.29
11	2024/6/19	8021	487	6.07
12	2024/6/21	9456	300	3.17
13	2024/6/23	7947	398	5.01
14	2024/6/25	8268	376	4.55
15	2024/6/27	8845	356	4.02
16	2024/6/29	7854	476	6.06
17	2024/7/1	8325	371	4.46

图 5-14 使用公式计算点赞数

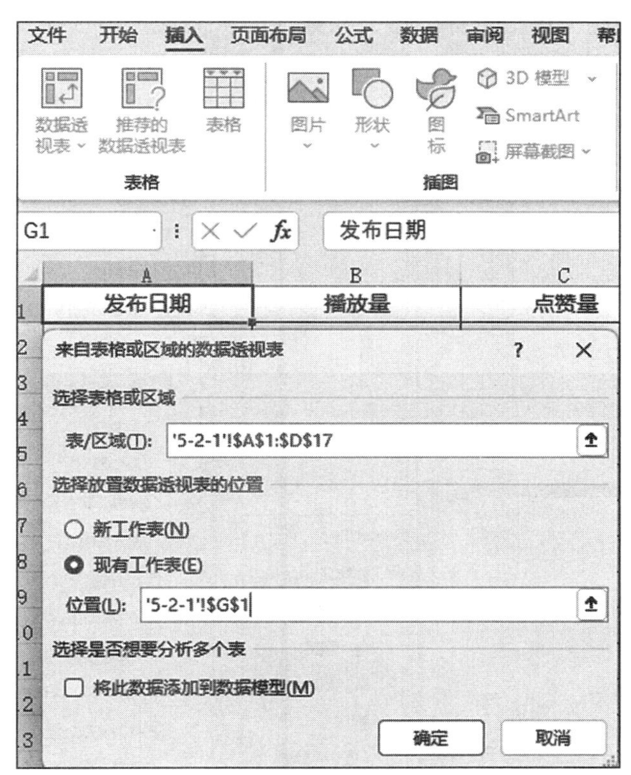

图 5-15 设置来自表格或区域的数据透视表

（3）将【每 100 次播放量的点赞数】分别拖曳到【行】和【值】列表框中。如图 5-16 所示。

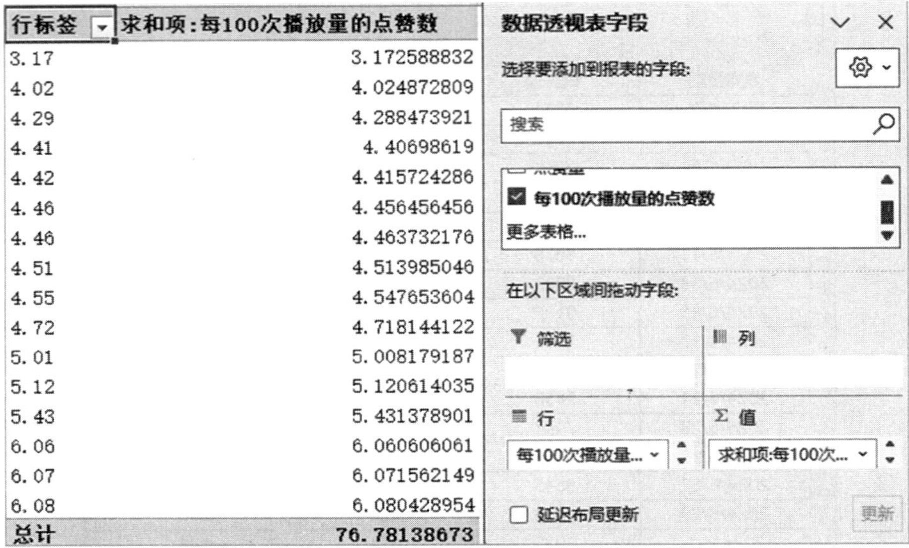

图 5-16 设置数据透视表字段

（4）在值的列标题上单击鼠标右键，在弹出的快捷菜单中选择【值汇总依据】下的【计数】选项。如图 5-17 所示。

（5）在 G2 单元格单击鼠标右键，在弹出的快捷菜单中选择【组合】选项。如图 5-18 所示。

图 5-17 设置值汇总依据为计数

图 5-18 行字段组合

（6）打开【组合】对话框，进行设置，如图 5-19 所示。

（7）单击【确定】按钮，显示分组结果。如图 5-20 所示。

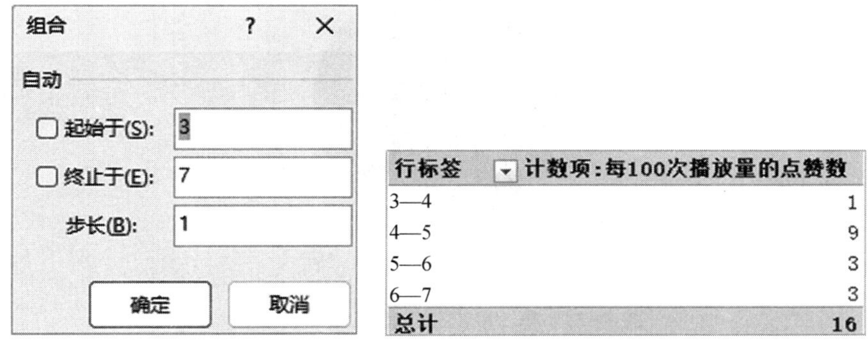

行标签	计数项：每100次播放量的点赞数
3—4	1
4—5	9
5—6	3
6—7	3
总计	16

图 5-19　设置组合对话框　　　　图 5-20　分组结果图

（8）单击【设计】选项卡，选中【报表布局】，单击【以表格形式显示】。如图 5-21 所示。

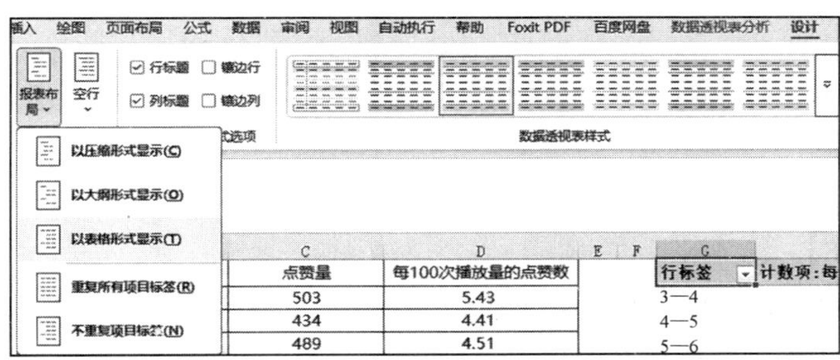

图 5-21　设置行字段标题

（9）每 100 次播放量的点赞数计数。如图 5-22 所示。

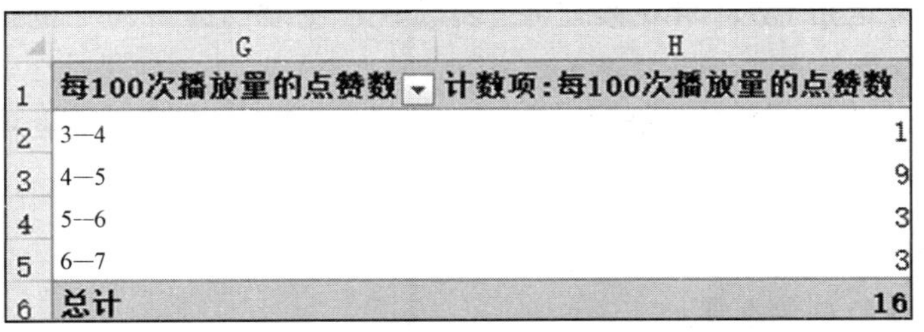

	G	H
1	每100次播放量的点赞数	计数项：每100次播放量的点赞数
2	3—4	1
3	4—5	9
4	5—6	3
5	6—7	3
6	总计	16

图 5-22　设置行字段标题效果

（10）根据图 5-22 创建一个饼图。选中区域 G1:H6 中任意单元格，创建数据透视图，选择饼图，并进行相应的设置。如图 5-23 所示。

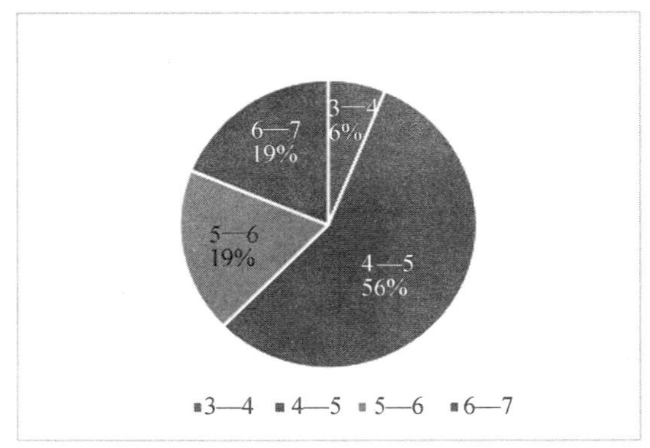

图 5-23 每 100 次播放量点赞数饼状图

通过图 5-23 可以看出，每 100 次播放量的点赞数 3—4 的仅占 6%，其余 94% 的是 5 个及 5 个以上，也就是说，短视频水平是合适的或者是偏高的，可以判定这个视频的内容深受用户喜欢，不需要进行特别的优化。

第三节 同行视频数据分析

【知识目标】

1. 熟练掌握 Excel 的基本界面、单元格操作、数据输入与编辑等基础知识。
2. 了解并掌握数据透视表的使用。
3. 熟悉 Excel 中的图表制作功能。

【能力目标】

1. 能够熟练运用 Excel 对视频数据进行清洗、整理、分析和可视化展示，提取有价值的信息和趋势。
2. 能够不断学习和掌握新的 Excel 功能和数据分析方法，以适应不断变化的数据分析需求。

【素养目标】

1. 具备严谨的科学态度。
2. 具备持续学习与创新能力。

同行视频数据分析是视频创作者和营销人员常用的策略之一，旨在了解竞争对手的表现，从而优化自己的内容和策略。以下是对同行视频数据分析的详细解析。

一、数据分析的目的

同行视频数据分析的目的包括了解竞争对手、发现市场趋势和优化内容策略。

（1）了解竞争对手。通过数据分析，了解同行的视频内容、风格、受众群体等，为自己的创作提供参考。

（2）发现市场趋势。观察热门话题和流行趋势，把握市场动态，及时调整自己的创作方向。

（3）优化内容策略。根据数据分析结果，优化视频内容、发布时间、推广方式等，提高视频的曝光率和转化率。

二、数据分析的内容

同行视频数据分析的内容涵盖多个方面，以下是同行视频数据分析的主要内容。

（一）基础数据指标

（1）播放量：衡量视频受欢迎程度和曝光量的关键指标。

（2）点赞数：反映观众对视频内容的喜爱程度。

（3）评论数：体现用户参与度和对视频内容的反馈。

（4）分享数：衡量视频传播效果和用户自发传播意愿。

（5）收藏数：表明视频内容对用户具有长期价值或吸引力。

（6）完播率：评估视频内容吸引力，高完播率通常意味着内容引人入胜。

（二）内容策略分析

（1）话题选择：观察同行选择的话题类型及其热度，判断哪些话题更受欢迎。

（2）内容形式：分析视频的内容形式（如教程、Vlog、短剧、挑战等），找出适合自己的创作方向。

（3）创作风格：研究同行的视频风格，如幽默、严肃、励志、情感共鸣等，为自己的创作提供灵感。

（4）标题与封面：分析吸引用户点击的标题和封面设计技巧。

（三）互动与反馈分析

（1）评论内容：细读评论，了解观众对视频内容的真实反馈和意见。

（2）回复与互动：观察同行如何回复评论，处理负面反馈，学习其互动技巧。

（3）用户生成内容（UGC）：分析用户基于视频内容创作的二次创作或模仿视频，了解视频的传播力和影响力。

（四）流量来源与渠道分析

（1）平台推荐：分析视频获得平台推荐的情况，了解推荐算法的工作原理和偏好。

（2）搜索流量：通过关键词搜索找到的视频流量，分析用户搜索习惯和需求。

（3）外部引流：观察同行是否通过社交媒体、博客、论坛等外部渠道引流，学习其引流策略。

（五）市场趋势与竞争分析

（1）行业热点：跟踪视频行业的最新动态和热点话题，把握市场趋势。

（2）竞争对手分析：对比多个同行的视频表现，找出各自的优势和劣势，制定差异化策略。

（3）合作与联盟：分析同行之间的合作案例，考虑是否有合作机会或组建联盟以共同提升竞争力。

（六）转化与变现分析

（1）广告变现：观察同行视频中广告的插入方式和效果，评估广告变现的可行性和效果。

（2）电商带货：分析同行通过视频带货的情况，学习其选品、推广和转化的技巧。

（3）会员与打赏：了解同行在视频平台上的会员制度和打赏机制，评估其变现能力和用户付费意愿。

三、分析方法

（一）直接查看数据

（1）在抖音等平台上，可以直接查看同行视频的播放量、点赞量、评论量等数据。

（2）使用平台提供的数据分析工具，如抖音的数据中心，获取更详细的数据报告。

（二）第三方工具分析

（1）利用第三方数据分析工具，如抖查宝等，查询同行视频的详细数据。

（2）这些工具通常提供更全面的数据分析和可视化功能，有助于深入挖掘数据背后的信息。

（三）对比分析

（1）将自己的视频数据与同行视频数据进行对比分析，找出差距和优势。

（2）分析同行视频的成功因素，如内容创意、制作质量、发布时间等，为自己的创作提供参考。

四、分析结果应用

（一）优化内容策略

（1）根据分析结果调整视频内容策略，选择更受用户欢迎的话题和表现形式。

（2）借鉴同行视频的成功经验，提升视频的质量和吸引力。

（二）改进发布策略

（1）分析同行视频的发布时间和频率，选择更合适的发布时机和节奏。

（2）利用热门话题和节日等时机，增加视频的曝光度和传播效果。

（三）提升用户互动

（1）根据用户评论和反馈，优化视频内容，提升用户满意度和参与度。

（2）通过回复评论、私信互动等方式，增强与用户的联系和互动。

（四）制定营销策略

（1）根据分析结果制定更精准的营销策略，如投放广告、合作推广等。

（2）利用数据分析结果指导广告投放和合作对象选择，提高营销效果和投资回报率。

总之，同行视频数据分析是提升视频创作质量和市场竞争力的重要手段。通过深入分析竞争对手的视频表现和用户反馈，可以为自己的创作和营销策略提供有力支持。

【例 5-3-1】将某短视频多个同行数据表（2024 年 6 月 1 日至 6 月 30 日）从后台导出，分析同行数据，并给出原因。

操作共分为三大步：

第一步：合并多个同行视频数据工作表。

①单击【数据】选项卡，在【获取和转换数据】组中单击【获取数据】按钮，选择【来自文件】下的【从文件夹】选项。如图 5-24 所示。

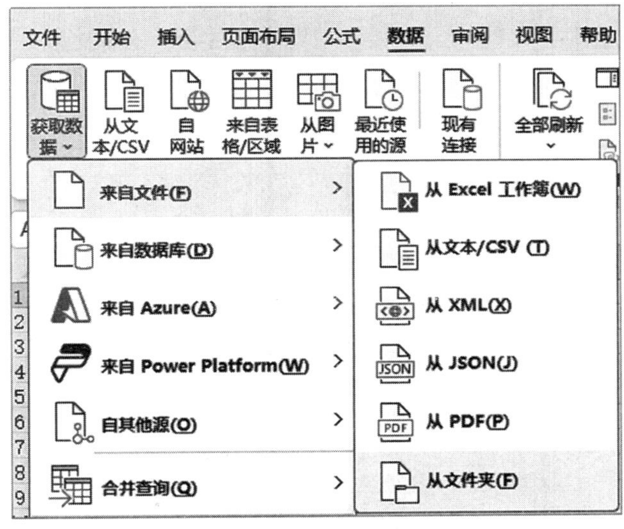

图 5-24 获取数据选项

②在【浏览】框中选择【第五章】的【5-3】文件夹，单击【打开】按钮，将会出现图 5-25。

Content	Name	Extension	Date accessed	Date modified	Date created	Attributes
Binary	账号1.xlsx	.xlsx	2024/8/27 14:11:46	2024/8/27 14:11:46	2024/8/27 11:54:50	Record
Binary	账号2.xlsx	.xlsx	2024/8/27 14:09:35	2024/8/27 14:09:35	2024/8/27 11:54:50	Record
Binary	账号3.xlsx	.xlsx	2024/8/27 14:11:34	2024/8/27 14:11:34	2024/8/27 11:54:50	Record

组合 加载 转换数据 取消

图 5-25 获取数据文件信息

③单击【组合】选项，下拉出现【合并和加载】选项，单击如图 5-26 所示。

④出现【合并文件】对话框，选择【Sheet1】选项。如图 5-27 所示。

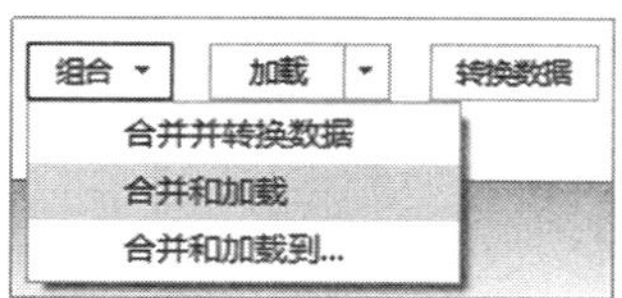

图 5-26　合并和加载选项

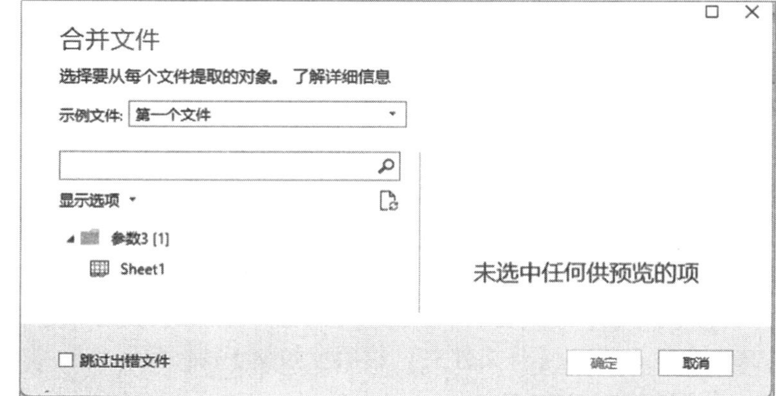

图 5-27　合并文件

⑤单击【确定】按钮显示数据表。如图 5-28 所示。

	A	B	C	D
1	Source.Name	统计时间	粉丝数量	粉丝增量
2	账号1.xlsx	2024/6/1	6,928,185	-1,381
3	账号1.xlsx	2024/6/2	6,980,694	-1,180
4	账号1.xlsx	2024/6/3	6,979,400	-1,314
5	账号1.xlsx	2024/6/4	6,978,326	-1,094
6	账号1.xlsx	2024/6/5	6,977,171	-1,175
7	账号1.xlsx	2024/6/6	6,976,026	-1,165
8	账号1.xlsx	2024/6/7	6,974,865	-1,181
9	账号1.xlsx	2024/6/8	6,973,761	-1,124
10	账号1.xlsx	2024/6/9	6,969,744	-1,037
11	账号1.xlsx	2024/6/10	6,971,500	-1,264
12	账号1.xlsx	2024/6/11	6,970,287	-1,233
13	账号1.xlsx	2024/6/12	6,969,309	-998
14	账号1.xlsx	2024/6/13	6,968,286	-1,043
15	账号1.xlsx	2024/6/14	6,967,337	-969

图 5-28　获取数据效果图

⑥将下图 A 列中的“. xlsx”全部替换为“”。如图 5-29 所示。

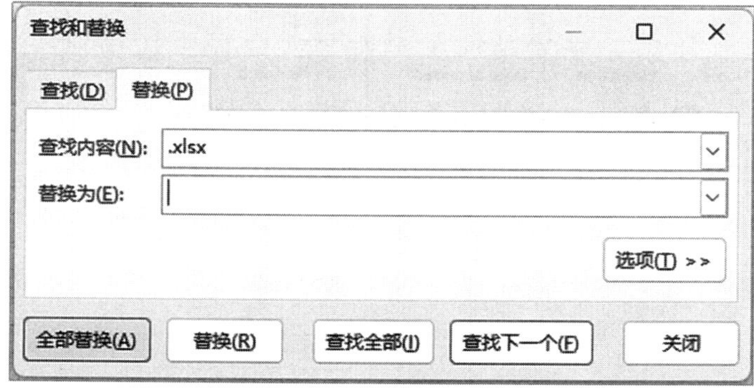

图 5-29　查找和替换对话框

⑦将 A1 单元格中的内容修改为“账号名称”。如图 5-30 所示。

	A	B	C	D
1	账号名称	统计时间	粉丝数量	粉丝增量
2	账号1	2024/6/1	6,928,185	-1,381
3	账号1	2024/6/2	6,980,694	-1,180
4	账号1	2024/6/3	6,979,400	-1,314
5	账号1	2024/6/4	6,978,326	-1,094
6	账号1	2024/6/5	6,977,171	-1,175
7	账号1	2024/6/6	6,976,026	-1,165
8	账号1	2024/6/7	6,974,865	-1,181
9	账号1	2024/6/8	6,973,761	-1,124
10	账号1	2024/6/9	6,969,744	-1,037
11	账号1	2024/6/10	6,971,500	-1,264
12	账号1	2024/6/11	6,970,287	-1,233
13	账号1	2024/6/12	6,969,309	-998
14	账号1	2024/6/13	6,968,286	-1,043
15	账号1	2024/6/14	6,967,337	-969

图 5-30　替换后效果图

第二步：用数据透视表和数据透视图来分析不同账号的粉丝数量。

①选择 A1 单元格，单击【插入】选项卡，选择【数据透视表】；将【数据透视表字段】对话框中的【统计时间】放在【行】列表框中，将【粉丝数量】放在【列】列表框中，如图 5-31 所示，效果如图 5-32 所示。

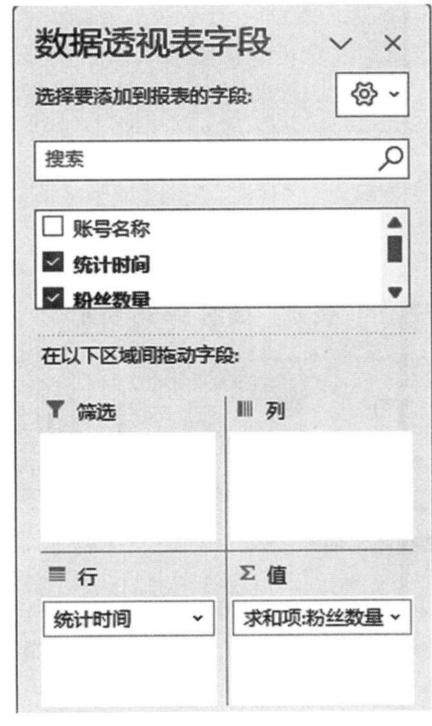

图 5-31　设置数据透视表字段

	A	B
1		
2		
3	统计时间	求和项:粉丝数量
4	2024/6/1	3,907,496
5	2024/6/2	3,906,965
6	2024/6/3	3,906,367
7	2024/6/4	3,905,958
8	2024/6/5	3,905,152
9	2024/6/6	3,904,487
10	2024/6/7	3,903,719
11	2024/6/8	3,903,089
12	2024/6/9	3,902,643
13	2024/6/10	3,901,797
14	2024/6/11	3,901,058
15	2024/6/12	3,900,305
16	2024/6/13	3,899,603
17	2024/6/14	3,898,828
18	2024/6/15	3,898,178
19	2024/6/16	3,897,410
20	2024/6/17	3,896,638
21	2024/6/18	3,895,864
22	2024/6/19	3,896,489
23	2024/6/20	3,897,378
24	2024/6/21	3,897,821

图 5-32　数据透视表效果图

注：选中 A3 单元格，单击【设计】选项卡，再单击【报表布局】下拉箭头，选择

【以表格形式显示】。将会显示 A3 单元格的行标题。

②单击【数据透视表分析】选项卡，单击【插入切片器】按钮。如图 5-33 所示。

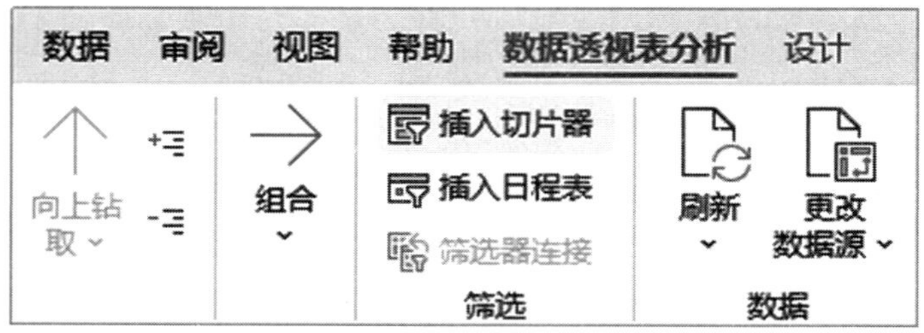

图 5-33　插入切片器选项

③在【插入切片器】对话框中勾选【账号名称】，出现【账号名称】切片器。如图 5-34 所示，效果如图 5-35 所示。

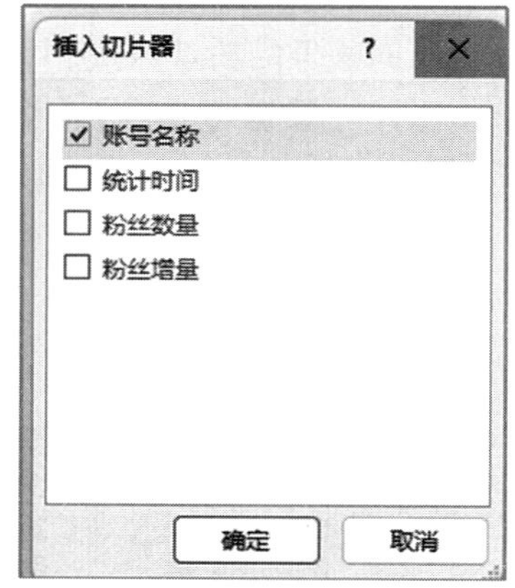

图 5-34　插入切片器对话框

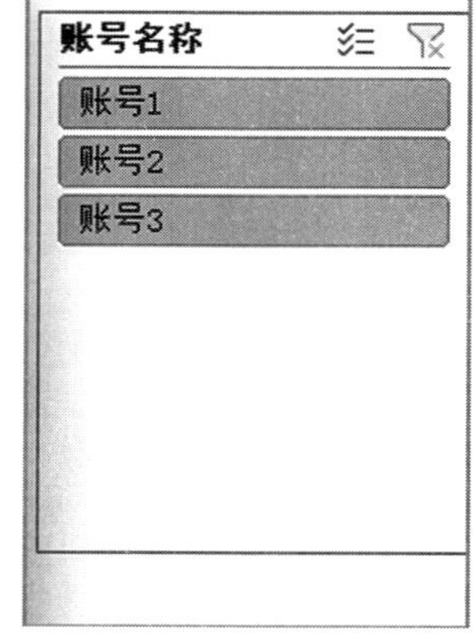

图 5-35　切片器效果图

④单击【数据透视表分析】，单击【数据透视图】按钮。如图 5-36 所示。

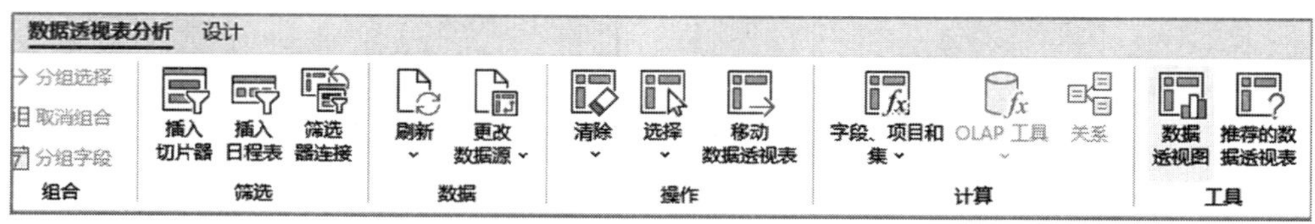

图 5-36　数据透视图选项

⑤对坐标轴格式进行设置。如图 5-37 所示。

⑥在切片器中选择不同的账号，即可看到不同账号的粉丝数量变化趋势。如图 5-38、图 5-39 和图 5-40 所示。

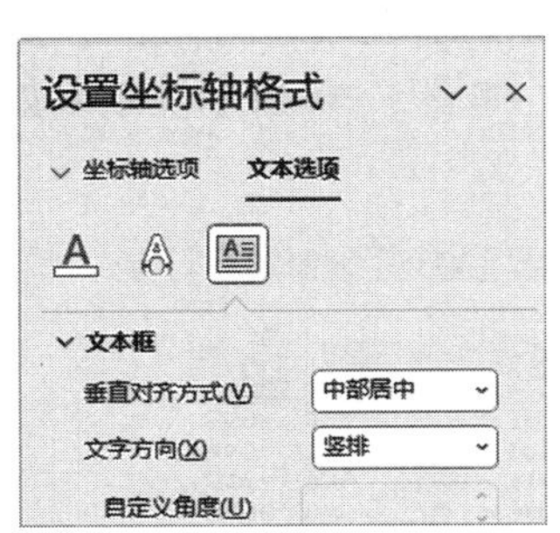

图 5-37 设置坐标轴格式

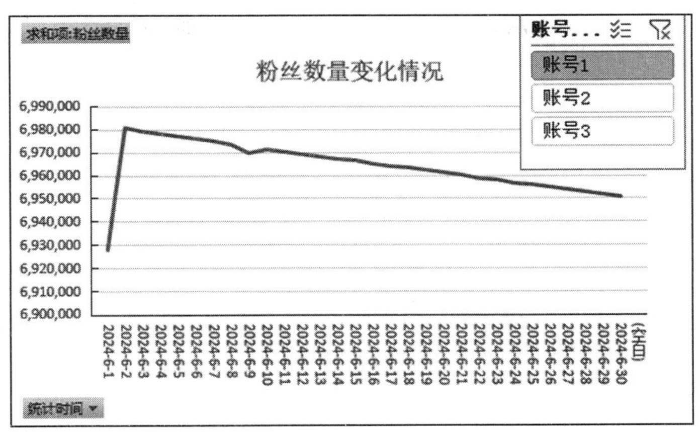

图 5-38 账号 1 粉丝数量变化趋势图

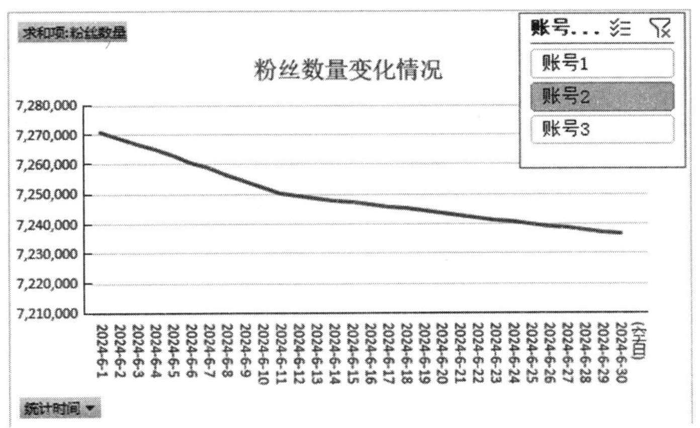

图 5-39 账号 2 粉丝数量变化趋势图

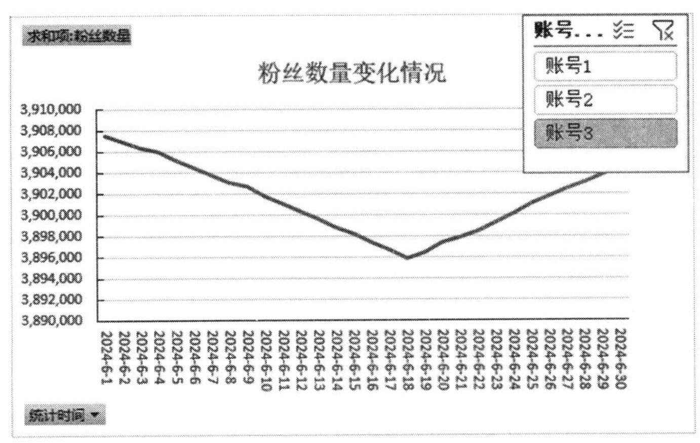

图 5-40 账号 3 粉丝数量变化趋势图

从图 5-38～图 5-40 可以看出，账号 1 的粉丝数量先升后小幅度下降；账号 2 的粉丝数量是平稳小幅下降；账号 3 的粉丝数量先降后升。

第三步：分析不同账号的粉丝增量。

①根据合并后的工作表【5-3-1】，创建数据透视表【5-3-3】，将【统计时间】放置在【行】列表框中，将【粉丝增量】放置在【列】列表框中。如图 5-41 所示。效果如图 5-42 所示。

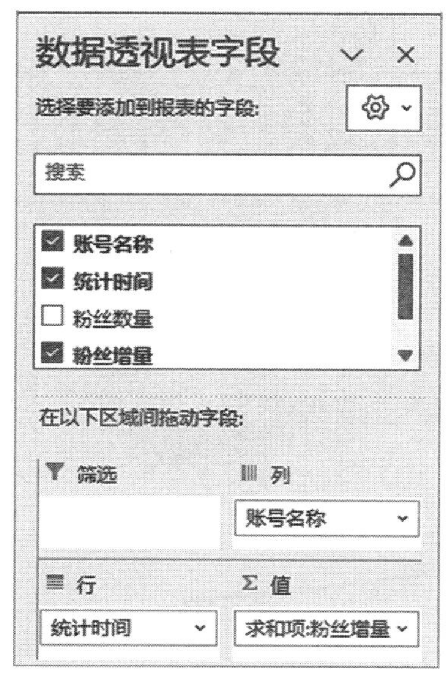

图 5-41　设置数据透视表字段

	A	B	C	D	E
1					
2					
3	求和项:粉丝增量	账号名称			
4	统计时间	账号1	账号2	账号3	总计
5	2024/6/1	−1381	−1772	−506	−3659
6	2024/6/2	−1180	−1883	−541	−3604
7	2024/6/3	−1314	−1965	−608	−3887
8	2024/6/4	−1094	−1787	−419	−3300
9	2024/6/5	−1175	−2176	−816	−4167
10	2024/6/6	−1165	−2133	−675	−3973
11	2024/6/7	−1181	−1968	−778	−3927
12	2024/6/8	−1124	−2113	−640	−3877
13	2024/6/9	−1037	−2109	−456	−3602
14	2024/6/10	−1264	−2235	−856	−4355
15	2024/6/11	−1233	−2044	−739	−4016
16	2024/6/12	−998	−641	−753	−2392
17	2024/6/13	−1043	−709	−702	−2454
18	2024/6/14	−969	−723	−775	−2467
19	2024/6/15	−875	−672	−650	−2197
20	2024/6/16	−1274	−745	−768	−2787
21	2024/6/17	−1022	−620	−772	−2414
22	2024/6/18	−967	−738	−774	−2479
23	2024/6/19	−1136	−742	625	−1253
24	2024/6/20	−987	−744	889	−842
25	2024/6/21	−1129	−651	443	−1337
26	2024/6/22	−1312	−758	649	−1421
27	2024/6/23	−901	−759	789	−871
28	2024/6/24	−1245	−731	859	−1117
29	2024/6/25	−876	−703	882	−697
30	2024/6/26	−964	−589	698	−855

图 5-42　数据透视表效果图

②根据图 5-42，创建一个折线图。如图 5-43 所示。

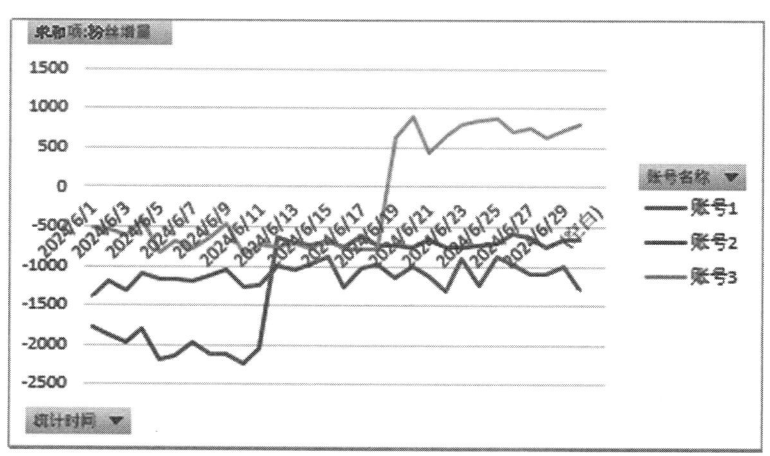

图 5-43　数据透视折线图

③设置坐标轴格式，将【标签位置】设为【低】。如图 5-44 所示。

④将【文字方向】设置为【竖排】。效果如图 5-45 所示。

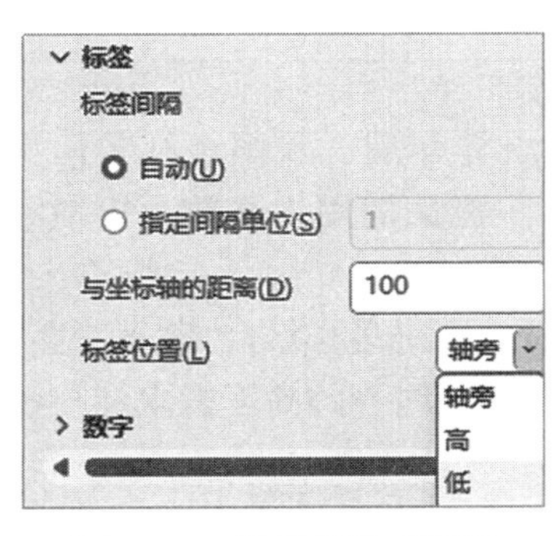

图 5-44 设置标签对话框

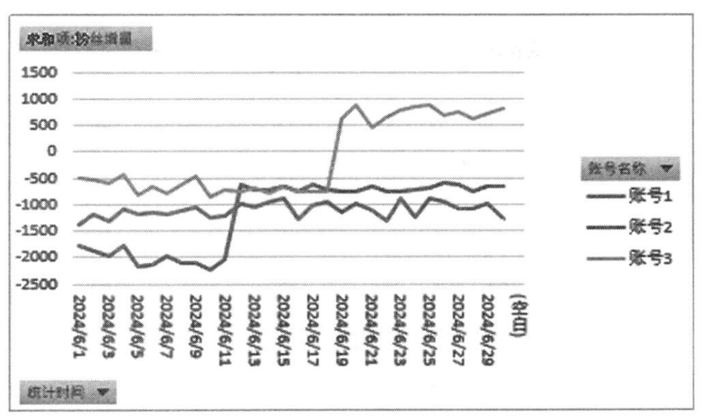

图 5-45 设置文字方向效果图

通过图 5-45 可以看出，账号 1 的粉丝增量几乎没有变化，账号 2 和账号 3 的粉丝增量在后期都有一次大的增幅，之后保持相对稳定的增量。

通过对粉丝数量和粉丝增量进行分析，账号 2 和账号 3 的粉丝增量和数量之所以有相对大的变化，是因为账号 1、账号 2、账号 3 原来都发布的是知识类的讲座视频，账号 1 的视频内容在 6 月没有调整，而账号 2 和账号 3 在 6 月加入了讲座老师生活片段的视频，尤其账号 3 向好的效果特别明显。

第四节 热门数据分析

【知识目标】

1. 掌握数据清洗和整理的方法。
2. 理解并熟练掌握 Excel 的高级功能。

【能力目标】

1. 能够运用 Excel 对热门数据进行深入分析，提取关键信息，识别数据中的模式和趋势，为决策提供有力支持。
2. 能够针对遇到的问题提出解决方案，并通过实践验证其有效性，不断优化数据分析过程。

【素养目标】

1. 具备批判性思维能力，能够客观、理性地评估数据分析结果，避免陷入数据陷阱或误导性结论。
2. 具备严谨的工作作风。

短视频热门数据分析是一个涉及多个维度的复杂过程，下面从用户规模、内容趋势、平台表现、商业模式及未来趋势等方面进行分析。

一、用户规模

用户规模主要体现为用户数量庞大、活跃用户数持续增加。

（1）用户数量庞大。根据中研网发布的数据，截至 2023 年年底，我国短视频用户规模已超过 10 亿人，占全球短视频用户总数的 30% 以上。这一庞大的用户基数为短视频行业的发展奠定了坚实的基础。

（2）活跃用户数持续增加。据第三方研究机构 QuestMobile 发布的报告，截至 2024 年 6 月，短视频月活跃用户数已达到 9.89 亿，显示出用户对短视频内容的高度需求和持续的兴趣。

二、内容趋势

短视频内容的趋势体现为内容多样化、微短剧兴起、人工智能生成内容技术应用越来越广泛。

（1）内容多样化。短视频内容涵盖了技能分享、幽默搞怪、时尚潮流、社会热点、公益教育、广告创意、商业定制等多种主题，满足了用户多样化的需求。

（2）微短剧兴起。微短剧成为用户重要的娱乐方式之一，各大平台微短剧内容用户渗透率超六成，且市场规模持续增长。微短剧以其短小精悍、情节紧凑的特点吸引了大量用户。

（3）AIGC（人工智能生成内容技术应用）。随着 AI 技术的发展，AIGC 在短视频领域的应用越来越广泛，AI 创作功能升级吸引了更多用户参与，推动了行业的进一步发展。

三、平台表现

（1）主要平台。目前，抖音、快手、西瓜视频、微信视频号等是短视频领域的主要平台。这些平台各具特色，共同构成了短视频行业的丰富生态。

（2）用户画像。不同平台的用户画像存在差异。例如，抖音和快手的用户群体以年轻人为主，但快手在二线城市用户中占比更高；而抖音则吸引了更多来自三线城市的用户。

四、商业模式

短视频的商业模式有广告变现、电商直播、付费内容等。

（1）广告变现。短视频平台的广告变现方式多样，包括品牌植入、合作推广等。随着用户规模的扩大和内容的多样化，广告变现能力不断提升。

（2）电商直播。短视频与电商的结合成为新的商业模式。许多短视频创作者通过直播带货实现商业价值，带动了电商行业的发展。

（3）付费内容。部分平台开始尝试付费内容模式，如抖音测试短视频付费功能，为用户提供更多元化的内容选择。

五、未来趋势

短视频的未来趋势体现在技术驱动发展、内容多元化、跨界融合等方面。

（1）技术驱动发展。人工智能、大数据、云计算等技术的应用将进一步优化短视频的推荐算法和创作流程，提高用户体验和创作效率。

（2）内容多元化。随着用户需求的多样化，短视频内容将涵盖更多领域，如教育、知识分享、生活技能等，实现内容的多元化和个性化。

（3）跨界融合。短视频行业将与更多产业实现跨界合作和融合，如影视、音乐、游戏等娱乐产业以及电商、教育、社交等领域，为行业带来更多的商业机会和盈利模式。

综上所述，短视频热门数据分析显示出该行业在用户规模、内容趋势、平台表现、商业模式及未来趋势等方面均呈现出积极向上的态势。随着技术的不断进步和市场的持续拓展，短视频行业有望在未来实现更加广阔的发展前景。

六、短视频热门数据分析的下一个重点

短视频热门数据分析的下一个重点可能会集中在以下几个方面。

（一）用户行为深度分析

（1）观看时长与频次。随着短视频用户规模的持续扩大，分析用户在不同时间段、不同场景下的观看时长和频次，有助于理解用户的观看习惯和需求变化。

（2）互动行为。包括点赞、评论、分享、转发等互动行为的数据分析，可以揭示用户对内容的喜好程度和传播动力。

（3）用户画像。通过大数据分析，构建更加精细化的用户画像，包括年龄、性别、地域、兴趣偏好等，为内容创作者和广告主提供更加精准的目标受众定位。

（二）内容质量与趋势分析

（1）内容类型与主题。分析不同类型、不同主题短视频的受欢迎程度，以及用户对不同类型内容的偏好变化，有助于创作者把握内容的创作方向。

（2）内容质量与创新性。评估短视频内容的质量、创意性和独特性，分析高质量内容对用户黏性和平台活跃度的影响。

（3）热门话题与趋势。实时监测和分析短视频平台上的热门话题和趋势，帮助创作者和广告主抓住热点，提高内容的相关性和时效性。

（三）商业化变现模式分析

（1）广告变现。分析短视频平台上的广告形式、投放效果和用户接受度，探讨广告变现模式的创新和发展趋势。

（2）电商带货。随着短视频与电商的深度融合，分析短视频带货的转化率、用户购买行为等数据，为电商从业者提供决策支持。

（3）付费内容。关注短视频平台付费内容的发展情况，分析用户付费意愿和付费习惯，为创作者提供新的盈利渠道。

（四）技术应用与创新分析

（1）AI 与大数据。分析人工智能、大数据等技术在短视频内容推荐、创作辅助、用户画像等方面的应用效果和创新点。

（2）5G 与超高清。随着 5G 技术的普及和超高清视频技术的发展，分析这些技术对短视频行业的影响和推动作用。

（3）VR/AR 技术。探索 VR/AR 技术在短视频领域的应用前景和商业模式创新。

（五）政策法规与合规性分析

（1）政策环境。关注国家及地方对短视频行业的政策法规变化，分析政策对短视频内容创作、传播和商业化变现的影响。

（2）合规性。加强短视频内容的版权保护、隐私保护等方面的合规性分析，确保短视频平台健康发展。

【案例 5-4-1】

美妆行业短视频

某知名化妆品牌发布了一段 15 秒的短视频，展示了新产品的使用效果。视频中，模特化妆的过程被快速剪辑，同时配以吸引人的背景音乐和字幕，突出了产品的特点和优势。

短时间内突破百万，显示出对美妆类短视频的高关注度。点赞数高达数十万，分享次数也显著增加，表明内容引发了用户的共鸣和兴趣。视频发布后，该品牌的新产品销量显著提升，转化率远高于平均水平。

该案例成功之处在于短视频形式直观、生动，能够快速吸引用户注意力；产品特点展示清晰，增强了用户的购买欲望；背景音乐和字幕的巧妙搭配，提升了观看体验。

【案例 5-4-2】

旅游行业短视频

某旅游公司发布的短视频展示了某热门旅游目的地的美景和丰富的活动。视频中穿插了游客的真实感受和推荐，增加了可信度。

视频发布后迅速走红，观看量持续攀升。评论和分享次数众多，用户积极参与讨论和分享。视频发布后，该目的地的旅游预订量显著增加。

该案例的成功之处在于美景和活动展示具有吸引力，激发了用户的旅游欲望。游客的真实感受和推荐增加了内容的可信度。

第六章 客户管理数据分析

章节知识结构图

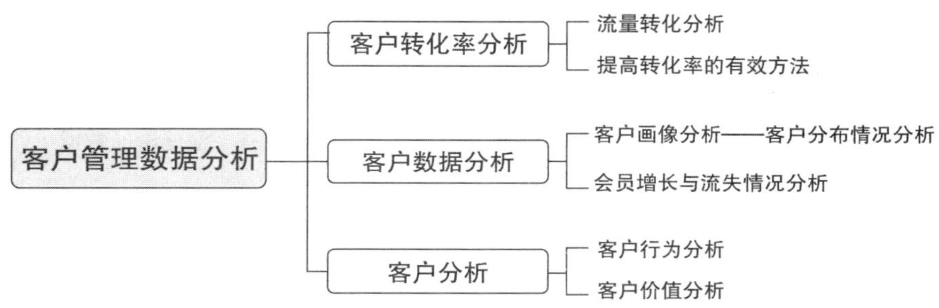

第一节 客户转化率分析

【知识目标】

1. 理解客户转化率的概念及其对业务成功的影响。
2. 学习如何通过数据分析识别提高转化率的机会。
3. 掌握不同营销渠道转化效果的评估方法。

【能力目标】

1. 能够运用数据分析工具测量和比较不同渠道的转化率。
2. 能够基于数据提出提高客户转化率的策略。
3. 能够设计和执行转化率优化实验。

【素养目标】

1. 培养基于数据做决策的习惯，理解数据在提高业务效率中的作用。
2. 增强创新思维，不断探索提高客户转化率的新方法。
3. 提高批判性思维能力，能够客观评估营销活动的效果。

如果网店空有流量却没有转化，也是不能盈利的，因此卖家在为网店引流的同时，还要通过一些合适的运营手段来提高转化率。

一、流量转化分析

分析不同渠道的流量转化情况，可以了解不同渠道的流量转化效果，有利于卖家制定营销推广策略。

【**例 6-1-1**】根据已知数据进行流量转化分析，创建一个簇状柱形图和折线图的组合图，分析不同渠道的流量转化效果。

①打开本实例的原始文件【7-1】中的工作表【7-1-1】，不同流量来源的访客数、下单转化率和支付转化率等指标数据都可以直接从“生意参谋”中下载，如图 6-1 为下载整理后的数据。

流量来源	访客数	下单转化率	支付转化率
淘内免费	242,534	6.30%	6.12%
付费流量	89,345	10.51%	10.24%
自主访问	55,786	19.54%	19.02%
淘外网站	305	0.00%	0.00%
淘外媒体	301	0.00%	0.00%
大促会场	194	9.28%	8.76%
其他来源	1	0.00%	0.00%
淘外App	0	0.00%	0.00%

图 6-1　整理后的数据

②根据不同流量来源的访客数、下单转化率和支付转化率数据，创建一个簇状柱形图和折线图的组合图。如图 6-2 和图 6-3 所示。

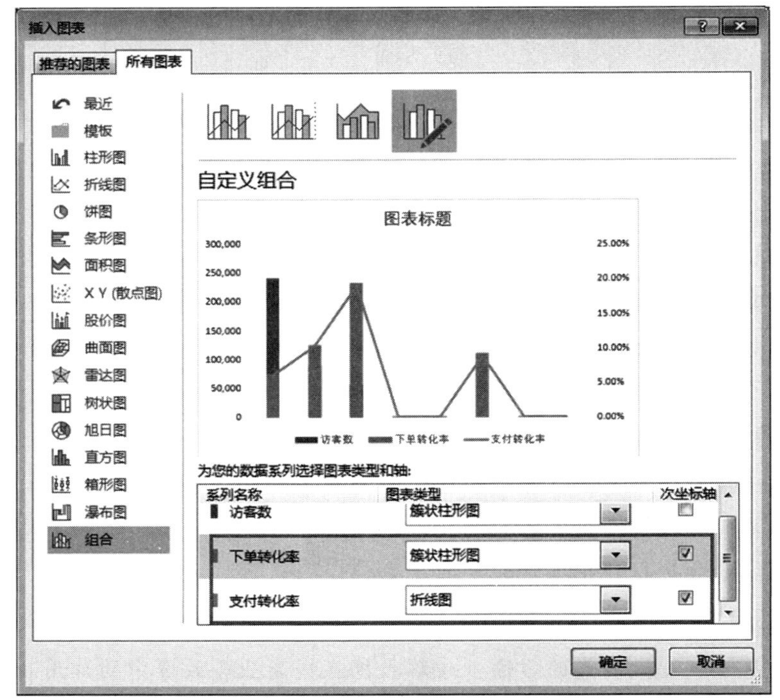

图 6-2　创建组合图

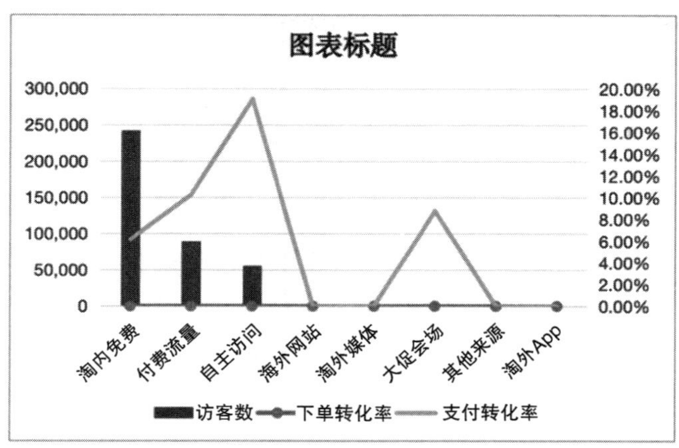

图 6-3 创建一个簇状柱形图和折线图的组合图

③对组合图进行适当的美化，最终效果如图 6-4 所示。

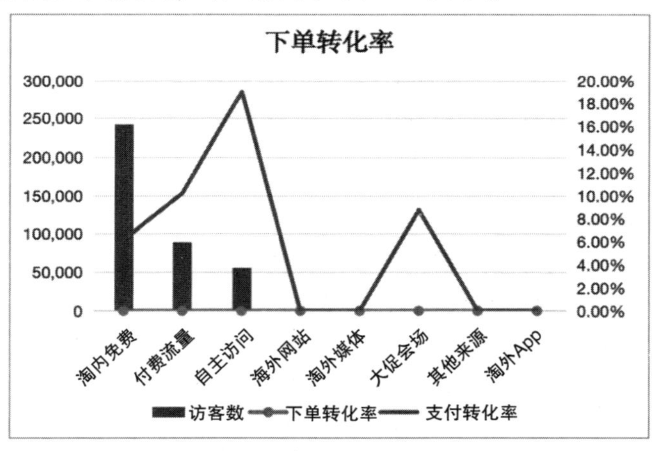

图 6-4 美化组合图

通过图 6-4 可以看出，网店最大的流量渠道为“淘内免费”，其次是“付费流量”和“自主访问”。下单转化率和支付转化率的差异是比较小的，转化率最高的是“自主访问”，其次是“大促会场”“付费流量”“淘内免费”。

二、提高转化率的有效方法

在网店运营过程中，影响转化率的因素是非常多的，如商品主图、商品价格、商品详情页和用户评价等。下面分别分析如何通过这几个因素来提高转化率。

（一）商品主图

消费者在搜索商品时，看到的最直观的信息就是各个商品的主图。因此商品能否吸引消费者、能否提高点击率，其主图的效果就显得非常重要。某商品主图优化前后的对比效果，如图 6-5 所示。

很明显，多数消费者会选择浏览右侧的商品，因为右侧的主图中不仅直观地展示了商品，还展示了商品的优势信息，更容易吸引消费者。

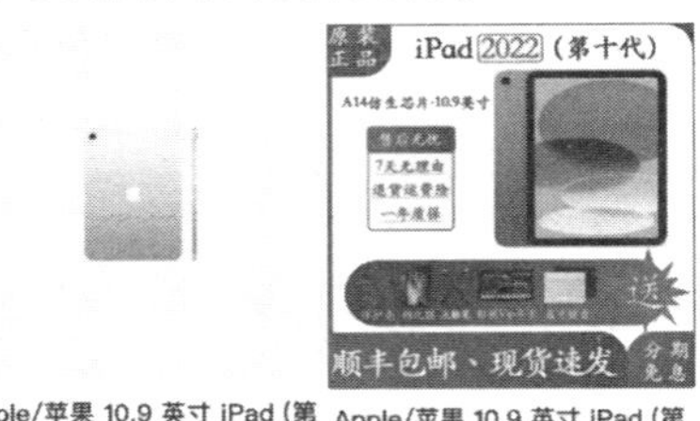

图 6-5 商品主图

（二）商品价格

消费者在认可商品的主图效果后，如果搜索结果中有多个商品的主图效果相似，很自然地就会查看该商品的价格。通常消费者会选择价格较低的商品进行购买。

卖家为某商品设置的初始定价为 60.9 元，在进行促销活动时，将其价格调整为 44.9 元，如图 6-6 所示，仅用了几天的时间，该商品的成交量就有了大幅提升。

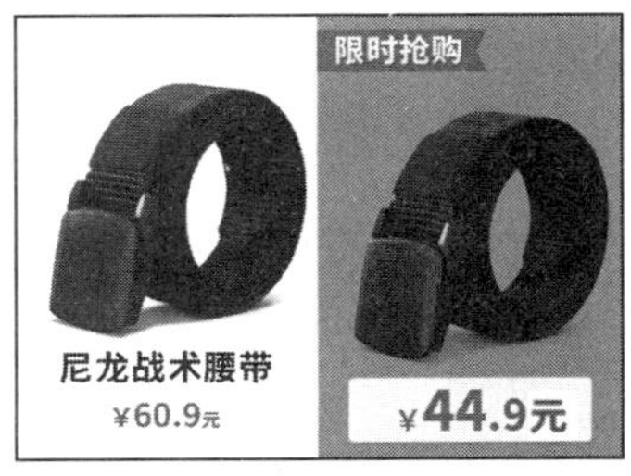

图 6-6 商品价格

（三）商品详情页

商品详情页是消费者必看的页面，商品主图可以给消费者留下一个主观印象，而商品详情页则可以通过对商品的详细介绍，加深消费者对商品的印象。因此，卖家要想留住消费者，势必要在商品详情页的详情介绍、细节图片展示方面下功夫，以促使消费者下单，如图 6-7、图 6-8 所示。

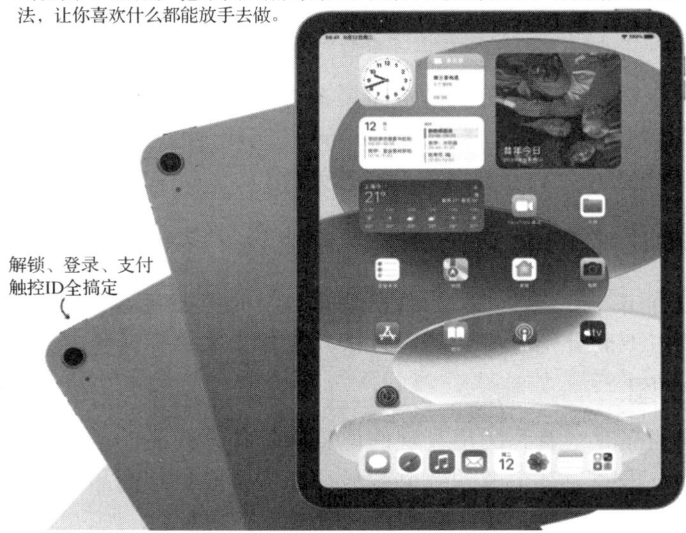

图 6-7 商品详情页

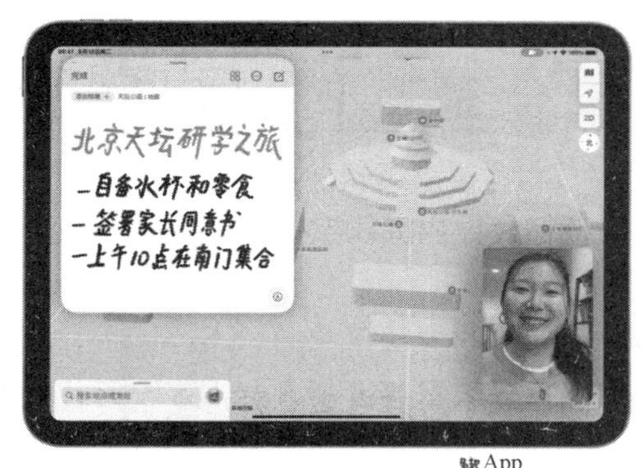

图 6-8　商品详情页细节图片展示

（四）用户评价

用户评价也是影响转化率的重要因素之一。消费者在网上购物时，由于不能像线下购物一样接触真实的商品，只能通过其他消费者对商品的评价来判断商品的真实情况是否与商品介绍一致。而且用户评价会影响店铺的信用评分，好评加一分，中评不加分，差评减一分。信用评分会直接影响店铺流量，最终影响店铺的转化率。因此，商家也需要对商品评价进行维护，尽量获得更多的好评，减少差评，如图 6-9 所示。

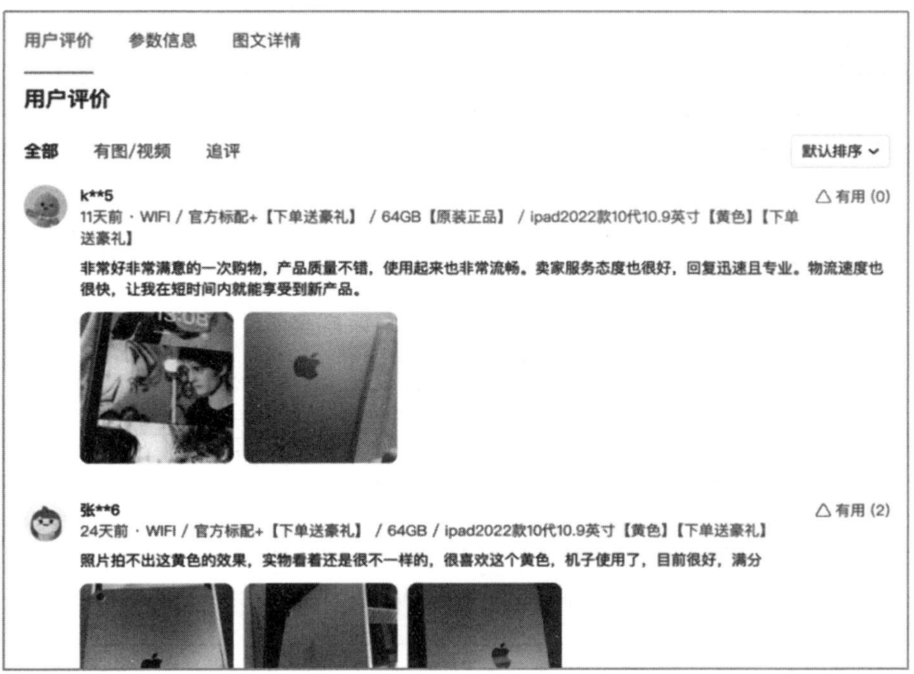

图 6-9　用户评价

第二节　客户数据分析

【知识目标】

1. 理解客户数据在企业决策中的作用。
2. 学习如何通过客户数据分析来识别客户行为模式。
3. 掌握客户画像分析和客户价值分析的方法。

【能力目标】

1. 能够独立进行客户数据分析，识别关键客户群体。
2. 能够运用客户数据分析结果来指导营销策略。
3. 能够构建客户数据模型，预测客户行为。

【素养目标】

1. 培养对客户数据重要性的认识，理解其在提升客户体验中的作用。
2. 增强数据伦理意识，确保客户数据的安全和隐私。
3. 提高沟通能力，能够将复杂的客户数据分析结果以易懂的方式传达给非技术背景的利益相关者。

客户是网店利润的贡献者，是店铺口碑的有效传播者，因此客户数据越来越受到卖家的重视。卖家可以对客户数据进行分析，从而有针对性地实现精准推广，提高店铺的交易金额。

卖家可以从哪些角度对客户数据进行分析呢？卖家获取客户信息后，可以对客户的年龄分布、性别分布、地区分布情况，以及各地区客户的增长率、流失率等进行分析。如图6-10所示。

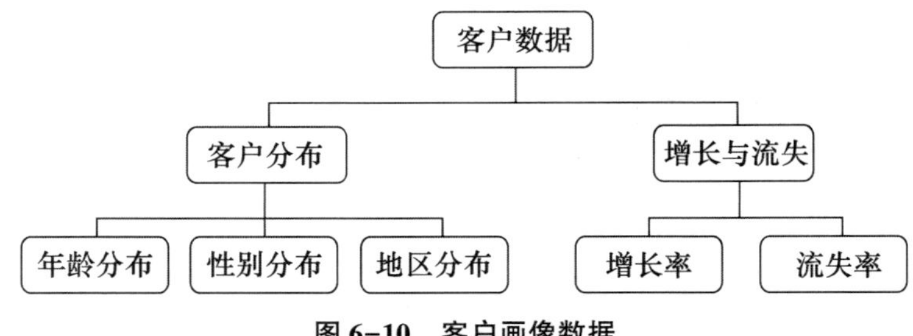

图 6-10　客户画像数据

一、客户画像分析——客户分布情况分析

客户分布情况分析主要是分析客户的会员级别、性别比例、年龄层次、地区分布等，也就是对客户群进行画像分析。

从系统中导出相关数据并进行整理。如图 6–11 所示。

客户信息	会员级别	性别	年龄	地区/城市	交易总额(元)	交易笔数(笔)	平均交易金额(元)
风信子的悲伤	二级会员	女	28	北京	147.91	3	49.30
流星雨の情	一级会员	男	30	成都	158.12	3	52.71
~奈呵乔下ㄅ垢頭ㄆ	二级会员	女	22	成都	146.7	3	48.90
乱心遂ァ	普通会员	女	28	上海	99.61	2	49.81
১_烏雲下的黑玫瑰	二级会员	女	30	北京	163.25	3	54.42
十→失、心™	一级会员	男	45	上海	63.58	1	63.58
∞ 人 情 味。	二级会员	男	28	北京	57.24	1	57.24
∞ 囚 心 锁 。	普通会员	男	21	广州	106.49	2	53.25
☆。·°鋭鋭	普通会员	男	23	北京	74.12	1	74.12

图 6–11 相关数据整理

【例 6–2–1】根据已知的数据，对客户群进行画像分析。分析客户的会员级别、性别比例、年龄层次、地区分布等，以饼图表示会员级别、性别比例、年龄层次，用柱形图来表示地区分布，使用数据透视表进行汇总分析。

①打开本实例的原始文件【7–2】中的工作表【7–2–1】，根据客户数据在新工作表中创建数据透视表，将【年龄】拖曳到【行】列表框中，将【客户信息】拖曳到【值】列表框中。如图 6–12 所示。

②在数据透视表中行标签的任意一个年龄上单击鼠标右键，在弹出的快捷菜单中选择【组合】选项。如图 6–13 所示。

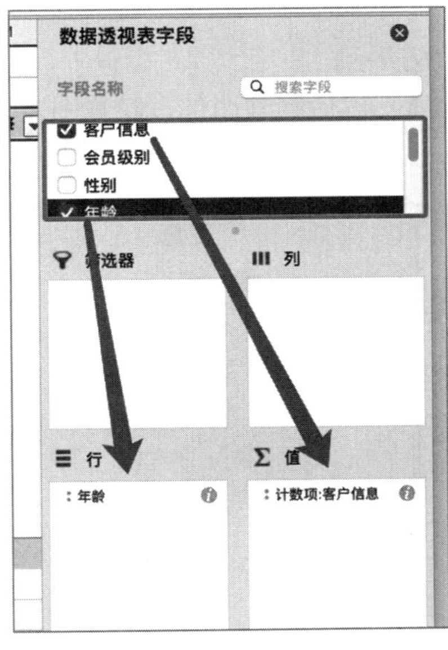

图 6–12 创建数据透视表

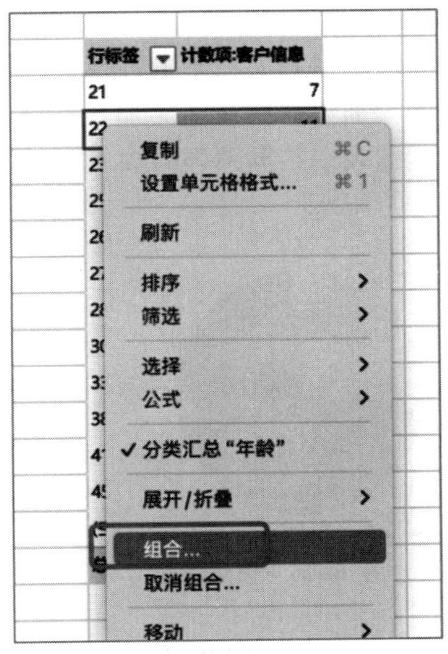

图 6–13 选择组合选项

③打开【组合】对话框，将【方式】更改为【10】，然后单击【确定】按钮。如图 6–14 所示。

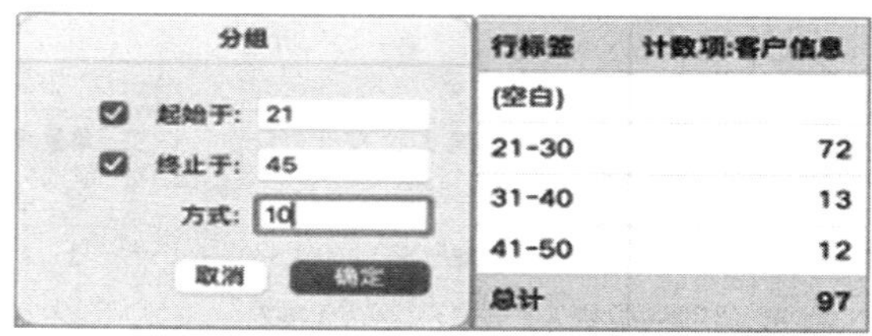

图 6-14　分组方式更改

④将数据透视表的【报表布局】更改为【以表格形式显示】，然后将源字段的字段名称更改为“客户人数”，最终效果如图 6-15 所示。。

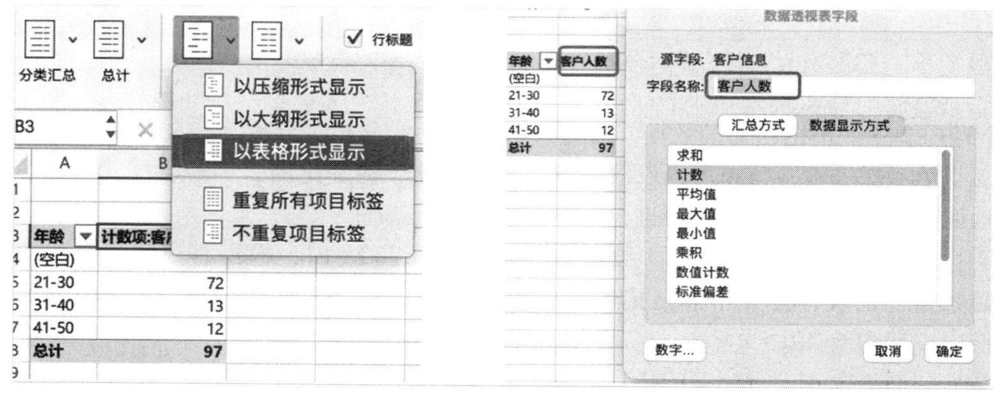

图 6-15　以表格形式显示

⑤根据数据透视表创建一个饼图。如图 6-16 所示。

⑥为饼图添加数据标签（类别名称和百分比），然后删除图例，隐藏图表上的所有字段按钮，设置图表中数据系列的颜色等。如图 6-17 所示。

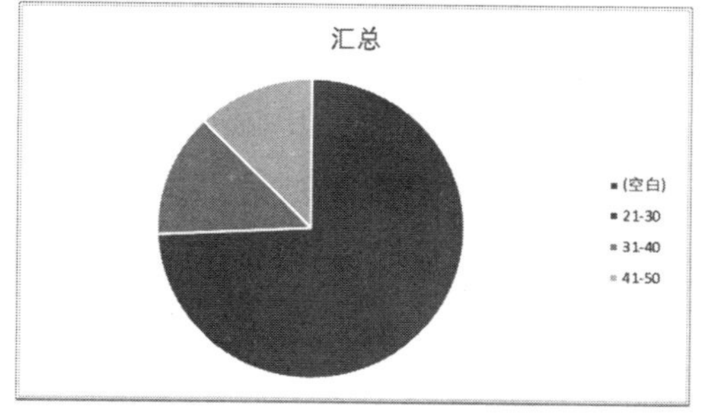

图 6-16　创建饼图

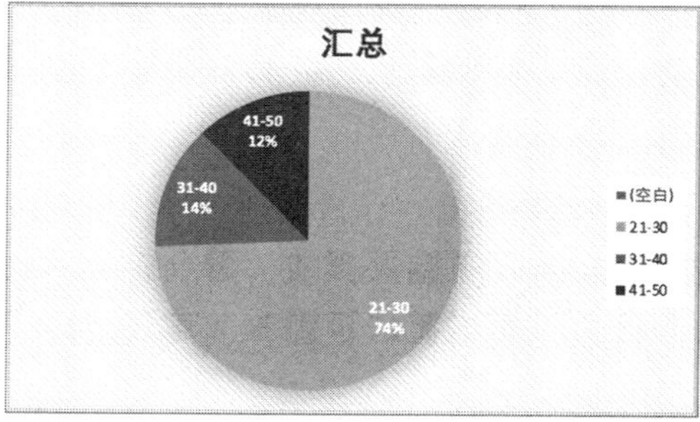

图 6-17　添加数据标签

⑦客户的会员级别和性别比例也可以按照相同的方法，借助数据透视表对数据进行汇总，然后根据数据透视表中的数据创建一个饼图。如图 6-18 所示。

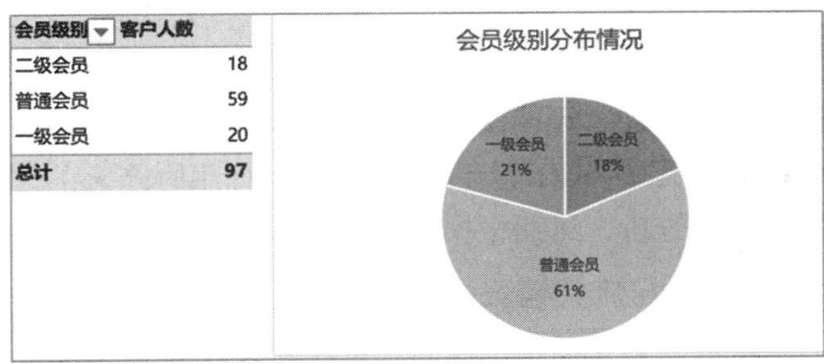

会员级别	客户人数
二级会员	18
普通会员	59
一级会员	20
总计	97

图 6-18 创建会员级别饼图

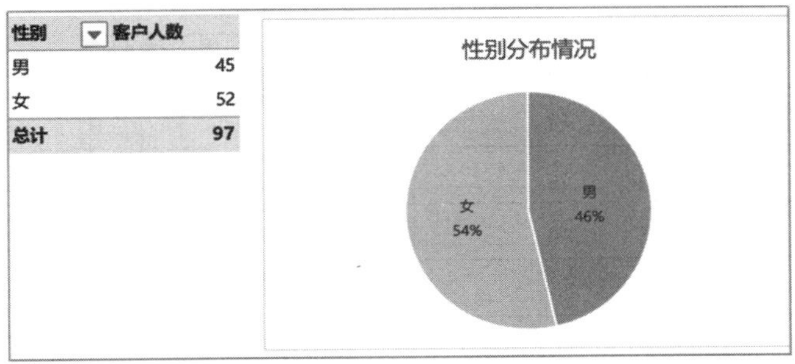

性别	客户人数
男	45
女	52
总计	97

图 6-19 性别分布饼图

⑧在进行地区分布情况分析时，可以发现，由于地区比较多（远多于 6 个），因此不太适合用饼图，可以选择柱形图或折线图。此处选择柱形图，最终效果如图 6-20 所示。

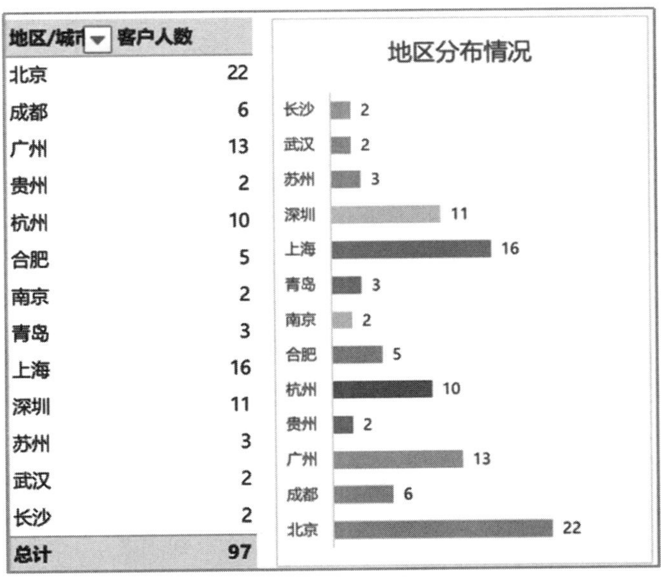

地区/城市	客户人数
北京	22
成都	6
广州	13
贵州	2
杭州	10
合肥	5
南京	2
青岛	3
上海	16
深圳	11
苏州	3
武汉	2
长沙	2
总计	97

图 6-20 地区分布柱形图

二、会员增长与流失情况分析

每个店铺的会员数量都不是固定不变的，几乎每天都会有会员流失，也会有新会员加入。可以根据不同地区的会员增长与流失情况进行有针对性的分析；也可以对不同时间段的会员增长与流失情况进行分析，进而根据分析结果调整店铺的运营方式。

1. 不同地区会员的增长与流失情况

分析不同地区的会员增长和流失情况时，需要先按地区收集会员数据。

【例 6-2-2】根据某店铺当前会员数量最多的 20 个地区在 2021 年 7 月和 8 月的会员人数变化数据（见表 6-1），计算不同省市的会员增长率和会员流失率，并用柱状图展现。

表 6-1　不同省市的会员增长率和会员流失率

地区	7 月会员数	8 月新进会员数	8 月流失会员数
河南省	26,112	2535	1260
江苏省	25,453	1275	910
浙江省	25,296	2475	3710
河北省	25,024	1380	1372
湖北省	24,896	2715	2744
山东省	23,392	2685	4004
江西省	22,848	1305	3808
北京市	22,576	2280	2520
上海市	22,304	1155	840
重庆市	19,856	3975	3514
山西省	18,768	870	2240
福建省	18,224	1470	2716
吉林省	17,236	960	1344
湖南省	16,320	4485	756

①计算增长率。打开本实例【7-2】中的工作表【7-2-1】，在单元格 E1 中输入列标题“会员增长率”，根据公式“增长率＝本期新进会员数÷上期会员数”，在单元格 E2 中输入公式“＝C2/B2”。如图 6-21 所示。

SUMIF　× ✓ fx　=C2/B2

	A	B	C	D	E
1	地区	7月会员数	8月新进会员数	8月流失会员数	会员增长率
2	河南省	26,112	2535	1260	=C2/B2

图 6-21　输入公式

②按【Enter】键完成输入，将单元格 E2 的数字格式设置为保留两位小数的百分比形式，然后将单元格 E2 中的公式复制到下面的单元格区域中。如图 6-22、图 6-23 所示。

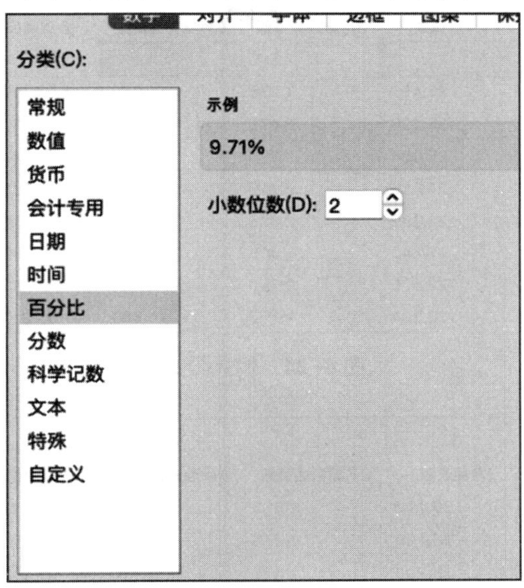

图 6-22 数字格式设置

地区	7月会员数	8月新进会员数	8月流失会员数	
河南省	26,112	2535	1260	9.71%
江苏省	25,453	1275	910	5.01%
浙江省	25,296	2475	3710	9.78%
河北省	25,024	1380	1372	5.51%
湖北省	24,896	2715	2744	10.91%
山东省	23,392	2685	4004	11.48%
江西省	22,848	1305	3808	5.71%
北京市	22,576	2280	2520	10.10%
上海市	22,304	1155	840	5.18%
重庆市	19,856	3975	3514	20.02%
山西省	18,768	870	2240	4.64%
福建省	18,224	1470	2716	8.07%
吉林省	17,236	960	1344	5.57%
湖南省	16,320	4485	756	27.48%

图 6-23 公式复制填充

③计算流失率。在单元格 F1 中输入列标题“会员流失率”，根据公式“流失率=本期流失会员数÷上期会员数”，在单元格 F2 中输入公式“=D2/B2”。如图 6-24 所示。

④按【Enter】键完成输入，将单元格 F2 的数字格式设置为保留两位小数的百分比形式，然后将单元格 F2 中的公式复制到下面的单元格区域中。如图 6-25 所示。

SIN　=D2/B2

	A	B	C	D	E	F
1	地区	7月会员数	8月新进会员数	8月流失会员数	会员增长率	会员流失率
2	河南省	26,112	2,535	1,260	9.71%	=D2/B2
3	江苏省	25,453	1,275	910	5.01%	
4	浙江省	25,296	2,475	3,710	9.78%	
5	河北省	25,024	1,380	1,372	5.51%	
6	湖北省	24,896	2,715	2,744	10.91%	
7	山东省	23,392	2,685	4,004	11.48%	
8	江西省	22,848	1,305	3,808	5.71%	
9	北京市	22,576	2,280	2,520	10.10%	
10	上海市	22,304	1,155	840	5.18%	

图 6-24　输入公式

	A	B	C	D	E	F
1	地区	7月会员数	8月新进会员数	8月流失会员数	会员增长率	会员流失率
2	河南省	26,112	2,535	1,260	9.71%	4.83%
3	江苏省	25,453	1,275	910	5.01%	3.58%
4	浙江省	25,296	2,475	3,710	9.78%	14.67%
5	河北省	25,024	1,380	1,372	5.51%	5.48%
6	湖北省	24,896	2,715	2,744	10.91%	11.02%
7	山东省	23,392	2,685	4,004	11.48%	17.12%
8	江西省	22,848	1,305	3,808	5.71%	16.67%
9	北京市	22,576	2,280	2,520	10.10%	11.16%
10	上海市	22,304	1,155	840	5.18%	3.77%
11	重庆市	19,856	3,975	3,514	20.02%	17.70%
12	山西省	18,768	870	2,240	4.64%	11.94%

图 6-25　公式复制填充

⑤选中单元格区域 A1:A21 和 E1:F21，创建不同地区会员增长率和流失率的柱形图。如图 6-26 所示。

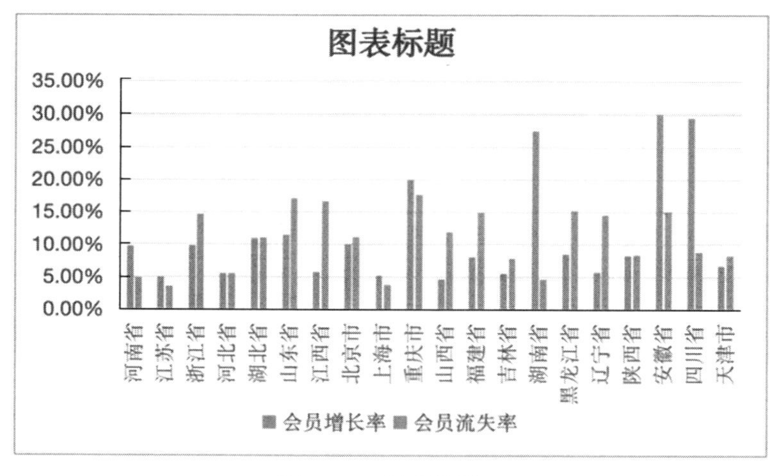

图 6-26　创建柱形图

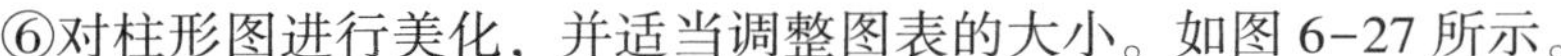

⑥对柱形图进行美化，并适当调整图表的大小。如图 6-27 所示。

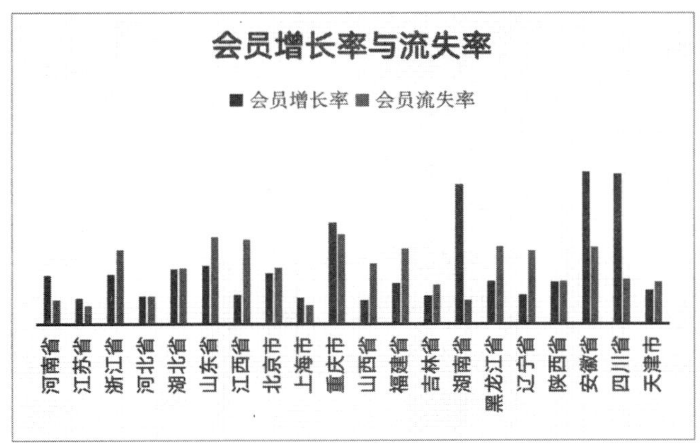

图 6-27　调整图表的大小

通过图 6-27 可以看出，不同省市的会员增长率和会员流失率是有差异的，有的会员增长率高于会员流失率，有的会员增长率低于会员流失率，有的会员增长率与会员流失率几乎持平。例如，湖南省、安徽省和四川省等的会员增长率是远高于会员流失率的；江西省、山西省和辽宁省等的会员增长率是远低于会员流失率的，说明这些省市的会员数量在大量减少，应着重分析这些省市的消费者的特征，然后根据消费者特征采取相应的引流措施。

分析完不同省市的会员增长率和会员流失率情况后，还可以计算所有省市的 7 月会员数、8 月新进会员数、8 月流失会员数，然后计算总的会员增长率和会员流失率，如图 6-28所示。

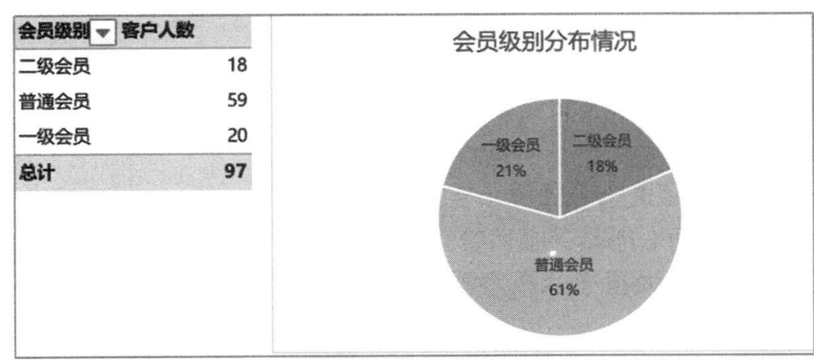

会员级别	客户人数
二级会员	18
普通会员	59
一级会员	20
总计	97

图 6-28　会员增长率和会员流失率

通过计算可知，店铺 8 月的会员增长率和会员流失率是基本持平的。

2. 近一年店铺会员的增长与流失情况

【例 6-2-3】根据已知数据对近一年店铺会员的增长与流失情况进行分析，并用折线图进行对比表示。

①打开本实例【7-2】中的工作表【7-2-2】，“不同月份”工作表中的数据为收集到的 2021 年各月的会员增长与流失数据（见表 6-2），根据这些数据创建一个折线图。

表 6-2 不同月份会员的增长与流失数据

月	会员增长率	会员流失率
1 月	10. 73%	10. 37%
2 月	11. 70%	11. 51%
3 月	11. 39%	11. 55%
4 月	11. 38%	11. 39%
5 月	11. 31%	10. 94%
6 月	12. 04%	10. 79%
7 月	10. 89%	10. 92%
8 月	10. 73%	10. 64%
9 月	10. 66%	10. 85%
10 月	10. 72%	10. 64%
11 月	10. 42%	11. 71%
12 月	10. 74%	11. 33%

②调整图表的大小，并适当对折线图进行美化。如图 6-29、图 6-30 所示。

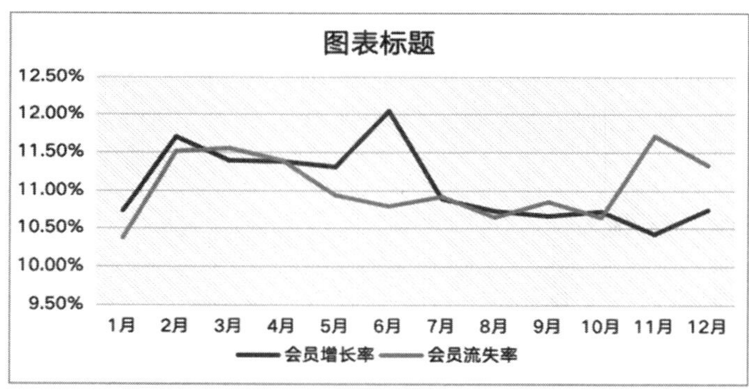

图 6-29 调整图表的大小

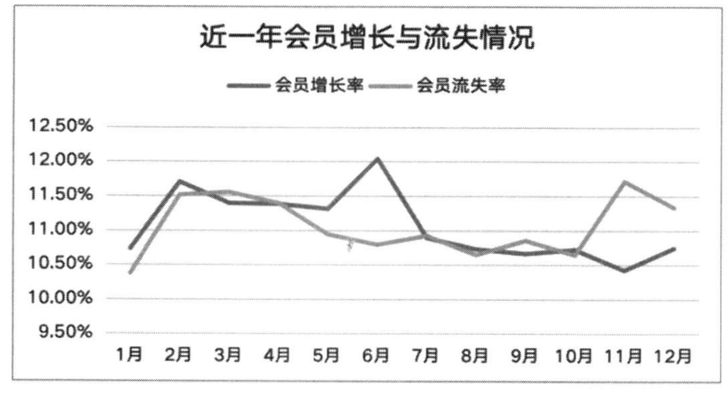

图 6-30 对折线图进行美化

通过图 6-30 可以看出，2021 年不同月份的会员增长率和会员流失率都在不断波动，多数月份的会员增长率和会员流失率是基本持平的，差异不大。但是 6 月的会员增长率明显高于会员流失率，11 月和 12 月的会员增长率明显低于会员流失率。这是因为在 6 月的“6·18”活动时，网店进行了一系列的引流活动；而在“双 11”的时候，店铺没有制订引流活动方案，从而导致会员增长率降低，而会员流失率却升高了不少。

第三节 客户分析

【知识目标】

1. 理解客户分析在客户关系管理中的核心地位。
2. 学习如何通过客户行为和价值分析来细分客户群体。
3. 掌握使用 RFM 模型等工具进行客户细分的方法。

【能力目标】

1. 能够独立进行客户细分，识别不同价值的客户群体。
2. 能够运用客户分析结果来优化营销和销售策略。
3. 能够构建客户数据模型，预测客户行为。

【素养目标】

1. 培养对客户中心理念的深刻理解，认识客户分析在提升客户满意度和忠诚度中的重要性。
2. 增强数据驱动决策的能力，通过分析数据来指导业务发展。
3. 提高战略思维能力，能够从宏观角度审视客户分析对企业战略的影响。

客户分析主要可以从客户行为分析和客户价值分析这两个方面进行。

一、客户行为分析

客户行为分析主要是分析不同环节的客户人数，进一步计算出不同环节的转化率和总的转化率。

1. 不同环节的转化率分析

【例 6-3-1】根据已知数据先分析不同环节的转化率，再对比不同环节的转化率的差异。使用滑珠图来表现各环节的转化率，具体操作步骤如下。

①打开本实例【7-3】中的工作表【7-3-1】，根据公式“各环节的转化率=本环节人数÷上一环节人数”，计算出各环节的转化率，第 1 个环节的转化率为 100%。如表 6-3 所示。

表 6-3　各环节的转化率

A	B	C
环节	人数	各环节转化率
浏览	15，863	100%
咨询	7266	45.80%
留电话	1966	27.06%
试听	946	48.12%
报名	509	53.81%

②用滑珠图来展现各环节的转化率。如图 6-31 所示。

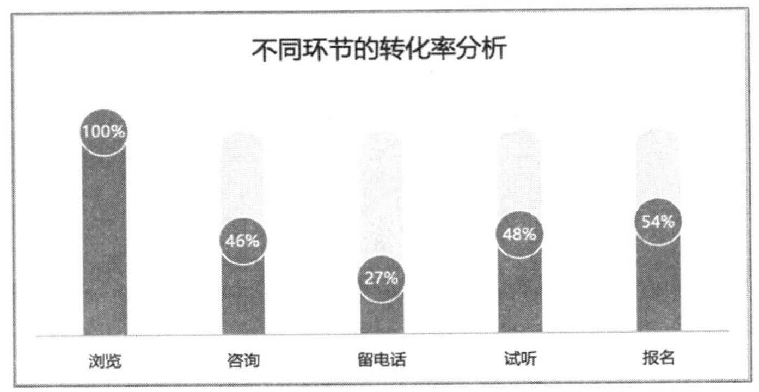

图 6-31　用滑珠图来展现各环节的转化率

③滑珠图实际上就是包含柱形图和折线图的组合图。为数据区域添加一个“辅助列1”。如图 6-32 所示。

A	B	C	D
环节	人数	各环节转化率	辅助列1
浏览	15,863	100.00%	100%
咨询	7266	45.80%	100%
留电话	1966	27.06%	100%
试听	946	48.12%	100%
报名	509	53.81%	100%

图 6-32　添加一个辅助列 1

④选中单元格区域 A1:A6 和 C1:D6，按【Alt】+【F1】组合键，创建一个簇状柱形图。如图 6-33 所示。

⑤插入形状，绘制一个矩形和一个等宽的圆角矩形，然后将这两个形状组合为一个整体。如图 6-34 所示。

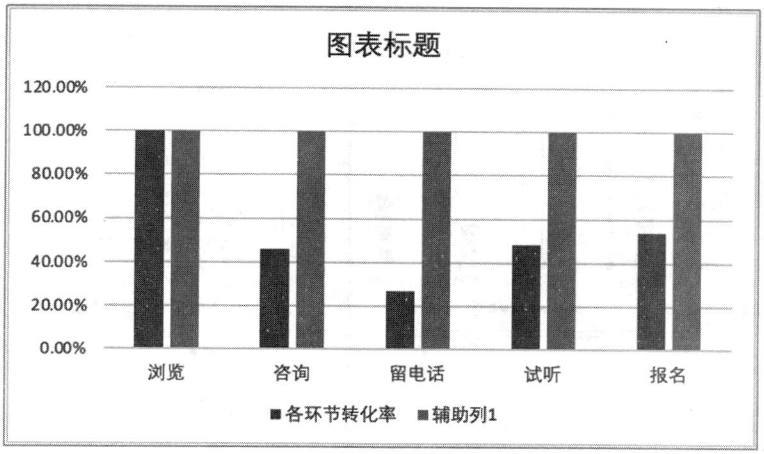

图表标题

120.00%
100.00%
80.00%
60.00%
40.00%
20.00%
0.00%

浏览 咨询 留电话 试听 报名

■各环节转化率 ■辅助列1

图 6–33 创建一个簇状柱形图

⑥将组合后的图形设置为【无轮廓】，将其填充颜色设置为【RGB:0/197/210】，然后再复制一个相同的图形，将其填充颜色设置为【RGB:213/252/255】。如图 6–35 所示。

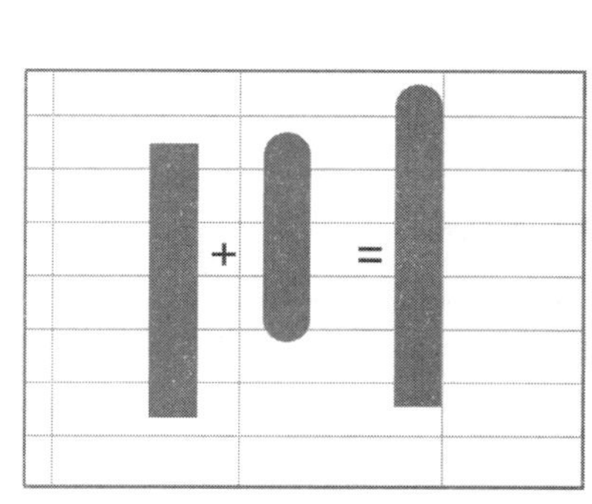

图 6–34 插入形状

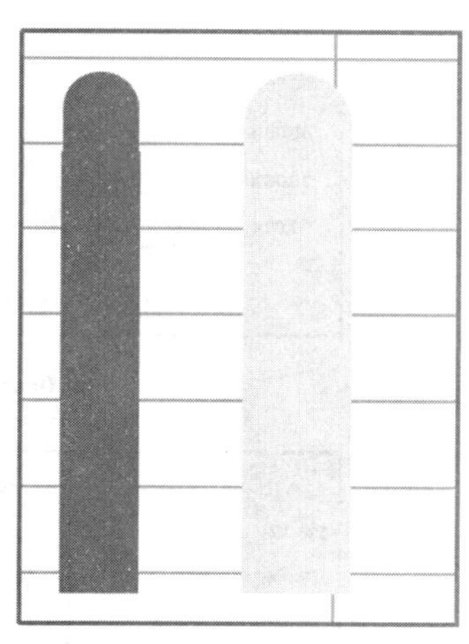

图 6–35 组合后的图形设置

⑦将两个图形分别设置为两个数据系列的填充形状。如图 6–36 所示。

⑧打开【设置数据系列格式】任务窗格，将【系列重叠】设置为【100%】，使两个数据系列正好重叠。如图 6–37 所示。

⑨将数据系列重叠设置好后，可以发现“各环节转化率”数据系列位于底层，被“辅助列 1”遮住了，因此需要将其移动到上层。在数据系列上单击鼠标右键，在弹出的快捷菜单中选择【选择数据】选项。如图 6–38 所示。

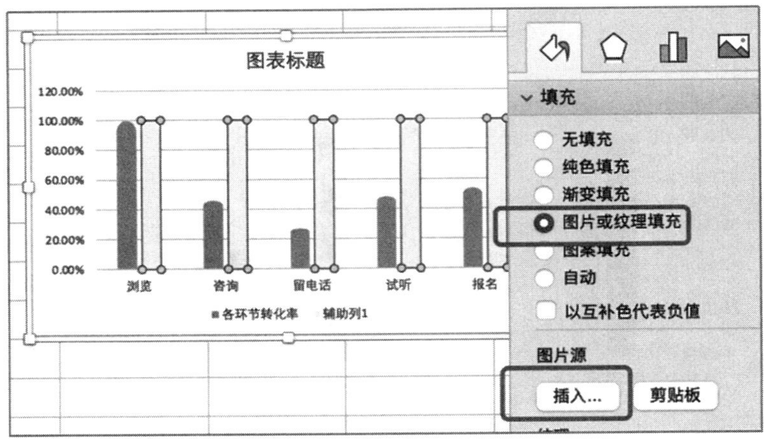

图 6-36　填充形状

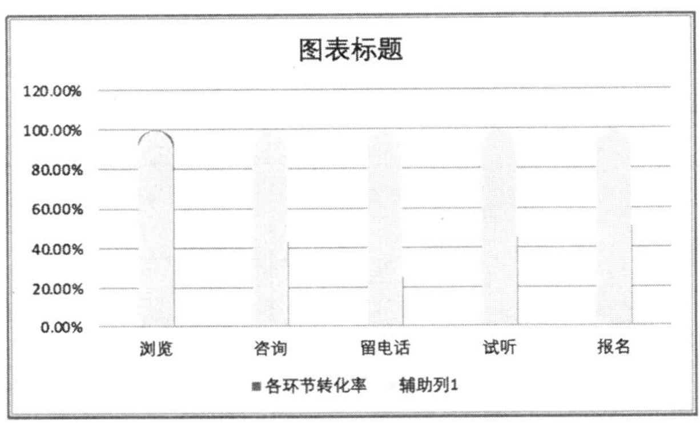

图 6-37　设置系列重叠

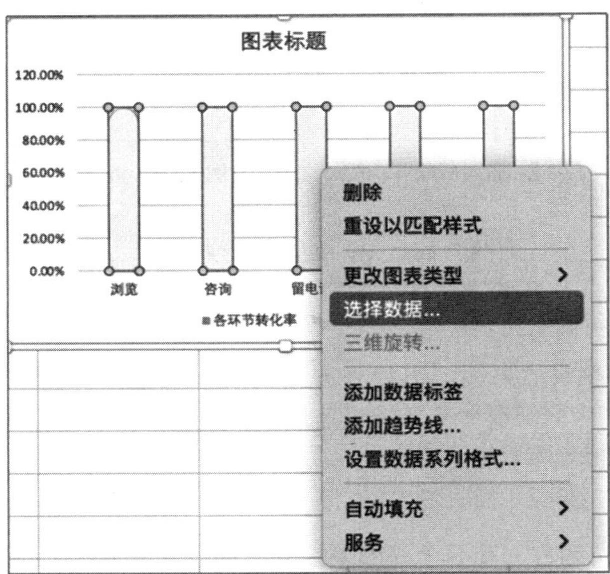

图 6-38　选择数据

⑩打开【选择数据源】对话框，在【图例项（系列）】列表框中选中【辅助列 1】复选框，单击【上移】按钮，将其移动到【各环节转化率】的上面，即可将“各环节转化率”数据系列上移一层。如图 6-39 所示。效果如图 6-40 所示。

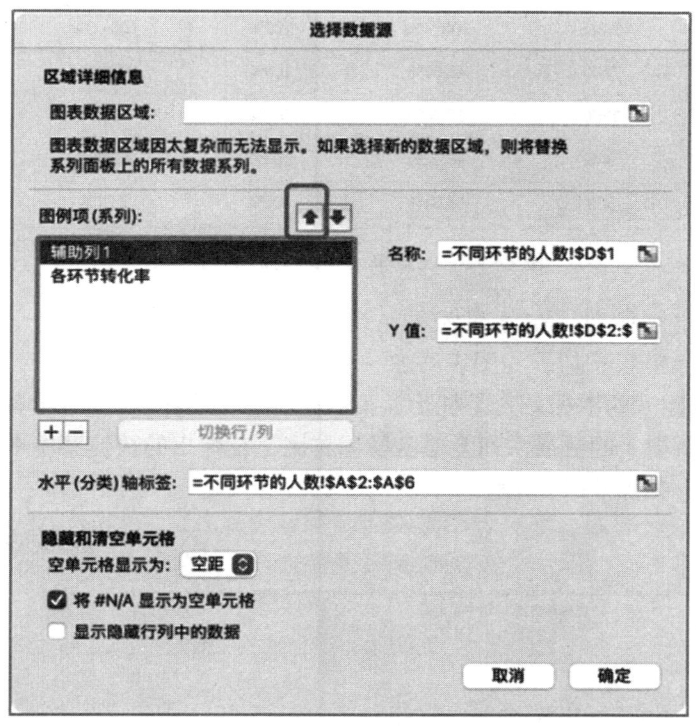

图 6-39 选择数据源对话框

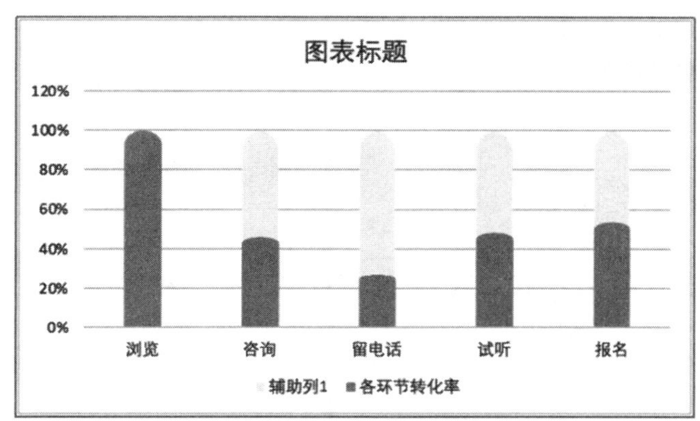

图 6-40 数据系列上移一层

⑪现在图表中只有柱形图，还需要添加一个折线图，折线图需要的数据是各环节转化率。在【图例项（系列）】列表框中单击【添加】按钮，打开【编辑数据系列】对话框，在【系列名称】文本框中引用单元格 C1，在【系列值】文本框中引用单元格区域 C2:C6。以上数据均需转换为绝对引用形式。如图 6-41 所示。

fx =B2/$B$2

B	C	D	E
人数	各环节转化率	辅助列1	总转化率
15,863	100.00%	100%	100.00%
7266	45.80%	100%	45.80%
1966	27.06%	100%	12.39%
946	48.12%	100%	5.96%
509	53.81%	100%	3.21%

图 6-41 设置单元格为绝对引用形式

⑫单击【确定】按钮，在【图例项（系列）】列表框中添加一个【各环节转化率】复选框，单击【确定】按钮，为图表添加一个数据系列。如图 6-42 所示。

⑬Excel 默认插入的数据系列是柱形，而我们需要的是折线，因此需要更改数据系列的图表类型。在新插入的数据系列上单击鼠标右键，在弹出的快捷菜单中选择【设置数据系列格式】选项。如图 6-43 所示。

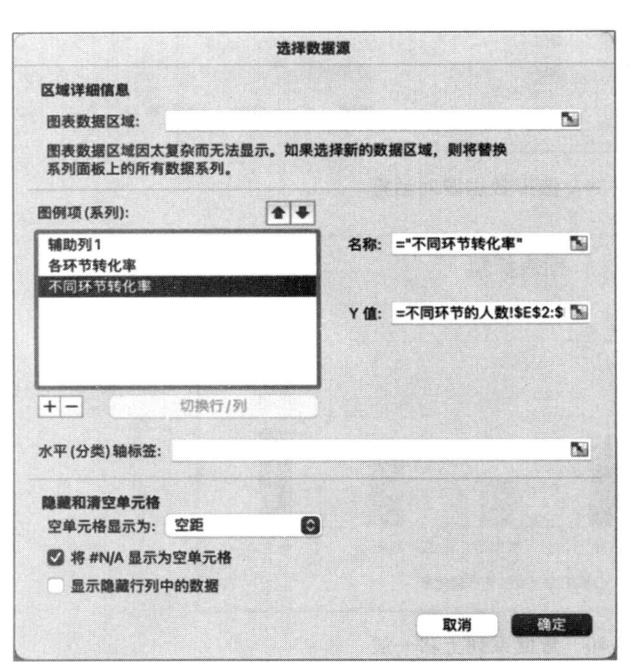

图 6-42 添加一个数据系列

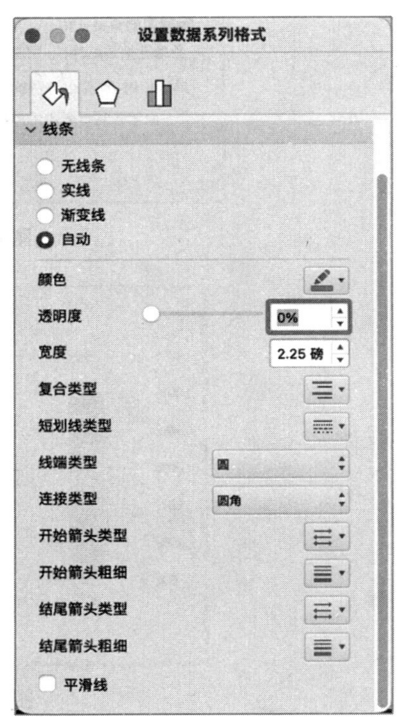

图 6-43 设置数据系列格式

⑭打开【更改图表类型】对话框，将【各环节转化率】的【图表类型】设置为【带数据标记的折线图】。如图 6-44 所示。

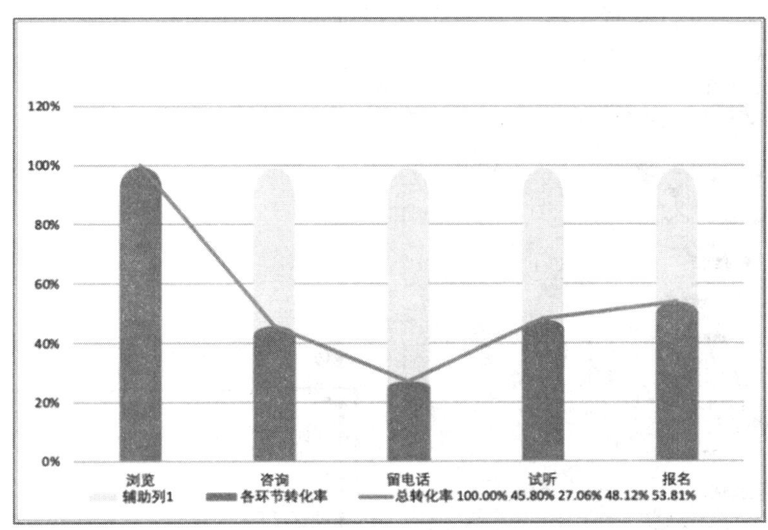

图 6-44　更改图表类型

⑮将折线图的【线条】设置为【无线条】，标记【类型】设置为圆形，【大小】设置为【27】。如图 6-45 所示。将填充样式设置为【纯色填充】，再将边框设置为宽度为 1 磅的白色实线。如图 6-46 所示。

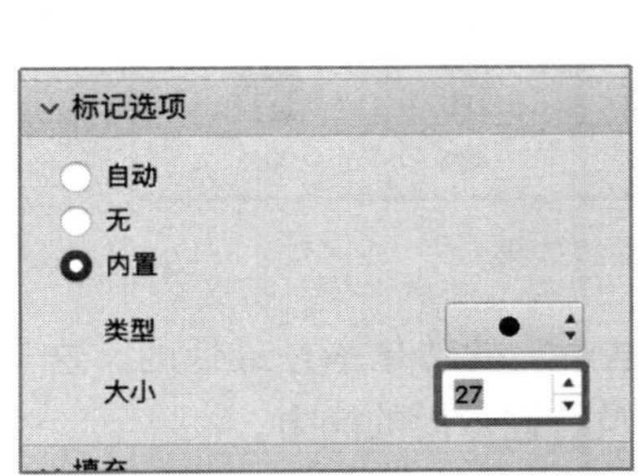

图 6-45　标记类型设置为圆形

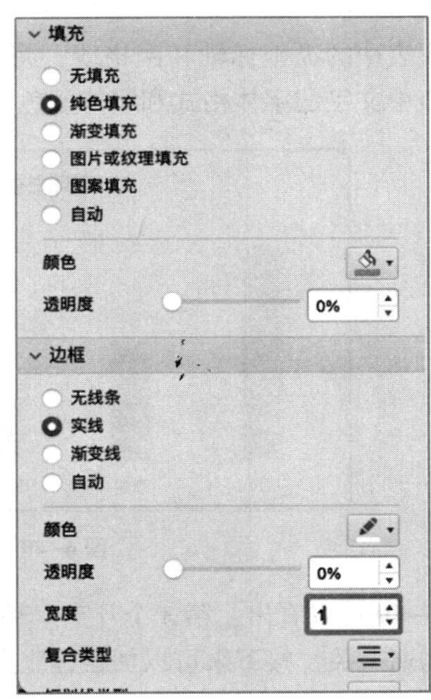

图 6-46　纯色填充

⑯在折线图的数据系列上单击鼠标右键，在弹出的快捷菜单中选择【添加数据标签】选项，为折线图添加数据标签。如图 6-47 所示。

⑰对数据标签进行设置。将【标签位置】设置为【居中】，数字的【类别】设置为【百分比】，【小数位数】设置为【0】。如图 6-48 所示。

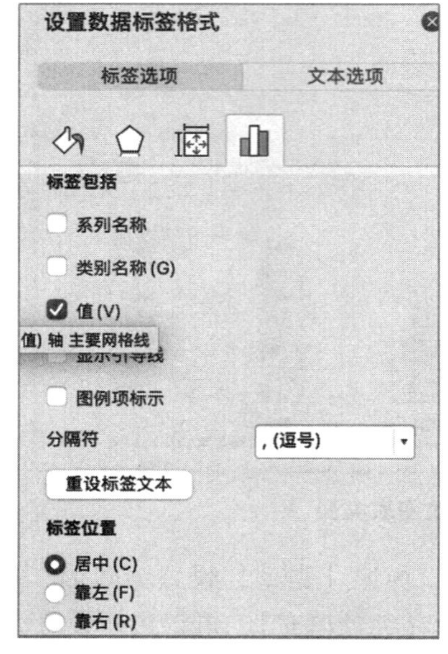

图 6-47　添加数据标签

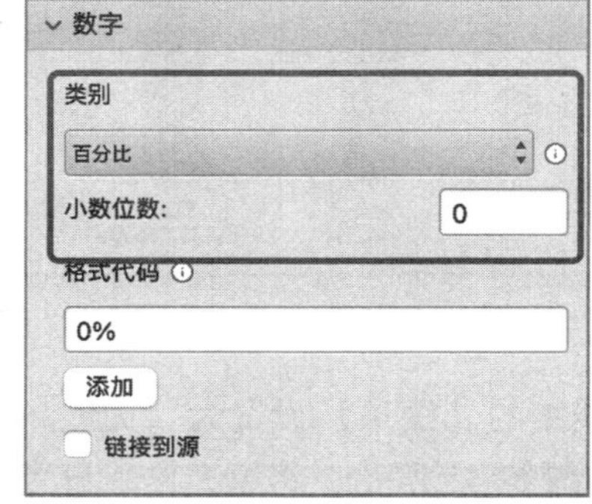

图 6-48　数据标签设置

⑱删除图表中的纵坐标轴和网格线，将图表标题更改为“不同环节的转化率分析”，然后设置图表中文字的字体格式和字体颜色，最终效果如图 6-49 所示。

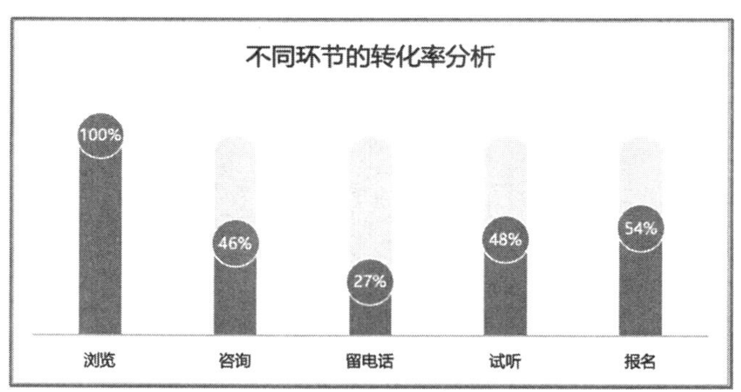

图 6-49　最终效果

通过图 6-49 可以看出，第 3 个环节“留电话”的转化率是最低的，这与客服人员和客户的初步沟通有关，接下来可以加强客服人员在这方面的能力。

2. 总转化率分析

分析总转化率时，通常使用的是漏斗图，除了漏斗图外，还可以使用 Wi-Fi 图来展示转化率。之所以叫 Wi-Fi 图，是因为它的形状像 Wi-Fi 信号的标志一样，是向外延伸的一层层圆环，非常直观、形象。

由于 Wi-Fi 图的线条是圆环形的，因此很容易联想到它的基础图是圆环图。

【例 6-3-2】 介绍如何使用 Wi-Fi 图展示不同环节总转化率的变化。如图 6-50 所示。

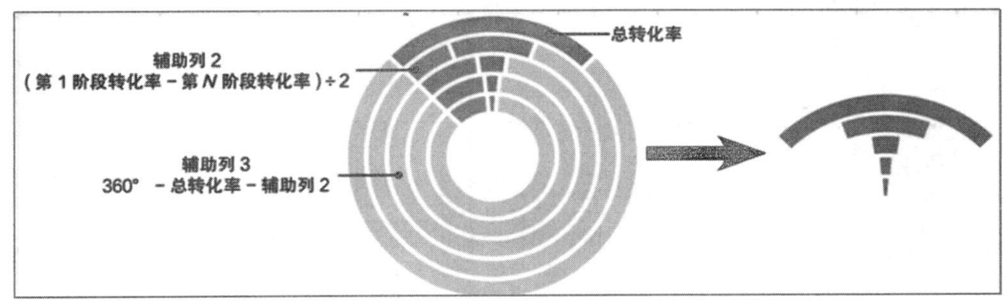

图 6-50 Wi-Fi 图展示

①打开本实例【7-3】中的工作表【7-3-2】，根据公式“总转化率=本环节人数÷第 1 个环节的人数”，计算出各环节的总转化率。如表 6-4 所示。

表 6-4 各环节的总转化率

环节	人数	各环节转化率	辅助列 1	总转化率
浏览	15,863	100%	100%	100%
咨询	7266	45.80%	100%	45.80%
留电话	1966	27.06%	100%	27.06%
试听	946	48.12%	100%	48.12%
报名	509	53.81%	100%	53.81%

②准备 Wi-Fi 图的数据源。根据圆环图的结构，在总转化率的左侧添加“辅助列 2”，右侧添加“辅助列 3”。如图 6-51 所示。

F	G	H
辅助列2	总转化率	辅助列3
0.00%	100.00%	260.0%
27.10%	45.80%	287.1%
37.61%	24.79%	297.6%
41.05%	17.89%	301.1%
43.58%	12.83%	303.6%

图 6-51 添加辅助列

③绘制基础圆环图。选中单元格区域 A1:A6 和 E1:G6，切换到【插入】选项卡，在【图表】组中单击【插入饼图或圆环图】按钮，在弹出的下拉列表中选择【圆环图】选项。如图 6-52 所示。

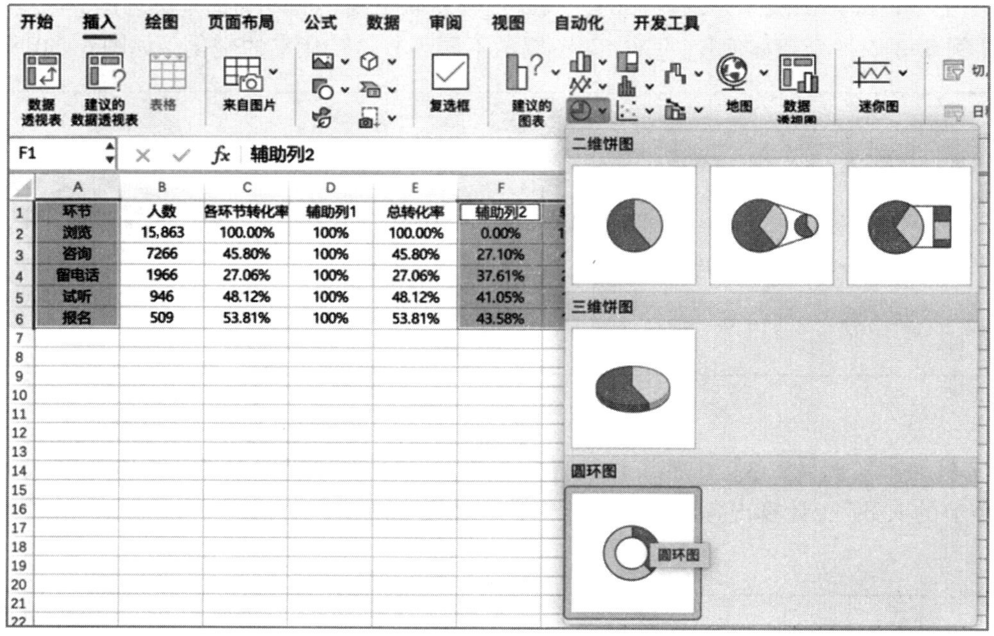

图 6-52　绘制基础圆环图

④可以看到，默认插入的圆环图与我们需要的效果差异较大，此处需要切换行与列。选中图表，切换到【图表工具】栏的【设计】选项卡，在【数据】组中单击【切换行列】按钮。如图 6-53 所示。

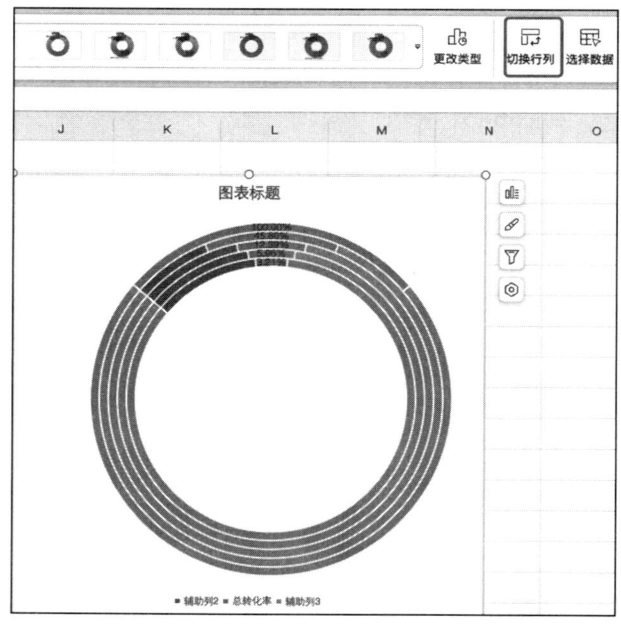

图 6-53　切换行列

⑤切换行与列后，可以看到圆环图规范了许多，但圆环的内外顺序反了，在【数据】组中单击【选择数据】按钮。如图 6-54 所示。

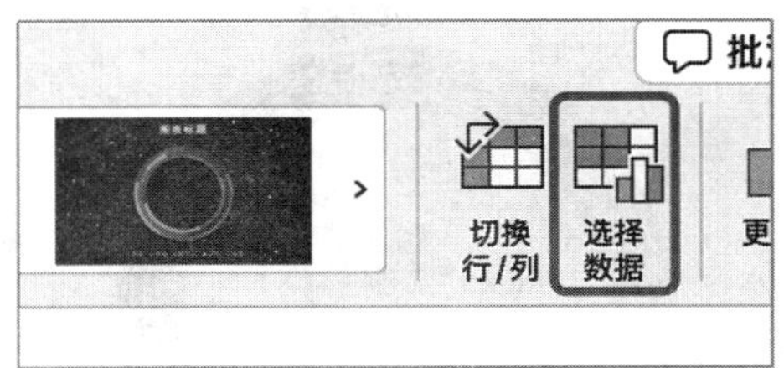

图 6-54 单击选择数据

⑥打开【选择数据源】对话框，在【图例项（系列）】列表框中单击【上移】和【下移】按钮以调整图例的位置。如图 6-55、图 6-56 所示。

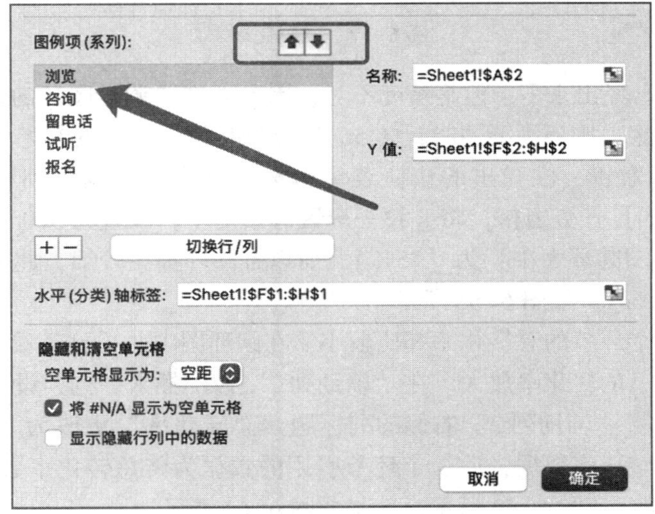

图 6-55 选择数据源

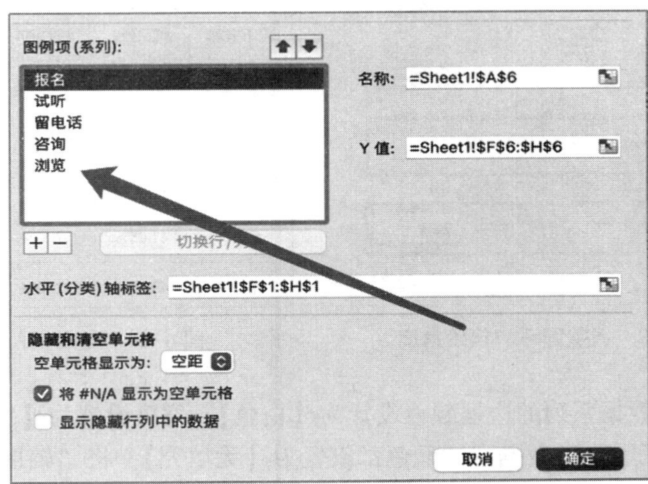

图 6-56 调整数据源

⑦调整完毕，单击【确定】按钮，效果如图 6-57 所示。

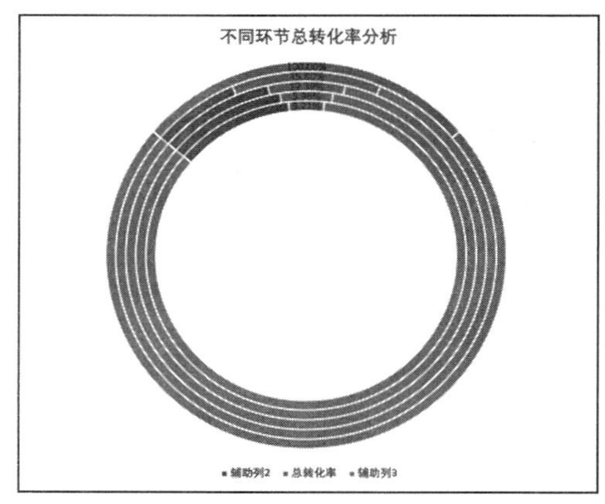

图 6-57　调整完毕

⑧Wi-Fi 形状已经出来了，但是角度不对，因此还需要调整圆环的起始角度。要让总转化率处于中间位置，圆环需要逆时针转 50°，也就是第一扇区的起始角度为 310°。在数据系列上单击鼠标右键，在弹出的快捷菜单中选择【设置数据系列格式】选项。打开【设置数据系列格式】任务窗格，将【第一扇区起始角度】设置为 310°。

默认的【圆环图圆环大小】为【75%】，所以各圆环都比较细，此处将【圆环图圆环大小】调整为【20%】。如图 6-58 所示。

⑨由于后面几个环节的总转化率都比较小，在圆环图中几乎已经看不到了，因此可以适当将后面几个环节的转化率放大。在“辅助列 2”左侧插入一列，设置标题为“总转化率”并重新计算。将“辅助列 2”右侧的列标题“总转化率”更改为“辅助列 4”。前两个环节直接引用总转化率数据，后 3 个环节引用的数据为将总转化率数据依次扩大 2 倍、3 倍、4 倍后的数据。如图 6-59 所示。效果如图 6-60 所示。

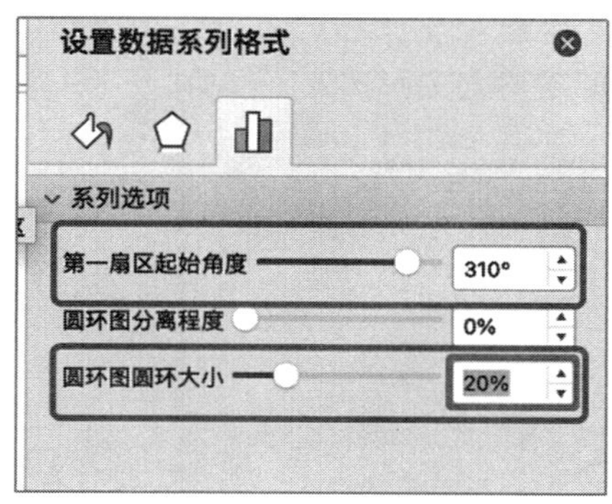

图 6-58　调整圆环的起始角度

E	F	G	H
总转化率	辅助列2	辅助列4	辅助列3
100.00%	0.00%	100.00%	260.0%
45.80%	27.10%	45.80%	287.1%
12.39%	37.61%	24.79%	297.6%
5.96%	41.05%	17.89%	301.1%
3.21%	43.58%	12.83%	303.6%

图 6-59　增加辅助列

⑩将图表中各数据系列的边框颜色设置为【白色】，宽度设置为【5 磅】，然后将“辅助列 2”和“辅助列 3”的数据点的颜色都设置为【无填充】，将“辅助列 4”的数据点的颜色都设置为“RGB:0/197/210”，最后删除图例。如图 6-61 所示。

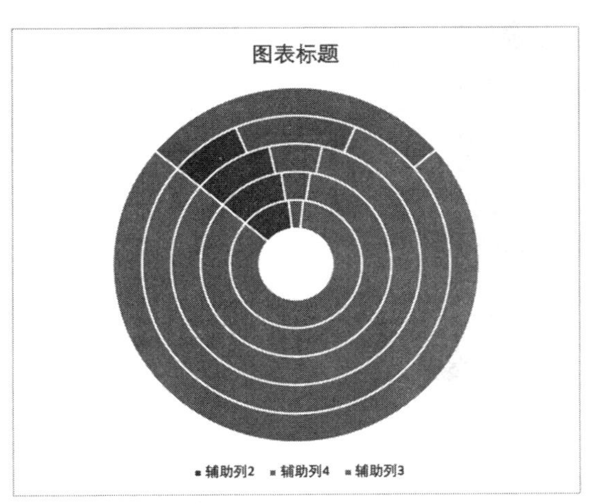

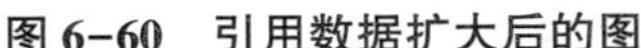

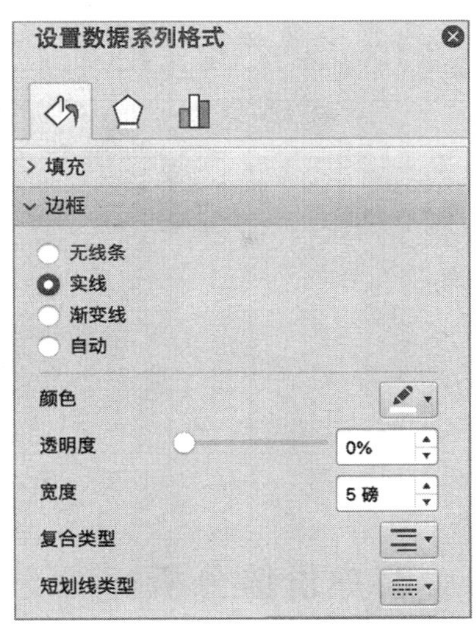

图 6-60 引用数据扩大后的图

图 6-61 设置数据系列格式

⑪添加数据标签。依次为 Wi-Fi 图的数据点添加数据标签，但是默认添加的数据标签对应的是“辅助列 4”的数据。如图 6-62 所示。

⑫依次选中各数据标签，然后在编辑栏中将其引用位置更改为对应的“总转化率”列中的单元格，更改图表标题并修改图表中文字的字体格式，效果如图 6-63 所示。

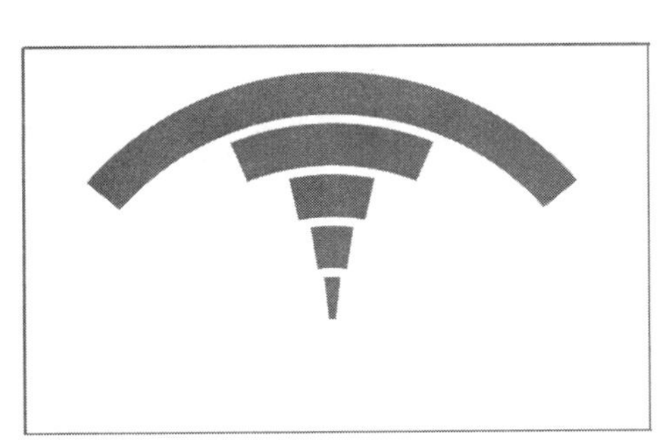

图 6-62 添加数据标签

图 6-63 修改图表中文字的字体格式

通过图 6-64 可知，该在线教育机构的最终总转化率为 3.21%，而当前在线教育行业的总转化率为 3%～5%，由此可见该教育机构的转化率不太理想，需要进一步提高转化率。

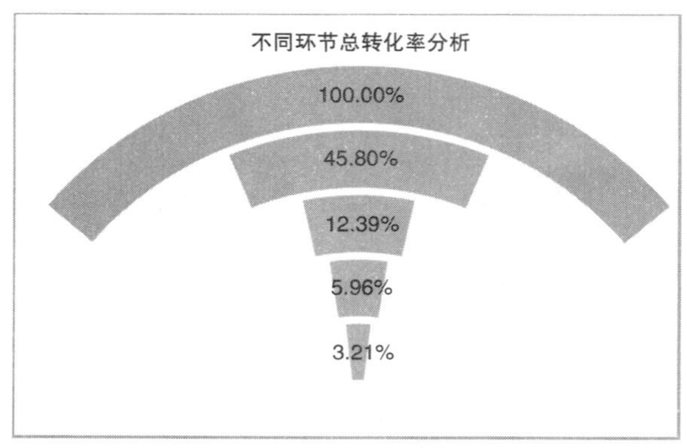

图 6-64　更改图表标题

二、客户价值分析

在信息时代，很多企业的营销焦点从产品转变为客户，在线教育行业更是如此。“维系客户关系”是在线教育行业的核心问题，而这个核心问题最大的痛点就是客户分类，通过客户分类能够实现对低价值客户、一般客户、高价值客户等的区分。进而为不同价值的客户制订合适的个性化方案，采用不同的营销策略，将有限的营销资源集中于价值更高的客户，实现利润最大化。

在进行客户价值分析的过程中，RFM 模型相对简单并且直观，所以常用来划分客户价值等级。RFM 模型从 R（Recency，最近一次消费）、F（Frequency，消费频率）和 M（Monetary，消费金额）3 个维度细分客户群体，从而分析不同客户群体的价值。

R 代表客户最近的活跃时间与数据采集时间的间隔。R 值越大，表示客户未发生交易的时间越长，R 值越小，表示客户发生过交易的时间越短。而 R 值越大，则客户越可能流失，在这部分客户中，可能有一些优质客户值得公司通过一定的营销手段将其激活。

F 代表客户过去一段时间内的活跃频率。F 值越大，表示客户的活跃度越高，同本公司的交易越频繁，不仅可以给公司带来人气，还可以带来稳定的现金流，是非常忠诚的客户；F 值越小，表示客户的活跃度越低，同本公司的交易越少，极有可能与竞争对手的交易更多，随时可能流失。对于 F 值较小且 M 值较大的客户，公司需要推出一定的竞争策略，将这批客户从竞争对手中争取过来。

M 表示客户消费金额的多少。可以用最近一次消费金额表示，也可以用过去的平均消费金额表示，或者用消费总金额表示。根据分析的目的不同，可以选择不同的表示方法。

要建立 RFM 模型，要先计算出 R、F 和 M 的数值。R 值实际是客户最近一次消费的时间与统计时间的差，统计时间是固定的、已知的，只需要计算出客户最近一次消费的时间即可。F 值可以使用这一段时间内客户消费的总次数。M 值此处使用客户的消费总金额。

【例 6-3-3】 根据已知数据建立 RFM 模型，对低价值客户、一般客户、高价值客户等进行区分，并用饼图表示。

（1）汇总最近消费时间、消费次数和消费金额。

①打开本实例【7-3】文件中的工作表【7-3-3】，根据“客户订单明细”工作表中的数据创建一个数据透视表，将【客户 ID】拖曳到【行】列表框中，【订单日期】【订单ID】【订单金额】拖曳到【值】列表框中。如图 6-65 所示。效果如图 6-66 所示。

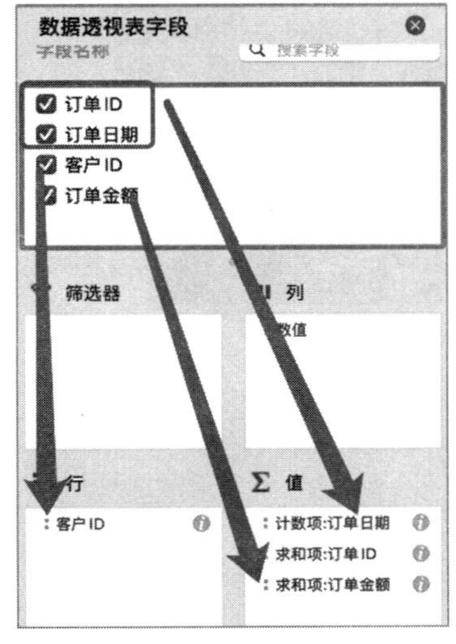

图 6-65 数据透视表设置

行标签	计数项:订单日期	求和项:订单ID	求和项:订单金额
安媛元—273799	5	119861762	869.5
敖亦寒—118717	2	46733388	269.8
柏丽—417302	2	55979857	239.8
卞兴—336293	3	62091401	219.7
卜莺—140448	1	38273466	69.9
曹帮菊—181554	3	106444454	259.7
曹丹—431017	1	12801396	9.9
曹功碧—518248	3	90924233	69.7
曹静雯—250168	3	94653452	249.7
曹名媛—501759	5	141139802	259.5
曹啟倩—238215	1	15357529	9.9
曹水云—386280	2	49899709	89.8
曹秀英—462729	1	22525765	129.9
常涛—166008	4	83466994	369.6
陈成倩—115290	2	53862639	89.8
陈桂兰—172682	3	57635992	349.7

图 6-66 创建数据透视表

②在订单日期列标题（单元格 B3）上单击鼠标右键，在弹出的快捷菜单中选择【值汇总依据】下的【最大值】选项，即可将订单日期的汇总依据更改为最大值，这样客户的最近一次的消费时间就计算出来了。如图 6-67 所示。

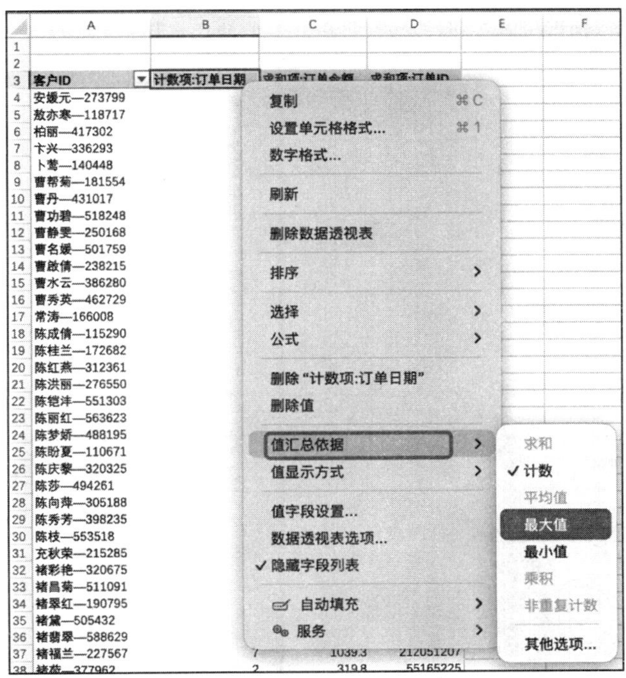

图 6-67 最近一次的消费时间计算

③将订单日期的汇总依据更改为最大值后，订单日期默认为【常规】格式，需要手动将其【数字格式】更改为【短日期】格式。如图 6-68 所示。

图 6-68 修改格式

④按照相同的方法，将订单 ID 的汇总依据更改为【计数】，如图 6-69 所示。

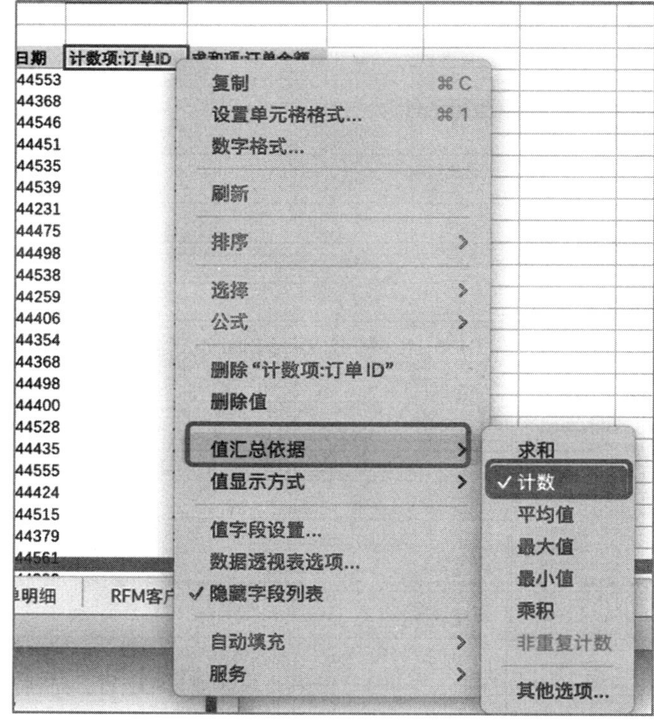

图 6-69 汇总依据更改为计数

（2）计算 R、F 和 M 的数值。F 值和 M 值可以直接引用数据透视表中的订单 ID 和订单金额数据。但是 R 值则需要进行计算，计算两个日期的天数差值需要使用 DATEDIF 函数。DATEDIF 函数是 Excel 的隐藏函数。DATEDIF 函数的主要功能是返回两个日期之间的年、月、日间隔数，常用于计算两日期之差。

①在单元格区域 F3:13 中依次输入标题“客户 ID”“R”“F”“M”，然后通过公式引用的方式将客户 ID、F 值和 M 值从数据透视表引用到新的列中。如图 6-70 所示。

=GETPIVOTDATA("求和项:订单金额",$A$3,"客户ID","安媛元—273799")

B	C	D	E	F	G	H
最大值项:订单日期	计数项:订单ID	求和项:订单金额	客户ID	R	F	M
44553	5	869.5	安媛元—273799		5	869.5
44368	2	269.8	敖亦寒—118717		5	
44546	2	239.8	柏丽—417302		5	
44451	3	219.7	卞兴—336293		5	
44535	1	69.9	卜莺—140448		5	
44539	3	259.7	曹帮菊—181554		5	
44231	1	9.9	曹丹—431017		5	

图 6-70 客户 ID、F 值和 M 值

②根据公式“R=最近一次消费时间-统计截止时间”，在单元格 G4 中输入公式“=DATEDIF（B4,"2021/12/31","D"）”，按【Enter】键完成输入，然后将单元格 G4 中的公式填充到下面的单元格区域中，得到所有客户的 R 值。如图 6-71 所示。

=DATEDIF(B4,"2021/12/31","D")

B	C	D	E	F	G	H
最大值项:订单日期	计数项:订单ID	求和项:订单金额	客户ID	R	F	M
44553	5	869.5	安媛元—2[illegible]9	8	5	869.5
44368	2	269.8	敖亦寒—118717	193	5	869.5
44546	2	239.8	柏丽—417302	15	5	869.5
44451	3	219.7	卞兴—336293	110	5	869.5
44535	1	69.9	卜莺—140448	26	5	869.5
44539	3	259.7	曹帮菊—181554	22	5	869.5
44231	1	9.9	曹丹—431017	330	5	869.5
44475	3	69.7	曹功碧—518248	86	5	869.5
44498	3	249.7	曹静雯—250168	63	5	869.5
44538	5	259.5	曹名媛—501759	23	5	869.5
44259	1	9.9	曹敢倩—238215	302	5	869.5
44406	2	89.8	曹水云—386280	155	5	869.5
44354	1	129.9	曹秀英—462729	207	5	869.5
44368	4	369.6	常涛—166008	193	5	869.5
44498	2	89.8	陈成倩—115290	63	5	869.5
44400	3	349.7	陈桂兰—172682	161	5	869.5
44528	4	639.6	陈红燕—312361	33	5	869.5
44435	4	289.6	陈洪丽—276550	126	5	869.5
44555	4	649.6	陈[illegible]—551303	6	5	869.5

公式生成器
显示所有函数
DATEDIF
= 44553
B4
= 44561
"2021/12/31"
= "D"
"D"

图 6-71 得到所有客户的 R 值

计算出 R、F、M 值之后，接下来分别计算 R、F、M 值的平均数或中位数，以便后面在分类的时候作为分割点。数据集中如果没有差异特别大的数，则一般可以使用平均数，但是如果数据集中有特别大或特别小的数，平均值就不准确了，所以此处使用中位数。

计算中位数可以使用系统提供的中位数函数 MEDIAN。

MEDIAN 函数能够返回给定数值的中值，中值是在一组数值中居于中间的数值，如果参数集中包含偶数个数字，则 MEDIAN 函数将返回位于中间的两个数的平均值。其语法格式为：

MEDIAN（number1，［number2］，...）

其中，number1、number2 等参数是要计算中值的 1～255 个数字。

③在单元格 G2 中输入公式“=MEDIAN（G4:G449）”，计算出 R 值的中位数，然后将公式向右复制，计算 F、M 值的中位数。如图 6-72 所示。

B	C	D	E	F	G	H	I
				中位数	74	3	279.7
最大值项:订单日期	计数项:订单ID	求和项:订单金额		客户ID	R	F	M
44553	5	869.5		安媛元—273799	8	5	869.5
44368	2	269.8		敖亦寒—118717	193	2	269.8
44546	2	239.8		柏丽—417302	15	2	239.8
44451	3	219.7		卞兴—336293	110	3	219.7
44535	1	69.9		卜莺—140448	26	1	69.9
44539	3	259.7		曹帮菊—181554	22	3	259.7

图 6-72　计算 F、M 值的中位数

④把各个客户的 R、F、M 值使用 IF 函数分别分为 R（远或近）、F（高或低）、M（高或低），如图 6-73 所示。

fx =IF(G4<G$2,"近","远")

B	C	D	E	F	G	H	I	J
				中位数	74	3	279.7	
最大值项:订单日期	计数项:订单ID	求和项:订单金额		客户ID	R	F	M	R（黏性）
44553	5	869.5		安媛元—273799	8	5	869.5	近
44368	2	269.8		敖亦寒—118717	193	2	269.8	
44546	2	239.8		柏丽—417302	15	2	239.8	
44451	3	219.7		卞兴—336293	110	3	219.7	

fx =IF(H4<H$2,"低","高")

B	C	D	E	F	G	H	I	J	K
				中位数	74	3	279.7		
值项:订单日期	计数项:订单ID	求和项:订单金额		客户ID	R	F	M	R（黏性）	F（忠诚度）
44553	5	869.5		安媛元—273799	8	5	869.5	近	高
44368	2	269.8		敖亦寒—118717	193	2	269.8	远	
44546	2	239.8		柏丽—417302	15	2	239.8	近	
44451	3	219.7		卞兴—336293	110	3	219.7	远	

fx =IF(I4<I$2,"低","高")

B	C	D	E	F	G	H	I	J	K	L
				中位数	74	3	279.7			
项:订单日期	计数项:订单ID	求和项:订单金额		客户ID	R	F	M	R（黏性）	F（忠诚度）	M（收入）
44553	5	869.5		安媛元—273799	8	5	869.5	近	高	高
44368	2	269.8		敖亦寒—118717	193	2	269.8	远		
44546	2	239.8		柏丽—417302	15	2	239.8	近		
44451	3	219.7		卞兴—336293	110	3	219.7	远		

图 6-73　客户的 R、F、M 值分类

⑤为了方便对应 RFM 综合指数与客户类型，需要添加一个辅助列（用“&”符号连接“R（黏性）”“F（忠诚度）”“M（收入）”3 列的值）。如图 6-74 所示。

=J4&K4&L4

B	C	D	E	F	G	H	I	J	K	L	M
				中位数	74	3	279.7				
项:订单日期	计数项:订单ID	求和项:订单金额		客户ID	R	F	M	R（黏性）	F（忠诚度）	M（收入）	RFM综合指数
44553	5	869.5		安媛元—273799	8	5	869.5	近	高	高	近高高
44368	2	269.8		敖亦寒—118717	193	2	269.8	远	低	低	
44546	2	239.8		柏丽—417302	15	2	239.8	近	低	低	
44451	3	219.7		卞兴—336293	110	3	219.7	远	高	低	

图 6-74 添加一个辅助列

⑥根据 RFM 综合指数，使用 VLOOKUP 函数从“RFM 客户价值参照表”查找对应的客户类型。如图 6-75 所示。

fx =VLOOKUP(M4,RFM客户价值参照表!A:B,2,0)

F	G	H	I	J	K	L	M	N
中位数	74	3	279.7					
客户ID	R	F	M	R（黏性）	F（忠诚度）	M（收入）	RFM综合指数	客户类型
安媛元—273799	8	5	869.5	近	高	高	近高高	高价值客户
敖亦寒—118717	193	2	269.8	远	低	低	远低低	低价值客户
柏丽—417302	15	2	239.8	近	低	低	近低低	低价值客户
卞兴—336293	110	3	219.7	远	高	低	远高低	一般客户
卜莺—140448	26	1	69.9	近	低	低	近低低	低价值客户
曹帮菊—181554	22	3	259.7	近	高	低	近高低	一般客户
曹丹—431017	330	1	9.9	远	低	低	远低低	低价值客户
曹功碧—518248	86	3	69.7	远	高	低	远高低	一般客户
曹静雯—250168	63	3	249.7	近	高	低	近高低	一般客户

客户订单明细 | RFM客户价值参照表 | 客户价值分析 | +

图 6-75 查找对应的客户类型

⑦选中 N 列，即“客户类型”列，创建数据透视表。将【客户类型】分别拖曳到【行】列表框和【值】列表框中。如图 6-76 所示。结果如图 6-77 所示。

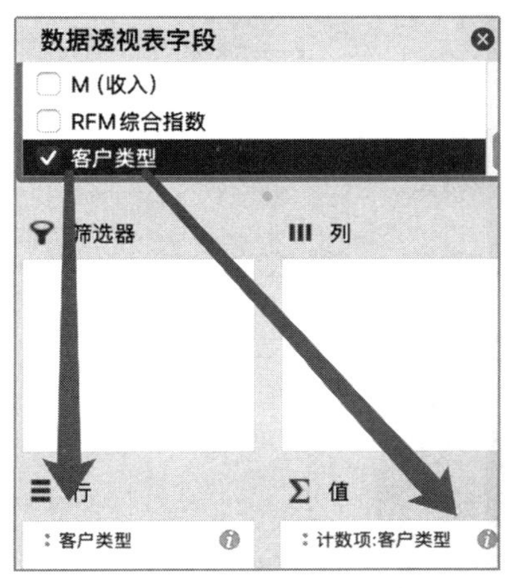

图 6-76 数据透视表设置

行标签	计数项:客户类型
低价值客户	149
高价值客户	119
一般客户	70
重要保持客户	72
重要发展客户	9
重要挽留客户	28
总计	**447**

图 6-77 创建数据透视表

⑧数据透视表中的客户类型默认是按照首字母降序排列的，不符合客户价值的先后顺序，我们可以通过拖曳的方式调整客户类型的顺序。将鼠标指针移动到需要移动的单元格的右侧，当鼠标指针变成可移动状态时，按住鼠标左键将其移动到合适的位置，然后释放鼠标左键。如图 6-78 所示。调整结果如图 6-79 所示。

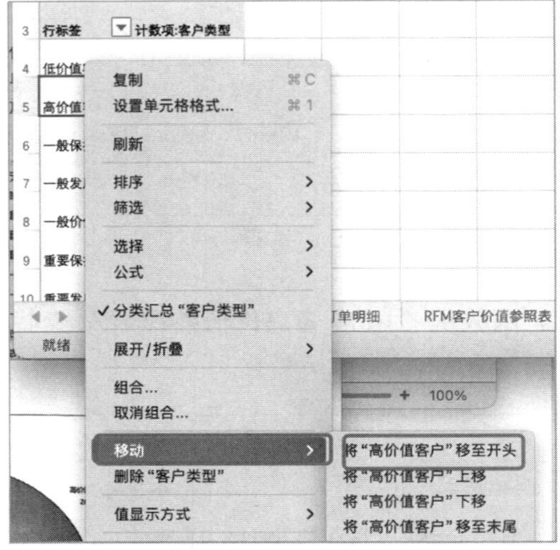

图 6-78　调整客户类型的顺序

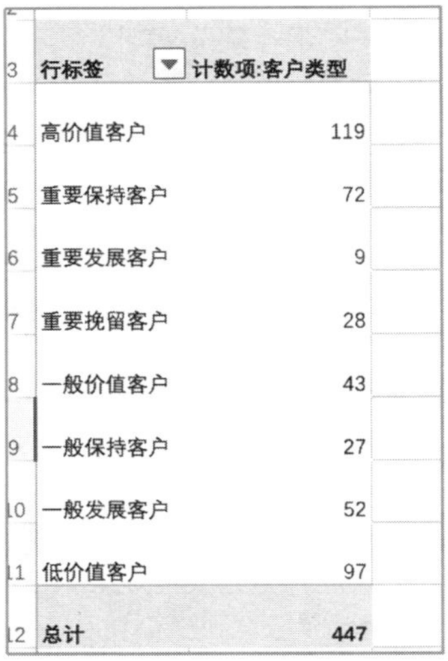

行标签	计数项:客户类型
高价值客户	119
重要保持客户	72
重要发展客户	9
重要挽留客户	28
一般价值客户	43
一般保持客户	27
一般发展客户	52
低价值客户	97
总计	447

图 6-79　调整完成客户类型的顺序

⑨根据数据透视表创建饼图，如图 6-80 所示，并对其进行美化设置，效果如图 6-81 所示。

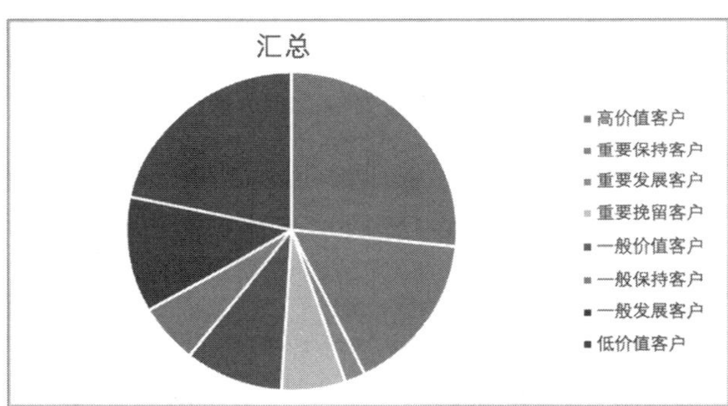

图 6-80　创建饼图

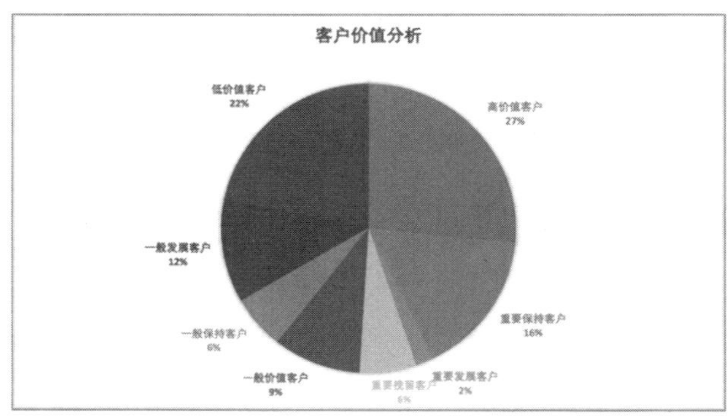

图 6-81　美化设置

通过图 6-81 可以看出，高价值客户占客户总数的 27%，低价值客户占客户总数的 22%，其他价值的客户占客户总数的 52%，基本可以达到在线教育行业的中等水平。

下篇

基于 SPSSPRO 的商业数据分析

第七章
SPSSPRO 商业调研数据的预处理

章节知识结构图

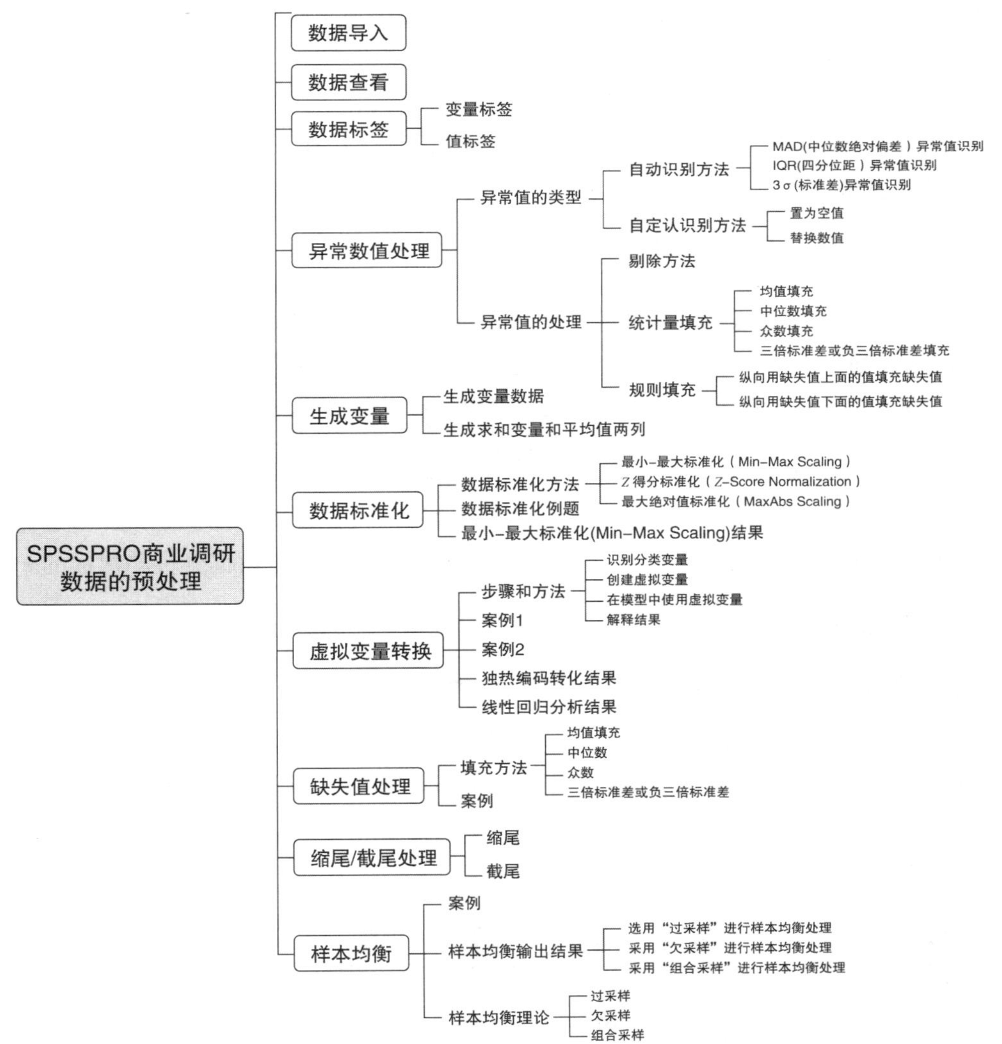

【知识目标】

1. 理解数据预处理的重要性和必要性。
2. 掌握数据清洗、数据转换、数据集成、数据规约和数据离散化等基本概念。
3. 学习如何处理缺失值、异常值和重复值。
4. 了解数据标准化和归一化的方法。
5. 掌握数据编码技术，如独热编码和标签编码。
6. 学习如何使用 SPSSPRO 等统计软件进行数据预处理。

【能力目标】

1. 能够使用 SPSSPRO 软件进行数据导入和导出。
2. 能够识别并处理数据集中的缺失值和异常值。
3. 能够执行数据转换，如日期格式转换、数值转换等。
4. 能够进行数据编码，将非数值数据转换为数值数据以便于分析。
5. 能够使用 SPSSPRO 进行数据的标准化和归一化。
6. 能够整合不同来源的数据集，并处理不一致性。
7. 能够使用 SPSSPRO 进行数据探索性分析，以识别数据中的模式和趋势。

【素养目标】

1. 培养对数据质量重要性的认识。
2. 增强对数据隐私和伦理问题的意识。
3. 培养批判性思维，能够评估数据预处理步骤的有效性和适当性。
4. 培养团队合作精神，因为数据预处理通常需要跨学科团队的协作。
5. 培养持续学习和自我提升的能力，因为数据分析技术和工具在不断更新。
6. 培养良好的沟通技巧，能够清晰地解释数据预处理的过程和结果。

在数据文件建立好后，通常还要对待分析的数据进行必要的预加工处理，这是数据分析过程中不可缺少的一个关键环节，数据的预加工处理是服务于数据分析和建模的。

一、数据导入

将已经调研完成的数据集上传到 SPSSPRO 平台。点击数据处理菜单，开始展开数据预处理工作。通常支持 Excel、CSV 等格式。如图 7-1 所示。

图 7-1　数据导入页面

二、数据查看

在平台上查看数据的基本信息，包括变量类型、缺失值等。这也是市场调研数据分析前的数据净化环节。数据净化是传统意义上的数据审核，是完美分析的前提。如果数据“不干净”，会发生两个方面的严重问题。一方面，很有可能无法适当地执行下一步的数据分析，因而将延迟呈交报告的时间；另一方面，可能数据分析和报告已经完成，但是研究人员并没有意识到里面的许多错误。数据净化主要是尽可能地处理错误的或不合理的数据以及进行一致性检查。通过数据查看，可以初步发现不合理数据，如图 7-2 所示。

编码视图 标签视图 PRO绘图 数据分析

	A	B	C	D	E	F	
1	序号	提交答卷时间	所用时间	来源	来源详情	来自IP	1.您的性别
2	1	2024/2/6 12:03:12	195秒	微信		42.88.152.75(甘肃-金...	男
3	2	2024/2/6 23:03:27	446秒	微信		118.182.196.248(甘...	女
4	3	2024/2/6 23:14:41	363秒	微信		42.89.61.122(甘肃-甘...	女
5	4	2024/2/7 12:50:36	150秒	微信		39.144.211.16(甘肃-...	女
6	5	2024/2/7 12:51:57	221秒	微信		42.88.37.44(甘肃-庆...	女
7	6	2024/2/7 13:54:03	189秒	微信		118.182.196.248(甘...	女
8	7	2024/2/7 20:40:20	94秒	微信		42.93.71.253(甘肃-武...	男
9	8	2024/2/8 20:32:34	219秒	微信		223.104.27.131(甘肃...	男
10	9	2024/2/9 23:14:13	351秒	微信		42.88.58.9(甘肃-甘南)	男
11	10	2024/2/9 23:17:46	285秒	微信		42.89.63.236(甘肃-甘...	男
12	11	2024/2/10 12:08:01	106秒	微信		42.88.117.21(甘肃-兰...	男
13	12	2024/2/10 12:11:04	168秒	微信		36.142.171.252(甘肃...	女
14	13	2024/2/10 12:14:52	146秒	微信		60.164.25.243(甘肃-...	男

图 7-2 数据查看

三、数据标签

在 SPSSPRO 这样的统计分析软件中，数据标签是指为数据集中的变量或数据点提供描述性信息的过程。这些标签有助于更好地理解和解释数据。在完成标签设置后，要确保保存工作。在导出数据时，可以选择是否将标签一并导出。

（一）变量标签

变量标签是对数据集中每个变量的简短描述。在 SPSSPRO 中，可以为每个变量添加一个标签，以说明该变量代表什么。

（二）值标签

值标签用于为变量的特定值提供更详细的描述，这在处理分类数据时特别有用。如一个变量是“性别”，值标签可以“1.0”标记为“男性”，“2.0”标记为“女性”，如图 7-3 所示。

管理标签		
数值		标签
1.0	表示	男
2.0	表示	女

图 7-3 设置数据标签

SPSSPRO 支持对原始数据进行自动编码与归类，特别是对于字符型数据，它会转置为定类数据并进行自动编码，同时保留原始字符作为标签。这种处理方式对于数据处理的第一步——数据编码来说，是非常关键的，因为它能够将原始数据转化为计算机能够识别、计算并且能够被分析解读的形式。此外，SPSSPRO 还支持对异常值进行处理，用户可以自定义异常值的范围，并且可以选择将异常值处理为空值或者替换为平均数、中位数、众数等功能，以确保数据的纯净性和分析的准确性。

在数据标签方面，SPSSPRO 提供了对变量进行标签管理的功能，可以对变量类型进行转换，特别是对定类变量进行标签转换。默认情况下，文本型（含非数值）的变量会被系统自动赋值为 1～n 的整数，并且默认标签名为原始文本，用户可以根据需要修改这些标签。这种功能对于需要给变量数值贴上文本标签以便于分析使用的情况非常有用。

四、异常数值处理

（一）异常值的类型

SPSSPRO 支持多种异常值处理方法，主要包括自动识别和自定义识别两种方式。

1. 自动识别方法

（1）MAD（中位数绝对偏差）异常值识别。通过计算每个数据点与中位数的绝对偏差，并设定一个阈值来判断是否为异常值。如果某个数据点的绝对偏差超过了 k 倍的 MAD，其中 k 通常取 2 或 3，则该数据点被视为异常值。

（2）IQR（四分位距）异常值识别。通过计算上四分位与下四分位的差值，即 IQR，设定一个标准来判断数据点是否为异常值。如果数据点位于 Q1-1.5IQR 或 Q3+1.5IQR 之外，则被视为异常值。

（3）3σ（标准差）异常值识别。基于正态分布的性质，如果一个数据点的值超过了均值加减三倍标准差的范围，即 $\mu\pm3\sigma$，那么可以将该数据点视为异常值。这种方法适用于连续变量且符合正态分布假设的数据。

2. 自定义识别方法

（1）置为空值。将异常值判断标准设置好后，选择置为空值，则所有的异常值都会为空值。

（2）替换数值。根据样本及目的需要，选择替换为平均值、中位数、众数、数字 0、随机数、自定义等。

（二）异常值的处理

1. 剔除方法

剔除规则是按行/列的缺失比例和缺失个数剔除，达到设定的阈值即整行或整列剔除。一般来说，如果一行数据中的缺失比例超过 50% 或 70%，就有可能考虑删除整行数据。这个阈值可以根据具体的数据集特征、分析目的以及领域背景进行调整。

2. 统计量填充

（1）均值填充。计算整个特征（列）的均值，并用该均值来填充缺失值。均值填充适用于服从近似正态分布的数值型数据，其优点是简单易行，不会改变数据的分布特性；缺点是对于有极端值（异常值）存在的数据，均值容易受到影响，不适合用于非正态分布的数据。

（2）中位数填充。计算整个特征（列）的中位数，并用该中位数来填充缺失值。中位数填充适用于有偏态分布和存在异常值的数值型数据，其优点是对于数据存在异常值或者偏态分布的情况下表现更稳健；缺点是可能会对数据分布造成略微的改变，特别是在缺失值较多的情况下。

（3）众数填充。计算整个特征（列）的众数（即出现频率最高的值），并用该众数来填补缺失值。众数填充适用于分类变量或者分类型数据的缺失值，其优点是简单快速，特别适合处理分类型变量的缺失；缺点是可能会导致数据的偏斜，尤其是在众数出现频率较高的情况下。

（4）三倍标准差或负三倍标准差填充。该填充方法适用于有正态分布假设的数值型数据，其优点是基于数据分布的特性来填充，可以保持数据的统计特性；缺点是对于非正态分布或者有较多异常值的数据，效果可能不佳；另外，填充的结果可能会超出数据的实际取值范围。

3. 规则填充

（1）纵向用缺失值上面的值填充缺失值。对于每个缺失值，用该值上面的非缺失值进行填充。如果上方没有非缺失值，则继续向上搜索直到找到非缺失值。该方法适用于时间序列数据或者有序数据，缺失值可能产生某种持续性影响。优点是保留了时间序列数据的顺序性或者数据的某种逻辑关系；缺点是依赖于数据的顺序性，可能会引入一定的偏差或者错误填充的情况。

（2）纵向用缺失值下面的值填充缺失值。与上述类似，如果下方没有非缺失值，则继续向下搜索直到找到非缺失值，如图 7-4 所示。

五、生成变量

生成变量是对单变量或多变量进行计算。其中平均值、求和、乘积（交互项）是多变量计算，即对多个变量的均值、加和、乘积的结果；自然对数、lg10 是单变量计算，即对单个变量的数据的值进行计算。生成变量（也称特征工程）是创建新变量或转换现有数据以提高模型性能的过程。

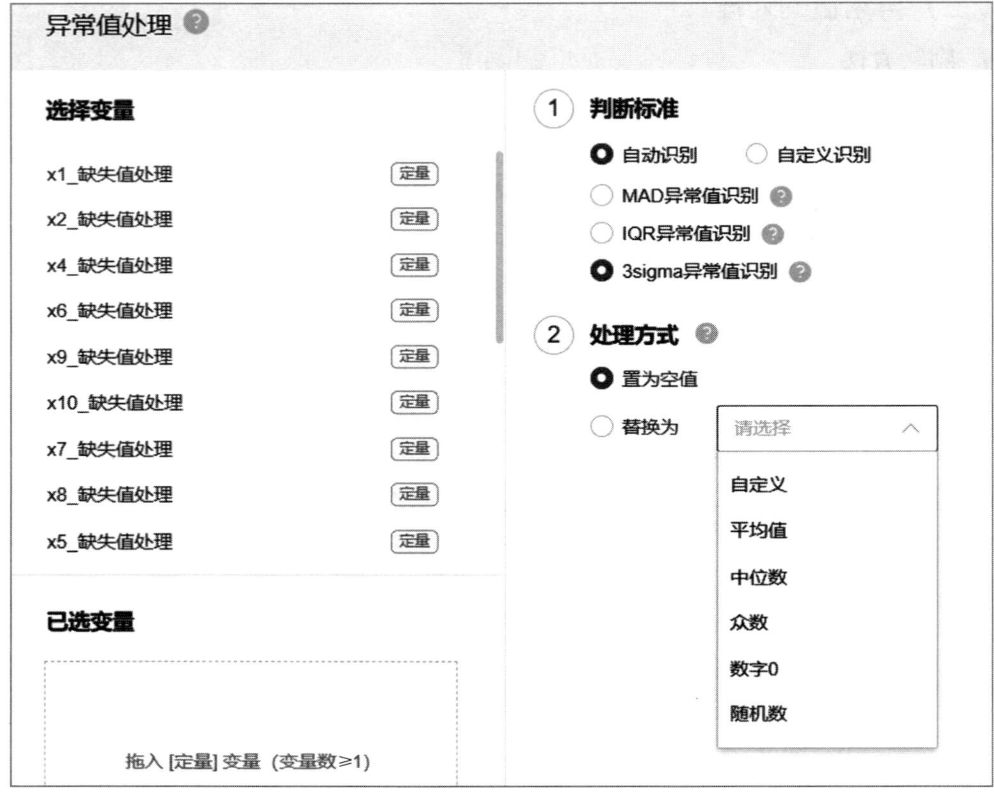

图 7-4 缺失值规则填充

（一）生成变量数据

案例数据：生成变量。原数据中只有 X1 和 X2 两列数据，如图 7-5 所示，根据研究的要求，可以计算增加数据的列。

	A	B
1	X1	X2
2	1	31
3	2	32
4	3	33
5	4	34
6	5	35
7	6	36
8	7	37
9	8	38
10	9	39
11	10	40
12	11	41

图 7-5 原数据

（二）生成求和变量和平均值两列

案例数据：生成求和变量和平均值变量数据。其步骤如图 7-6 所示。

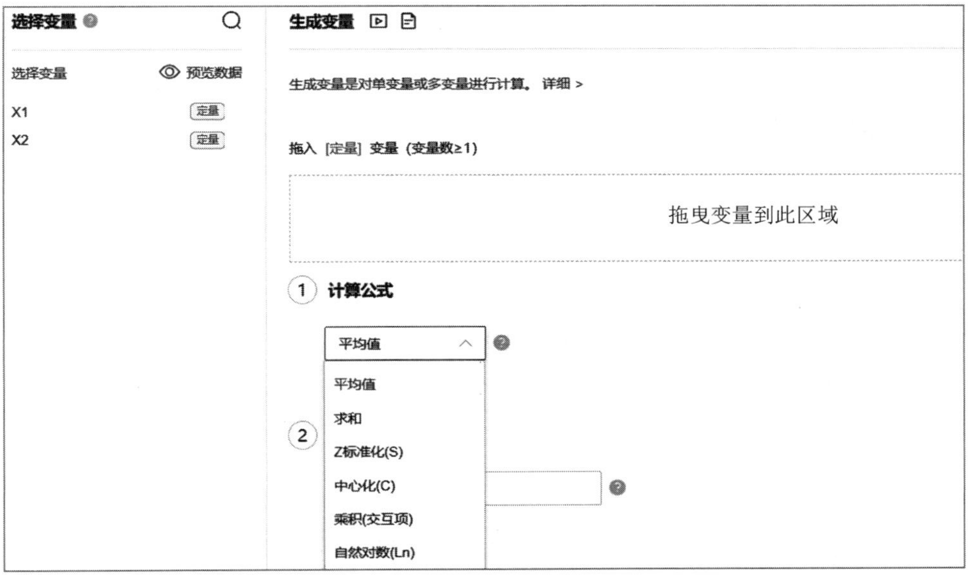

图 7-6 选择生成数列选项

其计算结果如图 7-7 所示。

	A	B	C	D
1	X1_X2_求和	X1_X2_均值	X1	X2
2	32.0	16.0	1	31
3	34.0	17.0	2	32
4	36.0	18.0	3	33
5	38.0	19.0	4	34
6	40.0	20.0	5	35
7	42.0	21.0	6	36
8	44.0	22.0	7	37
9	46.0	23.0	8	38
10	48.0	24.0	9	39
11	50.0	25.0	10	40

图 7-7 生成求和变量和平均值变量数据

六、数据标准化

数据标准化包括去量纲化和一致化。去量纲化是指不同指标之间由于量纲不同致使其不具可比性，故先需将指标进行无量纲化，消除量纲影响后再进行接下来的分析。如某个变量的数值范围在 1～10 之间，而另一个变量的数值范围在 100～1000 之间，此时若进行

综合评价，从数值的角度，很有可能数值变化范围大的变量，它的绝对作用就会较大，所占的比重较大。一致性是指将指标作用方向一致化，例如我们在评价多个不同指标的作用时，正向指标是数值越大越好，负向指标是数值越小越好，如果同时评价这两类指标的综合作用，由于它们的作用方向不同，不能将指标作用直接相加，此时我们就需要对逆指标进行一致化处理。

（一）数据标准化方法

（1）最小-最大标准化（Min-Max Scaling）。这种方法将所有特征的数值缩放到一个指定的范围内，通常是从 0 到 1。

公式：$x_{norm} = \dfrac{x - \min(x)}{\max(x) - \min(x)}$

其中，x 是原始数据，x_{norm}是标准化后的数据。

（2）Z 得分标准化（Z-Score Normalization）。这种方法将数据的均值转换为 0，标准差转换为 1。

公式：$x_{norm} = \dfrac{x - \mu}{\sigma}$

其中，μ 是原始数据的均值，σ 是原始数据的标准差。

（3）最大绝对值标准化（MaxAbs Scaling）。这种方法将数据缩放到最大绝对值为 1 的范围内。

公式：$x_{norm} = \dfrac{x}{\max(|x|)}$

（二）数据标准化例题

案例数据：连锁门店销售数据如图 7-8 所示。

门店	核心产品月平均销售额	辅料产品月平均销售额	核心产品盈利率	辅料产品盈利率
1	69	34	13	11
2	87	39	18	10
3	71	48	20	15
4	66	42	12	16
5	78	37	11	19
6	71	46	14	11
7	65	34	18	19
8	69	38	14	14
9	66	30	19	17
10	61	46	19	18
11	62	32	13	13
12	90	30	18	20
13	68	43	17	10
14	64	41	16	18
15	79	47	12	20
16	66	36	10	17
17	89	41	15	11
18	69	30	17	20
19	86	44	10	18
20	65	37	11	20

图 7-8　数据标准化原数据

（三）最小-最大标准化（Min-Max Scaling）结果

案例数据：连锁门店销售数据最小-最大标准化结果如图 7-9 所示。

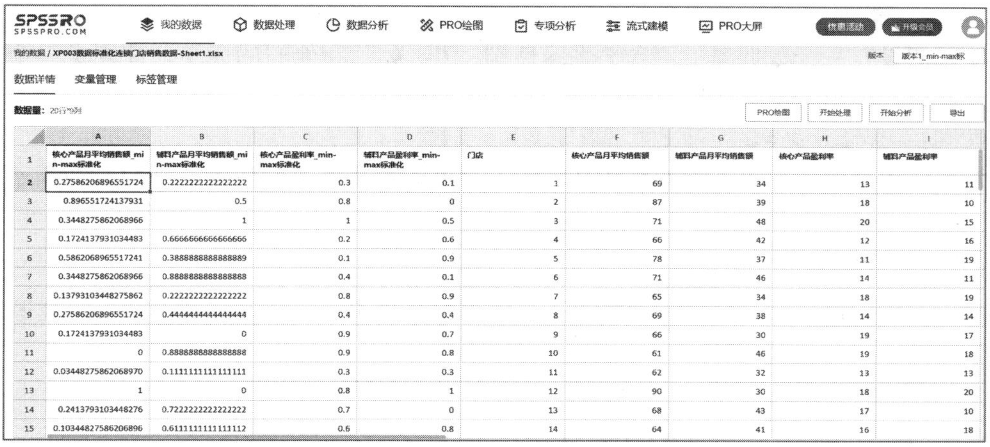

	A	B	C	D	E	F	G	H	I
1	核心产品月平均销售额_min-max标准化	辅料产品月平均销售额_min-max标准化	核心产品盈利率_min-max标准化	辅料产品盈利率_min-max标准化	门店	核心产品月平均销售额	辅料产品月平均销售额	核心产品盈利率	辅料产品盈利率
2	0.27586206896551724	0.2222222222222222	0.3	0.1	1	69	34	13	11
3	0.896551724137931	0.5	0.8	0	2	87	39	18	10
4	0.3448275862068966	1	1	0.5	3	71	48	20	15
5	0.1724137931034483	0.6666666666666666	0.2	0.6	4	66	42	12	16
6	0.5862068965517241	0.3888888888888889	0.1	0.9	5	78	37	11	19
7	0.3448275862068966	0.8888888888888888	0.4	0.1	6	71	46	14	11
8	0.13793103448275862	0.2222222222222222	0.8	0.9	7	65	34	18	19
9	0.27586206896551724	0.4444444444444444	0.4	0.4	8	69	38	14	14
10	0.1724137931034483	0	0.9	0.7	9	66	30	19	17
11	0	0.8888888888888888	0.9	0.8	10	61	46	19	18
12	0.03448275862068970	0.1111111111111111	0.3	0.3	11	62	32	13	13
13	1	0	0.8	1	12	90	30	18	20
14	0.2413793103448276	0.7222222222222222	0.7	0	13	68	43	17	10
15	0.10344827586206896	0.6111111111111112	0.6	0.8	14	64	41	16	18

图 7-9　最小-最大标准化结果

七、虚拟变量转换

虚拟变量转换是统计学和数据分析中常用的一种方法，用于处理分类变量（也称名义变量或定性变量）。在进行回归分析或其他统计模型时，分类变量不能直接使用，因为它们不是数值型数据。虚拟变量转换通过创建新的二进制（0 或 1）变量来表示分类变量的每个类别，从而允许这些变量在模型中被使用。对于有序定类变量，可以将它进行数据编码，利用数字来表示分类变量的有序等级；但是对于无序定类变量，需要将其转变为虚拟变量来处理。虚拟变量转换包括哑变量和独热编码，其中哑变量化比独热编码少了一列变量，这是因为独热编码容易造成共线性，而哑变量随机以一个选项作为参照项。

（一）步骤和方法

（1）识别分类变量。首先确定哪些变量是分类变量，如性别、国家、品牌等。

（2）创建虚拟变量。对于有两个类别的分类变量（如性别：男/女），通常只需要一个虚拟变量。如将“男”编码为 1，“女”编码为 0。

对于有两个以上类别的分类变量，需要创建与类别数量减一数量的虚拟变量。如有一个变量有三个类别（红色、蓝色、绿色），需要创建两个虚拟变量。则可以这样编码：

红色：(1，0)

蓝色：(0，1)

绿色：(0，0)

（3）在模型中使用虚拟变量。将这些虚拟变量作为自变量加入回归模型或其他统计模型中。

（4）解释结果。在模型的输出中，每个虚拟变量的系数表示该类别相对于参考类别（通常是编码为 0 的类别）的影响。

在回归中常用到的是哑变量化，由于系统处理哑变量是随机以某一项作为参照项的，

一般情况下，最好是做独热编码，然后在回归分析拖入自变量中的时候，不要拖入参考项就好了。

（二）案例1

案例假设有一个数据集，包含学生的性别（男/女）和他们的成绩。性别是一个分类变量，可以通过虚拟变量转换如下。

性别：男=1，女=0。

在回归模型中，如果性别的系数是正的，这可能意味着男性学生的平均成绩高于女性学生（假设女性是参考类别）。

（三）案例2

案例要求对商品品类这一定类数据进行虚拟变量转换，以便进行线性分析，如图7-10所示。

供应商	配送距离	是否准时	综合打分	品类
1	34	0	1	食品类
2	22	1	1	日化类
3	28	0	3	日化类
4	45	0	1	食品类
5	54	0	1	食品类
6	45	1	1	烟酒类
7	42	0	2	食品类
8	35	0	2	烟酒类
9	23	0	1	食品类
10	34	0	3	烟酒类
11	55	0	3	食品类
12	28	0	3	烟酒类
13	31	0	1	日化类
14	42	1	3	日化类
15	23	0	3	日化类

图7-10　超市供应商配送原数据样式

（四）独热编码转化结果

案例数据：虚拟变量转换——超市供应商配送情况分析，如图7-11所示。

SPSSRO SPSSPRO.COM　我的数据　数据处理　数据分析　PRO绘图　专项分析　流式建模　PRO大屏

我的数据 / XP005超市供应商配送情况分析.xls　　非会员仅分析前100行，立即 解锁会员

数据详情　变量管理　标签管理

数据量：100行*8列　　PRO绘图

	A	B	C	D	E	F	G	
1	品类_烟酒类_独热编码	品类_日化类_独热编码	品类_食品类_独热编码	供应商	配送距离	是否准时	综合打分	品类
2	0	0	1	1	34	0	1	食品类
3	0	1	0	2	22	1	1	日化类
4	0	1	0	3	28	0	3	日化类
5	0	0	1	4	45	0	1	食品类
6	0	0	1	5	54	0	1	食品类
7	1	0	0	6	45	1	1	烟酒类
8	0	0	1	7	42	0	2	食品类
9	1	0	0	8	35	0	2	烟酒类
10	0	0	1	9	23	0	1	食品类

图7-11　独热编码转化结果

（五）线性回归分析结果

线性回归分析结果如表 7-1 所示（结果在第十一章学习后验证）。

表 7-1 线性回归分析结果

线性回归分析结果 n=100									
	非标准化系数		标准化系数	t	P	VIF	R^2	调整 R^2	F
	B	标准误	Beta						
常数	0.034	0.051	—	0.682	0.497	—			
品类_日化类_独热编码	0.188	0.068	0.315	2.764	0.007***	1.434	0.122	0.104	F=6.763 P=0.002***
品类_食品类_独热编码	-0.034	0.068	-0.057	-0.504	0.615	1.434			
因变量：是否准时									

注：***、**、*分别代表 1%、5%、10% 的显著性水平。

线性回归分析结果显示：

模型在解释因变量“是否准时”（一个二分类变量，可能通过某种编码方式处理）方面具有一定的统计显著性（F=6.763，P=0.002***），表明至少有一个自变量对因变量有显著影响。模型的整体拟合优度通过 R^2（0.122）和调整 R^2（0.104）来衡量，表明模型解释了因变量变异的约 12.2%，R^2 较低，提示可能由于模型中自变量数量较少或某些自变量与因变量的关系较弱，导致模型对新数据的预测能力有限。

在自变量方面，两个品类变量（日化类和食品类，通过独热编码）对因变量的影响各异。具体而言，“品类-独热编码”的系数显著为正（B=0.188，t=2.764，P=0.007***），标准化系数 Beta 为 0.315，表明在控制其他变量不变的情况下，日化类商品相较于非日化类商品，对“是否准时”有正向影响，即日化类商品更有可能准时到达或完成相关操作。这一发现对于理解不同品类商品在准时性上的差异具有重要意义。相反，“品类-食品类-独热编码”的系数不显著（B=-0.034，t=-0.504，P=0.615），表明食品类商品与是否准时之间不存在统计学上的显著关系。Beta 系数为-0.057，尽管为负，但其绝对值较小且未达显著水平，不足以证明食品类商品在准时性方面与非食品类存在显著差异。此外，模型中的方差膨胀因子（VIF）为 1.434，远低于通常认为的多重共线性阈值（如 10），表明自变量之间不存在严重的多重共线性问题，模型参数估计稳定可靠。

八、缺失值处理

缺失值即空值。数据集不含缺失值的变量被称为完全变量，含有缺失值的变量被称为不完全变量。从缺失的分布来说，我们可以把缺失分为完全随机缺失、随机缺失和完全非

随机缺失。

完全随机缺失指的是数据的缺失是完全随机的，不依赖于任何不完全变量或完全变量，不影响样本的无偏性，如家庭地址缺失；随机缺失指的是数据的缺失不是完全随机的，即该类数据的缺失依赖于其他完全变量，如财务数据缺失情况与企业的大小有关；完全非随机缺失指的是数据的缺失与不完全变量自身的取值有关，如高收入人群不愿意提供家庭收入。对于缺失值，往往直接删除是不合适的，于是我们需要进行缺失值处理，包括考虑是否剔除，或进行填充处理。

（一）填充方法

（1）均值填充。计算整个特征（列）的均值，并用该均值来填充缺失值。

适用场景：适合处理数值型数据，特别是服从近似正态分布的数据。

优点：简单易行，不会改变数据的分布特性。

缺点：对于有极端值（异常值）存在的数据，均值容易受到影响，不适合用于非正态分布的数据。

（2）中位数。计算整个特征（列）的中位数，并用该中位数来填充缺失值。

适用场景：适合处理有偏分布和存在异常值的数值型数据。

优点：对于数据存在异常值或者偏态分布的情况下表现更稳健。

缺点：可能会对数据分布造成略微的改变，特别是在缺失值较多的情况下。

（3）众数。计算整个特征（列）的众数（即出现频率最高的值），并用该众数来填充缺失值。

适用场景：适合处理分类变量或者分类型数据的缺失值。

优点：简单快速，特别适合处理分类型变量的缺失。

缺点：可能会导致数据的偏斜，尤其是在众数出现频率较高的情况下。

（4）三倍标准差或负三倍标准差。计算整个特征（列）的均值 μ 和标准差 σ，然后用 $\mu+3\times\sigma$ 的值来填充缺失值（正三倍标准差填充）或者用 $\mu-3\times\sigma$ 的值来填充缺失值（负三倍标准差填充）。

适用场景：适合处理数值型数据，尤其是在正态分布假设的情况下。

优点：基于数据分布的统计特性来填充，可以保持数据的统计特性。

缺点：对于非正态分布或者有较多异常值的数据，效果可能不佳；另外，填充的结果可能会超出数据的实际取值范围。

（二）案例

（1）缺失数据如图 7-12 所示。

x1	x2	x3	x4	x5	x6	x7	x8	x9	x10
85.28	85.74	87.88	70.19	97.13	84.09	89.67	90.71	88.07	68.15
74.3	74.41	71.5		74.95	81.7	61.27	74.73	72.19	88.11
85.22	86.23	83.88	87.48	73.42	73.19	88.53	86.98	83.25	90.07
87.49	87.77		78.17	91.18	82.93	81.59	82.95	88.81	75.82
76.34	74.81	77.66	90.66	74.1	77.31	81.13	79.11	77.55	86.81
62.14	63.45	65.6		75.45	77.91	80.34	100.56	66.28	85.44
90.68	91.28	93.07	83.43	88.36	77.74	95.65	86.9	91.93	79.7
	73.33	73.26	68.1	70.8	79.61	72.27	70.9	73.82	69.11
75.9	74.29	76.37	85.64	70.45		69.26	84.74	77.01	89.16
62.71	61.43	60.25	67.47	83.33	72.88	83.66	78.45	59.11	70
71.33	72.1	73.5	85.89	79.96	87.11	85.03	73.05	72.72	84.31
79.11	79.88	77.58	81.05	79.62	85.22		75.31	77.56	80.92
72.37	73.41	72.05	75.39	85.52	84.14	79.82	91.34	72.25	74.3
89.16	87.48	97.13	85.67	81.84	78.9	78.08	72.85	88.63	
76.9	75.43	77.45	86.35	74.09	81.06	79.26	90.39	77.62	87.95
69.64	71.24	70.73	86.72	97.5	84.33	86.77	84.9	69.6	84.69
66.02	66.29	63.54	70.73	76.93	72.34	74.21		64.01	71.81
76.07	76.3	76.28	87.77	81.69	73.4	84.89	75	78.04	88.73
87.14	86.74	86.24	90.69	90.78	86.82	68.09	86.86	86.22	87.63
74.31		76.85	76.45	79	78	78.6	89.72	77.78	74.8

图 7-12 缺失值统计数据样式

（2）使用众数填充。如图 7-13 所示。

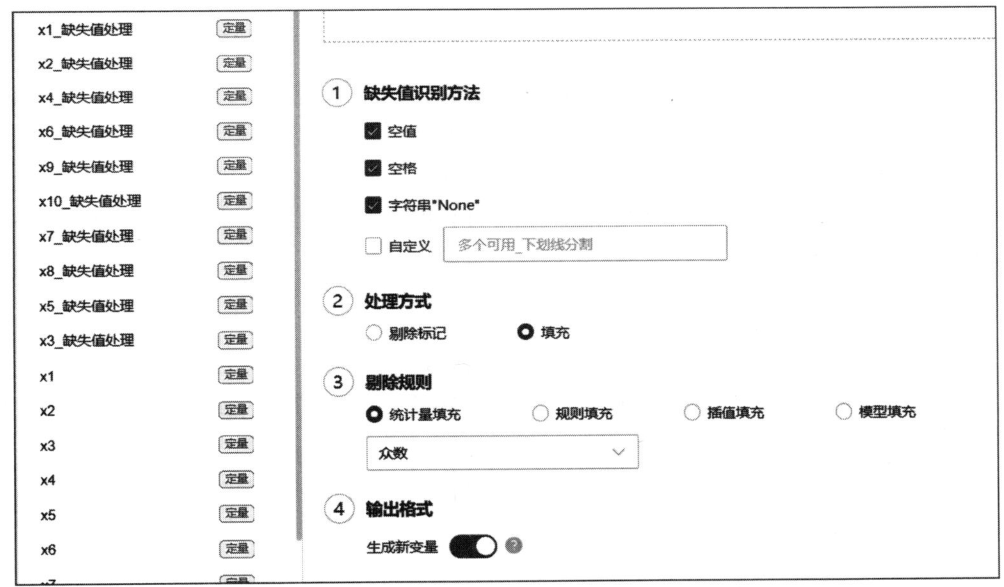

图 7-13 使用众数填充

（3）填充结果。如图 7-14 所示。

SPSSPRO SPSSPRO.COM 我的数据 数据处理 数据分析 PRO绘图 专项分析 流式建模 PRO大屏 优惠活动

我的数据 / 缺失值处理.xlsx　　非会员仅分析前100行，立即 解锁会员

数据详情　变量管理　标签管理

数据量：100行*20列　　PRO绘图　开始处理

	A	B	C	D	E	F	G	H
1	x1_缺失值处理	x2_缺失值处理	x4_缺失值处理	x6_缺失值处理	x9_缺失值处理	x10_缺失值处理	x7_缺失值处理	x8_缺失值处理
2	85.28	85.74	70.19	84.09	88.07	68.15	89.67	90.71
3	74.3	74.41	85.86	81.7	72.19	88.11	61.27	74.73
4	85.22	86.23	87.48	73.19	83.25	90.07	88.53	86.98
5	87.49	87.77	78.17	82.93	88.81	75.82	81.59	82.95
6	76.34	74.81	90.66	77.31	77.55	86.81	81.13	79.11
7	62.14	63.45	85.86	77.91	66.28	85.44	80.34	100.56
8	90.68	91.28	83.43	77.74	91.93	79.7	95.65	86.9
9	59.18	73.33	68.1	79.61	73.82	69.11	72.27	70.9
10	75.9	74.29	85.64	72.88	77.01	89.16	69.26	84.74
11	62.71	61.43	67.47	72.88	59.11	70	83.66	78.45
12	71.33	72.1	85.89	87.11	72.72	84.31	85.03	73.05
13	79.11	79.88	81.05	85.22	77.56	80.92	83.66	75.31

图 7-14　众数填充结果

九、缩尾/截尾处理

样本数据足够多时，为了剔除一些极端值对研究的影响，一般会对连续变量进行缩尾/截尾处理。

（一）缩尾

缩尾处理就是对变量数值进行从小到大排列后，处理超出变量特定百分位范围的数值（被称作极端值），标准为低于下限和超出上限。替换为其特定百分位数值。比如设定了上限为95%，下限为5%，那么，超过95%分位数值的数据被识别为极端值，用95%的分位数值去替换原本的极端值；低于5%分位数值的数据也被识别为极端值，用5%的分位数值去替换原本的极端值。

（二）截尾

对于低于下限和超出上限的极端值有两种截尾处理。

（1）若列中的某个值达到某个标准，将该值删除，即相当于对每个变量的极端值进行置空。

（2）若列中的某个值达到某个标准，删除该值所在行，即相当于对每个变量的极端值所在的样本进行整行删除。

十、样本均衡

进行分类任务时，如果因变量不同类别的样本数量不均衡时，会严重影响模型训练。如对于一个二分类问题，某一类别有995个数据，另一类别只有5个数据时，此时属于严重的数据样本分布不均衡，模型很难从中提取规律。所以，当发现样本不均衡时，需要做样本均衡处理，通过以下三种方法使得因变量不同类别的样本数量相差不大。

（1）过采样，即增加样本量较少的类别样本；

（2）欠采样，即减少样本量较多的类别样本；

（3）混合采样，即结合过采样和欠采样的方法调整两类别的样本数量。

（一）案例：缺失值统计数据

案例数据：缺失值统计数据如图 7–15 所示。

品种	花萼长度	花萼宽度	花瓣长度	花瓣宽度
维吉尼亚鸢尾	7.2	3	5.8	1.6
山鸢尾	5.8	4	1.2	0.2
山鸢尾	5	3.2	1.2	0.2
维吉尼亚鸢尾	5.9	3	5.1	1.8
维吉尼亚鸢尾	6.3	2.7	4.9	1.8
变色鸢尾	5.5	2.3	4	1.3
维吉尼亚鸢尾	6.4	2.8	5.6	2.1
变色鸢尾	5	2	3.5	1
维吉尼亚鸢尾	6.9	3.1	5.1	2.3
变色鸢尾	6.8	2.8	4.8	1.4
维吉尼亚鸢尾	6.4	2.7	5.3	1.9
变色鸢尾	6.3	3.3	4.7	1.6

图 7–15　样本均衡原数据样例

（二）样本均衡输出结果

对原始数据进行统计，如图 7–16 所示，可以看出，各个分类水平的样本量大不相同，样本不平衡，变色鸢尾的样本最多，维吉尼亚鸢尾的样本最少。

名称	选项	频数	百分比(%)
品种	变色鸢尾	50	57.471
	山鸢尾	20	22.989
	维吉尼亚鸢尾	17	19.54
合计		87	100.000

图 7–16　样本频数统计

1. 选用“过采样”进行样本均衡处理

从各分类的样本结果可以看出，各个分类水平的样本量都是 33. 333%，样本非常平衡。如图 7–17 所示。

名称	选项	频数	百分比(%)
品种	维吉尼亚鸢尾	50	33.333
	山鸢尾	50	33.333
	变色鸢尾	50	33.333
合计		150	100.000

图 7-17　“过采样”进行样本均衡处理

2. 采用“欠采样”进行样本均衡处理

从各分类的样本结果可以看出，如图 7-18 所示，各个分类水平的样本量都是 33.333%，样本非常平衡。

名称	选项	频数	百分比(%)
品种	维吉尼亚鸢尾	17	33.333
	山鸢尾	17	33.333
	变色鸢尾	17	33.333
合计		51	100.000

图 7-18　“欠采样”进行样本均衡处理

3. 采用“组合采样”进行样本均衡处理

各分类的样本结果如下：可以看出，变色鸢尾的样本有所减少、山鸢尾和维吉尼亚鸢尾的样本有所增加。如图 7-19 所示。

名称	选项	频数	百分比(%)
品种	山鸢尾	50	34.483
	维吉尼亚鸢尾	49	33.793
	变色鸢尾	46	31.724
合计		145	100.000

图 7-19　“组合采样”进行样本均衡处理

（三）样本均衡理论

1. 过采样

当数据不平衡的时，比如对于一个只用 0 和 1 的二分类问题，样本标签 1 有 995 个数据，样本标签 0 只有 5 个数据时，为了保持样本数目的平衡，可以选择增加或通过算法生成标签 0 的数据量，这个过程就叫作过采样，也叫上采样。

2. 欠采样

当数据不平衡时，如对于一个只用 0 和 1 的二分类问题，样本标签 1 有 995 个数据，样本标签 0 只有 5 个数据时，为了保持样本数目的平衡，可以选择减少或通过算法减少标签 1 的数据量。

3. 组合采样

结合过采样和欠采样的方法，为了保持样本数目的平衡，可以选择通过算法减少或生成不均衡标签的数据量。

第八章
描述性分析

章节知识结构图

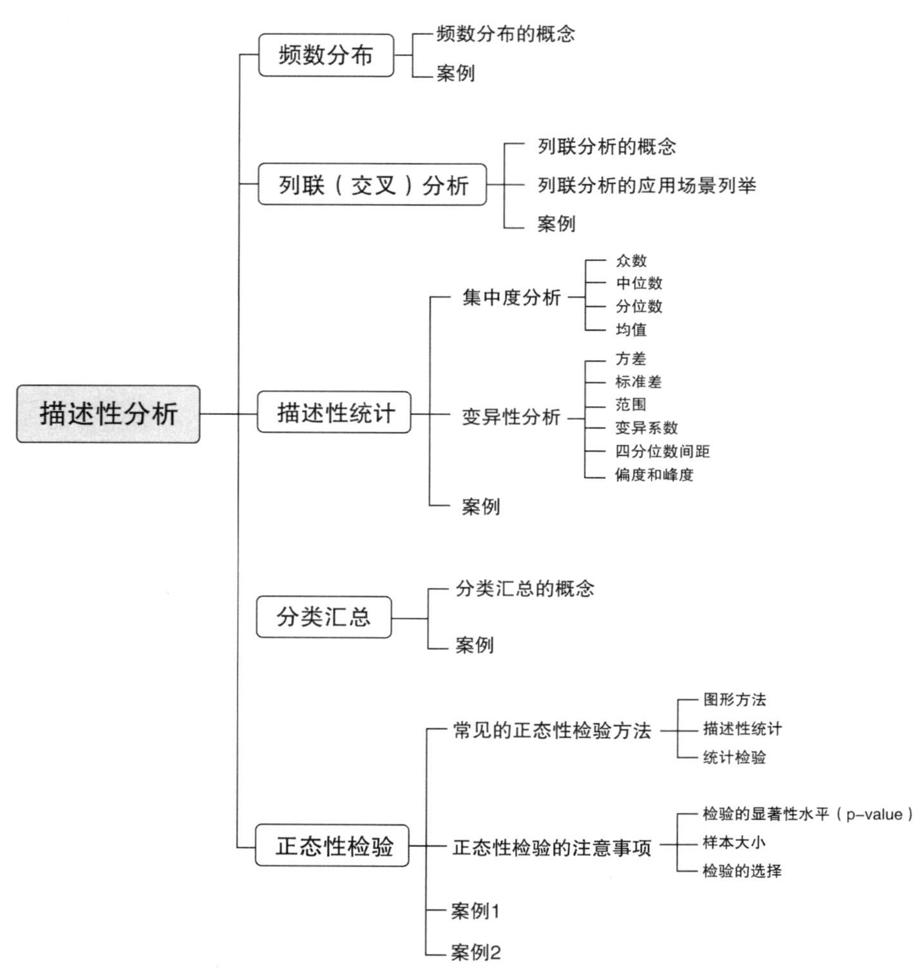

市场调研进入数据分析阶段后，最基础的分析内容是从整体上把握现象的规模和结构，判断被调查对象在行业、同区域或者同类现象中所处的水平。规模分析通常以频数或频率来描述。频数是指变量值中代表某种特征的观测值出现的次数；频率是指频数与全体观测值个数的比值，也可用来反映数据的结构。频数的表现方式主要有频数分布表和频数分布图。在 SPSSPRO 中直接拖曳目标变量至频数分析区域开始分析就可以得到频数分布表和频数分布图。

第一节 频数分布

【知识目标】

1. 理解频数分布的概念，即数据在不同类别或区间中的分布情况。
2. 学习如何创建频数分布表，包括如何确定类别、计算频数、计算频率等。
3. 掌握频数分布图的绘制方法，如条形图、直方图、饼图等。

【能力目标】

1. 能够根据实际数据，独立创建频数分布表和图。
2. 能够分析频数分布，识别数据的集中趋势、离散程度和偏态。
3. 能够使用 SPSSPRO 软件来处理和分析数据，制作频数分布图。
4. 能够解释频数分布图中的信息，并对数据进行合理的推断。

【素养目标】

1. 培养数据意识，理解数据在决策中的重要性。
2. 增强批判性思维，能够识别数据中的偏差和局限性。
3. 提高沟通能力，能够清晰地向他人解释数据的含义和分析结果。

一、频数分布的概念

把总体按某一标志分组，并按一定顺序列出每个组的单位数，所形成的总体单位在各组间的分布就是频数分布。把总体中各个类别及其相应的频数、频率及累计频率等指标用汇总表格的形式展示出来，就形成了频数分布表。

二、案例

祥宇橄榄油甘肃省市场问卷调研问题如下：

您购买祥宇橄榄油最主要的用途是什么？在 1080 份问卷进行频数分布特征分析。

SPSSPRO 数据分析如下。

（一）分析流程

数据源：祥宇橄榄油。

（二）算法配置

（1）算法。频数分析。

（2）变量。

您购买祥宇橄榄油最主要的用途是什么？

（3）分析结果。频数分析基于数据汇总统计产生结果，请看详细结论。

（三）分析步骤

（1）对每个变量的分布状况进行描述。这里需要注意的是对于占比大的频数要进行仔细分析其可能存在的原因或者导致的结果。

（2）对全局分布进行综述。

（四）详细结论

1. 输出结果 1

（1）频数分析结果。如表 8-1 所示。

表 8-1　频数分析结果

名称	选项	频数	百分比（%）	累计百分比（%）
您购买祥宇橄榄油最主要的用途是	实惠家用	748	69.259	69.259
	赠送好友	230	21.296	90.556
	口服保健	102	9.444	100
合计		1080	100.000	100.000

（2）图表说明。表 8-1 展示了频数分析的结果，包括变量、频数、百分比等。

若分析项为定类变量，定类变量最多不超过 50 个分组，如果超过，系统会自动取降序排序前 49 个的分组变量，从第 50 个起合并为“其他”选项。

若分析项为定量变量（去重数 N>10），系统默认对数据进行“（最大值-最小值）/4”分四组，若想生成更多分组，请进行数据处理→数据编码→范围编码。

（3）图表结果分析。由您购买祥宇橄榄油最主要的用途是频数分析结果显示：

①实惠家用频数为 748，所占百分比 69.259%；

②赠送好友频数为 230，所占百分比 21.296%；

③口服保健频数为 102，所占百分比 9.444%；

④其中实惠家用（69.259%）最高，口服保健（9.444%）最低。

2. 输出结果 2

（1）频数分析。如图 8-1 所示。

（2）图表说明。图 8-1 展示了频数分析的结果，包括变量、频数、百分比等，点击右上角可以切换百分比频数。

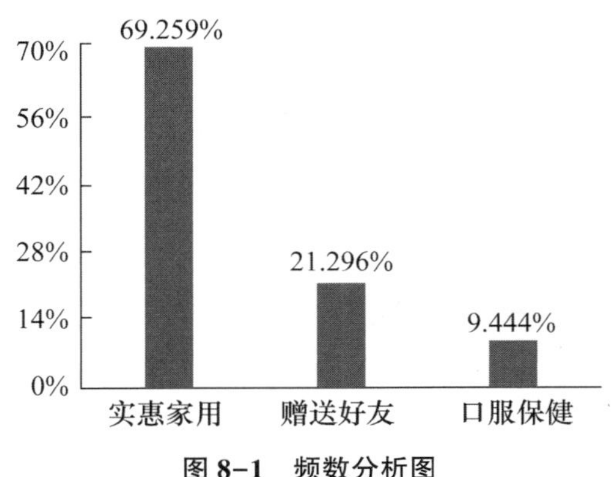

图 8-1 频数分析图

（五）案例结果分析

频数分析结果显示，参与者在购买祥宇橄榄油的主要用途上呈现出显著的差异性和集中趋势。具体而言，绝大多数受访者（69.259%）将“实惠家用”作为购买祥宇橄榄油的首要原因，这表明该品牌橄榄油在消费者心目中具有较高的性价比和家用价值，是满足日常烹饪需求的首选。紧随其后的是“赠送好友”选项，占比达到 21.296%，表明祥宇橄榄油因其品质优良而常被用作礼品，体现了其在行业中有一定的竞争力。这一发现揭示了品牌不仅满足自用需求，还具备作为社交礼的功能。相比之下，“口服保健”选择频数较低，仅占 9.444%，表明尽管橄榄油具有公认的保健功能，但在此次调查中，消费者并未将其作为主要购买动机。这可能与消费者对于橄榄油保健功效的认知程度、需求差异或市场宣传导向等因素有关。

第二节 列联（交叉）分析

【知识目标】

1. 理解列联表（交叉表）的概念，以及它是如何用来展示两个或多个分类变量之间的关系的。
2. 学习列联表的构建方法，包括行变量和列变量的选择，以及如何计算各单元格的频数。

【能力目标】

1. 能够根据实际数据构建列联表，并进行初步的分析。
2. 能够运用 SPSSPRO 软件进行列联分析，能够解释列联分析的结果。

【素养目标】

1. 培养对数据关系的敏感性，理解不同变量之间可能存在的关联。
2. 增强沟通能力，能够将复杂的统计分析结果以清晰、准确的方式传达给他人。

一、列联分析的概念

列联分析是一种统计方法，用于研究两个或多个分类变量之间的关系。这种方法通过构建列联表来展示不同类别之间的频数分布，进而分析变量之间的关联性。列联分析可以帮助我们了解变量之间的相互影响，从而做出更合理的决策。

二、列联分析的应用场景列举

1. 市场研究

分析消费者行为，了解不同产品类别与消费者购买行为之间的关系。

2. 社会科学研究

研究社会现象，如性别、年龄等因素对教育程度、职业选择的影响。

3. 医学研究

探索疾病与生活习惯、遗传因素之间的关系。

列联分析不仅可以帮助我们理解变量之间的关系，还可以为决策提供依据。例如，通过分析消费者的购买行为，企业可以调整市场策略以提高销售额；通过研究疾病与生活习惯的关系，公共卫生机构可以制定更有效的预防措施。

三、案例

某市房地产市场问卷调研是否配套电梯和房屋单价，1500 份问卷列联（交叉）分析。SPSSPRO 数据分析如下。

（一）分析流程

1. 数据源

某市房地产市场调研数据 1500 份。

2. 算法配置

（1）算法。列联（交叉）分析。

（2）变量。分组变量：配套电梯；变量 X：单价。

3. 分析结果

列联（交叉）分析基于数据汇总统计产生结果，请看详细结论。

（二）分析步骤

（1）根据列联表分析进行变量的分组描述，若分析项为定量变量，系统默认以四分位进行分组。

（2）可以根据交叉图结合类别的百分比进行描述。

(三)详细结论

1. 输出结果 1

(1)频数分析结果,如表 8-2 所示。

表 8-2 频数分析结果

题目	名称	配套电梯		总计
		有	无	
单价	[7063.0,10,236.75)	159(62.109%)	97(37.891%)	256
	[10,236.75,13,410.5)	445(60.959%)	285(39.041%)	730
	[13,410.5,16,584.25)	460(99.567%)	2(0.433%)	462
	[16,584.25,19,758.0]	52(100%)	0(0%)	52
总计		1116	384	1500

(2)图表说明。表 8-2 展示了以配套电梯为分组项,以单价为分析项的列联(交叉)分析结果,包括变量、频数、百分比等,需要注意的是:

若交叉表过大(列超过 15 项),请点击右上角下载按钮导出查看。

若分析项为定量变量(样本量 N≥8),系统默认以四分位进行分组,若想生成更多分组,请使用数据处理→数据编码。

若想分析基于分组项下各分析项是否存在差异以及差异程度,可以选择卡方分析。

2. 输出结果 2

(1)交叉图。如图 8-2 所示。

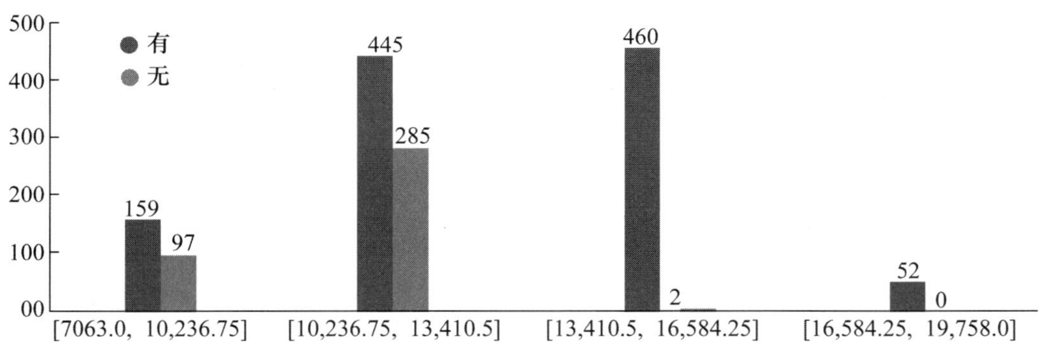

图 8-2 交叉图

(2)图表说明。图 8-2 展示了列联(交叉)分析结果,包括变量、频数、百分比等。

(四)分析结果

根据列联表所展示的数据,对住宅单价与是否配套电梯关联性进行实证分析,结果显示出显著的相关性。具体而言,随着住宅单价的上升,配套电梯的比例也呈现明显的递增趋势。在单价区间[7063.0,10,236.75]内,约 62.11% 的住宅配有电梯,而 37.89% 则

无电梯，显示出相对较低的电梯配套率。然而，当单价区间提升至［10,236.75，13,410.5］时，配套电梯的住宅比例增至60.96%，虽略有下降但仍占多数。进一步观察，单价进入更高区间［13,410.5，16,584.25］后，电梯配套率急剧上升至99.57%，几乎所有该区间的住宅均配备了电梯，表明高价住宅与电梯配置的紧密联系。而在最高单价区间［16,584.25，19,758.0］内，电梯配套率达到100%，无一例外地全部配备了电梯，这进一步说明了单价与电梯配套之间的正相关关系。

第三节　描述性统计

【知识目标】

1. 理解描述性统计的基本概念，包括数据的类型（定性、定量）、数据的收集和整理。

2. 掌握集中趋势的度量，如均值、中位数、众数，以及它们各自的适用场景和计算方法。

3. 学习离散程度的度量，如方差、标准差、极差、四分位数间距，以及如何计算和解释这些度量。

4. 了解数据分布的形状，包括偏度和峰度，以及如何识别和解释这些特征。

【能力目标】

1. 能够使用SPSSPRO软件计算描述性统计量，并解释其结果。

2. 能够选择合适的统计量来描述数据集的特征，包括集中趋势、离散程度和分布形状。

3. 能够识别数据中的异常值，并理解它们对描述性统计的影响。

4. 能够创建和解读描述性统计图表，如直方图、箱线图、散点图等，以直观展示数据特征。

【素养目标】

1. 增强沟通和表达能力，能够清晰、准确地向非专业人士解释统计概念和结果。

2. 培养数据素养，理解数据在决策过程中的作用，以及如何利用数据支持决策。

一、集中度分析

集中度分析即测度一组数据的集中趋势，反映各调查数据向其中心值靠拢或聚集的程度。测定集中度的指标有多种，不同测量尺度变量适用的集中度指标有所不同。一般来说，低层次数据的集中趋势测度指标适用于高层次的数据度量，反之，高层次数据的集中趋势测度指标并不适用于低层次的数据度量。本节将按照测量尺度从低到高的顺序，依次介绍众数、中位数、分位数和均值等集中度测度指标。

(一) 众数

众数是指数据中出现次数最多的变量值，记为 M，主要用于测度定类数据的集中趋势，若更高层次的数据具有集中趋势，也可计算众数。定类数据或单项式分组数据的众数可用直接观察法得到，即出现次数最多的变量值就是众数。

(二) 中位数

中位数是描述数据集中趋势的一种统计量，它将数据集分为两个相等的部分，其中一半的数据项低于中位数，另一半的数据项高于中位数。中位数是数据集中间的值，不受极端值的影响，这使得它在某些情况下比平均数更具有代表性。中位数是一种非常有用的统计量，特别是在数据分布不对称或包含异常值时。它提供了数据集中点位置的一个度量，常用于收入分布、房价、年龄分布等领域。

1. 对于有限的数据集

首先将数据集按照大小顺序排列，如果数据集中数据的个数是奇数，中位数就是中间的那个数；如果数据集中数据的个数是偶数，中位数通常是中间两个数的平均值。

2. 对于无限的数据集或连续变量

中位数可能需要通过数学方法或统计软件来估计。

3. 举例

(1) 数据集 1：[3，5，1，2，4]，首先将其排序：[1，2，3，4，5]。由于数据集有 5 个数（奇数个），中位数就是中间的数，即 3。

(2) 数据集 2：[2，4，6，8]，排序后为：[2，4，6，8]。数据集有 4 个数（偶数个），中位数是中间两个数的平均值，即（4+6）/2=5。

(三) 分位数

分位数是一个统计学概念，用于将一组数据划分为若干个等份，每个等份包含了数据集中相同比例的数值。最常见的分位数包括四分位数，它们将数据集分为四等份，每份包含 25% 的数据。分位数可以帮助我们了解数据的分布情况，特别是数据的集中趋势和离散程度。

1. 四分位数包括

第一四分位数（Q1）：数据集中最小的 25% 的数值。

第二四分位数（Q2）：即中位数，数据集中最小的 50% 的数值。

第三四分位数（Q3）：数据集中最小的 75% 的数值。

第四四分位数（Q4）：数据集中最大的 25% 的数值。

2. 四分位数的计算方法

(1) 确定分位数的位置。首先确定数据集中的观察值数量（n）；然后，根据所需的分位数（如四分位数），计算分位数所在的位置，如对于四分位数，位置计算如下：

Q1 的位置：P=（n+1）×25%

Q2 的位置：P=（n+1）×50%（中位数）

Q3 的位置：P=（n+1）×75%

（2）排序数据。将数据集按照从小到大的顺序排列。

（3）计算分位数。根据计算出的位置 P，找到数据集中的相应数值。如果 P 不是整数，通常取最接近 P 的较小的整数位置的数值和下一个数值，然后取这两个数值的平均值作为分位数。

例：假设有一个数据集：［1，2，3，4，5，6，7，8，9，10］，计算第一四分位数（Q1）。

排序后的数据集：［1，2，3，4，5，6，7，8，9，10］，观察值数量 n=10，则

Q1 的位置：P=（10+1）×25%=2.75

由于 P 不是整数，取第 2 位和第 3 位的数值（2 和 3），计算它们的平均值：（2+3）/2=2.5，所以 Q1 是 2.5。

分位数在数据分析中非常有用，特别是在描述数据分布、识别异常值、进行统计测试和构建箱线图时。

（四）均值

均值，也称为平均值，是描述数据集中趋势的一种统计量，它是所有数据项的总和除以数据项的数量。均值提供了数据集中所有数值的中心位置的一个度量。

1. 均值的计算公式

均值的计算公式为：均值=所有数据项的总和÷数据项的数量。

2. 均值的特点

（1）敏感性。均值对极端值（异常值）非常敏感。如果数据集中包含极端值，均值可能会受到影响，从而不能很好地代表数据的中心趋势。

（2）代表性。在数据分布对称或接近对称的情况下，均值是一个很好的中心趋势度量。

（3）应用。均值广泛应用于各种领域，包括经济学、心理学、物理学等，用于描述收入、成绩、温度等的平均值。

3. 均值与其他度量中心趋势的比较

中位数不受极端值的影响，当数据分布不对称时，中位数可能是更好的中心趋势度量。众数是数据集中出现次数最多的数值，适用于定性数据或具有明显模式的数据集。均值是数据分析中最基本的统计量之一，但在使用时需要注意其对异常值的敏感性，并根据数据的特点选择合适的中心趋势度量。

二、变异性分析

变异性分析是指对数据的变异程度进行分析的方法。它可以帮助我们了解数据的离散程度，即数据点之间的差异性大小。

（一）方差

方差是衡量数据点偏离其平均值的一种度量，表示数据的离散程度。它是每个数据点与平均值差值的平方的平均数。方差提供了数据分布的宽度或离散程度的度量。计算公式如下。

（1）计算平均值（Mean）：$\mu = \frac{1}{N}\sum_{i=1}^{N} x_i$，其中，$\mu$ 是平均值，x_i 是数据集中的第 i 个数据点，N 是数据点的总数。

（2）计算每个数据点与平均值的差的平方：$(x_i - \mu)^2$，对每个数据点 x_i 重复此步骤。

（3）算这些平方差的平均值，得到方差：$\sigma^2 = \frac{1}{N}\sum_{i=1}^{N}(x_i - \mu)^2$，其中，$\sigma^2$ 是方差。

（二）标准差

标准差是衡量数据集中数值分布离散程度的统计量，它是方差的平方根，标准差的重要性在于它与原始数据具有相同的单位，这使得它在实际应用中更容易被理解和解释，即：$\sigma = \sqrt{\sigma^2}$。

（三）范围

范围是数据集中最大值和最小值之间的差距，是一种简单的变异性度量。

（四）变异系数

变异系数是标准差与平均值的比率，用于比较不同数据集的相对离散程度。

（五）四分位数间距

四分位数间距是第三四分位数（Q3）与第一四分位数（Q1）之间的差，它衡量了数据集中间 50% 数据的离散程度。

描述数据集中间 50% 数据的离散程度，数值越小说明中间数据越集中，反之，数值越大说明数据越分散。四分位数间距在一定程度上说明了中位数对一组数据的代表程度，适用于定量变量的分析。在数据处理中，四分位数间距常被用来识别异常值。根据四分位数间距的 1.5 倍为标准，如果某个数据点的值小于 Q1 减去 1.5 倍的四分位数间距或大于 Q3 加上 1.5 倍的四分位数间距，则该数据点被视为异常值。这种基于四分位数间距的异常值识别方法在数据处理中非常有用，可以帮助研究者或数据分析人员快速识别并处理数据集中的极端值或异常值，以确保分析结果的准确性和可靠性。

（六）偏度和峰度

偏度和峰度是用于描述数据分布特征的两个重要概念，它们分别衡量数据的对称性和分布的尖峭程度，对于理解数据的分布模式和进一步分析具有重要意义。

1. 偏度

偏度用于衡量数据分布的对称性。当偏度大于 0 时，数据分布呈现右偏或正偏，意味着数据向右偏离均值较多；当偏度小于 0 时，数据分布呈现左偏或负偏，意味着数据向左偏离均值较多。偏度的概念有助于我们理解数据的非对称性，对于金融分析、机械故障诊

断等领域尤为重要。

2. 峰度

峰度用于衡量数据分布的尖峭程度，即分布曲线顶部的平坦或尖峭程度。峰度与正态分布相比，如果峰度大于3，表示分布曲线较为尖峭，极端值较多；如果峰度小于3，表示分布曲线较为平坦，极端值较少。峰度的概念在金融投资分析中特别有用，因为它可以帮助我们理解收益率分布的极端情况。

3. 显著性检验

显著性检验是统计学中用来确定统计结果是否具有统计显著性的一种方法。它可以帮助我们判断观察到的效应或差异是否足够大，以至于不能归因于随机变异。显著性检验通常涉及以下几方面：

（1）建立假设。

（2）零假设（Null Hypothesis，H0）。通常表示没有效应或差异，例如两组之间没有差异。

（3）对立假设（Alternative Hypothesis，H1）。表示有效应或差异，例如两组之间有显著差异。

三、案例

在某市房地产市场问卷调研问题中，对房屋建造年限的1500份问卷进行描述性数据分析。

SPSSPRO数据分析如下。

（一）分析流程

1. 数据源

某市房地产市场调研数据（1500份）。

2. 算法配置

（1）算法。描述性统计。

（2）变量。变量 X：建造年限。

3. 分析结果

描述性统计基于数据汇总统计产生结果，请看详细结论。

（二）分析步骤

第一步，对总体的各项统计指标进行整体描述分析。

第二步，对异常或者表现得较为突出的指标进行分析，如高方差、高平均值等。

（三）详细结论

1. 输出结果1

（1）总体描述结果，如表8-3所示。

表 8-3 总体描述结果

变量名	样本量	最大值	最小值	平均值	标准差	中位数	方差	峰度	偏度	变异系数（CV）
建造年限	1500	2021	2000	2012.539	4.17	2013	17.385	1.289	-1.079	0.002

（2）图表说明。表 8-3 展示了描述性统计的结果，包括样本量、最大值、最小值等统计量，用于研究定量数据的整体情况。

分析各项统计指标，对各项统计指标进行整体描述分析。

对异常的或者表现得较为突出的指标进行分析，如高方差，高平均值等。

（3）结果分析。基于建造年限，变异系数（CV）为 0.002，小于 0.15，当前数据中较小概率出现异常值，建议采用平均值进行描述分析。

2. 输出结果 2：散点图

（1）建造年限散点图，如图 8-3 所示。

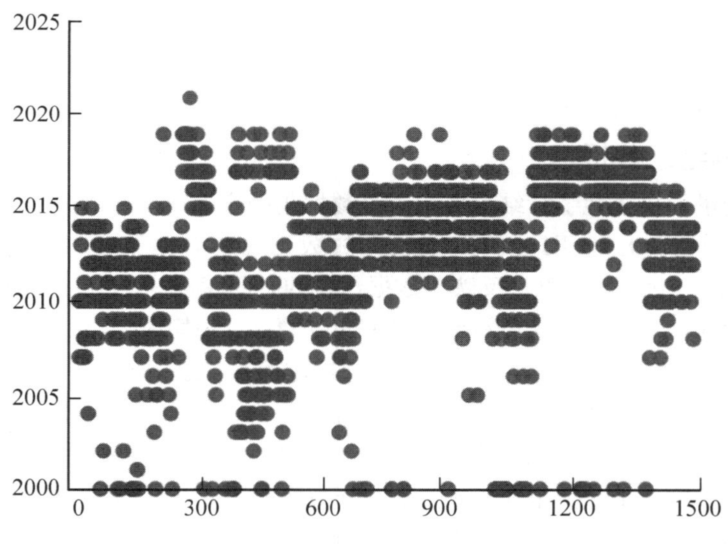

图 8-3 建造年限散点图

（2）图表说明。图 8-3 以散点图的形式展示了建造年限频数分析集中趋势分析的结果，可以用来估计或预测总体。

3. 输出结果 3：箱型图

（1）建造年限箱型图，如图 8-4 所示。

（2）图表说明。图 8-4 以箱型图的形式展示了建造年限频数分析，离散趋势分析的结果，离散趋势用极大值、极小值、25% 分位数、中位数、75% 分位数等统计指标对数据分布进行差异（稳定性）测量。

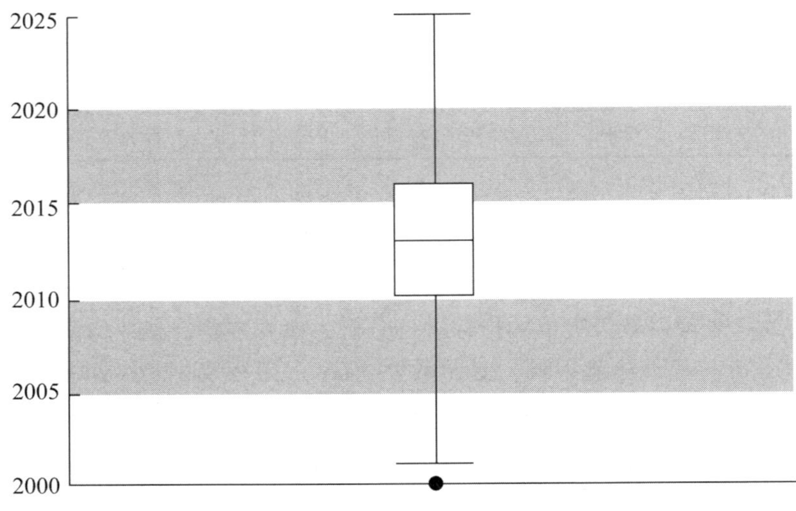

图 8-4　建造年限箱型图

PS：极大值、极小值并非该数据的最大值、最小值，该值为箱型图的内限，即大于极大值或小于极小值的点视为异常点。

（四）案例结果分析

建造年限变量的描述性统计结果展示了该数据集的全面概况，为实证分析提供了坚实的基础。样本量为 1500，表明分析基于较大的数据量，有助于提升可靠性。最大值为 2021 年，最小值为 2000 年，直接反映了数据覆盖的时间跨度为 21 年，这对于研究建筑物年龄分布、老化速度及相关社会经济影响具有重要意义。平均值为 2012. 539 年，略晚于中位数 2013 年，结合偏度值-1. 079（负值表示数据左偏），表明数据分布中较旧的建造年份占比较多，即较新的建筑物，数量相对较少。标准差为 4. 17 年，说明尽管存在时间跨度，但建筑物建造年份的总体分布相对集中。方差（17. 385）进一步确认了这一观察，即数据离散程度适中。峰度值 1. 289 略大于 0（正态分布峰度为 0），数据分布比正态分布略微尖峭，但整体上仍接近正态分布形态，有利于后续统计分析。变异系数（CV）为 0. 002，极低的值反映了建造年限数据的离散程度相对于其平均值而言非常小，数据在平均值附近的集中程度很高，进一步确认了建造年限分布的稳定性。

第四节　分类汇总

【知识目标】

1. 理解分类汇总的概念，包括数据分组和汇总的基本原则。
2. 掌握如何根据一个或多个变量对数据进行分组。

【能力目标】

1. 能够独立地对数据进行分类汇总，选择适当的分组变量和汇总统计量。
2. 能够使用 SPSSPRO 软件进行分类汇总操作。
3. 能够解释分类汇总的结果，理解不同组之间的差异和相似之处。

【素养目标】

1. 培养数据组织和分析的能力，提高对数据结构和关系的理解。
2. 提高批判性思维，能够评估分类汇总结果的有效性和局限性。
3. 增强沟通能力，能够清晰地向他人解释分类汇总的过程和结果。

一、分类汇总的概念

分类汇总是根据定类变量分类进行汇总（按照某一标准进行分类，然后在分完类的基础上对各类别相关数据分别进行求和、求平均数、求个数、求最大值、求最小值等方法的汇总。又名列联表分析）。

二、案例

某市房地产市场在问卷调研问题中，对核心关注所属小区、房屋朝向、配套电梯三个指标，以及对总价、周围学校数量、单价、距商圈距离的 1500 份问卷进行分类汇总。

SPSSPRO 案例数据分类汇总如下。

（一）分析流程

1. 数据源

某市房地产市场调研数据（1500 份）。

2. 算法配置

（1）算法：分类汇总。

（2）变量：分组变量：{所属小区，房屋朝向，配套电梯}；汇总变量：{总价，周围学校数量（1km），单价，距商圈距离（km）}。

（3）参数：汇总类型：{均值}。

3. 分析结果

分类汇总基于数据汇总统计产生结果，请看详细结论。

（二）分析步骤

对分组的各项统计指标进行整体描述分析。

（三）详细结论

分类汇总【均值】分析结果。

（1）分组汇总表，如表 8-4 所示。

表 8-4　分组汇总表

所属小区	房屋朝向	配套电梯	总价	周围学校数量（1 km）	单价	距商圈距离（km）
东城世家	南北	有	106	4	12,476	6
		无	123. 44	4	11,716. 6	6
	南	有	112. 333	4	11,927	6
		无	131	4	11,992. 154	6
丽水天锦苑	南北	有	89. 154	5	11,454. 154	7. 9
		无	102. 625	5	11,492. 417	7. 9
	南	有	87. 5	5	11,061. 423	7. 9
		无	93. 174	5	11,548. 316	7. 9
仙居苑西村	南北	有	116. 312	3	9,672. 562	5. 3
		无	80. 5	3	10,284. 667	5. 3
	南	有	104. 038	3	10,372. 731	5. 3
		无	84. 5	3	10,124. 875	5. 3
华都城市花园	南北	有	116. 625	5	11,733	7. 8
		无	107. 42	5	11,434. 6	7. 8
	南	有	107. 2	5	11,286. 6	7. 8
		无	108. 053	5	11,587. 789	7. 8
	东南	无	136	5	11,525	7. 8
	西南	无	99	5	10,972	7. 8
	东	无	96	5	10,667	7. 8
文一云溪湾	南北	有	120. 889	1	11,984	7. 6
	南	有	125. 764	1	12,835. 909	7. 6
	东	有	106	1	11,158	7. 6
文一名门学府	南北	有	130. 65	3	13,471. 393	8. 2
	南	有	123. 962	3	13,014. 538	8. 2
	东	有	130	3	13,376	8. 2
静安瑞泰	南北	有	98. 333	4	11,449	7. 5
		无	94. 258	4	11,019. 129	7. 5
	南	有	99. 75	4	10,332	7. 5
		无	101. 519	4	11,729. 593	7. 5

续表

所属小区	房屋朝向	配套电梯	总价	周围学校数量（1 km）	单价	距商圈距离（km）
斯瑞新景苑	南北	有	45.517	4	9404.276	7
		无	101.704	4	9914.074	7
	南	有	44.064	4	8899.364	7
		无	95.847	4	9882.667	7
新海家园（A 区）	南北	有	86.045	6	10,375.273	0.6
	南	有	88.583	6	10,106.042	0.6
		无	115	6	10,000	0.6
新海家园（B 区）	南北	有	94.359	3	10,133.282	5.8
		无	93.5	3	9950	5.8
	南	有	100.812	3	10,404.438	5.8
漕冲花园	南北	有	110.25	2	10,357.5	6.6
		无	114.188	2	10,635.25	6.6
	南	有	116.75	2	11,805.5	6.6
		无	118.545	2	12,081.727	6.6
柏庄春暖花开	南北	有	144.827	5	15,340.113	5.3
	南	有	142.17	5	15,457.087	5.3
	东	有	160	5	15,487	5.3
	西	有	185	5	15,331	5.3
河畔雅居	南北	有	87.6	6	10,459.2	8.3
		无	99.667	6	10,064.722	8.3
	南	有	94.615	6	10,507.077	8.3
		无	95.543	6	10,438.686	8.3
	东	无	89	6	10,471	8.3
海尔公馆	南北	有	125.448	5	13,520.812	6.6
	南	有	102.444	5	12,831.824	6.6
	东	有	52	5	10,833	6.6
	西北	有	94.9	5	12,424.5	6.6
	东西	有	55	5	11,000	6.6

续表

所属小区	房屋朝向	配套电梯	总价	周围学校数量（1 km）	单价	距商圈距离（km）
海洲景秀世家（三期）	南北	有	114.912	5	12,072.579	6.6
		无	95.667	5	11,786	6.6
	南	有	114.717	5	12,292.957	6.6
		无	145	5	10,883	6.6

（2）图表说明。表 8-4 展示了汇总变量：分类汇总的结果，可以计算样本量、最大值、最小值等统计量，用于研究分组后定量数据的整体情况。

第五节　正态性检验

【知识目标】

1. 理解正态分布的概念和特征，包括其数学表达和图形表示（钟形曲线）。
2. 掌握正态性检验的基本原理，包括假设检验和描述性统计方法。

【能力目标】

1. 能够解读正态性检验的结果，包括 P 值、统计量和概率图。
2. 能够根据正态性检验的结果，判断数据是否适合使用参数统计方法或需要采用非参数方法。
3. 能够使用 SPSSPRO 软件进行正态性检验，并根据检验结果进行后续的统计分析。

【素养目标】

1. 培养对数据分布的敏感性，能够识别数据的正态性和非正态性特征。
2. 提高批判性思维，理解正态性检验的局限性和假设条件。
3. 增强沟通能力，能够向非专业人士解释正态性检验的重要性和结果。

正态性检验是用来确定数据集是否遵循正态分布的一种方法。正态分布是一种连续概率分布，其形状呈现为对称的钟形曲线，具有两个关键特征：均值、方差或标准差。正态性检验可以帮助我们了解数据是否适合使用基于正态分布假设的统计方法。一些算法需要数据满足正态分布（如单样本 T 检验，独立样本 T 检验等）。

一、常见的正态性检验方法

（一）图形方法

（1）直方图。观察数据分布的形状，看是否接近钟形曲线。

（2）Q-Q 图（Quantile-Quantile Plot）。比较数据的分位数与正态分布的分位数，如果数据点近似落在一条直线上，则数据可能近似正态分布。

（二）描述性统计

检查数据的偏度和峰度。偏度衡量数据分布的对称性，峰度衡量数据分布的尖峭度。

（三）统计检验

（1）Kolmogorov-Smirnov 检验（K-S 检验）。比较数据分布与正态分布的最大差异。

（2）Shapiro-Wilk 检验（S-W 检验）一种非常敏感的检验，适用于小样本数据集。

（3）Lilliefors 检验。是 K-S 检验的一个变体，适用于样本均值和方差未知的情况。

（4）Anderson-Darling 检验。是一种检验数据是否来自特定分布的方法。

（5）D' Agostino' s K^2 检验。结合偏度和峰度的检验。

二、正态性检验的注意事项

（1）检验的显著性水平（p-value）：如果 p-value 大于显著性水平预先设定的阈值（如 0.05），则不能拒绝数据来自正态分布的假设。

（2）样本大小。小样本可能需要更敏感的检验方法。

（3）检验的选择。不同的检验可能对数据的某些特征更敏感。

三、案例 1

某市房地产市场问卷调研问题中对房屋总价的 1500 份问卷进行正态性检验。

SPSSPRO 数据分析如下。

（一）分析流程

1. 数据源

某市房地产市场调研数据（1500 份）。

2. 算法配置

（1）算法：正态性校验。

（2）变量：自变量 X：总价，单价。

3. 分析结果

正态性检验基于 S-W 检验或 K-S 检验得到结果。

变量分析项：总价样本 N<5000，采用 S-W 检验，显著性 P 值为 0.000***，水平呈现显著性，拒绝原假设，因此数据不满足正态分布。

变量分析项：单价样本 N<5000，采用 S-W 检验，显著性 P 值为 0.000***，水平呈

现显著性，拒绝原假设，因此数据不满足正态分布。

（二）分析步骤

（1）对数据进行 S-W 检验（小数据样本，一般样本数 5000 以下）或者 K-S 检验（大数据样本，一般样本数 5000 以上），查看其显著性。

（2）若不呈现出显著性（P>0.05），说明符合正态分布，反之说明不符合正态分布（PS：通常现实研究情况下很难满足检验，若其样本峰度绝对值小于 10 并且偏度绝对值小于 3，结合正态分布直方图、P-P 图或者 Q-Q 图可以描述为基本符合正态分布）。

（三）详细结论

1. 输出结果 1

（1）总体描述结果，如表 8-5 所示。

表 8-5　总体描述结果

变量名	样本量	中位数	平均值	标准差	偏度	峰度	S-W 检验	K-S 检验
总价	1500	110	113.146	35.457	0.343	0.694	0.978（0.000***）	0.075（0.000***）
单价	1500	12,097	12,475.472	2281.886	0.264	-0.852	0.969（0.000***）	0.084（0.000***）

注：***、**、*分别代表 1%、5%、10% 的显著性水平。

（2）图表说明。表 8-5 展示了总价、单价描述性统计和正态性检验的结果，包括中位数、平均值等，用于检验数据的正态性。

①通常正态分布的检验方法有两种，一种是 S-W 检验，适用于小样本资料（样本量≤5000）；另一种是 K-S 检验，适用于大样本资料（样本量>5000）。

②若呈现显著性（P<0.05），则说明拒绝原假设（数据符合正态分布），该数据不满足正态分布，反之则说明该数据满足正态分布。

PS：通常现实研究情况下很难满足检验，若其样本峰度绝对值小于 10 并且偏度绝对值小于 3，结合正态分布直方图、P-P 图或者 Q-Q 图可以描述为基本符合正态分布。

（3）结果分析。分析项：总价样本 N<5000，采用 S-W 检验，显著性 P 值为 0.000***，水平呈现显著性，拒绝原假设，因此数据不满足正态分布。其峰度（0.694）绝对值小于 10 并且偏度（0.343）绝对值小于 3，可以结合正态分布直方图、P-P图或者 Q-Q 图进行进一步分析。

分析项：单价样本 N<5000，采用 S-W 检验，显著性 P 值为 0.000***，水平呈现显著性，拒绝原假设，因此数据不满足正态分布。其峰度（-0.852）绝对值小于 10 并且偏度（0.264）绝对值小于 3，可以结合正态分布直方图、P-P 图或者 Q-Q 图进行进一步分析。

2. 输出结果 2

（1）正态性检验直方图，如图 8-5 所示。

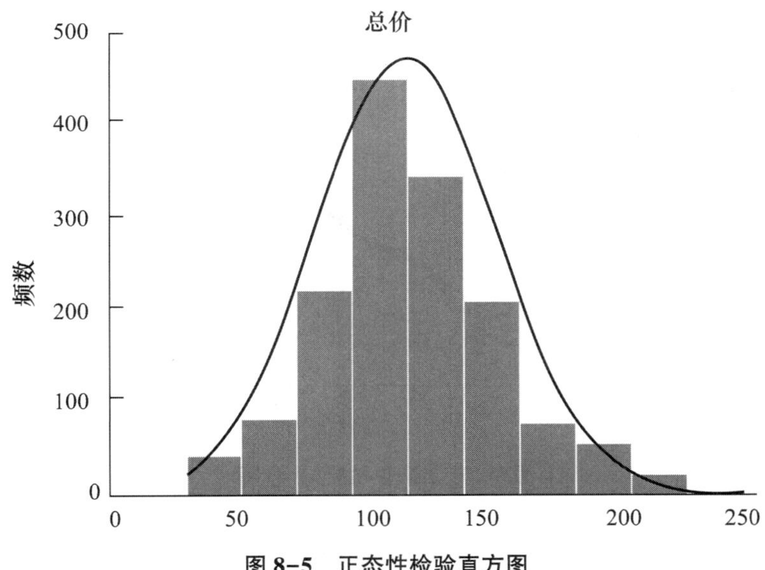

图 8-5 正态性检验直方图

（2）图表说明。图 8-5 展示了单价数据的正态性检验直方图，若正态图基本上呈现出钟形（中间高，两端低），则说明数据虽然不是绝对正态，但基本可接受为正态分布。

3. 输出结果 3

（1）正态性检验 P-P 图，如图 8-6 所示。

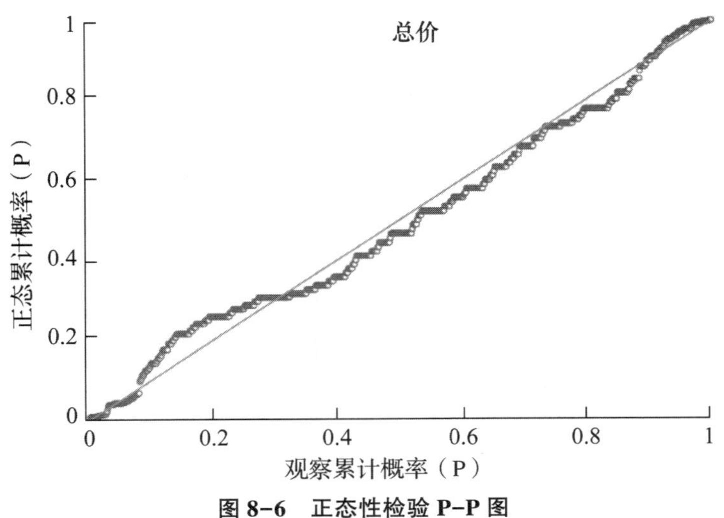

图 8-6 正态性检验 P-P 图

（2）图表说明。图 8-6 是单价计算观测的累计概率（P）与正态累计概率（P）的拟合情况。拟合程度越高越服从正态分布。

4. 输出结果 4

（1）正态性检验 Q-Q 图，如图 8-7 所示。

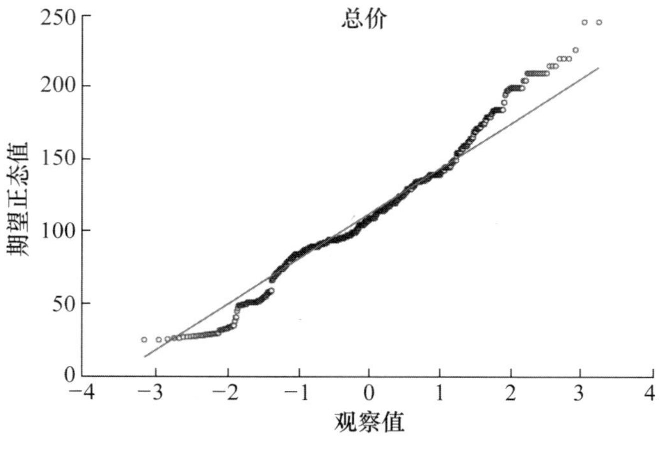

图 8-7　正态性检验 Q-Q 图

（2）图表说明。Q-Q 图，全称“Quantile Quantile Plot”。用图形的方式比较观测值与预测值（假定正态下的分布）不同分位数的概率分布，从而检验是否吻合正态分布规律。并且将实际数据作为 X 轴，将假定正态时的数据分位数作为 Y 轴，作散点图，散点与直线重合度越高越服从正态分布，散点差异越大越不服从正态分布，视实际情况而定。

（四）案例结果分析

对【正态性检验】结果的解读应基于统计学原理，结合样本数据的基本统计量（如中位数、平均值、标准差）以及检验的具体指标（偏度、峰度 S-W、K-S 检验的 P 值）。以下是针对给定数据的解读：

首先，观察各变量的基本统计量。“总价”的平均值为 113.146，标准差为 35.457，显示出一定的离散程度；中位数为 110，接近平均值，暗示数据分布可能较为对称。然而，“单价”的平均值远高于中位数（12,475.472 vs. 2097），可能意味着存在部分极端高值，影响了整体的均值水平。单价的标准差也较大（2281.886），数据的波动较大。接下来，分析正态性检验的结果。偏度是衡量数据分布不对称性的指标，其中“总价”和“单价”的偏度值分别为 0.3 和 0.264，均偏离 0，表明两个变量的数据分布均呈偏态，即右侧存在长尾。峰度用于衡量数据分布的尖锐或平坦，相比正态分布（峰度为 0），“总价”的峰度值 0.694 显示数据分布略微尖锐，而“单价”的-0.852 则表明其分布相对平坦。尤为重要的是，S-W 检验和 K-S 检验的结果均显著拒绝了正态分布的假设（P 值均小于 0.001，***）。这表明，在统计上，“总价”和“单价”两个变量的数据分布均不能视为正态分布。这一结论对于后续的数据分析和建模选择具有重要意义，因为在很多统计方法（如 t 检验、ANOVA 等）中，正态分布是前提。若数据不满足正态分布，可能需要采用非参数检验或数据转换等方法以适应分析需求。

五、案例 2

某服装厂随机抽取一个车间，检测工人生产率是否达标，样本车间 15 个熟练工人和学徒一周的合格产品件数是 71、55、76、68、72、69、56、70、79、67、58、77、63、66、78，企业标准化要求平均数每周 72 件。检验数据的正态性。

SPSSPRO 数据分析如下。

（一）分析流程

1. 数据源

样本车间合格品周产量。

2. 算法配置

（1）算法。正态性校验。

（2）变量。自变量 X：每周产量。

3. 分析结果

正态性检验基于 S-W 检验或 K-S 检验得到结果：变量分析项：每周产量样本 N<5000，采用S-W 检验，显著性 P 值为 0.390，水平不呈现显著性，不能拒绝原假设，因此数据满足正态分布。

（二）分析步骤

1. 对数据进行 S-W（小数据样本，一般样本数 5000 以下）或者 K-S（大数据样本，一般样本数 5000 以上）检验，查看其显著性。

2. 若不呈现出显著性（P>0.05），说明符合正态分布，反之说明不符合正态分布（PS：通常现实研究情况下很难满足检验，若其样本峰度绝对值小于 10 并且偏度绝对值小于 3，结合正态分布直方图、P-P 图或者 Q-Q 图可以描述为基本符合正态分布）。

（三）详细结论

1. 输出结果 1

（1）总体描述结果，如表 8-6 所示。

表 8-6 总体描述

变量名	样本量	中位数	平均值	标准差	偏度	峰度	S-W 检验	K-S 检验
每周产量	15	69	68.333	7.734	-0.396	-0.759	0.941（0.390）	0.115（0.976）

注：***、**、*分别代表 1%、5%、10%的显著性水平。

（2）图表说明。表 8-7 展示了每周产量描述性统计和正态性检验的结果，包括中位数、平均值等，用于检验数据的正态性。

①通常正态分布的检验方法有两种，一种是 S-W 检验，适用于小样本资料（样本量≤5000）；另一种是 K-S 检验，适用于大样本资料（样本量>5000）。

②若呈现显著性（P<0.05），则说明拒绝原假设（数据符合正态分布），该数据不满足正态分布，反之则说明该数据满足正态分布。

PS：通常现实研究情况下很难满足检验，若其样本峰度绝对值小于 10 并且偏度绝对

值小于3，结合正态分布直方图、P-P图或者Q-Q图可以描述为基本符合正态分布。

（3）结果分析。分析项：每周产量样本N<5000，采用S-W检验，显著性P值为0.390，水平不呈现显著性，不能拒绝原假设，因此数据满足正态分布。

2. 输出结果2

（1）正态性检验直方图。如图8-8所示。

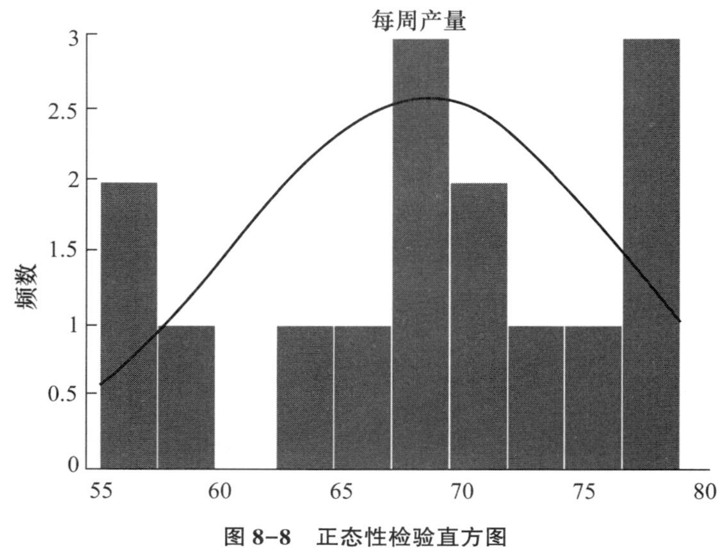

图8-8　正态性检验直方图

（2）图表说明。图8-8展示了每周产量数据的正态性检验直方图，若正态图基本上呈现出钟形（中间高，两端低），则说明数据虽然不是绝对正态，但基本可接受为正态分布。

3. 输出结果3

（1）正态性检验P-P图，如图8-9所示。

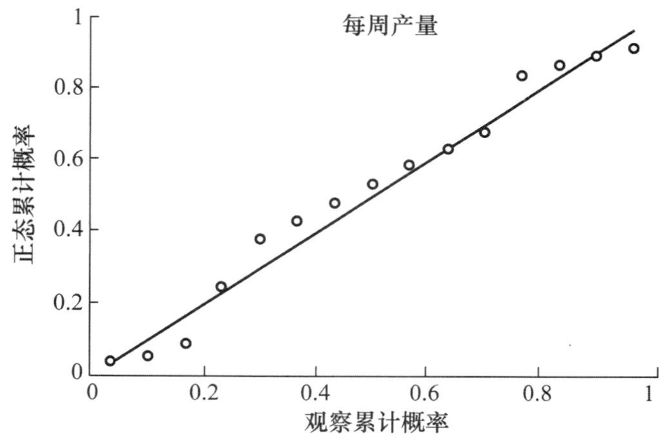

图8-9　正态性检验P-P图

（2）图表说明。图 8-9 是每周产量计算观测的累计概率（P）与正态累计概率（P）的拟合情况。拟合程度越高越服从正态分布。

4. 输出结果 4

（1）正态性检验 Q-Q 图，如图 8-10 所示。

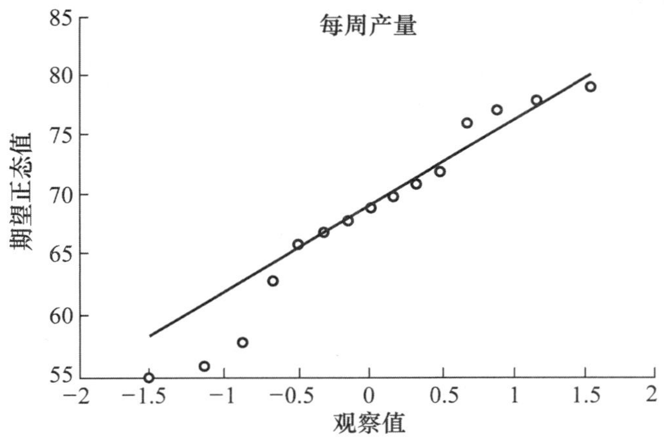

图 8-10 正态性检验 Q-Q 图

（2）图表说明。Q-Q 图（Quantile Quantile Plot，样本分位数-总体分位数）是用图形的方式比较观测值与预测值（假定正态下的分布）不同分位数的概率分布，从而检验是否符合正态分布规律，并且将实际数据作为 X 轴，将假定正态时的数据分位数作为 Y 轴，作散点图，散点与直线重合度越高越服从正态分布，散点差异越大越不服从正态分布，视实际情况而定。

第九章
问卷分析

章节知识结构图

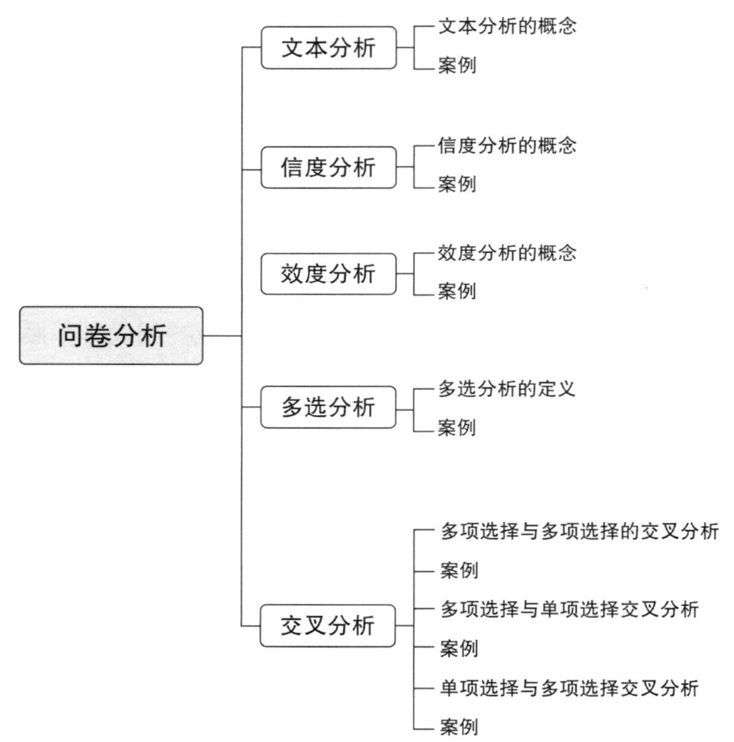

SPSSPRO 平台中专门针对问卷调查提供的分析模块。除去常规分析外，还专门设置了文本分析。

第一节 文本分析

【知识目标】

1. 理解文本分析的定义和它在不同学科中的应用。
2. 学习文本分析的常用工具和技术，如内容分析、话语分析、叙事分析等。
3. 了解文本分析在市场研究等领域的应用案例。

【能力目标】

1. 能够使用 SPSSPRO 软件进行文本分析。
2. 能够从文本数据中提取关键信息，识别主题、趋势和模式。
3. 能够对文本分析的结果进行批判性思考和解释。

【素养目标】

1. 培养对语言和文本的敏感性，提高对文本中隐含意义和文化背景的理解。
2. 提高批判性阅读和分析能力，能够识别文本中的偏见、假设和论点。
3. 增强沟通和写作能力，能够清晰地表达文本分析的发现和结论。

一、文本分析的概念

文本分析通过统计方式，分析文本中的关键词和核心理念，给调研者提供书写调研报告的理念和思路。

二、案例

对兰州市祥宇橄榄油消费行为影响因素调查问卷的核心问题进行文本分析。

SPSSPRO 文本分析如下。

（一）分析流程

1. 数据源

兰州市祥宇橄榄油消费行为影响因素调研报告摘要部分。

2. 算法配置

（1）算法：文本分析。

（2）变量：行业：{通用}。

（二）分析步骤

1. 输出结果 1

关键词–标签提取表，如表 9–1 所示。

表 9–1　关键词–标签提取表

<table>
<tr><th>原文</th><th>关键词</th><th>标签</th><th>标签组</th><th>情感倾向</th></tr>
<tr><td rowspan="23">甘肃省陇南市武都区引种油橄榄最早始于 1975 年，陇南将油橄榄树确定为“市树”。陇南市祥宇油橄榄开发有限责任公司是国内油橄榄产业的“领头雁”，多年来，祥宇公司采取“线上线下同步推进，多措并举开拓市场”的营销策略，不断挖掘市场潜力。近年来，以武都橄榄油为代表的中国油橄榄产业品牌持续进行品质升级，高端、优质的品牌形象逐渐深入人心。随着消费者品牌意识的增强、政府对监管力度的进一步提升以及企业全渠道布局，龙头企业将获得更大的市场空间。2023 年 12 月 19 日至 20 日，中央农村工作会议在北京召开。会议传达学习了习近平总书记对做好“三农”工作作出的重要指示。代表委员表示，新时代新征程，要锚定建设农业强国目标，学习运用“千万工程”经验，有力有效推进乡村全面振兴，以加快农业农村现代化更好推进中国式现代化建设。橄榄油是推进乡村振兴的主要助农产品，它有调节血脂、促进血液循环、改善消化系统等主要功能。但是，在发展过程中，面临着很多困难和挑战，比如，国产橄榄油与进口橄榄油的竞争；国内消费者对于国产橄榄油的关注和认可度不够，品牌知名度不够，宣传、科普也没有跟上；橄榄油不适合中国的高温烹饪方式；橄榄油产业体系不健全等。
调查基于助力乡村振兴，帮助祥宇橄榄油提高销售量。本次调查主要采用的调查方法有：文案调查、网络问卷调查和实地问卷调查等方法。本次总发放问卷 1100 份，回收有效问卷 1080 份，有效回收率达到 98.2%。受访者主要来自兰州市，兰州市作为甘肃省的省会城市，也作为西部重要的交通枢纽城市，汇聚了各地人士，使得兰州市的消费者能够代表全甘肃省消费者的样本。因此，研究兰州市消费者的消费行为和态度，有助于更好地了解全甘肃省乃至西部地区消费市场的特点和趋势。</td><td>油橄榄</td><td>橄榄油</td><td>食品</td><td>正面</td></tr>
<tr><td>陇南市</td><td>地理位置</td><td>地理</td><td>中性</td></tr>
<tr><td>市树</td><td>地方特色</td><td>地方文化</td><td>正面</td></tr>
<tr><td>油橄榄树</td><td>橄榄树</td><td>植物</td><td>正面</td></tr>
<tr><td>祥宇油橄榄开发有限责任公司</td><td>企业</td><td>企业形</td><td>正面</td></tr>
<tr><td>领头雁</td><td>领军企业</td><td>企业</td><td>正面</td></tr>
<tr><td>线上线下同步推进</td><td>营销策略</td><td>营销</td><td>正面</td></tr>
<tr><td>多措并举开拓市场</td><td>市场开拓</td><td>市场</td><td>正面</td></tr>
<tr><td>市场潜力</td><td>市场需求</td><td>市场</td><td>正面</td></tr>
<tr><td>中国油橄榄产业品牌</td><td>品牌形象</td><td>品牌</td><td>正面</td></tr>
<tr><td>品质升级</td><td>品质提升</td><td>品质</td><td>正面</td></tr>
<tr><td>高端、优质</td><td>高品质</td><td>品质</td><td>正面</td></tr>
<tr><td>消费者品牌意识</td><td>消费者需</td><td>消费者</td><td>正面</td></tr>
<tr><td>政府监管力度</td><td>政府政策</td><td>政府</td><td>正面</td></tr>
<tr><td>企业全渠道布局</td><td>企业发展</td><td>企业</td><td>正面</td></tr>
<tr><td>龙头企业</td><td>领军企业</td><td>企业</td><td>正面</td></tr>
<tr><td>市场空间</td><td>市场发展</td><td>市场</td><td>正面</td></tr>
<tr><td>内生动力</td><td>发展动力</td><td>发展</td><td>正面</td></tr>
<tr><td>特色富民产业</td><td>产业发展</td><td>产业</td><td>正面</td></tr>
<tr><td>绿色发展</td><td>可持续发展</td><td>发展</td><td>正面</td></tr>
<tr><td>助力乡村振兴</td><td>乡村发展</td><td>乡村</td><td>正面</td></tr>
<tr><td>祥宇橄榄油</td><td>橄榄油</td><td>食品</td><td>正面</td></tr>
<tr><td>销售量</td><td>销售</td><td>销售</td><td>正面</td></tr>
</table>

续表

原文	关键词	标签	标签组	情感倾向
问卷分析使用 SPSSPRO 进行数据可靠性分析，Cronbach's α 系数为 0.757，可以认为问卷信度较好。效度分析 KMO 值大于 0.80，证明效度较好。调查问卷设计按照市场营销 4P 理论进行设计，问卷采用了开放式、封闭式和半开放半封闭式三种方式相结合，确保问卷作答的真实性与多样性。本研究旨在分析兰州市祥宇橄榄油消费行为的影响因素，通过调查问卷的方式，结合市场营销 4P 策略，探讨消费者对橄榄油的购买偏好、价格敏感性、购买渠道和促销方式的态度。	调查方法	调查	调查研究	中性
	文案调查	调查方法	调查	中性
	网络问卷调查	调查方法	调查	中性
	实地问卷调查	调查方法	调查	中性
	兰州市	地理位置	地理	中性
	甘肃省	地理位置	地理	中性
	消费行为	消费者需	消费者	中性
	消费态度	消费者需	消费者	中性
	消费市场	市场需求	市场	中性
	数据可靠性分析	数据可靠	数据分析	正面
	Cronbach's α 系数	问卷信度	数据分析	正面
	效度分析	效度	数据分析	正面
	KMO 值	效度	数据分析	正面
	市场营销 4P 理论	市场营销	理论	正面
	开放式、封闭式、半开放半封闭式	问卷设计	方式	正面
	真实性与多样性	问卷作答	特点	正面
	兰州市祥宇橄榄油消费行为	消费行为	研究主题	正面
	影响因素	消费行为	研究主题	正面
	购买偏好	消费者	态度	正面
	价格敏感性	消费者	态度	正面
	购买渠道	消费者	态度	正面
	促销方式	消费者	态度	正面

2. 输出结果 2

关键词词云图，如图 9-1 所示。

中国油橄榄产业品牌 中央农村工作会议
乡村全面振兴 兰州市祥宇橄榄油消费行为 线上线下同步推进
特色富民产业 市树 购买渠道 消费行为 数据可靠性分析 品质升级
市场营销4P理论 橄榄油产业体系 网络问卷调查 价格合理 绿色发展
千万工程 价格敏感性 调查方法 国产橄榄油 品牌知名度 Cronbach's α系数
内生动力 KMO值 高端优质
市场空间 购买偏好 助农产品 进口橄榄油 调节血脂
真实性与多样性 样本 领头雁
农业强国目标 油橄榄 兰州市 国内消费者 种类丰富 宣传科普 效度分析 龙头企业
市场潜力 逛逛 消费者 文案调查 高温烹饪方式 消费态度 陇南市
促销方式 促进血液循环 消费市场 实地问卷调查 改善消化系统 三农工作
多措并举开拓市场 开放式、封闭式、半开放半封闭式 农业农村现代化
祥宇油橄榄开发有限责任公司

图 9-1 关键词词云图

3. 输出结果 3

情感分析结果，如图 9-2 所示。

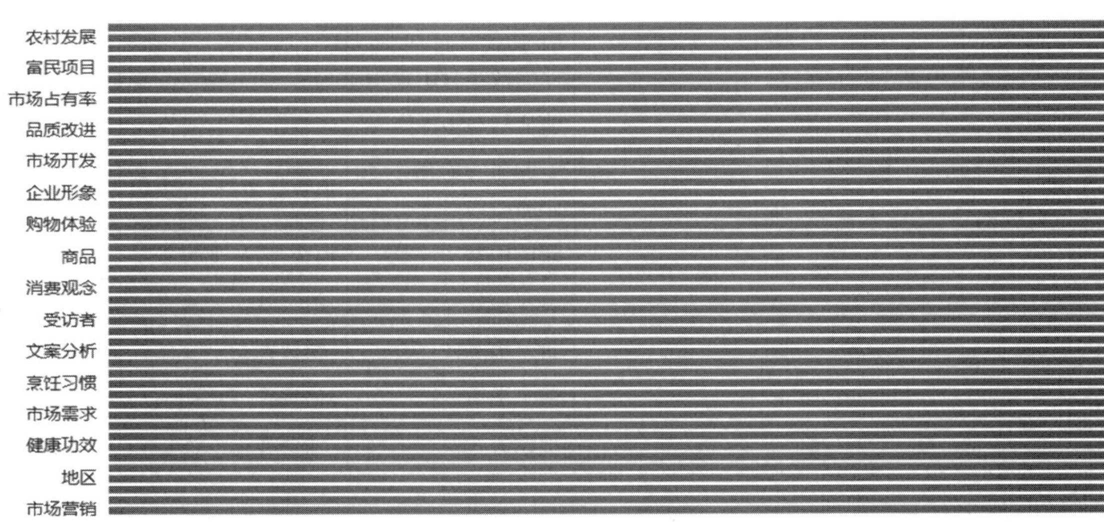

图 9-2 情感分析结果

4. 输出结果 4

（1）问题识别，如图 9-3 所示。

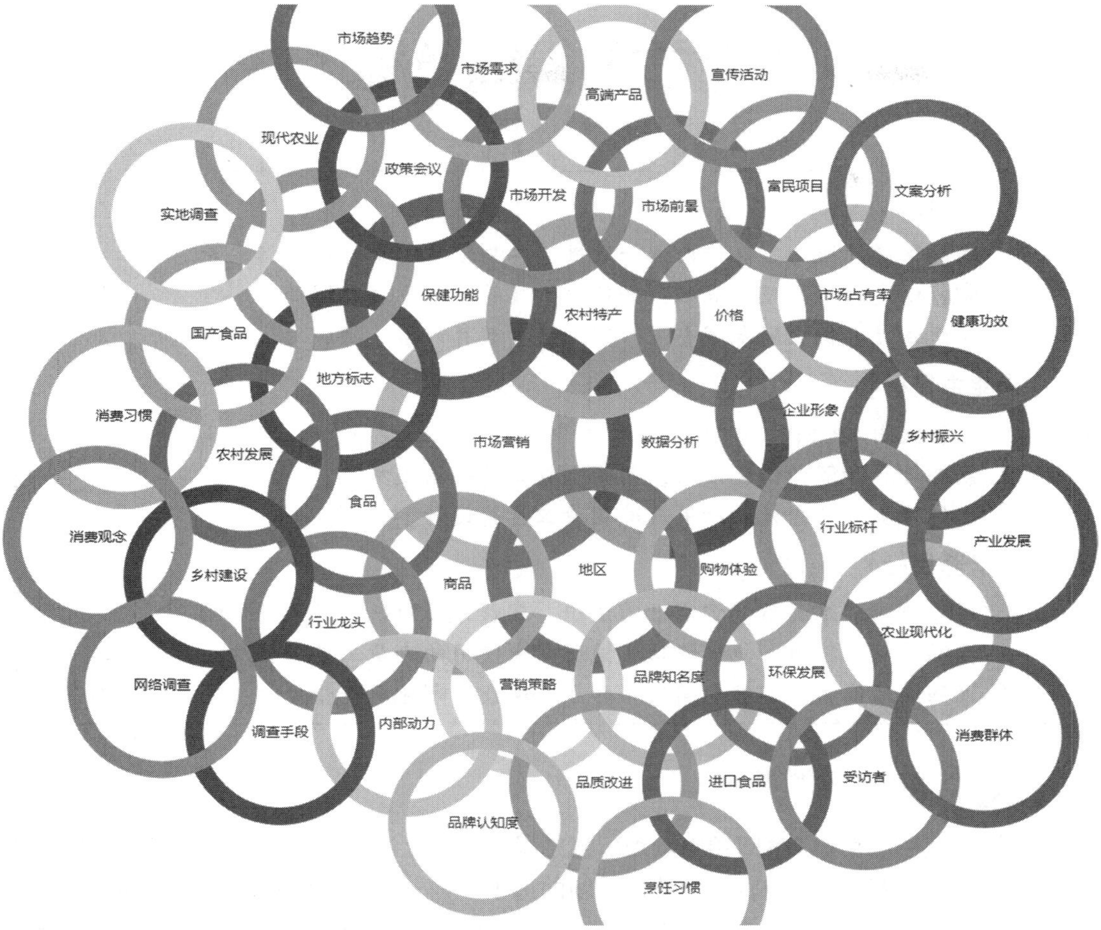

市场趋势
市场需求
高端产品
宣传活动
现代农业
政策会议
市场开发
市场前景
富民项目
文案分析
实地调查
保健功能
农村特产
价格
市场占有率
健康功效
国产食品
地方标志
消费习惯
企业形象
乡村振兴
市场营销
数据分析
农村发展
食品
行业标杆
消费观念
产业发展
乡村建设
商品
地区
购物体验
行业龙头
农业现代化
网络调查
营销策略
品牌知名度
环保发展
调查手段
内部动力
消费群体
品质改进
进口食品
受访者
品牌认知度
烹饪习惯

图 9-3　问题识别

（2）图表说明。将鼠标点到问题上时，显示统计数据，如图 9-4 所示。

调查研究
农业
食品
市场
政策
销售
市场
市场需求 50%
研究主题
消费者
发展
企业
保健

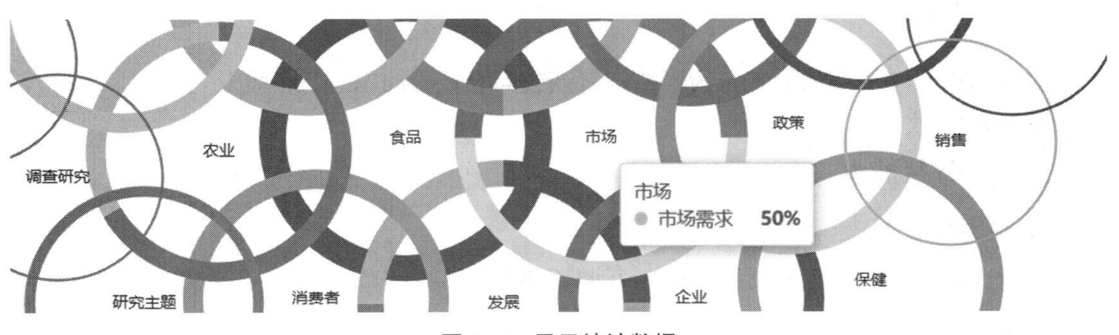

图 9-4　显示统计数据

第二节 信度分析

【知识目标】

1. 理解信度的概念，包括内部一致性、再测信度、平行形式信度等。
2. 掌握信度分析的理论基础，如信度系数的计算方法和解释。
3. 了解信度分析在问卷调查、心理测评、教育评估等领域的应用。

【能力目标】

1. 能够使用 SPSSPRO 软件进行信度分析。
2. 能够计算和解释信度系数，判断测量工具的信度水平。
3. 能够根据信度分析的结果改进测量工具的设计。

【素养目标】

1. 培养对测量工具质量重要性的认识，理解信度对研究结果的影响。
2. 提高批判性思维，能够评估不同研究中使用的测量工具的信度。
3. 增强沟通能力，能够向同行和非专业观众清晰地解释信度分析的意义和结果。

一、信度分析的概念

信度分析主要用来考察问卷中量表所测结果的稳定性以及一致性，即用于检验问卷中量表样本是否可靠可信。量表题型就是问题的选项，是分陈述等级进行设置，如我们对手机的喜爱从非常喜欢到不喜欢这个程度的变化。在量表里面最出名的就是李克特 5 级量表，在这种量表的选项里面主要分为“非常同意”“同意”“不一定”“不同意”“非常不同意”五种回答，分别记为 5、4、3、2、1。

二、案例

对兰州市祥宇橄榄油消费行为影响因素调查问卷核心问题进行信度分析。

SPSSPRO 数据分析如下。

（一）分析流程

1. 数据源

兰州市祥宇橄榄油消费行为影响因素调查问卷（1080 份）。

2. 算法配置

（1）算法。信度分析。

（2）变量。自变量 X：{1. 您的性别，2. 您的年龄，3. 您的家庭人均月收入，4. 您的文化程度，10（营养价值与功效），10（口感、香味），17（展销会），30（社会责任感强)，16［社区团购（如微信群、美团买菜、多多买菜等）］，30（国产品牌，信任度高)，19（带客赠礼)，30（全程可追溯)，28（绿色有机)，25（橄榄油健康科普)，28（发展国产橄榄油产业意义重大)，30（产地直供、质量上乘)，28（礼盒精美)，28（新鲜度最佳)，19（新人优惠)，19（节日购物赠礼)，25（新店上线通知)，25（最新优惠活动)，17（经销商)，21（橄榄保健品)，21（橄榄休闲食品)，19（网络团购、满减活动)，18（车站灯箱、轿厢广告等)，18（品牌的促销员详细推荐介绍)，18［社交媒体（如微信公众平台、微博、小红书等）］，18（网站广告)，18（卖场的展示牌以及宣传单介绍)，10（价格)，17（品牌专卖店)，16（不会购买)，16［直播电商（如抖音直播、淘宝直播等）］，13（营养价值高)，16［社交网络电商（淘集集、小红书、下厨房等 App）］，13（听朋友提起过)，13（价格)，13（包装)，16［官方电商渠道（如官方旗舰店、微信小程序等）］，13（是绿色食品)，10（之前购买橄榄油的习惯)，10（加工工艺)，5. 您购买橄榄油的频率是，9（增进消化系统功能)，9（降低心脑血管疾病)，9（防癌抗癌)，6. 您购买祥宇橄榄油最主要的用途是，7. 您在赠礼选择橄榄油时，对包装的期望是，8. 您通常会选择购买橄榄油的规格是，9. 您了解并信赖橄榄油的保健功能有（预防糖尿病)，10. 您购买祥宇橄榄油时，考虑的因素有（品牌知名度)，11. 您购买橄榄油时，是否会对比不同压榨工艺的价格，14. 您所能接受的 500mL 橄榄油的价格是，16. 线上市场中，购买橄榄油产品时您倾向于选择的渠道是［第三方电商网站或 App（如天猫、京东、淘宝等）］，19. 在购买橄榄油时，您喜欢的促销方式有（会员特价)，21. 您了解祥宇品牌的产品有（橄榄饮品)，18. 您接触到祥宇橄榄油广告的途径有（电视广告)，20. 您是否会因为促销活动而增加购买量，17. 线下市场中，购买橄榄油产品时您倾向于选择的渠道是（大型超市)，22. 您是否关注祥宇橄榄油的微信公众号，23. 您获取并关注祥宇微信公众号的主要途径是，12. 您在购买祥宇橄榄油时，更愿意选择的品种是，15. 您初次接触橄榄油的途径是，25. 您希望祥宇微信公众号给您推送的信息有（新产品的介绍)，27 您认为评判橄榄油品质的标准是，26. 您会选择回购祥宇橄榄油吗?13. 影响您上一题答案选择的因素有（口感好，味道香)，29. 作为祥宇橄榄油的购买者，最打动您的荣誉是，30. 相较于其他品牌的橄榄油，您认为祥宇橄榄油具有的独特优势有（国际市场认可度、知名度高)，28. 如果您有机会向其他消费者推荐祥宇橄榄油，推荐的理由有（健康的营养价值)｝。

（3）参数。类型：｛Cronbach's α｝。

3. 分析结果

Cronbach's α 系数值为 0.734，说明该问卷的信度可接受。

（二）分析步骤

（1）对 Cronbach's α 系数（或折半系数）进行分析，目前没有统一的标准，但根据多数学者的观点，一般 Cronbach's α 系数（或折半系数）如果在 0.9 以上，则该测验或量表的信度甚佳，0.8～0.9 之间表示信度不错，0.7～0.8 之间表示信度可以接受，0.6～0.7 之间表示信度一般，0.5～0.6 之间表示信度不太理想，如果在 0.5 以下就要考虑重新

编排问卷。

（2）对题项的总计统计表进行进一步分析，查看哪些题目的存在导致了整体信度的下降，信度如果“修正后的项与总计相关性”值低于0.3，或者“删除项后的α系数”值明显高于α系数，此时可考虑将该题目剔除。

（三）详细结论

1. 输出结果1

（1）Cronbach's α系数表，如表9-2所示。

表9-2 Cronbach's α系数表

Cronbach's α系数	标准化Cronbach's α系数	项数	样本数
0.734	0.788	72	1080

（2）图表说明。表9-2展示了模型的Cronbach's α系数的结果，包括Cronbach's α系数值、标准化Cronbach's α系数值、项数、样本数，用于测量数据的信度质量水平。

Cronbach's α系数值：评价收集的数据是否真实可靠，据此排查出题不合理或胡乱作答情况。

标准化Cronbach's α系数值：标准化是为了转化不同分值的量表进行统一度量，在量纲不一致的时候，例如5分值和10分值的量表在一起分析需要做标准化，可以使用。

项数：参与信度分析计算的变量数。

（3）低分建议。检查题目是否合理，是否造成答题者的误解与困惑。

查看每一份答卷，可以剔除答题质量差的答卷。

剔除或增加某些量表题进行重新分析。

如果项目中包含反向意义的量表题，则需要在数据处理模块里做编码反向处理后重新分析（数据处理→数据标准化→负向指标处理）。

（4）结果分析。模型的Cronbach's α系数值为0.734，说明该问卷的信度可接受。

2. 输出结果2

（1）删除分析项统计汇总，如表9-3所示。

表9-3 删除分析项统计汇总

	删除项后的平均值	删除项后的方差	删除的项与删除项后的总体的相关性	删除项的Cronbach's α系数
1. 您的性别	46.816	146.113	0.000	0.735
2. 您的年龄	46.606	146.636	-0.045	0.737
3. 您的家庭人均月收入	46.552	144.861	0.031	0.737

续表

	删除项后的平均值	删除项后的方差	删除的项与删除项后的总体的相关性	删除项的Cronbach' s α 系数
4. 您的文化程度	46.119	144.327	0.069	0.735
10(营养价值与功效)	47.878	142.491	0.309	0.728
10(口感、香味)	47.756	143.89	0.21	0.731
17(展销会)	48.289	145.349	0.088	0.733
30(社会责任感强)	48.111	142.368	0.324	0.728
16.[社区团购(如微信群、美团买菜、多多买菜等)]	48.169	144.69	0.129	0.732
30(国产品牌，信任度高)	47.903	142.959	0.266	0.729
19(带客赠礼)	48.046	143.827	0.191	0.731
30(全程可追溯)	48.263	143.165	0.304	0.729
28(绿色有机)	48.008	143.345	0.23	0.73
25(橄榄油健康科普)	50.082	124.595	0.546	0.705
28(发展国产橄榄油产业意义重大)	48.226	143.096	0.293	0.729
30(产地直供、质量上乘)	47.906	142.4	0.313	0.728
28(礼盒精美)	48.115	142.941	0.275	0.729
28(新鲜度最佳)	47.948	142.698	0.285	0.729
19(新人优惠)	48.048	145.306	0.066	0.734
19(节日购物赠礼)	47.925	143.232	0.241	0.73
25(新店上线通知)	50.039	123.926	0.542	0.705
25(最新优惠活动)	49.876	121.236	0.543	0.704
17(经销商)	48.4	146.285	-0.003	0.734
21(橄榄保健品)	48.086	143.432	0.228	0.73
21(橄榄休闲食品)	47.902	143.701	0.202	0.731
19(网络团购、满减活动)	48.258	145.398	0.077	0.733
18(车站灯箱、轿厢广告等)	48.133	143.237	0.252	0.729
18(品牌的促销员详细推荐介绍)	48.023	142.341	0.315	0.728

续表

	删除项后的平均值	删除项后的方差	删除的项与删除项后的总体的相关性	删除项的Cronbach' s α 系数
18.［社交媒体(如微信公众平台、微博、小红书等)］	48. 144	143. 788	0. 205	0. 731
18(网站广告)	48. 172	143. 729	0. 216	0. 73
18(卖场的展示牌以及宣传单介绍)	47. 984	143. 085	0. 251	0. 729
10(价格)	48. 035	142. 863	0. 272	0. 729
17(品牌专卖店)	47. 919	143. 668	0. 204	0. 73
16(不会购买)	48. 438	146. 599	-0. 061	0. 735
16.［(直播电商(如抖音直播、淘宝直播等)］	48. 036	143. 955	0. 179	0. 731
13(营养价值高)	47. 91	142. 213	0. 329	0. 728
16［社交网络电商(淘集集、小红书、下厨房等 App)］	48. 366	145. 42	0. 106	0. 733
13(听朋友提起过)	48. 065	143. 206	0. 245	0. 73
13(价格)	48. 204	143. 53	0. 243	0. 73
13(包装)	48. 334	143. 95	0. 266	0. 73
16.［官方电商渠道(如官方旗舰店、微信小程序等)］	47. 881	143. 315	0. 237	0. 73
13(是绿色食品)	47. 879	143. 226	0. 245	0. 73
10(之前购买橄榄油的习惯)	48. 284	143. 762	0. 253	0. 73
10(加工工艺)	48. 044	142. 36	0. 315	0. 728
5. 您购买橄榄油的频率是	45. 758	147. 904	-0. 105	0. 744
9(增进消化系统功能)	47. 92	144. 151	0. 163	0. 731
9(降低心脑血管疾病)	47. 83	142. 757	0. 295	0. 729
9(防癌抗癌)	47. 957	143. 097	0. 25	0. 729
6. 您购买祥宇橄榄油最主要的用途是	46. 6	144. 728	0. 101	0. 733
7. 您在赠礼选择橄榄油时，对包装的期望是	46. 681	145. 444	0. 03	0. 735
8. 您通常会选择购买橄榄油的规格是	46. 274	145. 397	-0. 008	0. 74
9. 您了解并信赖橄榄油的保健功能有(预防糖尿病)	47. 981	143. 858	0. 186	0. 731
10. 您购买祥宇橄榄油时，考虑的因素有(品牌知名度)	47. 918	144. 268	0. 153	0. 732

续表

	删除项后的平均值	删除项后的方差	删除的项与删除项后的总体的相关性	删除项的Cronbach's α 系数
11. 您购买橄榄油时，是否会对比不同压榨工艺的价格	47.288	147.508	-0.138	0.737
14. 您所能接受的500mL橄榄油的价格是	45.88	145.483	-0.023	0.743
16. 线上市场中，购买橄榄油产品时您倾向于选择的渠道是[第三方电商网站或App(如天猫、京东、淘宝等)]	47.844	145.324	0.068	0.734
19. 在购买橄榄油时，您喜欢的促销方式有(会员特价)	47.97	144.822	0.105	0.733
21. 您了解祥宇品牌的产品有(橄榄饮品)	47.881	144.98	0.095	0.733
18. 您接触到祥宇橄榄油广告的途径有(电视广告)	48.01	145.185	0.075	0.733
20. 您是否会因为促销活动而增加购买量	47.208	147.774	-0.151	0.738
17. 线下市场中，购买橄榄油产品时您倾向于选择的渠道是(大型超市)	47.736	145.72	0.041	0.734
22. 您是否加关注祥宇橄榄油的微信公众号	46.927	154.099	-0.649	0.75
23. 您获取并关注祥宇微信公众号的主要途径是	49.194	111.376	0.5	0.71
12. 您在购买祥宇橄榄油时，更愿意选择的品种是	46.28	143.975	0.063	0.736
15. 您初次接触橄榄油的途径是	46.721	145.758	-0.005	0.738
25. 您希望祥宇微信公众号给您推送的信息有(新产品的介绍)	49.88	122.907	0.499	0.708
27 您认为评判橄榄油品质的标准是	46.039	144.301	0.051	0.736
26. 您会选择回购祥宇橄榄油吗	47.269	147.698	-0.153	0.738
13. 影响您上一题答案选择的因素有(口感好，味道香)	47.801	144.401	0.154	0.732
29. 作为祥宇橄榄油的购买者，最打动您的荣誉是	46.451	145.588	-0.01	0.739
30. 相较于其他品牌的橄榄油，您认为祥宇橄榄油具有的独特优势有(国际市场认可度、知名度高)	47.898	144.549	0.131	0.732
28. 如果您有机会向其他消费者推荐祥宇橄榄油，推荐的理由有(健康的营养价值)	7.809	144.727	0.123	0.732

（2）图表说明。表9-3展示了模型的题项总计统计的结果，通过控制变量法，比较删除某题前后的相关性和Cronbach's α 系数等指标，用于辅助判断量表题目是否应该进行修正处理。

①判断题项删除后总体相关性是否小于 0.3，若满足再判断删除题项后的 α 系数是否大于原系数。若均不满足，则可认为该题项情况较好，否则为需要检查。

②删除题项后的平均值。此列数据为删除该题项变量后，分量表其余题项加总的新平均数。

③删除题项后的方差。此列数据为删除该题项变量后，分量表其余题项加总的新方差。

④删除的题项与删除题项后的总体的相关性。此列数据为该题与其余题目的积差相关系数，此系数越高，表明该题项与其余题项的内部一致性越高，一般可作为题项保留或者删除的指标之一。此列表示的是该题项删除后，其余题项变量构成的分量的 Cronbach' s α 系数改变情况。一般而言，题项越多，Cronbach' s α 系数将越高。删除某个题项之后的新 α 系数减小，说明该题项与其余题项的一致性较好，若 α 系数增加则说明这个题项与其余题项的一致性较差。

3. 输出结果 3

信度分析总结图，如图 9-5 和图 9-6 所示。

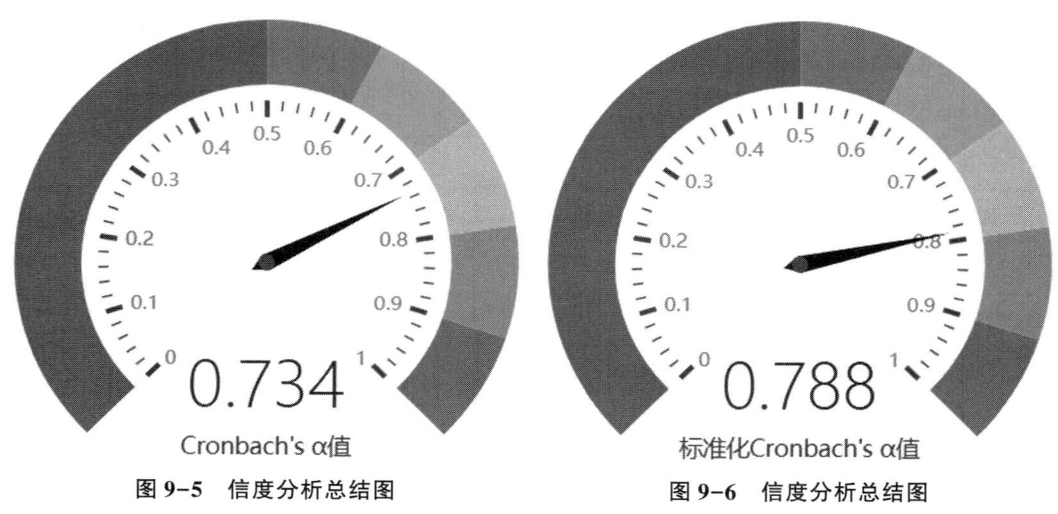

图 9-5　信度分析总结图　　**图 9-6　信度分析总结图**

（四）案例结果分析

Cronbach' s α 系数作为衡量量表内部一致性信度的常用指标，其值介于 0 到 1 之间，通常认为 α 系数大于 0.7 表明量表信度良好，具备较高的内部一致性。在本数据中，Cronbach' s α 系数为 0.734，接近并略高于推荐阈值，表明该量表在整体上具有较好的内部一致性信度。进一步地，标准化 Cronbach' s α 系数为 0.788，这是由于标准化过程调整了变量间的差异，从而略微提升了信度估计，进一步印证了变量的整体信度较高。考虑到项数达到 72 项，这显示了变量具有相当高的复杂性和涵盖面，而样本数（1080）则为调研提供了充足的观察单位，确保了信度评估的稳定性和可靠性。样本量远大于项数，有助于降低随机误差对信度估计的影响，增强了结果的稳健性。

第三节 效度分析

【知识目标】

1. 理解效度的概念，包括内容效度、构念效度、效标关联效度和结构效度。
2. 了解效度分析在市场调研领域的应用。

【能力目标】

1. 能够使用 SPSSPRO 软件进行探索性因子分析和验证性因子分析，并解释结果。
2. 能够识别和处理效度分析中可能出现的问题，如共同方法偏差、样本量不足等。

【素养目标】

1. 培养对测量工具质量重要性的认识，理解效度对研究结果的影响。
2. 增强沟通能力，能够向同行和非专业观众清晰地解释效度分析的意义和结果。

一、效度分析的概念

效度分析通常是指问卷量表的有效性和正确性，即分析问卷题目的设计是否合理。问卷的效度分析是基于探索性因子分析实现的，通过比较题项的因子载荷系数是否在同一因子表现最优而实现。

二、案例

对兰州市祥宇橄榄油消费行为影响因素调查问卷的核心问题进行信度分析。

SPSSPRO 数据分析如下。

（一）分析流程

1. 数据源

兰州市祥宇橄榄油消费行为影响因素调查问卷（1080 份）。

2. 算法配置

（1）算法。效度分析。

（2）变量。变量：｛1. 您的性别，2. 您的年龄，3. 您的家庭人均月收入，4. 您的文化程度，5. 您购买橄榄油的频率是，7. 您在赠礼选择橄榄油时，对包装的期望是，6. 您购买祥宇橄榄油最主要的用途是，8. 您通常会选择购买橄榄油的规格是，9. 您了解并信赖橄榄油的保健功能有（预防糖尿病），9（防癌抗癌），12. 您在购买祥宇橄榄油时，更

愿意选择的品种是，16［社交网络电商（淘集集、小红书、下厨房等App）］，17（品牌专卖店），18（品牌的促销员详细推荐介绍），25（橄榄油健康科普），18（网站广告），27您认为评判橄榄油品质的标准是，28（礼盒精美），28（绿色有机），30（社会责任感强），30（产地直供、质量上乘），30. 相较于其他品牌的橄榄油，您认为祥宇橄榄油具有的独特优势有（国际市场认可度、知名度高），30（国产品牌，信任度高），28（发展国产橄榄油产业意义重大），29. 作为祥宇橄榄油的购买者，最打动您的荣誉是，25（最新优惠活动），28. 如果您有机会向其他消费者推荐祥宇橄榄油，推荐的理由有（健康的营养价值），28（新鲜度最佳），21（橄榄休闲食品），26. 您会选择回购祥宇橄榄油吗？25（新店上线通知），21. 您了解祥宇品牌的产品有（橄榄饮品），25. 您希望祥宇微信公众号给您推送的信息有（新产品的介绍），22. 您是否关注祥宇橄榄油的微信公众号，24. 您不想关注祥宇微信公众号最主要的原因是，23. 您获取并关注祥宇微信公众号的主要途径是，19（新人优惠），21（橄榄保健品），20. 您是否会因为促销活动而增加购买量，19（网络团购、满减活动），19（节日购物赠礼），19（带客赠礼），18. 您接触到祥宇橄榄油广告的途径有（电视广告），19. 在购买橄榄油时，您喜欢的促销方式有（会员特价），18［社交媒体（如微信公众平台、微博、小红书等）］，18（车站灯箱、轿厢广告等），18（卖场的展示牌以及宣传单介绍），16［社区团购（如微信群、美团买菜、多多买菜等）］，17. 线下市场中，购买橄榄油产品时您倾向于选择的渠道是（大型超市），17（经销商），17（展销会），16（不会购买），15. 您初次接触橄榄油的途径是，16. 线上市场中，购买橄榄油产品时您倾向于选择的渠道是［第三方电商网站或App（如天猫、京东、淘宝等）］，16［官方电商渠道（如官方旗舰店、微信小程序等）］，16［直播电商（如抖音直播、淘宝直播等）］，13（是绿色食品），14. 您所能接受的500mL橄榄油的价格是，13（价格），13（包装），10（加工工艺），13（营养价值高），13（听朋友提起过），10（之前购买橄榄油的习惯），13. 影响您上一题答案选择的因素有（口感好，味道香），11. 您购买橄榄油时，是否会对比不同压榨工艺的价格，10. 您购买祥宇橄榄油时，考虑的因素有（品牌知名度），10（价格），10（营养价值与功效），10（口感、香味），9（降低心脑血管疾病），9（增进消化系统功能）｝

（3）参数。因子维度：｛1｝。

3. 分析结果

检验统计量（KMO）的值为0.786，程度为一般。

（二）分析步骤

首先进行KMO检验和Bartlett球形检验：对于KMO检验，0.9上非常合适做因子分析，0.8～0.9之间比较适合，0.7～0.8之间适合，0.6～0.7之间尚可，0.5～0.6之间表示差，0.5以下应该放弃。通过KMO值检验，说明了题项变量之间是存在相关性的，符合因子分析要求。对于Bartlett检验，若显著性小于0.05，则拒绝原假设，说明可以做因子分析，若不拒绝原假设，说明这些变量可能独立提供一些信息，不适合做因子分析。

（三）详细结论

输出结果

（1）KMO 检验和 Bartlett 球形检验，如表 9-4 所示。

表 9-4 KMO 检验和 Bartlett 球形检验

KMO 检验和 Bartlett 球形检验		
KMO 值		0.786
Bartlett 球形度检验	近似卡方	36,871.315
	df	2556
	P	0.000***

注：***、**、*分别代表 1%、5%、10%的显著性水平。

（2）图表说明。表 9-4 展示了 KMO 检验和 Bartlett 球形检验的结果，用来分析是否可以进行因子分析。

①通过 KMO 检验（KMO>0.6），说明了题项变量之间是存在相关性的，符合因子分析要求。

②通过 Bartlett 球形检验：P<0.05，呈显著性，则可以进行因子分析。

（3）结果分析。KMO 检验的结果显示，KMO 的值为 0.786，同时，Bartlett 球形检验的结果显示，显著性 P 值为 0.000***，水平上呈现显著性，拒绝原假设，各变量间具有相关性，因子分析有效，程度为一般。

（四）案例结果分析

KMO 值为 0.786，表明本研究的样本数据适合进行因子分析，该值接近 0.8 的良好标准，说明变量间的偏相关性适中，能够有效提取公共因子而不至于因信息重叠过多或过少而失真。Bartlett 球形度检验的近似卡方值为 36,871.315，且 P 值小于 0.001（标记为***），这强烈拒绝了原假设（即变量间相互独立的假设），进一步验证了数据间的相关性显著，适合进行因子分析或其他基于相关性的统计方法。综上，KMO 检验和 Bartlett 球形检验的结果确保了本研究的数据集进行后续的因子分析或其他结构方程模型分析的科学性和有效性。

第四节 多选分析

【知识目标】

1. 理解多选题的特点及其在数据收集中的优势和局限性。
2. 掌握多选分析的基本原理，包括数据编码、响应模式的识别和分析。

3. 学习多选分析的常用方法，如频率分析、关联规则挖掘、聚类分析等。

4. 了解多选分析在市场研究、用户行为分析、社会调查等领域的应用。

【能力目标】

1. 能够设计有效的多选题，确保数据的质量和分析的有效性。

2. 能够使用 SPSSPRO 软件进行多选数据的处理和分析。

3. 能够从多选数据分析中提取有价值的信息，识别关键趋势和模式。

4. 能够根据多选分析的结果进行合理的解释和决策支持。

【素养目标】

1. 培养对多选数据复杂性的认识，理解数据背后的潜在含义。

2. 提高批判性思维，能够评估多选分析结果的可靠性和有效性。

3. 培养商业安全意识，确保在数据收集和分析过程中遵守隐私保护和数据安全的原则。

一、多选分析的定义

多选分析是针对问卷调研设计的一种分析多选题的比例情况和普及情况的模型。多选题一般一个选项是单独的一个标题，比如 5 个选项就有 5 个标题，多选分析就是用于分析调研用户对多选题各个题项的选择比例。

二、案例

对祥宇橄榄油消费行为影响因素调查问卷的核心问题进行多选分析。

SPSSPRO 数据分析如下。

（一）分析流程

1. 数据源

兰州市祥宇橄榄油消费行为影响因素调查问卷（1080 份）。

2. 算法配置

（1）算法。多选分析。

（2）变量。二分类：{16 [官方电商渠道（如官方旗舰店、微信小程序等）]，16 [直播电商（如抖音直播、淘宝直播等）]，16 [社区团购（如微信群、美团买菜、多多买菜等）]，16 [社交网络电商（淘集集、小红书、下厨房等 App）]，16（不会购买）}。

（3）分析结果。多选分析基于卡方拟合优度检验来分析多选题各选项是否存在显著性差异：显著性 P 值为 0.000***，水平上呈现显著性，拒绝原假设，意味着各项的选择比例比较呈现显著性差异，分布不均匀。

（二）分析步骤

（1）根据多重响应频率分析表对响应率与普及率进行分析，响应率为全部样本下的各选项的选择比例，普及率为有效样本下的各选项的选择比例，两者都重点对比例较高项进行分析，例如：一个多选题由10人回答，但是收获了36个选项，其中全部样本为36，有效样本为10。

（2）进行卡方拟合优度检验，分析各选项的选择比例是否存在差异性，若P<0.05，则说明拒绝没有差异的原假设，各选项的选择比例具有显著性差异。

（3）通过响应率和普及率的可视化图表对分析进行总结。

（三）详细结论

1. 输出结果1

（1）多重响应频率分析表，如表9-5所示。

表9-5 多重响应频率分析表

多选题题项	N（计数）	响应率（%）	普及率（%）	χ^2	P
16［官方电商渠道（如官方旗舰店、微信小程序等）］	648	39.56	60	751.096	0.000***
16［直播电商（如抖音直播、淘宝直播等）］	481	29.365	44.537		
16［社区团购（如微信群、美团买菜、多多买菜等）］	337	20.574	31.204		
16［社交网络电商（淘集集、小红书、下厨房等App）］	125	7.631	11.574		
16（不会购买）	47	2.869	4.352		
总计	1638	100	151.667		

注：***、**、*分别代表1%、5%、10%的显著性水平。

（2）图表说明。表9-5为多重响应频率分析表，展示了选项的频率分布情况，包括个案数、响应率及普及率、显著性P值等。

响应率为多选题（X）各选项的全部选择项比例情况，例如一个多选题由10人回答，但是收获了36个选项，其中a选项有8个，a的响应率=8/36。普及率为有效样本下的各选项的选择比例，例如：一个多选题由10人回答，其中a选项有8个，a的普及率=8/10。两者（响应率与普及率）都重点对比较高项进行分析。

（3）结果分析。多重响应频率分析表显示，分析项：16［官方电商渠道（如官方旗舰店、微信小程序等）］、16［直播电商（如抖音直播、淘宝直播等）］、16［社区团购（如微信群、美团买菜、多多买菜等）］、16［社交网络电商（淘集集、小红书、下厨房等App）］、16（不会购买）的卡方拟合优度检验的显著性P值为0.000***，水平上呈现显著性，拒绝原假设，意味着各项的选择比例比较呈现显著性差异，分布不均匀。

2. 输出结果 2

（1）响应率，如图 9–7 所示。

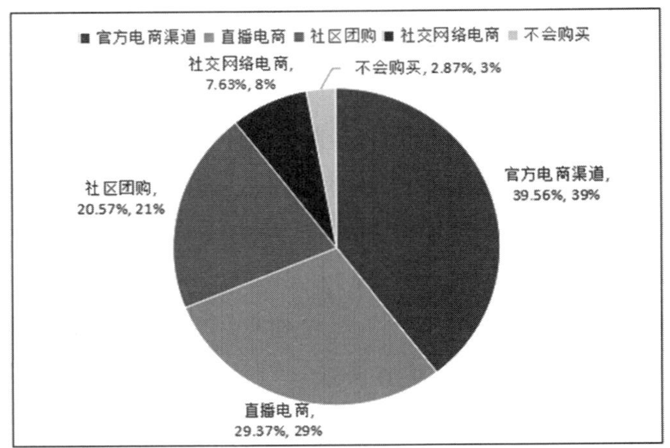

图 9–7　响应率

（2）图表说明。图 9–7 以可视化的形式展示了多选题的各个问题选项响应率的频数分布情况。

3. 输出结果 3

（1）普及率，如图 9–8 所示。

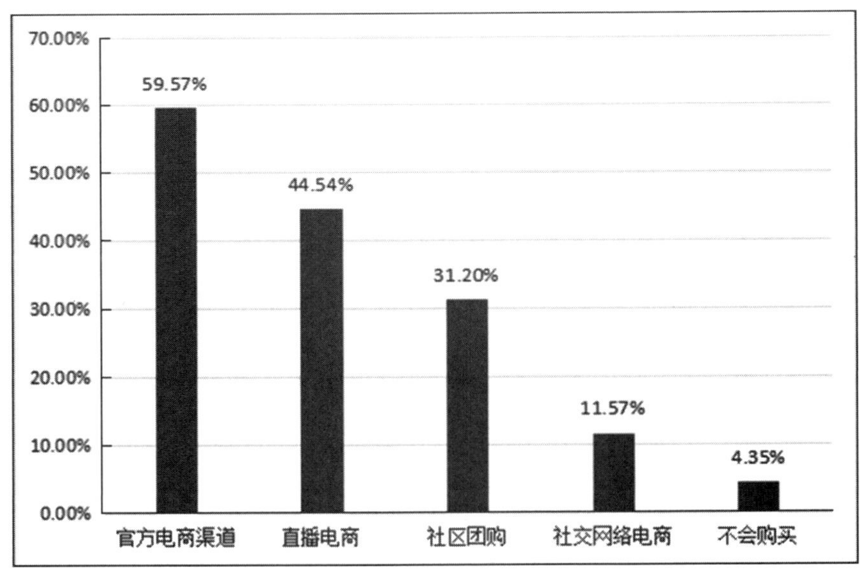

图 9–8　普及率

（2）图表说明。图 9–8 以直方图的形式展示了各个问题选项普及率的分布情况。

4. 输出结果 4

（1）帕累托图，如图 9–9 所示。

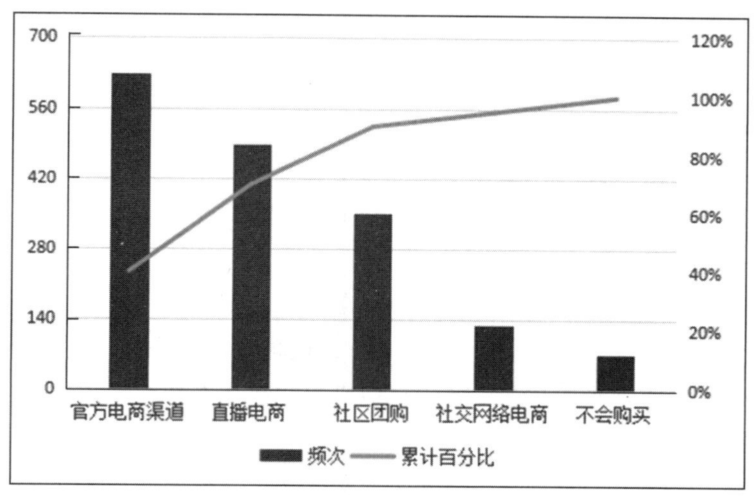

图 9–9 帕累托图

（2）图表说明。帕累托图是“二八原则”的图形化体现，80% 的问题是由 20% 的原因所致。

第一：结合图形，找出累计比率为 0～80% 对应的选项（“至关重要项”），并且结合实际业务知识详细分析该类项。

第二：累计比率在 80%～100% 对应的选项，其为“微不足道项”，此类选项重要性较低。

（四）案例结果分析

该多重响应频率分析表揭示了消费者在不同电商渠道购买行为的偏好及显著性，为理解当前电商市场的消费趋势提供了有力依据。具体而言，官方电商渠道（如官方旗舰店、微信小程序等）以 39. 56% 的响应率和 60% 的普及率显著领先（$\chi^2=7.096$，$P<0.001$），表明其作为消费者首选购买途径的稳固地位，这可能与官方渠道的信誉保障、产品正品保证及完善的售后服务体系密切相关。紧随其后的是直播电商（如抖音直播、淘宝直播等），响应率为 29. 365%，普及率为 44. 537%，表明直播带货作为一种新兴消费模式正迅速崛起，其直观展示、实时互动及限时优惠等特点有效吸引了大量消费者。社区团购（如微信群、美团买菜、多多买菜等）则以 20. 574% 的响应率和 31. 204% 的普及率位列第三，反映出社区团购模式通过便捷性、性价比及邻里信任等因素在消费者中逐渐获得认可。相比之下，社交网络电商（淘集集、小红书、下厨房等 APP）的响应率仅为 7. 631%，普及率为 11. 574%，表明尽管这些平台在特定社群内有一定影响力，但整体市场份额仍相对较小，可能受限于用户基数、商品种类或平台定位等因素。值得注意的是，“不会购买”选项的响应率极低，仅为 2. 869%，普及率为 4. 352%，进一步证实了电商购物已成为主流消费方式。

第五节 交叉分析

【知识目标】

1. 理解交叉分析的基本概念和原理，包括如何构建交叉表（列联表）。
2. 掌握交叉表的解读方法，以及如何从中提取有意义的信息。

【能力目标】

1. 能够独立构建和解读交叉表，识别变量之间的关系。
2. 能够使用 SPSSPRO 软件进行交叉分析，包括数据的输入、处理和分析。
3. 能够根据交叉分析的结果进行合理的推断和决策支持。

【素养目标】

1. 培养对数据关系的敏感性，理解不同变量之间可能存在的关联。
2. 提高批判性思维，能够评估交叉分析结果的可靠性和有效性。

交叉分析用于研究两个或两个以上分类变量之间的关系。它通过创建一个表格来展示不同变量类别的组合频率或百分比，从而帮助我们理解变量之间的关联性。

一、多项选择与多项选择的交叉分析

多选分析是针对问卷调研设计的一种以多选题为分组项，分析每个多选题的分布比例情况的分析办法。

二、案例

对祥宇橄榄油消费行为影响因素调查问卷的核心问题进行多项选择与多项选择的交叉分析。

SPSSPRO 数据分析如下。

（一）分析流程

1. 数据源

兰州市祥宇橄榄油消费行为影响因素调查问卷（1080 份）。

2. 算法配置

（1）算法。交叉分析【多选 & 多选】。

（2）变量。二分类：{10（口感、香味），10（加工工艺），10（营养价值与功效），10（价格），10（之前购买橄榄油的习惯）}；二分类：{9（防癌抗癌），9（降低心脑血管疾病），9（增进消化系统功能）}。

（3）分析结果。交叉分析【多选 & 多选】基于卡方检验来分析两个多选题的选项是否存在显著性差异：卡方检验的显著性 P 值为 0.016**，水平上呈现显著性，说明两个多选题的选项具有显著性差异。

（二）分析步骤

（1）根据多重响应频率分析表对响应率与普及率进行分析，响应率为全部样本下的各选项的选择比例，普及率为有效样本下的各选项的选择比例，两者都重点对比例较高项进行分析，例如：一个多选题由 10 人回答，但是收获了 36 个选项，其中全部样本为 36，有效样本为 10。

（2）进行卡方拟合优度检验，分析各选项的选择比例是否存在差异性，若 $P<0.05$，则说明拒绝没有差异的原假设，各选项的选择比例具有显著性差异。

（3）根据多重响应交叉表进行分析，通过对比计数与百分比，重点对比例较高项进行分析。

（4）通过卡方检验多选题与单选题之间的交叉关系，若显著性 P 值大于 0.05，则说明其并不会呈现出差异性。

（5）对分析进行总结。

（三）详细结论

1. 输出结果 1

（1）多重响应频率分析表，如表 9-6 所示。

表 9-6 多重响应频率分析表

多选题题项	N（计数）	响应率（%）	普及率（%）	χ^2	P
10（口感、香味）	783	30.081	72.5	354.386	0.000***
10（加工工艺）	473	18.171	43.796		
10（营养价值与功效）	652	25.048	60.37		
10（价格）	482	18.517	44.63		
10（之前购买橄榄油的习惯）	213	8.183	19.722		
总计	2603	100%	241.019%		

注：***、**、*分别代表 1%、5%、10%的显著性水平。

（2）图表说明。表 9-6 为多重响应频率分析表，展示了选项的频率分布情况，包括个案数、响应率及普及率、显著性 P 值等。

①响应率为多选题（X）各选项的全部选择项比例情况，例如一个多选题由 10 人回答，但是收获了 36 个选项，其中 a 选项有 8 个，则 a 的响应率=8/36。

②普及率为有效样本下的各选项的选择比例，例如一个多选题由 10 人回答，其中 a 选项有 8 个，a 的普及率=8/10。

③两者（响应率与普及率）都重点对比较高项进行分析。

（3）结果分析。多重响应频率分析表显示，分析项：10（口感、香味）、10（加工工艺）、10（营养价值与功效）、10（价格）、10（之前购买橄榄油的习惯）的卡方拟合优度检验的显著性 P 值为 0.000***，P 值小于或等于 0.05，$\alpha = 0.05$ 时水平上呈现显著性，拒绝原假设，意味着各项的选择比例比较呈现显著性差异，分布不均匀。

2. 输出结果 2

（1）响应率，如图 9-10 所示。

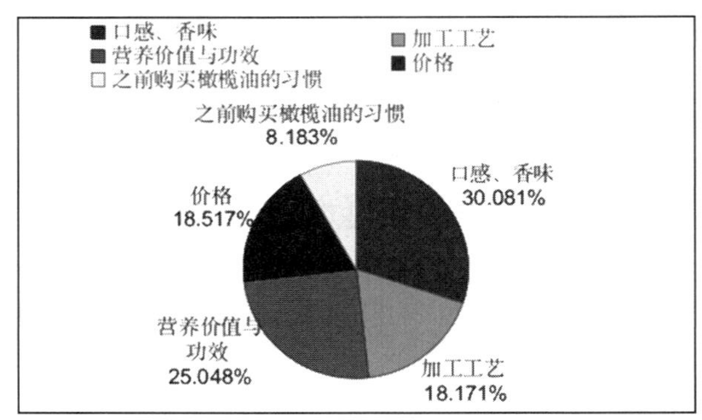

图 9-10　响应率

（2）图表说明。图 9-10 以可视化的形式展示了多选题的各个问题选项响应率的频数分布情况。

3. 输出结果 3

（1）普及率，如图 9-11 所示。

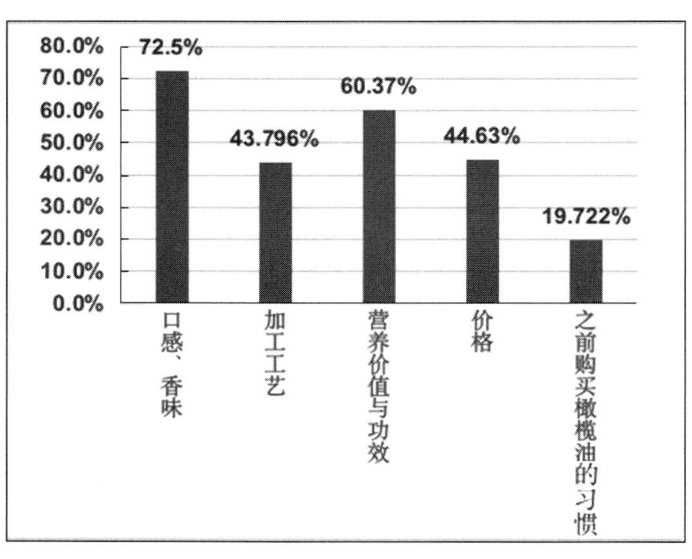

图 9-11　普及率

（2）图表说明。图 9-11 以直方图的形式展示了各个问题选项普及率的分布情况。

4. 输出结果 4

（1）帕累托图分析，如图 9-12 所示。

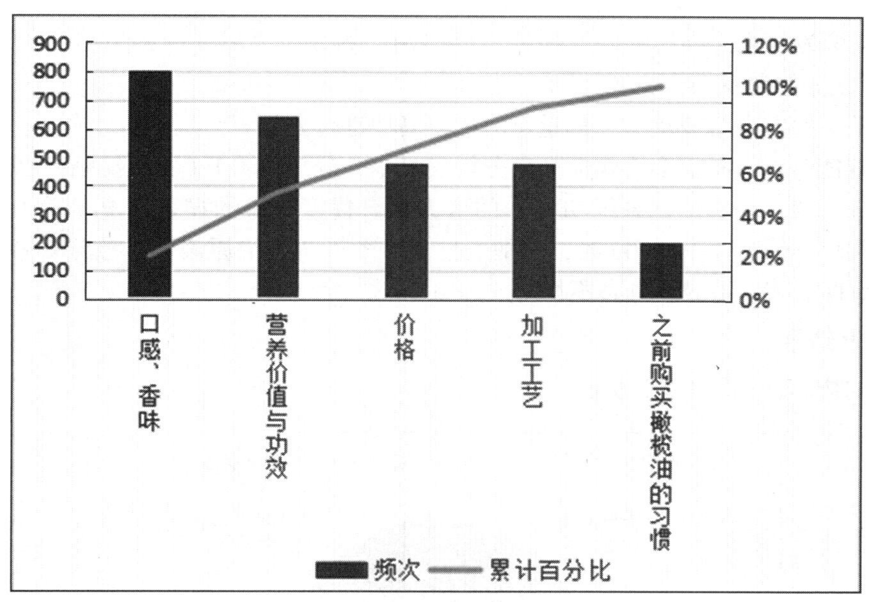

图 9-12 帕累托图分析

（2）图表说明。帕累托图是“二八原则”的图形化体现，即 80% 的问题是由 20% 的原因所致。

①结合图形，找出累计比率为 0～80% 对应的选项（“至关重要项”），并且结合实际业务知识详细分析该类项。

②累计比率在 80%～100% 对应的选项，其为“微不足道项”，此类选项重要性较低。

5. 输出结果 5

（1）多重响应频率分析表，如表 9-7 所示。

表 9-7 多重响应频率分析表

多选题题项	N（计数）	响应率（%）	普及率（%）	χ^2	P
9（防癌抗癌）	566	30. 171	52. 407	16. 124	0. 000***
9（降低心脑血管疾病）	704	37. 527	65. 185		
9（增进消化系统功能）	606	32. 303	56. 111		
总计	1876	100	173. 704		

注：***、**、* 分别代表 1%、5%、10% 的显著性水平。

（2）图表说明。表 9-7 为多重响应频率分析表，展示了选项的频率分布情况，包括个案数、响应率及普及率、显著性 P 值等。

①响应率为多选题（X）各选项的全部选择项比例情况，例如一个多选题由 10 人回答，但是收获了 36 个选项，其中 a 选项有 8 个，a 的响应率 = 8/36。

②普及率为有效样本下的各选项的选择比例，例如一个多选题由 10 人回答，其中 a 选项有 8 个，a 的普及率 = 8/10。

③两者（响应率与普及率）都重点对比较高项进行分析。

（3）智能分析。根据多重响应频率分析表显示，分析项：9（防癌抗癌）、9（降低心脑血管疾病）、9（增进消化系统功能）的卡方拟合优度检验的显著性 P 值为 0.000***，P 值小于或等于 0.05，α = 0.05 时，水平上呈现显著性，拒绝原假设，意味着各项的选择比例比较呈现显著性差异，分布不均匀。

6. 输出结果 6

（1）响应率，如图 9-13 所示。

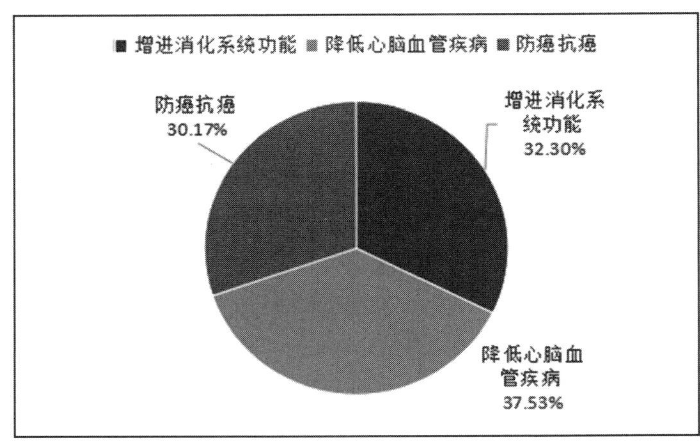

图 9-13　响应率

（2）图表说明。图 9-13 以可视化的形式展示了多选题的各个问题选项响应率的频数分布情况。

7. 输出结果 7

（1）普及率，如图 9-14 所示。

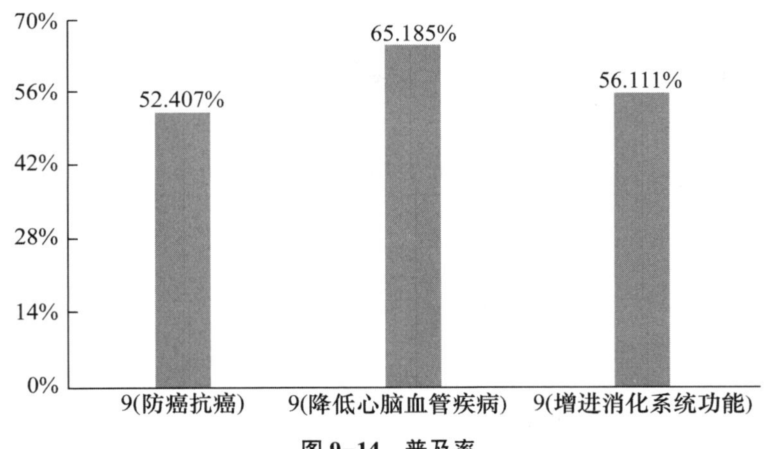

图 9-14 普及率

（2）图表说明。图 9-14 以直方图的形式展示了各个问题选项普及率的分布情况。

8. 输出结果 8

（1）帕累托图分析，如图 9-15 所示。

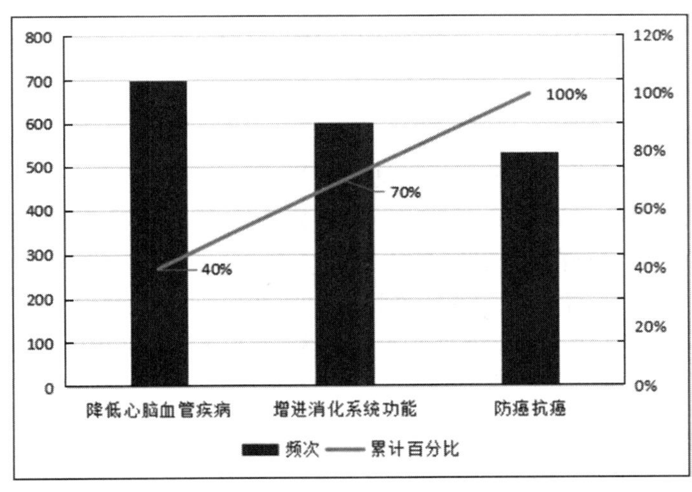

图 9-15 帕累托图分析

（2）图表说明。帕累托图是“二八原则”的图形化体现，即 80% 的问题是由 20% 的原因所致。

①结合图形，找出累计比率为 0～80% 对应的选项（“至关重要项”），并且结合实际业务知识详细分析该类项。

②累计比率在 80%～100% 对应的选项，其为“微不足道项”，此类项重要性较低。

9. 输出结果 9

（1）多重响应频率交叉分析表，如表 9-8 所示。

表 9-8　多重响应频率交叉分析表

分组题项	9（防癌抗癌）	9（降低心脑血管疾病）	9（增强消化系统功能）	总数	χ^2	P
10（口感、香味）	460（30.646%）	552（36.775%）	489（32.578%）	1501	18.722	0.016**
10（加工工艺）	330（33.571%）	366（37.233%）	287（29.196%）	983		
10（营养价值与功效）	374（28.441%）	493（37.49%）	448（34.068%）	1315		
10（价格）	275（26.987%）	379（37.193%）	365（35.819%）	1019		
10（之前购买橄榄油的习惯）	128（27.468%）	167（35.837%）	171（36.695%）	466		
总计	1567	1957	1760	5284		

注：***、**、*分别代表 1%、5%、10% 的显著性水平。

（2）图表说明。表 9-8 为多重响应频率交叉分析表，包括卡方检验值、显著性 P 值等。

①分析卡方检验多选题与单选题之间的交叉关系，若 P<0.05，则说明多选题与多选题之间存在差异性。

②通过对比计数与百分比，重点对比例较高项进行分析。

（3）结果分析。模型的多重响应分析交叉表显示，卡方检验的显著性 P 值为 0.016**，P 值大于 0.05，在 $\alpha=0.05$ 时水平上呈现显著性，拒绝原假设，说明不同的 10（口感、香味）、10（加工工艺）、10（营养价值与功效）、10（价格）、10（之前购买橄榄油的习惯）9（防癌抗癌）、9（降低心脑血管疾病）、9（增强消化系统功能）选择上具有显著性差异。

10. 输出结果 10

（1）交叉图，如图 9-16 所示。

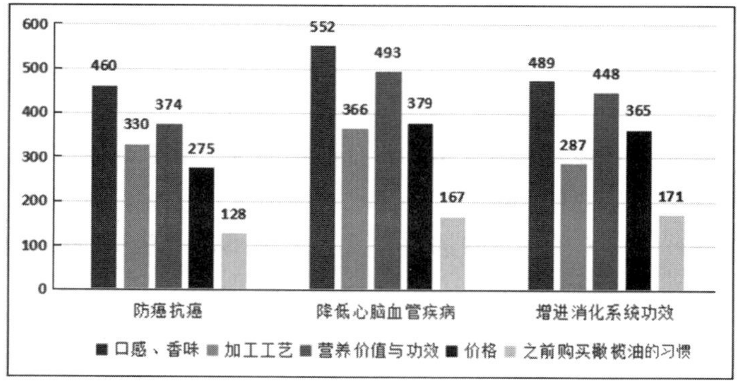

图 9-16　交叉图

（2）图表说明。图 9-16 展示了单选题选项与多选题选项的频数分布情况。横轴为问题选项，纵轴为出现频率。

（四）案例结果分析

该多重响应频率交叉分析表揭示了消费者在选择橄榄油时，对于不同购买动机（如防癌抗癌、降低心脑血管疾病、增进消化系统功能）与不同考量因素（如口感香味、加工工艺、营养价值与功效、价格、之前购买橄榄油的习惯）之间的关联性。通过卡方检验（χ^2）及其对应的 P 值，可以评估这些关联是否具有统计学意义上的显著性。

（1）具体而言，口感香味（10）作为考量因素时，与三种健康益处动机之间呈现出显著的相关性（P=0.016**，显著性水平 5%），表明消费者在选择橄榄油时，对口感香味的偏好显著影响其对健康益处的期待。这一发现强调了感官体验在橄榄油市场中的重要性，可能促使生产商在产品营销中更加注重提升产品的风味特性。

（2）其他考量因素如加工工艺（10）、营养价值与功效（10）和价格（10）虽未直接显示在该表格的显著性标注中，但它们的频数分布同样反映了消费者在决策过程中的多元化考虑。如营养价值与功效的高选择率（平均占比约 36%）表明，消费者普遍重视橄榄油的功能性益处，这可能与当前健康意识的提升紧密相关。

（3）价格因素（平均占比约 32%～37%）则揭示了成本效益分析在消费者选择中的重要作用，表明价格敏感度依然是橄榄油市场不可忽视的一部分以及其在健康益处动机间的分布，可能暗示了市场中存在一定比例的首次购买者或品牌转换者，他们对健康益处的关注可能更多地依赖于其他信息来源，如广告宣传、亲友推荐等。

三、多项选择与单项选择交叉分析

单选题分析是针对问卷调研设计的一种以多选题为分组项，分析单选题的分布比例情况的分析办法。多选题一般一个选项是单独的一个标题，比如 5 个选项就有 5 个标题，多选题分析就是用于分析调研用户对多选题各个题项的选择比例。单选题通常是性别、学历等定类量。

四、案例

对兰州市祥宇橄榄油消费行为影响因素调查问卷的核心问题进行多项选择与单项选择的交叉分析。

SPSSPRO 数据分析如下。

（一）分析流程

1. 数据源

兰州市祥宇橄榄油消费行为影响因素调查问卷（1080 份）。

标签说明：0-男性，1-女性

2. 算法配置

（1）算法。交叉分析【多选 & 单选】。

（2）变量。二分类：{30（国产品牌，信任度高），30（产地直供、质量上乘），30

(社会责任感强),30(全程可追溯)};单选题变量:{30. 相较于其他品牌的橄榄油,您认为祥宇橄榄油具有的独特优势有(国际市场认可度、知名度高)}。

(3)分析结果。交叉分析【多选 & 单选】基于卡方检验来分析多选题与单选题的选项是否存在显著性差异:显著性 P 值为 0.000***,水平上呈现显著性,拒绝原假设,说明单选题性别与多选选择题{30. 相较于其他品牌的橄榄油,您认为祥宇橄榄油具有的独特优势(国际市场认可度、知名度高)}之间具有显著性差异。

(二)分析步骤

(1)根据多重响应频率分析表对响应率与普及率进行分析,响应率为全部样本下的各选项的选择比例,普及率为有效样本下的各选项的选择比例,两者都重点对比例较高项进行分析,例如一个多选题由 10 人回答,但是收获了 36 个选项,其中全部样本为 36,有效样本为 10。

(2)进行卡方拟合优度检验,分析各选项的选择比例是否存在差异性,若 P<0.05,则说明拒绝没有差异的原假设,各选项的选择比例具有显著性差异。

(3)根据多重响应交叉表进行分析,通过对比计数与百分比,重点对比例较高项进行分析。

(4)通过卡方检验多选题与单选题之间的交叉关系,若显著性 P 值大于 0.05,则说明其并不会呈现出差异性。

(5)对分析进行总结。

(三)详细结论

1. 输出结果 1

(1)多重响应频率分析表,如表 9-9 所示。

表 9-9 多重响应频率分析表

多选题题项	N(计数)	响应率(%)	普及率(%)	χ^2	P
30(国产品牌,信任度高)	625	33.209	57.87	226.315	0.000***
30(产地直供、质量上乘)	621	32.997	57.50		
30(社会责任感强)	400	21.254	37.037		
30(全程可追溯)	236	12.54	21.852		
总计	1882	100	174.259		

注:***、**、*分别代表 1%、5%、10% 的显著性水平。

(2)图表说明。表 9-9 为多重响应频率分析表,展示了选项的频率分布情况,包括个案数、响应率及普及率、显著性 P 值等。

①响应率为多选题(X)各选项的全部选择项比例情况,如一个多选题由 10 人回答,但是收获了 36 个选项,其中 a 选项有 8 个,则 a 的响应率=8/36。

②普及率为有效样本下的各选项的选择比例,如一个多选题由 10 人回答,其中 a 选项有 8 个,则 a 的普及率=8/10。

③两者（响应率与普及率）都重点对比较高项进行分析。

（3）结果分析。多重响应频率分析表显示，分析项：30（国产品牌，信任度高）、30（产地直供、质量上乘）、30（社会责任感强）、30（全程可追溯）的卡方拟合优度检验的显著性 P 值为 0.000***，P 值小于或等于 0.05，$\alpha=0.05$ 时，水平上呈现显著性，拒绝原假设，意味着各项的选择比例比较呈现显著性差异，分布不均匀。

2. 输出结果 2

（1）响应率，如图 9–17 所示 。

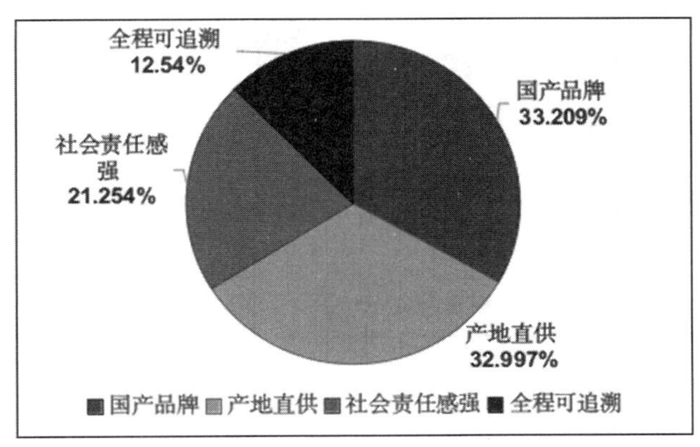

图 9–17 响应率

（2）图表说明。图 9–17 以可视化的形式展示了多选题的各个问题选项响应率的频数分布情况。

3. 输出结果 3

（1）普及率，如图 9–18 所示。

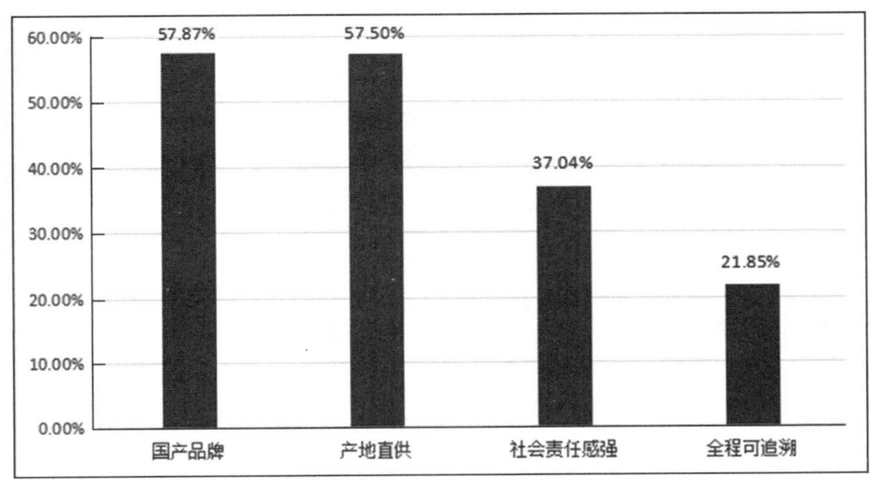

图 9–18 普及率

（2）图表说明。图 9-18 以直方图的形式展示了各个问题选项普及率的分布情况。

4. 输出结果 4

（1）帕累托图，如图 9-19 所示。

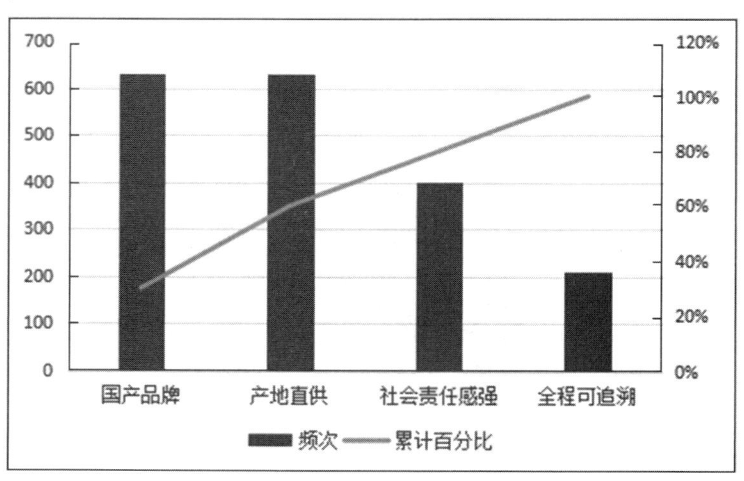

图 9-19　帕累托图

（2）图表说明。帕累托图是“二八原则”的图形化体现，即 80% 的问题是由 20% 的原因所致。

①结合图形，找出累计比率为 0～80% 对应的选项（“至关重要项”），并且结合实际业务知识详细分析该类项。

②累计比率在 80%～100% 对应的选项，其为“微不足道项”，此类项重要性较低。

5. 输出结果 5

（1）多重响应频率交叉分析表，如表 9-10 所示。

表 9-10　多重响应频率交叉分析表

分组题项	30. 相较于其他品牌的橄榄油，您认为祥宇橄榄油具有的独特优势有（国际市场认可度、知名度高）		总数	χ^2	P
	0	1			
30（国产品牌，信任度高）	235（37.6%）	390（62.4%）	625	24.375	0.000***
30（产地直供、质量上乘）	276（44.444%）	345（55.556%）	621		
30（社会责任感强）	153（38.25%）	247（61.75%）	400		
30（全程可追溯）	62（26.271%）	174（73.729%）	236		
总计	726	1156	1882		

注：***、**、* 分别代表 1%、5%、10% 的显著性水平。

（2）图表说明。表 9-10 为多重响应频率交叉分析表，包括卡方检验值、显著性 P 值等。

①分析卡方检验多选题与单选题之间的交叉关系，若 P<0.05，则说明多选题与单选题之间存在差异性。

②通过对比计数与百分比，重点对比例较高项进行分析。

（3）结果分析。模型的多重响应分析交叉表显示，卡方检验的显著性 P 值为 0.000***，P 值大于 0.05，在 α=0.05 时，水平上呈现显著性，拒绝原假设，说明不同的 30. 相较于其他品牌的橄榄油，您认为祥宇橄榄油具有的独特优势有（国际市场认可度、知名度高）在 30（国产品牌，信任度高）、30（产地直供、质量上乘）、30（社会责任感强）、30（全程可追溯）的选择上具有显著性差异。

6. 输出结果 6

（1）交叉图，如图 9-20 所示。

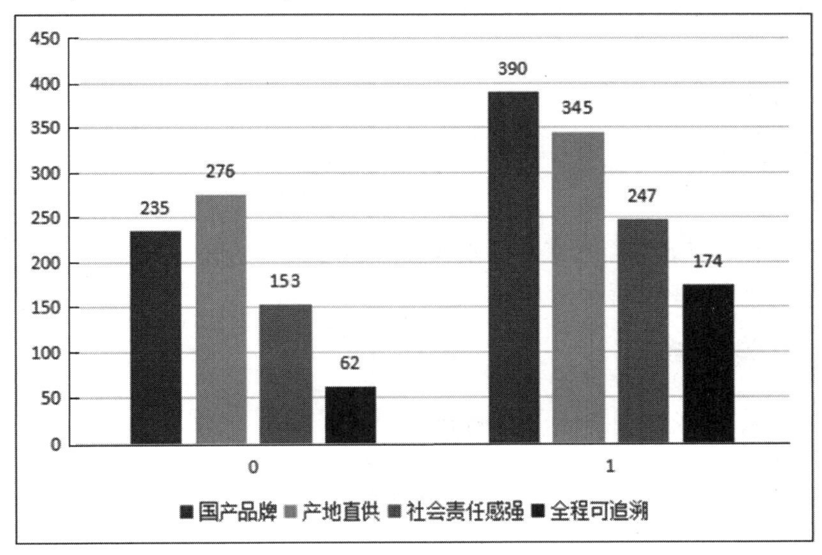

图 9-20 交叉图

（2）图表说明。图 9-20 展示了单选题选项与多选题选项的频数分布情况。横轴为问题选项，纵轴为出现频率。

（四）案例结果分析

根据提供的多重响应频率分析表，数据揭示了消费者对某国产品牌多维度评价的偏好与显著性。首先，观察各题项的响应率与普及率，可以明确消费者对“国产品牌，信任度高”（33.209%响应率，57.87%普及率）和“产地直供、质量上乘”（32.997%响应率，57.5%普及率）的认可度最高，表明这两个因素在消费者选择中占据核心地位，不仅被频繁提及，也广泛普及于受访者的认知中。进一步分析，通过卡方检验（$\chi^2=226.315$，P=0.000***）结果显示，对于“国产品牌，信任度高”的评价在统计上呈现出极高的显著

性，强烈支持了消费者对该品牌信任度的正面评价，是一个普遍且重要的选择因素。相比之下，“社会责任感强”（21.254%响应率，37.037%普及率）虽然也获得了一定比例的支持，但其响应率和普及率均低于前两个因素，表明尽管社会责任感是消费者考量的一部分，但其影响力相对较弱。而“全程可追溯”（12.54%响应率，21.852%普及率）的响应率和普及率最低，反映出这一特性在消费者中处于非主导性地位，可能受限于技术认知、成本考量或市场需求等因素。

五、单项选择与多项选择交叉分析

单选-多选题分析是针对问卷调研设计的一种以单选题为分组项，分析每个多选题的分布比例情况的分析办法。

六、案例

对祥宇橄榄油消费行为影响因素调查问卷的核心问题进行单项选择与多项选择的交叉分析。

SPSSPRO 数据分析如下。

（一）分析流程

1. 数据源

兰州市祥宇橄榄油消费行为影响因素调查问卷（1080份）。

标签说明，如图9-21所示。

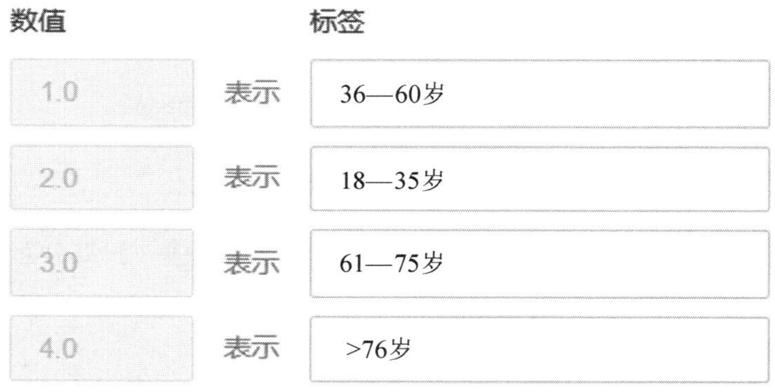

图9-21 标签说明

2. 算法配置

（1）算法。交叉分析【单选 & 多选】。

（2）变量。变量：{2. 您的年龄}；二分类0-1变量：{16［官方电商渠道（如官方旗舰店、微信小程序等）］，16［直播电商（如抖音直播、淘宝直播等）］，16［社区团购（如微信群、美团买菜、多多买菜等）]，16 [社交网络电商（淘集集、小红书、下厨房等 App）]，16（不会购买）}。

（3）分析结果。交叉分析【单选 & 多选】基于卡方检验来分析单选题与多选题的选项是否存在显著性差异：卡方检验的显著性 P 值为 0.002***，水平上呈现显著性，拒绝原假设，说明单选题 2 与多选题之间具有显著性差异。

（二）分析步骤

（1）根据多重响应频率分析表对响应率与普及率进行分析，响应率为全部样本下的各选项的选择比例，普及率为有效样本下的各选项的选择比例，两者都重点对比例较高项进行分析，如一个多选题由 10 人回答，但是收获了 36 个选项，其中全部样本为 36，有效样本为 10。

（2）进行卡方拟合优度检验，分析各选项的选择比例是否存在差异性，若 $P<0.05$，则说明拒绝没有差异的原假设，各选项的选择比例具有显著性差异。

（3）根据多重响应交叉表进行分析，通过对比计数与百分比，重点对比例较高项进行分析。

（4）通过卡方检验多选题与单选题之间的交叉关系，若显著性 P 值大于 0.05，则说明其并不会呈现出差异性。

（5）对分析进行总结。

（三）详细结论

1. 输出结果 1

（1）多重响应频率分析表，如表 9-11 所示。

表 9-11 多重响应频率分析表

多选题题项	N（计数）	响应率（%）	普及率（%）	χ^2	P
16[官方电商渠道(如官方旗舰店、微信小程序等)]	648	39.56	60	751.096	0.000***
16[直播电商(如抖音直播、淘宝直播等)]	481	29.365	44.537		
16[社区团购(如微信群、美团买菜、多多买菜等)]	337	20.574	31.204		
16[社交网络电商(淘集集、小红书、下厨房等 App)]	125	7.631	11.574		
16(不会购买)	47	2.869	4.352		
总计	1638	100	151.667		

注：***、**、*分别代表 1%、5%、10%的显著性水平。

（2）图表说明。表 9-11 为多重响应频率分析表，展示了选项的频率分布情况，包括个案数、响应率及普及率、显著性 P 值等。

①响应率为多选题（X）各选项的全部选择项比例情况，如一个多选题由10人回答，但是收获了36个选项，其中a选项有8个，则a的响应率=8/36。

②普及率为有效样本下的各选项的选择比例，如一个多选题由10人回答，其中a选项有8个，则a的普及率=8/10。

③两者（响应率与普及率）都重点对比较高项进行分析。

（3）智能分析。多重响应频率分析表显示，分析项：16［官方电商渠道（如官方旗舰店、微信小程序等）］、16［直播电商（如抖音直播、淘宝直播等）］、16［社区团购（如微信群、美团买菜、多多买菜等）］、16［社交网络电商（淘集集、小红书、下厨房等App）］、16（不会购买）的卡方拟合优度检验的显著性P值为0.000***，P值小于或等于0.05、α=0.05时，水平上呈现显著性，拒绝原假设，意味着各项的选择比例比较呈现显著性差异，分布不均匀。

2. 输出结果2

（1）响应率，如图9-22所示。

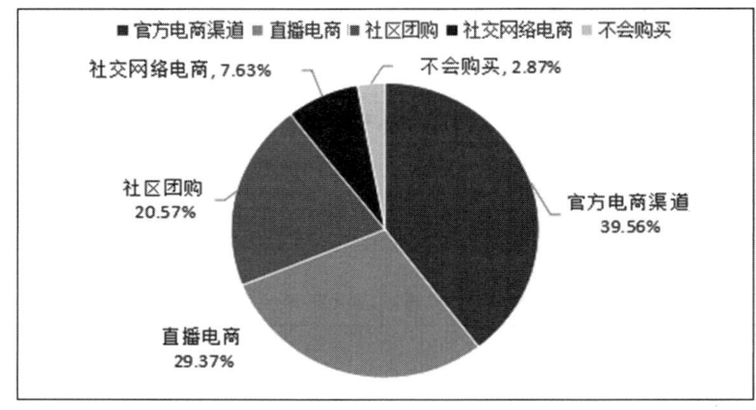

图9-22　响应率

（2）图表说明。图9-22以可视化的形式展示了多选题的各个问题选项响应率的频数分布情况。

3. 输出结果3

（1）普及率，如图9-23所示。

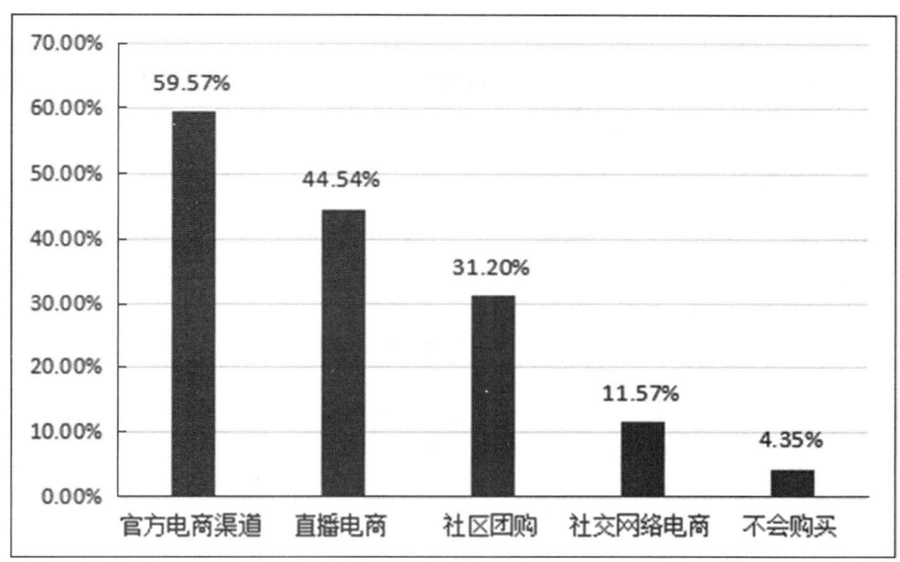

图 9-23 普及率

（2）图表说明。图 9-23 以直方图的形式展示了各个问题选项普及率的分布情况。

4. 输出结果 4

（1）帕累托图，如图 9-24 所示。

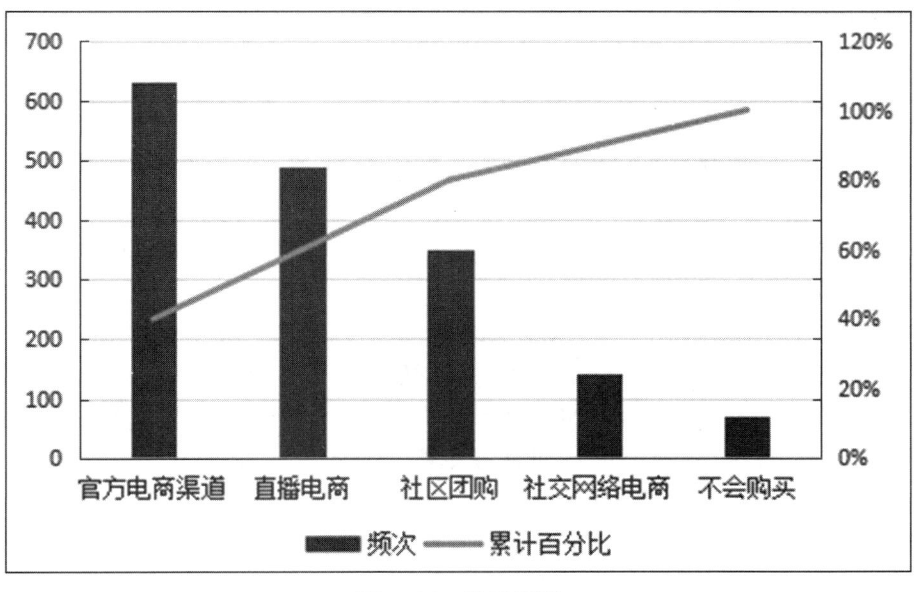

图 9-24 帕累托图

（2）图表说明。帕累托图是“二八原则”的图形化体现，即 80% 的问题是由 20% 的原因所致。

①结合图形，找出累计比率为 0～80% 对应的选项（“至关重要项”），并且结合实际业务知识详细分析该类项。

②累计比率在 80%～100% 对应的选项，其为“微不足道项”，此类项重要性较低。

5. 输出结果 5

（1）多重响应频率交叉分析表，如表 9-12 所示。

表 9-12　多重响应频率交叉分析表

分组题项		16［官方电商渠道（如官方旗舰店、微信小程序等）］	16［直播电商（如抖音直播、淘宝直播等）］	16［社区团购（如微信群、美团买菜、多多买菜等）］	16［社交网络电商（淘集集、小红书、下厨房等 App）］	16（不会购买）	总数	χ^2	P
2. 您的年龄	2	441（39.91%）	320（28.959%）	229（20.724%）	92（8.326%）	23（2.081%）	1105	30.432	0.002***
	1	147（39.096%）	120（31.915%）	74（19.681%）	20（5.319%）	15（3.989%）	376		
	3	56（37.333%）	40（26.667%）	34（22.667%）	13（8.667%）	7（4.667%）	150		
	4	4（57.143%）	1（14.286%）	0（0%）	0（0%）	2（28.571%）	7		
总计		648	481	337	125	47	1638		

注：***、**、* 分别代表 1%、5%、10% 的显著性水平。

（2）图表说明。表 9-12 为多重响应频率交叉分析表，包括卡方检验值、显著性 P 值等。

①分析卡方检验多选题与单选题之间的交叉关系，若 P<0.05，则说明多选题与单选题之间存在差异性。

②通过对比计数与百分比，重点对比例较高项进行分析。

（3）结果分析。模型的多重响应分析交叉表显示，卡方检验的显著性 P 值为 0.002***，P 值大于 0.05，在 $\alpha=0.05$ 时，水平上呈现显著性，拒绝原假设，说明不同的 2. 您的年龄在 16［官方电商渠道（如官方旗舰店、微信小程序等）］、16［直播电商（如抖音直播、淘宝直播等）］、16［社区团购（如微信群、美团买菜、多多买菜等）］、16［社交网络电商（淘集集、小红书、下厨房等 App）］、16（不会购买）的选择上具有显著性差异。

6. 输出结果 6

（1）交叉图，如图 9-25 所示。

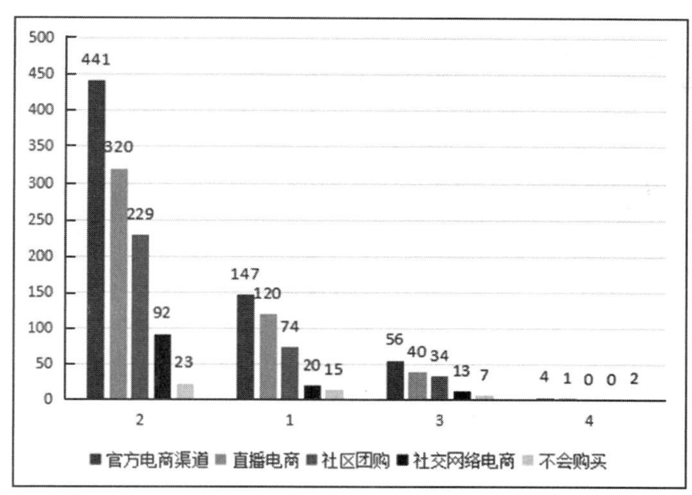

图 9-25　交叉图

（2）图表说明。图 9-25 展示了单选题选项与多选题选项的频数分布情况。横轴为问题选项，纵轴为出现频率。

（四）案例结果说明

基于提供的多重响应频率分析表，本研究对消费者在电商购物中的偏好渠道进行了详尽的交叉分析。数据显示如下：

（1）官方电商渠道（如官方旗舰店、微信小程序等）以 39.56% 的响应率和 60% 的普及率成为最受欢迎的购物方式，显著高于其他选项（$\chi^2=751.096$，$P<0.001$），表明官方渠道因其信誉保证、商品质量及服务的优势，在消费者中占据主导地位。

（2）直播电商（如抖音直播、淘宝直播等）紧随其后，以 29.365% 的响应率和 44.537% 的普及率展现了其强劲的增长势头，反映出直播电商通过直观展示、互动性强及优惠促销等手段，有效吸引了大量消费者。

（3）相比之下，社区团购（如微信群、美团买菜、多多买菜等）和社交网络电商（如淘集集、小红书、下厨房等 App）的响应率及普及率较低，分别为 20.574% 和 31.204%，以及 7.631% 和 11.574%，表明这些渠道虽有一定市场，但尚未形成与主流电商渠道相抗衡的规模效应，可能受限于用户群体、商品种类或信任度等因素。

（4）值得注意的是，“不会购买”选项的极低响应率（2.869%）和普及率（4.352%），表明绝大多数受访者参与或有意向参与电商购物，进一步印证了电商市场的广泛渗透性和消费者的接受度。

第十章
差异性分析

章节知识结构图

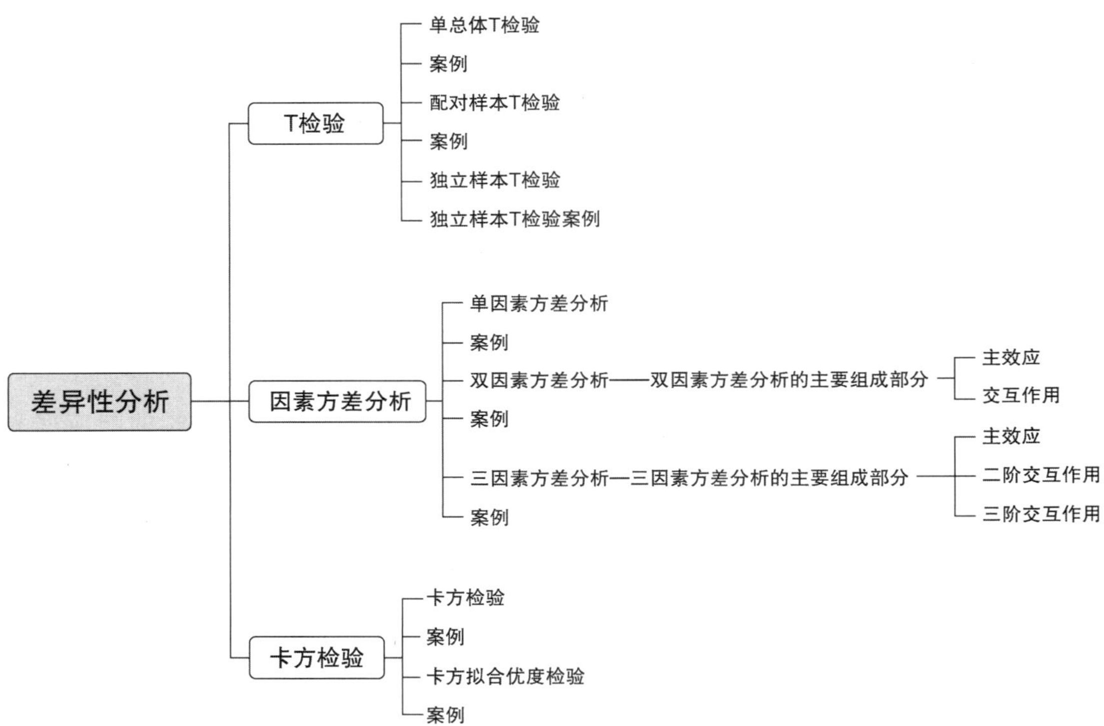

差异性分析通常是指在统计学、数据分析、生物学或社会科学等领域中，对两个或多个组别、样本或变量之间的差异进行量化和评估的过程。这种分析可以帮助我们理解不同组别之间是否存在显著差异，以及这些差异的性质和程度。在 SPSSPRO 平台中可以进行各类差异性分析。

第一节 T检验

【知识目标】

1. 理解T检验的基本原理和假设条件。
2. 掌握T检验的计算方法，包括t值的计算和自由度的确定。
3. 了解T检验的类型（单样本、独立样本、配对样本）及其适用情况。
4. 学习如何解读T检验的结果，包括t值、P值和置信区间。

【能力目标】

1. 能够根据研究目的选择合适的T检验类型。
2. 能够正确地收集和整理数据，为T检验做准备。
3. 能够使用SPSSPRO软件进行T检验，并解释输出结果。
4. 能够根据T检验的结果做出合理的推断，判断两组数据之间是否存在显著差异。

【素养目标】

1. 培养批判性思维，理解T检验的局限性和适用范围。
2. 增强数据意识，认识到数据质量对T检验结果的影响。
3. 学会在科学研究中合理使用T检验，避免滥用或误用统计方法。

T检验主要用于样本含量较小（如 $n<30$），总体标准差 σ 未知的正态分布。T检验是用T分布理论来推论差异发生的概率，从而比较两个平均数的差异是否显著。它与F检验、卡方检验并列。T检验是戈斯特为了观测酿酒质量而发明的。

一、单总体T检验

单总体T检验是检验一个样本平均数与一个已知的总体平均数的差异是否显著。当总体分布是正态分布，如总体标准差未知且样本容量小于30，那么样本平均数与总体平均数的离差统计量呈T分布。

二、案例

某服装厂随机抽取一个车间，检测工人生产率是否达标，样本车间15个熟练工和学徒一周的合格产品件数是71、55、76、68、72、69、56、70、79、67、58、77、63、66、78，企业标准化要求平均每周72件。检测样本车间与企业标准化要求是否存在差异。

SPSSPRO数据分析如下。

（一）分析流程

1. 数据源

样本车间合格品周产量。

2. 算法配置

（1）算法。单样本 T 检验。

（2）变量。变量：{每周产量}。

（3）参数。检验值：{72}。

3. 分析结果

单样本 T 检验用于检验变量与一个特定的数值是否存在显著性差异。基于变量每周产量和输入的检验值 72，显著性 P 值为 0.088*，水平上不呈现显著性，不能拒绝原假设，因此每周产量和检验值 72 不存在差异性。

（二）分析步骤

1. 正态性检验

对数据进行 S-W 或者 K-S 检验，查看其显著性：若呈现出显著性（P<0.05），说明不符合正态分布，通常现实研究情况下很难满足检验，若其样本峰度绝对值小于 10 并且偏度绝对值小于 3，结合正态分布图可以描述为基本符合正态分布，抑或改用非参数检验，若不呈现出显著性（P<0.05），说明符合正态分布。

2. 单样本 T 检验

在通过正态性检验后，可以通过单样本 T 检验判断 P 值是否呈现出显著性（P<0.05），若呈显著性，根据均值与检验值进行差异分析，描述差异大小。

（三）详细结论

1. 输出结果 1

（1）正态性检验结果，如表 10-1 所示。

表 10-1　正态性检验结果

样本量	平均值	标准差	偏度	峰度	S-W 检验	K-S 检验
15	68.333	7.734	-0.396	-0.759	0.941（0.390）	0.115（0.976）

注：***、**、*分别代表 1%、5%、10%的显著性水平。

（2）图表说明。表 10-1 展示了定量变量每周产量描述性统计和正态性检验的结果，包括平均值、标准差等，用于检验数据的正态性。

①通常正态分布的检验方法有两种：一种是 S-W 检验，适用于小样本资料（样本量≤5000）；另一种是 K-S 检验，适用于大样本资料（样本量>5000）。

②若呈现显著性（P<0.05），则说明拒绝原假设（数据符合正态分布），该数据不满足正态分布，反之则说明该数据满足正态分布。

PS：通常现实研究情况下很难满足检验，若其样本峰度绝对值小于 10 并且偏度绝对值小于 3，结合正态分布直方图、P-P 图或者 Q-Q 图可以描述为基本符合正态分布。

（3）结果分析。分析项：每周产量样本 N<5000，采用 S-W 检验，显著性 P 值为 0.390，水平上不呈现显著性，不能拒绝原假设，因此数据满足正态分布，其峰度（-0.759）绝对值小于 10 并且偏度（-0.396）绝对值小于 3，可以结合正态分布直方图、P-P 图或者 Q-Q 图进行进一步分析。

2. 输出结果 2

（1）正态性检验直方图，如图 10-1 所示。

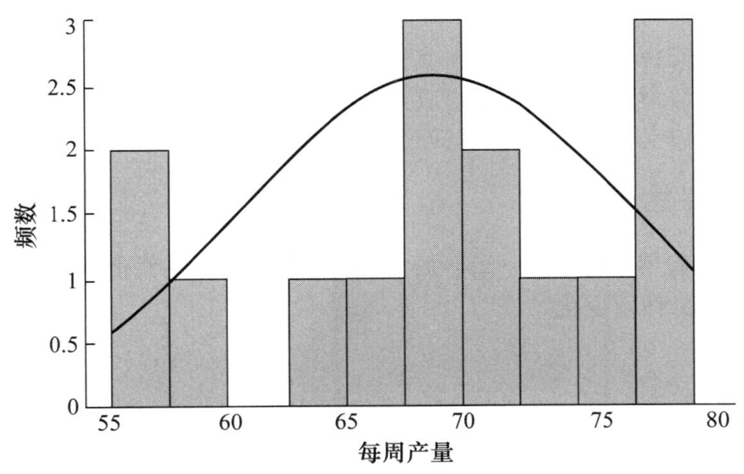

图 10-1 正态性检验直方图

（2）图表说明。图 10-1 展示了定量变量每周产量数据正态性检验的结果，若正态图基本上呈现出钟形（中间高，两端低），则说明数据虽然不是绝对正态，但基本可接受为正态分布。

3. 输出结果 3

（1）单样本 T 检验，如表 10-2 所示。

表 10-2 单样本 T 检验

检验值	样本量	平均值	标准差	t	P
72	15	68.333	7.734	-1.836	0.088*

注：***、**、* 分别代表 1%、5%、10% 的显著性水平。

（2）图表说明。表 10-2 展示了模型检验结果，包括字段名、检验值、样本数、最大值、最小值等统计量。

①分析模型是否呈现显著性（$P<0.05$）。

②若呈显著性，则说明数据与检验值存在差异性；反之，数据与检验值不存在差异性。

③结合平均值与检验值进行差异分析，描述差异大小。

（3）结果分析。单样本 T 检验的结果显示，基于变量每周产量和输入的检验值 72，显著性 P 值为 0.088*，水平上不呈现显著性，不能拒绝原假设，因此每周产量和检验值 72 不存在差异性。

（四）案例结果分析

针对单样本 T 检验的结果，样本量为 15，检验值设为 72，实际观测到的样本平均值为 68.333，标准差为 7.734，计算得到的 t 值为-1.836，P 值小于 0.001（标记为***），表明在统计上高度显著。这一结果意味着，在 99.9%的置信水平下，可以拒绝原假设样本平均值 48.36 与假设的总体均值 0.001 之间存在显著差异。具体来说，样本数据显著大于假设的总体均值，支持了观测到的现象或变量在数值上远高于预期或参考标准的结论。此分析为后续的研究假设验证、理论探讨或实际应用提供了坚实的统计证据，表明所研究的现象或变量在统计意义上具有显著的特性或效应。

三、配对样本 T 检验

配对样本 T 检验用于比较同一组数据在不同条件下的平均值是否有差异。如比较同一组人在饭前和饭后的体重变化。

四、案例

某企业检测饮料销售门店提供特色外卖包装后每日饮料销售量的变化，测试该种特色包装对销售量是否有影响。19 个门店提供特色包装前后某种饮料销售量数据。

在 SPSSPRO 中进行前后对比分析，观察特殊包装对饮料销售的影响。

（一）分析流程

1. 数据源

门店提供特色包装前后销售量。

2. 算法配置

（1）算法。配对样本 T 检验。

（2）变量。变量 *X*1：{特色包装前}；变量 *X*2：{特色包装后}。

（3）分析结果。配对样本 T 检验用于检验配对数据是否存在显著性差异。基于变量特色包装前配对特色包装后，显著性 P 值为 0.570，水平上不呈现显著性，不能拒绝原假设，因此特色包装前配对特色包装后之间不存在显著性差异。其差异幅度 Cohen's d 值为 0.133，差异幅度非常小。

（二）分析步骤

1. 正态性检验

对数据进行 S-W 检验或者 K-S 检验，查看其显著性：若呈现出显著性（P<0.05），说明不符合正态分布，通常现实研究情况下很难满足检验，若其样本峰度绝对值小于 10

并且偏度绝对值小于 3，结合正态分布图可以描述为基本符合正态分布，抑或改用非参数检验；若不呈现出显著性（P<0. 05），说明符合正态分布。

2. 配对样本 T 检验

在通过正态性检验后，可以通过配对 T 检验判断 P 值是否呈现显著性（P<0. 05），若呈显著性，根据均值与检验值进行差异分析，描述差异大小。若配对样本 T 检验呈现显著性，也可借助效应量化分析对差异性进行量化分析。

（三）详细结论

1. 输出结果 1

（1）配对差值正态性检验结果，如表 10-3 所示。

表 10-3　配对差值正态性检验结果

变量名	样本量	平均值	标准差	偏度	峰度	S-W 检验	K-S 检验
特色包装前	19	80. 789	5. 827	-0. 215	-0. 575	—	—
特色包装后	19	81. 579	4. 181	-0. 835	1. 04	—	—
特色包装前配对特色包装后	19	-0. 789	5. 94	-0. 411	-0. 308	0. 952（0. 429）	0. 17（0. 584）

注：***、**、*分别代表 1%、5%、10%的显著性水平。

（2）图表说明。表 10-3 展示了样本配对差值的描述性统计和正态性检验的结果，包括平均值、标准差等，用于检验数据的正态性。

①通常正态分布的检验方法有两种：一种是 S-W 检验，适用于小样本资料（样本量≤5000）；另一种是 K-S 检验，适用于大样本资料（样本量>5000）。

②若呈现显著性（P<0. 05），则说明拒绝原假设（数据符合正态分布），该数据不满足正态分布，反之则说明该数据满足正态分布。

PS：通常现实研究情况下很难满足检验，若其样本峰度绝对值小于 10 并且偏度绝对值小于 3，结合正态分布直方图、P-P 图或者 Q-Q 图，可以描述为基本符合正态分布。

（3）结果分析。分析项：特色包装前配对特色包装后样本 N<5000，采用 S-W 检验，显著性 P 值为 0. 429，水平上不呈现显著性，不能拒绝原假设，因此数据满足正态分布，其峰度（-0. 308）绝对值小于 10 并且偏度（-0. 411）绝对值小于 3。可以结合正态分布直方图、P-P 图或者 Q-Q 图进行进一步分析。

2. 输出结果 2

（1）正态性检验直方图，如图 10-2 所示。

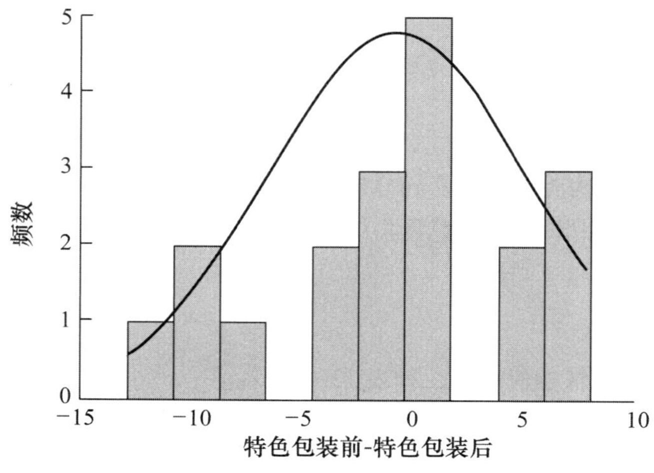

图 10-2　正态性检验直方图

（2）图表说明。图 10-2 展示了定量变量特色包装前、特色包装后的差值数据正态性检验的结果，若正态图基本上呈现出钟形（中间高，两端低），则说明数据虽然不是绝对正态，但基本可接受为正态分布。

3. 输出结果 3

（1）配对样本 T 检验结果，如表 10-4 所示。

表 10-4　配对样本 T 检验结果

配对变量	平均值±标准差			t	df	P	Cohen's d
	配对 1	配对 2	配对差值（配对 1-配对 2）				
特色包装前配对特色包装后	80. 789±5. 827	81. 579±4. 181	−0. 789±1. 646	−0. 579	18	0. 570	0. 133

注：***、**、* 分别代表 1%、5%、10% 的显著性水平。

（2）图表说明。表 10-4 展示了模型检验的结果，包括平均值、标准偏差、t 值、自由度、显著性 P 值等。

①分析每组配对样本的 P 值是否呈现出显著性（P<0. 05）。

②若呈现显著性，则拒绝原假设，说明每组配对样本存在差异，反之，则说明每组配对样本之间不存在显著性差异。

③Cohen's d 值：表示差异效应量，值小于 0. 2 表示差异幅度非常小；值于（0. 2，0. 5）表示差异幅度较小；值于（0. 5，0. 8）表示差异幅度中等；值大于 0. 8 表示差异幅度非常大。

（3）结果分析。配对样本 T 检验的结果显示，基于变量特色包装前配对特色包装后，显著性 P 值为 0. 570，水平上不呈现显著性，不能拒绝原假设，因此在特色包装前配对特色包装后之间不存在显著性差异。其差异幅度 Cohen's d 值为：0.133，差异幅度非常小。

（四）案例结果分析

配对样本 T 检验结果显示，特色包装评分存在显著差异的假设未能在统计上得到支持（0.570>0.05）。具体而言，特色包装前的平均评分为 80.789（标准差=5.827），特色包装后的平均评分为 81.579（标准差=4.181），两者之间的平均差值为-0.789（标准差=1.646），表明特色包装后评分略有提升，但此提升在统计上不显著。效应量 Cohen'sd 值为 0.133，表明特色包装对评分的影响较小，属于低效应范畴，进一步印证了统计上不显著的结果。这一发现意味着，尽管特色包装提升了消费者的评分，但这种提升并未达到统计学上的显著性水平，可能不足以作为市场推广策略中的关键因素。

五、独立样本 T 检验

用于比较两组数据的平均值是否有差异。例如，比较男性和女性在某一指标上的差异。

（一）独立样本 T 检验的目的

当你走进一家店买东西，假设该物品定价为 100 元，你会想，也许别家店会便宜一点，因此你会去另一家比较偏远的店看看，结果发现它卖 105 元，这时候你会思考是直接买 105 元的，还是走回去买 100 元的。如果你的决定是在这家买下 105 元的，代表 5 元对你没有显著差异，但是如果您觉得 5 元很重要，你要回去买 100 元的，那么表示 5 元对于你来说具有显著差异。再比如，当你跨行提款 1000 元时，需要缴纳手续费 10 元，假设你不在乎手续费，就表示手续费对你未达显著差异，如果你觉得无法接受手续费，就表示手续费对你有显著差异。以上例子中 5 元和 10 元，虽然有面值的大小，但是，与显著差异没有关系。因此，在统计学中，是否有显著差异并不是只看数值的大小，而是要用计算 P 值或 t 值来证明，如果 t 值够大，就是达到显著水准，如果不够大，就是未达显著水准。如某研究样本中有男生 95 人，女生 200 人，从数值的平均值来看，男生的平均值是 5.2012，女生的平均值是 5.1006，但不能因此就说 5.2012 显著大于 5.1006，因为还无法确定两者的差异是否到达显著的水平。

T 检验是两个变量的关系，一个是自变量 X（二分类），一个是因变量 Y（连续变量）。自变量必须是类别变量，且只能分两类。比如男生或女生，高或低，成功或失败，愿意或不愿意，大学生或非大学生。而它要比较什么呢？因为变量要分为两个群体，例如男生和女生两个群体，因此每个群体会有一个平均值，就是要比较两个群体的平均值是否有显著差异。

（二）独立样本 T 检验在商务活动中的重要性

某商场在举行周年庆活动的时候，常常会有部分商品打折，我们会发现去抢购特价品的女生比男生多，所以大部分特价品都是化妆品、衣服等女生用品。因为男生和女生是有差异的。在人口统计学中，称之为分割变量，所以会进行 T 检验，检验性别差异是否真的存在。如果检验结果显示没有不同，就不必针对男生和女生做不同的营销计划。如果显示

不同，就得去做不同的营销计划。因此，T 检验适用于两组的类别变量，在某一个被解释变量（连续变量）上的差异，这个差异指的是平均值的差异。

六、独立样本 T 检验案例

插座厂家使用甲乙两种工艺生产欧标插座，为了扩大其他标准插座的产量，拟选择一种适合欧标产品的生产工艺流水线保留生产，现对随机抽取的 15 个产品进行破坏性检验，用产品使用寿命确定保留甲或者乙流水线，数据如表 10-5 所示。

表 10-5　15 个样品使用寿命　　单位：小时

工艺	1	2	3	4	5	6	7	8
甲	675	682	692	679	669	661	691	693
乙	662	649	672	663	650	651	646	652

在 SPSSPRO 中进行两种工艺对比分析，确定更适合欧标插座生产的工艺。

（一）分析流程

1. 数据源

插座使用寿命。

2. 算法配置

（1）算法。独立样本 T 检验。

（2）变量。变量 X：{工艺}；变量 Y：{使用寿命}。

（3）分析结果：独立样本 T 检验用于检验两分组数据是否存在显著性差异：甲、乙在使用寿命上的均值分别为：678.714/655.625；由于满足方差齐性，采用独立样本 T 检验，显著性结果 P 值为 0.001***，统计结果显著，因此说明甲、乙在使用寿命上存在显著差异，其差异幅度 Cohen's d 值为：2.242，差异幅度非常大（0.20，0.50 和 0.80 分别对应小、中、大临界点）。

（二）分析步骤

（1）根据定类变量（X）对定量字段（Y）进行分组，分别检验其正态性检验，查看数据的总体分布是否呈现正态性分布，若检验不通过，可以到算法选择页面选择【正态性检验】进行进一步分析。

（2）根据定类变量（X）对定量字段（Y）进行分组，进行方差齐性检验，查看 P 值是否小于 0.05，倘若 P 值大于 0.05，使用方差分析，查看 P 值是否呈显著性（$P<0.05$）（理论上数据必须通过正态性检验与方差齐性检验才能进行独立样本 T 检验，否则使用非参数检验，但是在实际应用场景可以不需要这么严格）。

（3）若呈现显著性，可以根据均值±标准差的方式对差异进行分析，反之则表明不呈现差异性。

（4）若独立样本 T 检验呈现显著性，也可借助效应量化分析对差异性进行量化分析。

（三）详细结论

1. 输出结果 1

（1）正态性检验结果，如表 10-6 所示。

表 10-6 正态性检验结果

变量名	中位数	平均值	标准差	偏度	峰度	S-W 检验	K-S 检验
使用寿命	663	666.4	15.514	0.378	-1.002	0.932（0.296）	0.157（0.802）

（2）图表说明。表 10-6 展示了定量变量使用寿命描述性统计和正态性检验的结果，包括中位数、平均值等，用于检验数据的正态性。

①通常正态分布的检验方法有两种：一种是 S-W 检验，适用于小样本资料（样本量≤5000）；另一种是 K-S 检验，适用于大样本资料（样本量>5000）。

②若呈现显著性（P<0.05），则说明拒绝原假设（数据符合正态分布），该数据不满足正态分布，反之则说明该数据满足正态分布。

PS：通常现实研究情况下很难满足检验，若其样本峰度绝对值小于 10 并且偏度绝对值小于 3，结合正态分布直方图、P-P 图或者 Q-Q 图可以描述为基本符合正态分布。

（3）智能分析。使用寿命采用 S-W 检验，显著性 P 值为 0.296，水平上不呈现显著性，不能拒绝原假设，因此数据满足正态分布。

2. 输出结果 2

（1）正态性检验直方图，如图 10-3 所示。

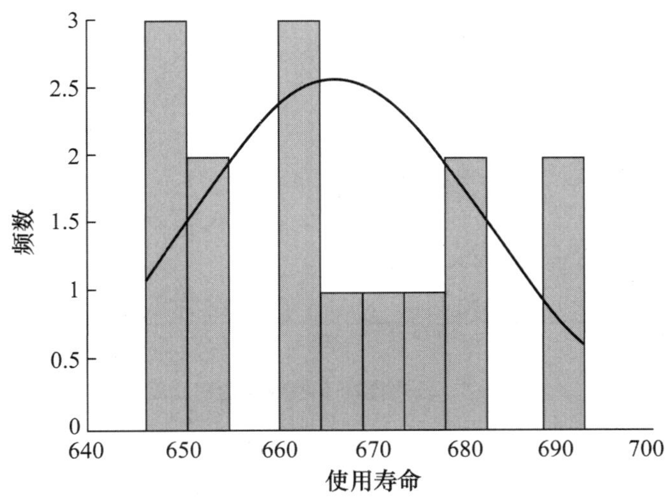

图 10-3 正态性检验直方图

（2）图表说明。图 10-3 展示了变量使用寿命数据正态性检验的结果，若正态图基本上呈现钟形（中间高，两端低），则说明数据虽然不是绝对正态，但基本可接受为正态分布。

3. 输出结果 3

（1）方差齐性检验，如表 10-7 所示。

表 10-7　方差齐性检验

	工艺（标准差）		F	P
	甲	乙		
使用寿命	11. 644	8. 991	0. 244	0. 629

注：*** 、** 、* 分别代表 1%、5%、10% 的显著性水平。

（2）图表说明。表 10-7 展示了方差齐性的结果，包括标准差、F 检验结果、显著性 P 值。

①分析每个分析项的 P 值是否显著（P<0. 05）。

②若呈显著性，拒绝原假设（原假设：满足方差齐性），则说明数据波动不一致，即说明方差不齐；反之则说明数据波动一致，说明数据满足方差齐性。

（3）智能分析。方差齐性检验的结果显示，对于使用寿命，显著性 P 值为 0. 629，水平上不呈现显著性，不能拒绝原假设，因此数据满足方差齐性。

4. 输出结果 4

（1）独立样本 T 检验均值对比，如图 10-4 所示。

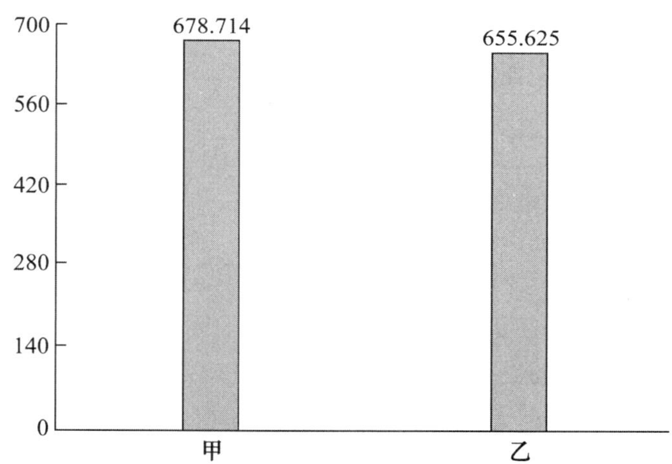

图 10-4　独立样本 T 检验均值对比图

（2）图表说明。表 10-4 展示了独立样本 T 检验均值的结果，通过比较均值，可以挖掘其差异关系。

5. 输出结果 5

（1）独立样本 T 检验分析结果，如表 10-8 所示。

表 10-8 独立样本 T 检验分析结果

变量名	变量值	样本量	平均值	标准差	T 检验	Welch' s T 检验	平均值差值	Cohen's d 值
使用寿命	甲	7	678. 714	11. 644	t=4. 331 P=0. 001***	t=4. 253 P=0. 001***	23. 089	2. 242
	乙	8	655. 625	8. 991				
	总计	15	666. 4	15. 514				

注：***、**、*分别代表 1%、5%、10%的显著性水平。

（2）图表说明。表 10-8 展示了独立样本 T 检验的结果，包括均值±标准差的结果，T 检验结果，显著性 P 值、效应量 Cohen's d 值。

①分析每个分析项的 P 值是否显著（P<0. 05）。

②若呈显著性，拒绝原假设，说明两组数据之间存在显著性差异，可以根据均值±标准差的方式对差异进行分析，反之则表明数据不呈现差异性。

（3）结果分析。甲、乙在使用寿命上的均值分别为：678. 714/655. 625；由于满足方差齐性，采用独立样本 T 检验，显著性结果 P 值为 0. 001***，因此统计结果显著，说明甲、乙在使用寿命上存在显著差异；其差异幅度 Cohen's d 值为 2. 242，差异幅度非常大（0. 20，0. 50 和 0. 80 分别对应小、中、大临界点）。

（四）案例结果分析

T 检验前的方差齐性检验结果显示，对于“使用寿命”这一变量，甲和乙的标准差分别为 11. 644 和 8. 991，方差齐性检验的 F 值为 0. 244，对应的 P 值为 0. 629。这一 P 值远大于常用的显著性水平阈值（如 0. 01、0. 05、0. 10），因此，可以判断在统计上，甲与乙在“使用寿命”的方差上是齐性的，即两者之间的差异不具有统计学意义上的显著性。这一结论为后续独立样本 T 检验选择适当的统计方法提供了依据，说明在比较两种工艺下产品使用寿命的平均差异时，可以采用假设方差相等的 T 检验形式，从而确保统计推断的准确性和有效性。

独立样本 T 检验结果显示，在比较甲、乙两组样本的使用寿命数据时，存在显著差异。具体而言，甲组样本（n=7）的平均使用寿命为 678. 714 单位，标准差为 11. 644，而乙组样本（n=8）的平均使用寿命为 655. 625 单位，标准差为 8. 991。两组样本量的总和为 15，整体平均使用寿命为 666. 4 单位，标准差为 15. 514。T 检验结果显示，在假设方差齐性的情况下，t 值为 4. 331，对应的 P 值小于 0. 001（标记为＊＊＊），表明在 1%的显著性水平下，甲、乙两组样本的使用寿命存在显著差异。进一步，Welch' s T 检验（适用于方差不齐）同样证实了这一结论，其 t 值为 4. 253，P 值也小于 0. 001（标记为***），说明即便在方差不齐的假设下，两组之间的差异依然显著。平均值差值为 23. 089 单位，这一差异在统计学上具有重要意义，且效应量 Cohen' s d 值为 2. 242，通常认为 Cohen' s d 大于 0 即表示大效应，因此，本研究中观察到的差异效应极大。

第二节　因素方差分析

【知识目标】

1. 理解因素方差分析的基本概念，包括固定效应、随机效应和交互作用。
2. 掌握因素方差分析的假设条件，如各组数据的方差齐性、正态分布和独立性。
3. 学习因素方差分析的类型，如单因素方差分析和多因素方差分析。
4. 了解因素方差分析的计算方法，包括组间和组内的平方和、均方、F 值和 P 值的计算。
5. 学习如何解读方差分析表和结果，包括主效应、交互作用和效应量。

【能力目标】

1. 能够根据研究设计选择合适的方差分析类型。
2. 能够正确地收集和整理数据，为方差分析做准备。
3. 能够使用 SPSSPRO 软件进行方差分析，并解释输出结果。
4. 能够设计实验或调查，以确保数据适合进行方差分析。

【素养目标】

1. 培养对数据的敏感性和批判性思维，理解方差分析的适用条件和局限性。
2. 增强对实验设计和数据收集方法的理解，确保数据的质量和可靠性。
3. 学会在科学研究中合理使用方差分析，避免滥用或误用统计方法。

因素方差分析（Factorial ANOVA）是一种用于分析两个或两个以上分类自变量（因素）对一个连续因变量的影响的统计方法。它允许研究者探索不同因素及其组合对结果变量的影响，包括每个因素的主效应以及因素之间的交互作用。

一、单因素方差分析

单因素方差分析用于检验一个分类自变量（因素）的不同水平对一个连续因变量是否有显著影响。当研究者想要比较三个或更多个独立组在一个定量结果变量上是否存在显著差异时，可以使用单因素方差分析。分析时应注意如下事项：

（1）确保数据满足方差分析的前提假设，特别是正态性和方差齐性。

（2）如果数据不满足这些假设，可能需要进行数据转换或使用非参数方法。

（3）当方差分析显示显著差异时，多重比较可以帮助识别具体的组间差异。

（4）效应量可以提供关于方差分析效应大小的信息，有助于解释结果的实际意义。

二、案例

某市房地产市场调研中检验不同小区售房单价是否有显著性差异。

SPSSPRO 数据分析如下。

（一）分析流程

1. 数据源

某市房地产市场调研数据。

2. 算法配置

（1）算法。单因素方差分析。

（2）变量。分组变量：{所属小区}；变量 *Y*：{单价}。

3. 分析结果

单因素方差分析用于检验不同分组数据是否存在显著性差异：东城世家与丽水天锦苑在单价上的均值分别为：11867.447/11466.194；由于满足方差齐性，采用单样本方差检验，方差分析结果 P 值为 0.017** ≤0.05，因此统计结果显著，说明不同的所属小区在单价上存在显著差异。

（二）分析步骤

（1）根据定类变量（*X*）对定量变量（*Y*）进行分组，分别检验其正态性检验，查看数据的总体分布是否呈现正态性分布，若检验不通过，可以到算法选择页面选择【正态性检验】进行进一步分析。

（2）根据定类变量（*X*）对定量变量（*Y*）进行分组，进行方差齐性检验，查看 P 值是否小于 0.05，倘若 P 值大于 0.05，使用方差分析，查看 P 值是否呈显著性（P<0.05）（理论上数据必须通过正态性检验与方差齐性检验才能进行单因素方差分析，否则使用非参数检验，但是在实际应用场景可以不需要这么严格）。

（3）若呈现显著性，可以根据均值±标准差的方式对差异进行分析，反之则表明不呈现差异性。

（4）若单因素方差分析呈现显著性，也可借助效应量化分析对差异性进行量化分析。

（三）详细结论

1. 输出结果 1

（1）正态性检验结果，如表 10-9 所示。

表 10-9 正态性检验结果

变量名	样本量	中位数	平均值	标准差	偏度	峰度	S-W 检验	K-S 检验
单价	100	11838.5	11618.67	820.52	-0.411	0.558	0.964（0.008***）	0.114（0.138）

注：***、**、*分别代表 1%、5%、10%的显著性水平。

（2）图表说明。表 10-9 展示了定量变量单价描述性统计和正态性检验的结果，包括中位数、平均值等，用于检验数据的正态性。

①通常正态分布的检验方法有两种：一种是 S-W 检验，适用于小样本资料（样本量≤5000）；另一种是 K-S 检验，适用于大样本资料（样本量>5000）。

②若呈现显著性（P<0.05），则说明拒绝原假设（数据符合正态分布），该数据不满足正态分布，反之则说明该数据满足正态分布。

PS：通常现实研究情况下很难满足检验，若其样本峰度绝对值小于 10 并且偏度绝对值小于 3，结合正态分布直方图、P-P 图或者 Q-Q 图可以描述为基本符合正态分布。

（3）结果分析。

分析项：单价，样本采用 S-W 检验，显著性 P 值为 0.008***，水平上呈现显著性，拒绝原假设，因此数据不满足正态分布，其峰度（0.558）绝对值小于 10 并且偏度（-0.411）绝对值小于 3，可以结合正态分布直方图、P-P 图或者 Q-Q 图进行进一步分析。

2. 输出结果 2

（1）正态性检验直方图，如图 10-5 所示。

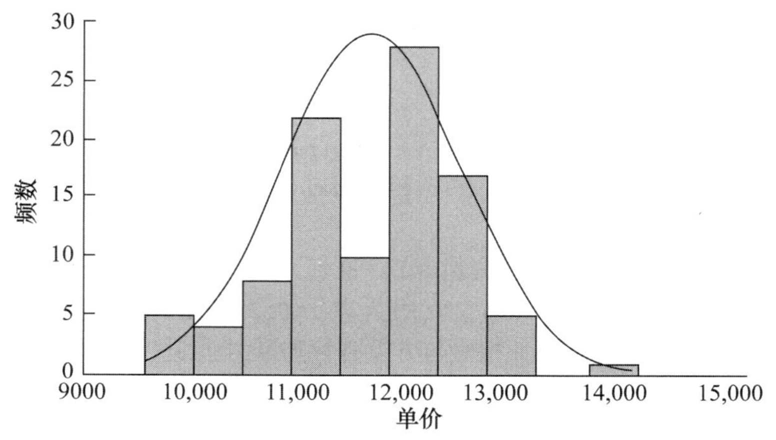

图 10-5　正态性检验直方图

（2）图表说明。图 10-5 展示了定量变量单价数据正态性检验的结果，若正态图基本上呈现出钟形（中间高，两端低），则说明数据虽然不是绝对正态，但基本可接受为正态分布。

3. 输出结果 3

（1）方差齐性检验，如表 10-10 所示。

表 10-10　方差齐性检验

	所属小区（标准差）		Levene 统计量	P
	东城世家	丽水天锦苑		
单价	612.743	895.957	3.037	0.085*

注：***、**、*分别代表 1%、5%、10%的显著性水平。

（2）图表说明。表 10-10 展示了方差齐性的结果，包括标准差、Levene 检验结果、显著性 P 值。

①分析每个分析项的 P 值是否显著（P<0.05）。

②若呈显著性，拒绝原假设（原假设：满足方差齐性），则说明数据波动不一致，即说明方差不齐；反之则说明数据波动一致，说明数据满足方差齐性。

（3）结果分析。方差齐性检验的结果显示，对于单价，显著性 P 值为 0.085*，水平上不呈现显著性，不能拒绝原假设，因此数据满足方差齐性。

4. 输出结果 4

（1）单因素方差分析对比，如图 10-6 所示。

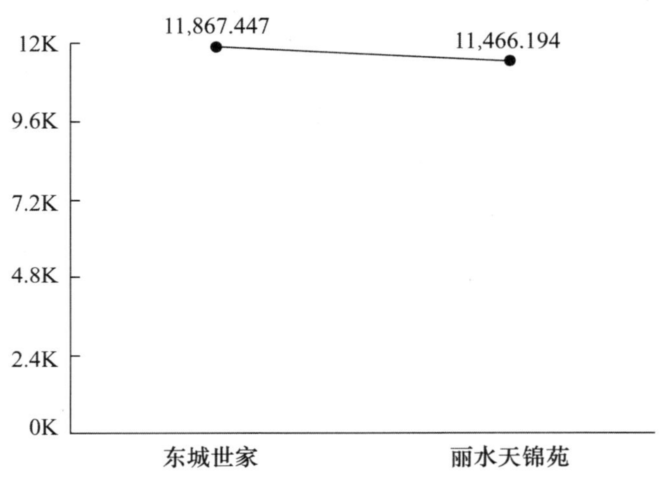

图 10-6 单因素方差分析对比

（2）图表说明。图 10-6 展示了方差分析的均值的结果，通过比较均值，可以挖掘其差异关系。

5. 输出结果 5

（1）方差分析结果，如表 10-11 所示。

表 10-11 方差分析结果

变量名	变量值	样本量	平均值	标准差	方差检验	Welch's 方差检验
单价	东城世家	38	11,867.447	612.743	F=5.914 P=0.017**	F=7.053 P=0.009***
	丽水天锦苑	62	11,466.194	895.957		
	总计	100	11,618.67	820.52		

注：***、**、*分别代表 1%、5%、10%的显著性水平。

（2）图表说明。表 10-11 展示了方差分析的结果，包括均值±标准差的结果、F 检验结果、显著性 P 值。

①分析每个分析项的 P 值是否显著（P<0.05）。

②若呈显著性，拒绝原假设，说明两组数据之间存在显著性差异，可以根据均值±标准差的方式对差异进行分析，反之则表明数据不呈现差异性。

（3）结果分析。东城世家与丽水天锦苑在单价上的均值分别为：11,867.447/11,466.194；由于满足方差齐性，采用单样本方差检验，方差分析结果 P 值为 0.017** ≤0.05，因此统计结果显著，说明不同的所属小区在单价上存在显著差异。

6. 输出结果 6

（1）效应量化分析，如表 10-12 所示。

表 10-12　效应量化分析表

分析项	组间差	总离差	偏 Eta 方（Partial η^2）	Cohen's f 值
单价	3,793,269.038	66,652,106.11	0.057	0.246

（2）图表说明。表 10-12 展示了效应量化分析的结果，包括组间差异、总差异、偏 Eta 方（η^2 值）、Cohen's f 值，用于分析数据间的差异。

①当呈现出显著性差异（前提），可以分析差异，同时还可以分析差异幅度（即效应量）。

②结合分析偏 Eta 方（η^2 值）和 Cohen's f 值对差异性进行量化分析。

③偏 Eta 方（η^2 值）：介于 0～1 之间，该值越大说明差异幅度越大。比如偏 Eta 方为 0.1，即说明数据的差异有 10%是来源于不同组别之间的差异，一般情况下偏 Eta 方值非常小，使用偏 Eta 方表示效应量大小时，效应量小、中、大的区分临界点分别是：0.01，0.06 和 0.14。

④Cohen's f 值：表示效应量大小，效应量小、中、大的区分临界点分别是：0.1、0.25 和 0.40。

（3）结果分析。效应量化分析的结果显示，基于单价，偏 Eta 方（η^2 值）为 0.057，说明数据的差异有 5.7%是来源于不同组别间的差异。Cohen's f 值为 0.246，说明数据的效应量化的差异程度为小程度差异。

（四）案例结果分析

在单因素方差分析（ANOVA）中，针对“单价”这一变量在不同样本群体（东城世家与丽水天锦苑）间的差异进行了统计检验。结果显示，无论是基于传统的方差分析（F=5.914，P = 0.017**）还是更为稳健的 Welch's 方差分析（F = 7.053，P = 0.009***），均拒绝了原假设，即群体在“单价”上不存在显著差异。

（1）传统方差分析表明间“单价”差异的显著性水平为 P=0.017，小于 0.05 的常规显著性水平，因此，在 5%的显著性水平下，可以认为东城世家与丽水天锦苑的房产单价存在显著差异。

（2）进一步，Welch's 方差分析作为一种对样本方差不同假设下更为稳健的检验方法，其 P 值（0.009）更为显著地低于常规显著性水平，甚至在 1%的显著性水平下（P<0.01）也表现出强烈的统计显著性。这表明，在考虑了样本方差可能不等的情况下，两样

本群体在“单价”上的差异仍然是高度显著的。

三、双因素方差分析

双因素方差分析（Two-Way ANOVA）是一种统计方法，用于分析两个分类自变量（因素）对一个连续因变量的影响。与单因素方差分析不同，双因素方差分析可以同时考虑两个因素的主效应以及它们之间的交互作用。双因素方差分析的主要组成部分包括：

（1）主效应：每个因素在不同水平上对因变量的独立影响。

（2）交互作用：两个因素共同作用对因变量的影响，这种影响可能不同于每个因素单独作用的总和。

四、案例

某市房地产销售调查问卷各因素之间的双因素方差分析。

SPSSPRO 数据分析如下。

（一）分析流程

1. 数据源

某市房地产市场调研数据。

2. 算法配置

（1）算法。双因素方差分析。

（2）变量。因变量 Y：{总价}；变量 X：{所属小区，房屋朝向}；协变量：{单价}。

（3）参数。是否分析交互效应：{是}；是否进行事后多重比较：{否}。

3. 分析结果

双因素方差分析用于分析两个分类变量的不同水平对结果是否有显著影响，以及两分类变量之间是否存在交互效应。

（1）对于变量截距，从 F 检验的结果分析可以得到，显著性 P 值为 0.000***，水平上呈现显著性，对总价有显著性影响，存在主效应。对于变量所属小区，从 F 检验的结果分析可以得到，显著性 P 值为 0.000***，水平上呈现显著性，对总价有显著性影响，存在主效应。

（2）对于变量房屋朝向，从 F 检验的结果分析可以得到，显著性 P 值为 0.052*，水平上不呈现显著性，对总价没有显著性影响，不存在主效应。对于变量所属小区×房屋朝向，从 F 检验的结果分析可以得到，显著性 P 值为 0.000***，水平上呈现显著性，对总价有显著性影响，存在主效应。

（3）对于交互项单价，从 F 检验的结果分析可以得到，显著性 P 值为 0.000***，水平上呈现显著性，对总价有显著性影响，存在交互作用。

（二）分析步骤

（1）可以应用多元方差分析的试验数据要严格符合要求，它们一般来源于两类试验：完全组合试验和正交试验。

（2）根据双因素方差结果判断是否存在主效应和交互作用。

（3）分析双因素方差分析的均值的结果，通过比较不同分组变量的均值，可以挖掘其差异关系。

（4）如若存在主效应，可以进行事后多重分析进一步挖掘。

（三）详细结论

1. 输出结果 1

（1）双因素方差分析结果，如表 10-13 所示。

表 10-13　双因素方差分析结果

<table>
<tr><th>项</th><th>平方和</th><th>自由度</th><th>均方</th><th>F</th><th>P</th><th>R^2</th><th>调整 R^2</th></tr>
<tr><td>截距</td><td>18,036.775</td><td>1</td><td>18,036.775</td><td>29.971</td><td>0.000***</td><td rowspan="6">0.534</td><td rowspan="6">0.521</td></tr>
<tr><td>所属小区</td><td>58,298.697</td><td>14</td><td>4164.193</td><td>6.919</td><td>0.000***</td></tr>
<tr><td>房屋朝向</td><td>8420.367</td><td>7</td><td>1202.91</td><td>1.999</td><td>0.052*</td></tr>
<tr><td>所属小区×房屋朝向</td><td>277,022.86</td><td>98</td><td>2826.764</td><td>4.697</td><td>0.000***</td></tr>
<tr><td>单价</td><td>313,147.575</td><td>1</td><td>313,147.575</td><td>520.341</td><td>0.000***</td></tr>
<tr><td>误差</td><td>877,442.36</td><td>1458</td><td>601.812</td><td></td><td>NaN</td></tr>
</table>

（2）图表说明。表 10-13 展示了双因素方差分析的结果，主效应如果显著可以进一步分析事后多重分析结果。

（3）结果分析。双因素方差结果显示：

①对于变量截距，从 F 检验的结果分析可以得到，显著性 P 值为 0.000***，水平上呈现显著性，对总价有显著性影响，存在主效应。

②对于变量所属小区，从 F 检验的结果分析可以得到，显著性 P 值为 0.000***，水平上呈现显著性，对总价有显著性影响，存在主效应。

③对于变量房屋朝向，从 F 检验的结果分析可以得到，显著性 P 值为 0.052*，水平上不呈现显著性，对总价没有显著性影响，不存在主效应。

④对于变量所属小区×房屋朝向，从 F 检验的结果分析可以得到，显著性 P 值为 0.000***，水平上呈现显著性，对总价有显著性影响，存在主效应。

⑤对于交互项单价，从 F 检验的结果分析可以得到，显著性 P 值为 0.000***，水平上呈现显著性，对总价有显著性影响，存在交互作用。

2. 输出结果 2

（1）均值对比，如图 10-7 所示。

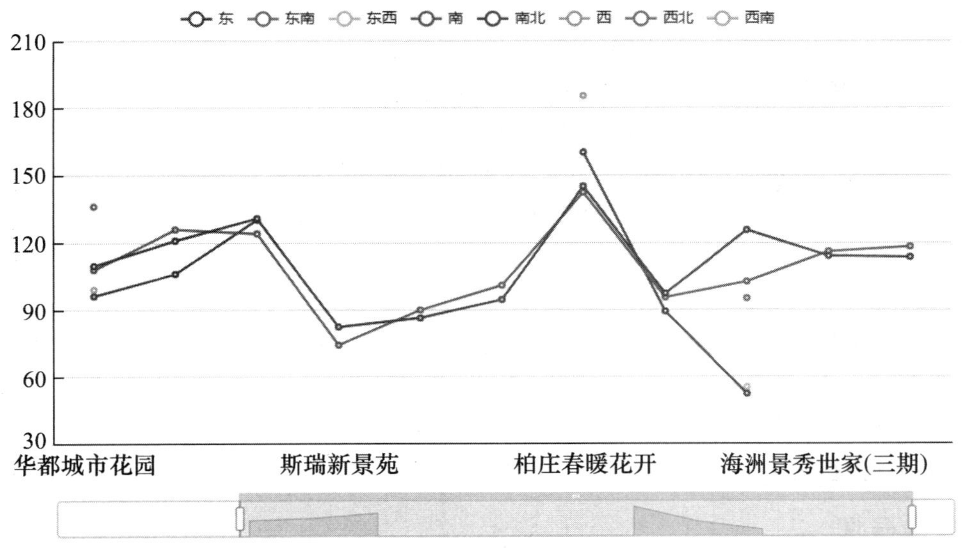

图 10-7 均值对比图

（2）图表说明。图 10-7 展示了双因素方差分析的均值的结果，通过比较不同分组变量的均值以及交叉情况（通常有交叉则有交互作用），可以挖掘其差异关系。

（四）案例结果分析

双因素方差分析结果显示，模型在解释因变量（假设为房屋单价）的变异上表现出显著统计效力。截距项显著（P<0.001），但主要关注的是各因素及其交互作用对单价的影响。

（1）所属小区因素对单价<0.001），其平方和较大（58,298.697），贡献率为 53.4%（R^2），调整后的贡献率为 52.1%（调整 R^2），表明不同小区间房屋单价存在显著差异，是单价变异的主要来源之一。

（2）房屋朝向对单价也有一定影响（P=0.052 接近显著性水平），尽管其效应较小区因素小，但仍表明朝向因素在房屋定价中不可忽视。然而，其单独效应的解释力较弱，可能受到其他因素的调节或影响。

（3）所属小区与房屋朝向的交互作用极其显著（P<0.001），其平方和（277,022.86）远大于单独因素，表明不同小区内房屋朝向对单价的影响存在差异，房屋朝向单项因素主效应临界显著（p=0.052），但交互效应极显著（p<0.001）说明朝向的定价权依赖小区档次，证实“地段决定价值”的行业规律，高端项目需重点优化朝向设计。而保障性住房和郊区住房中房屋朝向因素的关键级别有所下降。误差项（平方和 877,442.36，均方 601.812）虽大，但为模型提供了必要的随机变异估计，确保了分析的稳健性。

五、三因素方差分析

三因素方差分析（Three-Way ANOVA）是一种统计方法，用于分析三个分类自变量

（因素）对一个连续因变量的影响。它不仅可以检验每个因素的主效应，还可以检验两个因素之间的交互作用以及三个因素之间的交互作用。

三因素方差分析的主要组成部分如下。

（1）主效应：每个因素在不同水平上对因变量的独立影响。

（2）二阶交互作用：任意两个因素共同作用对因变量的影响。

（3）三阶交互作用：三个因素共同作用对因变量的影响。

六、案例

分析房地产销售住宅小区、房屋朝向和户型对房屋售价的影响及它们之间的交互影响。

SPSSPRO 数据分析如下。

（一）分析流程

1. 数据源

某市房地产市场调研数据。

2. 算法配置

（1）算法。三因素方差分析。

（2）变量。因变量 *Y*：{单价}；变量 *X*：{所属小区，户型，配套电梯}；协变量：{距商圈距离（km）}。

（3）参数。是否分析交互效应：{2 阶交互效应}；是否进行事后多重比较：{否}。

3. 分析结果

三因素方差分析用于分析三个分类变量的不同水平对结果是否有显著影响，以及两两分类变量之间是否存在交互效应。

（1）对于变量截距，从 F 检验的结果分析可以得到，显著性 P 值为 0.000***，水平上呈现显著性，对单价有显著性影响，存在主效应。

（2）对于变量所属小区，从 F 检验的结果分析可以得到，显著性 P 值为 0.000***，水平上呈现显著性，对单价有显著性影响，存在主效应。

（3）对于变量户型，从 F 检验的结果分析可以得到，显著性 P 值为 0.000***，水平上呈现显著性，对单价有显著性影响，存在主效应。

（4）对于变量配套电梯，从 F 检验的结果分析可以得到，显著性 P 值为 0.000***，水平上呈现显著性，对单价有显著性影响，存在主效应。

（5）对于变量所属小区×户型，从 F 检验的结果分析可以得到，显著性 P 值为 0.000***，水平上呈现显著性，对单价有显著性影响，存在主效应。

（6）对于交互项所属小区×配套电梯，从 F 检验的结果分析可以得到，显著性 P 值为 0.000***，水平上呈现显著性，对单价有显著性影响，存在交互作用。对于交互项户型×配套电梯，从 F 检验的结果分析可以得到，显著性 P 值为 0.000***，水平上呈现显著性，对单价有显著性影响，存在交互作用。

（7）对于交互项距商圈距离（km），从 F 检验的结果分析可以得到，显著性 P 值为 0.000***，水平上呈现显著性，对单价有显著性影响，存在交互作用。

（二）分析步骤

（1）可以应用多元方差分析的试验数据要符合严格的要求，它们一般来源于两类试验：完全组合试验和正交试验。

（2）根据三因素方差结果判断是否存在主效应和交互作用。

（3）分析三因素方差分析均值的结果，通过比较不同分组变量的均值，可以挖掘其差异关系。

（4）如若存在主效应，可以进行事后多重分析进一步挖掘。

（三）详细结论

1. 输出结果 1

（1）三因素方差分析结果，如表 10-14 所示。

表 10-14 三因素方差分析结果

项	平方和	自由度	均方	F	P	R^2	调整 R^2
截距	359,067,048.95	1	359,067,048.95	467.826	0.000***	0.861	0.853
所属小区	1,238,869,205.723	14	88,490,657.552	115.294	0.000***		
户型	429,836,168.288	10	42,983,616.829	56.003	0.000***		
配套电梯	10,093,409.399	1	10,093,409.399	13.151	0.000***		
所属小区×户型	18,524,495,787.557	140	132,317,827.054	172.396	0.000***		
所属小区×配套电梯	559,238,256.618	14	39,945,589.758	52.045	0.000***		
户型×配套电梯	66,396,193.408	10	6,639,619.341	8.651	0.000***		
距商圈距离（km）	673,514,740.544	1	673,514,740.544	877.518	0.000***		
误差	1,086,811,421.655	1416	767,522.19		NaN		

（2）图表说明。表 10-14 展示了三因素方差分析的结果，主效应如果显著可以进一步分析事后多重分析结果。

（3）结果分析。三因素方差结果显示：

①对于变量截距，从 F 检验的结果分析可以得到，显著性 P 值为 0.000***，水平上呈现显著性，对单价有显著性影响，存在主效应。

②对于变量所属小区，从 F 检验的结果分析可以得到，显著性 P 值为 0.000***，水平上呈现显著性，对单价有显著性影响，存在主效应。

③对于变量户型，从 F 检验的结果分析可以得到，显著性 P 值为 0.000***，水平上呈现显著性，对单价有显著性影响，存在主效应。

④对于变量配套电梯，从 F 检验的结果分析可以得到，显著性 P 值为 0.000***，水平上呈现显著性，对单价有显著性影响，存在主效应。

⑤对于变量所属小区×户型，从F检验的结果分析可以得到，显著性P值为0.000***，水平上呈现显著性，对单价有显著性影响，存在主效应。

⑥对于交互项所属小区×配套电梯，从F检验的结果分析可以得到，显著性P值为0.000***，水平上呈现显著性，对单价有显著性影响，存在交互作用。

⑦对于交互项户型×配套电梯，从F检验的结果分析可以得到，显著性P值为0.000***，水平上呈现显著性，对单价有显著性影响，存在交互作用。

⑧对于交互项距商圈距离（km），从F检验的结果分析可以得到，显著性P值为0.000***，水平上呈现显著性，对单价有显著性影响，存在交互作用。

2. 输出结果2

（1）均值对比，如图10-8所示。

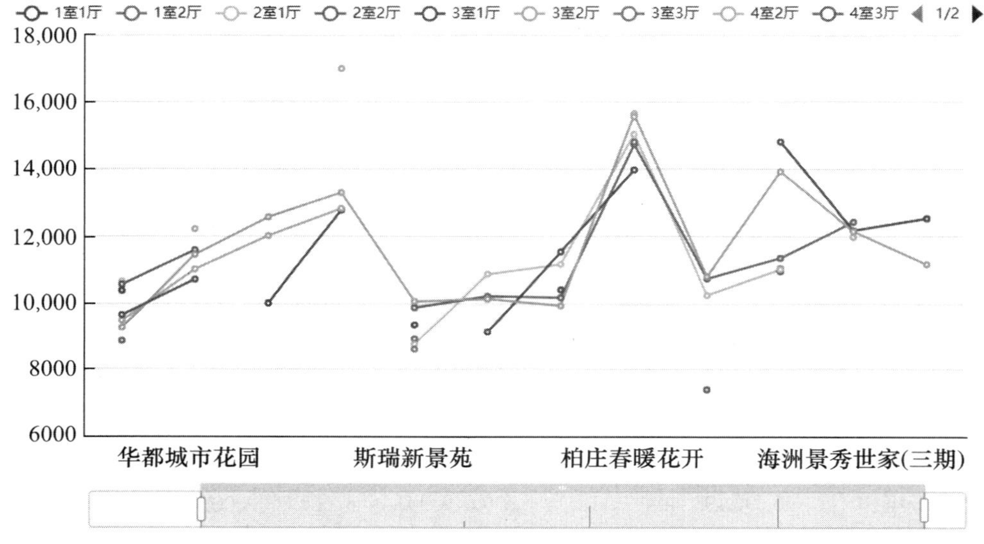

图10-8　均值对比图

（2）图表说明。图10-8展示了三因素方差分析的均值的结果，通过比较不同分组变量的均值以及交叉情况（通常有交叉则有交互作用），可以挖掘其差异关系。

（四）案例结果分析

三因素方差分析结果显示了多个因素对因变量影响的统计效应大小。截距项显著（P=0.000），但主要关注于各因素及其交互作用。

（1）所属小区（F=115.294，P=0.000）和户型（F=56.003，P=0.000）均对因变量具有极其显著的主效应，表明不同小区和户型之间存在显著差异。

（2）配套电梯作为第三个独立因素，也表现出显著影响（F=13.151，P=0.000），表明有无电梯对结果有显著作用。

（3）交互作用方面，所属小区×户型的交互效应最为显著（F=172.396，P=0.000），表明小区之间的差异在不同户型上的表现不同，或反之。

（4）所属小区×配套电梯的交互作用（F=52.045，P=0.000）同样显著，说明电梯对小区内不同单元或楼层的效应存在显著差异。

（5）户型×配套电梯的交互作用也显著（F=8.651，P=0.000），意味着电梯的配备在不同户型间的影响不一致。

此外，距商圈距离（km）作为控制变量或协变量，其效应极为显著（F=877.518，P=0.000），强烈影响因变量，表明地理位置（尤其是与商圈的距离）是研究中的重要考量因素。模型的整体拟合度 R^2 为0.861，调整 R^2 为0.853，说明的因素及交互作用能够解释因变量变异的绝大部分（约85%）。

第三节 卡方检验

【知识目标】

1. 理解卡方检验的基本原理，包括卡方分布和期望频数的概念。
2. 掌握卡方检验的适用条件，如样本量、期望频数和独立性。
3. 学习卡方检验的类型，如适合度检验、独立性检验和同质性检验。
4. 了解卡方检验的计算方法，包括卡方值、自由度和P值的计算。
5. 学习如何解读卡方检验的结果，包括卡方统计量、P值和效应量。

【能力目标】

1. 能够根据研究目的选择合适的卡方检验类型。
2. 能够正确地收集和整理分类数据，为卡方检验做准备。
3. 能够使用SPSSPRO软件进行卡方检验，并解释输出结果。
4. 能够根据卡方检验的结果进行后续的分析，如拟合优度分析或独立性分析。
5. 能够设计调查或实验，以确保数据适合进行卡方检验。

【素养目标】

1. 培养对分类数据的敏感性和批判性思维，理解卡方检验的适用条件和局限性。
2. 增强对数据收集和处理方法的理解，确保数据的质量和可靠性。
3. 学会在科学研究中合理使用卡方检验，避免滥用或误用统计方法。

一、卡方检验

卡方检验（Chi-square test）是一种统计方法，用于检验观察到的频数与期望频数之间是否存在显著差异。它主要用于分析分类数据，尤其是在检验两个或多个分类变量之间是否独立时非常有用。卡方检验适合分析不同群体的人口统计特征；评估消费者偏好与产品特性之间的关系；检验某种治疗方法对不同类型患者的效果是否有差异。卡方检验的注意事项包括：

（1）卡方检验要求每个单元格的期望频数至少为5，以满足卡方分布的假设条件。

（2）卡方检验只适用于分类数据，不适合连续数据。

二、案例

兰州市检验顾客的文化水平和购买橄榄油的用途有没有明显的差异。

SPSSPRO 数据分析如下。

（一）分析流程

1. 数据源

翔宇橄榄油。

2. 算法配置

（1）算法。卡方检验。

（2）变量。变量 X：{4. 您的文化程度}；变量 Y：{6. 您购买祥宇橄榄油最主要的用途是}。

（3）参数。类型：{Pearson 卡方检验}。

3. 分析结果

卡方检验用于检验两分组变量是否存在显著性差异：pearson 卡方检验的 P 值为 0.000＊＊＊，“4. 您的文化程度”和“6. 您购买祥宇橄榄油最主要的用途是”这两个变量的调研数据存在显著性差异。

（二）分析步骤

（1）分析卡方检验是否呈现显著性（P<0.05）。

（2）若呈现显著性，具体根据类别的差异百分比进行描述。

（3）若呈现显著性，可接着根据效应指标对差异进行深入量化分析。

（三）详细结论

1. 输出结果 1

（1）卡方检验分析结果，如表 10-15 所示。

表 10-15　卡方检验分析结果

题目	名称	4. 您的文化程度				总计	检验方法	χ^2	P
		大专	高中及以下	本科	研究生及以上				
6. 您购买祥宇橄榄油最主要的用途是	赠送好友	93	57	63	17	230	pearson 卡方检验	62.222	0.000***
	实惠家用	320	83	306	39	748			
	口服保健	35	18	29	20	102			
合计		448	158	398	76	1080			

注：***、**、* 分别代表 1%、5%、10% 的显著性水平。

（2）图表说明。表 10-15 展示了模型检验的结果，包括数据的频数、卡方值、显著性 P 值。

①分析模型是否呈现出显著性（P<0.05）。

②若呈现显著性，拒绝原假设，则说明各样本之间存在显著性差异。具体根据类别的差异百分比进行描述。反之数据不存在显著性差异。

（3）结果分析。卡方检验分析的结果显示，基于“4. 您的文化程度”和“6. 您购买祥宇橄榄油最主要的用途是”，显著性 P 值为 0.000***，水平上呈现显著性，拒绝原假设，因此对于“4. 您的文化程度”和“6. 您购买祥宇橄榄油最主要的用途是”数据存在显著性差异。

2. 输出结果 2

（1）卡方交叉热力图如图 10-9 所示，4. 您的文化程度与 6. 您购买祥宇橄榄油最主要的用途是热力图。

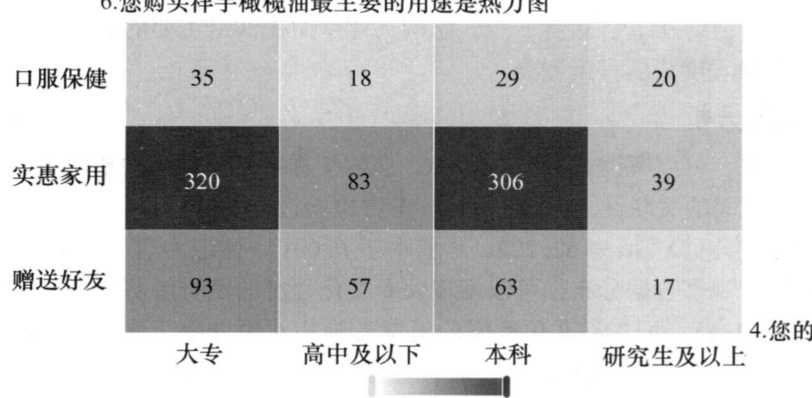

图 10-9　卡方交叉热力图

（2）图表说明。图 10-9 以热力图的形式展示了交叉列联表的值，主要通过颜色深浅去表示值的大小。

3. 输出结果 3

（1）效应量化分析，如表 10-16 所示。

表 10-16　效应量化分析

字段名/分析项	Phi	Crammer's V	列联系数	lambda
6. 您购买祥宇橄榄油最主要的用途是	0.24	0.17	0.233	0.000

（2）图表说明。表 10-16 展示了效应量化分析的结果，包括 Phi、Crammer's V、列联系数、lambda，用于分析样本的相关程度。

①当呈现出显著性差异（前提），结合分析效应量指标对差异性进行量化分析。

②效应量化指标反映的是变量之间的相关程度。

③根据交叉类型的不同，可以选用不同的效应量指标（交叉类型表示：交叉表横向格

子数×纵向格子数）。

④Phi 相关系数的大小，表示两样本之间的关联程度。当 Phi 系数小于 0.3 时，表示相关较弱；当 Phi 系数大于 0.6 时，表示相关较强（用于 2×2 交叉类型表）。

⑤Cramer's V 与 Phi 系数作用相似，但 Cramer's V 系数的作用范围较广。当两个变量相互独立时，V=0，当数据中只有 2 个二分类变量时，Cramer's V 系数的结果与 Phi 相同（若 m≠n，建议使用 Cramer's V ）。

⑥列联系数简称 C 系数，用于 3×3 或 4×4 交叉表，但其受行列数的影响，随着 R 和 C 的增大而增大。因此根据不同的行列和计算的列联系数不便于比较，除非两个列联表中行数和列数一致。

⑦lambda 用于反映自变量对因变量的预测效果，一般情况下，其值为 1 时表示自变量预测因变量效果较好，为 0 时表明自变量预测因变量较差（*X* 或 *Y* 有定序数据时，建议使用 lambda）。

（3）结果分析。效应量化分析的结果显示，分析项“6. 您购买祥宇橄榄油最主要的用途是”的 Cramer's V 值为 0.17，因此，“6. 您购买祥宇橄榄油最主要的用途是”和“4. 您的文化程度”的差异程度为弱程度差异。

（四）案例结果分析

卡方检验分析结果，可以解读如下：关于“6. 您购买祥宇橄榄油最主要的用途是”与“4. 您的文化程度”之间的关联性，通过 Pearson 卡方检验进行了分析。

结果显示，卡方统计量χ^2 值为 62.222，P 值小于 0.001（标记为***），表明在统计上存在极显著的差异。观察数据分布，可以发现大专文化程度的消费者更倾向于将橄榄油用于实惠家用（占比最高），而本科文化程度的消费者则相对更分散于赠送好友、实惠家用等多种用途，尤其是大专文化程度的消费者，在赠送好友这一用途上显示出较高的比例，这可能反映了其社交需求和礼品选择的偏好。

该卡方检验结果不仅证实了文化程度与购买橄榄油用途之间的显著相关性，还揭示了不同文化程度群体在消费行为和偏好上的差异性，为市场细分、产品定位及营销策略的制定提供了有力的数据支持。

三、卡方拟合优度检验

检验一组观察频数是否符合某个特定的概率分布。这种方法是对样本的理论值先通过一定的理论分布推算出来，然后用观测值与理论值比较，从而得到观测值与理论值之间是否吻合的结论，因此适合性检验也称为吻合性检验或拟合优度检验。如在遗传学上，常用卡方检验来测定所得结果是否符合孟德尔分离律、自由组合规律等。许多与已有理论比率进行比较的资料，也可用来作适合性检验。适合性检验是卡方检验最常用的方法之一。

四、案例

橄榄油市场调研中，根据中国家庭主要承担购买行为中女性决策达到 65% 这一情况，检验调研问卷填写样本是否能够代表总体。

SPSSPRO 数据分析，如图 10-10 所示。

卡方拟合优度检验

卡方拟合优度检验是基于卡方统计量用于判断期望频数与观察频数是否有显著差异。详细 >

放入 [定类] 变量 (变量数=1)

1.您的性别 定类

分组 期望比例(%)

男 表示 35

女 表示 65

图 10-10 卡方拟合优度检验

(一) 分析流程

1. 数据源

翔宇橄榄油。

2. 算法配置

（1）算法。卡方拟合优度检验。

（2）变量。变量 X：{1. 您的性别}；期望比例：{男：35，女：65}。

（3）分析结果。卡方拟合优度检验是分析数据的分布与预期相比是否有显著性差异：基于变量“1. 您的性别”，显著性 P 值为 0.675，水平上不呈现显著性，不能拒绝原假设，因此数据的分布与预期相比无显著性差异。

(二) 分析步骤

（1）查看卡方拟合优度检验的 P 值是否呈显著性。

（2）若 P 值小于 0.05，检验呈显著性，即拒绝原假设，与预期相比有显著性差异。

（3）若 P 值大于 0.05，检验不呈显著性，即接受原假设，与预期结果一致，不存在明显差异。

(三) 详细结论

1. 输出结果 1

（1）卡方拟合优度检验，如表 10-17 所示。

表 10-17 卡方拟合优度检验

项	实际频数	期望频数	实际比例	期望比例	残差	X^2	P
女	63	65	0.63	0.65	-2	0.176	0.675
男	37	35	0.37	0.35	2		

注：***、**、*分别代表 1%、5%、10% 的显著性水平。

（2）图表说明。

①表 10-17 展示了本次模型检验结果，包括频数、期望比例、统计量、卡方值、显著 P 值等。

②查看卡方拟合优度检验是否出现显著性（P<0.05）。

③若呈显著性，则说明数据的分布与预期结果呈现显著性差异，拒绝原假设，反之则说明数据分布与预期结果不呈现差异性。

（3）结果分析。卡方拟合优度检验的结果显示，显著性 P 值为 0.675，水平上不呈现显著性，不能拒绝原假设，因此数据的分布与预期相比无显著性差异。

2. 输出结果 2

（1）期望频数，如图 10-11 所示。

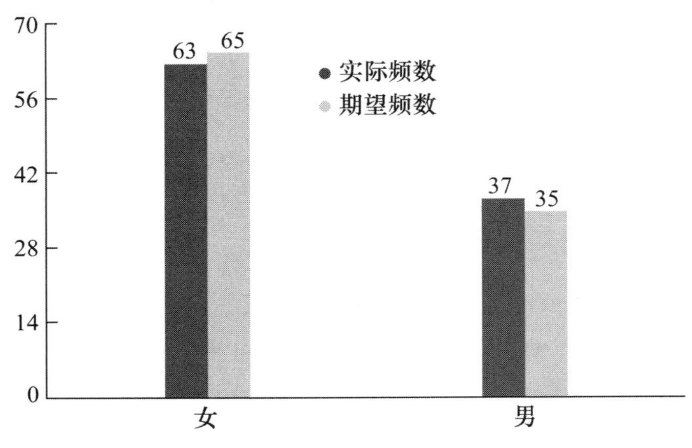

图 10-11　期望频数

（2）图表说明。图 10-11 展示了各组别期望比例与实际比例的频数柱形图。

（四）案例结果分析

卡方拟合优度检验结果显示，对于性别分布的实际频数与期望频数之间的差异进行统计，女性实际观测到 63 例，略低于期望的 65 例；而男性实际观测到 37 例，略高于期望的 35 例。这种差异通过残差体现，女性残差为-2，男性残差为 2，两者方向相反且绝对值相等，表明实际与期望之间的偏离在性别间相互抵消。通过进一步计算得到的卡方统计量χ^2 为 0.176，对应的 P 值为 0.675，远大于常用的显著性水平（如 0.05）。因此，可以认为观测到的性别分布与期望分布之间不存在统计学上的显著差异。这一结论表明，样本中的性别比例与预设或理论上的性别比例相吻合，没有足够证据显示存在偏差，从而支持了数据在性别维度上的拟合优度。

第十一章 相关性分析

章节知识结构图

- 相关性分析
  - 皮尔逊相关分析
    - 定义与计算
    - 应用场景
    - 前提假设
    - 结果解读
    - 案例
  - 斯皮尔曼等级相关分析
    - 定义与原理
    - 应用场景
    - 结果解读
    - 与皮尔逊相关性的区别
    - 案例
  - 肯德尔等级相关分析
    - Kendall's tau-b相关性分析的概念
    - 案例
  - Cochran's Q检验
    - Cochran's Q检验概念
    - 基本原理
    - 适用条件
    - 案例
  - Kappa一致性检验
    - Kappa一致性检验的概念
    - 零假设与备择假设
    - 注意事项
    - 案例
  - Kendall一致性检验
    - Kendall一致性检验的概念
    - Kendall一致性检验的适用范围
    - Kendall一致性检验和Kappa一致性检验的比较
    - 案例
  - 组内相关系数ICC
    - 组内相关系数ICC的概念
    - 组内相关系数ICC的分类
    - 案例

相关性分析是一种统计方法，用于评估两个或多个变量之间的线性关系强度。这种分析可以帮助我们理解变量之间的相互作用以及它们如何共同影响某个结果。以下是几种常见的相关性分析方法。

第一节　皮尔逊相关分析

【知识目标】

1. 理解皮尔逊相关系数的定义和计算方法。
2. 掌握皮尔逊相关系数的取值范围（-1 到 1）及其含义。
3. 学习皮尔逊相关系数与因果关系之间的区别。
4. 了解皮尔逊相关分析的假设条件，包括变量的正态分布和线性关系。
5. 学习如何解读皮尔逊相关系数，包括其强度和方向。

【能力目标】

1. 能够根据研究目的选择合适的相关分析方法。
2. 能够正确地收集和整理连续数据，为皮尔逊相关分析做准备。
3. 能够使用 SPSSPRO 软件进行皮尔逊相关分析，并解释输出结果。
4. 能够根据皮尔逊相关分析的结果进行后续的回归分析或其他统计测试。
5. 能够设计实验或调查，以确保数据适合进行皮尔逊相关分析。

【素养目标】

1. 培养对连续数据关系的敏感性和批判性思维，理解皮尔逊相关分析的适用条件和局限性。
2. 增强对数据收集和处理方法的理解，确保数据的质量和可靠性。
3. 学会在科学研究中合理使用皮尔逊相关分析，避免滥用或误用统计方法。

皮尔逊相关分析（Pearson Correlation）适用于服从正态分布的两个变量，若两变量通过绘制散点图后发现存在线性趋势，可以通过计算皮尔逊相关系数来描述两个变量的线性相关性。

一、定义与计算

皮尔逊相关系数是通过计算两个变量之间的协方差除以标准差的乘积来得到的。它衡量的是两个变量之间的线性关系强度和方向，值越接近 1 或-1，表示相关性越强；值越接近 0，表示相关性越弱。

二、应用场景

皮尔逊相关分析广泛应用于科学研究、数据分析、市场研究等领域。如在医学研究中，可以使用皮尔逊相关性分析来研究吸烟与肺癌之间的关系，从而为相关政策制定提供依据。

三、前提假设

进行皮尔逊相关分析时，需要满足一些前提假设，包括变量是连续变量、两两变量来源于同一个个体、两变量之间存在线性关系、无异常值、双变量符合正态分布等内容。

四、结果解读

皮尔逊相关系数的绝对值表示相关性的弱和强。一般而言，相关系数大于 0.7 或小于-0.7 被认为是强相关，0.4 到 0.7 或-0.4 到-0.7 之间被认为是中等相关，-0.4 到 0.4 之间被认为是弱相关。正相关表示两个变量之间存在正比关系，负相关表示两个变量之间存在反比关系。

五、案例

某市房地产市场房屋楼层与单价之间的相关性分析。

SPSSPRO 数据分析如下。

（一）分析流程

1. 数据源

某市房地产市场调研数据。

2. 算法配置

（1）算法。皮尔逊相关性分析

（2）变量。变量 *XI*：{单价，楼层}。

（3）分析结果。皮尔逊相关性分析是对两项数据的相关系数（相关程度）进行计算，请看详细结论。

（二）分析步骤

（1）先对 XY 之间是否存在统计上的显著关系（$P<0.05$）进行检验。

（2）分析相关系数的正负向以及相关性程度。

（3）对分析结果进行总结。

（三）详细结论

1. 输出结果 1

（1）相关系数，如表 11-1 所示。

表 11-1　相关系数

	单价	楼层
单价	1（0.000***）	0.582（0.000***）
楼层	0.582（0.000***）	1（0.000***）

注：***、**、*分别代表 1%、5%、10%的显著性水平。

（2）图表说明。表 11-1 展示了模型检验的参数结果表，包括相关系数、显著性 P 值。

①先对 XY 之间是否存在统计上的显著性关系进行检验，判断 P 值是否呈现显著性（P<0.05）。

②若呈现显著性，则说明两个变量之间存在相关性，反之，则两个变量之间不存在相关性。

③分析相关系数的正负向以及相关性程度。

2. 输出结果 2

（1）相关系数热力图，如图 11-1 所示。

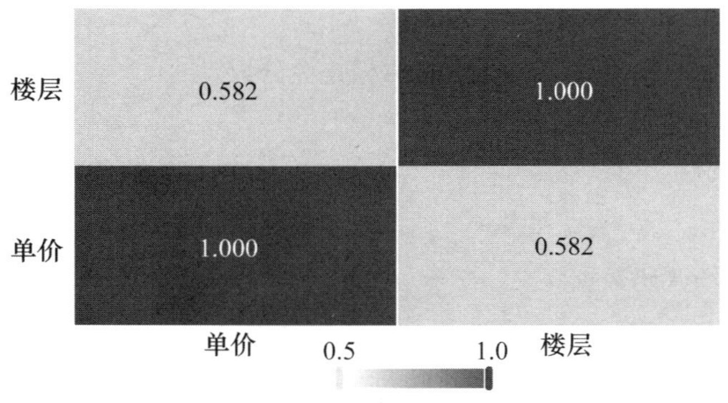

图 11-1　相关系数热力图

（2）图表说明：图 11-1 用热力图的形式展示了相关系数的值，主要通过颜色深浅表示值的大小。

（四）案例结果分析

皮尔逊相关性分析结果显示楼层与单价之间存在显著的正相关关系，相关系数为 0.582，且该相关性在 1%的显著性水平下高度显著（P<0.001，以***标记）。这表明，随着楼层的增加，单价也倾向于上升，两者具有统计学上的强关联性。该结果对分析价格定位策略及建筑规划等方面具有实际指导意义，提示研究者或决策者需考虑楼层因素对房产价格的重要影响。同时，相关系数值介于 0 至 0.7 之间，表明这种相关性虽非完全确定但已相当强，进一步加强了楼层与单价之间的紧密联系。

第二节 斯皮尔曼等级相关分析

【知识目标】

1. 理解斯皮尔曼等级相关系数的定义和计算方法。
2. 掌握斯皮尔曼等级相关系数的取值范围（-1 到 1）及其含义。
3. 学习斯皮尔曼等级相关分析与皮尔逊相关分析的区别和适用条件。
4. 了解斯皮尔曼等级相关分析的假设条件，包括变量的单调关系和非参数性。
5. 学习如何解读斯皮尔曼等级相关系数，包括其强度和方向。

【能力目标】

1. 能够根据研究目的选择合适的相关分析方法，特别是当数据不满足正态分布时。
2. 能够正确地收集和整理数据，为斯皮尔曼等级相关分析做准备。
3. 能够使用 SPSSPRO 软件进行斯皮尔曼等级相关分析，并解释输出结果。
4. 能够根据斯皮尔曼等级相关分析的结果进行后续的非参数统计测试。
5. 能够设计实验或调查，以确保数据适合进行斯皮尔曼等级相关分析。

【素养目标】

1. 培养对非参数数据关系的敏感性和批判性思维，理解斯皮尔曼等级相关分析的适用条件和局限性。
2. 增强对数据收集和处理方法的理解，确保数据的质量和可靠性。
3. 学会在科学研究中合理使用斯皮尔曼等级相关分析，避免滥用或误用统计方法。

斯皮尔曼等级相关分析是一种非参数统计方法，用于衡量两个变量之间的相关性，而不必假设这些变量之间的关系是线性的。这种方法特别适用于那些不符合正态分布或存在异常值的数据集。斯皮尔曼等级相关系数适用于定量变量或定序变量两两之间的相关分析，利用两变量的秩次大小作线性相关分析，对原始变量的分布不作要求，当变量中至少存在一个有序变量时，可使用斯皮尔曼等级相关系数来描述两变量的相关性。对于均为定量数据亦可计算斯皮尔曼等级相关系数，但统计效能要低一些。

一、定义与原理

斯皮尔曼相关性系数（Spearman’s correlation coefficient），也称斯皮尔曼等级相关系数，是由英国心理学家查尔斯·斯皮尔曼在 1904 年提出的。它通过计算两个变量排名之间的相关性来评估变量间的关系，而不是直接分析原始数据。这种方法不需要数据满足正态分布的假设，因此适用于许多实际应用场景。

二、应用场景

当数据不符合正态分布时，斯皮尔曼等级相关分析是一个很好的选择。它适用于存在显著异常值的数据集，因为这种方法对异常值不太敏感。在社会科学、生物学、心理学等领域，斯皮尔曼等级相关分析常用于研究变量之间的非线性关系。

三、结果解读

斯皮尔曼等级相关系数的取值范围在-1 到 1 之间。当系数接近 1 或-1 时，表示两个变量之间存在强烈的单调关系；系数为 0 表示两个变量之间不存在相关性。正值表示正相关，负值表示负相关。例如，如果系数为 0.8，表示两个变量之间存在很强的正相关关系；如果系数为-0.6，表示存在很强的负相关关系。

四、与皮尔逊相关性的区别

皮尔逊相关性分析是一种参数方法，适用于数据满足正态分布且变量间关系为线性的情况。斯皮尔曼等级相关分析则是一种非参数方法，不需要数据满足正态分布假设，适用于存在异常值或非线性关系的情况。

五、案例

房地产市场房屋朝向与单价之间是否存在相关关系。

SPSSPRO 数据分析如下。

（一）分析流程

1. 数据源

某市房地产市场调研数据。

2. 算法配置

（1）算法。斯皮尔曼等级相关分析。

（2）变量。变量 X：{房屋朝向，单价}。

3. 分析结果

斯皮尔曼等级相关分析是对两两数据的相关系数（相关程度）进行计算，请看详细结论。

（二）分析步骤

（1）先对 XY 之间是否存在统计上的显著关系（$P<0.05$）进行检验。

（2）分析相关系数的正负向以及相关性程度。

（3）对分析结果进行总结。

（三）详细结论

1. 输出结果 1

（1）相关系数，如表 11-2 所示。

表 11-2 相关系数

	房屋朝向	单价
房屋朝向	1（0.000***）	0.088（0.001***）
单价	0.088（0.001***）	1（0.000***）

注：***、**、*分别代表 1%、5%、10%的显著性水平。

（2）图表说明。表 11-2 展示了模型检验的参数结果，包括相关系数、显著性 P 值。

①先对 XY 之间是否存在统计上的显著性关系进行检验，判断 P 值是否呈现显著性（P<0.05）。

②若呈现显著性，则说明两变量之间存在相关性，反之，则两变量之间不存在相关性。

③分析相关系数的正负向以及相关性程度。

2. 输出结果 2

（1）相关系数热力图，如图 11-2 所示。

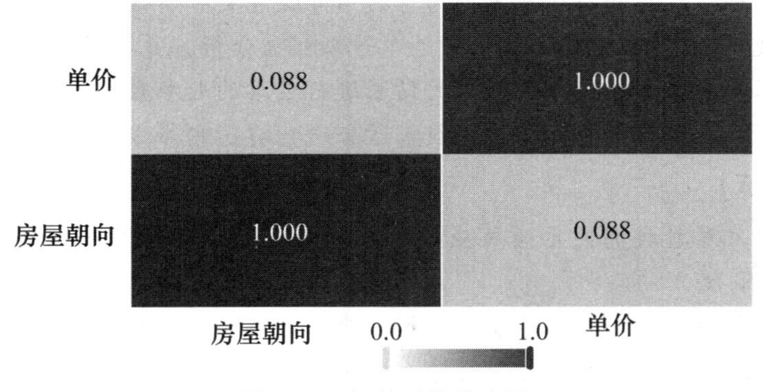

图 11-2 相关系数热力图

（2）图表说明。图 11-2 以热力图的形式展示了相关系数的值，主要通过颜色深浅表示值的大小。

（四）案例数据分析

相关性分析结果显示，房屋朝向与单价之间存在显著的正相关关系，相关系数为 0.088，且这一相关性在 1%的显著性水平下高度显著（P<0.001，标记为***）。这一发现表明，在控制其他潜在影响因素的情况下，房屋朝向对房屋单价具有可识别的正向影响，即朝向更优的房屋往往对应着更高的单价。尽管相关系数值较小，可能反映对单价影响的直接效应相对有限，但其统计显著性强调了这一因素在房地产市场评估中的重要性不容忽视。同时，1 值（P<0.000***，高度显著）是对各自变量与自身完全相关性的自然体现，不涉及变量间的实质性关系分析，但验证了数据在相关性分析中的内部一致性。

第三节　肯德尔等级相关分析

【知识目标】

1. 理解皮尔逊相关系数的定义和计算方法。
2. 掌握皮尔逊相关系数的取值范围（-1 到 1）及其意义。
3. 学习皮尔逊相关系数与因果关系之间的区别。
4. 了解皮尔逊相关分析的假设条件，包括变量的正态分布和线性关系。
5. 学习如何解读皮尔逊相关系数，包括其强度和方向。

【能力目标】

1. 能够根据研究目的和数据特性选择合适的相关分析方法，尤其是在数据为等级或排名形式时。
2. 能够正确地收集和整理数据，为肯德尔等级相关分析做准备。
3. 能够使用 SPSSPRO 软件进行肯德尔等级相关分析，并解释输出结果。
4. 能够根据肯德尔等级相关分析的结果进行后续的非参数统计测试或决策。
5. 能够设计实验或调查，以确保数据适合进行肯德尔等级相关分析。

【素养目标】

1. 培养对非参数数据关系的敏感性和批判性思维，理解肯德尔等级相关分析的适用条件和局限性。
2. 增强对数据收集和处理方法的理解，确保数据的质量和可靠性。
3. 学会在科学研究中合理使用肯德尔等级相关分析，避免滥用或误用统计方法。

一、Kendall's tau-b 相关性分析的概念

肯德尔等级相关系数计算的是两个变量之间的一致性和不一致性对数。一致性对数是指当一个变量的值增加时，另一个变量的值也增加的配对数；不一致性对数是指当一个变量的值增加时，另一个变量的值减少的配对数。肯德尔等级相关系数的值范围从-1 到 1，其中：1 表示完全的正相关，-1 表示完全的负相关，0 表示没有相关性。

肯德尔等级相关系数适用于定序变量两两之间相关分析，其不要求变量满足正态分布条件，当变量中均为有序变量时，可使用肯德尔等级相关系数来分析变量间的相关性。

二、案例

兰州市橄榄油市场有序变量橄榄油的购买频率和橄榄油的规格之间的相关性。

SPSSPRO 数据分析如下。

（一）分析流程

1. 数据源

兰州市祥宇橄榄油消费行为影响因素调查问卷。

2. 算法配置

（1）算法。肯德尔等级相关性分析。

（2）变量。变量 X：{5. 您购买橄榄油的频率是，8. 您通常会选择购买橄榄油的规格是}。

（3）分析结果：肯德尔等级相关性分析是对两两数据的相关系数（相关程度）进行计算，请看详细结论。

（二）分析步骤

（1）先对 XY 之间是否存在统计上的显著关系（P<0.05）进行检验。

（2）分析相关系数的正负向以及相关性程度。

（3）对分析结果进行总结。

（三）详细结论

1. 输出结果 1

（1）相关系数表，如表 11-3 所示。

表 11-3 相关系数

	5. 您购买橄榄油的频率是	8. 您通常会选择购买橄榄油的规格是
5. 您购买橄榄油的频率是	1（0.000***）	0.174（0.044**）
8. 您通常会选择购买橄榄油的规格是	0.174（0.044**）	1（0.000***）

注：***、**、*分别代表 1%、5%、10% 的显著性水平。

（2）图表说明。表 11-3 展示了模型检验的参数结果，包括相关系数、显著性 P 值。

①对 XY 之间是否存在统计上的显著性关系进行检验，判断 P 值是否呈现显著性（P<0.05）。

②若呈现显著性，则说明两变量之间存在相关性，反之，则两变量之间不存在相关性。

③分析相关系数的正负向以及相关性程度。

2. 输出结果 2

（1）相关系数热力图，如图 11-3 所示，“变量 5. 您购买橄榄油的频率”与“变量 8. 您通常会选择购买橄榄油的规格是”的相关性。

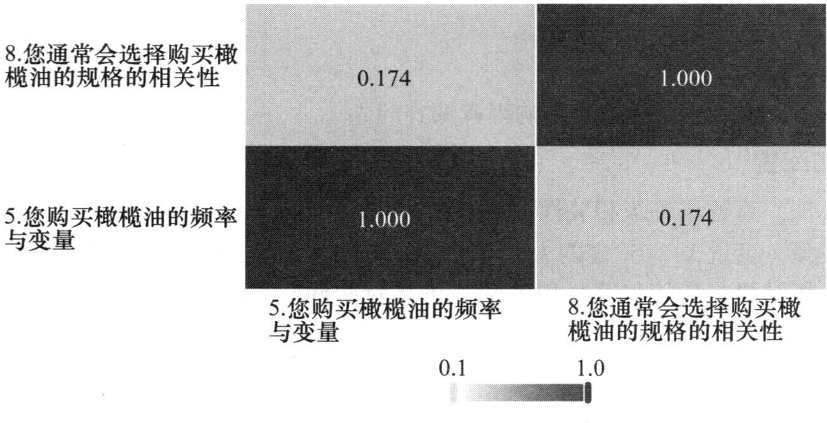

图 11-3　相关系数热力图

（2）图表说明。图 11-3 以热力图的形式展示了相关系数的值，主要通过颜色深浅表示值的大小。

（四）案例结果分析

肯德尔等级相关分析结果显示，在考察消费者购买橄榄油频率（变量 5）与选择橄榄油规格（变量 8）之间的关系时，两者之间存在显著的正相关关系，相关系数为 0.174，对应的 P 值为 0.044，达到 5% 的显著性水平（标记为**）。这一结果表明，随着消费者购买橄榄油频率的增加，他们更倾向于选择橄榄油，尽管这种关联的强度相对较弱（|tau-b|<0.3 通常被视为弱相关）。具体而言，P 值小于 0.05 表明这种正相关关系不是偶然发生的，而是在统计上具有显著性，即这种关系在总体中很可能也是存在的。同时对角线上的值均为 1（代表变量与自身的完美相关），且该相关性分析是对称的，进一步确认了分析的有效性和结果的可靠性。

第四节　Cochran's Q 检验

【知识目标】

1. 理解 Cochran's Q 检验的基本原理和适用条件。
2. 掌握 Cochran's Q 检验与卡方检验的关系，以及何时使用 Cochran's Q 检验。
3. 学习 Cochran's Q 检验的计算方法，包括 Q 值的计算和 P 值的确定。
4. 了解 Cochran's Q 检验的假设条件，如样本的独立性和分类数据的适用性。
5. 学习如何解读 Cochran's Q 检验的结果，包括 Q 值、P 值和效应量。

【能力目标】

1. 能够根据研究设计和数据类型选择合适的统计方法，特别是在处理重复测量或相关样本数据时。

2. 能够正确地收集和整理分类数据，为 Cochran's Q 检验做准备。

3. 能够使用 SPSSPRO 软件进行 Cochran's Q 检验，并解释输出结果。

4. 能够设计实验或调查，以确保数据适合进行 Cochran's Q 检验。

【素养目标】

1. 培养对重复测量或相关样本数据的敏感性和批判性思维，理解 Cochran's Q 检验的适用条件和局限性。

2. 增强对数据收集和处理方法的理解，确保数据的质量和可靠性。

3. 学会在科学研究中合理使用 Cochran's Q 检验，避免滥用或误用统计方法。

一、Cochran's Q 检验概念

Cochran's Q 检验是一种非参数统计检验，用于比较三个或更多独立样本的分类数据。它是一种扩展了的卡方检验，用于处理多个独立样本的情况。Cochran's Q 检验的目的是确定至少一个样本与其他样本存在显著差异。与弗里德曼（Friedman）检验和内梅尼铁（Nemenyi）检验不一样的是，Cochran's Q 检验只适用定类字段。Cochran's Q 检验常用于医学研究、社会科学、市场研究等领域，用于比较不同群体或条件下的分类响应。

二、基本原理

Cochran's Q 检验的基本思想是将多个样本的分类数据汇总，然后比较每个样本与总体平均值的差异。如果所有样本都相似，那么预期差异应该接近于零。如果至少有一个样本显著不同，那么 Q 值会显著大于零。

三、适用条件

（1）数据必须是分类的。

（2）样本必须是独立的。

（3）每个样本的分类结果应该是二元的（例如，是/否，成功/失败）。

（4）Cochran's Q 检验不适用于样本量非常小的情况。

（5）如果检验结果显著，通常需要进行后续的多重比较测试，以确定哪些样本之间存在差异。

四、案例

某商店为决定经营饮料的品种、数量，对消费者的爱好进行了一次调查。随机抽取 18 个消费者，请他们对四种饮料：热牛奶、酸奶、果汁、可口可乐的喜好作出评价，喜

好记作 1，不喜好记作 0。数据如表 11-4 所示。

表 11-4 顾客对四种饮料的喜好评价

顾客序号	热牛奶	酸奶	果汁	可口可乐
1	1	0	0	1
2	0	0	1	0
3	0	0	1	1
4	1	1	0	0
5	1	0	1	0
6	0	1	0	0
7	0	0	1	1
8	1	1	0	0
9	1	0	1	0
10	0	1	0	0
11	1	0	0	1
12	0	0	1	0
13	0	0	1	1
14	1	1	0	0
15	1	0	1	0
16	0	1	0	0
17	0	0	1	1
18	1	1	0	0

SPSSPRO 数据分析如下。

（一）分析流程

1. 数据源

某商店请顾客对四种饮料作出的喜好评价。

2. 算法配置

（1）算法。Cochran's Q 检验。

（2）变量。变量：{热牛奶，酸奶，果汁，可口可乐}。

3. 分析结果

Cochran's Q 检验是对多个二分类数据进行差异性分析，基于变量热牛奶、酸奶、果汁、可口可乐，整体的显著性 P 值为 0.751，水平上不呈现显著性，不能拒绝原假设，因此说明数据总体不存在差异性。

（二）分析步骤

（1）先对 Cochran's Q 检验的统计量的显著关系进行检验，判断 P 值是否呈现出显著性（$P<0.05$）。

（2）若呈现显著性，拒绝原假设，说明数据整体呈现出差异性。

（3）综述其结论。

（三）详细结论

1. 输出结果 1

（1）Cochran's Q 检验，如表 11-5 所示。

表 11-5 Cochran's Q 检验

	频数百分比		样本量	Cochran's Q	df	P
	1	0				
热牛奶	9	9	18	1.209	3	0.751
酸奶	7	11				
果汁	9	9				
可口可乐	6	12				

注：***、**、*分别代表 1%、5%、10%的显著性水平。

（2）图表说明。表 11-5 展示了本次模型检验的结果，包括样本量、频数百分比、自由度、Cochran's Q 值、显著性 P 值。

①分析总体是否呈现出显著性（P<0.05）。

②若呈现显著性，说明数据总体呈现差异性，拒绝原假设；反之，不能拒绝原假设，说明变量之间不存在差异性。

（3）结果分析。Cochran's Q 检验的结果显示，基于变量热牛奶、酸奶、果汁、可口可乐，整体的显著性 P 值为 0.751，水平上不呈现显著性，不能拒绝原假设，因此说明数据总体不存在差异性。

2. 输出结果 2

（1）频数分析堆叠图，如图 11-4 所示。

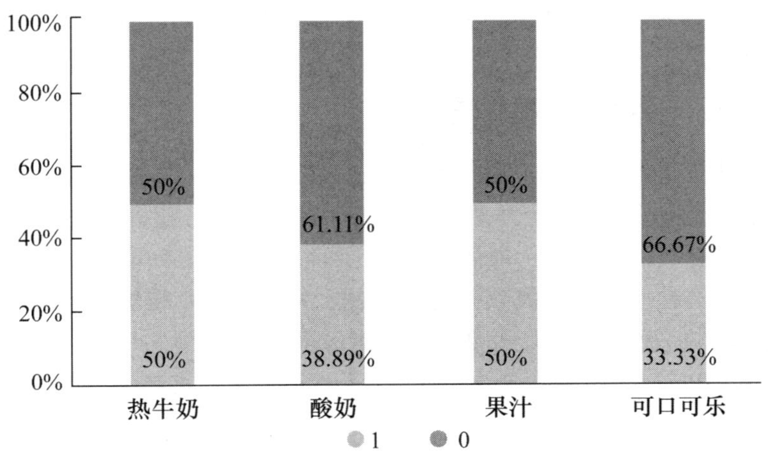

图 11-4 频数分析堆叠图

（2）图表说明。图 11-4 以堆叠直方图展示了二分类变量的情况。

第五节　Kappa 一致性检验

【知识目标】

1. 理解 Kappa 一致性检验的基本概念和计算方法。
2. 掌握 Kappa 值的计算公式及其取值范围（0 到 1）及其含义。
3. 学习 Kappa 一致性检验与简单百分比一致性检验的差异，以及为什么需要调整偶然一致性。
4. 了解 Kappa 一致性检验的假设条件和适用情况。
5. 学习如何解读 Kappa 值，包括其强度和一致性水平。

【能力目标】

1. 能够根据研究目的选择合适的一致性检验方法，特别是在需要评估评价者一致性时。
2. 能够正确地收集和整理分类数据，为 Kappa 一致性检验作准备。
3. 能够使用 SPSSPRO 软件进行 Kappa 一致性检验，并解释输出结果。
4. 能够根据 Kappa 一致性检验的结果评估评价者之间的一致性水平。
5. 能够设计实验或调查，以确保数据适合进行 Kappa 一致性检验。

【素养目标】

1. 培养对分类数据一致性评估的敏感性和批判性思维，理解 Kappa 一致性检验的适用条件和局限性。
2. 增强对数据收集和处理方法的理解，确保数据的质量和可靠性。
3. 学会在科学研究中合理使用 Kappa 一致性检验，避免滥用或误用统计方法。

一、Kappa 一致性检验的概念

Kappa 系数用于定类数据的相关性检验，而一般定量数据的相关性检验为皮尔逊相关系数。Kappa 统计量衡量的是两个评估者之间的观察一致性与随机一致性之间的差异。它考虑了即使在随机分类的情况下，评估者之间也可能存在一定程度的一致性。一般 Kappa 系数可用于衡量分类精度，或者投票等定类数据，Kappa 计算结果为［0，1］，可分为五组来表示不同级别的一致性：［0，0.2］表现为极低的一致性、［0.2，0.4］表现为一般的一致性、［0.4，0.6］表现为中等的一致性、［0.6，0.8］表现为高度的一致性、［0.8，1］表现为几乎完全的一致性。

二、零假设与备择假设

（1）零假设（H0）：两个评估者之间没有一致性（即他们的一致性仅由随机因素决定）。

（2）备择假设（H1）：两个评估者之间存在一致性。

三、注意事项

（1）Kappa 值不应单独用来评估一致性，它应该与其他统计方法一起使用，以提供更全面的评估。

（2）当分类类别非常多时，Kappa 值可能会低估一致性。

四、案例

某企业两个检验员将 72 件产品随机分为三组进行合格性检验，两个检验员分组不重叠。检验结果如表 11-6 所示，对两个检验员的检验一致性进行检验。

表 11-6　产品合格性检验

		检验员 2 检验的产品等级			
		优等	合格	不合格	合计
检验员 1 检验的产品等级	优等	17	4	8	29
	合格	5	12	0	17
	不合格	10	3	13	26
合计		32	19	21	72

SPSSPRO 数据分析如下。

（一）分析流程

1. 数据源

产品合格性检验 Kappa 一致性检验数据。

2. 算法配置

（1）算法。Kappa 一致性检验。

（2）变量。变量：{检验员 1，检验员 2}。

（3）参数。方法：{简单 Kappa}。

3. 分析结果

Kappa 一般性检验是对两两定类变量的相关性进行分析：基于变量检验员 1 和检验员 2，可以看到显著性 P 值为 0.000***，水平上呈现显著性，拒绝原假设，说明两变量之间存在一致性。同时，Kappa 系数的值为 0.83，因此相关性的程度为几乎完全一致。

（二）分析步骤

（1）先对不同变量之间是否存在统计上的显著关系进行检验，判断 P 值是否呈现出显著性（P<0.05），若呈显著性，则说明两变量之间存在相关性。

（2）分析 Kappa 系数的正负向以及相关性程度。

（3）对分析结果进行总结。

（三）详细结论

1. 输出结果 1

（1）Kappa 一致性检验，如表 11-7 所示。

表 11-7　Kappa 一致性检验

配对项	Kappa 值	标准误差	z	P
检验员 1 配对检验员 2	0.83	0.084	9.918	0.000***

注：***、**、* 分别代表 1%、5%、10% 的显著性水平。

（2）图表说明。表 11-7 展示了 Kappa 系数检验的参数结果表，包括了 Kappa 系数、显著性 P 值。

①先对不同变量之间是否存在统计上的显著性关系进行检验，判断 P 值是否呈现显著性。

②若呈现显著性，则说明两变量之间存在相关性，反之，则两变量之间不存在相关性。

③ 分析 Kappa 系数的正负向以及相关性程度。

（3）结果分析。Kappa 系数检验的结果显示：

基于变量检验员 1 和检验员 2，可以看到显著性 P 值为 0.000***，水平上呈现显著性，拒绝原假设，说明两变量之间存在一致性。同时，Kappa 系数的值为 0.83，因此相关性的程度为几乎完全一致。

2. 输出结果 2：Kappa

（1）相关系数矩阵热力图，如图 11-5 所示。

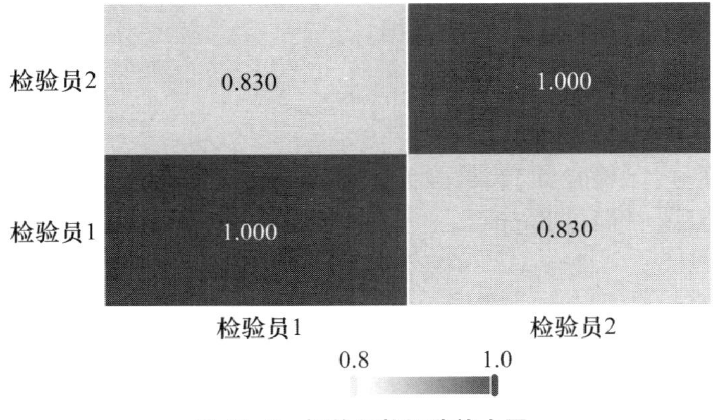

图 11-5　相关系数矩阵热力图

（2）图表说明。图 11-5 以热力图的形式展示了 Kappa 值，主要通过颜色深浅表现值的大小。

第六节 Kendall 一致性检验

【知识目标】

1. 理解 Kendall 一致性检验的基本原理和计算方法。
2. 掌握 Kendall's W 系数的计算公式和其取值范围（0 到 1）及其含义。
3. 学习 Kendall 一致性检验与 Kappa 一致性检验的区别和适用条件。
4. 了解 Kendall 一致性检验的假设条件，包括评分者的独立性和评分的等级性质。
5. 学习如何解读 Kendall's W 系数，包括其强度和一致性水平。

【能力目标】

1. 能够根据研究目的选择合适的一致性检验方法，特别是在需要评估多个评分者一致性时。
2. 能够正确地收集和整理评分数据，为 Kendall 一致性检验作准备。
3. 能够使用 SPSSPRO 软件进行 Kendall 一致性检验，并解释输出结果。
4. 能够根据 Kendall 一致性检验的结果评估评分者之间的一致性水平。
5. 能够设计实验或调查，以确保数据适合进行 Kendall 一致性检验。

【素养目标】

1. 培养对评分数据一致性评估的敏感性和批判性思维，理解 Kendall 一致性检验的适用条件和局限性。
2. 增强对数据收集和处理方法的理解，确保数据的质量和可靠性。
3. 学会在科学研究中合理使用 Kendall 一致性检验，避免滥用或误用统计方法。

一、Kendall 一致性检验的概念

Kendall 一致性检验是一种用于评估多个评估者或测试者在对同一样本进行评估时的一致性程度的统计方法。它基于 Kendall 秩相关系数，该系数衡量了不同评估者之间的一致性。Kendall's W 系数是这种方法中使用的一个特定统计量，其值介于-1～1 之间，越接近 1 表示一致性越高。Kendall's W 系数的计算涉及比较矩阵的构建，其中每个元素表示在一对对象之间，所有评估者中更喜欢哪一个对象。然后，通过计算比较矩阵中的一致对数和不一致对数，以及使用特定的公式来得出 Kendall's W 系数。这个系数可以用来判断评估者之间的一致性是否显著。如果 P 值小于 0.05，通常认为一致性是显著的，可以拒绝

一致性为 0 的原假设。

二、Kendall 一致性检验的适用范围

在实际应用中，Kendall 一致性检验可以用于心理学、医学和社会科学等领域，以测量不同评估者对某些特征评估的一致性，例如对情感状态或认知能力的评估。它也可以用来比较医学专家对某些临床数据的判定，或者测量不同观察者对相同事件或行为的看法是否一致。

在进行 Kendall 一致性检验时，通常会输出包括秩平均值、中位数、Kendall 协调系数 W、卡方值和显著性 P 值等统计指标。这些指标可以帮助研究者了解评估者之间的一致性水平，并据此做出相应的数据分析和解释。例如，如果 Kendall's W 系数为 0.022，P 值为 0.972，表明总体数据的一致性水平不显著，不能拒绝一致性为 0 的原假设，即评估者之间的一致性程度较低。

三、Kendall 一致性检验和 Kappa 一致性检验的比较

Kendall 一致性检验和 Kappa 一致性检验都是用来评估两个或多个评价者之间一致性的统计方法，但它们在应用和计算上有所不同。

Kendall 一致性检验，特别是 Kendall's W 系数，通常用于评估三个或更多评价者对一组对象进行排序时的一致性水平。它适用于数据是多列相关的等级资料，可以是多个评分者评价同一对象，或者是同一评分者在不同时间评价同一对象。Kendall's W 系数的取值范围是 0 到 1，值越接近 1 表示一致性越高。Kendall's W 检验的计算涉及比较矩阵的构建，然后通过计算比较矩阵中的一致对数和不一致对数来得出 Kendall's W 系数。它是一种非参数检验方法，适用于有序分类数据。

Kappa 一致性检验通常用于两个评价者对同一对象进行分类时的一致性评估，特别是当存在多个分类等级时，Kappa 系数考虑了评价者之间可能由于随机因素而达成一致的概率，因此它能够给出一个校正了偶然一致性的一致性度量。Kappa 系数的值介于-1～1 之间，值越接近 1 表示一致性越好。Kappa 一致性检验适用于二分类或多分类数据，并且可以处理有序或无序的分类数据。

总的来说，Kendall 一致性检验更适用于评价者对一组对象进行排序的一致性评估，而 Kappa 一致性检验则更适用于评价者对对象进行分类的一致性评估。选择哪种检验方法取决于数据的类型和研究的目的。

四、案例

某旅行社在一次旅游结束后，随机抽取了 10 名游客对本次旅游的 5 个景点进行打分，了解顾客对旅游产品的满意程度，数据如表 11-8 所示，对顾客打分进行一致性检验。

表 11-8 顾客对旅游产品的满意程度打分

游客编号	景点 1	景点 2	景点 3	景点 4	景点 5
游客 1	7	8	7	8	8
游客 2	7	9	7	7	8
游客 3	8	9	7	7	8
游客 4	7	8	7	8	9
游客 5	8	8	8	8	8
游客 6	7	8	8	7	8
游客 7	7	8	7	8	9
游客 8	7	8	8	8	9
游客 9	8	8	7	8	9
游客 10	7	9	7	7	8

SPSSPRO 数据分析如下。

（一）分析流程

1. 数据源

Kendall 一致性检验旅游产品打分。

2. 算法配置

（1）算法。Kendall 一致性检验。

（2）变量。变量：{景点 1，景点 2，景点 3，景点 4，景点 5}。

（3）分析结果。Kendall 一致性检验是对总体（全部数据）的相关性进行分析：总体数据的显著性 P 值为 0.000***，水平上呈现显著性，拒绝原假设，因此数据呈现一致性，同时模型的 Kendall 协调系数 W 值为 0.564，所以，相关性的程度为中等的一致性。

（二）分析步骤

（1）先对统计量的显著关系进行检验，判断 P 值是否呈现显著性（$P<0.05$），若呈显著性，则说明数据呈现一致性。

（2）分析 Kendall 系数的正负向以及相关性程度。

（3）对分析结果进行总结。

（三）详细结论

输出结果

（1）Kendall 一致性检验，如表 11-9 所示。

表 11-9　Kendall 一致性检验

名称	秩平均值	中位数	Kendall's W 系数	χ^2	P
景点 1	2.05	7	0.564	22.568	0.000***
景点 2	3.9	8			
景点 3	2.1	7			
景点 4	2.7	8			
景点 5	4.25	8			

注：***、**、*分别代表 1%、5%、10%的显著性水平。

（2）图表说明。表 11-9 展示了模型检验的结果，包括：秩平均值、中位数、Kendall 协调系数 W、卡方值、显著性 P 值。

①对统计量的显著关系进行检验，判断 P 值是否呈现出显著性（$P<0.05$）。

②若呈显著性，拒绝原假设，则说明数据呈现一致性；反之则说明数据不呈现一致性。

③分析 Kendall 系数的正负向以及相关性程度。

（3）结果分析。Kendall 一致性检验的结果显示，总体数据的显著性 P 值为 0.000***，水平上呈现显著性，拒绝原假设，因此数据呈现一致性，同时模型的 Kendall 协调系数 W 值为 0.564，因此相关性的程度为中等的一致性。

第七节　组内相关系数 ICC

【知识目标】

1. 理解组内相关系数 ICC 的定义和计算方法。
2. 掌握不同类型 ICC，如 ICC（1），ICC（2），ICC（3）的适用条件和计算公式。
3. 学习如何选择合适的 ICC 类型来评估评分者一致性或测量工具的可靠性。
4. 了解 ICC 的假设条件，包括评分者或测量工具的独立性和评分的等级性质。
5. 学习如何解读 ICC 值，包括其强度和一致性或可靠性水平。

【能力目标】

1. 能够根据研究目的选择合适的 ICC 类型，以评估评分者一致性或测量工具的可靠性。
2. 能够正确地收集和整理数据，为 ICC 计算作准备。
3. 能够使用 SPSSPRO 软件进行 ICC 计算，并解释输出结果。
4. 能够根据 ICC 的结果评估评分者之间的一致性或测量工具的可靠性。

5. 能够设计实验或调查，以确保数据适合进行 ICC 计算。

【素养目标】

1. 培养对评分者一致性和测量工具可靠性评估的敏感性和批判性思维，理解 ICC 的适用条件和局限性。

2. 增强对数据收集和处理方法的理解，确保数据的质量和可靠性。

3. 学会在科学研究中合理使用 ICC，避免滥用或误用统计方法。

一、组内相关系数 ICC 的概念

组内相关系数（Intraclass Correlation Coefficient，ICC）是一种统计量，用于衡量同一对象在不同条件下（如不同时间点、不同评价者或不同测量工具）的测量结果之间的一致性或可靠性。它是评估测量误差和一致性的重要工具，广泛应用于心理测量、医学研究、体育科学和社会科学等领域。在问卷调查中用于评价一个对象对多个样本在一段时间的重测信度，或者判断一批对象对多个样本的一致性检验。

ICC 的值介于 0～1 之间，值越接近 1，表示一致性越好。根据不同的研究设计和目的，ICC 有几种不同的类型。

二、组内相关系数 ICC 的分类

（1）单测量者 ICC。当一个测量者对每个对象进行多次测量时使用。

（2）平均测量者 ICC。当多个测量者对每个对象进行一次测量，并且你关心的是测量者之间的一致性时使用。

（3）双平均 ICC。当多个测量者对每个对象进行多次测量，并且你关心的是测量者和测量次数的一致性时使用。

三、案例

某餐饮企业五位专家对旗下 100 家连锁加盟店进行打分，检测打分的组内一致性。

SPSSPRO 数据分析如下。

（一）分析流程

1. 数据源

组内相关系数对 100 个连锁门店打分。

2. 算法配置

（1）算法。组内相关系数。

（2）变量。变量：{专家 1 评分，专家 2 评分，专家 3 评分，专家 4 评分，专家 5 评分}。

（3）参数。ICC 类型：｛双向随机（Two-way random）/混合绝对一致性（mixed absolute agreement）｝。

3. 分析结果

单个测量的组内相关系数结果显示，显著性 P 值为 0.000***，水平呈现显著性，拒绝原假设，说明信度的一致性是可信的。且相关系数为 0.957，说明该数据的信度很强。平均测量的组内相关系数结果显示，显著性 P 值为 0.000***，水平上呈现显著性，拒绝原假设，说明信度的一致性是可信的。且相关系数为 0.991，说明该数据的信度很强。

（二）分析步骤

（1）选择测量方式，其中单个测量是基于原始数据，而平均测量是基于原始结果经过均值或者中位数等方式处理。

（2）经过组内相关系数对应测量方式的方差分析，方可进行组内相关系数分析。

（3）若方差分析呈现显著性，分析组内相关系数的效应程度，一般认为信度系数低于 0.4，表示信度较差，大于 0.75 表示信度良好，对于定量资料常常需要更高的 ICC 值。

（4）对分析结果进行总结。

（三）详细结论

输出结果

（1）组内相关系数结果，如表 11-10 所示。

表 11-10　组内相关系数结果

项	组内相关性	95%置信区间		使用真值 0 的 F 检验			
		下限	上限	值	df1	df2	P
单个测量 ICC（1，1）	0.957	0.942	0.969	111.683	99	400	0.000***
平均测量 ICC（1，k）	0.991	0.988	0.994	111.683	99	400	0.000***

注：***、**、*分别代表 1%、5%、10%的显著性水平。

（2）图表说明。表 11-10 展示了 ICC 的分析结果，包括置信区间、F 检验的结果等。

①选择测量方式，其中单个测量的分析单位是每个研究者的原始结果（即原始数据），而平均测量的分析数据是处理后数据（即原始数据经过均值、抽样或者中位数等方式处理）。

②分析组内相关系数对应测量方式的方差分析，方可进行组内相关系数。

③若方差分析呈现显著性，分析组内相关系数的效应程度，ICC 等于个体的变异度除以总的变异度，故其值介于 0～1 之间。0 表示不可信，1 表示完全可信。一般认为信度系数低于 0.4 表示信度较差，大于 0.75 表示信度良好，对于定量资料常常需要更高的 ICC 值。

组内相关系数有三种模型，分别是双向随机、双向混合、单向随机。其中双向随机模型与双向混合模型结果是一致的，在理论上，它们同时考虑了受试者和研究者的影响，在理论上都可以用于诊断试验可重复性的评价。但是这两种模型结果的推论范围存在差异，双向随机模型的结果可以推论到所有相似、可能的研究者；而双向混合模型的结果仅限于给定的研究者，不能推论其他。他们都有绝对一致性和一致性两种模式，其中，绝对一致性考虑了系统误差（如测量不同评委是否会给予相同选手相同的打分）；一致性则不考虑系统误差（如测量不同评委给予相同选手的打分是否高度相关）。系统根据结果输出将这两种模型做了捆绑输出，分为双向随机/双向混合含绝对一致性与双向随机/混合一致性，在正式分析时需要注意一下。而单向随机模型用于检验每一个选手的均值是否完全相等（如相同评委在不同次数是否会给予相同选手相同的打分）。

（四）案例结果分析

组内相关系数 ICC 分析结果显示了一致性或组内同质性的强度，对于评估重复测量或评分者间的可靠性尤为重要。具体解读如下。

1. 单个测量 ICC（1，1）

该指标衡量了单一评分者或测量工具对同一对象测量时的一致性。结果显示 ICC 值为 0.957，处于极高水平，表明其高度一致性。其 95% 置信区间（0.942，0.969）进一步确认了这一高度一致性结果的稳健性。F 检验值（111.683）极高，且 P 值小于 0.001（标记为***），表明显著大于零，即重复测量间存在显著的内部一致性。

2. 平均测量 ICC（1，k）

此指标适用于评估多个评分者或测量工具对同一对象独立测量后的平均一致性。结果显示 ICC 值为 0.991，几乎达到完美一致性的水平，表明不同评分者或测量工具间的平均差异极小，测量结果高度可靠。其 95% 置信区间（0.988，0.994）同样证实了这一高水平一致性的稳定性。同样，F 检验值（111.683）显著且 P 值小于 0.001（标记为***），进一步支持了组内相关系数显著且接近完美的结论。

第十二章
预测模型

章节知识结构图

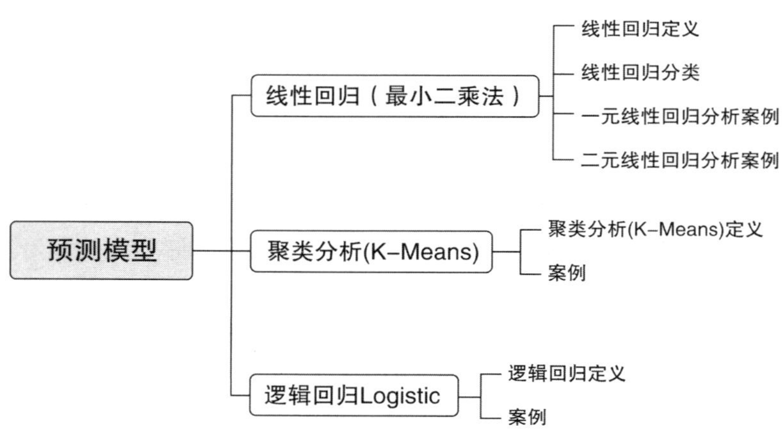

预测模型是利用统计学原理来预测未来事件或趋势的模型。这些模型通常基于历史数据和概率论以识别数据中的模式和关系。

第一节　线性回归（最小二乘法）

【知识目标】

1. 理解线性回归的基本概念，包括自变量、因变量、回归线、回归方程等。
2. 掌握最小二乘法的原理，了解如何通过最小化误差的平方和来估计回归系数。
3. 学习线性回归模型的数学表达式，包括参数估计和模型表达。
4. 了解线性回归模型的假设条件，如线性关系、独立性、同方差性、正态性等。
5. 学习如何解读线性回归分析的结果，包括回归系数、截距、R 平方值、F 统计量等。

【能力目标】

1. 能够根据研究目的选择合适的自变量和因变量，构建线性回归模型。

2. 能够使用 SPSSPRO 软件进行线性回归分析，并解释输出结果。

3. 能够对线性回归模型的假设条件进行检验，如残差的正态性检验、异方差性检验等。

4. 能够根据线性回归分析的结果进行预测和决策。

【素养目标】

1. 培养对数据关系的敏感性和批判性思维，理解线性回归模型的适用条件和局限性。

2. 增强对数据收集和处理方法的理解，确保数据的质量和可靠性。

3. 学会在科学研究中合理使用线性回归分析，避免滥用或误用统计方法。

一、线性回归定义

线性回归是利用数理统计中回归分析来确定两种或两种以上变量间相互依赖的定量关系的一种统计分析方法。

二、线性回归分类

在线性回归分析中，只包括一个自变量和一个因变量，且二者的关系可用一条直线近似表示，这种回归分析称为一元线性回归分析。如果回归分析中包括两个或两个以上的自变量，且因变量和自变量之间是线性关系，则称为多元线性回归分析。

三、一元线性回归分析案例

某市房地产市场调研中所属小区和房屋单价之间的线性回归分析。

SPSSPRO 数据分析如下。

（一）分析流程

1. 数据源

某市房地产市场调研数据。

2. 算法配置

（1）算法。线性回归（最小二乘法）。

（2）变量。自变量 X：{所属小区}；因变量 Y：{单价}。

3. 分析结果

线性回归用于研究自变量与因变量之间的线性关系：F 检验的显著性 P 值为 0.000***，水平上呈现显著性，拒绝回归系数为 0 的原假设，因此模型基本满足要求。

（二）分析步骤

1. 通过分析 F 值，分析其是否可以显著地拒绝总体回归系数为 0 的原假设（P<0.05），若呈显著性，表明两变量之间存在着线性关系，至于线性关系的强弱，需要进一步进行分析。

2. 通过 R^2 值分析模型拟合情况，同时对方差膨胀因子（VIF）值进行分析，若模型呈现共线性（VIF 大于 10 或者 5，严格为 10），建议使用岭回归或者逐步回归。

3. 分析 X 的显著性；如果呈现显著性（P<0.05），则用于探究 X 对 Y 的影响关系。

4. 结合回归系数 B 值，对比分析 X 对 Y 的影响程度。

5. 确定得到模型公式（Tips：使用线性回归前可以通过统计类的方法例如正态性检验等方式对数据进行验证清洗，也可以采用数据处理中异常值处理等方法对数据进行清洗）。

（三）详细结论

1. 输出结果 1

（1）线性回归分析结果，如表 12-1 所示。

表 12-1　线性回归分析结果

	非标准化系数		标准化系数	t	P	VIF	R^2	调整 R^2	F
	B	标准误	Beta						
常数	10,396.25	141.439	—	73.503	0.000***	—	0.145	0.144	F=253.788 P=0.000***
所属小区	208.228	13.071	0.381	15.931	0.000***	1			
因变量：单价									

注：***、**、*分别代表 1%、5%、10% 的显著性水平。

（2）图表说明。表 12-1 展示了本次模型的分析结果，包括模型的标准化系数、t 值、VIF 值、R^2、调整 R^2 等，用于模型的检验，并分析模型的公式。

①线性回归模型要求总体回归系数不为 0，即变量之间存在回归关系。根据 F 检验结果对模型进行检验。

②R^2 代表曲线回归的拟合程度，越接近 1 效果越好。

③VIF 值代表多重共线性严重程度，用于检验模型是否呈现共线性，即解释变量间存在高度相关的关系（VIF 应小于 10 或者 5，严格为 5），若 VIF 出现 inf，则说明 VIF 值无穷大，建议检查共线性，或者使用岭回归。

④B 是有常数情况下的系数。

⑤标准误=B/t 值。

⑥标准化系数是将数据标准化后得到的系数。

⑦VIF 是共线性。

⑧F（df1，df2）中，df1 等于自变量数量；df2 等于样本量-（自变量数量+1）。

⑨F 检验是为了判断是否存在显著的线性关系，R^2 是为了判断回归直线与此线性模型拟合的优劣。在线性回归中主要关注 F 检验是否通过，而在某些情况下 R^2 大小和模型解释度没有必然关系。

（3）结果分析。①由 F 检验的结果分析可以得到，显著性 P 值为 0.000***，水平上呈现显著性，拒绝回归系数为 0 的原假设，因此模型基本满足要求。

②对于变量共线性表现，VIF 全部小于 10，因此模型没有多重共线性问题，模型构建良好。模型的公式如下：$y = 10,396.25 + 208.228\times$所属小区 。

2. 输出结果 2

（1）拟合效果，如图 12-1 所示。

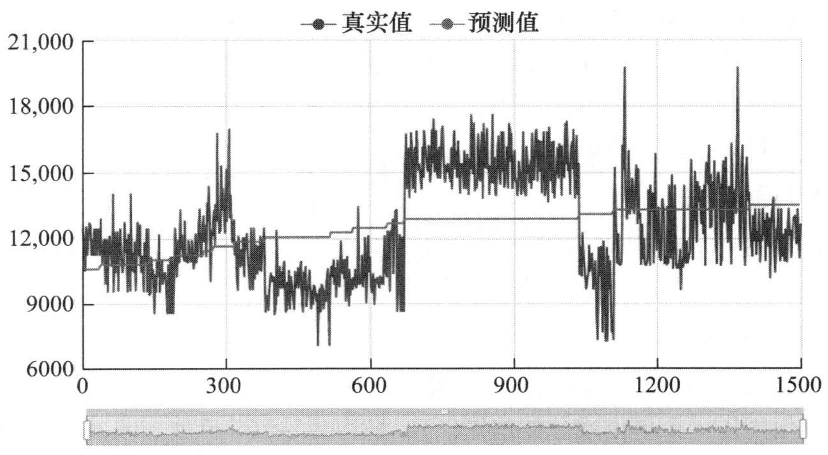

图 12-1　拟合效果图

（2）图表说明。图 12-1 展示了本次模型的原始数据图、模型拟合值、模型预测值。

3. 输出结果 3

（1）模型路径图，如图 12-2 所示。

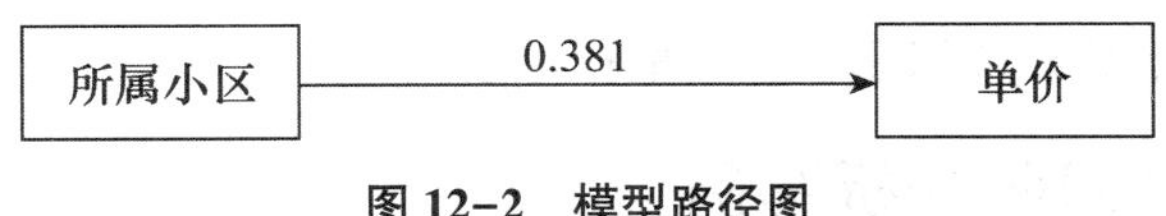

图 12-2　模型路径图

（2）图表说明。图 12-2 以路径图形式展示了本次模型结果，主要包括模型的系数，用于分析 X 对 Y 的影响关系情况。

4. 输出结果 4

（1）模型结果预测，如表 12-2 所示。

表 12-2　模型结果预测

变量	系数	测试值
常数	10,396. 2497	1
所属小区	208. 2276	
预测结果-		10,396. 2497

（2）图表说明。

上表格显示了线性回归模型的预测情况。

（四）案例结果说明

线性回归分析结果揭示了自变量“所属小区”对因变量“单价”的显著影响，基于 n=1500 的样本量，模型的解释力较强且统计上显著。以下是对数据分析结果的详细解读。

1. 模型拟合优度

R2 值为 0.145，模型中的自变量能够解释因变量“单价”变动的 14.5%，剩余 85.5%需其他变量补充。尽管这一比例不算高，但在社会经济数据中仍具有一定的解释意义。调整 R2（0.144）略低于 R2，反映了调整样本量大小对模型解释力的微小影响，说明模型未受多变量共线性严重影响。

2. F 检验与显著性

F 统计量为 253.788，伴随概率 P=0.000***，强烈拒绝了模型整体不显著的零假设，表明至少有一个自变量对因变量有显著影响。

3. 自变量影响分析

“所属小区”的系数 B 为 208.228，标准误为 13.071，在控制其他因素不变的情况下，小区类别的变化（以一个单位或分类差异计），平均会导致单价增加或减少约 208.228 元，T 值为 15.931，对应 P 值小于 0.00***，表明“所属小区”对“单价”有显著的正向影响。系数 Beta 为 0.381，表明在控制了其他变量后，“所属小区”对因变量“单价”的变异解释力较强，是模型中相对重要的预测因子。

4. 多重共线性检验

变量“所属小区”的 VIF 为 1，远低于通常认为的多重共线性警戒值（如 10），表明模型不存在显著的多重共线性问题，各变量相对独立 。

四、二元线性回归分析案例

某市房地产市场调研中所属小区、房屋朝向和房屋单价之间的线性回归分析。

SPSSPRO 数据分析如下。

（一）分析流程

1. 数据源

某市房地产市场调研数据。

2. 算法配置

（1）算法。线性回归（最小二乘法）。

（2）变量。自变量 X：{所属小区，房屋朝向}；因变量 Y：{单价}。

3. 分析结果

线性回归用于研究自变量与因变量之间的线性关系：F 检验的显著性 P 值为

0.000***，水平上呈现显著性，拒绝回归系数为0的原假设，因此模型基本满足要求。

（二）分析步骤

（1）通过分析F值，分析其是否可以显著地拒绝总体回归系数为0的原假设（$P<0.05$），若呈显著性，表明之间存在着线性关系，至于线性关系的强弱，需要进一步进行分析。

（2）通过R^2值分析模型拟合情况，同时对VIF值进行分析，若模型呈现共线性（VIF大于10或者5，严格为10），建议使用岭回归或者逐步回归。

（3）分析X的显著性，如果呈现出显著性（$P<0.05$），则用于探究X对Y的影响关系。

（4）结合回归系数B值，对比分析X对Y的影响程度。

（5）确定得到模型公式（Tips：使用线性回归前可以通过统计类的方法例如正态性检验等方式对数据进行验证清洗，也可以采用数据处理中异常值处理等方法对数据进行清洗）。

（三）详细结论

1. 输出结果1

（1）线性回归分析结果，如表12-3所示。

表12-3 线性回归分析结果表

线性回归分析结果 n=1500									
	非标准化系数		标准化系数	t	P	VIF	R^2	调整R^2	F
	B	标准误	Beta						
常数	10384.209	752.712	-	13.796	0.000***	-	0.152	0.147	F=33.281 P=0.000***
所属小区	206.959	13.115	0.378	15.781	0.000***	1.01			
房屋朝向-东南	312.955	2236.05	0.004	0.14	0.889	1.125			
房屋朝向-东西	-2281.634	2236.723	-0.026	-1.02	0.308	1.126			
房屋朝向-南	172.191	749.3	0.038	0.23	0.818	47.117			
房屋朝向-南北	-146.29	749.831	-0.032	-0.195	0.845	47.006			
房屋朝向-西	2463.284	2235.973	0.028	1.102	0.271	1.125			
房屋朝向-西北	-857.134	1292.904	-0.019	-0.663	0.507	1.501			
房屋朝向-西南	-240.045	2236.05	-0.003	-0.107	0.915	1.125			
因变量：单价									

注：***、**、*分别代表1%、5%、10%的显著性水平。

（2）图表说明。表12-3展示了本次模型的分析结果，包括模型的标准化系数、t值、VIF值、R^2、调整R^2等，用于模型的检验，并分析模型的公式。

①线性回归模型要求总体回归系数不为0，即变量之间存在回归关系。根据F检验结

果对模型进行检验。

②R^2 代表曲线回归的拟合程度，越接近 1 效果越好。

③VIF 值代表多重共线性严重程度，用于检验模型是否呈现共线性，即解释变量间存在高度相关的关系（VIF 应小于 10 或者 5，严格为 5）若 VIF 出现 inf，则说明 VIF 值无穷大，建议检查共线性，或者使用岭回归。

④B 是有常数情况下的系数。

⑤标准误＝B/t 值。

⑥标准化系数是将数据标准化后得到的系数。

⑦ VIF 是共线性。

⑧F（df1，df2）中，df1 等于自变量数量；df2 等于样本量-（自变量数量+1）。

⑨F 检验是为了判断是否存在显著的线性关系，R^2 是为了判断回归直线与此线性模型拟合的优劣。在线性回归中主要关注 F 检验是否通过，而在某些情况下 R^2 大小和模型解释度没有必然关系。

（3）结果分析。由 F 检验的结果分析可以得到，显著性 P 值为 0.000***，水平上呈现显著性，拒绝回归系数为 0 的原假设，因此模型基本满足要求。

对于变量共线性表现，变量房屋朝向-南、房屋朝向-南北 VIF 值大于 10，存在共线关系，简易移除共线性的自变量或者进行岭回归或逐步回归。

模型的公式如下：y = 10384.209 + 206.959×所属小区 + 312.955×房屋朝向 - 东南 - 2281.634×房屋朝向-东西+172.191×房屋朝向-南-146.29×房屋朝向-南北+2463.284×房屋朝向-西-857.134×房屋朝向-西北-240.045×房屋朝向-西南。

2. 输出结果 2

（1）拟合效果图，如图 12-3 所示。

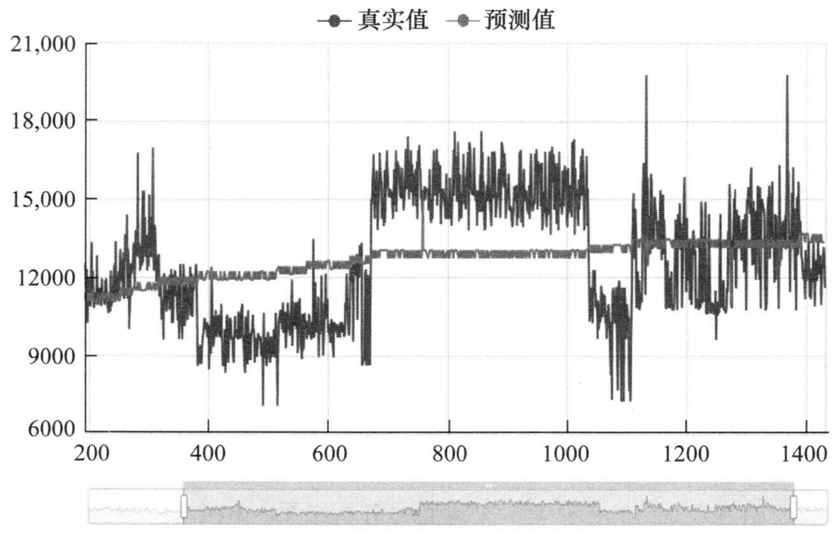

图 12-3 拟合效果图

（2）图表说明。图 12-3 展示了本次模型的原始数据图、模型拟合值、模型预测值。

3. 输出结果 3

（1）模型路径图，如图 12-4 所示。

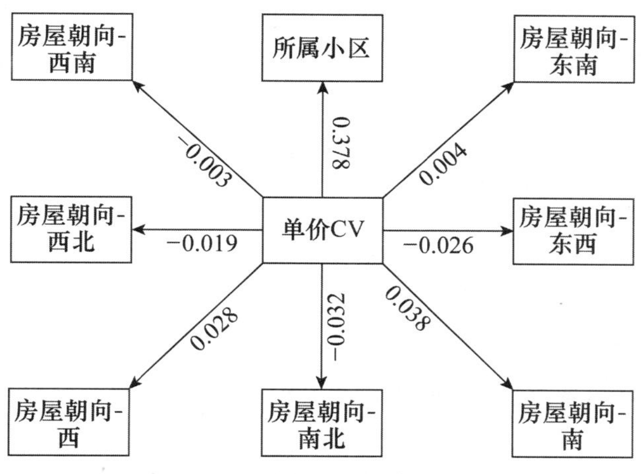

图 12-4 模型路径图

（2）图表说明。图 12-4 以路径图形式展示了本次模型结果，主要包括模型的系数，用于分析 X 对于 Y 的影响关系情况。

4. 输出结果 4

（1）模型结果预测，如表 12-4 所示。

表 12-4 模型结果预测

变量	系数	测试值
常数	10,384. 2089	1
所属小区	206. 9588	
房屋朝向-东南	312. 9554	
房屋朝向-东西	-2281. 6335	
房屋朝向-南	172. 1912	
房屋朝向-南北	-146. 2904	
房屋朝向-西	2463. 2842	
房屋朝向-西北	-857. 1335	
房屋朝向-西南	-240. 0445	
预测结果	10,384. 2089	

（2）图表说明。表 12-4 显示了线性回归模型的预测情况，可以在软件中完成测试。

（四）案例分析结果

线性回归分析结果揭示了房价（单价）与多个自变量之间的统计关系，基于 1500 个

观测样本，模型通过梯度下降法优化后表现出力度（$R^2=0.152$，调整 $R^2=0.147$），表明所选变量共同解释了房价变动的约 15%。以下是对各变量效应的详细解读。

1. 常数项

常数项为 10,384.209，其 t 值为 13.7%，高度显著（P<0.001），但在解释具体房价时，常数项通常作为基准点，其实际意义需要结合其他变量共同分析。

2. 所属小区

该变量对房价有显著正向影响（Beta=0.378，t=15.781，P<0.001），表明控制其他因素不变时，所属小区的变化能够影响房价，且其方差膨胀因子（VIF=1.01）接近于 1，表明不存在多重共线性问题。

3. 房屋朝向

东南朝向对房价的影响不显著（Beta=0.004，t=0.14，P=0.889），尽管其系数为正，但统计上不具有显著性。东西朝向对房价有负向影响，但同样不显著（Beta=-0.026，t=-1.02，P=0.308），可能由于样本中该朝向房屋的分布或特性未能形成显著的价格差异。南朝向的系数小（Beta=0.038），且影响不显著（t=0.23，P=0.818），表明其对房价的直接贡献有限。南北朝向对房价的负向影响亦不显著（Beta=-0.032，t=-0.195，P=0.845），可能反映了市场对该朝向的偏好不明显。西朝向的系数较大且为正（Beta=0.028），但显著性水平（t=1.102，P=0.271）可能受其他因素影响导致统计不显著。西北朝向和西南朝向的系数分别为负向和极小的负向，且均不显著，进一步印证了朝向因素在决定中的非主导性。

4. 模型整体评价

F 统计量显著（F=33.281，P<0.001），表明至少有一个自变量对因变量有显著影响。然而，调整后的 R^2 值相对较低，表明除了已纳入模型的变量外，还存在其他重要因素未被考虑，如房屋面积、装修程度、周边设施等，这些因素可能对房价有更大的影响。此外，房屋朝向的多个类别虽被纳入模型，但大多未表现出显著的统计，可能需进一步考虑数据的细分或引入交互效应进行分析。

第二节　聚类分析（K-Means）

【知识目标】

1. 理解聚类分析（K-Means）的基本概念。
2. 掌握 K-Means 算法的工作原理。
3. 学习如何选择合适的聚类数目（K 值）以及如何解释聚类结果。
4. 了解 K-Means 算法的优缺点和适用条件。

【能力目标】

1. 能够使用 SPSSPRO 数据分析工具进行 K-Means 聚类分析，并解释结果。
2. 能够根据聚类结果进行决策支持或进一步的数据分析。

【素养目标】

1. 培养对数据探索性分析的敏感性和批判性思维，理解聚类分析的适用条件和局限性。
2. 增强对数据预处理和特征工程的理解，确保聚类分析的准确性和有效性。
3. 学会在数据分析中合理使用聚类分析，避免滥用或误用数据挖掘方法。

一、聚类分析（K-Means）定义

聚类分析（K-Means）是一种基于中心的聚类算法（K 均值聚类），通过迭代，将样本分到 K 个类中，使得每个样本与其所属类的中心或均值的距离之和最小。K-Means 算法是最常用的聚类方法之一，通过迭代计算将数据划分为 K 个簇，每个簇由其质心（Centroid）代表。

二、案例

某市房地产市场调研中所属小区、户型、面积、楼层、建造年限、房屋朝向、单价各因素聚类分析。

SPSSPRO 数据分析如下。

（一）分析流程

1. 数据源

某市房地产市场调研数据。

2. 算法配置

（1）算法。聚类分析（K-Means）。

（2）变量。变量：{所属小区，户型，面积，楼层，建造年限，房屋朝向，单价}。

（3）参数。聚类个数：{2}。

3. 分析结果

聚类分析基于数据特征将所有样本划分为几类：聚类结果共分为 2 类，聚类类别 1 的频数为 576，所占百分比为 38.4%；聚类类别 2 的频数为 924，所占百分比为 61.6%。各聚类类别的特征见详细结论。

（二）分析步骤

（1）根据字段进行聚类类别差异性分析。

（2）根据聚类汇总分析各聚类类别的频数。

(3) 根据数据集聚类标注可以知道每一个样本数据被分到哪个类别。

(4) 聚类中心坐标可以用于分析各样本与中心点的距离。

(5) 对分析进行综述。

(三) 详细结论

1. 输出结果 1

(1) 字段差异性分析，如表 12-5 所示。

表 12-5 字段差异性分析

	聚类类别（平均值±标准差）		F	P
	类别 2（n=924）	类别 1（n=576）		
所属小区	8.565±4.548	12.264±1.925	342.63	0.000***
户型	2.562±2.456	2.22±0.968	10.137	0.001***
面积	88.177±24.591	93.184±18.303	17.746	0.000***
楼层	13.451±8.613	27.778±9.055	943.522	0.000***
建造年限	2011.602±4.138	2014.043±3.763	132.333	0.000***
房屋朝向	1.561±0.656	1.63±0.66	3.975	0.046**
单价	10,920.148±1168.802	14970.47±1121.795	4393.826	0.000***

注：***、**、*分别代表 1%、5%、10% 的显著性水平。

(2) 图表说明。表 12-5 展示了定量字段差异性分析的结果，包括均值±标准差的结果、F 检验结果、显著性 P 值。

①分析每个分析项的 P 值是否显著（P<0.05）。

②若呈显著性，拒绝原假设，说明两组数据之间存在显著性差异，可以根据均值±标准差的方式对差异进行分析，反之则表明数据不呈现差异性。

(3) 结果分析。方差分析的结果显示：

①对于变量所属小区，显著性 P 值为 0.000***，水平上呈现显著性，拒绝原假设，说明变量所属小区在聚类分析划分的类别之间存在显著性差异。

②对于变量户型，显著性 P 值为 0.001***，水平上呈现显著性，拒绝原假设，说明变量户型在聚类分析划分的类别之间存在显著性差异。

③对于变量面积，显著性 P 值为 0.000***，水平上呈现显著性，拒绝原假设，说明变量面积在聚类分析划分的类别之间存在显著性差异。

④对于变量楼层，显著性 P 值为 0.000***，水平上呈现显著性，拒绝原假设，说明变量楼层在聚类分析划分的类别之间存在显著性差异。

⑤对于变量建造年限，显著性 P 值为 0.000***，水平上呈现显著性，拒绝原假设，说明变量建造年限在聚类分析划分的类别之间存在显著性差异。

⑥对于变量房屋朝向，显著性 P 值为 0.046**，水平上呈现显著性，拒绝原假设，说

明变量房屋朝向在聚类分析划分的类别之间存在显著性差异。

⑦对于变量单价，显著性 P 值为 0.000***，水平上呈现显著性，拒绝原假设，说明变量单价在聚类分析划分的类别之间存在显著性差异。

2. 输出结果 2

（1）聚类汇总，如表 12-6 所示。

表 12-6 聚类汇总

聚类类别	频数	百分比（%）
聚类类别 1	576	38.4
聚类类别 2	924	61.6
合计	1500	100.0

（2）图表说明。表 12-6 展示了模型聚类的结果，包括频数，所占百分比。

（3）结果分析。聚类分析的结果显示，聚类结果共分为 2 类，聚类类别 1 的频数为 576，所占百分比为 38.4%；聚类类别 2 的频数为 924，所占百分比为 61.6%。

3. 输出结果 3

（1）聚类汇总，如图 12-5 所示。

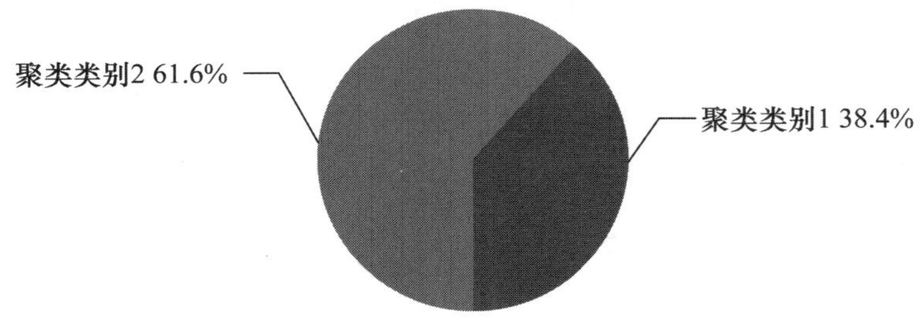

图 12-5 聚类汇总图

（2）图表说明。图 12-5 以可视化的形式展示了模型聚类的结果，包括频数、所占百分比。

4. 输出结果 4

（1）数据集聚类标注，如表 12-7 所示。

表 12-7 数据集聚类标注

聚类种类	所属小区	户型	面积	楼层	建造年限	房屋朝向	单价
类别 2	1	1	84	6	2010	1	12,476
类别 2	1	1	78	6	2007	2	12,063
类别 2	1	2	101	6	2014	1	11,847
类别 2	1	2	100	5	2010	2	11,998

续表

聚类种类	所属小区	户型	面积	楼层	建造年限	房屋朝向	单价
类别 2	1	2	100	6	2010	1	11,498
类别 2	1	2	99	6	2013	1	10,513
类别 2	1	2	120	6	2014	1	11,159
类别 2	1	2	131	5	2007	2	12,579
类别 2	1	2	120	6	2015	1	10,994
类别 2	1	2	120	6	2010	2	11,242
类别 2	1	2	131	6	2010	1	12,045
类别 2	1	2	100	6	2007	2	11,998
类别 2	1	2	100	6	2008	2	11,996
类别 2	1	2	131	6	2011	2	12,350
类别 2	1	2	90	6	2010	2	12,748

（2）图表说明。表 12-7 展示了模型聚类结果的部分数据聚类标注，其为预览结果，只显示综合排序的前 15 条数据。

5. 输出结果 5

（1）聚类中心点坐标，如表 12-8 所示。

表 12-8　聚类中心点坐标

聚类种类	中心值-所属小区	中心值-户型	中心值-面积	中心值-楼层	中心值-建造年限	中心值-房屋朝向	中心值-单价
1	12. 263888888888895	2. 2204861111111107	93. 18402777777779	27. 77777777777783	2014. 0434027777778	1. 6302083333333333	14970. 470486111124
2	8. 564935064935003	2. 5616883116883113	88. 17748917748918	13. 451298701298668	2011. 6017316017317	1. 5606060606060606	10920. 148268398272

（2）图表说明。表 12-8 展示了部分或全部模型聚类中心的数据。

6. 输出结果 6

（1）聚类散点图，如图 12-6 所示。

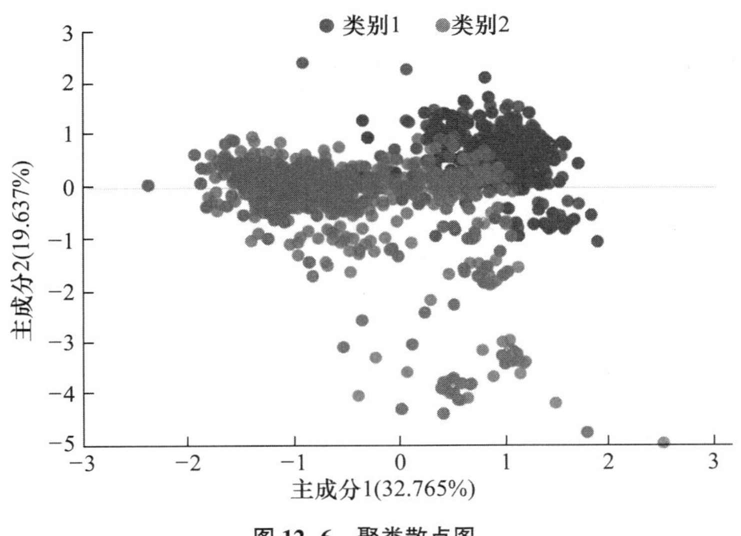

图 12-6 聚类散点图

(2) 图表说明。若变量数等于两个，图 12-6 是根据两变量的数据绘制出来的散点图；若变量数大于两个，则图 12-6 是提取主成分分析（PCA）降维后前两个主成分来绘制散点图，在一定程度上可查看聚类效果（若前两个主成分的方差解释率较低，该图的意义不大）。

聚类散点图最大仅显示 1000 个样本量信息，若样本量大于 1000，则在全样本中进行随机抽样，选取其中 1000 个样本来进行散点图展示。

7. 输出结果 7

(1) 评价指标，如表 12-9 所示。

表 12-9 评价指标

轮廓系数	DBI	CH
0.647	0.459	4391.861

(2) 图表说明。

①轮廓系数：对于一个样本集合，它的轮廓系数是所有样本轮廓系数的平均值。轮廓系数的取值范围是 [-1, 1]，同类别样本距离越相近，不同类别样本距离越远，分数越高，聚类效果越好。

②DBI（Davies-bouldin）：该指标用来衡量任意两个簇的簇内距离比与簇间距离之比。该指标越小表示聚类效果越好。

③CH（Calinski-Harbasz Score）：通过计算类内各点与类中心的距离平方和来度量类内的紧密度（分母），通过计算类间中心点与数据集中心点距离平方和来度量数据集的分离度（分子），CH 指标由分离度与紧密度的比值得到，CH 越大表示聚类效果越好。

(四)案例结果分析

在聚类分析的字段差异性检验中，通过对比不同聚类类别（类别 1 与类别 2）在关键属性上的平均值与标准差，并结合统计显著性测试（如 t 检验或方差分析），揭示了各属性在两类间存在的显著差异。

1. 所属小区

类别 2 的均值 8. 565 显著低于类别的均值 12. 264，且差异极其显著（P<0. 001），表明两类在编码或某种小区特征上存在明显区分。

2. 户型

类别 2 的均值 2. 562 略高于类别 1（2. 22），差异在 1% 显著性水平上显著，暗示类别 2 更多样化或有更大面积户型。

3. 面积

尽管类别 2 的面积均值 88. 177 平方米略小于类别 1 的 93. 184 平方米，但差异显著（P<0. 001），表明尽管差异微小，但在统计上仍具有意义，可能反映了两类在房产面积偏好上的差异。

4. 楼层

楼层分布上的差异极为显著（P<0. 001），类别 2 的楼层均值（13. 451）远低于类别 1（27. 778），表明类别 2 可能更倾向于低楼层，类别 1 则偏向于高层或中高层。

5. 建造年限

类别 2 房产平均建造年限（2011. 602 年）早于类别 1（2014. 043 年），差异高度显著（P<0. 001），反映房产在时间维度上的不同分布，可能关联到不同的市场定位或更新速度。

6. 房屋朝向

房屋朝向指标的差异虽显著（P<0. 05），但效应量较小（F 值为 3. 975），类别 2 的朝向均值（1. 561）略低于类别 1（1. 63），这可能意味着在朝向偏好上存在细微但可辨的差异。

7. 单价

单价方面，类别 2 的房产均价（10,920. 148 元/平方米）和类别 1（14,970. 47 元/平方米），差异极其显著（P<0. 001），直接反映了市场价值上的巨大差异，可能受到地理位置、周边配套设施、学区效应等多重因素影响。

第三节 逻辑回归 Logistic

【知识目标】

1. 理解逻辑回归的基本原理，包括逻辑函数（Logistic Function）和 Sigmoid 函数。

2. 掌握逻辑回归模型的构建过程，包括模型的形式、参数估计（最大似然估计）等。

3. 学习逻辑回归模型的评估指标，如混淆矩阵、准确率、召回率、精确度、F1 分数、ROC 曲线和 AUC 值。

4. 了解逻辑回归模型的假设条件，包括特征的独立性、没有多重共线性等。

5. 学习如何处理逻辑回归中的类别不平衡问题，以及如何进行特征选择和模型优化。

【能力目标】

1. 能够根据研究目的选择合适的逻辑回归模型，并正确地构建和实现模型。

2. 能够使用统计软件或编程语言（如 R、Python 等）进行逻辑回归分析，并解释输出结果。

3. 能够对逻辑回归模型进行诊断，识别并处理潜在的问题，如过拟合、欠拟合等。

4. 能够根据逻辑回归分析的结果作出预测和决策支持。

5. 能够设计实验或调查，以确保数据适合进行逻辑回归分析。

【素养目标】

1. 培养对二分类问题预测的敏感性和批判性思维，理解逻辑回归模型的适用条件和局限性。

2. 增强对数据预处理和特征工程的理解，确保逻辑回归分析的准确性和有效性。

3. 学会在数据分析中合理使用逻辑回归，避免滥用或误用预测模型。

一、逻辑回归定义

Logistic 回归又称 Logistic 回归分析，是一种广义的线性回归分析模型，常用于数据挖掘、疾病自动诊断、经济预测等领域。逻辑回归根据给定的自变量数据集来估计事件的发生概率，由于结果是一个概率，因此因变量的范围在 0 和 1 之间。如探讨引发疾病的危险因素，并根据危险因素预测疾病发生的概率等。以胃癌病情分析为例，选择两组人群，一组是胃癌组，一组是非胃癌组，两组人群必定具有不同的体征与生活方式等。因此因变量就为是否胃癌，值为“是”或“否”；自变量就可以包括很多了，如年龄、性别、饮食习惯、幽门螺旋杆菌感染等。自变量既可以是连续的，也可以是分类的，然后通过 Logistic 回归分析，可以得到自变量的权重，从而可以大致了解到底哪些因素是胃癌的危险因素。

同时根据该权值和危险因素可以预测一个人患胃癌的可能性。

二、案例

兰州市翔宇橄榄油市场调研 1080 份问卷包装与定价因素逻辑回归分析。

SPSSPRO 数据分析如下。

（一）分析流程

1. 数据源

兰州市祥宇橄榄油消费行为影响因素调查问卷（1080 份）。

2. 算法配置

（1）算法。逻辑回归。

（2）变量。变量 *Y*：{7. 您在赠礼选择橄榄油时，对包装的期望是}；变量 *X*：{14. 您所能接受的 500ml 橄榄油的价格是}。

3. 分析结果

逻辑回归是用于解决因变量为二分类变量的回归。模型的似然比卡方检验的结果显示，显著性 P 值为 0.001***，水平上呈现显著性，拒绝原假设，因而模型是有效的。

（二）分析步骤

（1）对分类因变量分布状况进行描述。

（2）对模型进行似然比卡方检验，分析似然比卡方显著性，若拒绝原假设（$P<0.05$），说明模型有效，反之模型不成立。若设计多个模型，可以结合其他分类评价或者信息准则（BIC 值越小越好）进行综合分析。

（3）结合模型参数表，逐个分析 *X* 对 *Y*（相对于对比项）影响情况；如果 *X* 的 P 值小于 0.05，说明 *X* 对 *Y*（相对于对比项）产生影响。

（4）分析回归系数 B 与 OR 值，对比分析 *X* 对 *Y*（相对于对比项）的影响情况。

（5）结合预测分类混淆矩阵与模型评价中的分类指标，分析模型预测。

（三）详细结论

1. 输出结果 1

（1）多分类因变量基本汇总，如表 12-10 所示。

表 12-10　多分类因变量基本汇总

因变量	选项	频数	百分比（%）
7. 您在赠礼选择橄榄油时，对包装的期望是	实惠大容量	580	53.704
	精美大方	358	33.148
	便于携带	142	13.148
	总计	1080	100

（2）图表说明。表 12-10 展示了因变量各分组的分布情况。

①选项：当前字段数据下的去重类别。

②频数：当前去重类别在数据中出现的次数。

③百分比：当前去重类别的频数占比。

④当因变量分类水平的数据量出现严重不平衡时，建议对数据进行过采样或者欠采样。

2. 输出结果 2

（1）模型评价，如表 12-11 所示。

表 12-11 模型评价

似然比卡方值	P	AIC	BIC
2060.249	0.001***	2080.249	2130.097

注：***、**、*分别代表 1%、5%、10% 的显著性水平。

（2）图表说明。表 12-11 展示了模型评价指标，可用于对模型的表现进行评估或对其有效性进行验证，其包括似然比卡方值、P 值、AIC 值、BIC 值。

①对 P 值进行分析，如果该值小于 0.05，则说明模型有效；反之则说明模型无效。

② AIC 值和 BIC 值在对比两个模型的优劣时使用，此两个值均为越小越好。

（3）结果分析。模型的似然比卡方检验的结果显示，显著性 P 值为 0.001***，水平上呈现显著性，拒绝原假设，因而模型是有效的。

3. 输出结果 3

（1）多分类逻辑回归结果，如表 12-12 所示。

表 12-12 多分类逻辑回归结果

实验组=实惠大容量	回归系数	标准误差	Wald	df	P	OR	OR 值 95% 置信区间	
							上限	下限
常数	-0.081	0.142	0.323	8	0.570	0.922	0.698	1.219
14. 您所能接受的 500mL 橄榄油的价格是 40～60 元	0.883	0.24	13.597	8	0.000***	2.419	1.512	3.868
14. 您所能接受的 500mL 橄榄油的价格是 40 元以下	1.005	0.276	13.274	8	0.000***	2.732	1.591	4.692
14. 您所能接受的 500mL 橄榄油的价格是 60～80 元	0.708	0.2	12.553	8	0.000***	2.029	1.372	3.002
14. 您所能接受的 500mL 橄榄油的价格是 80～100 元	0.595	0.185	10.306	8	0.001***	1.813	1.261	2.608

续表

实验组=便于携带	回归系数	标准误差	Wald	df	P	OR	OR 值 95% 置信区间	
							上限	下限
常数	-1.416	0.223	40.328	8	0.000***	0.243	0.157	0.376
14. 您所能接受的 500mL 橄榄油的价格是 40～60 元	0.748	0.354	4.464	8	0.035**	2.113	1.056	4.229
14. 您所能接受的 500mL 橄榄油的价格是 40 元以下	1.241	0.371	11.224	8	0.001***	3.461	1.674	7.155
14. 您所能接受的 500mL 橄榄油的价格是 60～80 元	0.46	0.31	2.211	8	0.137	1.585	0.864	2.907
14. 您所能接受的 500mL 橄榄油的价格是 80～100 元	0.517	0.283	3.33	8	0.068*	1.677	0.962	2.923

注：***、**、*分别代表 1%、5%、10%的显著性水平

（2）图表说明。表 12-12 展示了模型的参数结果，可用于生成模型公式。包括模型的系数、标准误差、OR 值、置信区间等。

①OR 值（优势比）：为实验组的事件发生概率/对照组的事件发生概率。

②对于连续自变量的 OR 值的意义为：该变量每升高一个单位，发生实验组事件的概率比发生对照组事件的概率变化了（OR 值-1)%。

③对于哑变量化的 0-1 分类，自变量的 OR 值意义为：该变量每升高一个单位（即分类水平从 0 变为 1），发生实验组事件的概率比发生对照组事件的概率变化了（OR 值-1)%。

4. 输出结果 4

（1）混淆矩阵热力图，如图 12-7 所示。

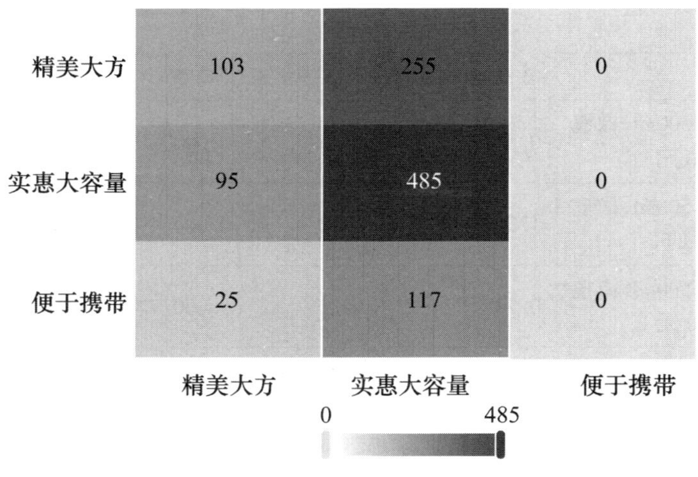

图 12-7 混淆矩阵热力图

（2）图表说明。图 12-7 以热力图的形式展示了混淆矩阵。

5. 输出结果 5

（1）分类评价指标，如表 12-13 所示。

表 12-13 分类评价指标

准确率	召回率	精确率	F1	AUC
0. 544	0. 375	0. 343	0. 343	0. 723

（2）图表说明。表 12-13 中展示了分类评价指标，进一步通过量化指标来衡量逻辑回归的分类效果。

①准确率：预测正确样本占总样本的比例，准确率越大越好。

②召回率：实际为正样本的结果中，预测为正样本的比例，召回率越大越好。

③精确率：预测出来为正样本的结果中，实际为正样本的比例，精确率越大越好。

④F1：精确率和召回率的调和平均，精确率和召回率是互相影响的，虽然两者都高是一种期望的理想情况，然而实际中常常是精确率高，召回率就低，或者召回率低，但精确率高。若需要兼顾两者，那么就可以用 F1 指标。

⑤AUC：AUC 值越接近 1 说明分类效果越好。

注：精确率、召回率、F1 值、AUC 值是分别度量分类器对某一类别预测结果的评价指标值，后续再对所有类别根据样本进行加权平均后得到整体评价指标值。

（四）案例结果分析

在实证分析中，多分类逻辑回归模型被用于探讨不同实验组（“实惠大容量”与“便于携带”）下，消费者对 500mL 橄榄油价格接受度的偏好差异。结果展示了各价格区间（40 元以下、40～60 元、60～80 元、80～100 元）相对于基准水平（未明确列出，通常为价格区间外的其他情况或未提及价格偏好）的回归系数、标准误差、Wald 统计量、自由度（df）、显著性水平（P 值）、比值比（OR）及其 95% 置信区间。

1. 实验组＝实惠大容量－常数项

不显著（P＝0. 570），表明基准情况下的发生比无显著统计意义。

2. 价格区间

40～60 元：显著正向影响（P<0. 001），OR＝2. 419，意味着相对于基准，选择此价格区间的消费者比例是基准的 2. 419 倍，且这一效应在 95% 置信区间内稳定（1. 512-3. 868）。

40 元以下：同样显著正向（P<0. 001），OR＝2. 732，表明偏好此价格区间的消费者比例显著增加。60～80 元与 80～100 元区间也均表现出显著正向影响，但效应强度逐渐减弱，OR 分别为 2. 029 和 1. 813，显示了价格上升时消费者偏好的递减趋势。

3. 实验组＝便于携带－常数项

高度显著负向（P<0. 001），OR＝0. 243，表明在控制其他因素下，相对于基准，便于

携带属性显著降低了某事件（如购买意愿）。

4. 价格区间

40～60 元：显著正向影响（P = 0.035），OR = 2.113，表明相较于基准，此价格区间内消费者因便于携带而增加的选择偏好。

40 元以下：影响最为显著（P = 0.001），OR = 3.461，反映了对低价且便于携带产品的强烈偏好。60～80 元与 80～100 元区间虽显示正向趋势，但显著性逐渐减弱（P = 0.137 与 P = 0.068），表明随着价格上升，便于携带的吸引力减弱。

5. 综合分析

两个实验组结果均显示，消费者对橄榄油的价格敏感度较高，且价格偏好存在显著差异。实惠大容量组中，消费者偏好低价区间，但即使价格上升，仍保持一定吸引力。便于携带组中，低价且便携成为最强驱动力，但随着价格增加，这一属性的吸引力有所减弱。其他项的显著差异表明，实验组间的基准情况存在根本性不同，需结合具体研究背景进一步分析。总体而言，本研究为理解消费者在不同价格与组合下的选择行为提供了有力证据，对市场细分及产品定位具有实际指导意义。

参考文献

[1] Excel Home. Excel 2010 数据透视表应用大全 [M]. 北京：人民邮电出版社，2020.

[2] 周庆麟，祝洪忠，郭新建，等. Excel 2019 函数与公式应用大全 [M]. 北京：北京大学出版社，2022.

[3] 孙宾，成方杰. Excel 2019 公式、函数、图表、VBA 全能一本通 [M]. 北京：中国青年出版社，2020.

[4] 王珊珊，梁同乐，马梦成，等. 大数据可视化 [M]. 北京：清华大学出版社，2021.

[5] 卢启生. Excel 2019 数据分析从入门到精通 [M]. 北京：清华大学出版社，2021.

[6] 刘万祥. Excel 2019 数据分析可视化实战 [M]. 北京：电子工业出版社，2022.

[7] 藤井直弥，大山启介. Excel 最强教科书 [完全版] [M]. 王娜，李利，祁芳芳，译. 北京：中国青年出版社，2019.

[8] 神龙工作室. Excel 高效办公数据处理与分析（第 3 版）[M]. 北京：人民邮电出版社，2022.

[9] 费利克斯·朱姆斯坦. Excel+Python 飞速搞定数据分析与处理 [M]. 冯黎，译. 北京：人民邮电出版社，2022.

[10] 迪克·库斯莱卡. Microsoft Excel 365 学习手册（第 11 版）[M]. 赵利通，王敏，译. 北京：清华大学出版社，2024.

[11] 侯翔宇. 图表之美：Excel 经典商业图表制作指南 [M]. 北京：电子工业出版社，2024.

[12] 周庆麟，胡子平. Excel 数据分析思维、技术与实践 [M]. 北京：北京大学出版社，2019.

[13] 韩小良. Excel 数据分析可视化必备技能案例视频精讲 [M]. 北京：清华大学出版社，2023.

[14] 保罗·麦克费德里斯. Excel 经典教程——公式与函数 [M]. 刘静华，译. 北京：人民邮电出版社，2022.

[15] 陈光. 数据挖掘：概念与技术（第 3 版）[M]. 北京：机械工业出版社，2020.

[16] 李志辉. 罗平. PASW/SPSS Statistics 中文版统计分析教程（第 3 版）[M]. 北京：电子工业出版社，2010.

[17] 张敏. 商务数据分析：方法与应用 [M]. 北京：中国人民大学出版社，2019.

[18] 张文彤. SPSS 统计分析高级教程（第 3 版）[M]. 北京：高等教育出版社，2020.

[19] 陈胜可，刘荣. SPSS 统计分析从入门到精通 [M]. 北京：清华大学出版社，2015.

[20] 邓维斌. SPSS 统计分析教程（第 3 版）[M]. 北京：电子工业出版社，2023.

[21] 张文彤. SPSS 统计分析基础教程（第 3 版）[M]. 北京：高等教育出版社，2017.
[22] 薛薇. 统计分析与 SPSS 的应用（第 7 版）[M]. 北京：中国人民大学出版社，2024.
[23] 何晓群. 应用回归分析（第 4 版）[M]. 北京：中国人民大学出版社，2015.
[24] 徐映梅. 市场调查理论与方法 [M]. 北京：高等教育出版社，2018.
[25] 刘林. 数据分析师手记——数据分析 72 个核心问题精解 [M]. 北京：清华大学出版社，2023.
[26] 张文霖. 谁说菜鸟不会数据分析 [M]. 北京：电子工业出版社，2016.
[27] 周俊. 问卷数据分析——破解 SPSS 的六类分析思路（第 2 版）[M]. 北京：电子工业出版社，2020.
[28] 吴喜之. 统计学：从数据到结论 [M]. 北京：中国统计出版社，2020.
[29] 李沛良. SPSS 统计分析教程：从入门到精通 [M]. 上海：复旦大学出版社，2019.
[30] 王保进. SPSS 与统计分析 [M]. 北京：清华大学出版社，2020.